Geistiges Eigentum und Wettbewerbsrecht

herausgegeben von

Peter Heermann, Diethelm Klippel,
Ansgar Ohly und Olaf Sosnitza

36

ARTIBUS INGENUIS J·C·B·M· 1·8·0·1

Matthias Berberich

Virtuelles Eigentum

Mohr Siebeck

Matthias Berberich: Geboren 1979; Studium der Rechtswissenschaft an der Universität Potsdam und an der Humboldt Universität zu Berlin; seit 2004 wissenschaftlicher Mitarbeiter an der Humboldt Universität zu Berlin; 2008 LL.M. (Cambridge); 2009 Promotion.

ISBN 978-3-16-150276-7
ISSN 1860-7306 (Geistiges Eigentum und Wettbewerbsrecht)

Die Deutsche Nationalbibliothek verzeichnet diese Publikation in der Deutschen Nationalbibliographie; detaillierte bibliographische Daten sind im Internet über *http://dnb.d-nb.de* abrufbar.

Das Buch wurde von Gulde-Druck in Tübingen auf alterungsbeständiges Werkdruckpapier gedruckt und gebunden.

Vorwort

Diese Arbeit wurde im Sommersemester 2009 an der Juristischen Fakultät der Humboldt-Universität zu Berlin als Dissertation angenommen.

Mein herzlicher Dank gilt den Herren Prof. Dr. Christoph G. Paulus sowie Prof. Dr. Jan Bernd Nordemann, die mir beide während der Zusammenarbeit in den vergangenen Jahren – auch über ihre Eigenschaft als Erst- bzw. Zweitgutachter dieser Arbeit hinaus – stets ein offenes Ohr, hilfreiche Ratschläge und alle nur erdenkliche Unterstützung zuteil werden ließen.

Gleiches gilt natürlich auch für die zahlreichen Kollegen und Freunde, die den – mitunter auch zähen – Schaffensprozess dieser Arbeit begleiten durften. Allen voran möchte ich Wolfgang Zenker und Dennis Adelsberger für die vielen anregenden Diskussionen danken; Ilaria Hake für die kritische Durchsicht des Manuskripts; Martina Brockmann und Kristoph Kirchner für die wertvolle technische Unterstützung sowie Caroline Urban, Jacqueline Kropp, Bodo Wawrzyniak und Juliane Jürschke für ihre Mithilfe; nicht zu vergessen auch diejenigen, die hier keine namentliche Erwähnung finden.

Gedankt sei an dieser Stelle ferner der Studienstiftung des deutschen Volkes für die Förderung meines Forschungsaufenthaltes in Cambridge sowie Herrn Prof. Dr. Haimo Schack und der Studienstiftung ius vivum für den großzügigen und unbürokratisch gewährten Druckkostenzuschuss.

Diese Arbeit ist meiner Mutter gewidmet.

Berlin, im November 2009 Matthias Berberich

Inhaltsverzeichnis

Abkürzungsverzeichnis

a.A.	andere Ansicht
a.a.O.	am angegebenen Ort
abl.	ablehnend
AcP	Archiv für die civilistische Praxis
AfP	Archiv für Presserecht
AG	Amtsgericht
AktG	Aktiengesetz
All ER	All England Law Report
allg. M.	allgemeine Meinung
Ariz. L. Rev.	Arizona Law Review
Ariz. St. L.J.	Arizona State Law Journal
Aufl.	Auflage
B.U. J. Sc. and Tech. L.	Boston University Journal of Science and Technology Law
B.U. L. Rev.	Boston University Law Review
B.C. L. Rev.	Boston College Law Review
B.Y.U. L. Rev.	Brigham Young University Law Review
BB	Der Betriebs-Berater
Bearb.	Bearbeiter
Begr. RegE.	Amtliche Begründung zum Regierungsentwurf
Berkeley Tech. L.J.	Berkeley Technology Law Journal
BGB	Bürgerliches Gesetzbuch
BGBl.	Bundesgesetzblatt
BGH	Bundesgerichtshof
BGHZ	Amtliche Sammlung der Entscheidungen des Bundesgerichtshofes
BIP	Bruttoinlandsprodukt
Brook. L. Rev.	Brooklyn Law Review
BT-Drucks.	Bundestags-Drucksache
BVerfG	Bundesverfassungsgericht
BVerfGE	Amtliche Sammlung der Entscheidungen des Bundesverfassungsgerichts
CAD	Computer Aided Design
Cal. App.	California Appellate Report
Cal. L. Rev.	California Law Review
Cal. Rptr.	California Reporter
Cal. Rptr. 2d	California Reporter, Second Series
Cal. Rptr. 3d	California Reporter, Third Series
CDPA	Copyright, Designs and Patents Act 1988 (UK)
Colum. L. Rev.	Columbia Law Review

Comps. & Law	Computers and Law
ComputerprogrammRL	Richtlinie 91/250/EWG des Rates vom 14. Mai 1991 über den Rechtsschutz von Computerprogrammen
Cornell L.Q.	Cornell Law Quarterly
CR	Computer und Recht
d.h.	das heißt
DatenbankRL	Richtlinie 96/9/EG des Europäischen Parlaments und des Rates vom 11. März 1996 über den rechtlichen Schutz von Datenbanken der Informationsgesellschaft
DAR	Deutsches Autorecht
DepotG	Gesetz über die Verwahrung und Anschaffung von Wertpapieren
DStR	Deutsches Steuerrecht
Duke L.J.	Duke Law Journal
E-Commerce-RL	Richtlinie 2000/31/EG des Europäischen Parlaments und des Rates vom 8. Juni 2000 über bestimmte rechtliche Aspekte der Dienste der Informationsgesellschaft, insbesondere des elektronischen Geschäftsverkehrs, im Binnenmarkt („Richtlinie über den elektronischen Geschäftsverkehr")
E.C.L. & P.	E-Commerce Law and Practice
EDV	Elektronische Datenverarbeitung
E.F.L. & P.	E-Finance & Payments Law & Policy
EG	Vertrag zur Gründung der Europäischen Gemeinschaft
EGBGB	Einführungsgesetz zum Bürgerlichen Gesetzbuch
Einl.	Einleitung
E.I.P.R.	European Intellectual Property Review
Emory L. J.	Emory Law Journal
Enforcement-RL	Richtlinie 2004/84/EG des Europ. Parlaments und des Rates zur Durchsetzung des Rechte des geistigen Eigentums
Eng. Rep.	England Reporter
Ent. L.R.	Entertainment Law Review
Erw.Grd.	Erwägungsgrund
EU	Europäische Union
EuG	Europäisches Gericht erster Instanz
EuGH	Europäischer Gerichtshof
EuGVO	Verordnung (EG) Nr. 44/2001 des Rates vom 22. Dezember 2000 über die gerichtliche Zuständigkeit und die Anerkennung und Vollstreckung von Entscheidungen in Zivil- und Handelssachen
EULA	End User Licence Agreement
Euro. Law.	The European Lawyer
EVÜ	Europäisches Übereinkommen über das auf vertragliche Schuldverhältnisse anwendbare Recht v. 19.6.1980

EWCA (Civ)	England and Wales Court of Appeal (Civil Division)
EWR	Europäischer Wirtschaftsraum
EWHC (QB)	High Court of England and Wales (Queen's Bench)
F. 2d	Federal Reporter, Second Series
F. 3d	Federal Reporter, Third Series
F. Supp.	Federal Supplement
F. Supp. 2d	Federal Supplement, Second Series
Fed. Appx.	Federal Appendix
Fla.St.U. L. Rev.	Florida State University Law Review
FS	Festschrift
F.S.R.	Fleet Street Report
Geo. L. J.	Georgetown Law Journal
Geo. Wash. L. Rev.	George Washington Law Review
Georgetown L. J.	Georgetown Law Journal
GeschmMG	Gesetz betreffend das Urheberrecht an Mustern und Modellen
GG	Grundgesetz für die Bundesrepublik Deutschland
GGeschmMVO	Verordnung Nr. 6/2002 des Rates vom 12. Dezember 2001 über das Gemeinschafts-geschmacksmuster
ggf.	gegebenenfalls
GMVO	Verordnung (EG) Nr. 40/94 DES RATES vom 20. Dezember 1993 über die Gemeinschaftsmarke
GRUR	Gewerblicher Rechtsschutz und Urheberrecht
GRUR Int.	Gewerblicher Rechtsschutz und Urheberrecht, Internationaler Teil
h.M.	herrschende Meinung
Harv. J. L. & Tech.	Harvard Journal of Law and Technology
Harv. L. Rev.	Harvard Law Review
Hastings L. J.	Hastings Law Journal
Herv.	Hervorhebung
Hg.	Herausgeber
Hous. L. Rev.	Houston Law Review
hrsg. v.	herausgegeben von
Hs.	Halbsatz
HTML	Hypertext Markup Language
i.d.F.	in der Fassung
i.d.R.	in der Regel
i.E.	im Ergebnis
i.e.S.	im engeren Sinne
I.P.Q.	Intellectual Property Quarterly
i.R.d.	im Rahmen des
i.S.d.	im Sinne des
i.V.m.	in Verbindung mit
Ind. J. Gl. Leg. Stud.	Indiana Journal of Global Legal Studies
Ind. L. Rev.	Indiana Law Review
Ind. L. J.	Indiana Law Journal
InfoGesRL	Richtlinie 2001/29/EG des Europäischen Parlaments und des Rates vom 22. Mai 2001 zur

	Harmonisierung bestimmter Aspekte des Urheberrechts und der verwandten Schutzrechte in der Informationsgesellschaft
Int'l Lawyer	The International Lawyer
Intell. Prop. L. Bull.	Intellectual Property Law Bulletin
Int'l J. L. & Info. Tech.	International Journal of Law and Information Technology
IPRax	Praxis des internationalen Privat- und Verfahrensrechts
ITRB	Der IT-Rechts-Berater
i.w.S.	im weiteren Sinne
J. Bankr. L. & Prac.	Journal of Bankruptcy Law and Practice
J. Cop. Soc'y USA	Journal of the Copyright Society of the U.S.A.
J. Internet L.	Journal of Internet Law
J. Legal Stud.	Journal of Legal Studies
J. Marshall Rev. Intell. Prop. L.	The John Marshall Review of Intellectual Property Law
J. Online L.	Journal of Online Law
J. Pat. & Trademark Off. Soc'y	Journal of the Patent and Trademark Office Society
J. Small & Emerging Bus. L.	Journal of Small and Emerging Business Law
J.I.L.T.	Journal of Information, Law and Technology
J.I.P.L.P.	Journal of Intellectual Property Law and Practice
J. L. Econ. & Pol'y	Journal of Law, Economics & Policy
Jurimetrics J.	Jurimetrics Journal
JuS	Juristische Schulung
JZ	Juristenzeitung
K&R	Kommunikation und Recht
Kap.	Kapitel
KG	Kammergericht
KlauselRL	Richtlinie 93/13/EWG des Rates vom 5. April 1993 über mißbräuchliche Klauseln in Verbraucherverträgen
KonTraG	Gesetz zur Kontrolle und Transparenz im Unternehmensbereich vom 5. März 1998
Law & Contemp. Probs.	Law and Contemporary Problems
LG	Landgericht
Lit.	Literatur
Loy. L.A. Ent. L. Rev.	Loyola of Los Angeles Entertainment Law Review
Loy. U. Chi. L.J.	Loyola University Chicago Law Journal
LS	Leitsatz
m.w.N.	mit weiteren Nachweisen
Mich. L. Rev.	Michigan Law Review
Mich. St. L. Rev.	Michigan State Law Review
Mich. Telecomm. & Tech. L. Rev.	Michigan Telecommunications and Technology Law Review
Minn. L. Rev.	Minnesota Law Review
MMORPG	Massive Multiplayer Online Role Play Game
MMR	Multimedia und Recht
Modern L. Rev.	Modern Law Review
N.C. L. Rev.	North Carolina Law Review

N. L. J.	New Law Journal
N.Y. 3d	New York Reports, Third Series
N.Y.L.Sch. L. Rev.	New York Law School Law Review
N.Y.S. 2d	New York Supplement, Second Series
N.Y.U. L. Rev.	New York University Law Review
NJW	Neue Juristische Wochenschrift
NJW-RR	NJW-Rechtsprechungs-Report
Notre Dame L. Rev.	Notre Dame Law Review
N.W.U. L. Rev.	North Western University Law Review
NZG	Neue Zeitschrift für Gesellschaftsrecht
NZI	Neue Zeitschrift für Insolvenz und Sanierung
Ohio N.U. L. Rev.	Ohio Northern University Law Review
OLG	Oberlandesgericht
RabelsZ	Rabels Zeitschrift für ausländisches und internationales Privatrecht
RBÜ	Revidierte Berner Übereinkunft vom 9. September 1886 i.d.F. vom 28. September 1979
RefE	Referentenentwurf
RegE	Regierungsentwurf
Rev. Litig.	Review of Litigation
RG	Reichsgericht
RGZ	Amtliche Sammlung von Entscheidungen des Reichsgerichts
Rich. J. L. & Tech.	Richmond Journal of Law and Technology
RIW	Recht der Internationalen Wirtschaft
RL	(EG-)Richtlinie
Rn.	Randnummer
Rom I-VO	Verordnung (EG) Nr. 593/2008 des Europäischen Parlamentes und des Rates vom 17. Juni 2008 über das auf vertragliche Schuldverhältnisse anzuwendende Recht („Rom I“)
Rom II-VO	Verordnung (EG) Nr. 864/2007 des Europäischen Parlamentes und des Rates vom 11. Juli 2007 über das auf außervertragliche Schuldverhältnisse anzuwendende Recht („Rom II“)
RPfleger	Rechtspfleger
Rspr.	Rechtsprechung
Rutgers L. Rev.	Rutgers Law Review
s.	siehe
S.	Seite
S. Cal. L. Rev.	Southern California Law Review
s.a.	siehe auch
s.o.	siehe oben
s.u.	siehe unten
sec.	Section
sic!	Sic! Zeitschrift für Immaterialgüter-, Informations- und Wettbewerbsrecht
sog.	sogenannt
SSRN	Social Science Research Network
St. John's L. Rev.	St. John's Law Review

st. Rspr.	ständige Rechtsprechung
Stan. L. Rev.	Stanford Law Review
T.W.	Trademark World
Tenn. L. Rev.	Tennessee Law Review
Tex. L. Rev.	Texas Law Review
Tex. Rev. Ent. & Sports L.	Texas Review of Entertainment and Sports Law
The Int. Lawy.	The International Lawyer
TMG	Telemediengesetz
TOS	Terms of Service
TRIPs	Übereinkommen über handelsbezogene Aspekte der Rechte am geistigen Eigentum vom 15. April 1994
Tul. J. Tech. & Intell. Prop.	Tulane Journal of Technology and Intellectual Property
Tz.	Teilziffer
u.ä.	und ähnliches
u.a.	und anderes
U. Chi. L. Rev.	University of Chicago Law Review
U. Chi. Legal F.	University of Chicago Legal Forum
U. Cin. L. Rev.	University of Cincinnati Law Review
UCLA L. Rev.	UCLA Law Review
UFITA	Archiv für Urheber-, Film-, Funk- und Theaterrecht
U. Ill. J. L. Tech. & Pol'y	University of Illinois Journal of Law, Technology and Policy
UK	United Kingdom
UK CDPA	United Kingdom Copyright, Designs and Patents Act 1988
U. Ott. L. & Tech. J.	University of Ottawa Law and Technlogy Journal
U. Pa. J. Const. L.	University of Pennsylvania Journal of Constitutional Law
U. Pa. L. Rev.	University of Pennsylvania Law Review
U. Pittsb. L. Rev.	University of Pittsburgh Law Review
UrhG	Gesetz über Urheberrecht und verwandte Schutzrechte
U.S.	United States / United States Reports
U.S.P.Q.	United States Patents Quarterly
u.U.	unter Umständen
URL	Uniform Resource Locator
UWG	Gesetz gegen den unlauteren Wettbewerb
v.	von/vom
Va. L. Rev.	Virginia Law Review
Vand. J. Ent. & Tech. L.	Vanderbilt Journal of Entertainment and Technology Law
Vand. L. Rev.	Vanderbilt Law Review
VertikalGVO	Verordnung (EG) Nr. 2790/1999 der Kommission vom 22. Dezember 1999 über die Anwendung von Artikel 81 Absatz 3 des Vertrages auf Gruppen von vertikalen Vereinbarungen und aufeinander abgestimmten Verhaltensweisen
vgl.	vergleiche
VuR	Verbraucher und Recht

Wash. & Lee L. Rev.	Washington and Lee Law Review
Wash. U. J. L. & Pol'y	Washington University Journal of Law and Policy
WCT	WIPO-Urheberrechtsvertrag vom 20. Dezember 1996
WM	Wertpapiermitteilungen
WL	Westlaw
World I.L.R.	World Internet Law Report
WPPT	WIPO Performances and Phonograms Treaty
WZG	Warenzeichengesetz
Yale L. J.	Yale Law Journal
ZaöRV	Zeitschrift für ausländisches öffentliches Recht und Völkerrecht
ZinsO	Zeitschrift für das gesamte Insolvenzrecht
ZIP	ZIP. Zeitschrift für Wirtschaftsrecht
zit.	zitiert
ZPO	Zivilprozessordnung
ZUM	Zeitschrift für Urheber- und Medienrecht
ZVglRWiss	Zeitschrift für Vergleichende Rechtswissenschaft
zw.	zweifelhaft

Kapitel 1

Einleitung

A. Der elektronische Fortschritt als stetige Herausforderung für das Recht

Es ist die „gewohnte und konventionelle Aufgabe des Juristen aller Zeiten, vorhandene Normen auf neue soziale und technische Sachverhalte anzuwenden"[1]. Sich hierauf zu besinnen, erscheint in heutigen Zeiten rasanten technischen Wandels genauso angebracht wie vor 40 Jahren, als sich *Wieacker* im Jahre 1969 mit den Herausforderungen von „Recht und Automation" auseinandersetzte. Immer schon musste das Recht als ein das Zusammenleben von Menschen und die Zuweisung von Ressourcen regelnder Mechanismus seine veränderlichen gesellschaftlichen und technischen Rahmenbedingungen im Auge behalten und auf sie reagieren. Dass diese Herausforderung – für die legislative Rechtsetzung nicht minder als für ihre judikative Durchsetzung und Fortbildung – heutzutage noch gewachsen scheint, ist auch Folge eines kaum mehr überschaubaren technischen Fortschrittes, hinter dem das Recht in seinen Reaktionen naturgemäß einen Schritt zurück bleibt[2].

Das gilt derzeit vor allem für die Computertechnologie. Als Beispiel drängt sich hier das Internet auf, dem für die technologische und wirtschaftliche Entwicklung des letzten Jahrzehnts eine wohl schon revolutionäre Rolle zukam. Dass diese auch tiefgreifende Veränderungen rechtlicher Grundbegriffe erfordert[3], zeichnet sich jedenfalls im Zivilrecht bislang weniger deutlich ab, erscheinen doch die aufgekommenen Herausforderungen durch die Anwendung überkommener Rechtsfiguren bislang mehr[4] oder minder[5] zufriedenstellend gemeistert.

---

[1] *Wieacker* FS Bötticher S. 383, 389.

[2] So auch aus US-amerikanischer Perspektive *Franks* 42 Hous. L. Rev. 489, 526 (2005).

[3] Vgl. *Ladeur* in: *Eifert/Hoffmann-Riem*, S. 339, 340.

[4] So lässt sich der Vertragsschluss im Internet problemlos auf die Willenserklärungsdogmatik zurückführen (vgl. statt vieler *Ernst* S. 49 ff.; *Härting* S. 35 ff.; *Hoffmann* passim; *Koch* S. 128 ff.; *Rudolph* S. 63 ff.; *Wildemann* S. 8 ff. Auch die europäische Urheberrechtsentwicklung reagierte mit der InfoGesRL 2001/29/EG relativ schnell auf die Herausforderungen neuer Nutzungsformen im Internet, was hierzulande durch die

Häufig trifft man auf ein Verständnis, wonach es *das* Internet gäbe, welches alle dort befindlichen Inhalte umfasse. Diese Vorstellung ist ungenau, denn seine Rolle erschöpft sich in der eines technischen Transportmediums, das es ermöglicht, Daten als adressierte Pakete über das TCP/IP-Protokoll in Sekundenbruchteilen um die Welt zu schicken. Auf einer inhaltlichen Ebene finden sich hingegen wohlbekannte Dienste wie E-Mails, Newsgroups, Filesharing, FTP-Datentransfer und vor allem das World Wide Web mitsamt dort befindlichen Homepages, Blogs, Wikis und Chatforen und dergleichen mehr[6]. Seit einiger Zeit wird diese inhaltliche Ebene um eine neue Form virtuellen Lebens bereichert, die in rasantem Wachstum begriffen ist und seit kurzem die kritische Masse zur ökonomischen und massenmedialen Beachtung überschritten hat[7]. Es ist ein Phänomen, das die Möglichkeiten bisheriger Kommunikationsformen weit übertrifft und kraft seiner Realitätsnähe ohne Übertreibung mit „Virtual World[8]", „Synthetic World[9]", „Virtual Environment[10]", „Metaverse[11]" oder

---

Normierung neuer Verwertungsrechte (§ 19a UrhG) und internetspezifischer Schrankenbestimmungen (§ 44a UrhG) geschah. Zur urheberrechtlichen Erfassung digitaler Verwertungsvorgänge davor *Schippan* S. 79 ff.

[5] Probleme bereitet nach wie vor die Ubiquität des Internet für das internationale Privatrecht und die Frage des anwendbaren Rechts. Vgl. zu Persönlichkeitsverletzungen *v. Hinden* passim; zum Immaterialgüterkollisionsrecht *Junker* passim; zum Wettbewerbskollisionsrecht *Sack* WRP 2000, 269, 277 f.

[6] Grundkenntnisse von der Funktionsweise des Internet und der genannten Dienste können nach fast 15 Jahren kommerzieller Nutzung mittlerweile als bekannt unterstellt werden; für eine genauere Darstellung sei nur auf *Kunz* S. 19 ff.; *Mayer* NJW 1996, 1782, 1784 ff. oder *v. Hinden* S. 5 ff. verwiesen.

[7] Vgl. DIE ZEIT v. 4.1.2007 S. 17; Der Spiegel v. 20.1.2007 S. 150 ff.; Frankfurter Allgemeine Sonntagszeitung v. 21.1.2007 S. 8; The Economist Technology Quarterly v. 8.12.2007 S. 3.

[8] So die Bezeichnung durch *Edward Castronova* der wohl als Pionier der ökonomischen Analyse virtueller Welten bezeichnet werden kann und diese erstmals in den Blick der Wissenschaft rückte: *Castronova* Virtual Worlds; ebenso *Balkin* 90 Va. L. Rev. 2043 (2004); *Bradley/Froomkin* 49 N.Y. L. Sch. L. Rev. 103 (2004); *Cohen* 107 Col. L. Rev. 210, 218 (2007); *Cordall* 18(2) Comps. & Law 25 (2007); *Dougherty/Lastowka* 9(5) E.C.L. & P. 3 (2007); *Grimmelmann* 47 N.Y. L. Sch. L. Rev. 147 (2004); *Horowitz* 20 Harv. J. L. & Tech. 443 (2007); *Jankowich* 8 Tul. J. Tech. & Intell. Prop. 1 (2006); *Lastowka/Hunter* 92 Cal. L. Rev. 1 (2004); *Meehan* 13 Rich. J. L. & Tech. 7 (2006); *Miller* 22 Rev. Litig. 435, 437 (2003); *Naylor/Jaworski* 198 T.W. 30 (2007); *Naylor/Jaworski* 18(8) Ent. L. R. 262 (2007); *Sheldon* 54 UCLA L. Rev. 751 (2007); *Vacca* 76 Tenn. L. Rev. 33, 36 (2008); *Westbrook* [2006] Mich. St. L. Rev. 779; ebenso im deutschen Schrifttum mit „virtueller Welt" *Burger* in *Taeger/Wiebe* S. 65; *Habel* MMR 2008, 71; *Klickermann* MMR 2007, 766; *Lober/Weber* CR 2006, 837.

[9] *Castronova* 49 N.Y. L. Sch. L. Rev. 185, 189 (2004).

[10] *Fairfield* 85 B.U. L. Rev. 1047, 1058 (2005).

[11] *Krieg* in: *Taeger/Wiebe* S. 79; *Ondrejka* 49 N.Y. L. Sch. L. Rev. 81 (2004). Dieser Begriff wurde maßgeblich durch *Neal Stephensons* Science Fiction Roman Snow Crash

gar „Cyberspace[12]" treffend beschrieben werden kann, ohne dabei der undifferenzierten Verwendung dieser Begriffe für alle möglichen Formen der Online-Kommunikation Vorschub zu leisten. In der Sache handelt es sich um technisch erzeugte und wahrnehmbar gemachte dreidimensionale Räume von mitunter beeindruckendem Realismus. Gehörte die Vorstellung virtueller Welten mit Landschaften, Bergen, Meeren, Inseln, Flüssen, „bevölkerten" Städten, ansässigen Unternehmen, Einkaufszentren, Clubs, politischen Foren und Millionen von Nutzern auf der ganzen Welt vor einigen Jahren noch der Welt der Utopie an, so hat die technische Entwicklung ihrer Entstehung und ihrem Durchbruch mittlerweile den Weg bereitet.

An dieser Stelle ist es zunächst geboten, auf die Hintergründe dieses Phänomens einzugehen und dazu die Geschichte und Inhalte virtueller Welten (B.I.), ihre technischen Grundlagen (B.II.), sowie ihre wirtschaftliche (B.III.) und politische Bedeutung (B.IV.) darzustellen. Erst dann kann überhaupt die Problematik darin befindlicher virtueller Gegenstände als real existierende, wahrnehmbare, werthaltige, gehandelte Wirtschaftsgüter und ihre derzeit ungeklärte Rechtsnatur aufgeworfen werden (C.).

B. Virtuelle Welten als neues tatsächliches Phänomen

„The most important thing to understand is that virtual worlds are not games. They are transaction spaces."[13] „Virtual worlds do not solve the problems of providing housing, food, water, and electricity to those people, but they could provide spaces for the kind of intellectual, cultural, and business centers normally confined to cities."[14] „The inclusion of legal concepts of personal property in virtual worlds is an inevitable development. We should take the opportunity now, free from crisis, to thoughtfully establish property rights that will guide the future development of virtual environments. If we want virtual worlds to live up to their full potential to replicate reality as closely as possible and to

---

geprägt, in dem das Konzept einer als real empfundenen virtuellen Welt eine zentrale Rolle spielt, welche auch als Vorbild für Second Life gedient haben soll.

[12] So speziell für den hier behandelten Kontext etwa *Lessig* Code[2] S. 9 ff., 83 ff. Im weiteren Sinne wird diese Bezeichnung im US-amerikanischen Schrifttum allerdings noch viel weiter für alle Formen elektronischer, computervermittelter Kommunikation verwendet; vgl. zu diesem weiten Verständnis als Sammelbegriff *Cohen* 107 Col. L. Rev. 210 (2007); *Easterbrook* 1996 U. Chi. Legal F. 207; *Epstein* 2005 Mich. St. L. Rev. 103, 108; *Epstein* 70 U. Chi. L. Rev. 73, 76 (2003); *Hardy* 1996 U. Chi. Legal F. 217; *Johnson/Post* 48 Stan. L. Rev. 1367 (1996); *Lemley* 91 Cal. L. Rev. 521 (2003); *Lessig* 113 Harv. L. Rev. 501 (1999); *Lessig* 48 Stan. L. Rev. 1403 (1996); *Post* 52 Stan. L. Rev. 1439 (2000): „the vast informational ecosystem we call cyberspace"; ferner hierzulande *Mayer* NJW 1996, 1782; *Kunz* S. 24 f.

[13] *Birch* 9(1) E.C.L. & P. 12 (2007).

[14] *Ondrejka* 2(3) Innovations: Technology, Governance, Globalisation 27, 45 (2007).

open new markets, we must work toward establishing a legal regime that does not categorically dismiss them as ‚games.'"[15]

I. Geschichte und Erscheinungsformen virtueller Welten

Das Konzept imaginärer Realitäten ist keineswegs neu, sondern ein Thema, das sich seit jeher in Literatur, Kunst und neuerdings in der Unterhaltungsindustrie wiederfinden lässt[16]. Im Roman taucht der Leser kraft seiner Phantasie nicht anders in eine fiktionale Welt ein, als es früher die Zuhörer mündlich überlieferter Legenden taten. Und so wie die Zuschauer der antiken griechischen Tragödie mit den Helden bis zur Katharsis leiden mussten, fiebern auch die heutigen Kinozuschauer dem Finale entgegen. Dieser Tradition gemeinsamen kulturellen Erlebens entstammen auch virtuelle Welten. Neu und bahnbrechend ist jedoch die Technik als Mittel, über die menschliche Phantasie als Medium hinaus die unmittelbare sinnliche Wahrnehmung und eine aktive Teilnahme zu ermöglichen. Überlieferte Heldenmythen werden nicht mehr nur passiv aufgenommen, sondern aktiv durchlebt[17]. Soziale Interaktion findet als „Leben" in einer virtuellen Welt statt[18].

Das Konzept virtueller Welten geht zurück auf die sog. Multi User Dungeons (MUDs), welche Ende der 1970er Jahre als rein textbasiertes Medium für soziale oder spielerische Interaktion entwickelt wurden und am ehesten mit heutigen Chatrooms vergleichbar sind. Im Jahr 1990 wurde mit LambdaMOO (Lambda MUD Object Oriented) die erste, ebenso noch textbasierte virtuelle Umgebung entwickelt, in der Benutzer selbst Objekte erstellen konnten. Diese allerersten Anfänge konnten freilich nur geringe Nutzerzahlen anziehen[19]. Mit dem Durchbruch des Internet als Zugangsmedium und steigenden Datenübertragungskapazitäten kamen dann auch die ersten virtuellen Umgebungen mit grafischer Darstellung auf, welche sich bis zu ihren heutigen Formen weiterentwickelten, deren Komplexität, Realismus und Bedeutung nun weit über ihre historischen Wurzeln hinaus reicht.

---

[15] *Hunt* 9 Tex. Rev. Ent. & Sports L. 141, 160.

[16] Vgl. dazu *Lastowka/Hunter* 92 Cal. L. Rev. 1, 14 ff. (2004).

[17] *Bartle* 49 N.Y. L. Sch. L. Rev. 19, 30 (2004); *Kayser* 27 Loy. L.A. Ent. L. Rev. 59, 72 f. (2007).

[18] Nach *Castronova* Virtual Worlds S. 22 bezeichnen sich etwa 20% der Nutzer als Menschen, die in einer virtuellen Welt „leben".

[19] Zu geschichtlichen Aspekten ausführlicher *Bartle* 49 N.Y. L. Sch. L. Rev. 19, 20 (2004); *Castronova* On Virtual Economies S. 6 ff.; *Chin* 72 Brook. L. Rev. 1303, 1308 f. (2007); *Lastowka/Hunter* 92 Cal. L. Rev. 1, 18 ff. (2004); *Mayer-Schönberger/Crowley* 100 NW. U. L. Rev. 1775, 1782-1790 (2006); *Miller* 22 Rev. Litig. 435, 439 f. (2003); *Schwarz/Bullis* 10 Intell. Prop. L. Bull. 13, 14 (2005).

Heute existieren von diesen künstlich geschaffenen Realitäten verschiedenste Varianten, welche sich zumindest in zwei grundsätzliche Kategorien unterscheiden lassen, die es strikt auseinander zu halten gilt[20]: Einerseits gibt es die sog. Massive Multiplayer Online Roleplay Games (MMORPGs)[21]. Diese sind dem Bereich der Computerspiele zuzurechnende archaische oder futuristische Welten, die meist einen *Hobbes*schen Kampf aller gegen alle zum Inhalt haben, den Spielern Aufgaben zu bewältigen geben und die Entwicklung eines Spielcharakters durch das Bestehen von Abenteuern und Kämpfen (leveling) ermöglichen. Ihre Inhalte sind meist von den Betreibern schon vorgefertigt und müssen von den Nutzern im Spiel erlangt werden, etwa als virtuelle Ausrüstung oder Waffen.

Daneben finden sich hochrealistische Zeitausgaben der urbanen Gegenwart als Plattformen für soziale[22], politische, kommerzielle[23], kulturelle[24], religiöse[25], didaktische[26] Kommunikation, für Handel, Unternehmensfüh-

---

[20] Die folgende Unterscheidung betonen auch *Balkin* 90 Va. L. Rev. 2043, 2074 (2004); *Kotelnikov* [2008] I.P.Q. 110, 116; *Naylor/Jaworski* 198 T.W. 30 (2007); *Naylor/Jaworski* 18(8) Ent.L.R. 262 (2007); *Marcus* 52 N.Y. L. Sch. L. Rev. 67, 71 (2007); *Ondrejka* 49 N.Y. L. Sch. L. Rev. 81, 83, 89 ff. (2004); *Habel* MMR 2008, 71, 73; *Reuveni* 54 J. Copyright Soc'y U.S.A. 285 (2007); *Rippert/Weimer* ZUM 2007, 272, 273; *Sheldon* 54 UCLA L. Rev. 751, 756 (2007) sowie *Schmidt/Dreyer/Lampert* S. 19. Bei den letztgenannten findet sich überdies eine ausführliche Systematisierung der Formen von Onlinespielen (a.a.O. S. 10 ff.).

[21] So beispielsweise „World of Warcraft" des zum französischen Vivendi-Konzern gehörenden Unternehmens Blizzard (http://www.wow-europe.com/de); „Everquest" betrieben von Sony (www.everquest.com) oder „Ultima Online" von Electronic Arts (www.uo.com). In Korea und anderen asiatischen Staaten ist „Lineage" (http://www.lineage.com, Abruf aller URLs am 1.9.2009) des südkoreanischen Unternehmens NCSoft sehr populär.

[22] Beispielsweise für Treffen in virtuellen Cafés, Bars und Clubs. Insofern kann man mit *Ondrejka* 49 N.Y. L. Sch. L. Rev. 81, 88 (2004) auch bei virtuellen Welten von einer Form sozialer Netzwerke sprechen.

[23] Zu den beiden genannten Aspekten sogleich ausführlicher unter Kap. 1 B.III., IV.

[24] So etwa virtuelle Galerien mit digitalisierten Kunstobjekten oder die Veranstaltung virtueller Konzerte. So gab beispielsweise der chinesische Starpianist Lang Lang am 15. Mai 2007 ein Konzert in Second Life (http://www.klassikakzente.de/aktuell/rezensionen/detail/article/69320, Abruf am 1.9.2009). Auch Städte erschaffen zu Präsentations- und Tourismuszwecken ihr virtuelles Abbild, vgl. LG Köln K&R 2008, 477 – *Virtueller Dom* zu einem Rechtsstreit um die Urheberrechte an einer virtuellen Version des Kölner Doms.

[25] Jüngst haben Jesuiten virtuelle Welten für das Missionieren entdeckt, um Menschen in Afrika und Asien leichter zu erreichen (Financial Times Online v. 26.7.2007; http://www. ft.com/cms/s/0/ceae9c60-3ba8-11dc-8002-0000779fd2ac.html; letzter Abruf am 1.9.2009). Auch die Erzdiözese Freiburg hält als erstes katholisches Bistum in Deutschland Gottesdienste in einer virtuellen Kirche ab (Heise Online v. 1.11.2008; http://www.heise.de/newsticker/meldung/118272; Abruf am 1.9.2009).

rung[27] und Sport[28], ja sogar für medizinische[29] und juristische[30] Zwecke[31]. Diese Arten virtueller Welten sind es zumeist, welche durch ihre Nutzer erschlossen und mit selbst erstellten Inhalten gefüllt werden. Als anfangs leere Plattformen können sie ihre Attraktivität gerade als gemeinschaftlicher Raum für virtuelle Schaffenskraft gewinnen. Über eine Einordnung als bloßes Spiel geht das weit hinaus[32]. Virtuelle Welten mit nutzergenerierten Gegenständen (user generated content) werden in ihrer Bedeutung schon auf einer Höhe mit anderen kollaborativen Leistungen wie der Wiki-

---

[26] Die Harvard Law School gab als erste Universität Seminare in Second Life (Die Zeit v. 4.1.2007 S. 17, 18; *Ondrejka* 2(3) Innovations: Technology, Governance, Globalisation 27, 33 (2007)). Heute sind fast alle renommierten US-amerikanischen Universitäten dort vertreten, neuerdings auch die Universität Hamburg (http://www.checkpoint-elearning.de/article/5403.html, Abruf am 1.9.2009). *Miller* 22 Rev. Litig. 435, 456 (2003) weist darauf hin, dass schon die rein textbasierten MUDs der 1970er Jahre didaktischen Zwecken dienten.

[27] Vgl. The Economist Technology Quarterly v. 8.12.2007 S. 3 f.

[28] Während des Wimbledon-Turniers 2007 installierte IBM Kameras, welche die Flugbahnen der Tennisbälle und die jeweiligen Positionen der Spieler erfassten. Auf Grundlage dieser Daten wurde das Tennisturnier in Second Life virtuell so nachgestellt, dass sich die Zuschauer im virtuellen Stadion wie in der Realität bewegen und das Spiel so aus jeder Perspektive beobachten konnten, vgl. *Mendis* [2008] E.I.P.R. 1. Hierzu aus urheberrechtlicher Sicht *Bullinger/Jani* ZUM 2008, 897.

[29] Nach *Fairfield* 85 B.U. L. Rev. 1047, 1059 (2005) werden virtuelle Welten zur Behandlung von Patienten benutzt, die unter dem Asperger-Syndrom leiden. Weiteres denkbares Anwendungsgebiet ist die Seuchensimulation (Heise Online v. 21.8.2007, http://www.heise.de/newsticker/meldung/94642, Abruf am 1.9.2009).

[30] *Bradley/Froomkin* 49 N.Y. L. Sch. L. Rev. 103, 134 ff. (2004) schlagen vor, virtuelle Welten zum empirischen „Austesten" von Rechtsregeln auf ihre Effizienz hin zu benutzen, um weniger auf ökonomische Modelle und deren oftmals ungenaue Folgenanalysen angewiesen zu sein.

[31] So vor allem „Second Life" des US-amerikanischen Unternehmens Linden Labs (http://www.secondlife.com); „Entropia Universe" des schwedischen Unternehmens Mindark (http://www.entropiauniverse.com, Abruf aller URLs am 1.9.2009) oder das mittlerweile wieder eingestellte „The Sims Online" des US-amerikanischen Unternehmens Electronic Arts. Für eine genauere inhaltliche Beschreibung von Second Life vgl. *Chin* 72 Brook. L. Rev. 1303, 1310 ff. (2007); *Naylor/Jaworski* 18(8) Ent. L. R. 262 (2007).

[32] Gegen eine Betrachtung virtueller Welten als Computerspiele *Bartle* 49 N.Y. L. Sch. L. Rev. 19, 23 (2004); *Birch* 9(1) E.C.L. & P. 12 (2007); *Bradley/Froomkin* 49 N.Y. L. Sch. L. Rev. 103, 124 (2004): „Virtual worlds have evolved far beyond their origins as ‚sword and sorcery' games."; *Castronova* 49 N.Y. L. Sch. L. Rev. 185, 188 (2004); *Chein* 80 St. John's L. Rev. 1059, 1078 (2006); *Chin* 72 Brook. L. Rev. 1303 (2007); *Cordall* 18(2) Comps. & Law 25 (2007); *Dougherty/Lastowka* 9(5) E.C.L. & P. 3 (2007): „…evolution of […] MMORPGs into virtual worlds."; *Lin* [2008] B.Y.U. L. Rev. 47, 83; *Habel* MMR 2008, 71; *Naylor/Jaworski* 18(8) Ent. L. R. 262 (2007); *Psczolla* JurPC Web-Dok. 17/2009 Rn. 1; *Rogers* 76 Geo. Wash. L. Rev. 405, 408 (2008). Ebenso die Wahrnehmung der Tagespresse, vgl. Die Zeit v. 4.1.2007 S. 17; The Economist Technology Quarterly v. 8.12.2007 S. 3.

pedia, Weblogs oder Open Source Software gesehen. Auch bei ihnen äußert sich die generelle Entwicklung weg vom passiven Medienkonsumenten hin zum aktiven, schöpferischen Nutzer[33].

Und diese „virtuellen Gesellschaften“[34] preschen voran und prosperieren. Die Rede ist gar schon von einer „digitalen Kolonialisierung“[35] als Vorbote einer neuen Form des Internet[36]. Selbst wenn derzeit die Begeisterung der Medien für Second Life als das wohl bekannteste Beispiel angesichts anderer tagespolitischer Ereignisse abflaut[37] und immer wieder von technischen Problemen zu hören ist[38], scheint die Zukunft virtueller Welten gleichwohl erst begonnen zu haben. Das juristische Schrifttum wird jedenfalls nicht müde, die generelle und wachsende Bedeutung dieses Phänomens für das zukünftige Leben im digitalen, virtuellen Raum zu betonen[39] und sieht dabei den derzeitigen Entwicklungsstand virtueller

---

[33] *Ondrejka* 2(3) Innovations: Technology, Governance, Globalisation 27, 33 (2007); *Rifkin* S. 170. *Lastowka* 10 Vand. J. Ent. & Tech. L. 893, 897 ff. (2008) wirft die Frage auf, inwiefern die Bezeichnung als Nutzer überhaupt noch zutreffend ist, wenn Nutzender und Schaffender personell zusammenfallen. Diese Entwicklung spiegelt sich bisweilen in Neologismen wie „Conducer“ bzw. „Prosumer“ wider, vgl. *Garlick* 7 Yale J. L. & Tech. 422 (2004-2005); *Lober/Karg* CR 2007, 647; *Reuveni* 54 J. Copyright Soc'y U.S.A. 285 (2007).

[34] Vgl. für die Bezeichnung „Virtual Society“ etwa *Grimmelmann* 47 N.Y. L. Sch. L. Rev. 147, 184 (2004); *Jankowich* 11 B. Univ. J. Sc. and Tech. L. 173, 195 (2005); *Jankowich* 8 Tul. J. Tech. & Intell. Prop. 1, 3 (2006); *Lastowka/Hunter* 92 Cal. L. Rev. 1, 63 (2004); *Mnookin* 2 J. Computer-Mediated Comm. (1996).

[35] Vgl. Die Zeit v. 4.1.2007, S. 17 für das derzeit wohl bekannteste Beispiel Second Life. Ein ähnlicher historischer Bezug findet sich auch im juristischen Schrifttum, wo etwa *Kayser* 27 Loy. L.A. Ent. L. Rev. 59, 62 (2007) die zunehmende Nutzung virtueller Welten bisweilen mit der Entdeckung der USA und der Eroberung ihres Westens vergleicht — so wie das auch schon in den Anfangszeiten des Internet getan wurde, vgl. *Hunter* 91 Cal. L. Rev. 439, 442 (2003).

[36] Als „Testlabor“ auf dem Weg zu einem dreidimensionalen Internet nimmt sie *Büchner* K&R 2008, 425 wahr.

[37] Vgl. *Krieg* in: *Taeger/Wiebe* S. 79; Skepsis auch bei *Hoeren* NJW 2008, 2615, 2616.

[38] Vgl. nur Heise Online v. 18.9.2007 über Sicherheitslücken in der Client-Software von Second Life (http://www.heise.de/newsticker/meldung/96142, Abruf am 15.12. 2008).

[39] So ausdrücklich im US-amerikanischen Schrifttum *Balkin* 90 Va. L. Rev. 2043, 2044, 2085 (2004); *Bartle* 49 N.Y. L. Sch. L. Rev. 19, 23 (2004); *Birch* 9(1) E.C.L. & P. 12 (2007); *Bradley/Froomkin* 49 N.Y. L. Sch. L. Rev. 103 (2004); *Castronova* 49 N.Y. L. Sch. L. Rev. 185, 193 (2004); *Chein* 80 St. John's L. Rev. 1059, 1078 (2006); *Chin* 72 Brook. L. Rev. 1303, 1313 ff. (2007); *Fairfield* 85 B.U. L. Rev. 1047, 1051 (2005); *Lastowka/Hunter* 92 Cal. L. Rev. 1, 7 ff. (2004); *Lin* [2008] B.Y.U. L. Rev. 47, 83; *Rogers* 76 Geo. Wash. L. Rev. 405, 408 (2008); *Stephens* 80 Tex. L. Rev. 1513, 1514 (2002); *Westbrook* [2006] Mich. St. L. Rev. 779, 811; aus englischer Perspektive *Cordall* 18(2) Comps. & Law 25 (2007); *Dougherty/Lastowka* 9(5) E.C.L. & P. 3 (2007);

Welten auf einer Höhe mit dem Internet der frühen 1990er Jahre[40]. Schätzungen zufolge werden bis zum Jahr 2011 etwa 80% der Internetnutzer dreidimensionale virtuelle Welten benutzen[41]. Und bis zum Jahr 2030 soll gar ein „Internet der Dinge" Wirklichkeit sein, das virtuelle Welten mit intelligenten, vernetzten Alltagsgegenständen zusammenführt[42].

Nutzer agieren in der virtuellen Welt durch einen „Avatar" als alter ego[43], dessen Erscheinungsbild meist frei gewählt werden kann und der den Nutzer mit einer virtuellen Erscheinung repräsentiert. Dessen entscheidende soziale Funktion besteht darin, die menschliche Interaktion der hinter ihm stehenden Akteure in der virtuellen Welt zu vermitteln[44]. Das Erleben dahinter vollzieht sich dabei meist aus einer Ich-Perspektive; die physische Rezeption der Umgebung erfolgt audiovisuell mittels Bildschirm und Lautsprecher. Mittelfristig ließe es die technische Fortentwicklung bei der Gestaltung von Endnutzerschnittstellen und Übertragungskapazitäten sogar zu, neben visuellen oder akustischen Informationen auch mechanische, haptische oder gar olfaktorische Reize zu übermitteln und unmittelbarer umzusetzen[45]. Reale Sinneseindrücke würden so künstlich simuliert und einen täuschend echten Eindruck der Realität erschaffen. Dessen Vor-

---

Kotelnikov [2008] I.P.Q. 110 f.; *Naylor/Jaworski* 18(8) Ent. L. R. 262 (2007); *Sutin* 9(3) E.C.L. & P. 6 (2007); *Tromans* 70 Euro. Law. 21 (2007); im deutschen Schrifttum etwa *Büchner* K&R 2008, 425; *Habel* MMR 2008, 71; *Völzmann-Stickelbrock* FS Eisenhardt S. 327, 330 sowie im Übrigen all diejenigen im Literaturverzeichnis genannten, die das Problem von Virtual Property oder virtuellem Eigentum überhaupt diskutieren.

[40] *Lin* [2008] B.Y.U. L. Rev. 47, 86.

[41] *Lin* [2008] B.Y.U. L. Rev. 47, 84 und *Fairfield* Anti-Social Contracts S. 8 verweisen auf Prognosen, dass 80% aller Internetnutzer bis zum Jahre 2011 durch einen Avatar in (zumindest) einer virtuellen Welt repräsentiert werden und alle 500 umsatzstärksten Unternehmen der Welt dort virtuelle Dependancen haben werden. Weitergehend sind die Visionen von *Ondrejka* 2(3) Innovations: Technology, Governance, Globalisation 27 (2007), der die Zukunft virtueller Welten als Plattformen für kollaborative Arbeit sieht, welche im Zuge weiterer Globalisierung und Dezentralisierung die Arbeitsmärkte gänzlich von ihren physisch-geographischen Grenzen befreien sollen.

[42] Die Zeit, Online-Ausgabe Wissen 01/2007 (http://www.zeit.de/zeit-wissen/2007/01/Serie-Kommunikation; Abruf am 1.9.2009) unter Bezug auf die britische Medienwissenschaftlerin *Sue Thomas*. Terminologisch sei darauf hingewiesen, dass unter der Bezeichnung „Internet der Dinge" auch, wenn nicht gar überwiegend, die elektronische Vernetzung des realen Warenverkehrs zu Logistikzwecken über das TCP/IP-Protokoll verstanden wird.

[43] Vgl. dazu *Barfield* 39 Akron L. Rev. 649, 651 ff. (2006); *Castronova* Theory of the Avatar S. 4 ff.

[44] *Castronova* Virtual Worlds S. 13.

[45] Vgl. dazu *Barfield* 39 Akron L. Rev. 649 (2006); *Castronova* Theory of the Avatar S. 3; *Edwards/Barfield/Nussbaum* 7(2) Virtual Reality 112 ff. (2004); *Nash/Edwards/Thompson/Barfield* 12(1) International Journal of Human Computer Interaction 1 ff. (2000).

teil besteht für den Nutzer in der größeren Zahl aufnehmbarer Informationen, ist doch der menschliche Kognitionsapparat immer noch darauf ausgelegt, Dinge im Kontext ihrer räumlich-gegenständlichen Umgebung wahrzunehmen und zu verarbeiten[46].

Das Erscheinungsbild virtueller Welten mit einem dreidimensionalen Internet zu vergleichen, mag eine gedankliche Hilfe sein, greift aber als Beschreibung dann zu kurz, wenn sie eine bloß dreidimensionale Darstellung von Websites suggeriert. Virtuelle Welten gehen in ihren Interaktionsmöglichkeiten darüber weit hinaus. Websites im Internet sind nur über URLs aufrufbar und damit – bildlich gesprochen – streng voneinander abgetrennt, so dass zwischen ihnen eine Interaktion, ein fließender Übergang, eine Art virtueller „Nachbarschaft" zwischen Homepages[47], ein virtueller Schaufensterbummel in verschiedenen Geschäften oder das zufällige Treffen der Kunden in persona schlechterdings nicht vorstellbar sind. Virtuelle Welten eröffnen hier ganz neue realitätsähnliche Interaktionsmöglichkeiten[48]. Damit korrespondieren indes auch neue rechtliche Herausforderungen wie virtuelle Nachbarschaftsprobleme, virtuelle Demonstrationen – man denke nur an Studentenproteste in einem virtuellen Hörsaal und ein virtuelles Hausrecht – sowie Behinderungen, virtuelle Werbung direkt „vor" einem Geschäft der Konkurrenz und vor allem die Frage, wem die Herrschaftsrechte an virtuellen Gegenständen letztlich zustehen.

Die erhebliche Attraktivität virtueller Welt scheint nicht zuletzt der Wahrnehmung geschuldet zu sein, tatsächlich *dort* zu sein[49]. Bezeichnend ist, dass sich bereits 20% der Nutzer als Menschen bezeichnen, die dort „leben"; und über 40% würden gar ihre realen ökonomischen Aktivitäten einstellen, wenn sie in einer virtuellen Welt ein ausreichendes Einkommen erzielen könnten[50]. Das schlägt sich nicht zuletzt in der Nutzungsintensität nieder: Der typischer Benutzer verbringt dort zwischen 20 und 30 Wochenstunden[51]. Für rund ein Drittel ist das mehr Zeit – sei es Freizeit oder virtuelle Arbeit bei Produktion und Handel mit virtuellen Gütern – als sie

[46] *Cohen* 107 Col. L. Rev. 210, 227 f. (2007); *Fairfield* 85 B.U. L. Rev. 1047, 1062 (2005).

[47] Vgl. zu diesem Bild *Lemley* 91 Cal. L. Rev. 521, 526 (2003).

[48] Vgl. *Lessig* Code^2 S. 10 ff.

[49] *Barfield* 39 Akron L. Rev. 649, 650 (2006).

[50] *Castronova* Virtual Worlds S. 22.

[51] Nach *Williams/Yee/Caplan* 13 (4) Journal of Computer-Mediated Communication 993, 1002 ff. (2008) am repräsentativen Beispiel von Everquest II ist der durchschnittliche Nutzer 31 Jahre alt. Die Nutzungsdauer beträgt zwischen 22 und 30 Wochenstunden. Das Durchschnittseinkommen der Nutzer ist überdurchschnittlich und korreliert nicht mit der Nutzungsdauer.

in der realen Welt mit Arbeit verbringen[52]. Insbesondere in China und Korea besteht eine starke Tendenz zur Verlagerung des Lebens in den virtuellen Raum[53]. Ein Grund dafür mag sein, dass eine nicht unerhebliche Zahl von Menschen dort tatsächlich schon Geld in Unternehmen verdient, die Arbeiter zur Produktion oder zum Erspielen virtueller Güter einstellen[54].

Ein weiterer Grund, wieso Nutzer virtueller Welten so viel Zeit und – als Opportunitätskosten ausgedrückt – Geld aufwenden, um ihren Avatar zu „entwickeln", ihn in Aussehen, Fähigkeiten und Fertigkeiten aufzuwerten, virtuelle Gegenstände zu entwerfen, zu handeln und sich repräsentative virtuelle Besitztümer zuzulegen, liegt schlicht darin, dass sich die sozialen Mechanismen von Interaktion und Belohnung durch Anerkennung in der virtuellen Welt weitgehend mit denen der realen Welt decken[55]. Auch in virtuellen Welten bilden sich schnell soziale Netzwerke, die das virtuelle Zurechtkommen überhaupt erst ermöglichen. Alle virtuellen Investitionen in das eigene Ansehen folgen dabei demselben Anreizschema wie in der Realität einer postindustriellen Gesellschaft, in der nicht mehr die Befriedigung von Primärbedürfnissen, sondern der soziale Status die maßgebliche Triebfeder menschlichen Handelns ist[56].

II. Technische Grundlagen

Virtuelle Welten sind durch Computerprogramme generierte Umgebungen, die einen realen Raum nachbilden, in dem Nutzer sich bewegen, die Umgebung wahrnehmen und – je nach technischer Ausgestaltung denkbar unterschiedlich – mit anderen Nutzern oder virtuellen Gegenständen interagieren können. Technisch gesehen bestehen dieser Raum und die in ihm befindlichen Gegenstände lediglich aus Daten, welche das jeweilige Aussehen, die Beschaffenheit, etwaige Interaktionsmöglichkeiten und die Lage von Objekten im virtuellen Raum festlegen. Deren Inhalt lässt sich am besten durch einen Blick auf den Schöpfungsprozess virtueller Güter verdeutlichen. Die Herstellung virtueller Gegenstände – gleichviel, ob sie durch den Nutzer selbst oder vorab durch den Betreiber erfolgt – ähnelt der

---

[52] *Castronova* Virtual Worlds S. 25.

[53] Spiegel Online v. 31.8.2005 (http://www.spiegel.de/netzwelt/netzkultur/0,1518,371526,00.html, Abruf am 1.9.2009).

[54] Die Zeit v. 4.1.2007 S. 17, 18; Heise Online v. 23.8.2008 (http://www.heise.de/newsticker/meldung/114703, Abruf am 1.9.2009); *Belcher* 7(1) E.C. L. & P. 7, 8 (2005); *Lastowka/Hunter* 92 Cal. L. Rev. 1, 47 (2004). Nach *Castronova* Virtual Worlds S. 35 f. betrug der durchschnittliche Stundenlohn im Jahr 2001 $ 3,42, womit er sich in Schwellenländern als nicht unbeachtliche Einnahmequelle darstellt.

[55] *Castronova* Virtual Worlds S. 14.

[56] *Castronova* Virtual Worlds S. 17.

Konstruktion von Gegenständen, technischen Maschinen oder Bauwerken im Entwurfsstadium mithilfe von Computermodellen und CAD-Programmen, wobei lediglich der letzte Schritt einer realen Produktion entfällt. Dazu werden vorgegebene einfache geometrische Grundformen[57] durch deren Auswahl, Zuschnitt, Verformung, Anordnung und Kombination zu einer komplexen Objektgeometrie zusammengefügt und diese sodann mit Texturen, Licht-, Farb- und Kontrasteffekten, Mustern oder Schattierungen überzogen, bis sich das Abbild eines durchaus komplexen, quasi dreidimensionalen, weil aus jeder Perspektive betrachtbaren Gegenstandes ergibt[58]. Die Daten, aus denen ein solcher Gegenstand hiernach besteht, sind gleichsam die technischen „Aufbauanweisungen" an einen Computer, um diese einzelnen Elemente zusammenzusetzen und darstellbar zu machen. Zugleich können einem Gegenstand aber auch „Eigenschaften" beigegeben werden, z.B. welcher Nutzer die technische Kontrolle über ihn ausüben kann, ob er im virtuellen Raum beweglich oder unbeweglich ist, ob er wie virtuelles Wasser durchdringbar oder als virtuelle Mauer undurchdringbar ist und dergleichen mehr. Dies gilt in gleicher Weise für virtuelle Räume, die sich – gleichsam als virtuelle Immobilien – von virtuellen Gegenständen nur dadurch unterscheiden, dass sich Nutzer in ihnen bewegen und ihre Lage normalerweise nicht verändert werden kann. Auch für sie lassen sich Aussehen, physikalische Raumeigenschaften, Interaktionsmöglichkeiten und virtuelle Lage im Raum bestimmen.

All diese Daten werden meist auf einem zentralen Server gespeichert. Dieser enthält damit alle technischen Informationen, die zum Aufbau, zur Anzeige und zur Nutzung einer kompletten virtuellen Welt mitsamt der darin befindlichen Gegenstände und Avatare erforderlich sind. Auf dem Server läuft zudem ein Steuerprogramm für den eigentlichen technischen Betrieb der virtuellen Welt. Es verwaltet die Objektdaten und die Zuordnung von Gegenständen zu Nutzern, generiert aus ihrer Gesamtheit eine virtuelle Umgebung und steuert die Interaktionen der Nutzer miteinander[59]. Diese Objektdaten als Substrat der wahrnehmbar zu machenden virtuellen Güter sind von dem serverseitigen Steuerprogramm normalerweise technisch zu unterscheiden und existieren unabhängig voneinander.

Soweit von einem Server die Rede ist, handelt es sich hierbei selten um einen in einem Rechenzentrum stehenden Computer. Vielmehr sind wegen der Masse anfallender Be-

---

[57] Diese einfachen geometrischen Grundformen werden beispielsweise bei Second Life „Prims" genannt.

[58] Vgl. LG Köln K&R 2008, 477 – *Virtueller Dom* zur Herstellung einer virtuellen Version des Kölner Doms; ferner *Marcus* 52 N.Y. L. Sch. L. Rev. 67, 72 ff. (2007).

[59] Eine ausführliche Darstellung der technischen Grundlagen findet sich bei *Schmidt/Dreyer/Lampert* S. 24 ff. für Onlinespiele und trifft auch auf virtuelle Welten ohne weiteres zu. Vgl. hierzu auch *Stephens* 80 Tex. L. Rev. 1513, 1516 f. (2002).

rechnungen regelmäßig eine Vielzahl von Rechnern zu einem „Cluster" zusammengeschlossen, der die Berechnung verschiedener Operationen übernimmt. Dass die Rechenlast dabei auf mehrere Computer verteilt wird und wie viele Rechner sich in einem solchen Verbund befinden, ist für Nutzer von außen nicht erkennbar. Der eigentliche „Server", der als technisch steuernde Einheit die Datenströme der Nutzer entgegennimmt, das Geschehen in der virtuellen Welt berechnet und koordiniert sowie die aktualisierten Daten wieder an die Nutzer versendet, ist damit auch keine *einzelne* real existierende körperliche Sache mehr. Vielmehr übernimmt das die Steuerungssoftware, welche die Summe der Daten und die Last der erforderlichen Berechnungen und Speichervorgänge auf verschiedene Rechner in einem „Cluster" verteilt. Die genaue Verteilung der Rechenaufgaben kann technisch höchst unterschiedlich ausgestaltet sein. So ist es denkbar, dass verschiedene Rechner in diesem Cluster verschiedene virtuelle Gebiete[60] verwalten oder aber gebietsübergreifend unterschiedliche technische Aufgaben übernehmen, wie den Betrieb der erforderlichen Datenbanken zur Charakterverwaltung (Daten zu Avataren und ihrer Position im Raum), zur Itemverwaltung (Daten virtueller Gegenstände und ihrer Position im Raum), oder Datenbanken zu computergesteuerten Charakteren (sog. NPCs [non-player-character] oder MOBs [mobile object] bei MMORPGs). Müssen Informationen in den Datenbanken häufig und schnell verändert werden, wie etwa die Positionsdaten der Nutzer, werden diese Operationen aus Geschwindigkeitsgründen überwiegend im flüchtigen Arbeitsspeicher ausgeführt und nur in größeren Abständen in den Datenbanken auf einem nichtflüchtigen Speicher abgelegt. Geht es hingegen um dauerhaftere Daten, wie das Aussehen von Charakteren oder die Eigenschaften von Objekten, werden diese meist sofort in den Datenbanken abgelegt. Freilich ist die genaue technische Ausgestaltung höchst einzelfallabhängig.

Auf dem Rechner jedes Nutzers läuft ein Client-Programm, das über eine Internetverbindung mit dem Server-Programm kommuniziert, diese Daten bei Bedarf abruft und diese auf dem Rechner jedes einzelnen Nutzers zu einem kleinen, auf den Aufenthaltsort des Nutzers beschränkten Abbild der virtuellen Welt zusammensetzt, in der ein Nutzer die Umgebung tatsächlich wahrnehmen, sich in ihr bewegen, andere Gegenstände manipulieren und mit anderen Nutzern interagieren kann. Bei jeder Ortsveränderung werden neue, jeweils erforderliche Umgebungsdaten übermittelt. Die gesamte virtuelle Welt „existiert" auf dem Rechner jedes Nutzers damit ähnlich wie die reale Welt. Er kann sich immer nur an einem bestimmten Ort aufhalten, der Rest ist ihm aber potentiell zugänglich.

Informationen über jede Form von Interaktion – wie etwa Bewegungen im virtuellen Raum oder Änderungen von Objekten – werden vom Client-Programm registriert, als neue Umgebungsdaten an den Server zurück übertragen und in die dort bestehende Version der virtuellen Welt eingearbeitet. Diese nunmehr aktualisierten Umgebungsdaten werden wiederum an alle Nutzer übertragen, die sich dort befinden. Dieses ständige Wechsel-

[60] Diese sind meist als Inseln oder Kontinente nachgebildet. Mit dem Wechsel des Gebietes als virtuellem Aufenthaltsort geht technisch u.U. auch ein Wechsel des Servers und der jeweiligen Datenbank einher, welche die Objekt- und Positionsdaten aller Charaktere und Objekte in diesem Gebiet enthält.

spiel zwischen der Übertragung der technischen Aufbauanleitung einer virtuellen Umgebung an alle Nutzer und der Rückübertragung aller stattfindenden Veränderungen durch Interaktion führt dazu, dass auf dem Server stets eine aktuelle Version der virtuellen Welt und allen Geschehens in ihr existiert. Auf diese Weise entsteht bei jedem Nutzer ein realistisches Abbild einer virtuellen, aber ubiquitären und persistenten Welt. Sie ist ein eigenständiger, tatsächlich als solcher wahrnehmbarer „Raum" jenseits geographischer Grenzen, dessen Existenz unabhängig ist von der Anwesenheit der einzelnen angemeldeten Nutzer und dessen virtuelles Geschehen auch ohne sie fortläuft. Virtuelle Umgebung und enthaltene Gegenstände werden dadurch unmittelbar erlebbar und erlangen *Existenz*[61].

Das Funktionsprinzip der Client-Software lässt sich – stark vereinfacht – wie folgt beschreiben: Mehrmals pro Sekunde durchläuft das Programm eine Schleife, in der es:

1. überprüft, ob es neue Objekt- oder Positionsdaten vom Server erhalten hat, die Änderungen in der Umgebung des Nutzers betreffen,
2. überprüft, ob der Nutzer irgendetwas getan hat (z.B. seine Position oder Blickrichtung verändert, eine Bewegung ausgeführt, einen Gegenstand übergeben, eine andere Aktion ausführt usw.),
3. sodann daraus die Daten zur grafischen Bildschirmausgabe errechnet und die Umgebung anzeigt und
4. bei irgendwelchen Veränderungen seitens des Nutzers diese Daten an den Server sendet, welcher diese an alle Nutzer in der Umgebung weiterleitet.

Bewegt sich beispielsweise Nutzer A auf Nutzer B zu, sendet der Client des Nutzers A die Information an den Server, dass Nutzer A eine Bewegung in eine bestimmte Richtung aufgenommen und damit eine neue Position im Raum hat. Der Server empfängt diese Daten und schickt sie an alle anderen Clients in unmittelbarer virtueller Umgebung[62]. So erhält auch der Client des Nutzers B diese Information und kann damit die Bewegung des Nutzers A aus Sicht des Nutzers B auf ihn hinzu darstellen. Will sich nun der Nutzer B an eine Position bewegen, an der sich bereits der Nutzer A befindet, sendet der Client des Nutzers B die Information über die aufgenommene Bewegung an den Server. Dieser berechnet, welche Folgen diese Bewegung im Raum hätte und kommt zu dem Ergebnis, dass diese Bewegung nicht möglich ist, weil sich an dieser Stelle bereits der Nutzer A befindet. Diese Information sendet der Server zurück an den Client des Nutzers B, der daraufhin den Befehl zur Positionsänderung nicht ausführt. Da Nutzer B seine Position insoweit nicht geändert hat, brauchte der Server diese Information nicht an den Client des Nutzers A senden.

---

[61] *Castronova* Virtual Worlds S. 6 verwendet in diesem Zusammenhang den Begriff „Artistry" für technisch vermittelt existierende und unmittelbar erlebbare Umgebungen, die zwar kein Teil der realen Welt sind, aber auch mehr als bloße Konstrukte des Geistes.

[62] Dass allein Daten über Veränderungen in der unmittelbaren virtuellen Umgebung und darin befindlicher Objekte gleichsam in „Sichtweite" übermittelt werden, hat seinen Grund nicht nur in der begrenzten Rechen- und Übertragungskapazität. Es besteht schlicht kein Grund, Informationen über alle Vorgänge in einer virtuellen Welt stets an alle Nutzer zu senden, auch wenn diese davon gar nicht betroffen sind.

Inwiefern die Objektdaten virtueller Gegenstände allein auf einem Server gespeichert sind und so stets zwischen Client und Server übertragen werden müssen, ist eine Frage der technischen Ausgestaltung. Diese Daten können auch schon im Client-Programm enthalten sein, insbesondere wenn Gegenstände vom Betreiber vorgefertigt sind und typischerweise von allen Nutzern verwendet werden, wie es bei MMORPGs oft der Fall ist, wo vorgefertigte Gegenstände „erspielt" werden. Dass hier zwischen Client und Server keine Daten zum Erscheinungsbild der Objekte übertragen werden müssen, sondern lediglich zu Interaktionen und zur Lage im Raum, verringert die anfallenden Datenmengen erheblich. Sofern Nutzer jedoch – wie regelmäßig bei virtuellen Welten – Gegenstände selbst erstellen können, müssen diese Daten zwangsläufig auf einem zentralen Server gespeichert werden, da sie sonst für die Darstellung der virtuellen Umgebung bei anderen Nutzern nicht zugänglich sind.

Im Zuge technischer Fortentwicklung und steigender Rechen- bzw. Datenübertragungskapazität wird es für möglich gehalten, dass virtuelle Welten zukünftig auch auf Basis einer Peer-to-Peer Architektur arbeiten und ohne einen zentralen Server auskommen können. Dabei werden – ähnlich den heutigen Filesharing-Netzwerken – die Daten jedes Nutzers direkt an andere Nutzer übermittelt, ohne über einen zentralen Server geleitet zu werden[63].

III. Die ökonomische Bedeutung

Virtuelle Welten noch als Randphänomen zu begreifen oder ihre Bedeutung mit dem kurzen Verweis auf Computerspiele vom Tisch wischen zu wollen, erscheint nicht nur angesichts ihrer Zahl und inhaltlichen Vielgestaltigkeit denkbar undifferenziert[64], sondern geht mittlerweile auch an der ökonomischen Realität vorbei.

1. Virtuelle Volkswirtschaften

Aus ökonomischer Sicht sind virtuelle Welten äußerst real. Als Spiegelbild realer Wirtschaftssysteme nach westlich-kapitalistischem Vorbild mit Wettbewerbsfreiheit und Privateigentum[65] zielt ihre Binnenwirtschaft meist auf einen durch Angebot und Nachfrage gesteuerten Handel von virtuellen Gegenständen gegen virtuelle Währung. So kommt ihnen oft

---

[63] *Schmidt/Dreyer/Lampert* S. 29 ff.; *Mayer-Schönberger/Crowley* 100 N.W. U. L. Rev. 1775, 1822 f. (2006) mit Bedenken zur rechtlichen Regulierungsfähigkeit.

[64] So auch *Habel* MMR 2008, 71, 73.

[65] *Bradley/Froomkin* 49 N.Y. L. Sch. L. Rev. 103, 132 (2004); *Lastowka/Hunter* 92 Cal. L. Rev. 1, 30 ff. (2004).

schon der Charakter komplexer Volkswirtschaften zu[66], die über Produkt- und Arbeitsmärkte verfügen und deren Handel von Gütern und Arbeitskraft gegen Entgelt reizvoller wirtschaftswissenschaftlicher Forschungsgegenstand ist[67].

Dass diese Waren und Dienstleistungen virtueller Natur sind, schmälert die wirtschaftliche Bedeutung keineswegs, wenn es reale Wechselkurse[68] gibt, mit denen sich ihr Wert konkret beziffern lässt. Neuerdings besteht in den USA sogar die Möglichkeit, virtuelles Geld am Bankautomaten abzuheben[69]. Und spätestens, wenn das Bruttoinlandsprodukt einer virtuellen Welt dem von Bulgarien nahe kommt[70], virtuelle Banken bankrott gehen[71] oder Finanzbehörden ihr Auge auf Transaktionen im virtuellen Raum richten[72], lässt sich erahnen, welche wirtschaftliche Bedeutung dieser neuen Form menschlichen Zusammenlebens und Handelns jetzt schon zukommt. Auch die Globalisierung zeigt in virtuellen Welten ihr Gesicht, wenn Unternehmen in Niedriglohnländern – vor allem in Asien und Mittelamerika – zunehmend Arbeiter beschäftigen, die virtuelle Güter gegen

---

[66] Vgl. *Castronova* On Virtual Economies S. 13 ff.; *ders.* Virtual Worlds S. 18; *Chin* 72 Brook. L. Rev. 1303, 1305 (2007); *Cordall* 18(2) Comps. & Law, 25 (2007); *Lober/Weber* MMR 2005, 653, 654; *Ondrejka* 49 N.Y. L. Sch. L. Rev. 81, 87 f. (2004).

[67] Vgl. *Castronova* Virtual Worlds. Diesen Betrachtungen schien im Jahr 2001 noch das wissenschaftliche Stigma von Computerspielen als Forschungsgegenstand anzuhaften, weswegen dieser Artikel damals keinen Weg in eine Fachzeitschrift fand. Gleichwohl wurde er im Social Science Research Network SSRN zum drittmeistgelesenen Artikel, der dort jemals zur Vorabveröffentlichung eingestellt wurde, worauf *Kotelnikov* [2008] I.P.Q. 110, 111 Fn. 6 verweist.

[68] *Castronova* Virtual Worlds S. 25.

[69] Heise Online Newsletter v. 12.5.2006 (http://www.heise.de/newsticker/meldung/73066, Abruf am 31.1.2007).

[70] Das soll bei „Everquest", berechnet anhand des Marktpreises für Avatare und der Menge erzeugten Avatargutes, schon 2001 der Fall gewesen sein, vgl. *Castronova* Virtual Worlds S. 33; hierauf Bezug nehmend *Balkin* 90 Va. L. Rev. 2043, 2060 (2004); *Bradley/Froomkin* 49 N.Y. L. Sch. L. Rev. 103, 126 (2004); *Belcher* 7 (1) E.C.L. & P. 7 (2005); *Kotelnikov* [2008] I.P.Q. 110, 111; *Lastowka/Hunter* 92 Cal. L. Rev. 1, 39 (2004); *Sheldon* 54 UCLA L. Rev. 751, 753 (2007); *Westbrook* [2006] Mich. St. L. Rev. 779, 786. Pro Kopf gerechnet und gemessen am Wechselkurs der virtuellen Währung oder dem Wert der generierten virtuellen Güter soll es größer sein als das von Indien oder China (*Castronova* Virtual Worlds S. 3); hierauf verweisend *Bradley/Froomkin* 49 N.Y. L. Sch. L. Rev. 103, 124 (2004). *Birch* 9(1) E.C.L. & P. 2007, 12 geht für die Gesamtheit aller virtueller Welten nur im asiatischen Raum von einem BIP von 8 Milliarden US-Dollar aus.

[71] Vgl. Heise Online v. 15.8.2007 (http://www.heise.de/newsticker/meldung/94404, Abruf am 1.9.2009).

[72] In Großbritannien stellte die Finanzbehörde HM Revenue & Customs klar, dass virtuelle Gewinne zu versteuern sind, Meldung in 9(1) E.C.L. & P. 1 (2007).

geringes Entgelt erspielen (sog. Goldfarming) oder erstellen, um diese dann gewinnbringend zu verkaufen[73].

2. Die Nachfrage nach virtuellem Erlebnis

Zahl und Art virtueller Güter sind groß und mannigfaltig: Längst sind die Zeiten vorbei, in denen der Handel mit „Online-Schwertern" als Spielerei belächelt werden konnte. Nutzer können in manchen Welten heute unbebautes Land erwerben, dort Gebäude bauen und mit Einrichtung versehen, Infrastruktur erschaffen oder Gegenstände herstellen. Ist der unbebaute virtuelle Raum anfangs noch eine leere Plattform, füllt er sich alsbald mit Leben und Handel. Die Kosten dieser Erschließung tragen die Bewohner und amortisieren sie beispielsweise durch Verkauf oder Vermietung. Die Nachfrage nach Grundbesitz, Einrichtungsgegenständen, Kleidung, Accessoires, Autos und Hotelzimmern im virtuellen Raum ist beträchtlich[74]. Über den Ladentisch geht eine Vielzahl von Gütern mit realem Wert, der nur die Phantasie Grenzen zu setzen vermag. Auch Dienstleistungen wie virtuelle Vorlesungen, Seminare, Kongresse, Reisen, Events und Konzerte werden angeboten.

Der eigentliche Wert virtueller Gegenstände und virtueller Räume ergibt sich aus ihrem Kontext und wird vor allem durch positive Netzwerkeffekte im Zusammenwirken der solche Inhalte gemeinsam nutzenden Personen erzeugt[75] – ähnlich wie der erhebliche wirtschaftliche Wert sozialer Netzwerke durch die Anwesenheit der Nutzer gebildet wird[76] oder sich der Goodwill eines Unternehmens auch aus dessen wirtschaftlichen Beziehungen speist. Dass der Fortbestand virtueller Güter dabei vom Fortbestand des sie enthaltenden virtuellen Raumes abhängt, ist eine ihnen immanente Schwäche; und ihr Wert ist in erheblichem Maße vom Vertrauen in die Funktion des Systems abhängig[77]. Dieses scheint jedoch ziemlich ausgeprägt zu sein, wie die folgenden Beispiele zeigen:

---

[73] Vgl. dazu Die Zeit v. 4.1.2007 S. 17, 18; Heise Online v. 23.8.2008 (http://www.heise.de/newsticker/meldung/114703, Abruf am 1.9.2009); *Belcher* 7(1) E.C.L. & P. 7, 8 (2005); *Burger* in *Taeger/Wiebe* S. 65, 68; *Lastowka/Hunter* 92 Cal. L. Rev. 1, 47 (2004); *Mayer-Schönberger/Crowley* 100 NW. U. L. Rev. 1775, 1788 (2006); *Ondrejka* 49 N.Y. L. Sch. L. Rev. 81, 99 (2004); *Westbrook* [2006] Mich. St. L. Rev. 779, 790. Nach *Castronova* Virtual Worlds S. 35 f. betrug der durchschnittliche Stundenlohn im Jahr 2001 $ 3,42.

[74] Vgl. *Cordall* 18(2) Comps. & Law 25 (2007).

[75] *Mayer-Schönberger/Crowley* 100 NW. U. L. Rev. 1775, 1803 f. (2006); *Reuveni* 54 J. Copyright Soc'y U.S.A. 285, 298 ff. (2007).

[76] *Lastowka* 10 Vand. J. Ent. & Tech. L. 893, 895 (2008).

[77] *Dooley/Karaoulou* 16(6) Comps. & Law 20, 21 (2006); *Horowitz* 34 Ohio N.U. L. Rev. 223, 234 (2008).

Für 100.000 US-Dollar wurde 2005 ein virtueller Asteroid erworben, um dort ein Hotel nebst exklusivem Club zu betreiben – was den Unternehmer zum Millionär machte[78]. Eine virtuelle Insel wechselte für 26.500 US-Dollar den Inhaber, um einen Vergnügungspark zu beherbergen – und amortisierte sich binnen eines Jahres[79]. Mit 179.688 US-Dollar erzielte der Verkauf dreier Einkaufszentren im Jahr 2007 einen noch höheren Preis[80]. Und mit virtuellen Jagd- und Schürfrechten werden mittlerweile Umsätze von über 20.000 US-Dollar im Monat erzielt[81]. Durch die Tagespresse zog gar auch die Geschichte von Ailin Gräf, die als Anshe Chung mit virtuellem Immobilienhandel im realen Leben Millionärin wurde und nun in China ihr Unternehmen ausbaut, um virtuelles Terraforming zu betreiben[82].

Die virtuelle Natur gehandelter Gegenstände spielt aus ökonomischer Perspektive keine Rolle. Ihr Marktwert entsteht allein durch die bestehende Nachfrage, mag man diese für sich persönlich nachvollziehen oder hierin nur „des Kaisers neue Kleider“[83] sehen. Getreu dem Axiom der Präferenzautonomie aller Marktakteure bestimmt sich auch der Wert virtueller Güter rein subjektiv, ohne dass die Motive der Wertschätzung dabei irgendeine Rolle spielen könnten oder die individuellen Präferenzen der Nachfrager einem objektivierten, intersubjektiven Nutzenvergleich zugänglich wären[84].

Ist es hiernach allein die bestehende Nachfrage, welche letztlich den Preis bestimmt, so lassen sich die mitunter erheblichen Werte durchaus als Spiegel gesellschaftlichen Wandels und einer konsequenten Fortentwicklung der Nachfrage verstehen. Richtete diese sich früher noch auf materielle Güter zur Befriedigung grundlegender Primär- und später Sekundärbedürfnisse, geht sie derzeit in den Industrieländern mit weitgehend gesättigten Märkten, wachsender materieller Produkthomogenität und Substituierbarkeit hin zu Luxusgütern und Markenprodukten, denen vor allem ein emotionaler Zusatznutzen anhaftet. Dass nun dieser Nutzen bei rein virtuellen Gütern gänzlich vom körperlichen Träger abgekoppelt wird, erscheint als der derzeit letzte Schritt einer zunehmenden Dematerialisierung hin zu einer rein emotionalen Nutzenkonzeption nur konsequent. Hier äußert sich in Reinform, was *Rifkin* als den Übergang in eine „experience economy“ bezeichnet, in der anstelle industrieller Waren und Servicedienstleistungen

---

[78] Heise Online v. 12.5.2006 (http://www.heise.de/newsticker/meldung/73066, Abruf am 1.9.2009); *Meehan* 13 Rich. J. L. & Tech. 7 Tz. 4 (2006).

[79] *Kayser* 27 Loy. L.A. Ent. L. Rev. 59 (2007).

[80] *Vacca* 76 Tenn. L. Rev. 33, 41 (2008).

[81] Spiegel Online vom 12.11.2005 (http://www.spiegel.de/netzwelt/netzkultur/0,1518, 384401,00.html, Abruf am 1.9.2009).

[82] Die Zeit v. 4.1.2007 S. 18.

[83] Für dieses Bild dankt der Verfasser einer Anmerkung von Prof. Dr. *Karsten Schmidt.*

[84] Vgl. zur Bedeutung der Präferenzautonomie in der ökonomischen Analyse *Tietzel* in: *Herder-Dorneich/Schenk/Schmidtchen* (Hg.) S. 38; *Eidenmüller*[2] S. 326 ff.

zunehmend das kulturelle Erleben als solches zum Wirtschaftsgegenstand wird[85]. Vermarktet wird die gelebte Erfahrung[86]; ihre physische Verkörperung ist nebensächlich[87]. Dies gilt auch für simulierte Realitäten und virtuelle Welten[88].

Vor diesem Hintergrund lässt sich die Nachfrage nach virtuellen Gegenständen auch ohne weiteres in Modelle des Konsums einfügen. Das gilt unabhängig davon, ob man den Konsum allgemein als Mittel zur Nutzenmaximierung durch Bedürfnisbefriedigung begreift, seinen Sinn etwas spezifischer in der Kommunikation von Individualität und Identität durch das konsumierte Gut sieht oder das Vergnügen des Konsumvorganges in den Mittelpunkt stellt[89]. Virtuelle Besitztümer bieten auch im virtuellen Raum die Möglichkeit, den Konsum als Vergnügen zu erleben oder Individualität durch aufwendig hergestellte Luxusgüter zu demonstrieren, was sie ohne weiteres den Statusgütern der realen Welt gleichstellt. Dass jeglichen materiellen Eigenwertes entkleidete Güter allein durch ihre Knappheit einen Wert erlangen können, der sich im Signal von Prestige und wirtschaftlicher Leistungsfähigkeit erschöpft und entgegen ökonomischer Grundannahmen die Nachfrage gerade mit dem Preis steigen lässt, hat bereits *Veblen* mit seiner Theorie des ostentativen Konsums im Jahre 1899 herausgestellt[90].

Das virtuelle Konsumbedürfnis haben diverse Unternehmen – insbesondere in Asien[91] – erkannt und gründen zusehends virtuelle Filialen. Neben kleinen Einzelhändlern, die virtuelle Waren herstellen und verkaufen, gibt es Investoren, die erhebliche Summen für die Entwicklung virtueller Welten und virtueller Industriezweige ausgeben[92]. Auch die Unternehmen der realen Welt widmen sich der virtuellen Nachfrage und benutzen virtuelle

[85] *Rifkin* S. 137 ff.

[86] *Rifkin* S. 145.

[87] *Rifkin* S. 47.

[88] *Rifkin* S. 140; *Castronova* On Virtual Economies S. 15.

[89] Vgl. hierzu eingehend *Lin* [2008] B.Y.U. L. Rev. 47, 81 ff., der virtuellen Konsum in diesen theoretischen Rahmen einordnet und die vergleichbaren Motivationsmechanismen von realem und virtuellem Konsum herausstellt.

[90] *Veblen* passim.

[91] *Kayser* 27 Loy. L.A. Ent. L. Rev. 59, 66 f. (2007).

[92] Gut eine Milliarde US-Dollar soll im Zeitraum Oktober 2006 bis Oktober 2007 in virtuelle Welten und deren Technik investiert worden sein, vgl. Heise Online v. 10.10.2007 (http://www.heise.de/newsticker/meldung/97161, Abruf am 1.9.2009). Der T-Online Venture Fund investierte beispielsweise in die südkoreanische Parallelwelt Cyworld, deren 14 Mio. Mitglieder täglich mehr als 160.000 Dollar ausgeben, Heise Online v. 8.11.2006 (http://www.heise.de/newsticker/meldung/80710, Abruf am 1.9. 2009).

Güter für Produkttests[93] oder Werbezwecke und führen Events, Tagungen oder Schulungen durch. Einen Ertrag verspricht man sich nicht nur von dem geringem Aufwand einer virtuellen Präsenz im Vergleich zu einer realen Niederlassung. Auch sind die gesteigerte Aufmerksamkeit medium-affiner Nutzer und soziale Netzwerkeffekte im virtuellen Raum ein vielversprechendes Mittel, um neue Käuferschichten anzusprechen, etwa durch die Nutzung eines öffentlichen Platzes für virtuelle Werbung.

Dementsprechend wächst auch die Liste virtueller Dependancen realer Unternehmen ständig. Einige besonders bekannte Beispiele seien hier angeführt: Der Axel Springer Verlag veröffentlicht seit Ende 2006 eine Boulevard-Wochenzeitung in „Second Life". Die Nachrichtenagentur Reuters hat einen riesigen Gebäudekomplex errichten lassen, in dem stets die neuesten Nachrichten übertragen werden[94]. Auch Adidas und Reebok haben virtuelle Geschäfte aufgebaut, in denen man Schuhe aus der aktuellen Kollektion für Avatare kaufen kann. IBM, das schon jetzt ebenso wie Cisco Systems[95] virtuelle Konferenzen abhält, möchte in den nächsten Jahren über 100 Millionen US-Dollar in die Nutzung virtueller Räume investieren[96]. Toyota stellt seine Fahrzeuge in virtuellen Versionen vor. Sony BMG promotet dort Künstler und veranstaltet – ebenso wie MTV – virtuelle Konzerte[97]. Zu finden sind dort auch Amazon, American Apparel, Dell, EnBW und Vodafone[98].

3. Ökonomische Eckdaten

Kurz umrissen sei der wirtschaftliche Rahmen des schnell wachsenden Gesamtmarktes. Setzte die Branche der Betreiber im Jahr 2000 noch 81 Mio. US-Dollar um, wuchsen die Umsätze von 1,5 Mrd. US-Dollar im Jahre 2004[99] auf 3,7 Mrd.[100] im Jahr 2005. Für 2009 wurden – vor der Weltfinanzkrise – gar Umsätze um die 9,8 Mrd. US-Dollar prognostiziert[101]. Diese Summen kommen vor allem durch monatliche Zahlungen für den Zugang zustande. Darin nicht eingeschlossen sind die Umsätze virtueller Unternehmen. Der Binnenumsatz in „Second Life" beispiels-

[93] So können Nutzer etwa ein virtuelles Modell ihrer selbst erstellen, virtuelle Kleidung anprobieren und diese sodann real bestellen, vgl. *Fairfield* 85 B.U. L. Rev. 1047, 1062 (2005).

[94] Vgl. http://slinside.com/index.php?option=com_content&task=view&id=37&Itemid =83 (Abruf am 1.9.2009).

[95] The Economist Technology Quarterly v. 8.12.2007 S. 3.

[96] Heise Online v. 14.11.2006 (http://www.heise.de/newsticker/meldung/80986, Abruf am 1.9.2009).

[97] Vgl. http://slinside.com/index.php?option=com_content&task=view&id=37&Itemid =83 (Abruf am 1.9.2009).

[98] Die Zeit v. 4.1.2007 S. 17, 18.

[99] *Castronova* Virtual Worlds S. 3

[100] Spiegel Online vom 4.7.2005 (http://www.spiegel.de/spiegel/0,1518,363363,00. html, Abruf am 15.12.2007)

[101] *Trump/Wedemeyer* K&R 2006, 397, 398 m.w.N.

weise beträgt mittlerweile täglich etwa 1,2 Mio. US-Dollar[102] bei etwa 14000 ansässigen Unternehmen[103]; der Geldumlauf 360 Mio.[104]. Der gesamte weltweite Umsatz nur durch den Handel mit virtuellen Gütern gegen Entgelt wird derzeit auf ca. 1,09 Mrd. US-Dollar geschätzt[105]. Damit korrespondieren stark wachsende Nutzerzahlen:

Die geschätzte Zahl der Nutzer aller virtuellen Welten zusammen soll irgendwo zwischen 20 Mio.[106], 30-60 Mio.[107] und 73 Mio.[108] liegen, von denen der Großteil derzeit hauptsächlich in Asien konzentriert ist. Allein in China sollen im Jahr 2005 schon ca. 25 Mio. Nutzer aktiv gewesen sein[109]. Das als mittelalterliches Online–Rollenspiel konzipierte World of Warcraft beherbergt weltweit inzwischen mehr als 11 Mio. Menschen[110], allein im deutschsprachigen Raum schon im Jahr 2007 rund 680.000[111]. Die schnellstwachsende 3D-Onlineplattform als Kopie der realen urbanen Welt mit momentan ca. 15 Millionen Nutzern ist „Second Life“[112].

Angesichts der mit wachsenden Teilnehmerzahlen aufkommenden Netzwerkeffekte sowie der Pfadabhängigkeiten durch Investitionen in Avatar, Güter und soziale Beziehungen[113] ist davon auszugehen, dass der Markt sich auch bei weiter wachsenden Teilnehmerzahlen zunehmend konsolidieren und sich die Nachfrage auf einige Betreiber verteilen wird.

IV. Virtuelle Politik

Die politische Perspektive betrifft bislang weniger eine demokratische Entscheidungsfindung innerhalb virtueller Welten, weil Betreiberunternehmen die geschaffene virtuelle Welt als ihr eigenes kommerzielles An-

---

[102] Vgl. http://slinside.com/index.php/Wirtschaftswunder-Real-Life-Unternehmen-in-Second-Life.html (Abruf am 1.9.2009).

[103] Die Zeit v. 4.1.2007 S. 17. Was die Anzahl profitabler Unternehmen angeht, spricht *Chin* 72 Brook. L. Rev. 1303, 1313 (2007) von etwa 7000.

[104] Die Zeit v. 4.1.2007 S. 17.

[105] *Hunt* 9 Tex. Rev. Ent. & Sports L. 141, 159 (2007).

[106] Die Zeit v. 4.1.2007 S. 17, 18.

[107] *Kotelnikov* [2008] I.P.Q. 110, 115.

[108] *Westbrook* [2006] Mich. St. L. Rev. 779, 785.

[109] Spiegel Online vom 31.8.2005 (http://www.spiegel.de/netzwelt/netzkultur/0,1518, 371526,00.html, Abruf am 1.9.2009).

[110] Netzeitung v. 29.11.2008 (http://www.netzeitung.de/internet/1220677.html, Abruf am 1.9.2009).

[111] Frankfurter Allgemeine Sonntagszeitung v. 21.1.2007 S. 8.

[112] Vgl. Die Zeit v. 4.1.2007 S. 17 (damals noch 2,3 Mio. Nutzer); http://slinside.com/ index.php/Wirtschaftswunder-Real-Life-Unternehmen-in-Second-Life.html (Abruf am 1.9.2009).

[113] Unter dem Aspekt der Opportunitätskosten lassen sich auch „soziale“ Investitionen über die dazu aufgewendete Zeit wertmäßig beziffern.

gebot und Eigentum verstehen, in dem für Mitspracherechte der Nutzer wenig Raum bleibt[114].

Größere Bedeutung haben virtuelle Welten demgegenüber als Forum für das gesamte Spektrum realer Politikvorstellungen. So wie chinesische Dissidenten dort Meinungsaustausch pflegen, bieten andere virtuelle Räume propagandistische Simulationen chinesisch-japanischer Auseinandersetzungen[115], Debatten über Diskriminierung[116] oder realen Wahlkampf. So versuchte sich etwa die französische Front Nationale an ihrer ersten virtuellen Dependance in „Second Life" – was prompt eine virtuelle Gegendemonstration hervorrief[117]. Ebenso fanden dort im Jahr 2007 der französische[118] sowie im Jahr 2008 der amerikanische Präsidentschaftswahlkampf statt[119]. Und auf die Ankündigung Schwedens, eine virtuelle Botschaft zu eröffnen[120], folgten jüngst ähnliche Pläne der EU[121].

C. Rechtlicher Forschungsbedarf und methodischer Ansatz

Ziel dieser Arbeit ist es, paradigmatisch für die generelle Tendenz hin zur zunehmenden „Dematerialisierung"[122] bzw. „Virtualisierung"[123] wirtschaftlicher Ressourcen die Rechtsnatur wahrnehmbarer, abgrenzbarer, real nutzbarer und gegen reales Entgelt handelbarer virtueller Gegenstände in einer persistenten virtuellen Umgebung zu erörtern und aus der Sicht des deutschen Rechts – unter Bezugnahme auf entsprechende Ansätze im US-amerikanischen Recht – die an ihnen bestehenden Verfügungsrechte zu klären.

---

[114] *Bradley/Froomkin* 49 N.Y. L. Sch. L. Rev. 103, 144 (2004); *Grimmelmann* 47 N.Y. L. Sch. L. Rev. 147, 175 (2004); *Lastowka/Hunter* 92 Cal. L. Rev. 1, 59 f. (2004); *Lessig* Code^2 S. 139, 285. Dazu Kap. 4 F.II.2.d.bb.

[115] Spiegel Online v. 31.8.2005 (http://www.spiegel.de/netzwelt/netzkultur/0,1518,371526,00.html, Abruf am 1.9.2009).

[116] Spiegel Online v. 8.2.2006 (http://www.spiegel.de/netzwelt/netzkultur/0,1518,399677,00.html, Abruf am 1.9.2009).

[117] Spiegel Online v. 12.1.2007 (http://www.spiegel.de/netzwelt/web/0,1518,459424,00.html, Abruf am 1.9.2009).

[118] Spiegel Online v. 27.2.2007 (http://www.spiegel.de/netzwelt/spielzeug/0,1518,468836,00.html, Abruf am 1.9.2009).

[119] CBS News v. 4.11.2008 (http://www.cbsnews.com/stories/2008/11/04/tech/main4570049.shtml, Abruf am 1.9.2009).

[120] Heise Online v. 29.1.07 (http://www.heise.de/newsticker/meldung/84415, Abruf am 1.9.2009).

[121] *Klickermann* MMR 2007, 766.

[122] *Lastowka/Hunter* 92 Cal. L. Rev. 1, 40 (2004); *Paulus* in: *Noack/Spindler* S. 1, 9 f.; *Rifkin* S. 44 ff.

[123] *Cohen* 107 Col. L. Rev. 210, 243 (2007); *Kloos/Wagner* CR 2002, 865.

I. Bedeutung der Rechtsnatur virtueller Gegenstände

Prima facie scheinen sich virtuelle Gegenstände dem Versuch einer Einordnung in die Rechtsfiguren des deutschen Rechts zu entziehen und eine unbequeme Zwischenstellung einnehmen zu wollen: Mangels Körperlichkeit sind sie weder dem Sacheigentum zuzuordnen[124], noch unterfallen sie wegen ihrer tatsächlichen, über ein rein geistiges Gut hinausgehenden Existenz allein dem geistigen Eigentum[125]. Die Abhängigkeit ihrer Nutzung vom Zugang zu einer virtuellen Welt gibt Anlass zu einer Betrachtung im Licht des Vertragsrechts; ihre gegenständlich-reale Existenz spricht aber eher dagegen, dass sie sich in einer bloßen Forderung erschöpfen[126].

Das theoretisch-dogmatische Erkenntnisinteresse, an virtuellen Gegenständen paradigmatisch Grundlagenforschung für den rechtlichen Rahmen einer zukünftigen Nutzung virtueller elektronischer Ressourcen jenseits der Immaterialgüterrechte betreiben zu wollen, hat auch eine praktische Dimension. Auf den ersten Blick mag die Rechtsnatur virtueller Gegenstände eine geringere Rolle spielen, solange diese nur hinreichend klar definiert, von anderen Gütern abgegrenzt, einem Inhaber zugewiesen und damit handelbar sind. Dass diese Erfordernisse technisch erfüllt werden können und die unklare rechtliche Qualifikation virtueller Gegenstände bislang ihre Produktion und ihren Handel offenbar nicht nennenswert behindert hat, führen die immens steigenden Umsätze zwar vor Augen. Fragen nach der Rechtsnatur kommen jedoch dann auf, wenn man sich vom Blick auf den Idealfall einer reibungslosen digitalen Transaktion löst. Nicht nur stellt sich bei etwaigen Leistungsstörungen letztlich die Frage, was eigentlich gehandelt wird. Auch lassen es die steigende wirtschaftliche Bedeutung der gehandelten virtuellen Güter und der Aufwand ihrer Produktion angezeigt erscheinen, einen rechtlichen Schutz vor unbefugter Benutzung, Beeinträchtigung oder Entzug zu erwägen und dafür eine Rechtsgrundlage zu finden. Mit Blick in die Zukunft liegt es auch nicht fern, sie als werthaltigen Teil des Vermögens anzusehen und – nicht anders als andere Rechtsobjekte – dem Zugriff etwaiger Gläubiger auszusetzen. In all diesen Fällen ergeht sich eine Analyse ihrer Rechtsnatur nicht in dogmatischem Selbstzweck, sondern liefert die entscheidenden Weichenstellungen[127].

Dabei erschöpft sich die praktische Bedeutung einer Analyse der Rechtsnatur virtueller Gegenstände nicht nur in der Rechtsklarheit, welche

---

[124] Dazu Kap. 3 D.

[125] Dazu Kap. 4 B.

[126] Dazu Kap. 4 D.

[127] Vgl. allgemein zum Erfordernis einer klaren Kategorisierung der Rechtsobjekte für den zwangsweisen Gläubigerzugriff *Paulus* ZIP 2000, 2189, 2192.

der gegenwärtige Handel mit virtuellen Gegenständen und seine Auswirkungen auf die reale Wirtschaft erfordern[128]. Begreift man die Förderung und Steuerung von Innovationen als eine Aufgabe des Rechts[129], so ist ein rechtlicher Rahmen insbesondere für die zukünftige Nutzung solcher elektronischer Ressourcen wünschenswert, der seinen Teil zum technischen Fortschritt und zu Investitionen in die Erzeugung und Nutzung virtueller elektronischer Ressourcen in virtuellen Umgebungen beitragen kann. Dies mögen virtuelle Güter in virtuellen Welten, virtuelle öffentliche Werbeplätze, ausgelagerter Speicherplatz für Daten, E-Mail-Konten[130], ein virtuelles Hausrecht[131] oder andere elektronische Ressourcen in virtuellen Umgebungen sein, deren konkrete Formen derzeit noch nicht absehbar sind[132].

Im Rahmen dieser Arbeit dienen virtuelle Gegenstände somit als Beispiel und Ausgangspunkt für eine Analyse der dogmatischen Gangbarkeit sowie der Vor- und Nachteile potentiell all der einschlägigen Rechtsfiguren, die das deutsche Recht bereit hält, um auf solche zukünftigen Entwicklungen reagieren zu können. Dieses Bedürfnis spiegelt das juristische Schrifttum mit einer wachsenden Zahl an Stellungnahmen wider. Im US-amerikanischen Common Law hat man sich der Problematik virtueller Gegenstände in der Diskussion um die Rechtsfigur des „Virtual Property"[133] schon weitaus intensiver genähert als in Deutschland, wo Bei-

[128] Diese Notwendigkeit sehen etwa *Balkin* 90 Va. L. Rev. 2043, 2046, 2059 (2004); *Blazer* 5 Pierce L. Rev. 137, 138; *Chin* 72 Brook. L. Rev. 1303, 1320 (2007); *Westbrook* [2006] Mich. St. L. Rev. 779, 789.

[129] Vgl. zu dieser Perspektive *Hoffmann-Riem* in: *Eifert/Hoffmann-Riem* S. 26 ff.

[130] Vgl. zu diesen Beispielen *Fairfield* 85 B.U. L. Rev. 1047, 1056 (2005); *Blazer* 5 Pierce L. Rev. 137, 150 (2006).

[131] Zu den Parallelen der Diskussion um das virtuelle Hausrecht und das virtuelle Eigentum Kap. 3 D.II.5.

[132] Mit dieser dynamischen Perspektive eines Rechtsrahmens für Innovation auch *Bartle* Pitfalls of Virtual Property S. 23 (die Rechtsunsicherheit im US-amerikanischen Recht aus Entwickler- und Betreiberperspektive bemängelnd); *Blazer* 5 Pierce L. Rev. 137, 138 ff. (2006); *Burger* in *Taeger/Wiebe* S. 65; *Fairfield* 85 B.U. L. Rev. 1047, 1063 (2005); *Westbrook* [2006] Mich. St. L. Rev. 779, 781.

[133] Vgl. etwa *Balkin* 90 Va. L. Rev. 2043 (2004); *Bartle* Pitfalls of Virtual Property; *Belcher* 7(1) E.C. L. & P. 7, 8 (2005); *Blazer* 5 Pierce L. Rev. 137 (2006); *Castronova* 49 N.Y. L. Sch. L. Rev. 185 (2004); *Chein* 80 St. John's L. Rev. 1059 (2006); *Chin* 72 Brook. L. Rev. 1303 (2007); *Dibbell* Owned; *Dooley/Karaoulou* 16(6) Comps. & Law 20, 22 (2006); *Dougherty* 9(7) E.C.L. & P. 6 (2007); *Dougherty/Lastowka* 9(5) E.C.L. & P. 3 (2007); *Fairfield* 85 B.U. L. Rev. 1047 (2005); *Fairfield* Anti-Social Contracts S. 44; *Glushko* 22 Berkeley Tech. L. J. 507 (2007); *Horowitz* 20 Harv. J. L. & Tech. 443 (2007); *Hunt* 9 Tex. Rev. Ent. & Sports L. 141 (2007); *Jankowich* 8 Tul. J. Tech. & Intell. Prop. 1 (2006); *Kayser* 27 Loy. L.A. Ent. L. Rev. 59, 72 ff. (2007); *Lastowka/Hunter* 92 Cal. L. Rev. 1 (2004); *Lastowka* 40 Ind. L. Rev. 23, (2007); *Lederman* 82 N.Y.U. L. Rev. 1620 (2007): *Lim* 1(7) J.I.P.L.P. 481 (2006); *Mayer-*

träge zum „virtuellen Eigentum“ zahlenmäßig noch überschaubar sind und die dogmatischen Konstruktionsvorschläge weit auseinander gehen[134].

II. Virtuelles Eigentum als Ausgangspunkt: Wiederkehr von Rechtsfiguren oder Enge überkommener Begrifflichkeiten?

Schon im Titel dieser Arbeit lässt der Begriff „Virtuelles Eigentum“ den Versuch erahnen, die Rechtsnatur real existierender, vom Verkehr ähnlich wie Sachen wahrgenommener und wirtschaftlich so behandelter virtueller Gegenstände auch am Leitbild des Eigentums auszurichten. Freilich können Verfügungsrechte an virtuellen Gegenständen nicht durch schlichte Subsumtion unter den Eigentumsbegriff des § 903 BGB begründet werden, da dieser nur körperliche Gegenstände als Sachen i.S.d. § 90 BGB erfasst[135]. Dass unkörperliche virtuelle Gegenstände gleichwohl den Sachen – bis auf die fehlende Körperlichkeit – als deren funktionales Äquivalent näher stehen als den Immaterialgütern[136], illustriert ein grundsätzliches und deshalb hier als Grundlage der folgenden Arbeitshypothesen vorab dargestelltes Problem: Das Spannungsverhältnis zwischen dem Rückgriff auf überkommene Rechtsfiguren und den dogmatischen Grenzen ihrer Anwendbarkeit.

Zur rechtlich-dogmatischen Verortung neuer tatsächlicher Phänomene bietet sich entweder der Rückgriff auf bestehende Rechtsfiguren oder ihre Neuschöpfung an. Der erste, oft gegangene und deshalb zu einer gewissen „Wiederkehr der Rechtsfiguren“[137] führende Weg muss nicht zwingend der Begrenztheit des juristischen Instrumentariums oder einem Mangel an Einfallsreichtum geschuldet sein[138]. Sich an Bekanntem und Bewährtem zu orientieren, birgt auch den Vorteil, auf rechtstatsächliche Erfahrungen

---

Schönberger/Crowley 100 NW. U. L. Rev. 1775 (2006); *Meehan* 13 Rich. J. L. & Tech. 7 (2006); *Miller* 22 Rev. Litig. 435 (2003); *Rogers* 76 Geo. Wash. L. Rev. 405 (2008); *Sheldon* 54 UCLA L. Rev. 751 (2007); *Stephens* 80 Tex. L. Rev. 1513 (2002); *Vacca* 76 Tenn. L. Rev. 33 (2008); *Westbrook* [2006] Mich. St. L. Rev. 779.

[134] Zu Beginn dieser Arbeit im Jahr 2006 existierten nur wenige Stellungnahmen (*Koch* JurPC Web-Dok. 57/2006; *Lober/Weber* MMR 2005, 653; *Trump/Wedemeyer* K&R 2006, 397; *Wemmer/Bodensieck* K&R 2004, 432). Erst auf dem Höhepunkt der Berichterstattung in den Massenmedien wuchs dann ihre Zahl schnell (*Burger* in *Taeger/Wiebe* S. 65; *Geis/Geis* CR 2007, 721; *Klickermann* MMR 2007, 766, 767; *Krasemann* MMR 2006, 351, 353; *Lober/Weber* CR 2006, 837, 843; *Rippert/Weimer* ZUM 2007, 272; *Völzmann-Stickelbrock* FS Eisenhardt S. 327). Urteile (außer zu spezifisch urheberrechtlichen Aspekten, vgl. LG Köln K&R 2008, 477 – *Virtueller Dom*) und monographische Stellungnahmen speziell zu virtuellem Eigentum finden sich derzeit noch nicht.

[135] Dazu Kap. 3 D.

[136] Dazu Kap. 4 B.

[137] Vgl. *Mayer-Maly* JZ 1971, 1, 3.

[138] U.a. diesen Grund sieht *Mayer-Maly* JZ 1971, 1, 3.

zurückgreifen zu können[139], wobei jedoch zugleich Vorsicht angemahnt wird, die rechtsschöpferische Phantasie nicht vorschnell in vorgefertigte Bahnen zu lenken[140]. Dieses Spannungsfeld zwischen bewährten Rechtsfiguren und den Grenzen ihrer sinnvollen Anwendbarkeit, jenseits derer die Suche nach Neuem einsetzen muss, wird sich im Rahmen dieser Arbeit mit aller Deutlichkeit beim Versuch auftun, die Rechtsnatur virtueller unkörperlicher Gegenstände, Daten und elektronischer Ressourcen allgemein gerade im begrifflichen Rahmen eines virtuellen *Eigentums* zu analysieren, das im deutschen bürgerlichrechtlichen Sprachgebrauch mit dem Konzept körperlicher Herrschaftsgegenstände untrennbar verbunden ist[141].

Vor diesem Hintergrund streitet für den Begriff des Eigentums als Leitbild und Ausgangspunkt der folgenden Ausführungen nicht nur seine Fähigkeit, eine jedermann ohne weiteres eingängige Denkfigur zu sein, welche die Herrschaft über Herrschaftsgegenstände vermittelt, sondern zugleich die auch im virtuellen Raum bestehende Notwendigkeit eines herrschaftsobjektbezogenen Verständnisses, m.a.W. einer gewissen „Vergegenständlichung"[142]. Diese lässt sich ohne weiteres in informationsökonomischer Terminologie ausdrücken: Der zentrale Grund dafür, dass Vorstellung, Sprache und letztlich auch Rechtsfiguren dem Gegenständlich-Realen nicht entkommen können, liegt in der Natur menschlicher Wahrnehmung und des menschlichen Denkens, die seit jeher in einer realgegenständlichen Welt stattfinden. Kognitive Kategoriebildung, intuitives Verständnis sowie die daraus fließende soziale Überzeugungskraft sind eng mit dem Wesen des Menschen als Akteur im gegenständlichem Raum und seiner räumlich-situativen Wahrnehmung verbunden[143]. Insoweit dienen gegenständliche Metaphern und hieran ausgerichtete Rechtsfiguren als Mittel, abstrakte Konzepte zu strukturieren und verständlich zu machen, schlichtweg der Senkung „kognitiver" Transaktionskosten[144].

Allerdings kann sich das deutsche bürgerlichrechtliche, auf körperliche Gegenstände bezogene Eigentum i.S.d. § 903 BGB – anders als sein verfassungsrechtliches Pendant in Art. 14 GG[145] oder der denkbar weite Be-

---

[139] *Paulus* FS Mayer-Maly S. 563, 567.

[140] *Paulus* FS Mayer-Maly S. 563, 567.

[141] Dazu Kap. 4 F.I.1.

[142] In diese Richtung *Paulus* MMR 1999, 443; ebenso *Beurskens* in: *Domej/Dörr/Hoffmann-Nowotny/Vasella/Zelger* S. 443, 446.

[143] Vgl. *Lipton* 35 Loy. U. Chi. L. J. 235, 237 (2003); *Fairfield* 85 B.U. L. Rev. 1047, 1053 Fn. 22 (2005); *Hunter* 91 Cal. L. Rev. 439, 458 ff. (2003); vgl. für virtuelle Güter *Dougherty* 9(7) E.C.L. & P. 6, 8 (2007).

[144] *Cohen* 107 Col. L. Rev. 210, 234 (2007); *Madison* 56 Case Western Res. L. Rev. 381, 418 (2005); *Long* 90 Va. L. Rev. 465, 540 (2004).

[145] Vgl. zum weiten Schutzbereich des verfassungsrechtlichen Eigentums unter Einschluss des Sacheigentums als Schutzgegenstand BVerfGE 14, 263, 276 – *Feldmühle*, für

griff des Property im Common Law[146] – einer solchen Entwicklung nicht öffnen. Hierfür wurden der Eigentumsbegriff und der ihm zugrunde liegende enge Sachbegriff des § 90 BGB wiederholt kritisiert[147] und als einem allzu konkret-gegenständlichem Denken verhaftet gesehen. Dass dieser seinen antiken römischrechtlichen Traditionen und einem antiken „Recht der Körper“ nicht entkommen kann, bemerkte auch *Spengler* im Jahr 1918 in seinem kulturhistorischen Hauptwerk „Der Untergang des Abendlandes“[148]; immer noch knüpften Begriffe wie Person, Sache und Eigentum an Zustände des antiken Lebens an; und immer noch sei das Recht von einem antiken Sachbegriff beherrscht[149], der zu voreilig aus den lateinischen Schriften abstrahiert und rezipiert wurde und als solcher fortwirke, anstatt dem Privatrecht die Gelegenheit zu geben, den „Geist des jeweiligen sozialen und wirtschaftlichen Daseins“ darzustellen[150].

Dass dieser Vorwurf in seiner Allgemeinheit heute noch gilt, wird angesichts der vielfältigen Änderungen im Rechtsdenken seit der – die Anschauungen *Spenglers* prägenden – vorigen Jahrhundertwende zu Recht bezweifelt; und es wird auf die Abkehr von den formalen Begrifflichkeiten der Pandektistik, auf den Wandel von der Begriffs- hin zur Interessenjurisprudenz, und auf die Schaffung neuer, die Interessen konkreter Lebensverhältnisse zum Maßstab erhebender Rechtsfiguren durch die Rechtsprechung verwiesen[151]. Schon der begrifflich aufgespannte Gegensatz zwischen einem antiken „Recht der Körper“ und einem heutigen „Recht der Funktionen“ lasse sich nicht mehr halten, was etwa in der Entwicklung des Sachenrechts und der Ersetzung des vertraglichen Pfandrechts durch die Sicherungsübereignung zum Ausdruck komme, mit der die Rechtsent-

---

Immaterialgüter BVerfGE 31, 229, 240 – *Schulbuchprivileg* (zum Urheberrecht); BVerfGE 36, 281, 290 – *Patentoffenlegung* (zu Patenten); BVerfGE 51, 193, 216 – *Schloßberg* (zum damaligen Warenzeichenrecht); für Forderungen BVerfGE 68, 193, 222 – *Zahntechniker-Innung*; BVerfGE 83, 201, 208 – *Vorkaufsrecht*.

[146] Dazu Kap. 2 B.I.

[147] Vgl. *Bydlinski* AcP 198 (1998), 287, 289; *Dulckeit* S. 36, 63; *Hedemann*[3] S. 3; *Kruse* Bd. 1 S. 177 ff.; *Wieacker* AcP 148 (1943), 57, 58 ff.; tendenziell auch *Paulus* ZIP 2000, 2189, 2192 f.

[148] *Spengler* S. 634; hierauf Bezug nehmend *Paulus* in: *Noack/Spindler* S. 1, 7 f. Da sich das Augenmerk der vorliegenden Arbeit allein auf *Spengler*s Kritik an den „antiken“ Rechtsbegriffen richtet, soll die spätere politische Vereinnahmung seines Gesamtwerkes durch den Nationalsozialismus an dieser Stelle ausgeblendet bleiben.

[149] *Spengler* S. 651, 653. Entgegen der Annahme *Spengler*s erscheint eher die Pandektistik des 19. Jahrhunderts den heutigen Sach- und Eigentumsbegriffen i.S.d. § 90 BGB bzw. § 903 BGB ihre enge Fassung gegeben zu haben, vgl. Kap. 3 D.I.1.

[150] *Spengler* S. 650.

[151] *Joost* JZ 1995, 11, 12.

wicklung den tatsächlichen Lebensverhältnissen Rechnung trug und über das Gesetz schlicht hinwegging[152].

Allerdings sind es gerade solche Einzelfälle, welche einen Lackmustest für die Fähigkeit des Rechts bilden, entweder grundlegende Begriffe funktional geleitet fortzuentwickeln oder anderen Rechtsfiguren zu unterstellen oder im ungünstigsten Fall gar am Denken in juristischen Kategorien, die auf das wirtschaftliche Denken vergangener Zeiten ausgerichtet waren, festhalten zu müssen.

Ein Beispiel dafür, wie überkommene und am antiken Konzept der Körperlichkeit ansetzende Rechtsbegriffe wie Eigentum oder Sache ihre absoluten, allenfalls rechtspolitisch de lege ferenda in Frage stellbaren Grenzen nicht überwinden können, zeigt sich bei der Behandlung von Daten. Es ist die Enge des bürgerlichrechtlichen Eigentumsbegriffes, welcher diese – jedenfalls als solche – nicht aufnehmen kann und damit den ersten Weg einer Fortentwicklung des Eigentumsbegriffes versperrt. Die bisherigen Folgen waren, dem zweiten Weg folgend, Ausweichbewegungen auf das Sacheigentum am Datenträger[153] und insbesondere das Urheberrecht. Insbesondere letzteres scheint in Zeiten zunehmend unkörperlicher Wirtschaftsgüter im elektronischen Bereich mittlerweile seinen Siegeszug als „magna charta der Informationsgesellschaft“[154] angetreten zu haben. Das klassische Sacheigentum, ja gar das ganze Sachenrecht, umweht im digitalen Zeitalter so nur ein Hauch von Anachronismus, weil Informationen, Daten und virtuelle Gegenstände als unkörperliche Güter darin auf den ersten Blick keinen rechten Platz finden wollen.

Diese Arbeit wird zeigen, dass ein solches Verständnis, welches die unterschiedlichen Regelungsobjekte von Sachenrecht und Urheberrecht einander oft in der schlichten (weil griffigen?) Dichotomie körperlich-unkörperlich gegenüberstellt, die Abgrenzung und Verschränkung beider Regelungsregime nicht genau erfassen kann. Denn zum einen treten vielfältige und unvermeidbare Überschneidungen auf, weil vermeintlich unkörperliche Daten stets und zwangsläufig in irgendeinem Speichermedium verkörpert sind – und damit das Einfallstor für das Sachenrecht öffnen können[155]. Und zum anderen kann auch das Urheberrecht Daten *als solche* nicht korrekt erfassen, weil mit Werk und elektronisch verkörpertem Werkstück unterschiedliche Herrschaftsgegenstände betroffen sind, von denen Daten den Sachen noch näher stehen als den Herrschaftsobjekten

---

[152] *Joost* JZ 1995, 11, 14.

[153] Dazu Kap. 3 D.II.

[154] So *Hoeren* MMR 2000, 3. Ähnlich *Schmelz* GRUR 2007, 565: „maßgebliches Steuerungsinstrument“.

[155] Dazu Kap. 3 D.II.

des Immaterialgüterrechts[156]. Daten existieren genauso wie Sachen natürlich und unabhängig vom Bestehen irgendeiner Rechtsordnung, wohingegen der Herrschaftsgegenstand der Immaterialgüterrechte erst durch das Recht ausgeformt, dabei zugleich mit Abwehrrechten versehen und so zum handelbaren Gut gemacht wird. Auch verfolgen beide Regime mit der Abwehr rivalisierender bzw. nichtrivalisierender Nutzungen auch denkbar unterschiedliche Schutzrichtungen[157]. Wie Sachen existieren virtuelle Gegenstände tatsächlich, wenngleich in einer den menschlichen Sinnen nicht unmittelbar wahrnehmbaren Form; sie sind jedenfalls keine Immaterialgüter im Sinne rein geistiger Leistungen. Was ihre Rechtsnatur *als solche* angeht, stehen sie damit dem Sachenrecht zumindest näher als dem Immaterialgüterrecht – anders freilich als ihr informationeller Gehalt als nichtrivalisierendes und daher u.U. auch immaterialgüterrechtlich schutzfähiges Gut. Und wie Sachen können sie in einigen Konstellationen rivalisierend genutzt werden – zugangsbeschränkt, verschoben, geändert, gelöscht –, was allesamt Konstellationen sind, die sich über Immaterialgüterrechte nur schlecht erfassen lassen. Vor diesem Hintergrund lässt sich die Entscheidung verstehen, das Eigentum als sachenrechtliche Kategorie zum – zumindest terminologischen – Ausgangspunkt zu wählen.

III. Die Sonderrechtsfähigkeit virtueller Gegenstände als Prämisse der weiteren Ausführungen

Als Gegenstand wirtschaftlicher Transaktionen lässt sich jeder virtuelle Gegenstand von anderen Gegenständen, seiner Umgebung und den Programmen abgrenzen, welche den Betrieb einer virtuellen Welt ermöglichen und ihre Existenz wahrnehmbar vermitteln. Insbesondere ermöglicht die gegenständliche Verkörperung in der virtuellen Umgebung, für eine Abgrenzung ohne weiteres an die Verkehrsauffassung der realen Welt anzuknüpfen, wenn etwa die „physischen" Grenzen eines wahrnehmbaren virtuellen Gegenstandes oder Grundstückes bestimmt werden sollen. Dieser eigenständige Charakter in Existenz und Handel wird negiert, wenn sich die selbständige Existenz virtueller Gegenstände nicht auch in ihrer Eigenschaft als Rechtsobjekt niederschlagen soll und sie lediglich als Teil des die Umgebung generierenden Computerprogramms gesehen werden[158]. Statt dessen sind die Daten als Substrat für die aus ihnen erstellten und in eine wahrnehmbare Form gebrachten virtuellen Güter richtigerweise von dem serverseitigen Steuerprogramm, das die virtuelle Welt am Laufen hält,

---

[156] Dazu Kap. 4 B.

[157] Dazu Kap. 4 B.II.2.

[158] So aus Betreiberperspektive *Bartle* Pitfalls of Virtual Property S. 4. In diese Richtung wohl auch *Rippert/Weimer* ZUM 2007, 272, 276 im Rahmen ihrer urheberrechtlichen Betrachtungen.

sowie den clientseitigen Programmen zum Datenaustausch und zur Darstellung der virtuellen Umgebung zu unterscheiden[159]. Überdies könnte eine andere Sicht schon gar nicht für die Inhalte gelten, die von Nutzern und damit unabhängig von dem die Umgebung erzeugenden Computerprogramm geschaffen wurden[160].

Auch allein den Account als die gesamte Vertragsbeziehung zwischen Nutzer und Betreiber in den Blick zu nehmen, vernachlässigt den eigenständigen Charakter jedes einzelnen virtuellen Gegenstandes als wirtschaftliches Transaktionsobjekt, das sich gedanklich, technisch und wirtschaftlich vom Account selbst getrennt betrachten lässt[161]. Der Account bildet die gesamte vertragliche Position des Nutzers gegenüber dem Betreiber und ist die Grundlage für den Zugang zur virtuellen Welt. Wird dieser veräußert, geht zwar die technische Herrschaftsgewalt über alle virtuellen Gegenstände auch auf den Erwerber über. Die Gegenstände werden aber auch als solche, völlig losgelöst vom Account, innerhalb und außerhalb virtueller Welten gehandelt und sollten auch Gläubigern als eigenständiges Zugriffsobjekt zur Verfügung stehen, nicht zuletzt um bei einer Vollstreckung in einzelne virtuelle Gegenstände statt in einen ganzen Account schon keine Probleme der Überpfändung (§ 803 I 2 ZPO) zu erzeugen. Vor diesem Hintergrund basieren die folgenden Ausführungen auf der Prämisse einer Sonderrechtsfähigkeit von Account und einzelnen virtuellen Gegenständen.

D. Gang der folgenden Darstellung

Dieser Einleitung folgt zunächst ein Kapitel, in welchem die wechselvolle Entwicklung hin zu einer Rechtsfigur des Virtual Property im vornehmlich US-amerikanischen Common Law dargestellt wird (Kapitel 2). Sodann wird das Augenmerk auf ähnliche Ansätze zum Virtuellen Eigentum im deutschen Recht geworfen (Kapitel 3), bevor diese – als Erkenntniskern der vorliegenden Arbeit – einer eingehenden Analyse unterzogen werden (Kapitel 4). Nach einer kritischen Diskussion der einzelnen Ansätze folgen dort Ausführungen zur Konstruktion eines originären virtuellen Eigentums

---

159 Wie hier *Dooley/Karaoulou* 16(6) Comps. & Law 20, 22 (2006); *Dougherty/Lastowka* 9(5) E.C.L. & P. 3 (2007); *Psczolla* JurPC Web-Dok. 17/2009 Rn. 13; ebenso aus urheberrechtlicher Sicht *Lim* 1(7) J.I.P.L.P. 481, 484, 488 (2006).

160 Meist wird diese Frage im urheberrechtlichen Zusammenhang diskutiert, vgl. dazu Kap. 6 A.I.

161 Mit dieser Trennung auch *Burger* in *Taeger/Wiebe* S. 65, 68; *Krasemann* MMR 2006, 351, 352. Vgl. aber *Meehan* 13 Rich. J. L. & Tech. 7 Tz. 3 (2006), der auch den Account unter den Begriff des Virtual Property fassen will.

als am Modellcharakter des Sacheigentums ausgerichtetes sonstiges Recht i.S.d. § 823 I BGB, zu dessen Reichweite, den Kriterien ihrer differenzierten Bestimmung sowie ihrer nutzungsvertraglichen Überformung. Auch grundsätzliche Ausführungen zum Problem der Regulierung des virtuellen elektronischen Raumes, insbesondere zu Parallelen zwischen Nutzungsverträgen und einem virtuellen Sozialvertrag, zu „Virtual Governance" und zum Konkurrenzverhältnis von Recht und Technik als Steuerungsinstrumente finden sich dort. Nochmals ausgehend von den verschiedenen Konstruktionsansätzen virtuellen Eigentums werden sodann kollisionsrechtliche Fragen aufgeworfen (Kapitel 5), bevor nach einem Kapitel zum Urheberrecht (Kapitel 6) auf einige ausgewählte grundlegende Fragen im Zusammenhang mit den Nutzungsverträgen eingegangen wird (Kapitel 7)[162].

E. Zentrale Thesen der Arbeit

Diese Arbeit setzt sich zum Ziel, auf der Grundlage der folgenden Feststellungen 1.–3. die Thesen 4.–9. zu belegen. Die Reihenfolge ihrer Behandlung korrespondiert in etwa mit der vorgenannten Gliederung.

Feststellungen der Untersuchung:

1. Im US-amerikanischen Common Law entwickelte sich die Rechtsfigur eines originären Virtual Property als Verfügungsrecht über elektronische Ressourcen aus den Defiziten der Cybertrespass-Doctrine, welche elektronische Einwirkungen auf Computersysteme an eine Beeinträchtigung der Systemhardware knüpfte und in die Dogmatik des Tort of Trespass to Chattel einzupassen versuchte. Der diskursive Rahmen für Virtual Property ist allerdings anders abgesteckt als der des virtuellen Eigentums im deutschen Recht. Wegen der Weite des Begriffes Property geht es dort weniger um das Problem, Virtual Property in vorhandene Rechtsfiguren einordnen zu müssen, als seine Anerkennung als Property normativ zu begründen. Im Schrifttum finden sich sowohl Befürworter wie Kritiker einer solchen Rechtsfigur.

2. Virtuelles Eigentum im deutschen Recht ist ein Oberbegriff, für dessen genaue dogmatische Konstruktion das deutsche Recht fünf denkbare Ansätze zur Verfügung stellt: Erstens ließe sich virtuelles Eigentum als Immaterialgüterrecht sehen, das sich beispielsweise in den an virtuellen

[162] Es sei schon an dieser Stelle betont, dass eine detaillierte Analyse der Nutzungsverträge virtueller Welten weder Schwerpunkt dieser Arbeit ist, noch angesichts der Vielzahl und Vielgestalt von Nutzungsbedingungen überhaupt möglich wäre, ohne in einer Einzelfallbetrachtung zu enden.

Gegenständen bestehenden Urheberrechten erschöpft. Zweitens ließe es sich über das Sacheigentum am Speichermedium konstruieren, drittens als Summe der vertraglichen Beziehungen zwischen Nutzer und Betreiber begreifen, die auf Erhalt und Nutzung der Gegenstände gerichtet sind, und viertens aus dem allgemeinen Persönlichkeitsrecht ihres Schöpfers herleiten. Als fünfte Konstruktion kommt ein originäres, sonstiges Recht i.S.d. § 823 I BGB in Betracht. Eine sich klare oder gar sich durchsetzende Linie lässt sich hier noch nicht ausmachen.

3. Alle dargestellten Ansätze lassen sich grob unterteilen in technische und funktionale Ansätze. Einerseits kann die rechtliche Würdigung an einer genauen Erfassung der technischen Vorgänge ansetzen, welche den virtuellen Raum mitsamt seiner Physik, seinen Eigenschaften und seinem Aussehen erschaffen und erhalten – und somit stets auch „hinter" allen virtuellen Gegenständen zu finden sind. Dem liegt eine Wahrnehmung virtueller Gegenstände in ihrer rein *technischen* Existenz zugrunde – als Einträge in einer Datenbank auf einem Server, die ein räumliches Abbild dieser Gegenstände ermöglichen. Ausgeblendet wird die sinnbildliche Erfahrung des Gegenständlichen aus der Sicht des Verkehrs. Eine funktionale Perspektive hingegen fußt primär auf dieser Sicht der Nutzer, welche als Ergebnis dieser im Hintergrund unerkannt wirkenden Mechanismen eine räumliche Umgebung erleben. Ansatzpunkt einer rechtlichen Betrachtung ist hier der virtuelle Gegenstand *als solcher*, an den etwaige Rechte wie „virtuelles Eigentum" geknüpft werden. Für den ersten Weg sprechen seine Genauigkeit und Nachvollziehbarkeit. Ergebnisse einer technischen Betrachtung hängen nicht von u.U. diffusen Verkehrsanschauungen ab, sondern von faktischen technischen Gegebenheiten, die einer genauen wissenschaftlichen Analyse zugänglich sind. Diese werden allerdings dadurch relativiert, dass sich die Details einer technischer Umsetzung im Laufe der Zeit schnell ändern können[163] und zudem leicht beeinflussbar sind – was auch die Ergebnisse juristischer Analyse weitaus zufälliger als gewünscht machen kann[164].

Thesen der Untersuchung:

4. Virtuelles Eigentum ist gedanklich von den an einem virtuellen Gegenstand bestehenden Immaterialgüterrechten (etwa urheberrechtlichen Nutzungsrechten) zu unterscheiden. Die strikte Trennung zwischen urheberrechtlichem Werk und körperlichem Werkstück ist nicht allein deswegen aufgehoben, weil das Werkstück digital verkörpert ist.

---

[163] Hierauf weisen auch *Wemmer/Bodensieck* K&R 2004, 432, 435 hin.

[164] Vgl. nur die technischen Unklarheiten bei der Übertragung virtueller Gegenstände und ihre unterschiedlichen urheberrechtlichen Folgen, Kap. 7 D.III.4.b.

5. Eine Konstruktion über das Sacheigentum ähnelt der US-amerikanischen Cybertrespass-Doctrine und setzt sich den gleichen Einwänden wie diese aus. Vor allem sorgt ein Auseinanderfallen von dogmatischem Anknüpfungsgegenstand (Server, Speicherbereiche u.ä.) und eigentlichem Herrschaftsgegenstand (virtuelle Gegenstände) für Verwerfungen bei der Reichweite und Rechteinhaberschaft.

6. Virtuelles Eigentum schuldrechtlich zu konstruieren, wirft das bekannte Problem der Drittwirkung von Forderungen auf. Diesem müsste über Konstruktionen wie einem Vertrag mit Schutzwirkung, einer Drittschadensliquidation, einem – hier ausnahmsweise den üblichen Angriffen standhaltenden – deliktischen Schutz von Forderungen selbst oder einer Rechtsfigur von Netzverträgen begegnet werden.

7. Die Defizite der vorgenannten Ansätze sprechen für eine originäre Erfassung virtueller Gegenstände über eine Rechtsfigur virtuellen Eigentums i.e.S. als sonstiges Recht i.S.d. § 823 I BGB. Für seine Anerkennung und Schutzwürdigkeit kann auf die in der Diskussion um Virtual Property vorgebrachten normativen Erwägungen unmittelbar zurückgegriffen werden, welche freilich in die deutsche Dogmatik des § 823 I BGB einzupassen sind.

8. Bedeutung erlangt die Anerkennung virtuellen Eigentums nicht nur im Horizontalverhältnis von Nutzer zu Nutzer oder zu außenstehenden Dritten, sondern auch im Vertikalverhältnis zwischen Nutzer und Betreiber. Dort wird diese Rechtsposition aber regelmäßig durch die Vertragsbedingungen des Nutzungsvertrages überformt. Dabei kommt es zu einer Wechselbeziehung zwischen vertraglicher Beschränkung aus dem virtuellen Eigentum fließender Rechte und einer umgekehrten Inhaltskontrolle des Nutzungsvertrages am Maßstab virtuellen Eigentums. Überdies wird die Reichweite virtuellen Eigentums durch die technische Ausgestaltung mit geprägt. Insofern besteht auch hier eine weitere beachtliche Wechselbeziehung zwischen Recht und Technik als konkurrierende Instrumente der Ressourcenzuweisung und Verhaltenssteuerung im elektronischen Zeitalter.

9. Neben das virtuelle Eigentum treten Immaterialgüterrechte, insbesondere das Urheberrecht. Während virtuelles Eigentum rivalisierende Nutzungen (wie Nutzungsbeeinträchtigungen, Zerstörung) regelt, unterfallen nichtrivalisierende, lediglich wirtschaftlich wertmindernde Nutzungen (wie Kopien) allein dem Urheberrecht.

F. Nicht behandelte Aspekte

Neben den hier aufgeworfenen Rechtsfragen existiert im Zusammenhang mit virtuellen Gütern derzeit eine ganze Reihe weiterer Probleme, die wegen ihrer speziellen Natur nicht Gegenstand dieser Arbeit sein werden:

Derzeit wird etwa diskutiert, inwiefern virtuelle Währungssysteme einer Finanzaufsicht unterworfen werden sollten. Ganz abgesehen davon, dass virtuelle Zahlungssysteme die Geldwäsche realer Währungen erleichtern, hat China jüngst sogar angesichts der wachsenden wirtschaftlichen Bedeutung virtueller Volkswirtschaften den Umtausch von Yuan in virtuelle Währungen beschränkt, um die Stabilität des realen Währungssystems sicherzustellen[165]. Ähnliche Erwägungen zur Beschränkung des Umtausches gibt es in Korea[166].

Ebenso wenig sollen originär verfassungsrechtliche Fragen wie der Einfluss der Meinungsfreiheit auf die Vertragsbeziehungen zwischen Nutzern und Betreibern[167], eine Analyse grundrechtlicher Positionen von Inhalteanbietern allgemein[168] oder demokratietheoretische Fragen der Entscheidungsfindung im virtuellen Raum und der Machtverteilung zwischen Nutzer und Betreiber aufgeworfen werden[169]. Auch Art. 14 GG wird für diese Analyse, die sich auf eine differenzierende Betrachtung der Rechtsnatur aus zivilrechtlicher Sicht konzentriert, eine geringe Bedeutung zukommen. Denn unabhängig davon, ob man virtuelle Güter sachenrechtlich, immaterialgüterrechtlich, schuldrechtlich oder mit einem originären, absoluten Recht erfassen will, würden diese Ansätze allesamt in den normgeprägten Schutzbereich von Art. 14 I GG fallen, der alle vermögenswerten Rechte des Privatrechts erfasst und dabei seinerseits überhaupt erst durch die

[165] Dazu näher *Birch* 9(5) E.C.L. & P. 12 (2007).

[166] *Birch* 9(1) E.C.L. & P. 12 (2007).

[167] Zu verfassungsrechtlichen Aspekten im Rahmen der – ähnlichen – Situation beim virtuellen Hausrecht vgl. *Feldmann/Heidrich* CR 2006, 406, 411; *Kraft/Meister* MMR 2003, 366, 369; *Kunz* S. 59 ff.; *Ladeur* MMR 2001, 787, 791; insbesondere zur Drittwirkung von Grundrechten auf das autonom gesetzte Recht der Internetselbstverwaltungsinstitutionen *Teubner/Karavas* in *Ladeur* S. 249, 258 ff. Zur US-amerikanischen Diskussion und zur Meinungsfreiheit in virtuellen Welten und dem erheblichen Einfluss des First Amendment vgl. etwa *Balkin* 90 Va. L. Rev. 2043 (2004); *Fairfield* 85 B.U. L. Rev. 1047, 1080, 1095 (2005).

[168] Vgl. dazu im Rahmen der wachsenden Konvergenz von Rundfunk- und Pressefreiheit im Zeitalter des Internet *Bullinger* ZUM 2007, 337.

[169] Zum Spannungsverhältnis zwischen privatrechtlich ausgestalteter Kontrolle durch die Betreiber und Elementen basisdemokratischer Entscheidungsfindung unter Einschluss der Nutzer vgl. *Bradley/Froomkin* 49 N.Y. L. Sch. L. Rev. 103, 144 (2004); *Grimmelmann* 47 N.Y. L. Sch. L. Rev. 147, 175 (2004); *Lastowka/Hunter* 92 Cal. L. Rev. 1, 59 f. (2004); *Lessig* Code^2 S. 139, 285.

privatrechtliche Anerkennung des Schutzgegenstandes ausgeformt wird[170]. Insoweit kann gerade für die hier interessierende Differenzierung aus einer grundrechtlichen Perspektive wenig hergeleitet werden.

Auch steuerrechtliche Aspekte[171] werden hier nicht behandelt werden. Vertragsrecht und strafrechtliche Probleme[172] sind im Folgenden nur insoweit Untersuchungsgegenstand, wie sie für die engere Fragestellung dieser Untersuchung relevant werden. Ferner beschränken sich die Ausführungen zu Immaterialgüterrechten auf das Urheberrecht, weil nur dieses nahezu zwingend in virtuellen Welten einschlägig ist und in den folgenden Betrachtungen nicht ausgeblendet werden kann – anders als etwaige Marken- oder Patentrechte[173], die an virtuellen Gegenständen bestehen können, aber nicht zwingend bestehen müssen.

---

[170] Vgl. für das Sacheigentum als Schutzgegenstand BVerfGE 14, 263, 276 – *Feldmühle*, für Immaterialgüter BVerfGE 31, 229, 240 – *Schulbuchprivileg* (zum Urheberrecht); BVerfGE 36, 281, 290 – *Patentoffenlegung* (zu Patenten); BVerfGE 51, 193, 216 – *Schloßberg* (zum damaligen Markenrecht); für Forderungen BVerfGE 68, 193, 222 – *Zahntechniker-Innung*; BVerfGE 83, 201, 208 – *Vorkaufsrecht*. Zum grundrechtlichen Schutz geistigen Eigentums und den Wechselwirkungen mit dessen zivilrechtlicher Ausgestaltung *Grzeszick* ZUM 2007, 344.

[171] In Großbritannien stellte HM Revenue & Customs als Finanzbehörde jüngst klar, dass virtuelle Gewinne zu versteuern sind, Meldung in 9(1) E.C.L. & P. 1 (2007). In den USA wird das derzeit erwogen, vgl. *Chin* 72 Brook. L. Rev. 1303, 1348 (2007). *Lederman* 82 N.Y. U. L. Rev. 1620, 1641 ff. (2007) befürwortet in diesem Zusammenhang eine Differenzierung und schlägt die Besteuerung von Transaktionen in vornehmlich auf Kommerz ausgerichteten virtuellen Welten mit offenen Volkswirtschaften vor, die sich über Wechselkurse finanzieren, nicht aber vom Handel mit Gegenständen innerhalb von abonnementfinanzierten Spielen. Auch *Camp* 59 Hastings L. J. 1 (2007) will nur an unmittelbar reale Währung beinhaltenden Transaktionen ansetzen, räumt aber auch die derzeit noch eher akademische Bedeutung des Themas ein.

[172] Vgl. zu den hier nicht weiter verfolgten Themen virtueller Pornographie *Hopf/Braml* ZUM 2007, 354; *Ritlewski* K&R 2008, 94 sowie zur Anwendung des Nötigungstatbestandes des § 240 StGB auf virtuelle Demonstrationen *Kraft/Meister* MMR 2003, 366, 370.

[173] Zu markenrechtlichen Fragestellungen *Chheda* 4 J. Marshall Rev. Intell. Prop. L. 483, 499 ff. (2005); *Kotelnikov* [2008] I.P.Q. 110, 117 ff.; *Körber/Lee* WRP 2007, 609, 612; *Naylor/Jaworski* 198 T.W. 30 (2007); *Sharma/Birdsey* 180 T.W. 36 (2005); *Zagouras/Körber* WRP 2006, 680, 688 f. Zur Bedeutung von Musterschutzrechten und Patenten für Australien und die USA vgl. *Lim* 2 (4) J.I.P.L.P. 258 (2007); *Chheda* 4 J. Marshall Rev. Intell. Prop. L. 483, 501 ff. (2005).

Kapitel 2

Rechtlicher Rahmen im US-amerikanischen Common Law

A. Einleitender Überblick über die Rechtsentwicklung zu Virtual Property

Die rechtliche Einordnung virtueller Gegenstände in den USA und anderen Common Law Staaten wie England oder Australien ist aus praktischer Sicht in der Rechtsprechung kaum geklärt. Die wenigen Gerichtsverfahren, die sich insbesondere in den USA speziell mit dieser Frage beschäftigt haben, wurden – aus der Sicht wünschenswerter Rechtsklarheit bedauerlicherweise – außergerichtlich beigelegt und konnten bislang zu keiner klaren Stellungnahmen der Gerichte führen. In direktem Kontrast hierzu steht allerdings eine rege Diskussion im akademischen Schrifttum.

Die Diskussion um die Rechtsnatur virtueller Güter ist eng verbunden mit einer generellen Tendenz im US-amerikanischen Common Law, das Konzept von Property und einige überkommene, an körperlichen Gegenständen ansetzende Tatbestände des Tort Law fortzuentwickeln und für das digitale Zeitalter tauglich zu machen. Hinter den Stichworten „Cyberproperty" und „Cybertrespass" verbirgt sich eine Entwicklung, welche Trespass – als für die Abwehr von Besitzstörungen an körperlichen Gegenständen geschaffenes Tort – nach und nach aus ihrer historischen Grundlage lösen und für funktional vergleichbare Sachverhalte im virtuellen Raum nutzbar machen will. Während diese als Cyberproperty-Doctrine bezeichnete Strömung noch an der körperlichen Systemhardware ansetzt, plädieren bereits einige Stimmen im Schrifttum dafür, sich von diesem dogmatischen Vehikel zu lösen und unabhängig davon eine originäre Rechtsfigur des „Virtual Property" anzuerkennen.

In diesem Abschnitt soll zunächst die Entwicklung der Cyberproperty-Doctrine in der Rechtsprechung und im Schrifttum dargestellt werden. Das dient nicht nur zur Illustration, wie das US-amerikanische Common Law die Rechtsfigur Property im elektronischen Zeitalter weiter ausgedehnt und dabei auch an diesem ansetzenden Torts, welche historisch nur auf körperliche Gegenstände zugeschnittenen waren, einen neuen Anwendungsbereich gegeben hat, der auch virtuelle Güter erfassen kann. Vielmehr wird vor diesem Hintergrund möglich sein, die Diskussion um Virtual Property als eine konsequente Fortentwicklung der früheren Cyberproperty-Doctrine zu begreifen. Ebenso werden sich an späterer Stelle einige augenscheinliche Parallelen zur derzeitigen Entwicklung der Ansätze im deutschen Recht zeigen, die eine denkbare weitere Entwicklung vorzeichnen könnten.

Nach einer terminologischen Vorbemerkung, welche den weiten Begriff Property für die Zwecke dieser Arbeit voranstellt (B.), und einer methodischen Vorbemerkung, welche die unterschiedlichen Problemkreise in der Diskussion hierzulande und in den USA herausarbeitet (C.), wird ein kurzer Überblick über die Tatbestände von Trespass gegeben, die aus der Perspektive des Tort Law die Anerkennung von Cyberproperty nachzeichnen (D.I.1.). Es folgt eine kurze Darstellung dieser Entwicklung in der US-amerikanischen Rechtsprechung zu „Cybertrespass" (D.I.2.) und deren lebhaft umstrittene Rezeption im Schrifttum (D.I.3.), welche bislang auf erheblich weniger Resonanz stieß. Die Tendenz, vormals an körperliche Gegenstände anknüpfende Torts aus ihren Grundlagen zu lösen und dem technisch-wirtschaftlichen Fortschritt anzupassen, blieb auch in anderen Common Law Staaten wie England und Australien, beide aber eher zurückhaltend, nicht unbeachtet (E.,F.).

Schon an dieser Stelle sei vorausgeschickt, dass es freilich nicht Sinn der folgenden Darstellung sein kann, unbesehen direkte Schlussfolgerungen für den engeren deutschen Eigentumsbegriff abzuleiten und so die denkbar unterschiedlichen Konzepte von Eigentum und Property zu vermengen. Statt dessen soll der Blick in die Rechtsentwicklung der USA, wo das Phänomen virtueller Güter schon seit längerer Zeit in der Diskussion ist, zunächst das grundsätzliche Bedürfnis und die Probleme vor Augen führen, traditionell auf körperliche Sachverhalte zugeschnittene Rechtsfiguren in eine sich zunehmend entmaterialisierende Wirtschaftswelt zu übertragen. Und auch wenn das weite und sehr funktional ausgerichtete Verständnis des Begriffes Property über das enge Verständnis des deutschen Eigentumsbegriffes hinausgeht, lassen sich im Hinblick auf virtuelle Güter und elektronische Ressourcen zumindest einige gleichgelagerte Probleme erkennen – und bei entsprechend angepasster Verortung auch hierzulande ein Erkenntnisgewinn für die rechtliche Diskussion ziehen.

B. Terminologische Vorbemerkungen

Um terminologische Unklarheiten zu vermeiden, erscheint es angezeigt, einige verwendete Begriffe vorab zu klären. Das gilt insbesondere für das Verhältnis von Eigentum und Property.

I. Property

Der Begriff Property nimmt in der folgenden Darstellung eine zentrale Stellung ein, da er den grundlegenden Bestandteil der Rechtsfiguren von Cyberproperty und Virtual Property bildet. Er kann nicht mit dem weitaus engeren Konzept des (Sach-)Eigentums i.S.d. § 903 BGB gleichgesetzt werden[1]. Vielmehr handelt es sich um einen weiten[2], facettenreichen Oberbegriff, über dessen Bedeutung alles andere als Einigkeit herrscht und dessen definitorische Unschärfe zuweilen beklagt wird[3].

Eine eher traditionelle Sicht auf Property will den Begriff mit Blick auf das Herrschaftsobjekt ausfüllen[4]. Zu dessen Eingrenzung führt das im hiesigen Zusammenhang zunächst nicht weiter, denn neben Rechten an beweglichen und unbeweglichen Sachen erfasst der Begriff auch eine Vielzahl unkörperlicher Rechtspositionen[5] wie geistiges Eigentum[6], Bankkonten[7], u.U. auch Domains[8]. Die Unterscheidung in das Begriffspaar körperlich-unkörperlich gerät dabei in den Hintergrund[9], so dass er in seiner Weite aus rechtsvergleichender Sicht eher dem verfassungsrechtlichen Eigentumsbegriff des Art. 14 I GG[10] ähnelt. Teilweise wird sich dem

---

[1] Sacheigentum ist eher mit Ownership zu übersetzen.

[2] Vgl. *Kremen v. Cohen* 337 F.3rd 1024, 1030 (U.S. Court of Appeals Ninth Circuit, 2003): „Property is a broad concept that includes every intangible benefit and prerogative susceptible of possession or disposition". Vgl. *DeLong S.* 26: „anything that can be used, physically or mentally, so as to provide value of some kind". Eingehend zur Bedeutung des Begriffes unter Berücksichtigung der historischen Entwicklung *Mossoff* 45 Ariz. L. Rev. 371 (2003).

[3] Vgl. *Dwyer/Menell* S. 1; *DeLong* S. 24 ff.

[4] Eingehend *Merrill/Smith* 111 Yale L. J. 357 zur historischen Entwicklung des Begriffes.

[5] Vgl. nur *Franks* 42 Hous. L. Rev. 489, 493 ff., 515 ff. (2005); *Carrier* 54 Duke L. J. 1 (2004); *DeLong* S. 25; *Hunt* 9 Tex. Rev. Ent. & Sports L. 141, 158 (2007); *Lastowka/Hunter* 92 Cal. L. Rev. 1, 41 f. (2004); *Rogers* 76 Geo. Wash. L. Rev. 405, 416 (2008); *Sheldon* 54 UCLA L. Rev. 751, 758 (2007) *Westbrook* [2006] Mich. St. L. Rev. 779, 791.

[6] Vgl. *Hardy* [1996] U. Chi. Legal F. 217; *Moringiello* 35 Fla.St.U. L. Rev. 119, 136 (2007).

[7] *Moringiello* 35 Fla.St.U. L. Rev. 119, 136 (2007).

[8] Dafür *Lastowka* 40 Ind. L. Rev. 23, 49 (2007); *Moringiello* 35 Fla.St.U. L. Rev. 119 (2007); zurückhaltend *Burshtein* 1(1) J.I.P.L.P. 59 (2005) sowie *Nguyen* 59 Wash. & Lee L. Rev. 37 (2002) m.w.N. zur Rechtsprechung zu der unklaren Frage, ob eine Domain eine rein vertragliche Rechtsposition oder Property ist.

[9] Vgl. *Carrier* 54 Duke L. J. 1 (2004); *DeLong* S. 25; *Hunt* 9 Tex. Rev. Ent. & Sports L. 141, 158 (2007); *Rogers* 76 Geo. Wash. L. Rev. 405, 416 (2008); *Sheldon* 54 UCLA L. Rev. 751, 758 (2007); *Westbrook* [2006] Mich. St. L. Rev. 779, 791.

[10] Dieser ist weiter gefasst als der bürgerlichrechtliche Eigentumsbegriff und erfasst als vermögenswerte Rechtspositionen des Privatrechts neben dem klassischen Sacheigentum und seinen dinglichen Belastungen (BVerfGE 14, 263, 276 – *Feldmühle*) auch Forderungen (BVerfGE 68, 193, 222 – *Zahntechniker-Innung*; BVerfGE 83, 201, 208 –

Begriff auch über die Beschreibung seiner Wesensmerkmale angenähert, die in der negativen Ausschlussfunktion[11], der positiven Nutzenfunktion[12] und seiner Übertragbarkeit[13] liegen. Diese Perspektive lässt Property als ein absolutes, eigentumsähnliches Recht über eine Vielzahl potentieller Herrschaftsgegenstände erscheinen. Dementsprechend läuft auch die Frage, ob virtuelle Güter im Common Law als Property eingeordnet werden können, aus deutscher Perspektive auf die Frage nach einem absoluten Recht an diesen hinaus.

Diese traditionelle Sicht, die Property als absolutes Recht im Hinblick auf ein Herrschaftsobjekt versteht, kontrastiert mit einem Verständnis, wie es etwa der ökonomischen Analyse des Rechts zugrunde liegt. Die Bedeutung von Property löst sich dort zu einem Bündel aus ihm fließender relativer Rechte auf, das je nach Situation eine Vielzahl von Handlungsrechten vermitteln kann, womit sich gänzlich unabhängig vom Herrschaftsgegenstand jede Rechtsposition als Property Right bezeichnen lässt[14]. In der deutschsprachigen ökonomischen Analyse des Rechts ist demgegenüber

Vorkaufsrecht) und Immaterialgüter (BVerfGE 31, 229, 240 – *Schulbuchprivileg* zum Urheberrecht; BVerfGE 36, 281, 290 – *Patentoffenlegung* zu Patenten; BVerfGE 51, 193, 216 – *Schloßberg* zum damaligen Warenzeichenrecht); vgl. eingehend *Grzeszick* ZUM 2007, 344 ff.

[11] Vgl. *Kaiser Aetna v. United States* 444 U.S. 164, 176 (U.S. Supreme Court, 1979). Die Ausschlussfunktion ist dabei notwendig, aber nicht hinreichend, *Franks* 42 Hous. L. Rev. 489, 505 (2005); *Hunt* 9 Tex. Rev. Ent. & Sports L. 141, 162 (2007); *Lipton* 35 Loy. U. Chi. L. J. 235, 249 f. (2003); *Mossoff* 45 Ariz. L. Rev. 371, 389 (2003); *Sheldon* 54 UCLA L. Rev. 751, 759 (2007). *Balganesh* 12 Mich. Telecomm. & Tech. L. Rev. 265, 311 (2006) sieht sie demgegenüber als den größten gemeinsamen Nenner aller Property-Ansätze.

[12] *Franks* 42 Hous. L. Rev. 489, 505 (2005); *Mossoff* 45 Ariz. L. Rev. 371, 391 ff. (2003); *Sheldon* 54 UCLA L. Rev. 751, 759 (2007). Dass gegenüber der positiven Nutzenfunktion die negative Ausschlussfunktion in der Wahrnehmung oft überbetont wird, sei der herrschenden Auffassung von Property als Bündel von Rechten und demgemäß als Summe relativer Beziehungen zwischen Personen geschuldet, die zuvorderst auf Abwehrrechte fixiert sind (*Mossoff* a.a.O. 396).

[13] *Franks* 42 Hous. L. Rev. 489, 505 (2005); *Hunt* 9 Tex. Rev. Ent. & Sports L. 141, 163 (2007); *Lipton* 35 Loy. U. Chi. L. J. 235, 249 f. (2003). *OBG Ltd v Allan* [2007] All ER (D) 44 Tz. 309 (UK House of Lords, 2007) betont aus englischer Sicht zudem die Unabhängigkeit des Herrschaftsgegenstandes von der Person des Rechteinhabers.

[14] Vgl. *Cohen* [2002] U. Ill. J. L. Tech. & Pol'y 375, 382; *Fairfield* 85 B.U. L. Rev. 1047, 1089 (2005); *McGowan* 1 J. L. Econ. & Pol'y 109, 138 (2005): „Scholars have made sense of the notion of property by insisting that it has no inherent or intrinsic relation to things, and instead must be analyzed in terms of relations among persons with regard to things.“; *Merrill/Smith* 111 Yale L. J. 357 (2001): „a composite of legal relations that holds between persons and only secondarily or incidentally involves a ‚thing'“ (i.E. kritisch); *Moringiello* 35 Fla.St.U. L. Rev. 119, 134 (2007); *Sherwin* 29 Ariz. St. L. J. 1075, 1078 (1997): „[I]t is an easy step to say that property rights are simply rights, to which the term ‚property' adds nothing at all.“

eher von „Handlungsrechten“[15] oder „Verfügungsrechten[16]“ die Rede. Das führt für die Frage, was alles unter Property zu subsumieren ist, nicht unbedingt zu einem Unterschied. Der Unterschied besteht vielmehr im analytischen Rahmen, der hier die Rechtsbeziehungen zwischen Personen im Hinblick auf die Kontrolle über einen Gegenstand und weniger einen Gegenstand als Herrschaftsobjekt selbst in den Blick nimmt. Absolute Rechte werden schlicht unabhängig von ihrem Herrschaftsgegenstand in eine Vielzahl relativer Rechtsverhältnisse aufgespalten.

Diese Sicht führt weg von einer objektzentrierten Perspektive, welche durch eine Beziehung zwischen Rechtsobjekt und Rechtssubjekt charakterisiert wird und die Rechte einer Person *in Ansehung einer Sache* in das Zentrum ihrer Betrachtungen rückt, und weicht einer personenzentrierten Sicht, die sich schwerpunktmäßig auf die Rechte einer Person *gegen eine andere Person* richtet und die Sache dabei lediglich zum Objekt erlaubter oder verbotener Handlungen macht. Das Augenmerk – am Beispiel des Eigentums – richtet sich statt auf eine Herrschaftsbeziehung über eine Sache auf alle daraus fließenden und gegen andere Personen gerichteten potentiellen Abwehr- oder Herausgabeansprüche. Die Bedeutung von Property besteht darin, ein Substrat für die aus ihm isoliert fließenden einzelnen Handlungsrechte zu sein, die bei der Betrachtung einzelner Handlungen zum Zwecke der Analyse einer effizienten Nutzung von Ressourcen entbündelt werden. Vor diesem Hintergrund erfasst dieses Konzept eine Vielzahl von Einzelbefugnissen, die weit über die ursprüngliche Bedeutung von Property hinausreichen[17].

Diese Sichtweise ist trotz ihrer Dominanz in der ökonomischen Analyse und der weiten Verbreitung in der US-amerikanischen Rechtswissenschaft nicht ohne Kritik geblieben. Bemängelt wird etwa, dass hierbei die soziale Verständlichkeit des Anknüpfungsobjektes verloren gehe und eine Rückbesinnung auf dessen Gegenständlichkeit („Thingness“) nötig sei[18].

---

[15] *Schäfer/Ott*[4] S. 98.

[16] *Engel* in: *von Danwitz/Depenheuer/Engel* S. 9, 48; *Richter/Furubotn*[3] S. 41. Die Doppelbedeutung des Begriffes Property fehlt somit in der deutschsprachigen ökonomischen Analyse des Rechtes, weil es an einem allumfassenden Pendant zum Rechtsbegriff Property fehlt.

[17] Zu den Gründen für die historische Entwicklung dieser Perspektive ausführlich *Merrill/Smith* 111 Yale L. J. 357 (2001).

[18] Vgl. *Heller* 108 Yale L. J. 1163, 1193 (1999): „While the modern bundle-of-legal relations metaphor reflects well the possibility of complex relational fragmentation, it gives a weak sense of the ‚thingness‘ of private property. Conflating the economic language of entitlements with the language of property rights causes theorists to collapse inadvertently the boundaries of private property.“ Ähnlich die ausführliche Kritik bei *Merrill/Smith* 111 Yale L. J. 357 ff. (2001), die beanstanden, dass eine solche künstliche Sicht das sozial verständliche Konzept von Property auflöst und diese Bezeichnung ihrer Bedeutung beraubt. Zudem drohe die Gefahr, dass Property Rights beliebig zugeschnitten und in zu viele Rechtspositionen aufgeteilt werden. So könne eine wirtschaftlich sinnvolle Nutzung verhindert und betroffenen Dritten der erhebliche Aufwand aufgebürdet werden, überhaupt erst die Reichweite der Rechte in Erfahrung zu bringen. (a.a.O. 386 f.) Schon um Informations- und Transaktionskosten zu senken, müsse als Anknüpfungs-

Die Grenzen dieser Betrachtung für die hiesigen Zwecke zeigen sich jedoch dann, wenn sich die generelle Frage stellt, ob ein Herrschaftsobjekt als Property anzuerkennen ist und es nicht um die aus ihm fließenden Rechtsbeziehungen im Einzelfall geht[19] – wie bei Virtual Property. Daher erscheint der ökonomische Property-Ansatz wegen seiner Weite als Rechtsbegriff für die Klassifizierung seiner Herrschaftsgegenstände nur begrenzt verwendbar[20]. Insbesondere gilt das mit Blick auf die deutsche Perspektive, die nach wie vor dem Bild der Zuordnung eines Rechtsobjektes unter die Herrschaftsgewalt eines Rechtssubjektes verhaftet ist[21].

II. Cyberproperty und Virtual Property

Gegenüber dem allumfassenden Begriff Property ist der sogleich näher erläuterte Begriff des Cyberproperty[22] enger. Da er aus Ansätzen im Tort Law hervorgegangen ist, welche eine eigentumsähnliche Kontrolle elektronischer Ressourcen auf das körperliche Sacheigentum an der Computerhardware zurückführen[23], wird er im Property Law auch für so hergeleitete Herrschaftsrechte benutzt. Davon löst sich der Begriff des Virtual Pro-

---

punkt ein Herrschaftsgegenstand gewählt werden, der in seiner Bedeutung dem Verkehr einfach zu vermitteln ist, nicht aber eine abstrakte Summe relativer rechtlicher Beziehungen. Ebenso kritisch und für eine Rückbesinnung auf das rechtsgegenständliche Denken auch *Madison* 56 Case Western Res. L. Rev. 381 (2005): „[A]bandonment of thing-based descriptions in favor of rights and rules-based descriptions leaves us without a vocabulary adequate to capture actual human experience." (a.a.O. 478) sowie *Mossoff* 45 Ariz. L. Rev. 371 (2003) wegen der damit einhergehenden Überbetonung der negativen Ausschlussfunktion des Eigentums. Noch größere Bedeutung erlangt das Verständniskonzept der Gegenständlichkeit bei solchen Rechtspositionen, deren Gegenstand schon als solcher nur unter erheblichem Kostenaufwand zu bestimmen ist, wie etwa bei geistigem Eigentum, vgl. *Long* 90 Va. L. Rev. 465, 473 (2004) mit eingehender Analyse von Schutzgegenständen, Reichweite und Schranken unter dem Gesichtspunkt der Senkung von Informationskosten (a.a.O. 474 ff.).

[19] Vgl. *Moringiello* 35 Fla.St.U. L. Rev. 119, 133 (2007).

[20] Das gestehen auch *Schäfer/Ott*[4] S. 100 ein.

[21] Vgl. zu diesem Ausgangspunkt bei der Bestimmung dinglicher Rechte *Canaris* FS Flume S. 371, 373.

[22] So die Bezeichnung etwa bei *Bellia* 79 N.Y.U. L. Rev. 2164 (2004); *Carrier/Lastowka* 22 Berkeley Tech. L. J. 1485 (2007); *Epstein* 70 U. Chi. L. Rev. 73 (2003); *Lastowka* 40 Ind. L. Rev. 23 (2007); *Lemley* 91 Cal. L. Rev. 521 (2003); *Lipton* 35 Loy. U. Chi. L. J. 235 (2003); *McGowan* 1 J. L. Econ. & Pol'y 109 (2005); *Wagner* 78 S. Cal. L. Rev. 457, 496 (2005).

[23] Vgl. *Lastowka* 40 Ind. L. Rev. 23, 52 (2007): „[T]he more standard cyberproperty vision [...] connects the right with a more expansive property interest in chattel ownership."; *Burk* 4 J. Small & Emerging Bus. L. 27, 39 (2000): „a novel, hybrid form of a property right whose parameters have yet to be properly defined".

perty[24], der elektronische Ressourcen als solche durch ein absolutes Recht erfassen will, *ohne* dazu auf das körperliche Sacheigentum an der Hardware zurückzugreifen.

III. Virtuelles Eigentum

Wenn in dieser Arbeit von virtuellem Eigentum die Rede ist, soll dieser Begriff zunächst kein deutsches Synonym für Virtual Property sein, weil damit das Ergebnis vorgezeichnet wäre. Für die hiesigen Zwecke bildet virtuelles Eigentum zunächst eine Arbeitsgrundlage, die als Oberbegriff eine Zahl unterschiedlicher Ansätze erfasst – immaterialgüterrechtliche, sacheigentumsrechtliche, vertragliche, persönlichkeitsrechtliche und originäre Konstruktionen als absolutes Recht sui generis. Sofern nur auf letzteres Bezug genommen wird, soll von virtuellem Eigentum i.e.S. die Rede sein[25].

C. Methodische Vorbemerkung

Das Augenmerk soll vorab auch auf die Unterschiede des analytischen Rahmens gerichtet werden, in welchem die derzeitige Diskussion um die Rechtsnatur virtueller Güter geführt wird. Die deutsche Perspektive setzt hier am Rechtsobjekt an und ist bestrebt, virtuelle Güter soweit möglich in vorhandene Rechtsfiguren einzupassen, so dass sich das zentrale Problem vereinfacht als die Frage „*Was* sind virtuelle Güter rechtlich?" formulieren

---

[24] Als Begriff in diesem Zusammenhang benutzt von *Fairfield* 85 B.U. L. Rev. 1048 (2005); *Blazer* 5 Pierce L. Rev. 137 (2006); *Horowitz* 20 Harv. J. L. & Tech. 433 (2007); *Cohen* 107 Col. L. Rev. 210, 211 (2007) *Meehan* 13 Rich. J. L. & Tech. 7 Tz. 3 (2006). Bisweilen wird der Begriff Virtual Property auch in Sachverhalten benutzt, die mit dem virtuellen elektronischen Raum gar nichts zu tun haben, so etwa in *Crystal Restaurant Management Corp. v. Calcagni, Sr.* 732 A.2d 706 (Supreme Court of Rhode Island, 1999), wo der Begriff untechnisch auch für Ansprüche verwendet wird, die aufgrund einer einstweiligen Verfügung abgetreten werden mussten und daher schon „Virtual Property" des Zessionars seien.

[25] Freilich haftet dem Begriff „Virtuelles Eigentum" insofern eine terminologische Unschärfe an, als bei genauem Blick sämtliche Rechtsfiguren nicht realiter vorhanden und daher gewissermaßen virtuell sind – inklusive des Sacheigentums, vgl. *Paulus* in: *Noack/Spindler* S. 1, 5; *ders.* MMR 1999, 443; *ders.* FS Mayer-Maly S. 563, 567. Anstatt aber hier das virtuelle Eigentum an virtuellen Gegenständen einem nicht minder virtuellen Eigentum an körperlichen Gegenständen gegenüberzustellen, soll für die Zwecke der folgenden Ausführungen an diesem Begriff festgehalten werden, nicht nur aus Gründen sprachlicher Vereinfachung, sondern auch, weil er sich wie sein US-amerikanisches Pendant durchzusetzen scheint.

lässt. Die daraus fließenden Rechte sind Folgen der rechtlichen Qualifikation.

Im Common Law stößt die konkrete Einordnung virtueller Güter demgegenüber auf weniger Probleme, weil sie unter den weiten Begriff Property subsumiert werden können. Der Schwerpunkt der Diskussion liegt daher weniger auf ihrer genauen Rechtsnatur als auf der rechtspolitischen Notwendigkeit ihrer Anerkennung als Property. Entscheidend scheint eher das Ergebnis zu sein, *ob* eine Partei über eine Property-Rechtsposition verfügt[26], so dass die entscheidende Frage hier formuliert werden muss als: „Sind virtuelle Güter *überhaupt* Property?" Dieser Unterschied mag daran liegen, dass die beständige Fortentwicklung des Common Law durch die Gerichte ohnehin eine Methodik erfordert, die weniger eine Einordnung in einen gegebenen Rechtsrahmen vornimmt, als diesen Rahmen im Wege einer beständigen, iterativen Fortentwicklung bei Bedarf selbst schafft[27].

---

[26] Vgl. für diese Perspektive *McGowan* 1 J. L. Econ. & Pol'y 109, 140 (2005) am Beispiel der Cyberproperty-Doctrine: „The most important question is whether society is better off allowing site and network owners the presumptive right to exclude others from using the owners' systems to send or retrieve data, or whether it would be better for users to have a presumptive right to use. Once one answers that question, picking a doctrine to generate the desired rule is in one sense a detail."

[27] Vgl. *Madden v. Creative Servs.* 84 N.Y.2d 738, 744 (Court of Appeals of New York, 1995); *Thyroff v. Nationwide Mut. Ins.* 8 N.Y.3d 283 (Court of Appeals of New York, 2007): „[I]t is the strength of the common law to respond, albeit cautiously and intelligently, to the demands of commonsense justice in an evolving society." Vgl. ebenso *OBG Ltd v Allan* [2007] All ER (D) 44 Tz. 305 (UK House of Lords, 2007): „The great strength of the common law is that the judges are free to develop it on a case by case basis as new factual situations arise. [...] But on what basis do the judges decide to make authority where there was none before? Or to modify or adapt such authority as there is? There is no easy answer to this. Whatever we do must be consistent with the underlying principles and policy of the law." Aus der Sicht des US-amerikanischen Tort Law betonen *Prosser & Keeton*[5] § 1 S. 4, dass allein die Neuartigkeit der durch einen Kläger vor einem Common Law Gericht geltend gemachten Ansprüche einer rechtlichen Durchsetzung seiner anzuerkennenden Interessen nicht entgegenstehen wird. Ähnlich aus englischer Perspektive für die Nutzung des Tort Law als „Lückenfüller" *Markesinis & Deakin*[6] S. 25. Insbesondere in der flexiblen Reaktion auf neue technische Entwicklungen sehen einen entscheidenden Vorteil gegenüber gesetzlichen Regelungen *Epstein* 70 U. Chi. L. Rev. 73 f. (2003); *Burk* 4 J. Small & Emerging Bus. L. 27, 55 (2000); *Fairfield* Anti-Social Contracts S. 45; *Lessig* 104 Yale L. J. 1743, 1744 (1995). Speziell zu Virtual Property *Fairfield* 85 B.U. L. Rev. 1047, 1101 (2005), der wegen des zu erwartenden Lobbyismus der Betreiber eine legislative Anerkennung virtuellen Eigentums der Nutzer bezweifelt (a.a.O. 1092) und für eine Fortentwicklung auf Basis des Common Law durch die Gerichte plädiert.

D. Entwicklungstendenzen zu Virtual Property in den USA

Der Weg hin zum Virtual Property ist geprägt durch eine schrittweise, in jüngerer Zeit erheblich an Dynamik gewinnende Entwicklung. Diese in ihren wichtigsten Etappen nachzuzeichnen ist nicht allein deswegen angezeigt, um ein aussagekräftigeres Bild als nur eine schmale Momentaufnahme des derzeitigen Entwicklungsstandes zu liefern. Sie bietet auch Erkenntnisse über die Fähigkeit des US-amerikanischen Common Law zur Fortentwicklung von Rechtsfiguren, um neuartige Sachverhalte im elektronisch-virtuellen Kontext mit einem Instrumentarium anzugehen, das ursprünglich auf körperliche Güter zugeschnitten war.

Nach einem kurzen Exkurs in das Tort Law und die Grundlagen von Trespass (I.1.) wird zunächst die Cyberproperty-Doctrine dargestellt, welche elektronisch vermittelte Einwirkungen auf die körperliche Systeminfrastruktur als Trespass verstand (I.2.). Diese Anfänge können auf dem langen Weg hin zu Verfügungsrechten an elektronischen Ressourcen als erste Schritte gesehen werden. Der Grund dafür, dass Cyberproperty letztlich den Anlass für eine weitere Entwicklung hin zu Virtual Property bildete, liegt vor allem in der zusehends extensiven Anwendung dieser Konstruktion, welche – unter erheblichen Bedenken im Schrifttum (I.3.) – die Voraussetzungen von Trespass zusehends außer Acht ließ. Vor diesem Hintergrund war der vorläufig letzte Schritt hin zu Virtual Property nur konsequent (II.). In anderen Rechtsordnungen des Common Law verlief die Rezeption dieser Entwicklung demgegenüber bislang eher zurückhaltend (E., F.).

I. Die Cyberproperty-Doctrine und Trespass an körperlichen Computersystemen durch elektronische Einwirkung

Ausgangspunkt in der Entwicklung hin zu Cyberproperty war eine Reihe von Entscheidungen US-amerikanischer Gerichte, die Trespass to Chattle auf Sachverhalte anwandten, in denen jeweils über ein Netzwerk elektronisch vermittelte Einwirkungen auf bzw. unerwünschte Interaktionen mit Computerressourcen erfolgten. Dabei erweckten sie ein fast vergessenes[28] Tort im digitalen Zeitalter zu neuem Leben – und schufen u.U. auch Raum für seine Anwendung im Zusammenhang mit virtuellen Gütern[29]. Die meisten dieser Entscheidungen hatten ihren Schwerpunkt im Tort Law, wo es darum ging, traditionell nur auf körperliche Sachen anwendbare Torts

---

[28] *Hardy* [1996] J. Online L. Art. 7 bezeichnet es als „Ancient Doctrine".

[29] Mit diesem Ausgangspunkt etwa *Chein* 80 St. John's L. Rev. 1059, 1060 (2006), i.E. ablehnend Die Befürworter von Virtual Property in den USA stützten sich allerdings – anders als die Vertreter der vergleichbaren Ansätze zum virtuellen Hausrecht in Deutschland, Kap. 3 D. – bislang nicht explizit auf die Cyberproperty-Doctrine.

auf Sachverhalte im virtuellen Raum zu übertragen (2.). Ihr Kernproblem bildete weniger die Frage nach einer Property-Position, weil diese Entscheidungen dazu an die körperliche Systeminfrastruktur anknüpften. Es waren eher die konkreten Tatbestandsvoraussetzungen der angewendeten Torts, die potentiell bedenkliche Reichweite dieser Konstruktion bei der Nutzung von Netzwerkressourcen, welche im Schrifttum Kritik hervorriefen (3.). Für den folgenden Überblick ist es daher hilfreich, die Wechselbeziehung zwischen Property und Torts im Sinne der Anerkennung einer Rechtsposition und deren Schutz[30] im Auge zu behalten. Erst später, als mit dem Aufkommen von Virtual Property dafür plädiert wurde, direkt an den elektronischen Ressourcen als solchen anzusetzen, sollte sich der Fokus der Analyse weg von den Voraussetzungen der Torts zur Anerkennung als Property verschieben (III.).

1. Die Grundlagen von Trespass im Common Law der Vereinigten Staaten

Trespass als Tort ist im Wesentlichen Besitzschutz. Im Gegensatz zu Trespass to Land bei unbeweglichen Sachen, fristete Trespass to Chattel bei beweglichen Sachen bis zum Aufkommen der Cyberproperty–Doctrine eher ein Schattendasein[31]. Ausgehend von den Restatements of Torts[32]

---

[30] Vgl. *Posner*[4] S. 31. Im behandelten Kontext beschreibt *Balganesh* 12 Mich. Telecomm. & Tech. L. Rev. 265, 331 (2006) diesen Funktionszusammenhang so: „[C]ybertrespass operates at the interface of property and tort law, attempting to vindicate a putatively pre-existent property right, through an exclusionary remedy.“ Ähnlich *Burk* 4 J. Small & Emerging Bus. L. 27, 28 (2000): Cybertrespass ziele im Kern auf „...a novel proprietary interest for which the label ‚trespass to chattels‘ is merely a convenient apology.“

[31] Vgl. *Thrifty-Tel, Inc. v. Bezenek* 54 Cal. Rptr. 2d 468, 472 (Court of Appeal of California, 1996); *CompuServe, Inc. v. Cyber Promotions, Inc.* 962 F. Supp. 1015, 1021 (U.S. District Court, Southern District of Ohio, 1997); *AOL, Inc. v. IMS* 24 F. Supp. 2d 548, 550 (U.S. District Court, Eastern District of Virginia, 1998); *Intel Corp. v. Hamidi* 114 Cal. Rptr. 2d 244, 247 (Court of Appeal of California, 2001); *Lastowka* 40 Ind. L. Rev. 23, 26 (2007); *Burk* 4 J. Small & Emerging Bus. L. 27 (2000): „archaic cause of action“; *Prosser & Keeton*[5] § 14 S. 85 weisen auf die praktische Verdrängung durch Conversion hin.

[32] Das US-amerikanische Tort Law gehört zu den Rechtsordnungen der einzelnen US-Bundesstaaten. Da ein umfassender Überblick über diese alle weder Ziel dieser Arbeit ist, noch aus Platzgründen gegeben werden könnte, werden die allgemeinen Voraussetzungen zuvorderst anhand der rechtlich nicht bindenden (*Prosser & Keeton*[5] § 1 S. 17) Restatements dargestellt. Relevante Abweichungen und Einzelentscheidungen werden später hervorgehoben, soweit sie das hier behandelte Thema betreffen. Vgl. § 217 Restatement (Second) of Torts (1965): „A trespass to a chattel may be committed by intentionally (a) dispossession another of the chattel, or (b) using or intermeddling with a chattel in the possession of another.“ § 218 Restatement (Second) of Torts: „One who commits a trespass to a chattel is subject to liability to the possessor of the chattel if, but only if, (a) he dispossesses the other of the chattel, or (b) the chattel is impaired as to its

erfordert Trespass to Chattel eine unerlaubte, bewusste Einwirkung auf eine körperliche Sache durch Entzug oder Besitzstörung, die entweder zu einer Beeinträchtigung des Zustandes oder Wertes der Sache selbst oder zu einer erheblichen, nicht nur vorübergehenden Beeinträchtigung ihrer Nutzung führt. Im Gegensatz dazu ist das letztgenannte Beeinträchtigungserfordernis bei Trespass to Land entbehrlich[33].

Noch nicht hinreichend geklärt ist dabei, inwiefern eine rein elektronisch vermittelte Einwirkung hierfür genügt und welche Anforderungen an Art und Intensität abwehrfähiger Beeinträchtigungen zu stellen sind. Der Kreis unerlaubter Einwirkungen wurde im Laufe der Zeit von einem ursprünglich erforderlichen unmittelbaren physischem Kontakt über die Immissionen von Schall und Rauch[34] bis letztlich hin zur Einwirkung durch elektronische Signale[35] erweitert, ohne dass das Erfordernis der Beeinträchtigung hier als Korrektiv[36] genutzt wurde. Es ist zwar anerkannt, dass die Schwelle zur Beeinträchtigung bei Trespass geringer als bei Conversion sein muss, wo es um einen gänzlichen Entzug des Gegenstandes oder seiner Nutzung geht[37]. Wo genau eine hinreichende Beeinträchtigung von Qualität, Zustand oder Wert der Sache beginnt und eine nicht abwehrfähige harmlose Einwirkung (harmless intermeddling)[38] aufhört, ist insbesondere bei elektronischen Einwirkungen unklar. Hier sollen eine spürbare Mehrbelastung von Rechnern (etwa durch Beeinträchtigung des Speicher-

condition, quality, or value, or (c) the possessor is deprived of the use of the chattel for a substantial time, or (d) bodily harm is caused to the possessor, or harm is caused to some person or thing in which the possessor has a legally protected interest."

[33] Vgl. *CompuServe, Inc. v. Cyber Promotions, Inc.* 962 F. Supp. 1015, 1023 (U.S. District Court, Southern District of Ohio, 1997); *McGowan* 1 J. L. Econ. & Pol'y 109, 114 (2005); *Prosser & Keeton*[5] § 13 S. 70, 75.

[34] Vgl. *Thrifty-Tel, Inc. v. Bezenek* 54 Cal. Rptr. 2d 468, 473 Fn. 6 (Court of Appeal of California, 1996) m.w.N.

[35] *Thrifty-Tel, Inc. v. Bezenek* 54 Cal. Rptr. 2d 468, 473 Fn. 6 (Court of Appeal of California, 1996); *CompuServe, Inc. v. Cyber Promotions, Inc.* 962 F. Supp. 1015, 1021 (U.S. District Court, Southern District of Ohio, 1997).

[36] Vgl. für die Wahrnehmung als „limiting factor" *Wong* 15 Int'l J. L. & Info. Tech. 90, 94 (2007).

[37] Vgl. *Thrifty-Tel, Inc. v. Bezenek* 54 Cal. Rptr. 2d 468, 472 (Court of Appeal of California, 1996); *CompuServe, Inc. v. Cyber Promotions, Inc.* 962 F. Supp. 1015, 1020 (U.S. District Court, Southern District of Ohio, 1997); *Franks* 42 Hous. L. Rev. 489, 525 (2005); *Prosser & Keeton*[5] § 14 S. 85 f. bezeichnen Trespass demgemäß als „little brother of conversion".

[38] Vgl. *Epstein* 70 U. Chi. L. Rev. 73, 77 (2003). Genau betrachtet ist zwar auch eine unerhebliche Einwirkung definitionsgemäß Trespass, gibt aber keine Klagebefugnis, vgl. *Lemley* 91 Cal. L. Rev. 521, 540 (2003). Dieses Erfordernis wurde in *Intel Corp. v. Hamidi*, 71 P.3d 296, 303 (Supreme Court of California, 2003) aufrecht erhalten.

platzes oder der Rechengeschwindigkeit)[39], die Kapazitätsauslastung von Netzwerken[40] oder zusätzliche Kosten der Benutzung[41] genügen. Einige Gerichte haben sogar den Verlust von Goodwill als von der unmittelbaren körperlichen Beeinträchtigung losgelöste rein wirtschaftliche Folge anerkannt[42]. Allerdings bestehen hier erhebliche Unterschiede in der Auslegung und Anwendung dieser Voraussetzung.

2. *Entwicklung der Cyberproperty-Doctrine in der Rechtsprechung*

a. Thrifty-Tel v. Bezenek

Die Geburt der Cyberproperty-Doctrine wird oft in *Thrifty-Tel v. Bezenek*[43] gesehen[44], als der Court of Appeal of California Trespass to Chattel erstmalig auf einen Sachverhalt anwandte, der die Funktionsbeeinträchtigung eines Netzwerkes zum Gegenstand hatte: Zwei Teenager hatten eine vertrauliche Einwahlnummer zur passwortgeschützten Netzschaltstelle einer Telefongesellschaft erlangt und versuchten, ein dazu gehöriges Passwort herauszufinden, das ihnen den kompletten Zugang zum Telefonsystem und zu kostenlosen Ferngesprächen ermöglichen würde. Hierzu benutzten sie ein computergesteuertes Einwahlprogramm, das systematisch alle in Frage kommenden Passwörter ausprobierte und mit ca. 1300 Anrufen in sieben Stunden das Telefonsystem der kleinen Telefongesellschaft völlig überlastete. Erstinstanzlich wegen Conversion im Hinblick auf die Zugangscodes zum Schadenersatz verurteilt, legten beide Berufung ein. Der Court of Appeal stützte seine Entscheidung aber nicht auf Conversion, sondern wertete das Verhalten, das zu einer massiven Beeinträchtigung der ordnungsgemäßen Funktion des Netzwerkes als körperlichem Gegenstand geführt hatte, recht knapp als Trespass to Chattel. Mit diesem Fall als Ausgangspunkt, der sich noch recht eng an die o.g. Voraussetzungen anlehnt[45], sollte sich die weitere Entwicklung zunehmend vom Erfordernis

---

[39] *CompuServe, Inc. v. Cyber Promotions, Inc.* 962 F. Supp. 1015, 1022 (U.S. District Court, Southern District of Ohio, 1997); *AOL, Inc. v. LCGM, Inc.* 46 F. Supp. 2d 444, 452 (U.S. District Court, Eastern District of Virginia, 1998).

[40] In *Thrifty-Tel, Inc. v. Bezenek* 54 Cal. Rptr. 2d 468, 472 (Court of Appeal of California, 1996) war das der Fall; es wurde in den knappen Ausführungen aber nicht explizit angesprochen.

[41] *Intel Corp. v. Hamidi* 71 P.3d 296, 304 (Supreme Court of California, 2003).

[42] Vgl. *CompuServe, Inc. v. Cyber Promotions, Inc.* 962 F. Supp. 1015, 1020 (U.S. District Court, Southern District of Ohio, 1997).

[43] *Thrifty-Tel, Inc. v. Bezenek* 54 Cal. Rptr. 2d 468 (Court of Appeal of California, 1996).

[44] Mit dieser Wahrnehmung etwa *Burk* 4 J. Small & Emerging Bus. L. 27, 28 (2000); *Lastowka* 40 Ind. L. Rev. 23, 25 (2007).

[45] Auf den ersten Blick scheint diese Anknüpfung an die Netzinfrastruktur als körperlichem Gegenstand nichts besonderes zu sein. Für Irritationen sorgten jedoch Urteils-

einer körperlichen Beeinträchtigung lösen – und später als erster Schritt auf dem Weg hin zu einer allgemeinen Cyberproperty–Doctrine verstanden werden.

b. CompuServe v. Cyber Promotions

Einen weiteren Schritt bildeten bald *CompuServe v. Cyber Promotions*[46] und eine ganze Reihe vergleichbarer Fälle[47], welche gegen den Versand von Spam-Mails auf Trespass to Chattel zurückgriffen und so über das Common Law ein Problem zu lösen suchten, dessen sich der Gesetzgeber damals noch nicht zufriedenstellend angenommen hatte[48]. Im konkreten Fall hatte Cyber Promotions trotz wiederholter Beschwerden an die Nutzer von CompuServe massenhaft Mails verschickt, was nach dem Vorbringen von Compuserve eine erhebliche Last für die Server, den Entzug verfügbarer Ressourcen an Speicher und Rechenleistung sowie eine wachsende Zahl von Kundenbeschwerden zur Folge hatte. Auch hier wurden diese Folgen als körperliche Beeinträchtigung der Computersysteme gewertet. Insbesondere stellte das Gericht bei der Frage der Beeinträchtigung nicht nur auf die technische Inanspruchnahme der körperlichen Systeminfrastruktur als Besitzstörung ab, sondern auch auf die Auswirkungen auf Kundenbeziehungen und Goodwill des Unternehmens, welche unter dem

---

gründe in *Thrifty-Tel, Inc. v. Bezenek* 54 Cal. Rptr. 2d 468, 473 Fn. 6 (Court of Appeal of California, 1996), die nicht auf die Netzwerkinfrastruktur abstellten, sondern auf elektronische Signale: „[T]he electronic signals [..] were sufficiently tangible to support a trespass cause of action.“ Bei genauem Blick scheinen sich diese Ausführungen eher auf die *Art* der Einwirkung zu beziehen, als auf das *Objekt* der Einwirkung. Die Einwirkung *durch* elektronische Signale wurde als hinreichend angesehen, von einer Einwirkung *auf* ein elektronisches System war nicht die Rede. Auch war in diesem Fall eine erhebliche Beeinträchtigung gegeben. Ob daher hierin wirklich der Beginn einer Cybertrespass Doctrine gesehen werden kann, die auf das Erfordernis der Beeinträchtigung verzichtet, ist etwas zweifelhaft; so aber *Burk* 4 J. Small & Emerging Bus. L. 27, 33 ff. (2000); *Lemley* 91 Cal. L. Rev. 521, 527 (2003); skeptisch gegenüber einem solchen Verständnis *Lastowka* 40 Ind. L. Rev. 23, 29-31 (2007).

[46] *CompuServe, Inc. v. Cyber Promotions, Inc.* 962 F. Supp. 1015 (U.S. District Court, Southern District of Ohio, 1997).

[47] Ähnlich eine Vielzahl von weiteren Fällen: *AOL, Inc. v. National Health Care Discount, Inc.* 121 F. Supp. 2d 1255, 1279 f. (U.S. District Court, Northern District of Iowa, 2000); *Hotmail Corp. v. Van$ Money Pie Inc.* 47 U.S.P.Q. 2d 1020, 1025 (U.S. District Court, Northern District of California, 1998); *AOL, Inc. v. IMS* 24 F. Supp. 2d 548, 550 (U.S. District Court, Eastern District of Virginia, 1998); *AOL, Inc. v. LCGM, Inc.* 46 F. Supp. 2d 444, 451 (U.S. District Court, Eastern District of Virginia, 1998).

[48] Diesen eher notdürftigen Charakter betont *Lastowka* 40 Ind. L. Rev. 23, 32 (2007): „Fixing the spam problem seemed to be a higher priority than doctrinal precision.“ Am 1.1.2004 trat in den USA der CAN-SPAM Act (Controlling the Assault of Non-Solicited Pornography and Marketing Act) in Kraft, der u.a. irreführende Absender- und Betreffangaben verbietet und für den Empfänger einen opt-out-Mechanismus vorschreibt.

vermehrten Aufkommen von Spam und wiederholten Misserfolgen bei dessen Bekämpfung litten. Bedenken, mit einer solchen Argumentation ließe sich leicht jeglicher Internetverkehr als Trespass einordnen, trat das Gericht über die Konstruktion einer stillschweigenden Einwilligung (implied consent) entgegen, die im Ergebnis einer opt-out-Lösung gleichkommt: Grundsätzlich sei für alle Providerdienste – und so auch die Nutzung der Server im Mailverkehr – von einer Einwilligung des Empfängers und aller dazwischengeschalteter technischer Dienstleister zur Benutzung von deren Vorrichtungen auszugehen. Erst wenn – wie hier – ein eindeutig entgegenstehender Wille erkennbar sei, werde diese Einwilligung widerrufen und lasse Raum für Trespass.

c. eBay v. Bidder's Edge

Über die Abwehr von Spam hinaus geht *eBay v. Bidder's Edge*[49]. Dort durchforstete Bidder's Edge mit einer Meta-Suchmaschine die Seiten von eBay und anderen Auktionsbetreibern nach aktuellen Preisinformationen und stellte diese auf einer eigenen Seite zusammen, um eigenen Kunden eine umfassende Übersicht aller gerade stattfindenden Auktionen verschiedener Anbieter zu ermöglichen. Frühere Vertragsverhandlungen über die Erlaubnis zu solchen Abfragen waren im Sande verlaufen. Nachdem eBay vergeblich Unterlassung gefordert und auch technische Abwehrmaßnahmen nicht zum Erfolg geführt hatten, erhob das Unternehmen Klage gegen die Übernahme der Preisinformationen[50]. Das Gericht stützte seine Entscheidung wiederum auf Trespass to Chattel. Zwar wurden die eBay Server durch die Anfragen nur mit einer geringen Auslastung von 1,11–1,53% in Anspruch genommen. Das Gericht führte jedoch wiederum wirtschaftliche Folgeerwägungen wie die zu erwartenden Nachahmungs- und Multiplikationseffekte ins Feld, wenn Dritten ein solches Vorgehen generell gestattet werde, die dann jedenfalls in ihrer Gesamtheit zu einer erheblichen Systemlast führen würden. Mit dieser Erwägung wurde die Schwelle einer konkreten Beeinträchtigung des Systems noch weiter herabgesetzt – was auch zu der Wahrnehmung führte, dass hier im Ergebnis ein Recht zur Abwehr des bloßen elektronischen „Eindringens" begründet werde[51].

---

[49] *eBay, Inc. v. Bidder's Edge, Inc.* 100 F. Supp. 2d 1058 (U.S. District Court, Northern District of California, 2000). Berufung wurde zwar eingelegt. Zum Court of Appeal gelangte der Fall aber letztlich wegen einer außergerichtlichen Einigung nicht, vgl. *Lastowka* 40 Ind. L. Rev. 23, 33 f. (2007).

[50] Hierzulande käme dafür je nach Umfang der Übernahme der Datenbankschutz gem. §§ 87a ff. UrhG in Betracht.

[51] Vgl. *Lastowka* 40 Ind. L. Rev. 23, 32 (2007): „a more general right to freedom from all forms of electronic ‚intrusion' on the Internet". Bei der genauen Interpretation der Urteilsgründe war nicht ganz klar, ob die Anforderungen an die physische Beein-

d. Ticketmaster Corp. v. Tickets.com

Eine ähnliche Konstellation, in der Trespass gegen den Abruf – nicht immaterialgüterrechtlich geschützter – Daten eingesetzt wurde, liegt *Ticketmaster Corp. v. Tickets.com*[52] zugrunde. Dort übernahm ein Unternehmen in das Internet eingestellte Veranstaltungsinformationen anderer Unternehmen, allerdings nur für solche Veranstaltungen, die es selbst seinen Kunden nicht anbieten konnte und für die es dann durch Links auf die entsprechenden Angebote verwies. Unter Bezugnahme auf *eBay, Inc. v. Bidder's Edge, Inc.* sah das Gericht in diesem Fall keine Hinweise auf eine – für erforderlich gehaltene – konkrete Beeinträchtigung des Systems und lehnte den Erlass der beantragten einstweiligen Verfügung ab[53].

e. Oyster Software v. Forms Processing

Ähnlich gelagert und ein Höhepunkt in der Entwicklung ist der Sachverhalt in *Oyster Software v. Forms Processing*[54], wo die Metatags einer Website übernommen wurden. Die daraufhin erhobene Klage stützte sich – neben Markenrechtsverletzungen – u.a. auch auf Trespass. Das Gericht interpretierte hier *eBay, Inc. v. Bidder's Edge, Inc.* erheblich weiter als in

---

trächtigung auf ein Minimum gesenkt bzw. ganz abgeschafft wurden (so die Interpretation in *Oyster Software, Inc. v. Forms Processing, Inc.* WL 1736382, 13 (U.S. District Court, Northern District of California, 2001) und *Register.com, Inc. v. Verio, Inc.* 126 F. Supp. 2d 238, 249 (U.S. District Court, Southern District of New York, 2000)), oder ob sie aufrecht erhalten wurden (so *Ticketmaster Corp. v. Tickets.com, Inc.* WL 1887522 (U.S. District Court, Central District of California, 2000)) oder ob hypothetische Nachahmungs- und Multiplikationseffekte nur in die Schadensbetrachtung einfließen, so letztlich *Intel Corp. v. Hamidi* 1 Cal. Rptr. 3d 32, 42, 44 (Supreme Court of California, 2003); vgl. *Lastowka* 40 Ind. L. Rev. 23, 33 (2007) m.w.N.

[52] *Ticketmaster Corp. v. Tickets.com, Inc.* WL 1887522 (U.S. District Court, Central District of California, 2000); bestätigt durch *Ticketmaster Corp. v. Tickets.com, Inc.* 2 Fed.Appx. 741 (U.S. Court of Appeals Ninth Circuit, 2001).

[53] In einer ersten Verfügung drehte sich der Kern der Entscheidung noch um Fragen der Schutzfähigkeit bloßer Informationen unter dem Regime des Copyright, vgl. *Ticketmaster Corp. v. Tickets.com, Inc.* 54 U.S.P.Q. 2d 1344 (U.S. District Court, Central District of California, 2000). In Bezug auf den Abruf als Trespass to Chattel hatte das Gericht dort kurz entschieden, dass die fehlende Schutzfähigkeit unter dem Copyright Act nicht durch das Kalifornische Common Law unterlaufen werden dürfe, dessen Anwendung unter der Preeemption Doctrine insoweit ausgeschlossen sei: „The essence of each claim is the invasion and taking of factual information compiled by Ticketmaster. To the extent that state law would allow protection of factual data (not clear at all), this cannot be squared with the Copyright Act." Erst später, nachdem zwischenzeitlich *eBay, Inc. v. Bidder's Edge, Inc.* ergangen war, betonte das Gericht allein den Aspekt der Beeinträchtigung des Computers.

[54] *Oyster Software, Inc. v. Forms Processing, Inc.* WL 1736382, 11 (U.S. District Court, N.D. California, 2001).

Ticketmaster Corp. v. Tickets.com, Inc., griff ohne jegliches Beeinträchtigungserfordernis auf die Cyberproperty-Doctrine zurück und bejahte Trespass schon bei einer bloßen „Benutzung" der Rechner des Klägers – was im Ergebnis wiederum als die Begründung eines Cyberproperty-Rechtes in Reinform wahrgenommen wurde[55].

f. Register.com v. Verio

Der unerlaubte Zugriff auf eine Datenbank war wiederum Entscheidungsgegenstand in *Register.com v. Verio*[56]. Dort war Register.com als Domainregistrar durch die Akkreditierungsbedingungen der ICANN verpflichtet, eine öffentlich zugängliche WHOIS-Datenbank mit den Namen und Kontaktdaten all seiner Domaininhaber zu führen. Verio nutzte diese Datenbank für eine Vielzahl automatischer Abfragen, um Kundeninformationen zu Marketingzwecken zu erlangen. Solchen Abfragen zu kommerziellen Zwecken hatte Register nicht zugestimmt und auf Beschwerde der Kunden hin durch ein Schreiben direkt an Verio beanstandet. Unter Bezugnahme auf *eBay, Inc. v. Bidder's Edge, Inc.* urteilte das Gericht wiederum, dass der unerlaubte Zugriff auf den Server zu diesem Zweck Trespass darstellte. Eine nennenswerte Beeinträchtigung des Systems konnte zwar nicht dargelegt werden; diese hielt das Gericht aber auch für entbehrlich. Es reichte, wiederum zusammen mit etwaigen Nachahmungseffekten, der Zugriff als solcher.

g. Intel Corp. v. Hamidi

Eine Wende in dieser Entwicklung brachte vorerst eine Entscheidung des Supreme Court of California, *Intel Corp. v. Hamidi*[57]. Nach seiner Kündigung versandte ein ehemaliger Angestellter Intels sechs sehr unternehmenskritische Mails an eine Vielzahl (zwischen 8000 und 35000) von Angestellten seines ehemaligen Arbeitgebers. Nachdem die von wechselnden Accounts gesendeten Mails nicht technisch ausgefiltert werden konnten und Hamidi einem Unterlassungsbegehren nicht nachkam, erhob Intel Klage. Der Court of Appeal of California hielt zunächst das erstinstanzlich

---

[55] *Lastowka* 40 Ind. L. Rev. 23, 34 (2007).

[56] *Register.com, Inc. v. Verio, Inc.* 126 F. Supp. 2d 238, 249 (U.S. District Court, Southern District of New York, 2000); bestätigt in *Register.com, Inc. v. Verio, Inc.* 356 F.3d 393 (U.S. Court of Appeals Second Circuit, 2004). Damit hielt die strenge Linie des Kalifornischen Rechts auch in New York Einzug. Da die Reichweite des Verbotes – und damit auch der Anwendungsbereich von Trespass – maßgeblich von der Zustimmung und den Nutzungsbedingungen der Datenbank abhängt, wird der Fall teilweise auch aus dem Blick des Vertragsrechts diskutiert, vgl. *McGowan* 1 J. L. Econ. & Pol'y 109, 121 ff. (2005).

[57] *Intel Corp. v. Hamidi* 1 Cal. Rptr. 3d 32 (Supreme Court of California, 2003).

stattgebende Urteil aufrecht und verzichtete unter Berufung u.a. auf *Thrifty-Tel, Inc. v. Bezenek*[58] und *eBay, Inc. v. Bidder's Edge, Inc.* gänzlich auf das Erfordernis einer körperlichen Beeinträchtigung der Computersysteme, das in den vorgenannten Entscheidungen zwar immer weiter ausgehöhlt wurde, an dem aber zumindest formal noch festgehalten worden war[59]. Selbst wenn man dieses Erfordernis für notwendig halte, reichten rein wirtschaftliche Folgen wie hier eine Beeinträchtigung der Produktivität der Angestellten.

Dieses Urteil wurde letztlich durch den Supreme Court of California aufgehoben[60]. Dieser stellte klar, dass Trespass to Chattel nach wie vor eine – hier nicht gegebene – konkrete körperliche Beeinträchtigung erfordere[61]. Eine rein elektronisch vermittelte Einwirkung auf das Computersystem, ohne einen Schaden oder eine Beeinträchtigung des Computersystems etwa durch Verlangsamung, Funktionsstörung oder durch die Benutzung zusätzlich anfallende Kosten zu verursachen, reiche nicht[62]. Dabei wurden die vorgenannten Entscheidungen so verstanden, dass sie fast[63] immer an diesem Erfordernis festgehalten haben. Auch wirtschaftliche Folgeschäden seien nur bei einem inneren Zusammenhang mit der Beeinträchtigung des Systems berücksichtigungsfähig. Das sei etwa der Fall bei drohenden Kündigungen von Kunden oder einer Beeinträchtigung des Goodwills *wegen* der Beeinträchtigung des Systems, nicht aber wegen der Art übermittelter Inhalte[64]. Deren Natur müsse für die Beurteilung der Beeinträchtigung außer Betracht bleiben[65]. Demgemäß war hier auch der

[58] Wie oben dargestellt, erfolgte dort aber eine ganz erhebliche Beeinträchtigung, so dass fraglich ist, ob diese Entscheidung eine solche Reichweite von Trespass schon vorwegnehmen wollte. Deswegen ein – dort nicht explizit ausgesprochenes – *Erfordernis* einer Beeinträchtigung hineinlesend auch *Intel Corp. v. Hamidi* 1 Cal. Rptr. 3d 32, 41 (Supreme Court of California, 2003).

[59] *Intel Corp. v. Hamidi* 114 Cal. Rptr. 2d 244, 247 (Court of Appeal of California, 2001); a.A. das Minderheitenvotum (a.a.O. 258).

[60] *Intel Corp. v. Hamidi* 1 Cal. Rptr. 3d 32, 39 (Supreme Court of California, 2003).

[61] Teilweise wird kritisch angemerkt, dass auch das Festhalten am Beeinträchtigungserfordernis schon wegen der Anzahl der Mails eigentlich dazu hätte führen müssen, der Klage stattzugeben. Statt dessen wurde dieser Fall von Spam-Konstellationen dadurch abgegrenzt, dass nicht auf die reine Zahl der Tausende versandter Mails, sondern auf die – mit 6 sehr geringe – Anzahl der Versand*vorgänge* abgestellt wurde. *Fairfield* 85 B.U. L. Rev. 1047, 1080 (2005) sieht dieses sehr ergebnisorientierte Vorgehen, das sich nur schwer in die Linie der Rechtsprechung zum Versand von Spam einfügen will, entscheidend von Erwägungen zur freien Meinungsäußerung beeinflusst.

[62] *Intel Corp. v. Hamidi* 1 Cal. Rptr. 3d 32, 41 (Supreme Court of California, 2003).

[63] *Oyster Software, Inc. v. Forms Processing, Inc.* wurde als falsch entschieden beurteilt, a.a.O. 44.

[64] a.a.O. 45.

[65] a.a.O. 46: „This theory of ‚impairment by content' [...] threatens to stretch trespass."

vorgebrachte Motivationsverlust der Mitarbeiter kein relevanter Schaden; erforderlich wäre eine konkrete Beeinträchtigung des Systems gewesen, die über eine harmlose elektronische Einwirkung hinausgeht. Letztlich wandte sich der Supreme Court of California gegen eine Ausdehnung der Cybertrespass Doctrine und kehrte zurück zum Erfordernis einer konkreten Beeinträchtigung der Rechnerfunktion.

h. Zusammenfassung

Dieser kurze Überblick der Rechtsprechung zur Cyberproperty-Doctrine zeigt, dass die Anforderungen an Trespass to Chattel über eine Zahl von Fällen hinweg in verschiedenen US-Bundesstaaten stetig gesenkt wurden und sich dieses Tort zunächst immer mehr von seiner Anknüpfung an die körperliche Systeminfrastruktur entfernte. Spielte die erhebliche Beeinträchtigung in *Thrifty-Tel v. Bezenek* noch eine zentrale Rolle, so waren diese Anforderungen in *CompuServe v. Cyber Promotions* schon erheblich geringer. Insbesondere *eBay v. Bidder's Edge* und *Ticketmaster Corp. v. Tickets.com* offenbarten, dass der Ansatz, die bloße Nutzung des Computersystems als Beeinträchtigung zu erfassen, zugleich – und womöglich gar in erster Linie – auf die Nutzung von nicht immaterialgüterrechtlich geschützten Informationen zielte. Auf dem bisherigen Höhepunkt dieser Entwicklung in *Oyster Software v. Forms Processing*, einem eigentlich markenrechtlichen Sachverhalt, wurde so die Abwehr rein elektronischer Interaktion ermöglicht, ohne dass die dazu verwendeten EDV-Anlagen körperlich beeinträchtigt zu werden brauchten. Ob *Intel Corp. v. Hamidi* in dieser Entwicklung die Wende brachte, ist derzeit noch unklar. So wird im Schrifttum darauf hingewiesen, dass sich der California Supreme Court nicht generell gegen die Grundsätze früherer Entscheidungen ausgesprochen habe[66], sondern diesen besonderen Fall wegen seinen Berührungspunkten mit der Meinungsfreiheit *Hamidi*s – mehr oder minder überzeugend – von den bisherigen Entscheidungen abzugrenzen versucht habe[67]. Jedenfalls sei nicht abzusehen, wie sich die Entwicklung in den anderen US-Bundesstaaten gestalte, weil sich die Bindungswirkung dieser Entscheidung auf Kalifornien beschränke[68]. Ein später ergangenes Urteil in

---

[66] *Carrier/Lastowka* 22 Berkeley Tech. L. J. 1485, 1493 (2007).

[67] Den besonderen Einfluss der Free Speech Doctrine in diesem Fall und das eher ergebnisorientierte Vorgehen, das von der bisherigen Linie der Rechtsprechung abweicht, betonen etwa *Fairfield* 85 B.U. L. Rev. 1047, 1080 (2005); *Kam* 19 Berkeley Tech. L. J. 427, 438 (2004); *Wong* 15 Int'l J. L. & Info. Tech. 90, 108 (2007).

[68] *Lastowka* 40 Ind. L. Rev. 23, 40 (2007) hält es für denkbar, dass Gerichte anderer Bundesstaaten die Cyberproperty-Doctrine deswegen anwenden könnten.

Illinois, *Sotelo v. DirectRevenue*[69], wertete etwa die Installation von Spyware auf einem Rechner wegen Verlangsamung und anderen denkbaren Fehlfunktionen als Trespass. Angesichts der hierdurch tatsächlich verursachten Beeinträchtigungen brauchte nicht entschieden werden, welche die minimalen Anforderungen an eine Beeinträchtigung gewesen wären[70].

3. Reaktionen des Schrifttums

Diese stetige Ausdehnung der Cyberproperty-Doctrine und ihre Entwicklung hin zu einem zunehmend eigenständigen Abwehrrecht gegen jegliche Form elektronischer Einwirkung stieß im Schrifttum auf ein geteiltes Echo.

a. Überblick: Zustimmung und Kritik

Will man die sehr unterschiedlich nuancierten Stellungnahmen des Schrifttums für einen Überblick systematisieren, so lassen sich hier drei Strömungen ausmachen: Einige Stimmen befürworten eine weitere Entwicklung hin zu einem weitreichenden Abwehrrecht gegen jegliche elektronische Interaktionen, das seine Grundlage im Sacheigentum an der Computerhardware finde und dabei keine konkrete Beeinträchtigung voraussetze, so dass im Ergebnis auch nach Art der übertragenen oder abgerufenen Inhalte differenziert werden könne[71]. Andere reagieren auf eine solch weitreichende Cyberproperty-Doctrine aus verschiedenen Gründen ablehnend: Hierbei ist zwischen denjenigen zu differenzieren, die Cyberproperty zwar grundsätzlich anerkennen, aber für eine maßvolle Anwendung dieser Rechtsfigur und insbesondere das Erfordernis einer konkreten Funktionsbeeinträchtigung plädieren[72], und solchen Stimmen, die sich eher generell gegen Cyberproperty aussprechen[73].

---

[69] *Sotelo v. DirectRevenue* 384 F.Supp.2d 1219, 1230 ff. (U.S. District Court, Northern District of Illinois, 2005).

[70] Wiederum kann hier in nicht allzu ferner Zukunft ein Tätigwerden des Gesetzgebers zu erwarten sein. Mit dem „Securely Protect Yourself Against Cyber Trespass Act" („Spy Act"), der Cybertrespass durch Eindringen in Computersysteme regeln soll, ist seit längerer Zeit ein Gesetz in Planung, das bereits zwei Mal im Senat scheiterte, vgl. dazu *Kelley* 10(9) J. Internet L. 3, 5 (2007). Auch gegenwärtig ist es noch nicht in Kraft.

[71] Grundsätzlich für die Anerkennung von „*Cyberproperty*" etwa *Bellia* 79 N.Y.U. L. Rev. 2164 (2004); *Epstein* 70 U. Chi. L. Rev. 73, 79 (2003); *Hardy* [1996] J. Online L. Art. 7; *McGowan* 1 J. L. Econ. & Pol'y 109 (2005); *Wagner* 78 S. Cal. L. Rev. 457, 463 f. (2005); grundsätzlich für Property Rights an elektronischen Ressourcen auch *Reeves* 63 Univ. Chi. L. Rev. 761 (1996).

[72] *Lipton* 35 Loy. U. Chi. L. J. 235, 241, 273 f. (2003); *Madison* 44 B.C. L. Rev. 433, 464 ff. (2003); *Meehan* 13 Rich. J. L. & Tech. 7, 40 ff. (2006).

[73] *Balganesh* 12 Mich. Telecomm. & Tech. L. Rev. 265, 331 (2006); *Burk* 4 J. Small & Emerging Bus. L. 27 (2000); *Carrier/Lastowka* 22 Berkeley Tech. L. J. 1485 (2007);

Teilweise zielt die Kritik weniger auf das Ergebnis virtueller Herrschaftsrechte als auf die dogmatische Konstruktion. So wird etwa der Ansatz am Sacheigentum als verfehlt angesehen, weil es in Wahrheit um die Nutzung elektronischer Ressourcen gehe und diese unmittelbar zum Anknüpfungspunkt gemacht werden sollen[74]. Insbesondere letzteres ist mit ein Grund für die geforderte Weiterentwicklung von Cyberproperty zu Virtual Property, das den Bezug zum Sacheigentum gänzlich aufgibt[75].

Die in diesem Zusammenhang vorgebrachten Argumente kreisen um die folgenden Problempunkte: In methodischer Hinsicht wird zunächst der Rückgriff der Gerichte auf Metaphern kritisiert, welche den „virtuellen Raum“ mit dem realen Raum gleichsetzen (b.) und dabei die Anforderungen an die Beeinträchtigung des Computersystems außer Acht lassen (c.). Ferner werde die Gefahr erzeugt, eine Vielzahl sich überschneidender Rechte (Anticommons) zu erzeugen, welche eine effiziente Nutzung elektronischer Ressourcen deutlich erschwere (d.). Und schließlich verschleiere ein Ansatz an der Hardware die eigentlichen Problemstellungen – ein Vorwurf, der zum einen auf die fehlende Konvergenz zwischen Gegenstand der Anknüpfung und tatsächlichem Schutzobjekt zielt (e.aa.), zum anderen auf die Überschneidungen zwischen Cyberproperty und etwaigen Immaterialgüterrechtsverletzungen (e.bb.).

b. Die sprachliche Ebene: „Cyberspace as a place“

Bemerkenswert ist zunächst, welche Aufmerksamkeit allein der terminologischen Ebene dieses Problems gewidmet wurde und in welchem Maße rein metaphorische Vergleiche des virtuellen Raumes mit dem realen Raum zum zentralen Gegenstand heftiger Auseinandersetzungen wurden[76]. Virtuellen Raum als Land zu sehen, den Zugang zu Websites und anderen Online-Ressourcen mit dem Zugang zu virtuellen Grundstücken zu vergleichen und so den Zugriff auf Systemressourcen gleichsam als „Betreten“ dieses virtuellen Raumes zu werten, schien gedanklich einigen der obigen Gerichtsentscheidungen zugrunde zu liegen[77], welche die Anforde-

---

Hunter 91 Cal. L. Rev. 439, 500 ff. (2003); *Lastowka* 40 Ind. L. Rev. 23, 44 ff. (2007); *Lemley* 91 Cal. L. Rev. 521 (2003).

[74] *Balganesh* 12 Mich. Telecomm. & Tech. L. Rev. 265, 325 ff. (2006).

[75] *Fairfield* 85 B.U. L. Rev. 1047, 1075 (2005).

[76] Eingehend zur terminologischen Ebene *Cohen* 107 Col. L. Rev. 210 (2007); *Hunter* 91 Cal. L. Rev. 439, 458-483 (2003).

[77] Vgl. etwa *eBay, Inc. v. Bidder's Edge, Inc.* 100 F. Supp. 2d 1058, 1065 (U.S. District Court, Northern District of California, 2000), wo die Funktion von Web-Crawlern so beschrieben wurde, dass eine Armee von Robotern in ein Ladengeschäft geschickt werde, um Informationen zu sammeln. Nach Ansicht von *Hunter* 91 Cal. L. Rev. 439, 487 f. (2003) benutzte auch das Berufungsgericht in *Intel Corp. v. Hamidi* 114 Cal. Rptr. 2d 244, 247, 254 (Court of Appeal of California, 2001) raumbezogene Meta-

rungen an eine konkrete Beeinträchtigung der Hardware herabsenkten[78], weil Trespass to Land eine solche konkrete Beeinträchtigung nicht erfordert[79].

Diese metaphorische Vorstellung eines „Cyberspace as a place" ist nicht neu, sondern entstammt dem Zeitgeist der frühen 1990er Jahre, wo sie die euphorisch wahrgenommene Entwicklung von Internet und Cyberspace widerspiegelt[80]. Dort sollte dieses Bild nicht nur die neuen technischen Phänomene elektronischer Datenübertragungen, netzwerkvermittelter Interaktion und die dadurch geschaffenen virtuellen „Räume" verständlich

---

phern, als es die eintreffenden Mails als Eindringen auf das Eigentum des Empfängers („trespassing onto Intel's private property") betrachtete. Weitgehend für eine metaphorische Vergleichbarkeit des virtuellen Raumes mit Real Property *Hardy* [1996] J. Online L. Art. 7: „Many of the words used to describe Web sites have a basis in real property: the word ‚site' itself is one, as are such expressions as ‚home' pages, ‚visiting' Web sites, ‚traveling' to a site and the like. This usage suggests that the trespass action might appropriately be applied to Web sites as well." Ebenso *Epstein* 70 U. Chi. L. Rev. 73, 82 (2003), der mit primär terminologischer Argumentation maßgeblich auf die Verwendung der Begriffe wie „site", „architecture", „space" verweist und eine Website durch ihre Adresse als „fixed in its cyberspace location" ansieht, weswegen im vorliegenden Zusammenhang die Einordnung als Real Property besser passe. Spätestens hier drängen sich dann auch die methodischen Grenzen einer terminologisch-metaphorischen Betrachtung auf. Dieser Raummetaphorik, von *Epstein* als Amicus Curiae in *Intel Corp. v. Hamidi* 71 P.3d 296, 309 (California Supreme Court, 2003) selbst vorgetragen, wurde letztlich dort eine Absage erteilt.

78 Auch wenn Gerichte das nie so explizit aussprachen, wird die „Cyberspace-as-Space"-Metaphorik mit als ein Grund dafür gesehen, die Tatbestandsvoraussetzungen von Trespass to Chattel denen von Trespass to Land anzunähern, so *Hunter* 91 Cal. L. Rev. 439, 481 f., 486 (2003); *Lemley* 91 Cal. L. Rev. 521, 527 (2003); *Madison* 44 B.C. L. Rev. 433, 467 (2003); *Madison* 56 Case Western Res. L. Rev. 381, 401 (2005). Vgl. *eBay, Inc. v. Bidder's Edge, Inc.* 100 F. Supp. 2d 1058, 1067 (U.S. District Court, Northern District of California, 2000) u.a. mit dem Argument, ein andauernder Zugriff auf elektronische Ressourcen müsse wie Trespass to Real Property behandelt werden, um den Betroffenen nicht schutzlos gegen die Zugriffe zu stellen. A.A. *McGowan* 1 J. L. Econ. & Pol'y 109 (2005), der bezweifelt, dass sich dieses Bild im Ergebnis ausgewirkt habe und die Ausdehnung von Trespass zumeist durch ökonomische Erwägungen getragen war (a.a.O. 125 f.). So beruhten die Entscheidungen zu Spam weniger auf den Fragen, ob Email-Postfächer nun wie ein körperlicher Gegenstand zu behandeln seien oder ob dazu auf den Server abgestellt werden und in welchem Maße diese nun beeinträchtigt werden müssen, als auf der Erwägung, die dadurch verursachten externen Kosten des Empfängers beim Versender von Spam zu internalisieren.

79 Vgl. zum fehlenden Beeinträchtigungserfordernis *CompuServe, Inc. v. Cyber Promotions, Inc.* 962 F. Supp. 1015, 1023 (U.S. District Court, Southern District of Ohio, 1997); *McGowan* 1 J. L. Econ. & Pol'y 109, 114 (2005); *Prosser & Keeton*[5] § 13 S. 70, 75.

80 *Johnson/Post* 48 Stan. L. Rev. 1367 (1996) sprechen von „location within a virtual space" (a.a.O. 1371) sowie „cyberspace as a place" (a.a.O. 1378 f.). Ähnlich *Lessig* 48 Stan. L. Rev. 1403 (1996): „Cyberspace is a place. People live there."

machen. Vor allem diente es dem Zweck, die „Belegenheit" des virtuellen Raumes jenseits realer Staatsgrenzen und damit auch des nationalstaatlichen Rechtes zu verorten – und so die damals propagierte Autonomie und Rechtsfreiheit des Internet zu stützen[81]. Diese Bestrebungen wurden bekanntlich von der Zeit schlichtweg überholt[82]. Die Metapher aber überlebte, wenngleich sie in der späteren Cyberproperty-Diskussion nun für das genaue Gegenteil dessen herhalten sollte, was ihre Verfechter ursprünglich beabsichtigt hatten.

In dieser Diskussion um die Angemessenheit der Raummetaphorik greift es zunächst zu kurz, das Augenscheinliche einzuwenden, dass der virtuelle Raum nun einmal kein Raum sei[83]. Dieser Einwand mag im euklidischen Sinne des Begriffes Raum zutreffen, vernachlässigt aber die zentrale Bedeutung von Metaphern als Mechanismen kognitiver Vereinfachung. Virtuelle Sachverhalte mit einer Vorstellung von „Räumlichkeit" auszustatten ist deswegen nötig, weil der menschliche Verstand darauf angewiesen ist, auf ihm bekannte Konzepte zur Wahrnehmung und Erklärung seiner Umgebung zurückzugreifen[84]. Raumbasierte Metaphern liegen hier schon deswegen nahe, weil der menschliche Wahrnehmungsapparat situativ und egozentrisch orientiert stets eine Form von Raum zu erfassen sucht und diese räumliche Vorstellung für die Strukturierung und das Verständnis abstrakter Konzepte nutzt[85]. Diese Erkenntnis mag die Tendenz erklären, eine virtuelle Umgebung als Raum und die darin befindlichen Objekte möglichst als gegenständlich auffassen zu wollen.

Aus rechtlicher Sicht jedoch – auch aus der des Common Law – erscheint allein eine zutreffende Metapher als tragfähige Grundlage einer Korrektur der Tatbestandsvoraussetzungen konkreter Torts ausgesprochen schwach. Zwar mag eine Metaphorik der Räumlichkeit – gleichsam als

---

[81] *Johnson/Post* 48 Stan. L. Rev. 1367, 1378 (1996); ähnlich *Hardy* 55 U. Pittsb. L. Rev. 993, 1019 ff. (1994) Vgl. zur heutigen Bedeutung dieser Autonomiediskussion, wie sie nun bei virtuellen Welten wieder aufzukommen scheint, Kap. 4 F.II.2.

[82] Einflussreicher Verfechter der heute wohl nicht mehr bestrittenen These, dass es sich hierbei um einen zwar konfliktträchtigen, aber rechtlich durchaus normalen Anwendungsfall des internationalen Privatrechts handelt, war *Goldsmith* 65 U. Chi. L. Rev. 1199 (1998); *ders.* 5 Ind. J. Gl. Leg. Stud. 475 (1998); ebenso *Stein* 32 Int'l Lawyer 1167 (1998).

[83] So *Lastowka* 40 Ind. L. Rev. 23, 45 (2007): „The first problem with suggesting that cyberspace is a place is that it is not."; *Lemley* 91 Cal. L. Rev. 521, 523 (2003).

[84] Vgl. *Cohen* 107 Col. L. Rev. 210, 226 (2007): „The ‚cyberspace' metaphor expresses an experienced spatiality mediated by embodied human cognition."; *Fairfield* 85 B.U. L. Rev. 1047, 1053 Fn. 22 (2005); *Hunter* 91 Cal. L. Rev. 439, 458 ff. (2003); *Lipton* 35 Loy. U. Chi. L. J. 235, 241 (2003); *Madison* 44 B.C. L. Rev. 433, 439 (2003).

[85] *Cohen* 107 Col. L. Rev. 210, 227 f., 234 (2007): „The cyberspace metaphor is neither an arbitrary fiction that can be jettisoned nor a description of some fixed, external reality but rather an inevitable perceptual byproduct of the human cognitive apparatus."

Kurzformel und Analogie im sprachlichen Gewand – einen Anhaltspunkt für die Rechtsanwendung bieten, wenn der virtuelle Raum auch *funktional* dem realen Raum entspricht[86]. Ein Großteil der vorgebrachten Kritik zielt daher auch nicht gegen die Verwendung von Metaphern an sich, sondern allein gegen deren unbedachte Verwendung als unangemessene Vereinfachung[87]. Eine solche sei es jedenfalls, sich das Internet hier als körperlich-gegenständlichen Raum vorzustellen, um Trespass to Land anzuwenden[88].

c. Die dogmatische Ebene: Voraussetzungen von Trespass to Chattel

Im Zusammenhang mit dieser Metaphorikdiskussion zielt die nächste Kritik auf die Anwendung der konkreteren Tatbestandsvoraussetzungen von Trespass und insbesondere auf das Erfordernis der konkreten Beeinträchtigung. Hiernach wurde die Beeinträchtigungsschwelle viel zu niedrig angesetzt und so der Unterschied zwischen Trespass to Chattel und Trespass to Land verwischt. Gerade die körperliche Hardware als dogmatischer Anknüpfungspunkt für Trespass to Chattel müsse in ihrer Funktion konkret gestört werden, ohne dass schon minimale Einwirkungen – wie bei jeder Interaktion zwischen elektronischen Systemen – genügen könnten[89].

Zudem werde der Kreis zu berücksichtigender Schäden zu weit gezogen, wenn reine wirtschaftliche Folgen über die unmittelbar betroffenen EDV-Anlagen hinaus – wie etwa der Verlust von Goodwill oder zusätzlicher Arbeitsaufwand als eigenständige und nicht aus einer Beeinträchtigung des Computersystems abgeleitete Position – hier einbezogen würden. Dadurch würden die Voraussetzungen der Beeinträchtigung einer Sache

---

[86] Anders formuliert: Die entscheidende Frage ist, inwiefern sich der virtuelle Raum vom realen Raum unterscheidet, was die Formulierung rechtlicher Regeln angeht, vgl. *Cohen* 107 Col. L. Rev. 210, 213 f. (2007).

[87] Vgl. *Hunter* 91 Cal. L. Rev. 439 (2003), der die Raummetaphorik als solche verteidigt (a.a.O. 447 ff.), sich aber gegen die Folgen der Cybertrespass Doctrine wendet (a.a.O. 500 ff.); *Madison* 44 B.C. L. Rev. 433, 439, 445 (2003), der sich für die Metapher, aber gegen eine Ableitung einer absoluten Property-Position aus ihr ausspricht; ähnlich i.E. *Lemley* 91 Cal. L. Rev. 521, 527 (2003); *Lipton* 35 Loy. U. Chi. L. J. 235, 241, 245 (2003).

[88] *Hunter* 91 Cal. L. Rev. 439, 516 ff. (2003); *Lipton* 35 Loy. U. Chi. L. J. 235, 245 (2003): „[R]eal property metaphors in cyberspace should be avoided." Vgl. auch *Lastowka* 40 Ind. L. Rev. 23, 45 (2007); *Lemley* 91 Cal. L. Rev. 521, 533, 536 (2003), die das Internet allenfalls mit einem öffentlichen Platz vergleichen, so dass die „Cyberspace as a Place"-Metapher des Metaphorik-Diskurses nicht notwendigerweise zu einer ausschließlichen privaten Property-Position führe.

[89] Vgl. etwa *Burk* 4 J. Small & Emerging Bus. L. 27, 39 (2000): „The Thrifty-Tel version of trespass follows the form of trespass to chattels, and yet has the substance of trespass to land."; *Lastowka* 40 Ind. L. Rev. 23, 29 f. (2007); *Lemley* 91 Cal. L. Rev. 521, 527 (2003); *Hunter* 91 Cal. L. Rev. 439, 487 (2003); *Madison* 44 B.C. L. Rev. 433, 469 f. (2003); *Lipton* 35 Loy. U. Chi. L. J. 235, 242 (2003).

durch physischen Kontakt und die unmittelbar daraus entstehenden Schäden schlicht voneinander abgekoppelt und Trespass aus seinem historischen Kontext einer physischen Besitzstörung gerissen[90].

d. Die teleologische Ebene: Folgenbetrachtungen

Jenseits der Tatbestandsvoraussetzungen von Trespass to Chattel wird die entstehende Abwehrbefugnis gegen „elektronisches Eindringen" bisweilen auf die effizienzsteigernde Wirkung von abwehrfähigen Property Rights gestützt (aa.). Angesichts der Gefahr einer ausufernden Kontrolle des Inhabers einer physischen Ressource über die dort verarbeiteten elektronischen Daten und Inhalte, erscheint diese Wirkung indes fraglich. Die Schaffung exklusiver Nutzungsrechte ist meist zwar Voraussetzung für eine effiziente Ressourcennutzung. Diese kann jedoch dann verfehlt werden, wenn „Anticommons" entstehen und dabei prohibitive Transaktionskosten verursachen (bb.). Ein solches Ergebnis bedarf der Korrektur (cc.).

aa. Effizienz durch Property Rights?

Für die Anerkennung von Cyberproperty werden – wie generell für die Anerkennung von Property Rights[91] – Effizienzerwägungen ins Feld geführt: Ausgangspunkt ist die Vorstellung einer generell effizienzsteigernden Wirkung von Property Rights: Einmal geschaffen und klar zugeschnitten werden sie auf dem Markt gehandelt, dabei über die unsichtbare Hand des Preismechanismus zum Ort der besten Verwendung alloziert und können durch ihren bestmöglichen produktiven Einsatz gesamtgesellschaftlich wohlfahrtssteigernd wirken[92]. Aus dieser Perspektive seien Befürchtungen, dass geschaffene Property Rights zu einem weitgehenden Ausschluss („Enclosure"[93]) führen, nicht etwa negativ zu sehen, sondern

[90] *Burk* 4 J. Small & Emerging Bus. L. 27, 35 (2000): „[T]his move cuts trespass to chattels free from its moorings of dispossession or the equivalent, allowing the court free reign to hunt for ‚impairment'."; *Madison* 44 B.C. L. Rev. 433, 470 (2003): „[It] allows to conflate intangible and tangible injury." A.A. und für Senkung der Anforderungen *McGowan* 1 J. L. Econ. & Pol'y 109, 125 (2005), der Produktivitätseinbußen durch Motivationsverluste anerkennt. *Epstein* 70 U. Chi. L. Rev. 73, 81 f. (2003) will gar den Aufwand einer Klage als hinreichenden Nachweis für das Vorhandensein einer – wie auch immer gearteten – Beeinträchtigung genügen lassen.

[91] Genau genommen stellt sich aus diesem Blickwinkel gar nicht die Frage nach der Anknüpfung von Cyberproperty (oder dessen Weiterentwicklung Virtual Property), weil der einzig ausschlaggebende Faktor das Bestehen und die Reichweite etwaiger Rechte ist, die eine Nutzung, Verteidigung und Übertragung der in Frage stehenden Ressource ermöglichen.

[92] *Schäfer/Ott*[4] S. 552; *Richter/Furubotn*[3] S. 93.

[93] Vgl. *Hunter* 91 Cal. L. Rev. 439, 507 (2003). Die Bezeichnung geht zurück auf die Privatisierung von vormals gemeinem Grundbesitz im 18. Jahrhundert in Großbritannien,

gerade eine zentrale Voraussetzung für Effizienzgewinne[94]. Dafür soll eine großzügige Handhabung des Beeinträchtigungserfordernisses von Trespass die erforderliche Exklusivität liefern[95].

Diesem Ansatz ist zuzugestehen, dass er – wenn auch über den Umweg der körperlichen Systeminfrastruktur – Problemfälle wie Spam oder das Auslesen von Datenbankinhalten erfassen konnte, für die in den USA zu dieser Zeit kein Schutz bestand[96]. Welche immense Reichweite jedoch eine Anerkennung von abwehrfähigen Property Rights an der netzwerkverbundenen Systemhardware durch bloßen elektronischen, nicht funktionsbeeinträchtigenden Kontakt hätte, zeigt sich deutlich in einer Vision von *Hardy* aus dem Jahre 1996: Hiernach soll jeder Zugriff auf netzwerkverbundene Rechenanlagen generell Abwehrrechte auslösen, die dann auf technischem, transaktionskostensparendem Wege zugewiesen werden. So entstünde ein umfangreiches engmaschiges Netz automatisierter Lizenzvereinbarungen über feinst zugeschnittene Verfügungsrechte an körperlichen Netzwerkres-

---

die als „Enclosure of the Commons" zwar als Voraussetzung für die effiziente Intensivierung der Landwirtschaft im Zuge der industriellen Revolution gesehen wird, gleichzeitig aber auch für bittere Armut sorgte. Für die anhaltende Bedeutung dieses Konzeptes vgl. nur *Boyle* 66 Law & Contemp. Probs. 33 (2003), der diese Entwicklung mit der heutigen Ausweitung von geistigem Eigentum vergleicht, sowie *Davis* [2002] I.P.Q. 342 speziell zur Ausdehnung des Markenrechts. Kritisch gegenüber einer zunehmenden „Privatisierung" von Informationen als geistiges Eigentum auch *Benkler* 74 N.Y.U. L. Rev. 354, 386 ff. (1999) m.w.N. zur Diskussion im US-amerikanischen Schrifttum, weil dies Gefahren für die Vielfalt verfügbarer Quellen erzeuge und – schon wegen der Möglichkeiten eines Verbotes der Verbreitung durch die Rechteinhaber – letztlich auch für die Meinungsfreiheit.

[94] Vgl. *Easterbrook* 1996 U. Chi. Legal F. 207, 211 ff., der für die damalig in der Diskussion befindlichen Domains klare Regelungen und die Anerkennung als neuer Form von Property fordert, damit der Markt für deren Verteilung sorgen kann: „Let us [...] do what is essential to permit the participants in this evolving world to make their own decisions. That means three things: make rules clear; create property rights where now there are none; and facilitate the formation of bargaining institutions. Then let the world of cyberspace evolve as it will, and enjoy the benefits." (a.a.O. 215 f.). Ebenso *McGowan* 1 J. L. Econ. & Pol'y 109, 140 (2005), der sich für die Betonung von Effizienzgesichtspunkten und sozialen Kosten-Nutzen-Analysen ausspricht.

[95] Vgl. *McGowan* 1 J. L. Econ. & Pol'y 109, 126 (2005), der dafür plädiert: „...to adapt traditional trespass doctrines to new circumstances, in which self-help fails and owners need some other way of securing the consent that allows them to equilibrate the costs and benefits of resources into which they have sunk costs."

[96] Mittlerweile sind Spezialgesetze erlassen worden, z.B. der Computer Fraud and Abuse Act gegen unberechtigten Zugang, oder der CAN-SPAM Act gegen den Versand unerwünschter Werbe-Emails, vgl. *Carrier/Lastowka* 22 Berkeley Tech. L. J. 1485, 1513 (2007).

sourcen[97]. Diese Vision – und ihre zwingende Folge einer Unzahl von Datenbanken und elektronischen Lizenzierungsmechanismen über Zugangsberechtigungen zu Webseiten – wurde für das Internet noch als verstörend empfunden[98]. Rückblickend zeigt sich freilich, dass Rechte in dieser Form nie geschaffen wurden – und es wegen der nun folgenden Bedenken gegen die Schaffung von Property Rights als generell wohlfahrtssteigerndem Universalwerkzeug auch nicht konnten.

bb. Anticommons und Transaktionskosten

Dem unerschütterlichen Vertrauen der Chicago School in die effizient ressourcenallozierende Funktion des Marktes und dessen wohlfahrtssteigernde Wirkung schlägt – auch am Beispiel von Cyberproperty – eine nicht unberechtigte Skepsis gegenüber vermeintlichen Effizienzgewinnen allein durch die Verknappung von Ressourcen und die Schaffung privater Property Rights entgegen. Die üblichen Einwände zielen hier auf Marktversagen durch zu hohe Transaktionskosten und Anticommons, betreffen Auswirkungen auf nicht marktfähige und damit im ökonomischen Modelldenken gern ausgeblendete Werte[99] sowie wecken generelle Zweifel, ob der – als Resourcenallokationsmechanismus auch Kosten verursachende[100] – Markt angesichts alternativer besserer Mechanismen selbst gar ineffizient ist[101].

Für Cyberproperty tut sich insbesondere das Problem der sog. Anticommons auf. Die „Tragedy of the Anticommons"[102] ist in der ökonomi-

---

[97] Nach *Burk* 4 J. Small & Emerging Bus. L. 27, 47 f. (2000) ist dies der Gedanke, welcher den zu schaffenden Property Rights zugrunde liegt, die *Hardy* [1996] U. Chi. Legal F. 217 propagiert.

[98] Gegen eine solche Entwicklung etwa *Burk* 4 J. Small & Emerging Bus. L. 27, 47 f. (2000).

[99] So für die Meinungsfreiheit *Carrier/Lastowka* 22 Berkeley Tech. L. J. 1485, 1510 (2007).

[100] *Lehmann* GRUR Int. 1983, 356, 361; *Schäfer/Ott*[4] S. 617.

[101] Vgl. *Richter/Furubotn*[3] S. 401; *Coase* in *Katz* S. 65 ff. Im Bereich des Internet werden zunehmend Open Access Regime als alternativer Mechanismus zur Ressourcenallokation gesehen, vgl. nur *Lastowka* 40 Ind. L. Rev. 23, 54 f. (2007).

[102] Dieses Problem wurde erstmals von *Heller* 111 Harv. L. Rev. 621 (1998) am Beispiel russischer Geschäfte dargestellt, die nach dem Beginn von Privatisierung und Marktwirtschaft noch relativ lange leer blieben. Grund hierfür war, dass in jenen Zeiten interessierte Händler zur Nutzung der Geschäfte mit einer erheblichen Zahl unterschiedlicher Personen verhandeln mussten – was den Aufwand dermaßen in die Höhe trieb, dass die Mehrzahl von Händlern illegale Straßenverkäufe in Kiosken vorzog, wo sie nur mit einer Partei verhandeln mussten und dieser dann Schutzgeld zahlten. Zur Anwendung auf den Zuschnitt von Property im US-amerikanischen Recht, um ein effizientes Mittelmaß zwischen den Gefahren der Übernutzung als Commons und Unternutzung als Anti-

schen Theorie gleichsam das Spiegelbild zu dem als „Tragedy of the Commons“[103] bekannten Problem der Übernutzung eines öffentlichen Gutes, welche zu verhindern die eigentliche Aufgabe von exklusiven Rechten ist[104]. Der Begriff der Anticommons bezeichnet das Phänomen einer zu weitgehenden Aufspaltung der Nutzungsrechte an einer Ressource, welche deren effiziente wirtschaftliche Nutzung beeinträchtigen oder gänzlich verhindern kann. Erfolgt die Verteilung der Nutzungsrechte in einer Weise, welche die wirtschaftlichen Nutzungsmöglichkeiten übermäßig aufspaltet und über eine große Zahl potentieller Rechteinhaber verstreut, so entstehen immense Transaktionskosten und Verhandlungsprobleme.

Nicht nur können die Transaktionskosten bei der Anbahnung, dem Abschluss und der Durchsetzung von Verträgen zur sinnvollen Bündelung der zersplitterten Rechte prohibitive Ausmaße annehmen[105]. Es besteht zudem ein erhebliches Potential für Hold-Up-Situationen, in denen einige Veräußerer daraus Kapital zu schlagen suchen, dass allein ihre Rechte noch eine sinnvolle Nutzung verhinden und der rationale Erwerber – zumindest in der ökonomischen Theorie – bereit sein sollte, dem letzten Veräußerer die Differenz zwischen allen bisherigen Ausgaben für erworbene Rechte und dem erwarteten Gewinn aus der Nutzung der Ressource zu bezahlen. So werden zugleich erhebliche Anreize gesetzt, die eigenen Rechte möglichst lange zurück zu halten und damit den ganzen Verhandlungsprozess zu verzögern – wenn nicht gar im Sande verlaufen zu lassen[106].

Die wirtschaftlich effiziente Nutzung von Ressourcen wird auf diese Weise gerade *durch* eine – eigentlich aus Effizienzgesichtspunkten erforderlich

---

commons an beiden extremen Enden des Spektrums zu wahren vgl. *Heller* 108 Yale L. J. 1163 (1999).

[103] Der Begriff geht auf *Hardin* 162 Science 1243 (1968) zurück. Das tragische Schicksal eines frei verfügbaren Gutes, von dessen Nutzung niemand ausgeschlossen werden kann, besteht in der ökonomischen Theorie darin, dass auch kein rational handelnder, nutzenmaximierender Akteur zu dessen Erhalt beitragen wird, so dass die sozialen Kosten der Nutzung nicht internalisiert werden und auf Dauer eine ineffiziente Übernutzung oder gar die Zerstörung des Gutes die Folge sein wird. Oft genannte Beispiele hierfür sind etwa die Allmende (*Richter/Furubotn*[3] S. 119 ff.), die ungeregelte Ausübung von Jagdrechten, welche den Wildbestand verringert (*Demsetz* in *Katz* S. 94 ff.), oder eine Überfischung (*Lehmann* GRUR Int. 1983, 356). Die Reaktion hierauf besteht in der Schaffung einer Privateigentumsordnung, welche die Ressourcen exklusiv zuweist und die Kosten der Nutzung damit internalisiert.

[104] *Ladeur* in: *Eifert/Hoffmann-Riem* S. 339, 357; *Ladeur* in: *Ladeur* S. 101, 118; *Lehmann* GRUR Int. 1983, 356, 358; *Lessig* Code[2] S. 181; *Posner*[4] S. 33; *Richter/Furubotn*[3] S. 119 ff.; *Schäfer/Ott*[4] S. 554. Dazu Kap. 4 B.II.2.a.

[105] Zur zentralen Bedeutung der Transaktionskosten und Kritik an deren Vernachlässigung in den ökonomischen Modellen der neoklassischen Wirtschaftstheorie *Richter/Furubotn*[3] S. 15 ff.

[106] Vgl. *Heller* 111 Harv. L. Rev. 621 (1998); *Engel* in: *von Danwitz/Depenheuer/Engel* S. 9, 53.

scheinende – Schaffung von Rechten an ihnen behindert[107]. Erschwerend kommt hinzu, dass eben diese Gründe den individuellen Rechteinhabern einen Weg zurück zur Vergemeinschaftung einer Ressource versperren, sobald Property Rights erst einmal geschaffen wurden, selbst wenn das eine effizientere Nutzung ermöglichen würde[108].

Genau diese Gefahr von Anticommons durch die Schaffung neuer Property Rights und die dadurch bedingte Vervielfachung potentieller Transaktionen wird vielfach auch in der Anwendung der Cyberproperty-Doctrine gesehen[109]. Bedenkt man, dass alle elektronischen Ressourcen letztlich ihre Verkörperung in der für die Datenübertragung genutzten Hardware finden, könnte sich der Datenverkehr plötzlich mit einer Vielzahl von Rechteinhabern konfrontiert sehen, welche sich auf ihr Sacheigentum an der Systemhardware berufen, um übliche Nutzungen wie Hyperlinks, Emails und Suchmaschinen in unerwünschten Fällen (z.B. Deep Links, inhaltlich kritische Mails, Content-Crawler) abzuwehren[110]. Theoretisch ließen sich im Kontext des Internet so ziemlich alle denkbaren Nutzungen von E-Mail-Servern, Chaträumen, Downloads, Streaming, bis hin zu den bei der bloßen Weiterleitung von IP-Paketen eingesetzten Servern über dazu jeweils benutzte Speicher oder Rechenkapazität erfassen[111]. Müssten die Nutzer wegen bestehender Ausschließlichkeitsrechte in all diesen Fällen auf ihre Berechtigungen achten, würden die Transaktions-

[107] Sehr anschaulich und daher im Wortlaut *Lemley* 91 Cal. L. Rev. 521, 534 (2003): „Imagine paying a different toll every time you turned a corner, navigating roads that only worked with certain types of cars, and living with police forces that obeyed no limits except those set by a private employer. For such a world to be theoretically efficient, we would need competitive choices in each of these areas. But the very fact of that competition would create dramatic inefficiencies in production and require a breathtaking number of transactions to ‚clear' the rights necessary to live one's life. We have public space in the physical world not by accident, or because it is left over space that no one wants, but because it is a necessary part of a functioning system of property."

[108] *Heller* 108 Yale L. J. 1163, 1169 (1999); *Hunter* 91 Cal. L. Rev. 439, 513 (2003).

[109] *Bracha* 85 Tex. L. Rev. 1799, 1814 (2007); *Burk* 4 J. Small & Emerging Bus. L. 27, 49 (2000); *Fairfield* 85 B.U. L. Rev. 1047, 1078 (2005); *Hunter* 91 Cal. L. Rev. 439, 511 ff. (2003). Skeptisch *McGowan* 1 J. L. Econ. & Pol'y 109, 134 (2005), der darauf hinweist, dass die bisherigen Entscheidungen nicht die Durchleitung von Daten betrafen, sondern nur die „Endpunkte" der Übermittlung. Das dürfte jedoch nichts daran ändern, dass sich bei einer konsequenten Anwendung einer unbeschränkten Cybertrespass Doctrine auch die Inhaber von Vorrichtungen zur Informationsdurchleitung grundsätzlich – und vorbehaltlich etwaiger Einschränkungen – hierauf berufen könnten.

[110] *Burk* 4 J. Small & Emerging Bus. L. 27, 49 (2000); *Hunter* 91 Cal. L. Rev. 439, 508 (2003).

[111] *Burk* 4 J. Small & Emerging Bus. L. 27, 46 (2000). Auch jenseits von Computern müsste an eine Vielzahl körperlicher Gegenstände gedacht werden, die durch elektronische Signale angesprochen und in ihrem Zustand verändert werden, wie Telefone bei unerwünschten Telefonanrufen, Faxgeräte etc., a.a.O. 34.

kosten nicht nur ins Unermessliche steigen[112]. Auch würden so erhebliche Anreize geschaffen, möglichst viel physische Server- und Übertragungskapazität unter die eigene Kontrolle zu bringen[113].

Eine solche Parzellierung führte insbesondere in einer Netzwerkumgebung zu erheblichen Problemen: Der Nutzen eines Netzwerkes beruht vor allem in den durch eine steigende Zahl gemeinsamer Nutzer erzeugten positiven Externalitäten – den sog. Netzwerkeffekten[114]. Vor diesem Hintergrund erscheint es bedenklich, dass die Gewährung übermäßig aufgespaltener und kaum handelbarer Property Rights eine Zersplitterung des Netzes bewirken und die positiven Netzwerkeffekte abschneiden kann. Wägt man diese Einbußen gegen den Nutzen für die Eigentümer der Systemhardware ab, lässt sich unschwer erkennen, dass die Anerkennung solcher Property Rights durch die Anwendung von Trespass ökonomisch mehr Schaden anrichten kann, als sie Nutzen bringt[115].

cc. Maßvolle Anwendung

Wie die vorstehenden Ausführungen zeigen, können ohne ein Korrektiv – etwa dem bislang sehr großzügig gehandhabten Erfordernis konkreter Beeinträchtigung – weitreichende und kaum effizienzsteigernde Ausschließlichkeitsrechte erzeugt werden, die theoretisch jede Art von bloßer elektronischer Interaktion erfassen[116].

Um dieses bedenkliche[117] Ergebnis zu verhindern, wird bisweilen darauf verwiesen, dass Property generell keine uneingeschränkten Abwehrbefugnisse an die Hand gebe und daher auch Cyberproperty, sofern anerkannt, keine solche überschießende Reichweite haben dürfe. Bezeichnenderweise

---

[112] *Hunter* 91 Cal. L. Rev. 439, 512 (2003).

[113] *Fairfield* 85 B.U. L. Rev. 1047, 1080 (2005).

[114] Vgl. dazu etwa *Delfs* in: *Eifert/Hoffmann-Riem* S. 171, 174 ff.; speziell für das Internet *Burk* 4 J. Small & Emerging Bus. L. 27, 48 f. (2000); *Hunter* 91 Cal. L. Rev. 439, 504 (2003).

[115] *Burk* 4 J. Small & Emerging Bus. L. 27, 52 (2000). Dies gilt selbst dann, wenn man diese Folgenbetrachtung um eine dynamische Perspektive erweitert, die Anreize zu Investitionen in die Systeminfrastruktur einblendet und diese den vorgenannten Nachteilen entgegensetzt. Denn angesichts des rasanten Fortschrittes, der sich auch ohne solche Rechte beobachten lässt, mag man durchaus Zweifel an deren Notwendigkeit hegen, vgl. *Carrier/Lastowka* 22 Berkeley Tech. L. J. 1485, 1506 (2007).

[116] Vgl. *Lipton* 35 Loy. U. Chi. L. J. 235, 241 (2003): „All of the physical aspects of information systems – hardware, cabling, physical storage devices, and probably also electrons flowing through the system – may be regarded as personal property [...]. Any actual interference with these items might give rise to a chattel trespass claim, if the elements of that claim are made out." *Lemley* 91 Cal. L. Rev. 521, 529 (2003): „The courts [...] got the cases wrong, creating a general tort of stunning breadth."

[117] *Burk* 4 J. Small & Emerging Bus. L. 27, 47 ff. (2000); *Hunter* 91 Cal. L. Rev. 439, 512 ff. (2003); *Bracha* 85 Tex. L. Rev. 1799, 1814 (2007).

ist dieses Argument durchaus ambivalent und wird in der Diskussion von beiden Seiten angeführt. Während Kritiker der Cyberproperty-Doctrine mit den stets nur beschränkten Abwehrbefugnissen gegen deren Anwendung argumentieren[118], berufen sich ihre Befürworter hierauf, um die o.g. Bedenken zu entkräften und eine – notfalls beschränkte – Anwendung zu rechtfertigen[119]. Im Ergebnis nähern sich beide Positionen insoweit an, als auch die Befürworter die o.g. Gefahren nicht gänzlich von der Hand weisen können.

Eine Möglichkeit, die generelle Zustimmungsbedürftigkeit jeder Nutzung netzwerkverbundener Systemressourcen zu verhinden, ist eine durch den Anschluss an das Netzwerk zum Ausdruck gebrachte konkludente Einwilligung (Implied Consent), welche als Default Rule[120] die Anwendung von Trespass ausschließen soll[121]. Diese Lösung, bei der der bloße Anschluss an ein Netz wie das Internet gleichsam zu einer freien Benutzung einlade, wurde etwa in *CompuServe v. Cyber Promotions* erörtert[122]. Ihre Grenzen werden jedoch dann deutlich, wenn die Einwilligung ohne weiteres widerrufen werden kann[123], was im Kontext der normalen Benutzung wieder zurück zu dem Problem der Informationskosten führt, festzustellen, ob diese eine Erlaubnis vorliegt oder nicht. Freilich ließe sich auch hier mit dem Einwand widersprüchlichen Verhaltens arbeiten, wenn einerseits die Vorteile eines Anschlusses an ein Netzwerk gesucht, andererseits aber die damit verbundene Nutzungen des Computersystems verweigert werden[124]. Aber dann stellt sich die Folgefrage, wann genau sich ein sol-

---

[118] *Lastowka* 40 Ind. L. Rev. 23, 47 (2007); *Lemley* 91 Cal. L. Rev. 521, 532 ff. (2003); *Carrier/Lastowka* 22 Berkeley Tech. L. J. 1485, 1511 (2007). Diese verstehen die Cyberproperty-Doctrine meist in ihrer bisherigen, weiten Ausprägung, so dass die Kritik ihrer Reichweite mit Kritik an dieser Rechtsfigur als solcher einher geht.

[119] Vgl. etwa *Epstein* 70 U. Chi. L. Rev. 73, 85 (2003).

[120] Zu Default Rule und Consent eingehend *Barnett* 78 Va. L. Rev. 821 (1992).

[121] *Burk* 4 J. Small & Emerging Bus. L. 27, 42 (2000); *Epstein* 70 U. Chi. L. Rev. 73, 85 (2003); für eine breitere Anwendung eine opt-out-Lösung vgl. *Bracha* 85 Tex. L. Rev. 1799, 1814 f. (2007).

[122] *CompuServe, Inc. v. Cyber Promotions, Inc.* 962 F. Supp. 1015, 1023 f. (U.S. District Court, Southern District of Ohio, 1997). Wegen der Umstände des Falles – ausdrückliches Verbot von Spam – wurde sie i.E. abgelehnt.

[123] *Bracha* 85 Tex. L. Rev. 1799, 1814 f. (2007); *Burk* 4 J. Small & Emerging Bus. L. 27, 42 (2000); *Epstein* 70 U. Chi. L. Rev. 73, 85 (2003); *McGowan* 1 J. L. Econ. & Pol'y 109, 112, 117 (2005). So geschehen auch in *CompuServe, Inc. v. Cyber Promotions, Inc.* a.a.O. durch das Policy Statement gegen Spam. Ein weiterer Einwand gegen den Einwilligungsansatz zur Schaffung eines „gemäßigten" Cyberproperty ist, dass die ganze Diskussion über eine Einwilligung das Abwehrrecht bereits als gegeben annehme und so schlicht den Rahmen der Betrachtung von der Frage, *ob* ein solches Abwehrrecht als Property besteht, hin zu Fragen der Einwilligung und vertraglichen Nutzungsrechten verlagere.

[124] *Burk* 4 J. Small & Emerging Bus. L. 27, 38 (2000).

ches Verhalten als widersprüchlich darstellt, weil es die mit dem Anschluss erwartete Nutzung konterkariert. In diesem Spannungsfeld zwischen Einwilligung und widersprüchlichem Verhalten gilt es, einen Maßstab für die Grenze noch erlaubten und nicht mehr erlaubten Verhaltens auszumachen. Als dessen äußere Grenzen werden jedenfalls die normale Benutzung zur Datenübertragung bzw. das elektronische Eindringen durch „Hacking" abgesteckt[125]. Zwischen diesen Extrempunkten besteht indes eher Unsicherheit[126]. Für eine gewisse Klärung können die Verkehrsgewohnheiten und die berechtigten Erwartungen der Nutzer an die Nutzung des Systems dienen[127]. So dürfte dem Verkehr klar sein, dass eine Beeinträchtigung des körperlichen Computersystems durch massenhafte Zugriffe – z.B. durch eine dDoS-Attacke[128] – kaum mehr von einer Einwilligung zur ordnungsgemäßen Nutzung gedeckt sein wird. Im Endeffekt scheint die zentrale Frage daher nicht darauf hinauszulaufen, *ob* Cyberproperty Ausschlussbefugnisse geben kann, sondern *wie* diese ausgestaltet sind.

e. Verschleierung der Problemstellung

aa. Fehlende Konvergenz zwischen Anknüpfung und Schutzgut

Als grundlegendes Problem auch für die o.g. Beurteilung erweist sich allerdings die Tatsache, dass die Anwendung der Cyberproperty Doctrine die technische Ebene gänzlich hinter sich gelassen hat – und auch an der eigentlich entscheidenden Frage der Einwilligung in *technische* Nutzungshandlungen vorbeizugehen droht. Konkret geht es dabei, wie nun zu zeigen sein wird, um die Bedeutung *inhaltlicher* Faktoren und die fehlende Konvergenz zwischen technischem Anknüpfungsobjekt und inhaltlichem Schutzgut.

Auch wenn Trespass an die körperliche Systeminfrastruktur anknüpft, ging es bei der Mehrzahl aller Cyberproperty-Fälle im Kern um die über-

---

[125] Vgl. *Burk* 4 J. Small & Emerging Bus. L. 27, 38 (2000), der auch hier auf die vernünftigen Erwartungen der Parteien verweist.

[126] *Burk* 4 J. Small & Emerging Bus. L. 27, 42 f. (2000); *Lastowka* 40 Ind. L. Rev. 23, 66 (2007).

[127] *Burk* 4 J. Small & Emerging Bus. L. 27, 38 (2000).

[128] Diese Situation ähnelt in der Sache *Thrifty-Tel, Inc. v. Bezenek* 54 Cal. Rptr. 2d 468 (Court of Appeal of California, 1996). Wenig überzeugend *Carrier/Lastowka* 22 Berkeley Tech. L. J. 1485, 1508 (2007), die unter Ablehnung der Cyberproperty Doctrine ihr selbst massive Funktionsbeeinträchtigungen nicht unterfallen lassen und – extrem innovationsanreizorientiert – darauf verweisen, dass auch Abstürze von Computern nicht die generelle Entwicklung des Internet aufgehalten hätten.

mittelten Inhalte und durch diese bewirkte wirtschaftliche Folgen[129]. Bei genauem Blick zielt der Cyberproperty-Ansatz damit nicht wirklich als Besitzschutz auf die physische Ebene der Übertragung, sondern auf die Ebene übermittelter Inhalte und verklärt damit den genauen Herrschaftsgegenstand bzw. das eigentliche Schutzobjekt[130]. Die technische Ebene bildet hierfür nur das Bindeglied zwischen den meist unerheblichen körperlichen Auswirkungen auf die EDV-Anlagen und den u.U. erheblichen wirtschaftlichen Folgen der elektronischen Einwirkung durch die Zufuhr oder den Abfluss bestimmter Inhalte. Property an der Hardware verkommt dabei zum bloßen Aufhänger[131] und kann erhebliche Verwerfungen erzeugen, wenn Fragen des genauen Ortes und der Modalitäten der Datenspeicherung in den Vordergrund geraten[132]. Auch vor dem Hintergrund eines nur unklar eingegrenzten Herrschaftsobjektes[133] sind die berechtigten Erwartungen des Verkehrs an eine technisch-ordnungsgemäße Nutzung, wie sie für die o.g. Einwilligungslösung eine Rolle spielen, nicht unbedingt einfach auszumachen.

bb. Insbesondere das Spannungsverhältnis zu Immaterialgüterrechten

Ein spezieller Kritikpunkt zielt in diesem Zusammenhang darauf, dass statt einer körperlichen Beeinträchtigung der Computersysteme solche rein wirtschaftlichen Folgen verhindert werden sollten, die eigentlich Regelungsgegenstand etwaiger Immaterialgüterrechte sein müssten. Insofern wird den Gerichten vorgeworfen, sie hätten bei der Anwendung von Trespass schlicht die Problemstellung verschleiert und – beispielsweise anstelle des in den USA nicht existierenden Datenbankschutzes[134] – eine

---

[129] *Balganesh* 12 Mich. Telecomm. & Tech. L. Rev. 265, 325 ff. (2006); *Burk* 4 J. Small & Emerging Bus. L. 27, 37 (2000); *Lemley* 91 Cal. L. Rev. 521, 537 (2003); *Madison* 44 B.C. L. Rev. 433, 469 (2003): „What began as a technique of protecting computers from information delivered from the outside has become not only a technique for protecting the information that the computers already contained."

[130] *Balganesh* 12 Mich. Telecomm. & Tech. L. Rev. 265, 327 (2006); *Fairfield* 85 B.U. L. Rev. 1047, 1075 (2005) „[T]he resources that cybertrespass suits are intended to protect [...] are not the same as the chattels (computers) that form the basis for the trespass action."; *Wong* 15 Int'l J. L. & Info. Tech. 90, 102 (2007).

[131] Vgl. *McGowan* 1 J. L. Econ. & Pol'y 109, 116 (2005): „doctrinal hook"; *Wong* 15 Int'l J. L. & Info. Tech. 90, 101, 102 (2007).

[132] *Meehan* 13 Rich. J. L. & Tech. 7, 40 f. (2006). Dazu eingehend aus deutscher Sicht Kap. 4 C.

[133] So etwa bei *Madison* 44 B.C. L. Rev. 433, 489 (2003), der im Zusammenhang mit der Verwendung der Cyberspace-as-a-place-Metapher auf die fehlende Erkennbarkeit und Abgrenzung des so über Trespass geschützten „Raumes" hinweist.

[134] Trotz intensiver Lobbyarbeit konnte sich dort ein Schutzregime sui generis wie das in Art. 7 der DatenbankRL 96/9/EG noch nicht durchsetzen, vgl. *Gibson* 80 Notre Dame L. Rev. 163, 184 (2004); *Lipton* 35 Loy. U. Chi. L. J. 235, 257 (2003). Damit sind derzeit

Art Ersatz-Immaterialgüterrecht konstruiert[135]. Dieser Vorwurf richtet sich vor allem gegen die Konstellationen, in denen über Trespass die Übernahme von nicht immaterialgüterrechtlich geschützten Informationen und Datenbankinhalten[136] oder Marken in Metatags[137] verhindert wurde. Zwar ließe sich eine Abgrenzung zu einer reinen Immaterialgüterrechtsverletzung durch das zusätzliche Element einer unberechtigten Nutzung des körperlichen Computersystems ziehen[138]. Die sehr formale Natur dieses Kriteriums zeigt sich jedoch schon an seinen bisweilen sehr geringen Anforderungen[139].

Die Nähe von Cybertrespass bei der Abfrage von Daten zu den Immaterialgüterrechten illustriert insbesondere *Ticketmaster Corp. v. Tickets.com, Inc.*[140]. In einer ersten Verfügung stützte das Gericht seine Weigerung, eine einstweilige Verfügung zu erlassen, noch darauf, dass die fehlende immaterialgüterrechtliche Schutzfähigkeit nicht durch das Common Law unterlaufen werden dürfe und dieser Anspruch demgemäß ausgeschlossen war. Erst später, nachdem zwischenzeitlich *eBay, Inc. v. Bidder's Edge, Inc.* ergangen

---

Datenbanken nur über Copyright geschützt, wenn sie als Werke gewisse Originalität bei der Auswahl und Anordnung ihrer Elemente aufweisen. Zu dieser Anforderung *Feist Publications, Inc. v. Rural Telephone Service Co.* (499 U.S. 340 (1991).

[135] *Lemley* 91 Cal. L. Rev. 521, 537 (2003); *Lipton* 35 Loy. U. Chi. L. J. 235, 243 (2003); *Madison* 44 B.C. L. Rev. 433, 436 (2003); *Radin* 1 U. Ott. L. & Tech. J. 173 (2003-2004), die Ansprüche aus dem Common Law der US-Bundesstaaten wegen der Pre-Emption-Doctrine für ausgeschlossen hält, soweit sie sich mit dem Regelungsgegenstand des Copyright Act decken. So auch *Ticketmaster Corp. v. Tickets.com, Inc.* 54 U.S.P.Q.2d 1344 (U.S. District Court, Central District of California, 2000) sowie *Quincy Cablesystems, Inc. v. Sully's Bar, Inc.* 650 F.Supp. 838, 848 (U.S. District Court, District of Massachusetts, 1986) für Conversion. Dagegen *Ticketmaster Corp. v. Tickets.com, Inc.* WL 1887522 (U.S. District Court, Central District of California, 2000); *Hardy* [1996] J. Online L. Art. 7 Tz. 11: Trespass hiervon nicht betroffen.

[136] *eBay, Inc. v. Bidder's Edge, Inc.* 100 F. Supp. 2d 1058 (U.S. District Court, Northern District of California, 2000). Berufung wurde zwar eingelegt. Zum Court of Appeal gelangte der Fall aber letztlich wegen einer außergerichtlichen Einigung nicht, vgl. *Lastowka* 40 Ind. L. Rev. 23, 33 f. (2007); *Ticketmaster Corp. v. Tickets.com, Inc.* 54 U.S.P.Q.2d 1344 (U.S. District Court, Central District of California, 2000); *Register.com, Inc. v. Verio, Inc.* 126 F. Supp. 2d 238 (U.S. District Court, Southern District of New York, 2000); bestätigt in *Register.com, Inc. v. Verio, Inc.* 356 F.3d 393 (U.S. Court of Appeals Second Circuit, 2004).

[137] *Oyster Software, Inc. v. Forms Processing, Inc.* WL 1736382, 11 (U.S. District Court, Northern District of California, 2001).

[138] Dies betont etwa *eBay, Inc. v. Bidder's Edge, Inc.* 100 F. Supp. 2d 1058, 1072 (U.S. District Court, Northern District of California, 2000).

[139] Die Anforderungen wurden auch nicht durch *Intel Corp. v. Hamidi* 1 Cal. Rptr. 3d 32 (Supreme Court of California, 2003) verschärft. Dort wurde nur an dem Beeinträchtigungserfordernis festgehalten, ohne sich mit den niedrigen Voraussetzungen der meisten anderen Entscheidungen auseinanderzusetzen.

[140] *Ticketmaster Corp. v. Tickets.com, Inc.* 54 U.S.P.Q.2d 1344 (U.S. District Court, Central District of California, 2000).

war, wurde auf dieses Argument nicht mehr eingegangen, sondern die Schädigung des Computers betont, die aber im konkreten Fall nicht vorlag und deswegen dann zur Klageabweisung führte.

Vereinzelt wird sogar ganz offen gefordert, Cybertrespass beim Abruf von Informationen als Lückenfüller für einen fehlenden Datenbankschutz oder einen fehlenden Schutz gegen Unfair Competition zu benutzen[141]. Überwiegend wird dies abgelehnt[142], etwa weil sich so die Tatbestandsvoraussetzungen und Schranken der Immaterialgüterrechte leicht unterlaufen ließen[143]. Zudem würden so die konzeptionellen Unterschiede zwischen Rechten an Real Property zur Abwehr rivalisierender und an Intellectual Property zur Abwehr nichtrivalisierender Nutzungen verwischen[144].

f. Bedeutung der Diskussion für virtuelle Güter

Auch wenn die Cyberproperty Doctrine in der Rechtsprechung bislang nie unmittelbar auf virtuelle Güter Anwendung fand, wird vereinzelt erwogen, dass elektronische Einwirkungen auf virtuelle Güter sich vermittelt über das Eigentum am Server in den o.g. analytischen Rahmen einpassen ließen[145]. Auch die obigen Ausführungen zur Raummetaphorik ließen sich durchaus auf virtuelle Güter als darin befindliches bewegliches Pendant im Sinne einer „Sachmetaphorik" übertragen, die virtuelle Güter nicht nur als Ansammlungen von elektronischen Daten oder als Ergebnis der Funktionen einer sie erzeugenden Hardware begreift, sondern sie in ihrer wahrge-

---

[141] Vgl. *Adams* [2002] I.P.Q. 1, 16, der eine Anwendung der Cyberproperty-Doctrine im englischen Recht befürwortet, um die Beschränkungen von Immaterialgüterrechten zu überkommen. Nach ihm hätte etwa die Übernahme von elektronischen Pferderenndaten in *British Horse Racing Board v. William Hill* [2005] EWCA (Civ) 863, welche ihren Schwerpunkt im Schutz von Daten durch die Datenbankrichtlinie 96/06 EG hatte, auch über Trespass gelöst werden können. Dieses Ergebnis stimmt bedenklich, wenn man bedenkt, dass sich so die jüngere restriktive Haltung des EuGH zum Datenbankschutz unterlaufen ließe. EuGH GRUR 2005, 244, 250 Tz. 69 – *British Horseracing Board* hatte auf eine Vorlage gerade in diesem Fall die Schutzreichweite des Datenbankschutzes beschränkt und klargestellt, dass dem Schutz gegen die Entnahme eines wesentlichen Teils der Datenbank nur solche Daten unterfallen, deren Aufnahme in die Datenbank eine wesentliche Investition voraussetzt, wohingegen die für deren Erzeugung erforderlichen Investitionen außer Acht bleiben. Demzufolge war auch die Entnahme dort keine Verletzungshandlung.

[142] *Lemley* 91 Cal. L. Rev. 521, 537 (2003); *Radin* 1 U. Ott. L. & Tech. J. 173 (2003-2004); *Wong* 15 Int'l J. L. & Info. Tech. 90, 104 (2007).

[143] *Carrier/Lastowka* 22 Berkeley Tech. L. J. 1485, 1511, 1518 f. (2007).

[144] Zu dieser fundamentalen Differenzierung aus deutscher Sicht Kap. 4 B.II.2.a.

[145] Vgl. *Chein* 80 St. John's L. Rev. 1059, 1060 (2006); *Meehan* 13 Rich. J. L. & Tech. 7, 40 ff. (2006), beide i.E. ablehnend.

nommenen Form als virtuelle Gegenstände erfasst und so die oben beschriebenen kognitiven Vorteile einer solchen Wahrnehmung nutzt[146].

Allerdings greifen ebenso die beschriebenen Bedenken. Wollte man Ausschließlichkeitsrechte an virtuellen Gütern über die Cyberproperty-Doctrine begründen, so würde sich insbesondere die fehlende Konvergenz von Anknüpfungsobjekt und Herrschaftsgegenstand aufdrängen: Dogmatischer Ansatzpunkt für ein Ausschließlichkeitsrecht wäre die physische Beeinträchtigung des Servers mit den Daten zur elektronischen Konstruktion virtueller Gegenstände durch einen Zugriff im Rahmen einer technisch normalen Nutzung. Von einer „Beeinträchtigung" des Servers als solchem kann hier kaum die Rede sein, es sei denn, man wollte die ordnungsgemäße Nutzung differenziert für jeden kleinsten Datenabruf beurteilen[147].

g. Zwischenergebnis

Zusammenfassend lassen sich für Cyberproperty als Hauptproblempunkte die fehlende Konvergenz von Anknüpfungsobjekt und Schutzgut, die damit verbundene unklare Reichweite, die Gefahren von Anticommons sowie das Spannungsverhältnis zu den Immaterialgüterrechten ausmachen. Genau diese Kritikpunkte sollten alsbald mit der Weiterentwicklung zu Virtual Property wieder aufgegriffen werden.

II. Virtual Property, insbesondere an virtuellen Gegenständen

Die obigen Einwände gehen an Virtual Property vorbei, weil dieser Ansatz schon darauf verzichtet, an die körperliche Systemhardware anzuknüpfen, sondern an elektronisch-virtuellen Ressourcen *als solchen* ansetzt. Dabei steht, wie bereits dargestellt, die Unkörperlichkeit einer Ressource ihrer Anerkennung als Property nicht entgegen[148]. Diesem Begriff können über

---

[146] Vgl. Kap. 4 F.I.1. Es kann wohl als direkte Reaktion auf die Metaphorikdiskussion betrachtet werden, wenn einige Betreiber in ihren EULAs explizit klarzustellen suchen, dass sprachliche Metaphorik keinerlei rechtliche Folgen präjudizieren soll, vgl. etwa die EULA von Entropia Universe § 7 Abs. 3: „Virtual items will often have names similar or identical to corresponding physical categories such as ‚people', ‚real estate', ‚possessions', and the names of specific items in those categories such as ‚house', ‚rifle', ‚tools', ‚armor' etc. Despite the similar names, all virtual items are part of the System and MindArk retains all rights, title, and interest in all parts including, but not limited to Avatars and Virtual Items". (http://www.entropiauniverse.com/pe/en/rich/107004.html, Abruf am 1.9.2009)

[147] Zu diesem Problem aus deutscher Sicht Kap. 4 C.

[148] Vgl. nur *Franks* 42 Hous. L. Rev. 489, 493 ff., 515 ff. (2005); *Carrier* 54 Duke L. J. 1 (2004); *DeLong* S. 25; *Hunt* 9 Tex. Rev. Ent. & Sports L. 141, 158 (2007); *Lastowka/Hunter* 92 Cal. L. Rev. 1, 41 f. (2004); *Rogers* 76 Geo. Wash. L. Rev. 405, 416 (2008); *Sheldon* 54 UCLA L. Rev. 751, 758 (2007) *Westbrook* [2006] Mich. St. L. Rev. 779, 791.

das klassische Intellectual Property hinaus eine Vielzahl immaterieller Güter unterfallen[149], wie etwa eine Domain[150] oder elektronisch gespeicherte Dateien[151]. Spielt hier die Unterscheidung körperlich-unkörperlich keine nennenswerte Rolle mehr, verschiebt sich die zentrale Frage dahin, unter welchen Umständen eine Rechtsposition überhaupt als Property anerkannt werden kann (1). Vor diesem Hintergrund und wegen der zunehmenden ökonomischen Bedeutung virtueller Gegenstände als Handelsgüter wächst die Zahl von Stellungnahmen im US-amerikanischen Schrifttum, die ihre Anerkennung als Virtual Property fordert (2.). Den Gerichten bot sich hierzu jedoch bislang noch keine eindeutige Gelegenheit (3.).

1. Allgemeine Voraussetzungen einer Anerkennung als Property

Zwei Erwägungen sind in diesem Zusammenhang entscheidend: Zum einen muss die geschützte Position hinreichend bestimmbar und abgrenzbar sein, um überhaupt Gegenstand einer exklusiven Kontrolle sein zu können[152] – eine Voraussetzung, die im Bereich immaterieller Güter erhebliche Probleme aufwerfen kann[153]. Über dieses Erfordernis einer präzisen Definition des Herrschaftsobjektes hinaus bedarf seine Ausschließlichkeit einer normativ legitimierenden Grundlage[154].

---

[149] Vgl. *Franks* 42 Hous. L. Rev. 489, 516 (2005), der explizit auf elektronische Ressourcen ohne Immaterialgüterrechtsschutz verweist; *Moringiello* 35 Fla.St.U. L. Rev. 119 (2007).

[150] *Kremen v. Cohen* 337 F. 3d 1024 (U.S. Court of Appeals Ninth Circuit, 2003); krit. *Burshtein* 1(1) J.I.P.L.P. 59 (2005) m.w.N. zur Rechtsprechung in den USA und Kanada.

[151] *Shmueli v. Corcoran Group* 802 N.Y.S. 2d 871 (Supreme Court of New York County, 2005); *Thyroff v. Nationwide Mut. Ins.* 8 N.Y. 3d 283 (Court of Appeals of New York, 2007); in beiden Fällen Kundenlisten.

[152] *Fremont Indemnity Comp. v. Fremont General Corp.* 55 Cal. Rptr. 3d 621, 643 (Court of Appeal of California, 2007); *Kremen v. Cohen* 337 F.3d 1024, 1030 (U.S. Court of Appeals Ninth Circuit, 2003); *Franks* 42 Hous. L. Rev. 489, 508 (2005); *Chein* 80 St. John's L. Rev. 1059, 1075 (2006). Zu diesem Aspekt für die Bestimmung von Schutzgegenständen, Reichweite und Schranken bei Intellectual Property eingehend *Long* 90 Va. L. Rev. 465 (2004).

[153] Unbestimmte Güter wie Goodwill können u.U. Probleme bei der Erfassung als Property aufwerfen, vgl. *Olschewski v. Hudson* 87 Cal. App. 282, 286 (Court of Appeal of California, 1927), abl. für eine als Goodwill erfasste Fahrtroute zu Kunden einer Wäscherei; ähnlich *Adkins v. Model Laundry Co.* 92 Cal. App. 575, 583 (Court of Appeal of California, 1928).

[154] Vgl. zu solchen Erwägungen *G.S. Rasmussen & Associates, Inc.,. v. Kalitta Flying Service, Inc.* 958 F.2d 896, 902 f. (U.S. Court of Appeals Ninth Circuit, 1992); *Kremen v. Cohen* 337 F.3d 1024, 1030 (U.S. Court of Appeals Ninth Circuit, 2003); *Chein* 80 St. John's L. Rev. 1059, 1075 (2006).

Die technisch bewirkte Abgrenzbarkeit virtueller Güter ist hierbei gegeben. Nicht so klar – und dementsprechend im US-amerikanischen Schrifttum unter dem Stichwort Virtual Property derzeit in lebhafter Diskussion – ist allerdings die zweite Hürde, ob ihr Schutz normativ überhaupt angezeigt ist.

2. Vorstoß des Schrifttums

Diese Diskussion um Virtual Property nimmt die Kritik an der Cyberproperty Doctrine zum Ausgangspunkt und entwickelt sie in einer Weise weiter, die sich von dem Bezug zur körperlichen Systeminfrastruktur löst. Überwiegend wird für virtuelle Güter eine originäre Anerkennung als Virtual Property gefordert (a.–c.), teilweise der Schwerpunkt der Diskussion eher im Vertragsrecht gesehen (d.), teilweise eine solche Rechtsposition gänzlich abgelehnt (e.). Diese Ansätze werden hier zunächst überblicksartig dargestellt. Auf die vorgebrachten Argumente wird genauer – auch aus deutscher Perspektive – in der späteren Analyse zurückzukommen sein[155].

a. Ausgangspunkt für Virtual Property: Rivalität, Persistenz, Interkonnektivität

Ein originärer Ansatz für eine eigenständige Form von Virtual Property hebt sich von der bisherigen Entwicklung der Cyberproperty Doctrine insoweit ab, als er am elektronischen Programmcode virtueller Gegenstände als solcher und nicht an der zugrunde liegenden körperlichen Hardware ansetzt[156]. Gerade die dort fehlende Konvergenz von geschütztem virtuellen Objekt und körperlichem Ansatzpunkt führe in der Ubiquität virtueller Welten zu erheblichen Problemen, wenn der Programmcode virtueller Güter über eine Vielzahl unterschiedlicher Rechner verteilt ist und so die Gefahr eines Anticommons-Problem schaffen kann[157]. Zudem sei es nötig, an den virtuellen Gegenständen als solchen anzusetzen, weil sie auch nur *als solche* wirtschaftlich sinnvolle Nutzungseinheiten und Gegenstand des Handels bilden[158]. Aus diesen Gründen müsse man in einer Fortbildung des Common Law ein originäres Virtual Property anerkennen, das unbeschadet etwaiger Immaterialgüterrechte an virtuellen Gegenständen und losgelöst vom Sacheigentum an den zugrunde liegenden Rechen-

---

[155] Dazu Kap. 4.

[156] *Fairfield* 85 B.U. L. Rev. 1047, 1077 f. (2005); diesen Unterschied hebt auch *Lastowka* 40 Ind. L. Rev. 23, 52 f. (2007) hervor.

[157] *Fairfield* 85 B.U. L. Rev. 1047, 1075, 1077 (2005).

[158] *Fairfield* 85 B.U. L. Rev. 1047, 1077 (2005).

anlagen existiert[159]. Nur durch die Kombination dieser beiden Regelungsregime können im elektronischen Kontext – als Parallele zu körperlichen Sachen – ein hinreichender Rechtsrahmen für Rechtssicherheit gesetzt, Invesitionsanreize geschaffen und die Fortentwicklung virtueller Welten gefördert werden[160].

Die drei zentrale Voraussetzungen von Virtual Property bildeten eine Rivalität in der Nutzung virtueller Gegenstände[161] (zur Abgrenzung von den Immaterialgüterrechten), eine gewisse Persistenz der Objekte (zum Ausschluss lediglich flüchtiger Ansammlungen von Daten) sowie Interkonnektivität (weil nur eine Nutzung durch Interaktion Einwirkungen ermögliche und das Bedürfnis nach ressourcenzuweisenden Rechtspositionen wecke).

Die fehlende Körperlichkeit des Code wurde bislang zwar generell mit einer nichtrivalisierenden, d.h. durch eine Vielzahl von Nutzern ohne gegenseitige Beeinträchtigung gleichzeitig möglichen Nutzung gleichgesetzt und dementsprechend allein dem Regime der Immaterialgüterrechte unterstellt. Sobald jedoch der Programmcode die Charakteristika realer Sachen nachbilde und auf virtuelle Gegenstände derart übertrage, dass diese trotz fehlender Körperlichkeit nur rivalisierend nutzbar seien, gehe das an dem Regime der Immaterialgüterrechte vorbei und bedürfe einer Rechtsfigur des Virtual Property[162]. Nichtrivalisierende Nutzungen – wie etwa bloße Kopien – unterfallen hingegen weiterhin den Immaterialgüterrechten[163].

---

[159] Dafür vor allem *Fairfield* 85 B.U. L. Rev. 1047 (2005); ihm weitgehend folgend *Glushko* 22 Berkeley Tech. L. J. 507, 511 (2007) und *Westbrook* [2006] Mich. St. L. Rev. 779. Vgl. *Fairfield* 85 B.U. L. Rev. 1047, 1078 (2005): „If I own a building in a virtual world, I own it regardless of the intellectual property inherent in the underlying code. I own it regardless of the physical chattel used by another person to experience it. I own it, control it, can invite people to be in it, hold meetings in it, work there, invest in it, and sell it to other people who might want to do the same." Außer virtuellen Gegenständen könnten u.U. URLs, Websites, Chatrooms oder Plätze für virtuelle Werbung hiermit erfasst werden (a.a.O. 1055 ff.).

[160] *Fairfield* 85 B.U. L. Rev. 1047, 1094 (2005).

[161] Dazu eingehend Kap. 4 B.II.2.a.

[162] *Fairfield* 85 B.U. L. Rev. 1047, 1053 f., 1064 (2005). Etwas unklar ist, ob *Fairfield* den Programmcode mit Virtual Property gleichsetzt (so wohl a.a.O. 1050) oder ihn als Schutzgegenstand begreift. Letzteres wäre angesichts der Argumentation für einen rechtlichen (und nicht technischen) Schutz passender. Tendenziell kritisch *Lastowka* 40 Ind. L. Rev. 23, 53 (2007), der darauf hinweist, dass die meisten Informationsgüter – wie etwa Informationen auf Websites – gerade nichtrivalisierender Natur seien. Damit stellt er aber nur das Augenscheinliche klar, dass nämlich der Anwendungsbereich dieses Ansatzes beschränkt ist und keineswegs auf die Nutzung von nichtrivalisierenden Gütern wie Informationen als solchen ausgedehnt werden kann. Im Hinblick auf in der Nutzung rivalisierende virtuelle Gegenstände verfängt diese Kritik nicht.

[163] *Fairfield* 85 B.U. L. Rev. 1047, 1049 (2005).

b. Normative Grundlagen

Neben dieser Begriffsbestimmung von Virtual Property und seiner Abgrenzung von den Immaterialgüterrechten wird das Augenmerk auch auf die normativen Grundlagen für eine Anerkennung dieser neuartigen Property-Position gelegt. Als analytischer Rahmen für die Frage der Anerkennung und Zuweisung von Virtual Property – insbesondere im Spannungsverhältnis zwischen Nutzer und Betreiber – wird insbesondere auf naturrechtliche[164], persönlichkeitsbasierende[165] und utilitaristische[166] Eigentumstheorien zurückgegriffen, auf die allesamt in Zuge der späteren Analyse ausführlich zurückzukommen sein wird[167].

c. Verfeinerungen: Sekundäre Märkte, Wertschöpfung, Kontextcharakteristika

Für die Feinsteuerung der Schutzreichweite von Virtual Property im Einzelfall finden sich im Schrifttum weitere Modifikationen und Differenzierungen. Teilweise wird neben den obigen drei Voraussetzungen eine „Kommodifikation", m.a.W. die Existenz sekundärer Märkte für den entgeltlichen Handel mit virtuellen Gütern[168], sowie das Erfordernis eines nutzergenerierten Mehrwertes[169] zur Voraussetzung erhoben, welche die jeweils graduelle Schutzwürdigkeit virtueller Güter widerspiegeln soll. Eine andere Differenzierung erfolgt nach der „Offenheit" der Plattform und dem Vorhandensein eines zentralen Betreibers[170]. Unterschieden wird auch nach den Wirkungen im Horizontalverhältnis zwischen Nutzern und

---

[164] So etwa bei *Horowitz* 20 Harv. J. L. & Tech. 443, 450 (2007); *Lastowka/Hunter* 92 Cal. L. Rev. 1, 46 ff. (2004); *Miller* 22 Rev. Litig. 435, 437 (2003); mit Bezug auf das Eigentumsverständnis *Lockes*; ähnlich *Westbrook* [2006] Mich. St. L. Rev. 779, 791 ff.

[165] *Lastowka/Hunter* 92 Cal. L. Rev. 1, 48 (2004); *Westbrook* [2006] Mich. St. L. Rev. 779, 799 mit Bezug auf *Radin* 34 Stan. L. Rev. 957 (1982).

[166] *Lastowka/Hunter* 92 Cal. L. Rev. 1, 44 f. (2004); *Westbrook* [2006] Mich. St. L. Rev. 779, 795.

[167] Dazu Kap. 4 F.I.5.c.bb.

[168] *Blazer* 5 Pierce L. Rev. 137 (2006); ähnlich *Westbrook* [2006] Mich. St. L. Rev. 779, 783, der eine grundsätzliche Übertragbarkeit fordert.

[169] *Blazer* 5 Pierce L. Rev. 137 (2006). Die Bedeutung der Wertschöpfung durch Nutzer deckt sich partiell mit der utilitaristischen Rechtfertigung für die Anerkennung der entstehenden Rechtsposition aus Investitionsanreizgesichtspunkten.

[170] *Hunt* 9 Tex. Rev. Ent. & Sports L. 141, 171 (2007) anerkennt Virtual Property, wenn entweder kein zentraler Betreiber vorhanden ist, der durch eine solche Rechtsposition auf Seiten der Nutzer eingeschränkt werden könnte, oder nutzergenerierte Inhalte kommodifiziert werden. Umgekehrt formuliert soll eine Rechtsposition nicht entstehen, wenn in einer Umgebung mit zentralem Betreiber Inhalte entweder nicht nutzergeneriert sind oder aber nicht handelbar sind bzw. sein sollen.

im Vertikalverhältnis zwischen Nutzern und Systembetreibern[171]. All diesen Ansätzen ist indes gemeinsam, dass sie virtuelle Güter grundsätzlich als Virtual Property ansehen. Die obigen Differenzierungen erscheinen vielmehr als Fragen seiner Reichweite im Einzelfall[172].

d. Fokus auf vertragliche Nutzungsbedingungen

Andere Autoren konzentrieren sich weniger auf die Frage einer Anerkennung von Virtual Property, sondern führen die Diskussion um konkrete Rechte an virtuellen Gütern aus einer vertragsrechtlichen Sicht[173]. Ausgangspunkt der Betrachtungen ist auch hier, dass virtuelle Güter, die technisch dauerhaft, einer Vielzahl von Nutzern zugänglich, nicht replizierbar und zwischen den Nutzern prinzipiell übertragbar sind[174], wegen ihrer wachsenden wirtschaftlichen Bedeutung als marktgängige, werthaltige elektronische Ressourcen einer klaren rechtlichen Einordnung bedürfen. Diese wird jedoch nicht aus einer originären Rechtsposition als Virtual Property hergeleitet, sondern aus den vertraglichen Rechtsbeziehungen zwischen Nutzern und Betreibern[175]. Die Verteilung von Rechten und Pflichten zwischen beiden sei im Hinblick auf virtuelle Güter maßgeblich vom Nutzungsvertrag (End User Licence Agreement, EULA) geprägt[176]. Aus diesem Blickwinkel laufen Fragen nach der Anerkennung und Reichweite von Virtual Property auf Probleme der Auslegung und Wirksamkeit vertraglicher Nutzungsbedingungen hinaus. Als Problem wird in diesem Zusammenhang vor allem die meist einseitige Rechteverteilung zugunsten der Betreiber gesehen[177].

---

[171] So *Westbrook* [2006] Mich. St. L. Rev. 779, 807, der Virtual Property im Vertikalverhältnis nur zurückhaltend sieht, um etwaige Haftungsrisiken und Einschränkungen für die Systembetreiber zu vermeiden.

[172] Eingehend zur Reichweite des virtuellen Eigentums unter Verwendung dieser Kriterien aus deutscher Perspektive Kap. 4 F.II.3.

[173] *Glushko* 22 Berkeley Tech. L. J. 507 (2007); *Jankowich* 8 Tul. J. Tech. & Intell. Prop. 1 (2006); *Meehan* 13 Rich. J. L. & Tech. 7 Tz. 6 (2006); *Kayser* 27 Loy. L.A. Ent. L. Rev. 59, 72 ff. (2007); *Rogers* 76 Geo. Wash. L. Rev. 405, 419 ff. (2008); *Sheldon* 54 UCLA L. Rev. 751, 762 ff. (2007).

[174] *Meehan* 13 Rich. J. L. & Tech. 7 Tz. 7-11 (2006).

[175] *Meehan* 13 Rich. J. L. & Tech. 7 Tz. 6 (2006). Eine solche zuvorderst vertragliche Perspektive muss jedoch einer Anerkennung als Virtual Property nicht notwendigerweise entgegenstehen. Immerhin haben auch bei einer Anerkennung von Virtual Property die vertraglichen Vereinbarungen zwischen Nutzer und Betreiber eine erhebliche überformende Rückwirkung auf die Reichweite eines originären Rechtes an den virtuellen Gegenständen, dazu aus deutscher Sicht Kap. 4 F.II.1.

[176] *Meehan* 13 Rich. J. L. & Tech. 7 Tz. 12 ff. (2006).

[177] *Vgl. Jankowich* 8 Tul. J. Tech. & Intell. Prop. 1 (2006), der in seiner ausführlichen Analyse der Nutzungsverträge von 48 ausgewählten virtuellen Welten Defizite im Hinblick auf die zumutbare Kenntnisnahme des Inhaltes der Nutzungsbedingungen, ihre Ver-

e. Ablehnung, gesetzliche Regelungen de lege ferenda und regulatorischer Laissez-Faire

Eine zu dieser Entwicklung genau entgegengesetzte Position nehmen die Betreiber virtueller Welten ein und wenden sich gegen jede Anerkennung von Virtual Property, die ihre wirtschaftliche Entscheidungsfreiheit einschränken und eine etwaige Haftung gegenüber den Nutzern erzeugen könnte[178]. Aus diesem Grund verteidigen sie vertragliche Nutzungsbedingungen mit weitreichenden Kündigungs- und Enteignungsrechten und führen deren Vorhandensein gerade als Argument gegen die Anerkennung von Virtual Property an[179].

Über die Nutzungsbedingungen als Mittel zur Vermeidung von Haftungsrisiken durch Eingriffe in die virtuelle Welt hinaus werden als Abhilfe auch gesetzliche Regelungen vorgeschlagen. Diese sog. „Statutes of Interration"[180] (bzw. inhaltlich vergleichbare „Safe Harbour" Regelungen[181]) differenzieren nach der konkreten Art virtueller Welten. Solchen, die keinen wirtschaftlichen Kontakt mit der realen Welt z.B. durch Wechselkurse und freien Handel suchen, soll weitreichende Regelungsautonomie gewährt werden, um auch Property-Positionen der Nutzer an Inhalten auszuschließen. Demgegenüber soll dieses Privileg kommerziell geprägten und kommodifizierten virtuellen Welten versagt bleiben – womit etwaige Rechtspositionen der Nutzer anzuerkennen wären.

Schließlich wird vor dem Hintergrund all der verschiedenartigen Regelungsansätze auch auf den Systemwettbewerb verwiesen, im Rahmen dessen die Betreiber die für sie „beste" Rechtsordnung wählen können. Damit sei auch die Anerkennung einer wie auch immer gearteten Form von

---

ständlichkeit, sowie ihre Regelungen im Hinblick auf Anonymität, erlaubte Meinungsäußerungen, die Übertragung des Accounts, den Handel mit virtuellen Gegenständen, die Einräumung von Immaterialgüterrechten an den Betreiber sowie verbotene Verhaltensweisen und Sanktionen bis hin zum Ausschluss analysiert. An der Wirksamkeit solcher Klauseln äußern einige Autoren Zweifel, so tendenziell *Balkin* 90 Va. L. Rev. 2043, 2071 (2004); *Glushko* 22 Berkeley Tech. L. J. 507, 528 ff. (2007); *Meehan* 13 Rich. J. L. & Tech. 7 Tz. 21 ff. (2006); *Sheldon* 54 UCLA L. Rev. 751, 778 (2007); ebenso *Westbrook* [2006] Mich. St. L. Rev. 779, 804. Auf die Möglichkeit, dass Gerichte in den USA zu diesem Ergebnis kommen könnten, verweisen auch *Lederman* 82 N.Y.U. L. Rev. 1620, 1639 (2007) und *Vacca* 76 Tenn. L. Rev. 33, 52 (2008).

[178] So aus der Sicht der Entwickler und Betreiber *Bartle* Pitfalls of Virtual Property; *Bartle* 49 N.Y. L. Sch. L. Rev. 19 (2004); dem folgend *Deenihan* S. 20 ff.; ablehnend auch *Chein* 80 St. John's L. Rev. 1059, 1063 (2006), solange noch kein erheblich höheres Maß an Kommodifizierung und Kommerzialisierung als bislang erreicht ist.

[179] *Chein* 80 St. John's L. Rev. 1059, 1083 f. (2006); *Sheldon* 54 UCLA L. Rev. 751, 773 (2007), der allerdings auch die Wirksamkeit solcher Klauseln hinterfragt (a.a.O. 777 ff.).

[180] *Castronova* 49 N.Y. L. Sch. L. Rev. 185 (2004).

[181] *Vacca* 76 Tenn. L. Rev. 33, 57 ff. (2008).

Virtual Property nur schwer gegen den Willen der Betreiber – bzw. gegen die über den Wettbewerbsdruck zwischen virtuellen Welten realisierten Präferenzen der Nutzer – durchsetzbar. Im Extremfall könnten zukünftige virtuelle Welten mit einer dezentralen peer-to-peer Struktur ohne zentralen Server und Betreiber gar jeglicher nationalstaatlicher Regulierung entkommen[182].

3. Bislang geringe Rezeption in der Rechtsprechung in den USA

Diese eben abgesteckte, rege akademische Diskussion steht derzeit noch in erheblichem Kontrast zur Praxis. Gerichte in den USA hatten bislang noch keine Gelegenheit, direkt zur Rechtsnatur virtueller Güter, zum Einfluss der hardwarebezogenen Cyberproperty-Doctrine oder einer originären Rechtsposition als Virtual Property Stellung zu beziehen. Trotz einiger Verfahren mit Bezug zu Rechtsfragen virtueller Welten erging bislang kein Urteil, weil es den Betreibern stets gelang, einer Klärung dieser grundsätzlichen Fragen erfolgreich durch eine außergerichtliche Streitbeilegung aus dem Weg zu gehen.

Einige Sachverhalte betrafen den florierenden Handel mit virtuellen Gütern in solchen Fällen, in denen die Betreiber diesen, wie zumeist in MMORPGs[183], verboten hatten. In *Blacksnow v. Mythic Entertainment* ließ ein kleines US-amerikanisches Unternehmen virtuelle Güter in Tijuana durch mexikanische Arbeiter herstellen, um sie dann gewinnbringend verkaufen zu können. Der Betreiber suchte den Handel zu unterbinden und erhob Klage wegen vermeintlicher Verletzung seiner Immaterialgüterrechte. Bevor es jedoch zu einer Entscheidung kam, ging Blacksnow vermutlich in Konkurs und betrieb den Prozess nicht weiter[184]. Auch in anderen Fällen gingen Betreiber gegen Dritte wie Ebay und andere Transaktionsplattformen vor und beriefen sich wiederum auf etwaige Immaterialgüterrechte[185]. Als Reaktion hierauf versuchten Nutzer ihrerseits, auf Handelsplattformen schlicht ihre aufgewendete Zeit zu „verkaufen". Auch hier kam es nie zu einer gerichtlichen Entscheidung[186].

Bekanntheit erlangte auch die Auseinandersetzung zwischen Prof. *Ludlow* und Electronic Arts als Betreiber von The Sims Online. Nachdem

---

[182] *Mayer-Schönberger/Crowley* 100 NW. U. L. Rev. 1775 (2006).

[183] Dort geht es weniger um die Herstellung virtueller Güter, als darum, diese in einem vorgegebenen Spielablauf zu erspielen.

[184] Der Fall ist unveröffentlicht, vgl. dazu *Balkin* 90 Va. L. Rev. 2043, 2045 Fn. 5 (2004); *Belcher* 7(1) E.C. L. & P. 7, 8 (2005); *Dibbell*, Owned; *Lastowka/Hunter* 92 Cal. L. Rev. 1, 39 (2004); *Lim* 1(7) J.I.P.L.P. 481, 487 (2006).

[185] Zu dieser Argumentation aus deutscher Sicht Kap. 7 D.III.4.

[186] Vgl. dazu *Lim* 1(7) J.I.P.L.P. 481, 483 (2006); *Stephens* 80 Tex. L. Rev. 1513, 1516 (2002).

Ludlow öffentlich über dort gehandelte virtuelle sexuelle Dienstleistungen berichtet hatte, wurde dessen Account unter einem Vorwand gekündigt, was zum Verlust seines virtuellen Vermögens führte[187]. Hierbei stellte sich die Frage des Einflusses der Meinungsfreiheit auf die Auslegung und die Anwendung vertraglicher Kündigungsrechte. Auch wegen des unerlaubten Nachbaus virtueller Möbelstücke wurde eine Klage wegen Copyright-Verletzungen erhoben[188], der Streit nunmehr aber beigelegt[189].

Das erste Verfahren, das sich direkt mit der Frage virtuellen Eigentums hätte auseinandersetzen können, war *Bragg v. Linden Research*[190]. Dort hatte ein Nutzer von Second Life in virtuelles Land und virtuelle Güter mit einem Wert von mehreren Tausenden US-Dollar investiert. Nachdem er in einer unautorisierten Auktion weiteres Land erworben und dadurch gegen die Nutzungsbedingungen verstoßen hatte, wurde sein Account gesperrt und er so de facto ersatzlos „enteignet". Die von ihm darauf hin erhobene Klage auf Schadenersatz und Rückgabe seiner virtuellen Güter stützte sich auf eine Vielzahl von Anspruchsgrundlagen. Obwohl diese hauptsächlich vertraglicher Natur waren, griff das Gericht in der Auseinandersetzung auf die Begrifflichkeiten von Virtual Property zurück und – so jedenfalls die Wahrnehmung im Schrifttum[191] – ließ durchblicken, dass diese Rechtsfigur den Ausschlag für die Unrechtmäßigkeit der „Enteignungen" und zugleich für die Unwirksamkeit der dies ohne weiteres gestattenden Vertragsbestimmungen geben könnte. Nachdem das Gericht seine Zuständigkeit bejaht und eine Schiedsgerichtsklausel für unwirksam befunden hatte, legten beide Parteien den Streit außergerichtlich bei[192]. Auch wenn damit die Gelegenheit zu einer ersten Entscheidung über Virtual Property in den

---

[187] Nach *Balkin* 90 Va. L. Rev. 2043, 2076 (2004); *Jankowich* 8 Tul. J. Tech. & Intell. Prop. 1, 19 (2006).

[188] Vgl. *Mendis* [2008] E.I.P.R. 1 sowie den Bericht auf http://virtuallyblind.com/category/active-lawsuits/eros-v-john-doe (Abruf am 1.9.2009).

[189] Dazu http://virtuallyblind.com/2008/03/14/leatherwood-settlement (Abruf am 15.12.2008).

[190] *Bragg v. Linden Research* 487 F. Supp. 2d 593 (U.S. District Court, Eastern District of Pennsylvania, 2007).

[191] Mit der Wahrnehmung des Verfahrens als Schritt zur Anerkennung von Virtual Property *Dougherty* 9(7) E.C.L. & P. 6, 7 f. (2007); *Fairfield* Anti-Social Contracts S. 44; ähnlich *Chin* 72 Brook. L. Rev. 1303, 1321 (2007).

[192] *Horowitz* 34 Ohio N.U. L. Rev. 223, 241 (2008) verweist darauf, dass das für Linden Labs die einzig vernünftige Lösung war: Eine Anerkennung von Virtual Property hätte womöglich die absolute Kontrolle über den virtuellen Raum in Frage gestellt; ein Obsiegen hätte andererseits den Nutzern die rechtliche Schwäche ihrer virtuellen Besitztümer deutlich vor Augen geführt – und die virtuelle Wirtschaft erheblich geschwächt.

USA vertan wurde, wird dies immerhin als Auftakt zu einer Vielzahl zukünftiger Verfahren gesehen[193].

E. Rezeption der Entwicklung in England

Die Rezeption dieser Entwicklung in England darf derzeit als zurückhaltend bezeichnet werden. In der Rechtsprechung sind speziell zu der Frage Virtual Property bislang keine Entscheidungen zu finden. Das englische Schrifttum setzt sich vorwiegend mit Cyberproperty auseinander. Zu Virtual Property finden sich nur vereinzelte kurze Stellungnahmen.

Trotz gemeinsamer rechtlicher Wurzeln scheint die Cyberproperty-Doctrine außerhalb der USA im englischen Tort Law noch nicht wirklich Verbreitung gefunden zu haben[194]. Zwar verstehen einflussreiche Kommentatoren[195] die Entscheidung *Taylor v. Rive Droite Music Ltd.*[196] als Rezeption von Cybertrespass im englischen Recht, wo das unberechtigte Löschen von Daten auf der Festplatte eines Computers ohne große Diskussion als Unlawful Interference with Goods[197] angesehen wurde[198]. Zweifel bestehen jedoch, ob sich dieser Fall in die obige Reihe weitgehender und Abwehrrechte an netzwerkverbundenen Ressourcen begründender Entscheidungen einfügt.

Bislang wird die Diskussion daher im akademischen Rahmen geführt. Auch in England wird Cybertrespass auf der Grundlage von Trespass to Chattel[199] oder dem noch älteren Tort Trespass on the Case[200] für denkbar

---

[193] *Dougherty* 9(7) E.C.L. & P. 6, 7 (2007).

[194] *Wong* 15 Int'l J. L. & Info. Tech. 90, 91 (2007).

[195] *Clerk & Lindsell*[19-1] Rn. 17-126.

[196] *Taylor v. Rive Droite Music Ltd.* [2006] E.M.L.R. 4 (EWCA (Civ), 2005).

[197] Dieser aus prozeduralen Gründen mit dem Torts (Interference with Goods) Act 1977 eingeführte Oberbegriff beinhaltet Trespass to Chattel, ohne an der Eigenständigkeit der davon erfassten Torts etwas zu ändern, vgl. *Markesinis & Deakin*[6] S. 483; *Street*[12] S. 257 f.; *Weir*[2] S. 165.

[198] *Taylor v. Rive Droite Music Ltd.* [2006] E.M.L.R. 4. Tz. 66-68 (EWCA (Civ), 2005) drehte sich in erster Linie um die Wirksamkeit der Kündigung eines Musikproduktionsvertrages. Der Gesichtspunkt von Daten, welche der Produzent vor seinem Ausscheiden unberechtigt vom Studiocomputer gelöscht hatte, spielte nur eine Nebenrolle. Angesichts der Zurückhaltung des englischen Rechts, implizite Nebenpflichten in Verträge hineinzulesen, griff der Court of Appeal genauso wie die Vorinstanz hier auf das Tort Law zurück: „The only unlawful interference with RDM's goods for which Mr Taylor could properly be held liable was the deletion of files from the computer." (*Chadwick* LJ)

[199] In diesem analytischen Rahmen bewegt sich *Wong* 15 Int'l J. L. & Info. Tech. 90 (2007), i.E. aber zurückhaltend.

gehalten[201]. Auf deren Grundlage ließen sich theoretisch Aktivitäten wie Spamming, die Kommunikation unerwünschter Inhalte in Diskussionsforen, aber auch der unerwünschte Zugriff auf Netzwerkressourcen (inklusive Websites), ja sogar Hyperlinks erfassen[202]. Anders als im US-amerikanischen Common Law verzichtet die englische Version von Trespass sogar auf das Erfordernis konkreter physischer Beeinträchtigung bzw. eines entstehenden Schadens[203] als Korrektiv gegen eine ausufernde Anwendung[204]. Hinreichend sind auch rein wirtschaftliche Folgeschäden[205]. Das ruft erst recht die oben dargestellten Probleme wie Anticommons durch die Abschottung netzwerkverbundener Ressourcen[206], die fehlende Konvergenz einer Anknüpfung an körperliche Ressourcen und dem wahrem Schutzgut[207] sowie das Unterlaufen der Grenzen immaterial-

---

200 Später auch nur bezeichnet als Case oder Action on the Case, vgl. *Wong* 15 Int'l J. L. & Info. Tech. 90, 91 (2007).

201 Für die Anwendung von Trespass on the Case als Anspruchsgrundlage für Cybertrespass im englischen Recht plädiert *Adams* [2002] I.P.Q. 1, 6 ff. Der Unterschied zwischen Trespass und Trespass on the Case im alten englischen Recht bestand darin, dass ersteres ursprünglich direkte und unmittelbare Einwirkungen durch Gewalt auf Personen oder Güter erfasste, letzteres alle indirekten oder ohne Gewalt erfolgenden Einwirkungen. Während Trespass on the Case hierbei einen konkreten Schaden erforderte, verzichtete Trespass hierauf (*Prosser & Keeton*[5] § 6 S. 29 f.). Diese Unterscheidung verblasste später, als neben Trespass on the Case auch Trespass to Chattel im Laufe der Zeit an Bedeutung verlor (*Prosser & Keeton*[5] § 14 S. 85). Die genaue Unterscheidung zwischen diesen Torts, welche als materielle Anspruchsgrundlagen heutzutage in Anspruchskonkurrenz zueinander geltend gemacht werden können, hat heutzutage eine geringere Bedeutung. Im Writ-System des alten englischen Prozessrechts jedoch, welches – ähnlich dem römischrechtlichen Aktionensystem – noch bis Mitte des 19. Jahrhunderts das materielle Recht mit dem Verfahren eng verzahnte und den Erfolg von der formalen Wahl der richtigen Anspruchsgrundlage abhängig machte (*Street*[12] S. 14), war die Unterscheidung beider Writs fundamental (*Prosser & Keeton*[5] § 6 S. 28 f.).

202 *Adams* [2002] I.P.Q. 1, 2 f.

203 *Adams* [2002] I.P.Q. 1, 14; *Street*[12] S. 277 f.; *Weir*[2] S. 134; *Winfield & Jolowicz*[17] S. 585 f.; *Wong* 15 Int'l J. L. & Info. Tech. 90, 93 (2007); nach Art und Gegenstand des Vorsatzes differenzierend *Markesinis & Deakin*[6] S. 484. Etwas anderes gilt für Trespass on the Case, dessen Anwendung im Ergebnis der Rechtslage in den USA entsprechen würde, vgl. *Adams* [2002] I.P.Q. 1, 10.

204 Vgl. für die Wahrnehmung als „limiting factor" *Wong* 15 Int'l J. L. & Info. Tech. 90, 94, 109 (2007).

205 Vgl. dazu *Transco plc v United Utilities Water plc* [2005] EWHC 2784 (QB).

206 *Wong* 15 Int'l J. L. & Info. Tech. 90, 100 (2007).

207 *Wong* 15 Int'l J. L. & Info. Tech. 90, 101, 102 (2007): „The fact is that the interferences [...] were ultimately directed toward intangibles, i.e., the data or information [...] residing within or on a tangible computer server. In other words, it might be more theoretically plausible – if not necessarily easier – to view the databases and information being spidered, crawled and gathered, as the requisite chattel, rather than hinge the tort on the ‚real' (i.e., tangible) chattel, viz., the computers they were stored on."

güterrechtlichen Schutzes[208] hervor. Allerdings wird es vor dem Hintergrund des in England bestehenden originären Datenbankschutzes[209] sowie spezieller gesetzlicher Regelungen gegen den unerlaubten Zugriff auf Computer[210] für eher unwahrscheinlich gehalten, dass englische Gerichte Anlass hätten, der Linie des US-amerikanischen Cyberproperty zu folgen[211].

Soweit sich englisches Schrifttum – meist kurz – mit Virtual Property auseinandersetzt, wird überwiegend für dessen Anerkennung plädiert[212]. Für die genauere Qualifizierung des Rechts wird eine Orientierung an der Rechtsnatur der Domain vorgeschlagen und für ein absolutes Recht an einem unkörperlichen Gegenstand plädiert, dessen Existenz rechtlich anerkannt und geschützt ist, aber kein Recht zum Besitz eines körperlichen Gegenstandes beinhaltet[213].

F. Rezeption der Entwicklung in Australien

Auch in Australien gibt es derzeit keine richterrechtliche Grundlage für eine allgemeine Ausdehnung von Trespass auf elektronische Ressourcen[214]. Ebenso wenig hatte die australische Rechtsprechung bislang Gelegenheit, explizit zu virtuellen Gegenständen und Virtual Property Stellung zu nehmen. Im Hinblick auf Property an elektronischen unkörperlichen Gütern finden sich lediglich wenige vorsichtig aufgeschlossene Urteile[215] und Stimmen im Schrifttum[216].

---

[208] *Wong* 15 Int'l J. L. & Info. Tech. 90, 104 (2007).

[209] Der Datenbankschutz der DatenbankRL 96/9/EG wurde u.a. in sec. 3 (1) (d), 3A CDPA umgesetzt.

[210] UK Computer Misuse Act 1990.

[211] *Wong* 15 Int'l J. L. & Info. Tech. 90, 104, 110 (2007).

[212] *Belcher* 7 (1) E.C.L. & P., 7 (2005); *Dooley / Karaoulou* 16(6) Comps. & Law 20, 22 (2006); mit Blick insbesondere auf die amerikanische Rechtsprechung tendenziell auch *Dougherty* 9(7) E.C.L. & P. 6 (2007).

[213] Vgl. *Dooley / Karaoulou* 16(6) Comps. & Law 20, 23 (2006): „...an intangible, personal property right whose existence is recognised by the law, but which has no existence apart from the recognition given by the law, and which confers no present right of possession of a tangible object." Ob der Vergleich mit einer Domain tragfähig ist, hängt auch von deren Anerkennung als Property ab, die keineswegs geklärt ist, vgl. dazu *Burshtein* 1(1) J.I.P.L.P. 59 (2005).

[214] Im Schrifttum nimmt etwa *Mendelson* S. 177 mit Verweis auf das US-amerikanische Recht und *eBay, Inc. v. Bidder's Edge, Inc.* 100 F. Supp. 2d 1058 (U.S. District Court, Northern District of California, 2000) eine hinreichend direkte Einwirkung und erhebliche Beeinträchtigung an.

[215] Vgl. *Telecom Vanuatu Ltd v Optus Networks Pty Ltd* [2005] NSWSC 951 (New South Wales Supreme Court, 2005), das sich unter Bezugnahme auf *Kremen v. Cohen*

G. Zusammenfassung

Die Entwicklung zu Rechten an elektronischen Ressourcen allgemein und virtuellen Gütern im Besonderen lässt sich für die USA wie folgt abstecken: Den Ausgangspunkt bildete die Cyberproperty-Doctrine, bei der noch die hinter jeder elektronischen Verkörperung stehenden körperlichen Datenverarbeitungsanlagen als Anknüpfungspunkt herhalten mussten. Die Kritik des Schrifttums an diesem Ansatz, zusammen mit der generellen Tendenz zu einer Ausdehnung des Property-Begriffes an elektronischen Ressourcen, brachte letztlich eine Strömung hervor, die Virtual Property als Rechtsrahmen für elektronische Ressourcen allgemein und damit auch für virtuelle Güter begreift. Die Rezeption dieser Entwicklungen in England und Australien verlief bislang eher zurückhaltend.

---

337 F.3rd 1024 (U.S. Court of Appeals Ninth Circuit, 2003) und wegen der Bedürfnisse des Handelsverkehrs geneigt sah, ein exklusives Recht über die Kontrolle der internationalen Vorwahl und des Telefonnummernbereiches von Vanuatu für „Adult Entertainment Services“ als Property zu sehen, das Gegenstand von Conversion sein könne, sich hieran wegen entgegenstehender höchstrichterlicher Entscheidungen aber gehindert sah. Ähnlich *Hoath v Connect Internet Services* [2006] NSWSC 158 (New South Wales Supreme Court, 2006) für eine Domain.

[216] So etwa *Mendelson* S. 198, die wegen der Entwicklung des E-Commerce eine Anwendung von Conversion bei der Manipulation elektronischer Daten und damit deren Behandlung als Property befürwortet.

Kapitel 3

Rechtlicher Rahmen in Deutschland

Das folgende Kapitel widmet sich der Rechtsnatur virtueller Gegenstände und den Ansätzen zur Konstruktion eines an ihnen bestehenden virtuellen Eigentums aus deutscher Sicht, wo die Diskussion im Gegensatz zum US-amerikanischen Recht derzeit erst einzusetzen scheint.

A. Überblick über gangbare Ansätze in Schrifttum und Rechtsprechung

Für eine Qualifizierung virtueller Gegenstände im deutschen Recht bieten sich verschiedene Möglichkeiten: Zunächst wird bisweilen sehr allgemein von Immaterialgütern gesprochen (B.). Teilweise sollen virtuelle Güter urheberrechtlich als Nutzungsrechte an dem ihnen zugrunde liegenden Programmcode oder an ihrer wahrgenommenen Form erfasst werden (C.). Fruchtbar machen ließen sich ferner die Ansätze einiger instanzgerichtlicher Entscheidungen, die ein virtuelles, elektronisches Hausrecht auf der Grundlage des § 1004 BGB analog konstruieren und als dessen denklogische Voraussetzung eine Art virtuelles Eigentum anzuerkennen scheinen. Dieses ließe sich, ähnlich der oben dargestellten Cyberproperty-Doctrine, am Eigentum (D.) oder am Besitz (E.) oder davon abgeleiteten Rechten zur Nutzung des den virtuellen Raum betreibenden Servers festmachen. Virtuelle Güter wären hiernach gleichsam das Substrat des realen Eigentums an der den virtuellen Raum erzeugenden und unterhaltenden körperlichen Systeminfrastruktur. Weitere Ansätze gehen in diesem Zusammenhang von einem Recht sui generis aus und stützen sich dabei entweder auf Persönlichkeitsrechte, wenn virtuelle Güter als Ausfluss der sie schöpfenden Persönlichkeit begriffen werden (F.), oder auf die Konstruktion originären virtuellen Eigentums ähnlich dem US-amerikanischen Virtual Property (G.). Schließlich ließen sich virtuelle Güter – ähnlich wie vom BGH für die Domain vertreten – auch in ein relatives Schuldverhältnis zwischen Nutzer und Betreiber des virtuellen Raumes einpassen (I.). Eine kritische Würdigung all dieser Konstruktionen erfolgt im nächsten Kapitel 4. Das Recht am eingerichteten und ausgeübten Gewerbebetrieb (J.) oder eine gänzlich rechtsfreie Lösung (K.) werden über ihre Vorstellung hinaus hier nicht weiter vertieft.

B. Allgemeine Qualifikation als Immaterialgüter

Ein erster Schritt hin zur Qualifikation virtueller Güter besteht darin, sie mit Hinweis auf ihre fehlende Körperlichkeit als Immaterialgüter zu bezeichnen[1]. Wegen ihrer Weite scheint diese Bezeichnung jedoch – soweit sie in diesem Zusammenhang verwendet wird – lediglich als terminologischer Ausgangspunkt und Oberbegriff für verschiedene konkretere Ansätze zu dienen[2].

C. Urheberrecht und Nutzungsrechte als virtuelles Eigentum

Einer dieser konkreteren Ansätze gegenüber der allgemeinen Bezeichnung virtueller Gegenstände als Immaterialgüter ist eine urheberrechtliche Erfassung virtueller Gegenstände, welche virtuelle Transaktionen als Handel mit den an ihnen bestehenden Nutzungsrechten begreift[3]. Ein solcher Ansatz unter einem Urheberrechtsregime erfordert es zunächst, eine Unterscheidung zwischen den virtuellen Gütern und der Betriebs- bzw. Zugangssoftware des virtuellen Raumes sowie zwischen nutzergenerierten und vorab vorhandenen virtuellen Gütern zu treffen (I.) und virtuelle Gegenstände in die urheberrechtlichen Werkkategorien einzuordnen (II.). So ließe sich dann über die im Betrieb der virtuellen Welt zustimmungsbedürftigen Nutzungshandlungen zu einem Regime virtuellen Eigentums auf urheberrechtlicher Grundlage gelangen (III.). Diese Fragen sollen hier zunächst in gebotener Kürze angesprochen werden. Eine ausführliche Würdigung aus Sicht des Urheberrechts findet sich in Kapitel 6.

---

[1] *Burger* in: *Taeger/Wiebe* S. 65, 68; *Geis/Geis* CR 2007, 721; *Lober/Weber* MMR 2005, 653, 655; *Krasemann* MMR 2006, 351, 352.

[2] Vgl. für die Spannweite der davon abgeleiteten Klassifizierungen nur *Lober/Weber* MMR 2005, 653, 655 (Immaterialgut, weil keine Sache, aber analoge Anwendung sachenrechtlicher Regelungen); folgend *Krasemann* MMR 2006, 351, 352 sowie *Geis/ Geis* CR 2007, 721; *Wemmer/Bodensieck* K&R 2004, 432, 435 („immaterielle Sache"); *Trump/Wedemeyer* K&R 2006, 397, 399 sowie *Rippert/Weimer* ZUM 2007, 272, 275 („immaterialgüterrechtsähnlicher Schutz", die sich sodann aber auf urheberrechtliche Aspekte konzentrieren); ferner *Koch* JurPC Web-Dok. 57/2006 Rn. 20 (konkretisiert zu einem persönlichkeitsrechtlichen Ansatz); ihr folgend *Klickermann* MMR 2007, 766, 768.

[3] So vertreten *Trump/Wedemeyer* K&R 2006, 397, 400 ff. die Ansicht, jeder Gegenstand stelle ein urheberrechtliches Nutzungsrecht dar (a.a.O. 404).

I. Unterscheidung zwischen virtuellen Gütern und Betriebssoftware

Wie eingangs ausgeführt, erfordert der Betrieb jeder virtuellen Welt einerseits eine auf einem Server laufende, die Umgebung, ihre Physik und ihre Interaktionsmöglichkeiten schaffende Betriebssoftware, sowie andererseits eine bei jedem Nutzer laufende Zugangssoftware, welche die Umgebung wahrnehmbar macht und meist zusätzliche Funktionen wie beispielsweise Werkzeuge enthält, um virtuelle Gegenstände zu erstellen. Von dieser Software sind virtuelle Gegenstände getrennt zu würdigen[4]. Soweit vertreten wird, die urheberrechtliche Qualifikation virtueller Gegenstände an die Betriebssoftware zu koppeln[5], so kann das überhaupt nur für solche Gegenstände gelten, welche vom Betreiber schon vorab erstellt und in dieser untrennbar enthalten sind. Das ist jedenfalls dann nicht der Fall, wenn Gegenstände durch Nutzer als eigenständiges Werk neu geschaffen werden. Aber auch für betreiberseitig vorgefertigte virtuelle Gegenstände besteht kein Grund, sie zwingend an der Qualifikation der Betriebssoftware teilhaben zu lassen und ihnen eine eigenständige urheberrechtliche Würdigung zu versagen. Zwar wird hier die Rechteinhaberschaft an diesen Gütern regelmäßig beim Betreiber mit der Systemsoftware zusammenfallen[6]. Anerkennt man jedoch ihren Charakter als technisch und wirtschaftlich gesonderte Handelsgüter, so stellt sich die Frage nach zustimmungsbedürftigen Nutzungshandlungen und entsprechenden Einräumungen von Nutzungsrechten gerade im Hinblick auf ihre Nutzung, nicht die der gesamten Systemsoftware.

II. Virtuelle Gegenstände als urheberrechtliche Werke

Vor diesem Hintergrund können eine Vielzahl virtueller Güter und andere Inhalte einem urheberrechtlichen Schutz unterfallen. So lassen sich beispielsweise Avatare und andere virtuelle Gegenstände als Werke der bildenden oder angewandten Kunst (§ 2 I Nr. 4 UrhG) auffassen, virtuelle

---

[4] So auch *Dooley/Karaoulou* 16(6) Comps. & Law 20, 22 (2006); *Dougherty/Lastowka* 9(5) E.C.L. & P. 3 (2007), die zwischen der Betriebssoftware als „foundation level" und erstellten virtuellen Gegenständen als „second level" unterscheiden; *Lim* 1(7) J.I.P.L.P. 481, 484, 488 (2006), implizit auch *Burger* in: *Taeger/Wiebe* S. 65, 69 f.

[5] So wohl *Rippert/Weimer* ZUM 2007, 272, 276; *Trump/Wedemeyer* K&R 2006, 397, 401; ähnlich aus US-amerikanischer Sicht *Bartle* Pitfalls of Virtual Property S. 22; *Stephens* 80 Tex. L. Rev. 1513, 1521 (2002).

[6] Die Anwendung deutschen Rechtes hier unterstellt, bündelt § 69b UrhG für die Betriebssoftware die aus dem Schöpferprinzip fließenden Rechte der einzelnen Programmierer in der Person des Betreibers. Sofern virtuelle Gegenstände einer anderen Werkkategorie angehören, erfolgt die Rechteeinräumung an den Betreiber in den jeweiligen Arbeits- oder Dienstverträgen mit angestellten Programmierern oder Grafikern über vertragliche Regelungen oder gesetzliche Auslegungsregeln wie §§ 43, 31 V UrhG.

Gebäude u.U. gar als Werke der Baukunst. In eine virtuelle Welt hochgeladene digitalisierte Bilder als Texturen für die Objektgestaltung oder zu anderen Zwecken wie in virtuellen Kunstausstellungen können u.U. Lichtbildwerke (§ 2 I Nr. 5 UrhG) oder einfache Lichtbilder (§ 72 UrhG) sein, Texte Sprachwerke (§ 2 I Nr. 4 UrhG). Einfache Animationen lassen sich als Laufbilder (§ 95 UrhG) einordnen, so wie komplexere bewegte Formgestaltungen als Multimediawerke, Film- oder filmähnliche Werke (§ 2 I Nr. 6 UrhG) eingeordnet werden können. Gleiches gilt für bewegte Bilder, etwa auf virtuellen Anzeigetafeln oder in virtuellen Kinos, und wird vereinzelt auch für den perspektivisch bewegten Blickwinkel auf virtuelle Gegenstände vertreten. In einem virtuellen Raum hörbar gemachte Musik – z.B. als bloße Hintergrundmusik oder als virtuelles Konzert – kann ein Werk der Musik i.S.d. § 2 I Nr. 2 UrhG sein. Schließlich lässt sich u.U. auch der allem zugrunde liegende Programmcode als geschütztes Computerprogramm i.S.d. §§ 2 I Nr. 1, 69a ff. UrhG auffassen. Hier stellt sich insbesondere die Frage, ob der urheberrechtliche Schutz virtueller Gegenstände an diesen[7] oder an ihrer wahrgenommenen Erscheinung[8] ansetzt. Zudem muss – bis auf die Leistungsschutzrechte an Lichtbildern i.S.d. § 72 UrhG und Laufbildern i.S.d. § 95 UrhG – für die urheberrechtliche Anerkennung als schutzfähiges Werk eine persönlich-geistige Schöpfung i.S.d. § 2 II UrhG vorliegen. Diese in solchen Fällen aufkommenden spezifisch urheberrechtlichen Aspekte (dazu eingehend Kapitel 6) sind von der hier behandelten Frage zu trennen, ob virtuelles Eigentum als solches überhaupt auf ein Urheberrechtsregime gestützt werden kann.

III. Urheberrecht als Regime virtuellen Eigentums?

Soweit – wie regelmäßig der Fall – Urheberrechte an virtuellen Gütern bestehen, folgt ihre erhebliche Relevanz daraus, dass jeder nur denkbare Nutzungsvorgang in der digitalen Welt grundsätzlich mit urheberrechtlich relevanten Nutzungshandlungen verbunden ist. Jeder Transport, jede Verarbeitung, jede bloße Nutzung von Daten in einer computergenerierten und

---

[7] Vgl. *Lober/Weber* MMR 2005, 653, 658, allerdings im Rahmen der urheberrechtlichen Qualifikation, die diese zu Recht von der Frage des virtuellen Eigentums trennen; bei der Verwendung von Skripten zur Darstellung so auch *Burger* in: *Taeger/Wiebe* S. 65, 71. Ähnlich für das US-amerikanische Recht *Miller* 22 Rev. Litig. 435, 447 (2003); *Slavitt* 80 J. Pat. & Trademark Off. Soc'y 611, 618 (1998) für ein Copyright am Avatar über das ihm zugrunde liegende Computerprogramm.

[8] LG Köln K&R 2008, 477, 478 – *Virtueller Dom* (Entscheidend sei nicht die Art der digitalen Festlegung, sondern die durch das Werk vermittelte gedankliche Aussage); ebenso und ohne auf Computerprogramme einzugehen *Büchner* K&R 2008, 425; *Burger* in: *Taeger/Wiebe* S. 65, 71; *Trump/Wedemeyer* K&R 2006, 397, 400; aus Schweizer Perspektive *Bürge* sic! 2006, 802, 804.

-vermittelten Umgebung erfordert zumindest eine temporäre Vervielfältigung im Arbeitsspeicher und wird damit sowohl für Computerprogramme wie auch für von diesen verarbeitete Daten zu einem potentiell urheberrechtlich relevanten Sachverhalt[9]. Damit erscheint es prima facie nicht ausgeschlossen, auch die *Art* der Nutzung virtueller Gegenstände in ihrer virtuellen Umgebung, die Abwehr von Störungen oder den Handel mit ihnen über das Urheberrecht – ggf. in Verbindung mit konkreter zugeschnittenen Nutzungsrechten – regeln zu wollen.

Vor diesem Hintergrund sind einzelne Versuche nicht unverständlich, die Rechtsnatur virtueller Gegenstände – und damit korrespondierend das Regelungsregime virtuellen Eigentums – anscheinend *ausschließlich* in einen urheberrechtlichen Rahmen einzupassen[10]. Inwieweit dies das hier vertretene Konzept von virtuellem Eigentum – und nicht lediglich *an* virtuellen Gegenständen bestehende Urheberrechte – angemessen erfassen kann und wie beide Regelungsregime voneinander abzugrenzen sind, wird Gegenstand des folgenden Kapitels sein (Kap. 4 B.II). Selbst wenn sich virtuelles Eigentum und Urheberrechte als nicht deckungsgleich erweisen, kommt der urheberrechtlichen Perspektive dennoch eine erhebliche Bedeutung zu, weil an virtuellen Gütern regelmäßig *auch* Urheberrechte bestehen und das virtuelle Eigentum für eine umfassende rechtliche Würdigung zwar notwendig, aber nicht hinreichend erscheint. Die somit gebotene eingehende Darstellung auch urheberrechtlicher Fragestellungen erfolgt in Kapitel 6.

D. Virtuelles Eigentum als Korrelat des Sacheigentums

Ein weiterer gangbarer Ansatz für die Qualifikation virtueller Gegenstände beruht darauf, die vom Körperlichkeitserfordernis des § 90 BGB erzeugte Lücke des Sachenrechtes in der digitalen virtuellen Welt über die Anerkennung einer Rechtsfigur virtuellen Eigentums zu schließen, das ähnlich wie die oben dargestellte Cyberproperty-Doctrine als dogmatische Grundlage für virtuelle Güter das Sacheigentum an Datenverarbeitungsanlagen heranzieht. Dieser Ansatz wird etwa für die Frage der Sacheigenschaft von Daten sowie das „virtuelle Hausrecht“ vertreten.

---

[9] Vgl. für den heute herrschenden, weiten Vervielfältigungsbegriff Dreier/Schulze/*Schulze*[3] § 16 Rn. 13; *Schack*[4] Rn. 379; Wandtke/Bullinger/*Heerma*[2] § 16 Rn. 16; genauer hierzu Kap. 6 B.I.1.

[10] *Trump/Wedemeyer* K&R 2006, 397, 400 ff. vertreten die Ansicht, jeder Gegenstand stelle ein urheberrechtliches Nutzungsrecht dar (a.a.O. 404) und geben ihrer Analyse des Handels demgemäß allein einen urheberrechtlichen Rahmen.

I. Die Sacheigenschaft von Daten

In der Diskussion um virtuelles Eigentum ist unbestrittener Ausgangspunkt, dass virtuelle Güter als solche eine bloße graphische Repräsentation von Daten und keine körperlichen Gegenstände i.S.d. § 90 BGB sind und daher auch nicht unter das Regelungsregime des Sacheigentums i.S.d. § 903 BGB fallen[11]. Bei aller Richtigkeit dieses Befundes im Ergebnis für Daten als solche lässt allerdings die definitorische Enge des traditionellen, der Pandektistik erwachsenen und im Konzept der Körperlichkeit verhafteten Sachbegriffes (1.), der jedenfalls dann immer in Frage gestellt wurde, wenn es neu aufkommende unkörperliche Wirtschaftsgüter einzuordnen galt (2.), es angezeigt erscheinen, an dieser Stelle nochmals mit einem vertieften Blick die Begründung zu hinterfragen (3.).

1. Der Sachbegriff des BGB und seine definitorische Enge

Dass die Körperlichkeit conditio sine qua non des Sachbegriffes i.S.d. § 90 BGB ist, gibt die Konzeption des BGB zwar eindeutig vor. Allein diese Tatsache sollte jedoch nicht übersehen lassen, dass eine solche definitorische Enge keine Selbstverständlichkeit ist. Vielmehr offenbart ein Rückblick auf die historischen Wurzeln des heutigen deutschen Sachbegriffes eher dessen Sonderstellung. Im klassischen römischen Recht umfasste der Oberbegriff res mit den res corporales und res incorporales sowohl körperliche Dinge der physisch-materiellen Welt als auch unkörperliche Rechte[12]. In dieser Weite wurde der Begriff später auch im Gemeinen Recht verstanden und fand sich so etwa im preußischen ALR, im österreichischen ABGB und französischen Code Civil wieder[13]. Demgegenüber stand die weitere Entwicklung in Deutschland maßgeblich unter dem Einfluss *Savigny*s und der Pandektenwissenschaft, die einen auf die res corporales beschränkten Sachbegriff rezipierte, vornehmlich um hier Rechte auszuklammern[14]. Dieser enge körperliche Sachbegriff fand sodann seinen Ein-

[11] *Burger* in: *Taeger/Wiebe* S. 65, 68; *Klickermann* MMR 2007, 766, 767; *Lober/Weber* MMR 2005, 653, 655; *Psczolla* JurPC Web-Dok. 17/2009 Rn. 16, 31; *Rippert/Weimer* ZUM 2007, 272, 274; *Trump/Wedemeyer* K&R 2006, 397, 399; *Völzmann-Stickelbrock* FS Eisenhardt S. 327, 336. Zur Entwicklung des Eigentumsbegriffes, der historisch jedenfalls zu Zeiten seiner naturrechtlichen Ausprägung auch unkörperliche Gegenstände umfasst hat, vgl. *Olzen* JuS 1984, 328, 333 f.

[12] *Gaius* Institutionen II, 12-14; vgl. auch HKK/*Rüfner* §§ 90-103 Rn. 4; *Kaser* JuS 1967, 337, 341; *Kaser/Knütel*[19] § 18 I 1; Staudinger/*Jickeli/Stieper*[2004] vor § 90 Rn. 2.

[13] HKK/*Rüfner* §§ 90-103 Rn. 5; Staudinger/*Jickeli/Stieper*[2004] vor § 90 Rn. 7; für das ABGB *Bydlinski* AcP 198 (1998), 287, 290; *Koziol* S. 146 ff.

[14] *Savigny* Bd. I, § 53, S. 338.

gang in das BGB[15]. An die Existenz und dogmatische Verortung künstlich erzeugter, technisch wahrnehmbarer, sachähnlicher virtueller Güter, die weder körperliche Sachen noch unkörperliche Rechte sind, war dabei freilich noch nicht einmal zu denken.

2. Der Begriff des Gegenstandes und seine geringe praktische Relevanz

Die definitorische Enge des Sachbegriffes wurde immer dann rechtspolitisch in Frage gestellt, wenn es neu aufkommende unkörperliche Wirtschaftsgüter in die Begrifflichkeiten des BGB einzupassen galt[16]. In diesem Zusammenhang richtete sich das Augenmerk zuweilen auf den in § 90 BGB erwähnten, über körperliche Sachen hinausgehenden Oberbegriff des Gegenstandes[17]. In Ermangelung einer Legaldefinition wird dieser zumeist verstanden als ein individualisiertes vermögenswertes Objekt der natürlichen Welt, über das Rechtsmacht ausgeübt werden kann[18].

Bei der Frage, was Gegenstand von Rechten sein kann, wird im Bereich der dinglichen Verfügungsgeschäfte indes von einem engeren Gegenstandsbegriff ausgegangen[19]. Dieser stellt als von der Rechtsordnung anerkannte Verfügungsobjekte einander meist körperliche Sachen und unkörperliche Rechte gegenüber[20]. Hierin müssen unkörperliche Gegenstände,

---

[15] *Becker* AcP 196 (1996), 439, 469; *Bydlinski* AcP 198 (1998), 287, 290; *Dulckeit* S. 34; HKK/*Rüfner* §§ 90-103 Rn. 9. Kritisch *v. Gierke* S. 44 ff., 283: „Die materialistische und atomistische Auffassung der Sache im Rechtssinne bringt in alle Teile des Entwurfes Verwirrung und Zerstörung".

[16] Vgl. *Wieacker* AcP 148 (1943), 57, 58 ff. mit Kritik zu den Grenzen des Sachbegriffes u.a. bei Unternehmen und Energien; *Bydlinski* AcP 198 (1998), 287, 289 ff. für Software. Generell kritisch zum engen Sachbegriff auch *Dulckeit* S. 36, 63; *Hedemann*[3] S. 3.

[17] So schon *Sohm* S. 16 ff. und *Husserl* S. 174 ff., 179, die statt der Sache den Oberbegriff des Gegenstandes in den Mittelpunkt ihrer Betrachtungen stellten und als Verfügungsgegenstand sowohl Sachen als auch an ihr bestehende Rechte fassen – und das Eigentum für den verfügungsgeschäftlichen Verkehr mit der Sache gleichsam zusammen fallen lassen (*Sohm* S. 20).

[18] MüKo/*Holch*[5] § 90 Rn. 1; Soergel/*Marly*[13] vor § 90 Rn. 2; *Wieacker* AcP 148 (1943), 57, 65; *Sohm* S. 7 („Gegenstände der verfügungsgeschäftlichen Verkehrs", der Vermögensbezug wird auf S. 22 hergestellt); gegen die Beachtlichkeit des Vermögenscharakters Staudinger/*Jickeli/Stieper*[2004] vor § 90 Rn. 6. Dieser objektbezogenen Begriffsbestimmung lässt sich ein formaler Ansatz gegenüberstellen, wonach Gegenstand jeder Bezugspunkt subjektiver Rechtsverhältnisse ist, vgl. dazu Staudinger/*Jickeli/Stieper*[2004] vor § 90 Rn. 3 m.w.N.

[19] Erman/*Michalski*[12] vor § 90 Rn. 2; MüKo/*Holch*[5] § 90 Rn. 3; Palandt/*Heinrichs/Ellenberger*[68] vor § 90 Rn. 2.

[20] Vgl. nur *Sohm* S. 16 ff., 20 ff.; Erman/*Michalski*[12] vor § 90 Rn. 1 (mit Tieren als dritter Kategorie); Palandt/*Heinrichs/Ellenberger*[68] vor § 90 Rn. 2; MüKo BGB/*Holch*[5] § 90 Rn. 3. Weiter wohl Soergel/*Marly*[13] vor §§ 90 ff. Rn. 2 f., der beherrschbare Ener-

die keine Rechte sind, freilich ihren rechten Platz erst suchen[21]. Außerhalb dieses Bereiches und insbesondere im Schuldrecht ist der Gegenstandsbegriff demgegenüber weiter und erfasst mit sämtlichen Vermögenswerten rein tatsächlicher Art neben Sachen und Rechten beispielsweise auch Energie[22], Software[23] und Daten[24]. Indem es sich von dem engeren Gegenstandsbegriff für Verfügungsgegenstände abkoppelte, konnte das Schuldrecht so relativ problemlos mit der wirtschaftlichen und technischen Entwicklung Schritt halten[25].

Mit *Larenz* lassen sich Gegenstände in Rechtsgegenstände erster und zweiter Ordnung unterteilen[26]: Rechtsgegenstände erster Ordnung sind solche Gegenstände, *an* denen Dritten gegenüber wirksame Herrschafts- oder Nutzungsrechte begründet werden können, wie z.B. Sachen und unkörperliche Immaterialgüter. Die an diesen bestehenden Rechte und Rechtsverhältnisse sind dann Rechtsgegenstände zweiter Ordnung, *über* die verfügt werden kann. Ein erster Versuch, virtuelle Güter oder Daten allgemein hier einzuordnen[27], offenbart schnell die Grenzen einer Subsumtion unter den Begriff des Gegenstandes. Denn auch eine Anerkennung als Rechtsgegenstand erster Ordnung sagt nichts für die eigentlich interessierende Frage aus, welcher *Art* der daraus erwachsende Rechtsgegenstand zweiter Ordnung – und hier das virtuelle Eigentum – ist und wie er als Gegenstand von Verfügungen behandelt werden kann. Mit seiner definitorischen Weite kann er eine ganze Vielzahl von Rechtsfiguren erfassen. Allein aus dem Begriff des Gegenstandes lässt sich somit kein Schluss auf

---

gien und Daten als Gegenstand ansieht, aber nicht ausdrücklich aus dem engeren Gegenstandsbegriff für Verfügungen ausnimmt.

[21] Die Dichotomie körperliche – unkörperliche Gegenstände wird schon bei *Sohm* S. 16 ff., 22 ff. mit dem Begriffspaar von Sachen – Vermögensrechten ausgefüllt, wobei Personenrechte unter die Nichtgegenstände gefasst werden. Unkörperliche Gegenstände tatsächlicher Art wie etwa Energie, die keine Rechte darstellen, finden sich dort noch nicht. Ähnlich schon die Zweiteilung bei *v. Gierke* S. 283. Mit dem Vorschlag eines zu schaffenden weiten Gegenstandbegriffes auch für Verfügungen *Wieacker* AcP 148 (1943), 57, 65.

[22] MüKo/*Holch*[5] § 90 Rn. 5.

[23] Erman/*Michalski*[12] vor § 90 Rn. 2.

[24] Soergel/*Marly*[13] vor § 90 Rn. 2.

[25] Die problembehaftete dingliche Einordnung von Grenzfällen wie Energie, dem Unternehmen als solchem oder Software war für ihre Erfassung in schuldrechtlichen Verträgen jedenfalls kein Hindernis, vgl. nur MüKo/*Holch*[5] § 90 Rn. 25; Staudinger/*Jickeli/Stieper*[2004] § 90 Rn. 10 für Energielieferungsverträge.

[26] *Larenz* BGB AT[7] § 16 I, S. 281.

[27] Für eine Erfassung virtueller Güter als Rechtsgegenstände erster Ordnung etwa *Lober/Weber* MMR 2005, 653, 654 f.; *dies.* CR 2006, 837, 842. Ebenso (wenngleich allgemeiner) für eine Wiederbelebung des Rechtsbegriffes des Gegenstandes in Zeiten zunehmend unkörperlicher, etwa elektronisch verkörperter Güter *Becker* AcP 196 (1996), 439, 470.

die Rechtsnatur virtueller Gegenstände oder gar die Konstruktion eines virtuellen Eigentums ziehen.

3. Die einzelnen Merkmale des Sachbegriffs und die Einordnung von Daten

Vor diesem Hintergrund erscheint der Versuch angezeigt, sich nochmals dem Sachbegriff zum Zwecke der Einordnung von Daten zuzuwenden. Als definitorische Voraussetzungen des Sachbegriffes werden neben der Körperlichkeit[28] – mit verschiedener Nuancierung – als drei weitere Voraussetzungen die sinnliche Wahrnehmbarkeit[29], die Abgrenzbarkeit im Raum[30] sowie die Beherrschbarkeit[31] angeführt. Ein genauerer Blick auf ihr Verhältnis zueinander zeigt, dass diese Begriffe miteinander verwoben sind und sich teils gegenseitig bedingen: Abgrenzbarkeit und Beherrschbarkeit werden teilweise parallelisiert[32]. Die Abgrenzbarkeit setzt eine sinnliche Wahrnehmbarkeit voraus[33], die sinnliche Wahrnehmbarkeit erfordert wiederum die Körperlichkeit[34]. In diesem Wechselverhältnis ließen sich die zentralen Kriterien so letztlich gar nur auf Körperlichkeit und Beherrschbarkeit reduzieren[35]: Für die Beherrschbarkeit sind Abgrenzbarkeit und sinnliche Wahrnehmbarkeit ohnehin zwingende Voraussetzung, um eine Sache überhaupt zum tauglichen Objekt des Rechtsverkehrs zu machen. Und in der naturgegebenen Welt können diese beiden Kriterien überhaupt erst durch die Körperlichkeit der Sache erreicht werden.

---

[28] *Bydlinski* AcP 198 (1998), 287, 288; Erman/*Michalski*[13] § 90 Rn. 1; MüKo/*Holch*[5] § 90 Rn. 8; Palandt/*Heinrichs/Ellenberger*[68] § 90 Rn. 1; Soergel/*Marly*[13] § 90 Rn. 1; Staudinger/*Jickeli/Stieper*[2004] vor § 90 Rn. 8.

[29] *Larenz/Wolf* BGB AT[9] § 20 Rn. 15; MüKo/*Holch*[5] § 90 Rn. 8; Staudinger/*Jickeli/Stieper*[2004] vor § 90 Rn. 8.

[30] *Bydlinski* AcP 198 (1998), 287, 288; MüKo/*Holch*[5] § 90 Rn. 8; Palandt/*Heinrichs/Ellenberger*[68] § 90 Rn. 1; Soergel/*Marly*[13] § 90 Rn. 1; Staudinger/*Jickeli/Stieper*[2004] vor § 90 Rn. 8; *Wieacker* AcP 148 (1943), 57, 73.

[31] *Bydlinski* AcP 198 (1998), 287, 304; Erman/*Michalski*[13] § 90 Rn. 1 („in beherrschungsfähiger Einheit"); *Larenz/Wolf* BGB AT[9] § 20 Rn. 10; Staudinger/*Jickeli/Stieper*[2004] vor § 90 Rn. 8.

[32] *Bydlinski* AcP 198 (1998), 287, 304.

[33] *Wieacker* AcP 148 (1943), S. 57, 73 f.

[34] Staudinger/*Jickeli/Stieper*[2004] vor § 90 Rn. 8. Deswegen ist es auch kein Widerspruch, beispielsweise den Ausschluss extrem kleiner Objekte des Mikrokosmos teils mit der fehlenden sinnlichen Wahrnehmbarkeit (*Larenz/Wolf* BGB AT[9] § 20 Rn. 15), teils mit fehlender Beherrschbarkeit (Staudinger/*Jickeli/Stieper*[2004] vor § 90 Rn. 8) zu begründen.

[35] In diese Richtung *Bydlinski* AcP 198 (1998), 287, 304; allerdings kritisch gegenüber dem Körperlichkeitserfordernis.

Dass es an einer natürlichen Wahrnehmbarkeit mangeln kann und es der Technik bedarf, um Wahrnehmbarkeit, Abgrenzbarkeit und Beherrschbarkeit künstlich herzustellen, steht diesem Befund und seiner Bedeutung für den Sachbegriff nicht entgegen. Vergegenwärtigt man sich den Zweck dieser Erfordernisse, so zielen sie auf die klare und für den Verkehr erkennbare Abgrenzung eines Herrschaftsgegenstandes von der ihn umgebenden allgemeinen Sphäre als Voraussetzung und zum Zwecke seiner Zuordnung[36]. Dementsprechend ist es auch allgemein anerkannt, für die Fragen der sinnlichen Wahrnehmbarkeit[37], Abgrenzbarkeit[38] und Beherrschbarkeit[39] einer Sache nicht nur auf einen natürlichen Zustand abzustellen, sondern auch technische Maßnahmen zuzulassen. Das zeigt sich deutlich an den wohlbekannten Beispielen von Wasser bzw. Luft, deren Abgrenzbarkeit (bzw. Wahrnehmbarkeit der als solchen abgegrenzten Sache) durch einfache technische Maßnahmen wie Behälter hergestellt werden kann.

Dabei kommt es auch nicht darauf an, dass diese technischen Maßnahmen aufgehoben werden *können*, sondern allein, ob sie es *werden*. Anderenfalls wäre beispielsweise schon die Sacheigenschaft von in Flaschen abgefülltem Gas davon abhängig, dass niemand auf Behältnisse in einer Weise einwirken kann, die den Inhalt entweichen lässt. Aus diesem Grund kann es auch für die Frage von Wahrnehmbarkeit, Abgrenzbarkeit und Beherrschbarkeit virtueller Güter keine Rolle spielen, dass der Systembetreiber sie jederzeit löschen könnte[40].

Und soweit die erwähnten technischen Maßnahmen zur Abgrenzung und Wahrnehmung ihrerseits auf solche körperlicher Art beschränkt sein sollten, ergibt sich der Sinn dieser Beschränkung letztlich auch aus der erforderlichen Körperlichkeit einer auf diese Weise wahrnehmbar und abgrenzbar gemachten Sache, nicht aber aus den anderen genannten Voraussetzungen. Dass diese Kriterien bisweilen vermengt zu werden scheinen, mag daher kommen, dass Wahrnehmbarkeit und Abgrenzbarkeit im früheren vorelektronischen Zeitalter ihrerseits zwingend auch die Körperlichkeit voraussetzten. Ihr denkbares Auseinanderfallen erscheint hingegen als ein erst durch die technische Entwicklung geschaffenes Phänomen.

Ist es demnach nicht zwingend erforderlich, auf einen „Naturzustand“ abzustellen, sondern können auch erst zusätzliche Maßnahmen dazu führen, ein als solches klar identifizierbares und beherrschbares Gut zu schaffen, so sind die vorgebrachten Einwände gegen die Sacheigenschaft von virtuellen Gegenständen und Daten allgemein bis auf die fehlende Körperlichkeit keineswegs zwingend. Dass Daten allgemein – bzw. virtuelle

---

[36] *Bydlinski* AcP 198 (1998), 287, 303.

[37] Dazu MüKo/*Holch*[5] § 90 Rn. 8.

[38] Dazu MüKo/*Holch*[5] § 90 Rn. 8; Palandt/*Heinrichs/Ellenberger*[68] § 90 Rn. 1; Soergel/*Marly*[13] § 90 Rn. 1.

[39] Dazu *Larenz/Wolf* BGB AT[9] § 20 Rn. 12; *Maume* MMR 2007, 620, 622.

[40] So aber *Völzmann-Stickelbrock* FS Eisenhardt S. 327, 337.

Güter im Besonderen – nicht sinnlich wahrnehmbar[41], nicht abgrenzbar[42] oder nicht beherrschbar[43] und (auch) deshalb keine Sachen seien, trifft jedenfalls auf die virtuellen Gegenstände innerhalb einer virtuellen Welt nicht unbedingt zu, wovon allein schon der rege Handel mit ihnen zeugt. Diese präsentieren sich trotz ihrer elektronischen Natur in der Verkehrsauffassung durchaus als Pendant zu realen Sachen und sind im virtuellen Raum – technisch vermittelt und bislang nur visuell – durchaus wahrnehmbar, abgrenzbar und beherrschbar[44], gerade weil der Programmcode tatsächlich Objekte mit solchen Charakteristika erzeugt[45]. Dass virtuelle Gegenstände als solche im Sachenrecht keinen Platz haben, liegt vielmehr *ausschließlich* an ihrer fehlenden Körperlichkeit.

Auch wenn es „nur" der Befund fehlender Körperlichkeit ist, welcher prima facie die Anwendung des Sachenrechts ausschließt, bestehen wenig Zweifel, dass eine sich über dieses Erfordernis schlicht hinwegsetzende Auslegung des § 90 BGB auch dann nicht in Frage kommt, wenn die restlichen Erfordernisse des Sachbegriffes vorliegen. Bevor jedoch über eine analoge Anwendung des § 90 BGB nachgedacht wird[46], sollte man sich vergegenwärtigen, dass diese in § 90 BGB aufgestellte Hürde der Körperlichkeit auch für Daten nicht gänzlich unüberwindbar ist. Diese mögen *als solche* keine Körperlichkeit besitzen, sind aber bei der Übertragung und Speicherung als elektrische Zustände in flüchtigen Speichermedien bzw. als Veränderung des magnetischen oder optischen Zustandes eines dauer-

---

[41] Vgl. *Feldmann/Heidrich* CR 2006, 406, 408: Dem nur aus Daten bestehenden virtuellen Raum fehle es an Körperlichkeit, die als *sinnlich wahrnehmbares Substrat* (Herv. d. Verf.) Objekt der Eigentumsgewährung sein.

[42] So *Rippert/Weimer* ZUM 2007, 272, 274; *Völzmann-Stickelbrock* FS Eisenhardt S. 327, 337.

[43] So *Völzmann-Stickelbrock* FS Eisenhardt S. 327, 337.

[44] *Maume* MMR 2007, 620, 622; *Psczolla* JurPC Web-Dok. 17/2009 Rn. 11; ähnlich *Koch* JurPC Web-Dok. 57/2006 Rn. 43 und *Koos* MMR 2004, 359, 361 (für die Domain), welche durch „‚virtuelle Materialisierung' entstandene, ‚virtuelle Sache[n]'" den klassischen Immaterialgüterrechten entgegenstellen. Was *Lemley* 91 Cal. L. Rev. 521, 526 (2003) im Zusammenhang mit der Cyberproperty Doctrine noch bemängelte, dass nämlich klare räumliche Abgrenzungen fehlten, ja gar das konzeptuelle Verständnis von *Raum* nicht vorhanden sei, weil man nicht wahrnehmen könne, was in der Nachbarschaft geschehe, trifft auf virtuelle Welten gerade nicht zu.

[45] Sehr weitgehend im Zusammenhang mit der Abgrenzbarkeit aus US-amerikanischer Sicht etwa *Hardy* [1996] U. Chi. Legal F. 217, 243: „[M]ost of the information circulating in cyberspace appears to be readily identifiable as a ‚unit' of information. One thinks of e-mail, Usenet newsgroup postings, photographic images, write-ups on ‚home pages', movie sound clips, computer programs, digitized ‚radio' programs, and so on. One can identify nearly all of these as demarcated units of information: they have beginnings, endings, and so on."

[46] So im Ansatz *Wemmer/Bodensieck* K&R 2004, 432, 435, wenngleich i.E. ablehnend, weil das Erfordernis der Körperlichkeit der Verkehrsauffassung Grenzen ziehe.

haften Speichermediums[47] stets an einen körperlichen Datenträger gebunden[48]. Damit besteht durchaus Raum für eine Argumentation, Daten seien in der Hardware als Sache verkörpert, auf welche sich in all den Konstellationen abstellen ließe, in denen sich Daten anderweitig rechtlich nicht fassen lassen und es notwendig erscheint, auf einen körperlichen Gegenstand als Anknüpfungspunkt zurückzugreifen. Das gilt in gleicher Weise für virtuelle Güter, die sich in ihrer Datenform entweder in einem Festspeicher auf einem Server oder in einem flüchtigen Speichermedium befinden[49]. Daher werden die nun folgenden Ausführungen zunächst darauf eingehen, welche Entwicklung die sachenrechtliche Erfassung von Daten genommen hat, um so den Boden für einen – ähnlich wie Cyberproperty – auf die Systemhardware rekurrierenden Ansatz für die Erfassung virtueller Güter zu legen (II.). Inwiefern dieser Ansatz tatsächlich gangbar ist, wird Gegenstand des nächsten Kapitels sein (Kap. 4 B.III).

II. Das körperliche Medium als Anknüpfungspunkt

Die folgenden Ausführungen werden zeigen, dass die gedanklich klare Trennung zwischen unkörperlichen Daten und Sachen jedenfalls durch einen Verweis auf die zugrunde liegende körperliche Computersysteminfrastruktur – wie etwa Speichermedien oder Netzwerkverbindungen – verschwimmen kann. Die hierzu aufgezeigten Konstellationen betreffen die Qualifikation von Software als Sache (1.), den Schutz von Daten gegen Beeinträchtigung (2.), die unerwünschte Nutzung von Übertragungsleitungen (3.), eine denkbare Ausdehnung dieses Ansatzes auch auf flüchtige Speichermedien (4.) sowie die Rolle dieser Überlegungen in der kürzlich geschaffenen und in seiner Bedeutung noch unklaren Rechtsfigur des virtuellen Hausrechts (5.).

1. Die Diskussion um die Sacheigenschaft von Daten und Software

Bei der Frage nach der rechtlichen Qualität von Daten und ihrem Verhältnis zum Trägermedium drängt sich zunächst die schon länger währende Auseinandersetzung um die rechtliche Einordnung von auf einem Datenträger verkörperter Software auf, deren Sacheigenschaft in der Rechtsprechung überwiegend bejaht wird und im Schrifttum sehr umstritten ist.

---

[47] Auf den Umstand, dass nicht alle Daten elektrische Zustände sind, weisen *Meier/Wehlau* NJW 1998, 1585, 1588 sowie *Faustmann* VuR 2006, 260 hin.

[48] *Bydlinski* AcP 198 (1998), 287, 306; *Kloos/Wagner* CR 2002, 865, 866; *Peukert* FS Schricker S. 149, 152; Soergel/*Marly*[13] § 90 Rn. 3; *Völzmann-Stickelbrock* FS Eisenhardt S. 327, 336.

[49] In technischer Hinsicht sehr fragwürdig *Rippert/Weimer* ZUM 2007, 272, 274: Virtuelle Güter seien, anders als Daten, nirgendwo gespeichert.

Dabei darf zunächst nicht aus den Augen verloren werden, dass die meisten Entscheidungen der Rechtsprechung bislang weniger die hier interessierende, spezifische Frage der Sacheigenschaft betrafen, als ihren Schwerpunkt im Schuldrecht hatten. Dort wurde die Sacheigenschaft vorwiegend mit dem Ziel bejaht, die damalige[50] schuldvertragstypologische Qualifikation dauerhafter Softwareüberlassung als Sachkauf mit seinen Folgen für das Gewährleistungsrecht herbeizuführen[51]. Und dort lässt das Schuldrecht für eine solche Einordnung durchaus mehr Raum als das in der Qualifikation als körperlicher Gegenstand zwingendere Sachenrecht[52].

---

[50] Jedenfalls für das Gewährleistungsrecht dürfte die Bedeutung der Sachqualität des Kaufgegenstandes gesunken sein, da die Schuldrechtsmodernisierung die Gewährleistung von Sach- und Rechtskauf parallelisiert hat, vgl. *Wemmer/Bodensieck* K&R 2004, 432, 436; *Müller-Hengstenberg* CR 2004, 161, 164.

[51] In diesem Zusammenhang für die Qualifikation als Sache BGH NJW 1988, 406, 408 (Sachmängelgewährleistung i.S.d. §§ 459 ff. BGB a.F. bejaht bei Übergabe eines Datenträgers); BGH NJW 1990, 320, 321 (bewegliche Sache i.S.d. § 1 AbzG a.F. bejaht; jedenfalls entsprechende Anwendung auch bei unmittelbarem Überspielen ohne Übergabe eines Datenträgers); BGH NJW 1993, 2436, 2347 f. (Individualsoftware als bewegliche Sache bejaht für die Rügeobliegenheiten §§ 377, 381 II HGB); ohne explizite Aussage BGH NJW 2000, 1415 (zumindest entsprechende Anwendung des Gewährleistungsrechts für Sachmängel i.S.d. §§ 459 ff. BGB a.F.); eindeutiger wieder BGH NJW 2007, 2394 – *ASP Vertrag* (generell bewegliche Sache mit Anwendbarkeit von Miet- oder Kaufrecht, was den schuldrechtlichen Begriff der Mietsache eindeutig von § 90 BGB entkoppelt); *Beurskens* in: *Domej/Dörr/Hoffmann-Nowotny/Vasella/Zelger* S. 443, 466; *Bydlinski* AcP 198 (1998), 287, 307; Soergel/*Marly*[13] § 90 Rn. 3; Palandt/*Heinrichs/Ellenberger*[68] § 90 Rn. 2; *Klimek/Sieber* ZUM 1998, 902, 904; *König* NJW 1993, 3121, 3124; *Taeger* S. 123 ff., 143. Vgl. ferner diejenigen, die zu diesem Ergebnis auch wegen einer gegenständlichen Qualifikation von Software als Sache gelangen, vgl. die Nachweise in der übernächsten Fn. Generell kritisch zur Anwendung des Kaufrechts und für die Einordnung als Lizenzvertrag etwa *Müller-Hengstenberg* NJW 1994, 3128, 3131 ff.; *Müller-Hengstenberg* CR 2004, 161, 164; *Heussen* CR 2004, 1, 7; *Hilty* MMR 2003, 3, 7; *Koch* JurPC Web-Dok. 57/2006 Rn. 13; *Völzmann-Stickelbrock* FS Eisenhardt S. 327, 330 mit der Linie, es stehe wirtschaftlich der geistige, immaterialgüterrechtliche Inhalt des Programms im Vordergrund und die Modalitäten der Verkörperung seien für den Verkehr zweitrangig. Spätestens dann aber, wenn die Fragen der Körperlichkeit beispielsweise für die urheberrechtliche Erschöpfung und etwaige Weiterveräußerungsmöglichkeiten eine entscheidende Rolle spielen (vgl. zur „Online"-Erschöpfung bei unkörperlichem Werkvertrieb LG Hamburg MMR 2006, 827; LG München MMR 2006, 175; OLG München MMR 2006, 748), wird der Datenträger und die Frage der dort physisch verkörperten Daten nicht einfach als nebensächlich ausgeblendet werden können.

[52] Für eine Trennung von schuldrechtlicher und sachenrechtlicher Betrachtung auch LG Konstanz NJW 1996, 2662 sowie *Koch* NJW 2004, 801, 802 f., der in dem 2002 entfallenen schuldrechtlichen Bedürfnis nach Anwendung des Sachkaufrechts kein Argument sieht, Daten sachenrechtlich nicht mehr als Sachen einzuordnen. Vgl. speziell zum weiten Sachbegriff des Kaufrechts *Klimek/Sieber* ZUM 1998, 902, 906; MüKo BGB/*Westermann*[5] § 433 Rn. 10 sowie oben Kap. 3 D.I.2. zum weiten Gegenstandsbe-

Insofern kann eine Übertragung dieser vornehmlich schuldrechtlichen Entscheidungen auf spezifisch sachenrechtliche Fragen zumindest nicht unbesehen erfolgen.

Löst man sich von der schuldrechtlichen Perspektive, wird die Frage der Sacheigenschaft überwiegend auch nicht als die Frage nach der Sacheigenschaft „isolierter" Daten formuliert, sondern ob Daten an der Verkörperung des sie enthaltenden oder übermittelnden Datenträgers teilhaben können. Auf der Grundlage eines solchen Trägermedium-Daten-Ansatzes wird die Sacheigenschaft dann überwiegend bejaht[53]. Soweit demgegenüber die Frage der Sacheigenschaft verneint wird, ist zu unterscheiden, ob das nur für „isolierte" Daten[54] oder auch bei einer Verkörperung auf einem

---

griff des Schuldrechts gegenüber einem engen für Verfügungsgeschäfte. Diese Teilung gilt ebenso für den engeren Sachbegriff i.S.d. § 90 BGB.

[53] Für eine Erfassung von Daten bzw. Computerprogrammen über ihre Verkörperung im Datenträger *Baur/Stürner*[17] § 3 Rn. 2; *Bydlinski* AcP 198 (1998), 287, 306; Erman/*Michalski*[12] § 90 Rn. 3; *Faustmann* VuR 2006, 260 f.; *Feldmann/Heidrich* CR 2006, 406, 408; *Koch* NJW 2004, 801, 802; *König* NJW 1993, 3121, 3124; *Larenz/Wolf* BGB AT[9] § 20 Rn. 12; *Marly* BB 1991, 432 ff.; *Marly Rn.* 96 ff., 119; *Maume* MMR 2007, 620, 622; *Meier/Wehlau* NJW 1998, 1585, 1588; MüKo/*Holch*[5] § 90 Rn. 72; MüKo/*Wagner*[4] § 823 Rn. 96; Palandt/*Heinrichs/Ellenberger*[68] § 90 Rn. 2; Palandt/*Sprau*[68] § 823 Rn. 9; *Psczolla* JurPC Web-Dok. 17/2009 Rn. 7; *Rombach* CR 1990, 101, 104; Soergel/*Marly*[13] § 90 Rn. 3; Soergel/*Spickhoff*[13] § 823 Rn. 79; *Spindler* NJW 1999, 3737, 3738; *Spindler* NJW 2004, 3145, 3146 (diesen Ansatz von der Sacheigenschaft von Software als solcher abgrenzend); Staudinger/*Hager*[1999] § 823 Rn. B 60; wohl auch an den Datenträger und die Ordnung der Daten anknüpfend Bamberger/ Roth/*Spindler*[2] § 823 Rn. 55 (Schutz des Datenbestandes in seiner Gesamtheit als *Eigentums*verletzung, Herv. d. Verf.); ebenso wohl implizit bejahend wegen des angenommenen deliktischen Eigentumsschutzes Erman/*Schiemann*[12] § 823 Rn. 34. Eine solche eindeutige Aussage findet sich – im schuldrechtlichen Kontext – nicht in allen der o.g. BGH-Urteile, wohl aber in BGH NJW 1988, 406, 408; bestätigt durch BGH NJW 1990, 320, 321; BGH NJW 1993, 2436, 2438; BGH NJW 2007, 2394. Mit anderem Ansatz *Meier/Wehlau* NJW 1998, 1585, 1588 und folgend *Faustmann* VuR 2006, 260, die über die Erfassung von Software als Sache (und einen etwaigen hierauf aufbauenden Eigentumsschutz) hinausgehen und für ein originäres „Recht am eigenen Datenbestand" plädieren. Ein solches wurde als originäres eigentumsähnliches Recht ohne Rückgriff auf den Datenträger entgegen *Spindler* ZUM 1996, 533, 547 allerdings von der Rechtsprechung noch nicht anerkannt. Ohne dogmatische Stellungnahme, aber jedenfalls für die Verletzung eines absoluten Rechts bei Datenschäden *Libertus* MMR 2005, 507, 508.

[54] Bejahend für Software *Bösert* S. 143 ff.; *Taeger* S. 155, 163. Unklar, weil nur ohne expliziten Bezug zum Datenträger, MüKo/*Mertens*[3] § 823 Rn. 85 (Deliktsschutz für Datenverarbeitungsgeräte sowie Programme). Demgegenüber unter Verweis auf den Unterschied zu einem Ansatz am Datenträger verneinend Erman/*Michalski*[12] § 90 Rn. 3; MüKo/*Wagner*[4] § 823 Rn. 96; Palandt/*Heinrichs/Ellenberger*[68] § 90 Rn. 2; *Peukert* FS Schricker S. 149, 155; *Ulmer/Hoppen* CR 2008, 681, 684 für die Bitfolge des Objektcodes.

Datenträger[55] erfolgt. Jedenfalls ersteres ist dogmatisch de lege lata zwar zutreffend, allerdings nur unter der technischen Prämisse einer vom Datenträger getrennten Betrachtung. Eine solche Differenzierung zwischen Daten mit und ohne Verkörperung mag als gedankliches Konstrukt hilfreich sein, ist jedoch für eine praktische Beurteilung von geringem Erkenntnisgewinn, weil Daten denknotwendigerweise immer irgendwo verkörpert sind. Die schiere Existenz von Daten als magnetische, optische oder elektrische Zustände[56] ist ohne eine irgendwie geartete Verkörperung in einem Speichermedium schlechterdings nicht denkbar[57]. Software, seien es maschinelle Anweisungen enthaltende Computerprogramme (ausführbare Dateien) oder lediglich Informationen enthaltende Daten (z.B. Text- oder Bilddateien), ist als Summe maschinenlesbarer Informationen stets an ein Medium gebunden, auch wenn umgekehrt das Trägermedium unabhängig von konkret darauf gespeicherten Daten existieren kann. Die Diskussion der Sachqualität läuft bei genauerem Blick darauf hinaus, ob die auf einem Datenträger verkörperte Software mit diesem *als einheitlicher Transaktionsgegenstand* Sachqualität hat.

Soweit hier für Computerprogramme eingewendet wird, dass diese unabhängig von ihrer Verkörperung existieren und in der Folge ihrer Anweisungen bzw. „nur" das Ergebnis einer geistigen Schöpfung und damit ein immaterielles Gut seien[58], trifft das lediglich für die ihnen zugrunde

---

[55] Gegen eine gegenständliche Qualifikation als Sache etwa LG Konstanz NJW 1996, 2662 (abl. für deliktischen Schutz bei Löschung durch Stromausfall, weil Daten nur aus elektrischen Spannungen bestünden; diese Entscheidung dürfte indes von ähnlichen wirtschaftlichen Erwägungen wie die „Stromkabelfälle" des BGH getragen sein, in denen er eine Nutzungsbeeinträchtigung des Sacheigentums ablehnt); ebenso AG Brandenburg CR 2002, 721 für mutwillige Löschung (LS, Volltext bei iuris); Bamberger/Roth/*Fritzsche*[2] § 90 Rn. 25; *Beurskens* in: *Domej/Dörr/Hoffmann-Nowotny/ Vasella/Zelger* S. 443, 458; *Kunz* S. 122; *Müller-Hengstenberg* NJW 1994, 3128, 3129 ff.; *Müller-Hengstenberg* CR 2004, 161, 164; *Redeker* NJW 1992, 1739; *Müller-Hengstenberg/Kirn* NJW 2007, 2370, 2372. Zu Recht kritisch gegenüber der Begründung, es handele sich nur um elektrische Spannungen, *Bydlinski* AcP 198 (1998), 287, 306; *Meier/Wehlau* NJW 1998, 1585, 1588 mit dem Hinweis, dass dies unzulässigerweise flüchtige elektrische und nichtflüchtige magnetische/optische Speicherung vermenge.

[56] Diese Einteilung von magnetisch (Festplatten), optisch (CD-ROM, DVD) oder elektrisch (RAM, Flash-EEPROM) korrespondiert nicht zwingend mit der Frage der Flüchtigkeit, vgl. Kap. 4 C.II.2.b.(1).

[57] *Bydlinski* AcP 198 (1998), 287, 306; *Kloos/Wagner* CR 2002, 865, 866; *Marly Rn.* 102, 110; Soergel/*Marly*[13] § 90 Rn. 3; *Völzmann-Stickelbrock* FS Eisenhardt S. 327, 336. Eine Ausnahme wäre allenfalls denkbar bei Übertragung eines Programmes durch elektromagnetische Wellen per Radio oder Satellit, vgl. *Müller-Hengstenberg* NJW 1994, 3128, 3130.

[58] So etwa *Müller-Hengstenberg* NJW 1994, 3128, 3131 ff.; *Müller-Hengstenberg* CR 2004, 161, 164; *Heussen* CR 2004, 1, 7; *Hilty* MMR 2003, 3, 7; *Völzmann-Stickelbrock*

liegenden Konzepte, Ideen, Informationen, Anweisungen und deren Ausführung in einer konkreten gestalterischen Form und damit auf die an ihm bestehenden Immaterialgüterrechte zu, nicht aber auf die *technische* Festlegung von Daten und Programmen selbst. Eine solche Begründung vermengt unzulässigerweise den Gegenstand etwaiger Immaterialgüterrechte mit der körperlichen Festlegung, bzw. – in urheberrechtlicher Terminologie – zwischen Werk und Werkstück. Daten als solche und an ihnen bestehende Immaterialgüterrechte sind streng zu trennen[59]. Auf schuldrechtlicher Ebene hat das die Konsequenz, dass bei genauester Betrachtung Elemente von Sachkauf (des Trägermediums mit der Software) und Rechtskauf bzw. Lizenzvertrag (etwaiger Immaterialgüterrechte) parallel vorliegen müssten. In jedem Fall zeigt sich für die Zwecke dieser Darstellung, dass eine klare Trennung von Daten von einem Trägermedium nicht ohne weiteres gelingen kann[60].

2. *Abwehr von Beeinträchtigungen und Zerstörung*

Über die soeben beschriebenen Folgen für das Schuldvertragsrecht hinaus fußen auf dieser Erkenntnis einige Entscheidungen aus dem Deliktsrecht, die noch spezifischer darauf eingehen, inwiefern Daten über das Sacheigentum des Datenträgers gegen Beeinträchtigung geschützt werden können und so aus der Perspektive des § 823 I BGB eindeutiger zur Sacheigenschaft von Daten Stellung nehmen, als dies eine rein schuldvertragsrechtliche Perspektive vermag. So wird etwa ein deliktischer Schutz der Daten auf einer Festplatte bei fehlerhafter Reparatur und Löschung[61] oder auch der Veränderung von Daten[62] sowie bei einer gänzlichen Zerstörung des Datenträgers selbst[63] aus § 823 BGB bejaht, teilweise aber auch verneint[64].

FS Eisenhardt S. 327, 330 mit dem Argument, es stehe wirtschaftlich der geistige, immaterialgüterrechtliche Inhalt des Programms im Vordergrund.

[59] So auch *König* NJW 1993, 3121, 3122; *Marly Rn.* 102; Soergel/*Marly*[13] § 90 Rn. 3; *Taeger* S. 126; dazu ausführlich Kap. 4 B. Dass die Sacheigenschaft sich allein aus ihrer physischen Existenz ergibt und der Aspekt der geistigen Schöpfung dabei unerheblich ist, gilt ebenso *für* eine Begründung der Sacheigenschaft.

[60] Dies sagt freilich noch nichts über die rechtliche Behandlung verkörperter Daten als Sachen aus. Probleme entstehen hier vor allem dadurch, dass die weiteren Sachvoraussetzungen von Wahrnehmbarkeit und Abgrenzbarkeit auf physischer „Systemebene“ und auf inhaltlicher „Datenebene“ auseinanderfallen können. Dazu unter Kap. 4 C.

[61] OLG Karlsruhe NJW 1996, 200, 201. Da dort klar auf den Datenträger abgestellt wird, begründet dieses Urteil entgegen *Spindler* ZUM 1996, 533, 547 kein eigentumsähnliches Recht am Datenbestand als solchem.

[62] Erman/*Schiemann*[12] § 823 Rn. 34; *Libertus* MMR 2005, 507, 508; *Mantz* K&R 2007, 566, 567; MüKo/*Wagner*[4] § 823 Rn. 96; Palandt/*Sprau*[68] § 823 Rn. 9 (bei Störung der Ordnung); Soergel/*Spickhoff*[13] § 823 Rn. 79; Staudinger/*Hager*[1999] § 823 Rn. B 60; *Taeger* S. 261. Freilich ist nach h.M. hierbei auf das Eigentum an dem Datenträger abzustellen, in welchem die Daten dauerhaft oder flüchtig verkörpert sind. Möglicher-

3. *Abwehr unerwünschter Nutzungen*

Über Aspekte der Substanzbeeinträchtigung von Daten und Datenträger hinaus finden sich auch Urteile zur abwehrfähigen Nutzung über das Sacheigentum, welche eine Kontrolle von Datenverarbeitungsvorgängen und Datenübertragungen betreffen. Die Eigentümerbefugnisse des § 903 BGB zum Ausschluss jeder Einwirkung auf körperliche Datenträger, Übertragungsmedien oder Datenverarbeitungsanlagen erfassen nämlich grundsätzlich auch deren Nutzung und etwaige Substanzveränderung, so dass das Speichern, Durchleiten und Auslesen von Daten schon ein grundsätzlich eigentumsrelevanter Vorgang sein kann.

Auf diesem Gedanken beruhen etwa die Kabeldurchleitungsfälle, in denen der BGH entschied, dass das Sacheigentum an Breitbandkabeln dem Betreiber eines Kabelnetzes grundsätzlich das Recht geben kann, Programmanbieter daran zu hindern, ihre Dateninhalte über das Kabelnetz an Endnutzer zu leiten, und damit eine Signalübermittlung zustimmungsbedürftig macht[65]. In einem ähnlichen Sachverhalt, beim Eingang unerwünschter Werbe-Emails, übt die Rechtsprechung jedoch bisher Zurückhaltung gegenüber eigentums- oder besitzrechtlichen Abwehransprüchen bei der Inanspruchnahme des Servers und stützt sich auf andere Anspruchsgrundlagen, die einen Rückgriff auf das Sacheigentum entbehrlich machen[66].

---

weise weiter (oder nicht ganz eindeutig) MüKo/*Mertens*[3] § 823 Rn. 85: Datenverarbeitungsgeräte sowie Programme.

[63] LG Kaiserslautern DAR 2001, 225.

[64] Ablehnend LG Konstanz NJW 1996, 2662 für Löschung durch Stromausfall, ganz maßgeblich deswegen, weil Daten nur aus elektrischen Spannungen bestünden; dem folgend AG Brandenburg CR 2002, 721 für mutwillige Löschung (LS, Volltext bei iuris). Kritisch zu Recht *Bydlinski* AcP 198 (1998), 287, 306; *Meier/Wehlau* NJW 1998, 1585, 1588, die darauf hinweisen, dass die Speicherung jedenfalls bei dauerhaften Speichermedien gerade nicht durch elektrische Zustände erfolge, sondern durch magnetische oder optische Zustandsveränderungen des Mediums.

[65] BGH GRUR 2004, 530, 531 f. – *Fremdeinspeisung*. Dort wurde eine abwehrfähige Beeinträchtigung aber i.E. abgelehnt, wenn die Einwirkungen auf Dispositionen des Eigentümers beruhen, die er selbst vorgenommen hat – wie hier die zwangsläufig zur Durchleitung der auf höherer Netzebene eingespeisten Signale führende Zusammenschaltung der Kabelnetze. Vgl. dazu Kap. 4 C.II.2.d. Im Ergebnis ähnelt dieser Ansatz dem oben dargestellten Cyberproperty-Ansatz, wo die Reichweite der zustimmungsfreien Nutzung über Implied Consent gesteuert werden soll.

[66] Außerhalb des Anwendungsbereiches der Spezialregelung für Spam in §§ 3, 7 II Nr. 3, III UWG wird auf § 823 I BGB i.V.m. dem allgemeinen Persönlichkeitsrecht oder das Recht am eingerichteten und ausgeübten Gewerbebetrieb abgestellt, vgl. KG MMR 2007, 386, 3787; KG MMR 2002, 685; LG Berlin MMR 2002, 631, 632. Das Verhältnis zwischen beiden Anspruchsgrundlagen im gewerblichen Verkehr ließ der BGH zuletzt offen, vgl. BGH GRUR 2007, 620. In der – meist marginalen – Nutzung der Serverkapa-

4. Differenzierung zwischen permanenten und flüchtigen Speichermedien?

Die bisherige Diskussion zur Sacheigenschaft von Daten ist bislang zumeist im Zusammenhang mit permanenten Speichermedien geführt worden. Teilweise wird gerade nach diesem Kriterium differenziert[67]. Einer Beschränkung der Sacheigenschaft auf dauerhafte Speichermedien könnte indes eine neuere Entscheidung des BGH entgegenstehen, in welcher er zur Vermietung von Serverkapazität durch einen ASP-Vertrag Stellung nimmt und in der sich Formulierungen finden, welche als körperlichen Datenträger nicht nur dauerhafte Speichermedien wie Festplatten, sondern auch flüchtige Speichermedien wie den Arbeitsspeicher einordnen[68]. Auch wenn dieses Urteil nur im Rahmen einer schuldvertraglichen Typologisierung des ASP-Vertrages als Mietvertrag erging und der BGH sich nicht bewusst mit dem Verhältnis von Daten und Sacheigentum am Arbeitsspeicher auseinandersetzte, so scheint dieser Ansatz der Tatsache Rechnung zu tragen, dass *alle* Daten denklogisch irgendwo verkörpert sind und die technischen Grenzen von flüchtigen zu nichtflüchtigen Speichermedien verwischen[69]. Die Erfassung von Daten über ihr Trägermedium könnte er so auf eine wesentlich breitere Grundlage stellen[70].

5. Insbesondere das „virtuelle Hausrecht"

In den bisherigen Beispielen ging es um die allgemeine Frage der sachenrechtlichen Qualifikation von Daten über das Sacheigentum durch einen Ansatz am Trägermedium. Keiner dieser Fälle kam bislang einer Konstellation nahe, in der es um die Erfassung von aus Daten gebildeten Gegenständen geht, welche das virtuelle Abbild realer Gegenstände bzw. realer Räume und deren gegenständlicher Charakteristika darstellen.

---

zität wird überwiegend keine Eigentumsbeeinträchtigung am Server gesehen, vgl. *Hoeren* NJW 2004, 3513, 3514 (auf jedenfalls funktionsstörende Nutzung abstellend); *Schmittmann* MMR 1998, 53, 55; *Peukert* FS Schricker S. 149, 161 f. m.w.N. und Hinweis auf Widersprüche zwischen den Konstellationen von Kabeldurchleitung und Spam; a.A. für eine Eigentumsbeeinträchtigung *Kunz* S. 127; *Vehslage* K&R 2000, 203, 205; zu der Frage der Erheblichkeit von Einwirkungen Kap. 4 C.II.2.b.bb.

[67] LG Konstanz NJW 1996, 2662 (gegen deliktischen Schutz bei Löschung flüchtig elektrisch gespeicherter Daten durch Stromausfall); ebenso AG Brandenburg CR 2002, 721 (LS, Volltext bei iuris); nur für magnetische Datenträger *Bösert* S. 147; *Meier/Wehlau* NJW 1998, 1585, 1588; MüKo/*Wagner*[4] § 823 Rn. 96; Palandt/*Sprau*[68] § 823 Rn. 9; *Faustmann* VuR 2006, 260; wohl nur dann eine Einwirkung auf die Sach*substanz* begreifend auch Soergel/*Spickhoff*[13] § 823 Rn. 79; dagegen *Mantz* K&R 2007, 566, 567; *Marly Rn.* 102.

[68] BGH NJW 2007, 2394, 2395 – *ASP Vertrag*.

[69] Vgl. Kap. 4 C.II.2.b.aa.

[70] Zu den damit verbundenen Problemen einer Vielzahl konfligierender Rechtspositionen und abwehrfähiger Rechtsverletzungen vgl. Kap. 4 C.II.2.

In genau diese Richtung stieß nun aber eine unter dem Stichwort „virtuelles Hausrecht" geführte Diskussion vor. Angestoßen von zwei – in ihrer Begründung denkbar knappen – Entscheidungen zu den Abwehrrechten des Betreibers eines Chatforums gegen unerlaubte Nutzung dreht sie sich im Kern um Abwehrrechte über einen technisch erzeugten abgrenzbaren und in dieser Abgrenzung wahrnehmbaren virtuellen Raum (a.). Diese Art von Herrschaftsrecht an virtuellen Räumen könnte als Modell auch für eben solche Rechte an virtuellen Gegenständen dienen. Indes ist die genaue dogmatische Konstruktion des virtuellen Hausrechts noch nicht zufriedenstellend herausgearbeitet und insbesondere unklar, ob hier wiederum das Sacheigentum am Server – ähnlich wie beim Cyberproperty – bemüht wird oder auf anderer Grundlage erstmals ein virtuelles Eigentum i.e.S. – ähnlich wie Virtual Property – anerkannt wird (b.).

a. Die erstmalige Anerkennung des „virtuellen Hausrechts"

Das virtuelle Hausrecht als Rechtsfigur wurde in zwei Entscheidungen des LG Bonn und des OLG Köln geboren, die dem Betreiber eines Chatforums über eine Analogie zu §§ 823, 1004 BGB ein absolutes Recht zusprachen, auch außerhalb vertraglicher Beziehungen Unterlassungsansprüche gegen unerwünschte Nutzungen (dort in Form von Beiträgen) geltend zu machen[71]. Diese Rechtsfigur griffen Teile der Rspr. in der Folgezeit für die Abwehr unerwünschter Forenbeiträge[72] oder das Verbot einer kommerziellen Nutzung von Websites durch Konkurrenten zu Preisabfragen, Screen-Scraping bzw. Flugbuchungen für Dritte[73] auf. Vereinzelt wurde es auch schon im Zusammenhang mit dem Ausschluss von Nutzern aus Onlinerollenspielen thematisiert[74]. Der Sache nach handelt es sich bei einem

[71] LG Bonn MMR 2000, 109; OLG Köln MMR 2001, 52.

[72] LG München I CR 2007, 264.

[73] So für das virtuelle Hausrecht als Abwehrrecht gegen die Nutzung einer Website zum Zweck der kommerziellen Buchung von Flügen bei einem Flugunternehmen mit Internetdirektvertrieb nur an Endkunden LG Hamburg v. 28.8.2008, Az. 315 O 326/08; i.E. ebenso aber ohne Erwähnung des virtuellen Hausrechts auf wettbewerbsrechtlicher Grundlage der §§ 3, 4 Nr. 10 UWG nachfolgend OLG Hamburg v. 28.5.2009, Az. 3 U 191/08; a.A. gegen jegliche Abwehransprüche OLG Frankfurt a.M. K&R 2009, 343. Hiervon zu unterscheiden ist die *technische* Sperrung von IP-Adressen, die in ihrer Wirkung einem faktischen Hausverbot gleichkommen kann und ihrerseits wettbewerbsrechtlich als Behinderung i.S.d. §§ 3, 4 Nr. 10 UWG unlauter sein kann, wenn sie zulässige Testkäufe unterbinden soll, vgl. LG Hamburg GRUR-RR 2007, 94 – *Elektronisches Hausverbot*. Dies gilt aber nur, solange sich der Testkäufer wie ein normaler Kunde verhält und insbesondere keine Betriebsstörung durch gehäufte Zugriffe verursacht, vgl. OLG Hamburg GRUR-RR 2007, 365; OLG Hamm GRUR-RR 2009, 75.

[74] Vgl. dazu AG Regensburg v. 27.4.2006, Az. 9 C 3693/05; nachfolgend LG Regensburg v. 26.9.2006, Az. 2 S 153/06; beide i.E. offen.

virtuellen Hausrecht um das Recht, einem Nutzer den Zutritt zu einem virtuellen Raum – wie dem streitgegenständlichen Chatforum oder einer Website – zu gestatten oder zu verweigern[75]. Unklar bleibt die genaue dogmatische Herleitung dieses virtuellen Hausrechts. Die Urteilsgründe sind hier äußerst knapp und konzentrieren sich mehr auf dessen Inhalt und die Grenzen der Ausübung[76]. An die Nutzung des Servers wird dort jedenfalls nicht explizit angeknüpft. Das LG Bonn führt dazu lediglich aus, dass es nahe liegend sei, die Regelungen über das Eigentum jedenfalls entsprechend anzuwenden.

b. Folgende Rezeption und dogmatisches Verständnis

Trotz überwiegender Zustimmung im Ergebnis[77] fällt die Interpretation dieser Entscheidungen denkbar unterschiedlich aus:

Bisweilen wird daraus, dass das LG Bonn für die Grenzen des Ausschlusses einzelner Benutzer von der Nutzung der Chat-Software auf § 903 BGB rekurriert und sich dabei an dessen Wortlaut „mit der Sache nach Belieben verfahren" orientiert, hergeleitet, entgegen der weit herrschenden Auffassung sei die das Chatforum bildende Software selbst als Sache aufgefasst worden[78]. Zwingend ist dieses Verständnis nicht, denn diese Aussage lässt sich der Entscheidung so nicht entnehmen[79]. Die diesbezüglichen Ausführungen des Urteils konzentrieren sich zuvorderst auf die

---

[75] *Maume* MMR 2007, 620, 622; *Schmidl* K&R 2006, 565.

[76] Diese Voraussetzungen der Ausübung des virtuellen Hausrechtes wurden im konkreten Fall denen des Hausrechts für öffentlich zugängliche Gebäude gleichgestellt. Grundsätzlich steht es dem Eigentümer frei, den Zugang nach seinen Vorstellungen zu beschränken. Öffnet er aber dem allgemeinen Publikum einen Zugang, so erteilt er eine generelle Zutrittsbefugnis unter Verzicht auf eine Prüfung im Einzelfall, solange und soweit der Besucher keinen Anlass gibt, ihn hiervon wieder auszuschließen. Gründe hierfür können etwa Störungen im Betriebsablauf sein (BGH NJW 1994, 188; LG Bonn MMR 2000 109, 110) oder eine die Erwerbschancen des Betreibers beeinträchtigende kommerzielle Nutzung (BGH NJW 2006, 377, 379 – *Hörfunkrechte* für Hörfunkrechte an Radioübertragungen aus Sportstadien). Willkürliche Beschränkungen sind jedenfalls als venire contra factum proprium gem. § 242 BGB von der Eigentümerbefugnis nicht gedeckt (vgl. LG Bonn a.a.O.; *Schmidl* K&R 2006, 563, 564; kritisch gegenüber dem Weg über § 242 BGB *Ladeur* MMR 2001, 787, 788). Die Fragen, inwieweit diese Grundsätze auf den virtuellen Raum übertragbar sind, wie weit das virtuelle Hausrecht reicht, und welche Grenzen der Ausübung im konkreten Fall gesetzt waren, sollen hier nicht weiter vertieft werden. Ausführlicher dazu *Kunz* S. 93 ff.; *Maume* MMR 2007, 620, 624.

[77] Dem Ansatz grds. zustimmend *Feldmann/Heidrich* CR 2006, 406; *Kraft/Meister* MMR 2003, 366, 373; *Kunz* S. 129 ff.; *Ladeur* MMR 2001, 787, 788; *Maume* MMR 2007, 620, 622; *Schmidl* K&R 2006, 563; *Zumbansen* in: *Ladeur* S. 273, 284.

[78] *Kunz* S. 120 f.

[79] Auch *Zumbansen* in: *Ladeur* S. 273, 289 bemerkt zu Recht kritisch, dass sich die Anspruchsgrundlage aus den Urteilen nicht klar ergibt.

Grenzen der Ausübung des virtuellen Hausrechts, nicht aber seine Begründung. Dass der auf entgegenstehende Rechte Dritter verweisende § 903 BGB hier als Grundlage für Beschränkungen herangezogen wird, wenn vorher schon explizit eine analoge Anwendung der eigentumsrechtlichen Abwehrbefugnisse eröffnet ist, leuchtet ein. Und allein die Tatsache, dass bei der Subsumtion unter § 903 BGB nicht (nochmals) ausdrücklich auf die Analogie rekurriert wird, erscheint eher als geringfügige Ungenauigkeit in den Urteilsgründen denn als tragfähige Grundlage für die Annahme, das LG Bonn habe die Software selbst als Sache verstehen wollen.

Überwiegend allerdings werden als Grundlage des virtuellen Hausrechts wiederum das Sacheigentum bzw. der Sachbesitz am Speichermedium bzw. am Server gesehen[80]. Da jeder Speichervorgang physikalisch auf den Datenträger einwirke, sei es, dass er mehr Speicherplatz in Anspruch nimmt, oder die schon gespeicherten Daten verändert, liege in jedem Fall eine körperliche Einwirkung auf das Speichermedium vor, welche dem Eigentümer Abwehransprüche an die Hand geben könne[81]. Der Server ist dabei wiederum das Anknüpfungsobjekt, sein Speicherplatz gleichsam das körperliche Substrat virtueller Räume. In dieser Weise verstand jüngst auch das LG München I das virtuelle Hausrecht und gewährte – dem LG Bonn und OLG Köln damit im Ergebnis, nicht aber in der Begründung folgend – einem Forumbetreiber und Eigentümer des Servers, auf dem die Beiträge der Nutzer gespeichert wurden, Abwehransprüche gegen Nutzung der Hardware durch das Speichern von Inhalten aus §§ 903 S. 1 2. Alt., 1004 BGB[82]. Dass diese Entscheidung weniger die Anknüpfungspunkte des virtuellen Hausrechts problematisiert, als vielmehr deutlich erkennen lässt, dass dem Betreiber eines Forums schon deshalb Ausschlussrechte zustehen müssen, um einer etwaigen Haftung für rechtsverletzende Inhalte zu entgehen[83], erscheint sehr ergebnisorientiert[84].

Teilweise wird demgegenüber ein originäres virtuelles Hausrecht als Rechtsfigur anerkannt, das sich vom zugrunde liegenden Sacheigentum löst; dieser Ansatz wird unter G. behandelt.

---

[80] *Feldmann/Heidrich* CR 2006, 406, 408; *Klickermann* MMR 2007, 766, 767; *Kunz* S. 123 ff.; *Redeker* CR 2007, 265, 266 (mit terminologischer Kritik, dass es gar nicht um ein „virtuelles Hausrecht", sondern gewöhnliche Eigentums- und Besitzbeeinträchtigungen gehe).

[81] *Feldmann/Heidrich* CR 2006, 406, 408; *Kunz* S. 130; *Redeker* CR 2007, 265, 266.

[82] LG München I CR 2007, 264. Im Fall bloßer Miete sei auf den Besitz i.S.d. §§ 858, 862 BGB abzustellen; dazu mehr unter Kap. 4 C.III.1.a. Die Grundlage demgegenüber offen lassend LG Regensburg v. 26.9.2006, Az. 2 S 153/06; LG Hamburg v. 28.8.2008, Az. 315 O 326/08; krit. deswegen OLG Frankfurt K&R 2009, 343, 344.

[83] LG München CR 2007, 264, 265; hierauf stellt auch *Maume* MMR 2007, 620 ganz maßgeblich ab.

[84] Methodologisch kritisch *Maume* MMR 2007, 620, 622; *Redeker* CR 2007, 265, 266.

III. Zwischenergebnis

Auch wenn Daten und die aus ihnen bestehenden virtuellen Güter keine Sachen sind, so zeigt sich, dass die fehlende Körperlichkeit durch das Abstellen auf die körperlichen Komponenten der jeweiligen Datenverarbeitungssysteme ersetzt werden kann. Inwieweit dieser Weg für virtuelle Güter gangbar ist und welche Probleme dieser Ansatz birgt, wird Gegenstand der Diskussion unter Kap. 4 B.III. sein.

E. Virtuelles Eigentum als Korrelat des Sachbesitzes

Der sich gegen einen Ansatz am Sacheigentum am ehesten aufdrängende Einwand besteht im Versagen dieser Konstruktion, sobald Eigentümer der körperlichen Datenverarbeitungsanlagen und Inhaber virtueller Ressourcen nicht personengleich sind. Der bereits dargestellte Sachverhalt eines im Wege des Webhostings betriebenen Chatforums demonstriert recht deutlich, wie Serverbetreiber (als Anbieter von Speicherplatz und Rechenleistung) und Betreiber des Forums als virtuellem Raum (als einer unter vielen Nutzern des Servers und Anbieter eigener Inhalte) auseinanderfallen können. Bei virtuellen Gütern innerhalb von virtuellen Welten dürfte es sogar regelmäßig der Fall sein, dass ihre virtuellen Inhaber und die Betreiber des Servers auseinanderfallen[85].

Dieses Problem ließe sich dadurch umgehen, statt auf das Sach*eigentum* auf den Sach*besitz* an den zugrunde liegenden Datenverarbeitungsanlagen, etwa einem Server, Teilen desselben oder gar auf Speicherbereiche, abzustellen. Vertreten wird das im Zusammenhang mit dem virtuellen Hausrecht, welches neben dem Sacheigentum auch auf der Grundlage berechtigten Besitzes an der Serverhardware bestehen kann[86]. Dementsprechend

---

[85] Sofern virtuelle Güter bereits vom Betreiber (und Eigentümer des Servers) vorgefertigt sind und diesem zustehen, wäre dieses Auseinanderfallen wieder behoben. Unabhängig davon, ob eine solche Zuweisung virtueller Güter an den Betreiber befürwortet wird, gilt das aber in keinem Fall für nutzergenerierte Güter. Auf das Problem der vertikalen Rechteverteilung zwischen Betreiber der virtuellen Welt (und meist auch des Servers) sowie ihren Nutzern wird unter Kap. 4 F.II.3. ausführlicher zurückzukommen sein.

[86] LG München CR 2007, 264; *Feldmann/Heidrich* CR 2006, 406, 409; *Klickermann* MMR 2007, 766, 767; *Kunz* S. 124; *Maume* MMR 2007, 620, 622. Die auch für das reale Hausrecht genaue Konstruktion der Abwehrbefugnisse soll hier letztlich dahinstehen. Ob der berechtigte Besitzer (ggf. konkludent) zur Ausübung des Hausrechtes ermächtigt wird (OLG Frankfurt NJW-RR 1993, 788) oder das Hausrecht originär auf den Besitzschutz gestützt wird (vgl. *Baur/Stürner*[17] § 29 Rn. 62; Palandt/*Weidenkaff*[68] vor § 535 Rn. 85), spielt – jedenfalls im hier betrachteten Zusammenhang – für das anerkannte

soll der berechtigte Zugriff eines Nutzers auf einen Speicherbereich Sachbesitz am Server begründen, auch wenn die unmittelbare physische Zugriffsmöglichkeit auf den Server nur dem Betreiber eröffnet ist. Der Server verbleibe zwar im Einwirkungsbereich des bisherigen Betreibers, der sich jedoch auf eine reine Funktionskontrolle beschränke, während der Nutzer selbständig Daten aufspiele[87]. So erlange der Nutzer eine technisch vermittelte Einwirkungsmöglichkeit durch Software – etwa als Forenbetreiber die Möglichkeit, alle Einträge umfassend zu ändern –, was ihm eine intensive funktionale bzw. redaktionelle Sachherrschaft an die Hand gebe, die letztlich auch Sachbesitz begründe[88].

Dieser Ansatz ist von einem „virtuellen Besitz" als technisch vermittelter Herrschaft über virtuelle Gegenstände als solche zu unterscheiden (H.). Beide haben mit den virtuellen Gegenständen und dem zugrunde liegenden Server schlichtweg unterschiedliche Anknüpfungsobjekte – und spiegeln auch beim Besitz den Gegensatz zwischen einer Konstruktion über das Sacheigentum an der Hardware (D.) und einem originären Ansatz an den virtuellen Gütern als solchen (G.) wider.

F. Virtuelles Eigentum als Ausfluss des Persönlichkeitsrechts

Ein erster entscheidender Schritt zu originärem virtuellem Eigentum ist der Bruch mit einem Ansatz an der Systemhardware. Auf dem Weg dorthin wird vereinzelt die Schaffung eines Rechtes sui generis auf persönlichkeitsrechtlicher Grundlage für möglich gehalten. Dieses zielt zwar primär auf den Avatar, ist aber breit genug gefasst, um bei virtuellen Welten mittelbar auch einige virtuelle Güter zu erfassen[89]. Ganz vereinzelt wird ein solcher Ansatz auf persönlichkeitsrechtlicher Grundlage auch für einen originären Schutz von Daten vertreten[90].

---

praktische Ergebnis, dass sich auch der berechtigte Besitzer auf das Hausrecht berufen kann, eine geringe Rolle (so auch *Kunz* S. 95).

[87] *Kunz* S. 124.

[88] *Kunz* S. 125; *Maume* MMR 2007, 620, 622. Eingehend zu diesen Fragen Kap. 4 C.III.1.

[89] *Koch* JurPC Web-Dok. 57/2006 Rn. 20 ff., 35; ähnlich *Klickermann* MMR 2007, 766, 768.

[90] So Palandt/*Thomas*[62] § 823 Rn. 29 mit Verweis auf *Meier/Wehlau* NJW 1998, 1585, 1588, welche sich indes nicht explizit auf das Persönlichkeitsrecht stützen; anders nunmehr Palandt/*Sprau*[68] § 823 Rn. 19. Ein persönlichkeitsrechtlicher Schutz kommt aber bei Kenntnisnahme von vertraulichen Daten in Betracht, vgl. *Faustmann* VuR 2006, 260, 262; *Koch* NJW 2004, 801, 803 oder bei einer Spam-Mail im privaten Bereich, vgl. KG MMR 2007, 386, 3787; KG MMR 2002, 685; LG Berlin MMR 2002, 631, 632;

Als Basis dient das durch die Rechtsprechung aus Artt. 1, 2 I GG i.V.m. § 823 I BGB entwickelte allgemeine Persönlichkeitsrecht[91] und dessen Ausprägung als Persönlichkeitsvermögensrecht über den Schutz auch vermögenswerter Bestandteile[92]. Durch die enge schöpferischen Verbindung zwischen dem Avatar und dem hinter ihm stehenden Nutzer erhalte der von der Betriebssoftware abgrenzbare Avatar einen "ideellen Mehrwert" gegenüber der bloßen Softwareschöpfung[93]. Durch die Möglichkeit der Abstraktion der virtuellen Figur von ihrem ursprünglichen Inhaber erlange diese den Charakter eines eigenständig verkehrsfähigen Rechtsguts[94]. Gleiches gelte für selbst erstellte Gegenstände, wenn sie – wie etwa bei der Erschließung virtuellen Landes – individuell hergestellt wurden und so eine entsprechende Prägung durch den Benutzer erhalten haben. Folglich fehle diese persönliche Verbindung und damit auch der notwendige ideelle Mehrwert bei vom Betreiber vorgefertigten Gütern[95].

Diese Art von Avatarpersönlichkeitsrecht ähnelt von seiner Schutzrichtung her durchaus einem virtuellen Eigentum: Es soll gegenüber dem Betreiber sowohl vor willkürlichem Entzug – in den Grenzen der Vertragsbeziehung – als auch vor einer unerlaubten wirtschaftlichen Verwertung schützen[96]. Gleiches gelte für die Abwehr von Zugriffen Dritter, wie etwa durch „Ausplündern“[97]. Seine Wirkung setze aber den fortgesetzten Betrieb der virtuellen Welt voraus. Ein Anspruch, virtuelle Güter und den Avatar über die Dauer der Vertragsbeziehung hinaus verfügbar zu halten, lasse sich daraus nicht herleiten[98].

G. Originäres virtuelles Eigentum

Weiterhin ist auch eine Rechtsfigur virtuellen Eigentums als Recht sui generis denkbar. Diese Fortentwicklung über einen Ansatz am Sacheigen-

---

Faustmann VuR 2006, 260, 262; *Hoeren* NJW 2004, 3513, 3514; *Koch* NJW 2004, 801, 803.

[91] Vgl. BGHZ 13, 334 – *Leserbrief*; BGHZ 15, 259 – *Cosima Wagner*; BGHZ 39, 124 – *Fernsehansagerin*; BGHZ 50, 133 – *Mephisto*.

[92] Vgl. BGH NJW 2000, 2195, 2197 – *Marlene Dietrich*; BGH NJW 2000, 2201 – *Der blaue Engel*; BGH GRUR 2008, 1124 – *Zerknitterte Zigarettenschachtel*.

[93] *Koch* JurPC Web-Dok. 57/2006 Rn. 31.

[94] *Koch* JurPC Web-Dok. 57/2006 Rn. 32.

[95] *Koch* JurPC Web-Dok. 57/2006 Rn. 34 f. Sie erwägt aber, dass das Recht aus dem Avatar auch gegen „Ausplündern“ schützen kann (Rn. 48). Dem folgend *Klickermann* MMR 2007, 766, 768.

[96] *Koch* JurPC Web-Dok. 57/2006 Rn. 47 f.

[97] So die Erwägung von *Koch* JurPC Web-Dok. 57/2006 Rn. 48.

[98] *Koch* JurPC Web-Dok. 57/2006 Rn. 47.

tum hinaus würde in etwa den Übergang von Cyberproperty zu Virtual Property in den USA nachzeichnen.

I. Virtuelles Hausrecht als Ausgangspunkt

Als erste Anzeichen dafür, dass einzelne deutsche Gerichte einer solchen Entwicklung hin zu einer Rechtsfigur originären virtuellen Eigentums nicht generell abgeneigt gegenüberstehen, können die oben bereits dargestellten Entscheidungen zum virtuellen Hausrecht interpretiert werden[99]. Dass dessen Grundlage das Sacheigentum am Server ist (so das unter D. dargestellte Verständnis), ist nämlich nur *eine* mögliche Interpretation. Dass diese nicht zwingend ist, dafür spricht vor allem die ausdrücklich *analoge* Anwendung der Sacheigentumsvorschriften, die bei einem auf den Datenträger abstellenden Ansatz nicht erforderlich wäre.

Sofern man diese Entscheidungen nicht nur als an erheblichen Begründungsdefiziten leidende Anwendung herkömmlicher sachenrechtlicher Prinzipien sieht, sondern sie als Ausgangspunkt für einen funktionalen Ansatz begreift, bei dem die Rechtsprechung nicht die Augen vor den besonderen Funktionsbedingungen des Internet verschließt und den Mut hat, bewährte Rechtsfiguren der realen Welt so fortzuentwickeln, dass sie auch in einem vergleichbaren virtuellen Kontext ähnliche Ergebnisse erzielen, dann lässt sich in diesen beiden Entscheidungen durchaus der Keim für die Entwicklung eines virtuellen Eigentums i.e.S. ausmachen[100]. Die implizit schon in der Verwendung des Begriffes Hausrecht zum Ausdruck kommende Annahme scheint sich mit den Überlegungen zu decken, die bereits oben in der US-amerikanischen Diskussion aufkamen, und zwar die Nutzung eines Chatforums mit dem abwehrfähigen „Betreten" eines Grundstückes zu vergleichen.

Damit erscheint es derzeit zumindest offen, ob die erwähnten Abwehrrechte gegen elektronisch vermittelte Einwirkungen notwendigerweise auf dem Sacheigentum am Server beruhen müssen, oder ob mit diesen Entscheidungen ein Weg zu einem virtuellen Hausrecht bzw. – als konsequente Weiterentwicklung – einem virtuellen Eigentum an abgrenzbaren, als solchen wahrgenommenen und Sachen ähnelnden virtuellen Gegen-

---

[99] LG Bonn MMR 2000, 109; OLG Köln MMR 2001, 52; LG München I CR 2007, 264; LG Hamburg v. 28.8.2008, Az. 315 O 326/08; offen AG Regensburg v. 27.4.2006, Az. 9 C 3693/05; LG Regensburg v. 26.9.2006, Az. 2 S 153/06; abl. OLG Frankfurt a.M. K&R 2009, 343.

[100] Für eine solche Weiterentwicklung *Ladeur* in: *Eifert/Hoffmann-Riem*, S. 339, 345 (dabei auch die Entwicklung neuer Duldungspflichten i.S.d. § 906 BGB analog betonend, a.a.O. S. 350); *Ladeur* MMR 2001, 787, 788; *Maume* MMR 2007, 620, 622 f.; ähnlich *Kraft/Meister* MMR 2003, 366, 373 für virtuelle Demonstrationen bei nicht unerheblicher Beeinträchtigung; die weitere Entwicklung abwartend *Redeker* CR 2007, 265, 267.

ständen und Räumen eröffnet ist, welches das Pendant zu Virtual Property bildet.

II. Übertragung auf virtuelle Güter

Von der Nutzung eines Chatforums als „Raum" ist es zum „Betreten" eines virtuellen Grundstückes, welches in der Verkehrswahrnehmung fast schon im Wortsinne geschieht, nur ein kleiner Schritt. Bei einer Anerkennung eines virtuellen Hausrechts als Herrschaftsrecht über den Zugang zu technisch generierten, wahrnehmbaren, abgrenzbaren virtuellen „Räumen" ist dann aber kein Grund ersichtlich, dies nicht auch auf deren Inhalte zu erstrecken, sofern diese auf dieselbe Art und Weise bewegliche Sachen nachbilden. Das „Betreten" virtueller Räume und die Nutzung virtueller Gegenstände wären – gleichsam als virtuelle Eigentumsrechte über Mobilien und Immobilien – zwei Seiten derselben Medaille.

1. Das Herrschaftsobjekt virtuellen Eigentums

Die Anerkennung einer solchen Rechtsfigur virtuellen Eigentums i.e.S. erfordert es, sich zunächst Klarheit über ihr genaues Herrschaftsobjekt zu verschaffen. Die genaue dogmatische Herleitung und die Reichweite dieser Rechtsfigur werden Gegenstand der Analyse im nächsten Kapitel (Kap. 4 C.) sein.

Eine Sicht auf den Herrschaftsgegenstand ist technisch geprägt und kommt etwa in Formulierungen zum Ausdruck, virtuelles Eigentum richte sich auf virtuelle Verfügungsrechte über Software und Serverkapazität[101]. Auch wenn das im hier behandelten Zusammenhang nicht auf das bloße Zurverfügungstellen abrufbarer Rechenleistung zielt, sondern auf eine technisch generierte und in vordefinierter Weise nutzbare Umgebung nebst gegenständlichen Inhalten, so hat diese Einordnung doch noch sehr den Server im Blick, den es – in Abgrenzung zu einem sacheigentumsbasierten Ansatz – als Bezugspunkt zu überwinden galt. Dem eigentlichen Herrschaftsgegenstand entspricht es schon eher, von dem Recht zu sprechen, einen abgrenzbaren Teil eines Computerprogramms nach Maßgabe bestimmter Regeln des virtuellen Raumes ausschließlich nutzen zu dürfen[102]. Aber auch hier verbleibt noch die Unschärfe, ob mit abgrenzbarem Teil ein

---

[101] So die Formulierung bei *Koch* JurPC Web-Dok. 57/2006 Rn. 18 im Rahmen ihres letztlich persönlichkeitsrechtlichen Ansatzes.

[102] *Lober/Weber* MMR 2005, 653, 655; ebenso *Geis/Geis* CR 2007, 721. Ähnlich diejenigen, die wie *Ladeur* in: *Eifert/Hoffmann-Riem* S. 339, 345 und *Kraft/Meister* MMR 2003, 366, 373 von virtuellen Verfügungsrechten über Software sprechen. Schon hier sei betont, dass dieses Recht zur Nutzung von einem immaterialgüterrechtlichen Nutzungsrecht zu unterscheiden ist, vgl. Kap. 4 B.II.

im Arbeitsspeicher befindlicher Programmteil im *technischen* Sinne von Quell- oder Objektcode gemeint ist, oder aber ob es um die mithilfe eben dieses Programms erzeugten, abgrenzbaren und wahrnehmbaren Objekte geht, die als solche Herrschaftsgegenstand sein sollen.

Vorzugswürdig erscheint es, letztlich direkt auf virtuelle Gegenstände (bzw. Räume) abzustellen und sie funktional als solche zum Herrschaftsgegenstand zu erklären. Diese Formulierung mag begrifflich zunächst wenig aussagekräftig sein. Das ist möglich, soweit virtuelle Gegenstände das Pendant zu realen Sachen darstellen[103] und wegen ihrer Wahrnehmbarkeit, Abgrenzbarkeit und Beherrschbarkeit allein die fehlende Körperlichkeit eine Subsumtion unter § 90 BGB verhindert. Für die Frage, ob diese Voraussetzungen vorliegen, kann wie auch bei Sachen[104] schlicht die Verkehrsanschauung der mit diesen Gütern handelnden Personen herangezogen werden. Ob das auch bei einer technischen, auf Programmteile im Arbeitsspeicher abstellenden Sicht möglich wäre, darf bezweifelt werden.

Ein funktionaler Abgleich von virtuellen Gütern als Herrschaftsgegenstand etwaigen virtuellen Eigentums mit Sachen als solchen des Sacheigentums basiert somit auf der technisch vermittelten Nachbildung ihrer realen Eigenschaften. Auch diese Erkenntnis findet sich im US-amerikanischen Recht – als Grundlage des o.g. Virtual Property Ansatzes[105].

2. *Die Rechtsnatur virtuellen Eigentums*

Diejenigen Stimmen, welche für die Anerkennung originären virtuellen Eigentums plädieren, gehen überwiegend von einem absoluten Recht aus, das entweder – dem Modellcharakter des Sacheigentum folgend – als ein sonstiges Recht i.S.d. § 823 I BGB[106] oder als Analogie zum dort genannten Sacheigentum konstruiert wird[107]. Dieses beinhaltet die negative Ab-

---

[103] Ähnlich *Koch* JurPC Web-Dok. 57/2006 Rn. 43 und *Koos* MMR 2004, 359, 361 (für die Domain), welche beide durch „virtuelle Materialisierung" entstandene „virtuelle Sachen" den klassischen Immaterialgüterrechten entgegenstellen.

[104] Vgl. zur Bedeutung der Verkehrsanschauung für den Sachbegriff MüKo BGB/*Holch*[5] § 90 Rn. 8; Palandt/*Heinrichs*[68] § 90 Rn. 1.

[105] Vgl. oben Kap. 2 D.II.2. Was an dieser Stelle bislang noch nicht diskutiert wurde, ist die Frage der rivalisierenden Nutzung als Eigenschaft von Sachen und virtuellen Gütern. Da es hierbei aber nicht um die Frage der Ressource als Schutzgut geht, sondern die Art des für ihre Nutzung erforderlichen Regelungsregimes, soll diese Frage nicht hier, sondern unter Kap. 4 C. behandelt werden.

[106] *Lober/Weber* CR 2006, 837, 842 f.; auf persönlichkeitsrechtlicher Grundlage i.E. ebenso *Koch* JurPC Web-Dok. 57/2006 Rn. 43. Ebenso allgemeiner für absolute Rechte an Daten *Beurskens* in: *Domej/Dörr/Hoffmann-Nowotny/Vasella/Zelger* S. 443, 446 ff. sowie *Meier/Wehlau* NJW 1998, 1585, 1588 und ihnen folgend *Faustmann* VuR 2006, 260, 262 für das Recht am eigenen Datenbestand.

[107] *Maume* MMR 2007, 620, 623.

wehrbefugnis und die positive Nutzungsbefugnis über elektronisch vermittelt im Rahmen eines Computersystems existierende, wahrnehmbare und abgrenzbare Gegenstände.

Vereinzelt wird ihm indes nur ein „gemischt" relativ-absoluter Charakter zwischen Forderung und absolutem Recht attestiert[108]. Hinter dieser Bezeichnung verbirgt sich allerdings keine Beschränkung auf ein nur im Verhältnis zum Betreiber wirkendes Recht, sondern es geht um eine im Verhältnis zum Betreiber relative Rechtsposition, die dennoch als sonstiges Recht i.S.d. § 823 I BGB Drittwirkung haben könne. Bei genauem Blick läuft das terminologische Oxymoron einer „relativ-absoluten" Rechtsposition auf Altbekanntes hinaus: Da sich die potentiell gegen jeden Dritten gerichteten Wirkungen absoluter Rechte auch als Bündel relativer Rechtsbeziehung darstellen lassen, ist es jedem absoluten Recht immanent, in konkreten Zweipersonenbeziehungen relative Wirkungen zu zeigen, wie hier gegenüber dem Betreiber. Umgekehrt macht es gerade die Natur eines relativen Rechtes aus, nicht gegenüber einer Vielzahl von Dritten wirken zu können, so dass der Kreis potentiell betroffener Personen zum einzigen Abgrenzungskriterium zwischen absoluten und relativen Rechten wird. Soweit mit diesem Ansatz zum Ausdruck kommen soll, dass die Wirkungen im Verhältnis zum Betreiber modifiziert und beispielsweise Ansprüche eingeschränkt oder ausgeschlossen sein können, ist das nur Ausdruck des Vorranges vertraglicher Beziehungen, welche ein absolutes Recht im Verhältnis zweier Vertragsparteien überformen können[109]. Vor diesem Hintergrund handelt es sich im Ergebnis um ein absolutes Recht.

H. Virtueller Besitz als technisch vermittelte „Sachherrschaft" über virtuelle Gegenstände

Die Herrschaft über virtuelle Gegenstände wird regelmäßig technisch vermittelt ausgeübt. Jedoch handelt es sich hierbei nicht um *Sach*herrschaft i.S.d. § 854 BGB, da sich Besitz genauso wie das Eigentum i.S.d. § 903 BGB auf körperliche Gegenstände i.S.d. § 90 BGB beschränkt.

Wo dieser Begriff im Zusammenhang mit virtuellen Gütern verwendet wird, diente er bislang nicht dazu, virtuellen Besitz als rechtliche Kategorie mit den aus ihm fließenden Abwehrbefugnissen anzuerkennen, sondern beschreibt eher untechnisch die tatsächliche Herrschaft über virtuelle Güter[110], ohne auf die rechtlichen Folgen einzugehen, die sich aus einer

[108] *Lober/Weber* MMR 2005, 653, 655; *Lober/Weber* CR 2006, 837, 843; dem folgend *Klickermann* MMR 2007, 766, 769.

[109] Die Situation hier ist nicht anders als die des Vermieters, der sein Abwehrrecht aus dem Sacheigentum gegen jedermann ausüben kann, im Verhältnis zum Mieter jedoch vertraglichen Beschränkungen unterliegt.

[110] Vgl. *Lober/Weber* MMR 2005, 653, 656, die für Übertragung virtueller Güter auf die tatsächliche Übergabe von virtuellem „Quasi-Besitz" gem. § 929 S. 1 BGB analog verweisen. Außerhalb des hier betrachteten Zusammenhanges will *Uhlenbruck* ZinsO 2008, 114 im Wertpapierrecht einen an spezifisch insolvenzrechtlichen Kriterien ausgerichteten „virtuellen Besitz" anerkennen, dazu Kap. 4 C.I.3.b.

Anerkennung als Besitz im Rechtssinne ergeben würden – wie beispielsweise den Besitzschutz. Besitzwehr (§ 859 I BGB) und Besitzkehr (§ 859 II BGB) mögen als gewaltsame Maßnahmen zum Erhalt bzw. der Wiedererlangung einer Sache im virtuellen Raum schwer denkbar sein[111].

Soweit man virtuellen Besitz als Rechtsfigur anerkennen will, der nicht an ein Speichermedium oder Speicherbereiche anknüpft, sondern originär an der tatsächlichen Zugriffs- und Herrschaftsmöglichkeit über virtuelle Güter als solche, handelt es sich – wie auch beim virtuellen Eigentum – um die Neuschöpfung einer Rechtsfigur. Da diese auch die Probleme des virtuellen Eigentums i.e.S. teilt[112] und beide meist zusammenfallen dürften, scheint es allerdings, dass der Unterschied rein terminologischer Natur ist und hier auch gleich auf ein virtuelles Eigentum zurückgegriffen werden kann.

I. Virtuelles Eigentum als Konstruktion relativer Forderungen

Schließlich ließen sich Herrschaftsrechte über virtuelle Güter auch als rein schuldvertragliche Rechtsposition begreifen[113], die von den jeweiligen Nutzungsbedingungen ausgeformt wird. Eine solche Sicht korrespondiert mit dem Ansatz, welchen Rechtsprechung und herrschende Lehre in Deutschland für die Rechtsnatur der Domain gewählt haben und sie rechtlich als die Gesamtheit der relativen, schuldrechtlichen Ansprüche sehen, welche ihrem Inhaber gegenüber der Vergabestelle aus dem der Domainregistrierung zu Grunde liegenden Vertragsverhältnis zustehen. Mit dieser

---

[111] Allerdings ist es denkbar, dass ein durch Anwendung technischer Mittel unter Umgehung der Umgebungsphysik ohne den Willen des Inhabers – gleichsam im Wege virtueller verbotener Eigenmacht – erlangter Gegenstand mit denselben Mitteln wieder zurückerlangt werden kann. Ein solches Vorgehen würde durch das Besitzschutzsystem auf ein rechtliches Fundament gestellt werden, das den Einsatz sonst unerlaubter technischer Mittel rechtfertigen könnte.

[112] Vgl. Kap. 4 C.III.2.

[113] So *Völzmann-Stickelbrock* FS Eisenhardt S. 327, 340 f. und *Burger* in: *Taeger/Wiebe* S. 65, 72, der zwar die Rechtsqualität virtueller Güter nicht explizit als Forderung einordnet, dies jedoch wohl implizit unterstellt, wenn er deren Übertragung durch Abtretung der gegen den Betreiber gerichteten Forderung auf Gewährleistung von Zugang und Benutzung gem. § 398 BGB konstruiert. So wohl auch *Krasemann* MMR 2006, 351, 353, der eine Wirkung als absolutes Recht ablehnt, sowie *Wemmer/Bodensieck* K&R 2004, 432, 436 für die Annahme eines bloßen Nutzungsrechts. Tendenziell ebenso *Koch* JurPC Web-Dok. 57/2006 Rn. 44 für solche virtuellen Güter, in denen sich nicht die Persönlichkeit des Nutzers niederschlägt: Die Gegenstände seien vollkommen abhängig von der relativen Vertragsbeziehung und stellten nur eine Leistung im Rahmen des Softwarenutzungsvertrags dar. Anders jedoch mit einem persönlichkeitsrechtlichen Ansatz für Avatare und erstellte Güter, vgl. oben Kap. 3 F.

Einschätzung beendete der BGH[114] den Streit um die Frage, ob der Domain absolute Rechtsnatur zukommt und schloss sich der wohl überwiegenden, ablehnenden Linie in den Instanzgerichten und im Schrifttum an[115]. Diese Entscheidung erteilte einem absoluten Recht sui generis eine Absage und verdeutlicht, dass sich Rechte an neuen, infolge technischer Entwicklung entstehenden Gütern auch anders formulieren lassen als durch neue absolute Schutzrechte. Dass der Domaininhaber von niemandem etwas Konkretes aus dem Registrierungsvertrag verlangen kann, steht einer vertraglichen Konstruktion nicht entgegen. Denn der Inhalt des Anspruches muss nicht auf eine konkrete Handlung gerichtet sein; sein Gegenstand ist vielmehr die Registrierung, danach die Aufrechterhaltung und ggf. die Änderung der Domain[116]. Auf virtuelle Gegenstände übertragen wäre deren Rechtsnatur derart in eine Forderung gegen den Betreiber eingekleidet, dass diese auf die Gewährung ihrer fortdauernden Existenz im jeweiligen technisch-vertraglichen Rahmen, auf die Nutzung durch ihren Inhaber, auf den Ausschluss unberechtigter Dritter, auf etwaige Änderungen sowie nach Wunsch des Nutzers auf ihre Löschung gerichtet ist.

J. Sonstige Rechte

Wenig Relevanz dürfte im Zusammenhang mit einzelnen virtuellen Gegenständen – anders etwa bei einer Funktionsstörung der ganzen virtuellen Welt[117] – dem Recht am eingerichteten und ausgeübten Gewerbebetrieb zukommen. Ursprünglich zur Abwehr gegen Betriebsboykotte als wirt-

---

[114] BGH GRUR 2005, 969 – *Domain-Pfändung*.

[115] So auch OLG Hamm MMR 2005, 381, 382; LG Mönchengladbach NJW-RR 2005, 439; *Welzel* MMR 2001, 131, 132; *Berger* RPfleger 2002, 181, 182 f.; *Hanloser* CR 2001, 456, 458; *Hartig* GRUR 2006, 299, 300; *Hoffmann* MMR 2005, 687; Musielak/*Becker*[6] § 857 Rn. 13a; Stein/Jonas/*Brehm* ZPO[22] § 857 Rn. 80; *Ingerl/Rohnke*[2] nach § 15 Rn. 37. A.A. und für die Anerkennung als absolutes Recht sui generis LG Essen GRUR 2000, 453; LG Düsseldorf CR 2001, 468; *Koos* MMR 2004, 359, 360 f.; *Paulus*[3] S. 284; *Plaß* WRP 2000, 1077, 1081; *Schmittmann* DGVZ 2001, 177, 179. Ansätze, die wie v. Schultz/*Gruber*[2] Anh. § 5 Rn. 7 f. auf einen Schutz als besondere Geschäftsbezeichnung i.S.d. §§ 5 II, 15 MarkenG abstellen, vermengen die Frage nach der Rechtsnatur der Domain *als solcher* mit den darüber hinaus an ihr bestehenden Kennzeichenrechten; vgl. unten Kap. 4 B. Vgl. für die insoweit ähnliche US-amerikanische Perspektive *Lastowka* 40 Ind. L. Rev. 23, 51 (2007): „A mixture of computer code and contract law that form the domain name“; für eine vertragliche Klassifizierung auch *Burshtein* 1(1) J.I.P.L.P. 59 (2005) m.w.N. zur Rechtsprechung in den USA und Kanada.

[116] BGH GRUR 2005, 969, 970 – *Domain-Pfändung*

[117] Das nehmen *Kraft/Meister* MMR 2003, 366, 374 allgemein für virtuelle „Sit-Ins“ an, die nicht nur vorübergehend darauf abzielen, übermäßige Serverlast zu erzeugen und diesen dadurch außer Betrieb zu setzen.

schaftliches Sonderdeliktsrecht vor Inkrafttreten des UWG entwickelt[118], ist es heute zum einen subsidiär gegenüber anderen Rechtsverletzungen, insbesondere denen des Eigentums am Server[119], und wurde auch bei elektronischen Einwirkungen vereinzelt herangezogen[120]. Zum anderen stellt es mit dem Erfordernis des unmittelbar betriebsbezogenen Eingriffes eine hohe Hürde. Erforderlich sind solche Eingriffe, die nicht vom Gewerbebetrieb ohne weiteres ablösbare Rechte oder Rechtsgüter betreffen und sich ihrer Stoßrichtung nach gegen den Betrieb als solchen richten[121]. Ob das die Funktion einer virtuellen Welt als ein bloßes Produkt eines Unternehmens – in Abgrenzung zum unternehmerischen Organismus in seiner wirtschaftlichen Funktion – erfasst, ist schon fraglich. Eine bloße Einwirkung auf Datenbestände wird diese Hürde jedoch kaum nehmen können[122], und erst recht nicht einzelne virtuelle Gegenstände. Zudem wird eine Störung der Funktion des Servers dann subsidiär sein, wenn dieser im Eigentum des Unternehmens steht. Dieser Problemkreis soll in der weiteren Darstellung nicht vertieft werden.

K. Gar keine Rechtsposition

Letztlich ist es auch denkbar, eine Rechtsposition an virtuellen Gegenständen zugunsten einer rein technisch-faktischen Herrschaft gänzlich abzuleh-

---

[118] Entwickelt zur Abwehr von Boykotten (RGZ 76, 35, 46) oder unberechtigten Schutzrechtsverwarnungen (RGZ 58, 24; RGZ 94, 248; RGZ 141, 336) wurde sein Anwendungsbereich bald erweitert auf jeden unmittelbar gegen den Bestand des Geschäftsbetriebes gerichteten Eingriff (RGZ 163, 21, 32; RG GRUR 1942, 54).

[119] Zur Subsidiarität allgemein BGH NJW 1971, 886, 887; zu virtuellen Demonstrationen vgl. *Kraft/Meister* MMR 2003, 366, 374; die Subsidiarität beim virtuellen Hausrecht vernachlässigend *Feldmann/Heidrich* CR 2006, 406, 409.

[120] Vgl. etwa LG Hamburg MMR 2006, 491 für öffentliche Aufforderungen zur Störung eines Servers durch massenhafte Zugriffe als „Online-Demonstration“; *Hoeren* NJW 2004, 3513, 3514 für Störungen durch unerwünschte Werbemails; *Koch* NJW 2004, 801, 803 für Computerviren; allgemein dazu *Faustmann* VuR 2006, 260, 262.

[121] BGH NJW-RR 2005, 673, 674; BGH NJW 1983, 2313, 2314; BGH NJW 1983, 2313, 2314. Es genügt nicht, dass der Betrieb durch Beeinträchtigung äußerer Umstände nur mittelbar behindert wird. Vielmehr müssen die Eingriffe nach ihrer objektiven Stoßrichtung gegen den betrieblichen Organismus oder die unternehmerische Entscheidungsfreiheit gehen, vgl. BGH NJW 1998, 2141, 2143.

[122] *Meier/Wehlau* NJW 1998, 1585, 1589; *Redeker* CR 2007, 265, 266; *Spindler* NJW 1999, 3737, 3738. Großzügiger *Feldmann/Heidrich* CR 2006, 406, 409, die Internetforen mit unmittelbarer wirtschaftlicher Relevanz für einen Betrieb in den Schutzbereich des Rechtes am eingerichteten und ausgeübten Gewerbebetrieb einbeziehen wollen, aber für unerwünschte Einträge die erhöhten Anforderungen an einen Eingriff nicht problematisieren.

nen[123]. Die Herrschaft über Ressourcen so der Macht des Faktischen zu überantworten und der Rechtsordnung zu entziehen, läuft hier jedoch nicht unbedingt auf einen anarchistischen gesellschaftlichen „Urzustand“ im Sinne *Hobbes*’ oder *Buchanan*s hinaus[124]. Ein entstehender „digitaler Urzustand“, bei dem eine rechtliche Regulierung durch technische Regulierung ersetzt wird, bildet vielmehr die Reinform dessen, was *Lessig* mit den Worten „Code is Law“ umschrieben hat, wenn private Akteure schlichtweg technische Äquivalente zur staatlichen Rechtsordnung schaffen[125]. Da der Umfang rein technischer Verfügungs„rechte“ aber regelmäßig durch einen Nutzungsvertrag überformt wird, ähnelt dieser Ansatz dem unter I. dargestellten.

---

[123] Vgl. *Grimmelmann* 47 N.Y. L. Sch. L. Rev. 147, 151 (2004), der darauf hinweist, dass die technisch vermittelten „Rechte“ eher faktischer Besitz als rechtliches Eigentum seien und die Aufgabe der Kontrolle mit der Aufgabe der Rechte zusammenfalle. Aus US-amerikanischer Sicht der ökonomischen Analyse des Rechts wird in diesem Zusammenhang darauf hingewiesen, dass Property Rights zur Ressourcenallokation nicht notwendigerweise durch die Rechtsordnung, sondern auch durch andere, z.B. technische, Mechanismen geschaffen werden müssen, vgl. *Lipton* 35 Loy. U. Chi. L. J. 235, 250 (2003).

[124] Dazu und zur Analyse virtueller Welten aus der Perspektive gesellschaftlicher Konsensualvertragstheorien Kap. 4 F.II.2.

[125] Die allgemeine Frage, welche Bedeutung dem Wechselspiel dieser konkurrierenden Regelungsmodelle zukommt, wird unter Kap. 4 II.4.d. vertieft werden.

Kapitel 4

Analyse und kritische Würdigung

Schon nach dieser ersten Darstellung des deutschen Rechts sind Parallelen zwischen US-amerikanischen und deutschen Ansätzen augenfällig. So wie das aus dem Sacheigentum abgeleitete virtuelle Hausrecht in der Cyberproperty Doctrine seine Entsprechung hat, lehnt sich die Diskussion um ein originäres virtuelles Eigentum an Virtual Property an. Auch wenn die Rechtsfiguren als solche freilich nicht übertragbar sind, so wird jedenfalls auf die – oben schon angedeuteten – ihnen zugrunde liegenden Erwägungen zurückzukommen und zu sehen sein, inwiefern sie sich auch für das deutsche Recht fruchtbar machen lassen. Demgemäß wird sich dieses Kapitel ausführlich mit den vorgenannten Ansätzen beschäftigen und dabei auf immaterialgüterrechtliche (A.,B.), sachenrechtliche (C.), vertragsrechtliche (D.), persönlichkeitsrechtliche (E.) sowie originäre Konstruktionen virtuellen Eigentums eingehen (F.).

A. Begrenzte Aussagekraft einer Qualifikation als „Immaterialgüter“

Einer allgemeinen Einordnung virtueller Gegenstände als „Immaterialgüter“[1], auch wenn sie nur als Ausgangspunkt weiterer Überlegungen dient, ist vor allem ihre Unschärfe entgegenzuhalten. Den natürlichen Wortsinn mag eine solche Einordnung insoweit treffen, als virtuelle Gegenstände – im Gegensatz zu den ihnen zugrunde liegenden Daten[2] –

[1] So terminologisch etwa *Lober/Weber* MMR 2005, 653, 655 (Immaterialgut, weil keine Sache); folgend *Krasemann* MMR 2006, 351, 352 sowie *Geis/Geis* CR 2007, 721. Anderenortes wird der Begriff als Ausgangspunkt für eine spätere Konkretisierung benutzt, vgl. *Trump/Wedemeyer* K&R 2006, 397, 399 und *Rippert/Weimer* ZUM 2007, 272, 275 („immaterialgüterrechtsähnlicher Schutz“, sodann konkretisiert zu einem wohl zuvorderst urheberrechtlichen Ansatz); *Koch* JurPC Web-Dok. 57/2006 Rn. 20 ff. sowie ihr folgend *Klickermann* MMR 2007, 766, 768 (sodann konkretisiert zu einem persönlichkeitsrechtlichen Ansatz). Die terminologische Unschärfe wird besonders deutlich, wenn *Lober/Weber* MMR 2005, 653, 655 auch den Account, eine klar vertragliche Rechtsposition, als Immaterialgut bezeichnen.

[2] Vgl. Kap. 3 D.I.3., II.1.

tatsächlich nicht verkörpert sind. Jedoch ist eine Klassifikation als Immaterialgut, welche auf die unkörperliche Natur gestützt wird[3], im juristischen Sinne des Begriffes unklar. Sie läuft Gefahr, ein exklusives, dualistisches Verhältnis von Sache und Immaterialgut in der Weise zu implizieren, dass jeder unkörperliche Gegenstand seiner Natur nach automatisch Immaterialgut sei. Versteht man den Begriff Immaterialgut jedoch nicht als eine solche weite Zustandsbeschreibung, sondern als ein unkörperliches, geistiges Gut, das auf eine Person zurückführbar ist und eine von diesem ablösbare Erscheinung angenommen hat[4], also taugliches Herrschaftsobjekt des Immaterialgüterrechts bzw. des geistigen Eigentums[5] ist, so kann davon keine Rede sein. Nur weil ein Wirtschaftsgut keine Sache ist, unterfällt es nicht automatisch dem Immaterialgüterrecht – wie sich etwa an Licht, Energie oder auch einer Forderung zeigt. Desweiteren mag eine solche Formulierung infolge dieser Unschärfe suggerieren, dass sich virtuelle Gegenstände *als solche* erschöpfend über Immaterialgüterrechte konstruieren ließen, was nicht der Fall ist (dazu sogleich B.). Davon abgesehen fehlt es dieser allgemeinen Bezeichnung auch an Aussagekraft, wenn man von einem immaterialgüterrechtlichen Schutzregime ausgehen wollen würde. Dementsprechend dient sie dort, wo sie verwendet wird, meist auch nur als Ausgangspunkt für eine spätere genauere Einordnung in den Kreis der bestehenden Immaterialgüterrechte[6]. Vor diesem Hintergrund erscheint es angebracht, diese Formulierung eher zu meiden, sofern sich daraus keine konkrete rechtliche Einordnung ableiten lässt.

---

[3] Vgl. *Burger* in: *Taeger/Wiebe* S. 65, 68; *Lober/Weber* MMR 2005, 653, 655; *Krasemann* MMR 2006, 351, 352; krit. *Psczolla* JurPC Web-Dok. 17/2009 Rn. 18, weil damit noch keine Aussage über die daraus fließenden Rechte getroffen sei.

[4] *Schack*[4] Rn. 19.

[5] Zur in erster Linie wohl terminologischen Auseinandersetzung um die Wahl des angemessenen Begriffes vgl. nur *Hilty* MMR 2003, 3, 9; *Rehbinder*[15] Rn. 97 einerseits gegen das „geistige Eigentum“ sowie *Götting* GRUR 2006, 353, 354; *Ohly* JZ 2003, 545; *Seifert* FS Piper S. 769; tendenziell auch *Schack*[4] Rn. 23 andererseits dafür. Die Eignung des Begriffes Eigentum, allein durch terminologische Schlagkraft seine Akzeptanz zu stärken (*Schack*[4] Rn. 23; *Seifert* FS Piper S. 769, 784), mag indes die Tatsache verschleiern, dass aus einer ökonomischen Sicht gerade die Existenz der Immaterialgüterrechte rechtfertigungsbedürftig ist und nicht ihre Beschränkungen, vgl. Kap. 4 B.II.2.a.

[6] So dann auch *Trump/Wedemeyer* K&R 2006, 397, 399 und *Rippert/Weimer* ZUM 2007, 272, 275 für einen urheberrechtlichen Ansatz; ähnlich mit persönlichkeitsrechtlichem Ansatz *Koch* JurPC Web-Dok. 57/2006 Rn. 20 ff. sowie ihr folgend *Klickermann* MMR 2007, 766, 768; schließlich *Lober/Weber* MMR 2005, 653, 655, die trotz der Verwendung des Begriffes Immaterialgut letztlich einen sachenrechtsähnlichen Ansatz verfolgen.

B. Der vernachlässigte Dualismus von Werk und Werkstück in einer rein urheberrechtlichen Qualifikation

Für die Beurteilung einer Konstruktion virtuellen Eigentums ist es zwingend erforderlich, sein Verhältnis zu den Immaterialgüterrechten in den Blick zu nehmen. Dass virtuelle Gegenstände urheberrechtlichen Schutz genießen, wenn sie die Schwelle einer persönlich geistigen Schöpfung i.S.d. § 2 UrhG erreichen, wurde bereits angedeutet. Auch andere Schutzrechte können hier einschlägig sein[7]. Dass aber virtuelle Gegenstände dem Urheberrecht unterfallen, ist von der Frage zu trennen, ob sich die rechtliche Existenz virtueller Güter in ihrer urheberrechtlichen Qualifikation erschöpft, ob sie also *nur* durch urheberrechtliche Nutzungsrechte zu konstruieren sind, oder ob an ihnen *auch* Urheberrechte bestehen können – und sich damit der Dualismus von Werk und Sacheigentum am körperlichem Werkstück auch im virtuellen Raum wiederfindet. Überwiegend gehen Autoren im US-amerikanischen Recht dementsprechend auch von einer Trennung beider Rechtspositionen aus[8]; diese lässt sich auch einigen deutschen Stellungnahmen recht eindeutig entnehmen[9]. Dieser Befund scheint indes nicht gänzlich klar zu sein, wenn etwa die Rechtsnatur virtueller Güter als urheberrechtliches Nutzungsrecht erfasst und dementsprechend auch ihr Handel nur unter diesem Aspekt analysiert wird[10].

---

[7] Vgl. etwa *Slavitt* 80 J. Pat. & Trademark Off. Soc'y 611, 618 (1998) für Marken- und Musterschutz an virtuellen Charakteren.

[8] Für eine Trennung von Virtual Property und Intellectual Property aus US-amerikanischer Perspektive *Fairfield* 85 B.U. L. Rev. 1047, 1078 (2005); *Horowitz* 20 Harv. J. L. & Tech. 443, 444 (2007); *Lessig* Code^2 S. 108; wohl auch *Chein* 80 St. John's L. Rev. 1059, 1062 (2006); *Cordall* 18(2) Comps. & Law 25, 26 (2007), die betont, dass beispielsweise in Second Life die Nutzer das geistige Eigentum an ihren Schöpfungen nach den Nutzungsbedingungen behalten, nicht aber Eigentümer der „Objekte" selbst seien; *Dooley/Karaoulou* 16(6) Comps. & Law 20, 23 (2006); *Dougherty* 9(7) E.C.L. & P. 6, 8 (2007); *Lim* 1(7) J.I.P.L.P. 481, 483 (2006); u.a. mit Blick auf die First Sales Doctrine in virtuellen Welten auch *Schwarz/Bullis* 10 Intell. Prop. L. Bull. 13, 24 (2005). Gegen die Verwendung des Begriffes Intellectual Property für unkörperliche Property Positionen auch *Moringiello* 35 Fla.St.U. L. Rev. 119, 147 (2007).

[9] *Lober/Weber* CR 2006, 837, 842: An virtuellen Gegenständen bestehe nicht immer geistiges Eigentum. Ähnlich *Koch* JurPC Web-Dok. 57/2006 Rn. 43 und *Koos* MMR 2004, 359, 361 (für die Domain), welche durch „virtuelle Materialisierung" entstandene „virtuelle Sachen" den klassischen Immaterialgüterrechten gegenüberstellen.

[10] *Trump/Wedemeyer* K&R 2006, 397, 400 ff.; ähnlich *Völzmann-Stickelbrock* FS Eisenhardt S. 327, 341, die ein Bedürfnis für virtuelles Eigentum mit Hinweis auf den bestehenden Urheberrechtsschutz verneint. Vgl. im US-amerikanischen Schrifttum auch *Marcus* 52 N.Y. L. Sch. L. Rev. 67, 80 (2007) speziell zum Entzug; *Miller* 22 Rev. Litig. 435 (2003); *Reuveni* 54 J. Copyright Soc'y U.S.A. 285, 314 (2007); *Stephens* 80 Tex. L. Rev. 1513 (2002), bei denen sich aber keine Gleichsetzung von Virtual Property und

Ein zuvorderst auf das Urheberrecht abstellender Ansatz erweckt vor allem wegen einer Vermengung der Rechtspositionen an virtuellen Gütern als solchen und der an ihnen bestehenden Immaterialgüterrechte Bedenken. Er vernachlässigt, dass die grundlegende gedankliche Trennung von Immaterialgüterrechten am Immaterialgut und Sacheigentum an seinem körperlichen Substrat, in dem es zum Ausdruck kommt (I.), nicht einfach dadurch aufgehoben werden kann, dass das Substrat selbst unkörperlicher Natur ist. Diese Trennung beruht nicht nur auf einer Unterscheidung zwischen körperlichen und unkörperlichen Herrschaftsobjekten (II.1.), sondern hat ihren Grund in den unterschiedlichen Funktionen und der sich daraus ergebenden unterschiedlichen Reichweite dieser beiden Regelungsregime (II.2.) – ein Grundgedanke, den es auch in den virtuellen Raum zu übertragen gilt (III.).

I. Die Trennung von Immaterialgut und körperlichem Substrat

Weithin unumstritten ist die Erkenntnis, dass das Recht am Immaterialgut dogmatisch vom Sacheigentum an dessen Verkörperung streng zu trennen ist[11]. Beide Regelungsregime haben verschiedene Herrschaftsobjekte im Blick.

Das Sacheigentum knüpft an körperliche Gegenstände an, die als solche schon kraft ihrer Natur existieren. Sie sind tatsächlich vorhanden, wahrnehmbar, abgegrenzt und als solche handelbar, ohne dass es dazu irgendeiner Rechtsordnung bedürfte. Der darauf aufsetzende Schutz des Sacheigentums ist lediglich eine die Sache als solche umgebende rechtlich „mitzubedenkende Hülle"[12], welche die Sache mit einem Bündel rechtlicher Abwehrbefugnisse umgibt, so die wirtschaftliche Nutzung ihrem Inhaber zuweist und dabei zugleich das Maß der möglichen exklusiven Nutzungsbefugnisse steuert. Letzten Endes fungieren die von allen zu beachtenden und rechtlich durchgesetzten Abwehrbefugnisse des Sacheigentums als Ersatz für den immensen und ineffizienten Aufwand, jeweils individuelle Ressourcen zur tatsächlichen Verteidigung der Sache bereit zu

---

Intellectual Property findet, welche die Probleme jedoch auch nur unter letztgenanntem Blickwinkel analysieren.

[11] Vgl. nur RGZ 79, 397, 401 – *Felseneiland mit Sirenen*; BGH GRUR 1971, 481, 483 – *Filmverleih*; BGH GRUR 1990, 390, 391 – *Friesenhaus*; BGH GRUR 1991, 523, 525 – *Grabungmaterialien*; BGH GRUR 1995, 673, 675 – *Mauer-Bilder*; BGH NJW 2007, 2394, 2395 – *ASP Vertrag*; Dreier/Schulze/*Schulze*[3] § 44 Rn. 1; *Beurskens* in: *Domej/Dörr/Hoffmann-Nowotny/Vasella/Zelger* S. 443, 449; *Bydlinski* AcP 198 (1998), 287, 297; *Peukert* FS Schricker S. 149, 151; *Schack*[4] Rn. 33; Schricker/*Vogel*[3] § 44 Rn. 1.

[12] *Paulus* FS Mayer-Maly S. 563, 569.

stellen[13]. All das knüpft indes an die naturgegebene und vorgelagerte Existenz der Sache als Herrschaftsgegenstand an.

Für Immaterialgüter gilt das nicht in gleicher Weise. Zwar mögen die tatsächlichen Ergebnisse schöpferischer Leistungen menschlichen Sinnen zugänglich sein, wenn sie sich in einem Medium niederschlagen, so dass man insofern von einem existenten geistigen Gut als unkörperlichem Gegenstand sprechen kann, an dem Rechte bestehen[14]. Mit Blick auf eine eigenständige und vor allem konkret abgrenzbare Existenz kommen indes schon Zweifel an der hinreichenden Vergleichbarkeit von Immaterialgut und Sache auf, weil ihre faktische Existenz und insbesondere ihre – räumlich nicht mögliche und daher zwingend inhaltlich-schutzgegenständliche – Abgrenzung viel enger mit ihrer rechtlichen Ausformung verzahnt ist als Sache und Sacheigentum. Ihre klar erfassbare Existenz erlangen sie erst durch die normierten Schutzvoraussetzungen und ihre Schutzreichweite[15]; ein klarer natürlicher „Kern" fehlt ihnen gerade. Als sinnvolles Rechtsobjekt erschöpfen sie sich damit in ihrer „Hülle", die sie als Rechtsgut aus sich selbst heraus definiert[16].

II. Die Trennung von Immaterialgut und unkörperlichem Substrat

Die eben dargestellte fundamentale Unterscheidung mag das Begriffspaar körperlich-unkörperlich insoweit berühren, als Immaterialgüter niemals körperlich sein können. Umgekehrt ist aber nicht alles Unkörperliche zugleich ein Immaterialgut[17]. Die im körperlichen Bereich unmittelbar eingängige strenge Trennung von Werk und Werkstück im Urheberrecht[18]

---

[13] Zur Effizienz des Eigentums als gesellschaftlichem „Abrüstungsvertrag", der neue Ressourcen zur wirtschaftlichen Nutzung freisetzt, vgl. *Buchanan* S. 84.

[14] Vgl. *Larenz/Wolf* BGB AT[9] § 20 Rn. 4-6; *Schack*[4] Rn. 20.

[15] Das ist zum einen wegen ihrer im Vergleich zum Sacheigentum erheblich größeren, nicht auf eine konkrete Sache beschränkten Reichweite unabdingbar. Aber auch ihre spezifische Funktion, den Produktionswettbewerb durch (meist) temporäre Monopole zugunsten des Innovationswettbewerbs zu beschränken (vgl. Kap. 4 B.II.2.a), gebietet es, zu diesem Zweck die Anwendungsvoraussetzungen und vor allem die Grenzen eines solchen Rechtes derart zu bestimmen, dass eine angemessene Balance zwischen der Beschränkung allokativer Effizienz und der Förderung dynamischer Effizienz erzielt wird.

[16] Ähnlich *Ohly* JZ 2003, 545, 547; *Troller*[3] Bd. 1 S. 49 f., der in diesem Zusammenhang von Lebensgütern spricht, die erst durch ihre rechtliche Ausgestaltung zu Rechtsobjekten werden. Im US-amerikanischen Schrifttum findet sich dieser Unterschied etwa bei *Madison* 56 Case Western Res. L. Rev. 381, 386 (2005), der zwischen „things as found by law" und „things as constituted by law" differenziert.

[17] Siehe oben Kap. 4 B.I.

[18] Vgl. nur RGZ 79, 397, 401 – *Felseneiland mit Sirenen*; BGH GRUR 1971, 481, 483 – *Filmverleih*; BGH GRUR 1990, 390, 391 – *Friesenhaus*; BGH GRUR 1991, 523, 525 – *Grabungmaterialien*; BGH GRUR 1995, 673, 675 – *Mauer-Bilder*; BGH NJW 2007,

kann ohne weiteres auch in einen unkörperlichen Bereich übertragen werden, wie sogleich einige Beispiele für unkörperliche Substrate für Immaterialgüter zeigen werden. Die entscheidende Trennlinie ist vielmehr entlang des Schutzzweckes beider Regelungsregime zu ziehen, wie ihn die Unterschiede der zugrunde liegenden Herrschaftsgegenstände im Hinblick auf ihre Nutzung erfordern.

1. Unterschiedliche Herrschaftsobjekte

Zunächst findet man in der Kategorie unkörperlicher Güter, die keine Immaterialgüter im obigen Sinne sind, Daten als solche. Wie oben bereits dargestellt, fallen sie nach fast allgemeiner Auffassung aus dem Sachbegriff des § 90 BGB heraus[19]. Bei genauem Blick scheint die Anerkennung von Daten als Speicherzustände in magnetisierten oder elektrischen Speicherzellen – im Extremfall in Form einzelner Ladungsträger – als körperlich deswegen zu scheitern, weil diese Zustände schlichtweg *zu klein* für die Wahrnehmung als Sache sind. Aber auch wenn ihre Wahrnehmbarmachung technische Maßnahmen erfordert, *existieren* sie im natürlichen Sinne und unterscheiden sich von Immaterialgütern. Es bedarf keiner Rechtsordnung, um sie zu erschaffen. Und dass sie von den an ihnen bestehenden Immaterialgüterrechten zu unterscheiden sind, zeigt deutlich das Beispiel einer Datei, die in elektronischer Form einen gemeinfreien Text „verkörpert".

Ähnlich lässt sich diese Unterscheidung auf schuldrechtlicher Ebene beim Download von Software nachzeichnen. Der Kauf von Software, die auf einem Datenträger verkörpert ist, wird zumeist als Sachkauf in Bezug auf den Datenträger und Rechtskauf bzw. Lizenzvertrag im Hinblick auf die Nutzungsrechte an der regelmäßig urheberrechtlich geschützten Software selbst gesehen[20]. Soll die Software nun durch Download erlangt werden, so ist die immaterialgüterrechtliche Komponente der Einräumung von Nutzungsrechten zwar wiederum notwendig, für sich genommen aber nicht hinreichend. Das zeigt sich deutlich, wenn etwa der Download fehlschlägt, die elektronischen Daten dem Nutzer nicht (oder nicht vollständig) übermittelt werden und es mithin am elektronischen Pendant zur Übergabe der Kaufsache scheitert. Nicht anders als im Fall eines körperlichen Datenträgers hat auch hier der Vertrag über den Erwerb der Soft-

---

2394, 2395 – *ASP Vertrag*; Dreier/Schulze/*Schulze*[3] § 44 Rn. 1; *Beurskens* in: *Domej/Dörr/Hoffmann-Nowotny/Vasella/Zelger* S. 443, 449; *Bydlinski* AcP 198 (1998), 287, 297; *Peukert* FS Schricker S. 149, 151; *Schack*[4] Rn. 33; Schricker/*Vogel*[3] § 44 Rn. 1.

[19] Vgl. Kap. 3 D.I.

[20] Vgl. Kap. 3 D.II.1.

ware eine Doppelnatur und ist allein durch die Einräumung von Nutzungsrechten schwerlich als erfüllt anzusehen[21].

Eine vergleichbare Situation besteht auch bei der Domain, die als technisch geschaffene Adressierung im Internet unkörperlich und wiederum tatsächlich vorhanden ist, und deren Bezeichnung wiederum – unter der Voraussetzung hinreichender Unterscheidungskraft – als Substrat für Immaterialgüterrechte wie Markenrechte (§§ 3, 14 MarkenG) oder Rechte an Unternehmensbezeichnungen (§§ 5, 15 MarkenG) dienen kann[22]. Aber auch wenn an ihr keine Kennzeichenrechte bestehen, etwa weil es sich um einen Gattungsbegriff handelt, so kann ihr dennoch die *Existenz* (auch als werthaltiger Vermögensgegenstand) nicht abgesprochen werden. Diese letztere ist es, welche das Recht als relative Forderung zwischen Domaininhaber und Registrar erfasst[23].

2. *Unterschiedliche Zielsetzung der Regelungsregime*

Der Anwendungsbereich immaterialgüterrechtlicher Regelungsregime ist entscheidend durch ihre Zielsetzung bestimmt. Diese unterscheidet sich von der des Sacheigentums wegen der unterschiedlichen Natur von Sachen und Immaterialgütern.

a. Rivalisierende und nichtrivalisierende Nutzungen als fundamentaler Unterschied

Sachen sind wegen ihrer Körperlichkeit nur einer rivalisierenden Nutzung zugänglich. Jeder Gebrauch durch einen anderen hat unmittelbar negative Auswirkungen auf die – zumindest potentielle – Nutzbarkeit der Sache selbst[24]. Die Gefahr besteht hier vor allem in Form der als „Tragedy of the

---

[21] Insofern ist zweifelhaft, ob man hier einfach nur das Vorliegen eines Sachkaufes ablehnen (vgl. *Rippert/Weimer* ZUM 2007, 272, 273, 278; *Hilty* MMR 2003, 3, 7) und einen solchen Vertrag schlicht auf die immaterialgüterrechtliche Komponente der Lizenzeinräumung reduzieren kann. Auch wenn das ganze Geschäft nur als Rechtskauf oder Lizenzvertrag gewertet wird, muss die Frage aufgeworfen werden, was genau es ist, das der Käufer *außer* den urheberrechtlichen Nutzungsrechten erwirbt und worauf sich der Erfüllungsanspruch bezieht, der auf die Lieferung von Daten gerichtet ist. Wie hier auch *Beurskens* in: *Domej/Dörr/Hoffmann-Nowotny/Vasella/Zelger* S. 443, 450 f.

[22] Vgl. etwa *Koos* MMR 2004, 359, 361; v. Schultz/*Gruber*[2] Anh. § 5 Rn. 7 ff.

[23] Vgl. oben Kap. 3 I. Diese Trennung verwischt etwas bei v. Schultz/*Gruber*[2] Anh. § 5 Rn. 13, wonach die Domain als solche über die besondere Geschäftsbezeichnung i.S.d. §§ 5 II, 15 MarkenG erfasst werden soll. Folgte man dem, hätte eine nicht unterscheidungskräftige Domain keine rechtliche Existenz.

[24] Das gilt unabhängig von der Größe der Sache. Wenn eine große Ressource wie z.B. ein Stück Land in Frage steht, ist der einzige Unterschied die Zahl derjenigen, die sie noch ohne spürbare Beeinträchtigungen nutzen können. Aber auch hier gelangt man mit steigender Zahl irgendwann zu dem Punkt, an dem andere Nutzer beeinträchtigt oder

Commons"[25] bekannten ineffizienten Übernutzung oder Zerstörung einer für alle frei verfügbaren Ressource, wenn niemand zu deren Erhalt beiträgt und die sozialen Kosten der Nutzung nicht internalisiert werden. Auf dieses Problem reagiert das Sacheigentum mit einer exklusiven Zuweisung der Nutzung eines Gegenstandes und zugleich einem Mechanismus zur Abwehr rivalisierender Nutzungen Dritter, um den Inhaber vor der Beeinträchtigung aller aktuellen und potentiellen Nutzungsmöglichkeiten zu schützen und die effiziente – und letztlich dem Gemeinwohl dienende – Nutzung der Sache durch ihren Inhaber zu gewährleisten[26]. Nun besteht die „Tragik" eines öffentlichen Gutes nicht allein in seiner gegenwärtigen Übernutzung, sondern diese führt zugleich auch zu fehlerhaften Anreizstrukturen für zukünftige Investitionen in ihren Erhalt oder ihre Fortentwicklung. Auch hier gewährleistet die Ausschlussbefugnis eine effiziente eigene Ressourcennutzung, deren Erträge hinreichend Anreize für *zukünftige* Investitionen setzen. Diese beiden Aspekte lassen sich beim Sacheigentum nicht trennen.

Den Schutz von Immaterialgütern hingegen trägt dieser Gedanke nicht. Diese sind ein frei verfügbares, nichtrivalisierendes und ohne Beeinträchtigung der *aktuellen* Nutzung durch andere ebenso nutzbares Gut. Insofern kann es bei Immaterialgütern – anders als bei Sachen – auch nicht zu einer Übernutzung kommen[27]. Grund ihres Schutzes und der künstlichen Verknappung sind nicht die Nachteile rivalisierender Nutzungen, sondern – bei dynamischer Sicht auf die langfristigen Folgen für die Gemeingüter – allein der bekannte Gedanke, dem Kreativen die Früchte seiner Arbeit zu gönnen und so im Allgemeininteresse Anreize zu künftiger geistiger, künstlerischer oder erfinderischer Tätigkeit zu schaffen[28]. Im direkten

---

physisch ausgeschlossen werden, vgl. nur *Balganesh* 12 Mich. Telecomm. & Tech. L. Rev. 265, 314 f. (2006).

[25] Vgl. *Hardin* 162 Science 1243 (1968); *Ladeur* in: *Eifert/Hoffmann-Riem* S. 339, 357; *Ladeur* in: *Ladeur* S. 101, 118; *Lehmann* GRUR Int. 1983, 356, 358; *Lessig* Code[2] S. 181; *Posner*[4] S. 33; *Richter/Furubotn*[3] S. 119 ff.; *Schäfer/Ott*[4] S. 554 sowie oben Kap. 2 D.3.d.bb.

[26] Vgl. *Ladeur* in: *Eifert/Hoffmann-Riem* S. 339, 357; *Ladeur* in: *Ladeur* S. 101, 118; *Lehmann* GRUR Int. 1983, 356, 358; *Lessig* Code[2] S. 181; *Schäfer/Ott*[4] S. 556.

[27] Zu dieser fundamentalen Unterscheidung vgl. *Fairfield* 85 B.U. L. Rev. 1047, 1053, 1064 (2005); *Lemley* 83 Tex. L. Rev. 1031, 1050 (2005); *Lemley* 91 Cal. L. Rev. 521, 536 (2003); *Richter/Furubotn*[3] S. 98; *Schwarz/Bullis* 10 Intell. Prop. L. Bull. 13, 22 ff. (2005).

[28] *Balganesh* 12 Mich. Telecomm. & Tech. L. Rev. 265, 314 f. (2006); *Ganea* FS Dietz S. 43, 46; *Gibson* 80 Notre Dame L. Rev. 163, 175 (2004); *Hardy* [1996] U. Chi. Legal F. 217, 254; *Lehmann* GRUR Int. 1983, 356, 360 f.; *Lemley* 83 Tex. L. Rev. 1031, 1053 (2005); *Lessig* 113 Harv. L. Rev. 501, 526 (1999); *Lessig* Code[2] S. 181; *Merges* 94 Colum. L. Rev. 2655, 2661; *Ohly* JZ 2003, 545, 548; *Schäfer/Ott*[4] S. 617; vgl. insb. für das Urheberrecht InfoGesRL 2001/29/EG Erw.Grd. 10. Aus Sicht einer gesellschaft-

Vergleich sichert das Sacheigentum somit primär die effiziente Nutzung und setzt sekundär Anreize zum weiteren Schaffen; für Immaterialgüterrechte hingegen ist der letztgenannte Zweck ihr primärer Zweck. Dieses Allgemeininteresse an Innovationsförderung, das Immaterialgüterrechten ihre Daseinsberechtigung verleiht, muss dabei stets gegen das Interesse des Verkehrs an ungehinderter wirtschaftlicher Entfaltung als anderen Aspekt des Allgemeininteresses abgewogen werden – was aus ökonomischer Sicht eine übermäßige Reichweite der Immaterialgüterrechte schlichtweg verbietet[29]. Würde der Gedanke angemessener Anreize allein zu Innovationszwecken ausgeblendet werden, so wäre die Existenz von Immaterialgüterrechten sogar in höchstem Maße ineffizient, weil die beste Allokation für ubiquitär verfügbare und von jedem in nichtrivalisierender Weise nutzbare Ressourcen der freie Zugang zu ihnen ist. Ohne Knappheit wäre gar der Markt selbst als kostenverursachender Allokationsmechanismus schlicht überflüssig[30].

Der Wertverlust auf dem Markt allein, der für den individuellen Rechteinhaber dann eintritt, wenn ein Immaterialgut nicht verknappt ist und

---

lichen Konsensualvertragstheorie als Unterbau dieser utilitaristischen, auf Allgemeinwohlerwägungen fußenden Rechtfertigung lässt sich die Legitimation der Schutzrechte aus einer (hypothetischen) Vereinbarung zwischen der Allgemeinheit (mit dem Staat als ihrem Repräsentanten) und dem Rechtsinhaber ableiten, seinen Leistungen vorübergehenden Schutz zu gewähren. Zu dieser Bargain-Theory vgl. *Madison* 56 Case Western Res. L. Rev. 381, 438 (2005); *Bently/Sherman*[2] S. 351. Übermäßige und nicht hypothetisch konsensfähige Beschränkungen für die Allgemeinheit nähren Zweifel an deren Legitimation, weil schlichtweg Leistung und Gegenleistung aus dem Gleichgewicht geraten.

[29] Vgl. zu den Bedenken gegenüber der allgemeinen Tendenz eines ausufernden Immaterialgüterrechtsschutzes eingehend *Lemley* 83 Tex. L. Rev. 1031, 1058 ff. (2005), der insbesondere die Tendenz zu übermäßigen Beschränkungen des Normalzustandes eines freien Wettbewerbs über das für Innovation notwendige Maß hinaus aufzeigt, die Beeinträchtigungen der Innovation anderer kreativ Schaffender befürchtet sowie volkswirtschaftlich fehlgeleitete Überinvestitionen in die Schutzgüter geistigen Eigentums sowie die Verschwendung von Ressourcen durch stetig zunehmende Rechtsermittlungskosten zur Vermeidung einer Rechtsverletzung ex ante sowie Rechtsdurchsetzungskosten ex post befürchtet. Eine absolute Exklusivität und die damit verbundene vollständige Internalisierung positiver externer Effekte derart, dass jeglicher Nutzen Dritter dem Rechteinhaber zugewiesen und „Free Riding" per se ausgeschlossen ist, finde sich nicht einmal beim Sacheigentum. Dagegen *Duffy* 83 Tex. L. Rev. 1077, 1085 (2005), der eine solche absolute und exklusive Zuweisung jeglichen Nutzens befürwortet und allein wegen der zu hohen Transaktionskosten der Rechtsdurchsetzung bei geringfügigen Beeinträchtigungen für nicht realisierbar hält.

[30] *Lehmann* GRUR Int. 1983, 356, 361; *Schäfer/Ott*[4] S. 617.

beliebig vermehrt werden kann[31], kann für sich allein kein Argument für einen rechtlichen Schutz sein. Die Aufgabe des Marktwertes ist es lediglich, der unsichtbaren Hand des Marktes[32] den Ort der besten Verwendung eines Gutes zu zeigen, um die jeweiligen Güter im Zustand der Knappheit zu ihrer gesellschaftlich effizientesten und so dem Gemeinwohl dienenden Nutzung an eben diesen allozieren zu können[33]. Ohne Knappheit jedoch ist der Marktmechanismus als solcher überflüssig. Den Marktwert allein als schützenswerten Selbstzweck zu betrachten, erschiene vor diesem Hintergrund und unter der Prämisse des sozialen Nutzens einer Eigentumsordnung höchst fragwürdig. Aus dieser Perspektive ist die rechtspolitische Rechtfertigungslast für die Abweichung vom wettbewerblich freien Urzustand eigentlich der Begründung der Immaterialgüterrechte aufgebürdet, nicht ihrem Fehlen. Freilich zeigt die Maxime der engen Auslegung urheberrechtlicher Schrankenbestimmungen[34], dass sich diese Last nach einer positivrechtlichen Entscheidung für ihre Anerkennung durchaus umkehren kann.

Gleichwohl scheinen Rechteinhaber den generellen Gedanken einer stets zu hinterfragenden ökonomischen Legitimation der Immaterialgüterrechte, der auch in der Sozialbindung als Grenze und Rechtfertigung des materiellen und immateriellen Eigentums zum Ausdruck kommt[35], schnell aus den Augen zu verlieren, wenn sie unter dem Deckmantel einer vorgeblichen (und empirisch selten erwiesenen[36]) ökonomischen Notwendigkeit fortwährend auf eine Verknappung durch Senkung von Schutzanforderungen oder Verlängerung von Schutzfristen hinwirken. Rechtfertigung und Reichweite immaterialgüterrechtlichen Schutzes sind *hinreichende* Anreize zum weiteren Schaffen, aber keine absolute Zuweisung[37]. Selbst wenn man zur Begründung der Existenz von Immaterialgüterrechten insbesondere im Urheberrecht eine naturrechtliche Komponente betont

---

[31] Vgl. zur Unterscheidung zwischen einem Schutz gegen eine Wertminderung durch parallele Nutzung und Beeinträchtigung der Ressourcen selbst auch *Lipton* 35 Loy. U. Chi. L. J. 235, 255 (2003).

[32] Dazu *A. Smith* passim.

[33] Zur Bedeutung des Gemeinwohls als letztliches Ziel des Ressourcen allozierenden Marktes vgl. *Homann* in: *Lütge* S. 23, 27; *Lessig* Code[2] S. 181; *Richter/Furubotn*[3] S. 93; *Engel* in: *von Danwitz/Depenheuer/Engel* S. 9, 33 ff.; *Schäfer/Ott*[4] S. 563 f.

[34] St. Rspr., vgl. BGH GRUR 2002, 963, 966 – *Elektronischer Pressespiegel*; BGH GRUR 1994, 800, 802 – *Museumskatalog*; Fromm/Nordemann/*W. Nordemann*[10] vor §§ 44a ff. Rn. 3; *Schack*[4] Rn. 86; differenzierender gegenüber einer generell engen Auslegung Dreier/Schulze/*Dreier*[3] vor §§ 44a ff. Rn. 7; *Geiger* GRUR Int. 2008, 459; *Hoeren* MMR 2000, 1, 4; Schricker/*Melichar*[3] vor §§ 44a ff. Rn. 15a f.

[35] „Richtschnur der inhaltlichen Ausgestaltung ist andererseits das Wohl der Allgemeinheit (Art. 14 Abs. 2 GG). Unbedingten Vorrang vor den Interessen der Gemeinschaft kann das Individualinteresse des Urhebers nicht beanspruchen." (BVerfGE 79, 29, 44).

[36] Vgl. etwa *Hilty/Kur/Klass/Geiger/Peukert/Drexl/Katzenberger* GRUR Int. 2008, 907 zur Kritik am jüngsten Vorstoß der Kommission, die Schutzdauer für ausübende Künstler und die Hersteller von Tonträgern auf 95 Jahre auszudehnen.

[37] *Lemley* 83 Tex. L. Rev. 1031, 1057 (2005); *Lessig* Code[2] S. 183.

und den Blick zuvorderst auf die Beziehung des Schöpfers zu *seinem* Werk richtet[38], statt wie hier den Kern der Existenzberechtigung eher in ihrer gesamtwirtschaftlich steuernden, instrumentellen Natur zu sehen[39], muss die Reichweite dieser – mit dem Begriff „Geistiges Eigentum" dann auch sehr naturrechtlich aufgeladenen[40] – Beziehung schon wegen der gegenläufigen Interessen der Allgemeinheit und seiner Sozialbindung überprüft werden.

b. Unterschiedliche Schutzrichtungen

Aus dieser unterschiedlichen Natur der Herrschaftsgegenstände heraus verfolgen Sacheigentum und Immaterialgüterrechte für die Gewährleistung einer effizienten Ressourcennutzung somit auch zwei unterschiedliche Schutzrichtungen:

Das Sacheigentum dient nur der Abwehr rivalisierender Nutzungen. Grundsätzlich abwehrfähig sind rivalisierende Nutzungen, welche in irgendeiner Weise die Nutzung der Sache selbst beeinträchtigen – was schon wegen der Natur der Sache als körperlicher Gegenstand eine Vielzahl von Handlungen erfasst, die alle bekanntlich im Rahmen des § 823 I BGB als Nutzungsbeeinträchtigung, Zerstörung und Verfügung klassifiziert werden. Nichtrivalisierende wirtschaftliche Nutzungen sind hingegen von der Abwehrbefugnis des Sacheigentümers grundsätzlich nicht erfasst, da hierbei nicht mehr die eigentliche Sache als Schutzgut betroffen ist[41]. Anderenfalls liefe man Gefahr, das Sachenrecht „bis zur Unkenntlichkeit [zu] überdehnen"[42].

---

[38] So sehr deutlich *Schack*[4] Rn. 5.

[39] *Bechtold* GRUR Int. 2008, 484.

[40] *Ohly* JZ 2003, 545, 548.

[41] Vergleiche zur trennscharfen Abgrenzung dieser Schutzregime BGH GRUR 1990, 390, 391 – *Friesenhaus*, der eine Eigentumsverletzung bei der Vermarktung eines Fotos der Sache, das ohne eine Eigentumsverletzung der Sache selbst durch Betreten o.ä. aufgenommenen wurde, deswegen ablehnt, weil sie keinerlei Auswirkungen auf die Nutzung der Sache selbst hat: „Eine andere Auffassung würde auf die Anerkennung eines Ausschließlichkeitsrechts an dem in der Sache verkörperten immateriellen Gut hinauslaufen und damit den grundsätzlichen Unterschied zwischen dem Eigentum an einer körperlichen Sache und dem Urheberrecht als Immaterialgüterrecht verkennen." Anders liegt es, wenn sich das Verbot einer wirtschaftlichen Verwertung von Fotos immerhin noch an die Einwirkung auf das Sacheigentum knüpfen lässt, vgl. BGH GRUR 1975, 500 – *Schloss Tegel* für den Fall des Betretens eines Grundstückes zu diesem Zweck. Problematisch bei der Unterscheidung zwischen rivalisierenden und nicht rivalisierenden Nutzungen erscheint ein Fall aus den USA: In *Sherwood 48 Associates v. Sony Corp. of America* 213 F. Supp. 2d 376 (U.S. District Court, Southern District of New York, 2002) waren für einen Film die Gebäude New Yorks elektronisch durch Laser vermessen und dann zu Computermodellen verarbeitet worden, die im Film eingesetzt wurden, jedoch nicht die realen Werbeplakate zeigten. Die Klage hiergegen wurde u.a. auf Trespass gestützt, weil sich durch eine unkörperliche Einwirkung der Wert der Gebäude (als potentielle, im Film auch virtuelle Werbefläche) vermindert habe. Diese Frage wurde

Umgekehrt kann auf ein Immaterialgüterrecht grundsätzlich nicht zur Abwehr rivalisierender Nutzungen zurückgegriffen werden. Das folgt schon aus der Tatsache, dass das zugrunde liegende Immaterialgut immaterieller Natur und eine rivalisierende Nutzung höchst selten denkbar ist. Und da das Werkstück als Substrat nicht Schutzgegenstand des Immaterialgüterrechts ist, kann weder dessen Vernichtung noch dessen körperliche Beeinträchtigung verhindert werden[43].

Die Erkenntnis, dass ein gewichtiger funktionaler Anhaltspunkt für die gedankliche Einordnung in die Kategorien Immaterialgüterrecht und Sachenrecht weniger die Frage nach Körperlichkeit oder Unkörperlichkeit sein sollte, als vielmehr die Unterscheidung zwischen rivalisierender und nichtrivalisierender Nutzung, wird dadurch erschwert, dass sich auch beide Regelungsregime dieser Unterscheidung gleichsam „von hinten" über das Rechtsobjekt nähern. Während Herrschaftsgegenstände des Immaterialgüterrechts ihrer Natur nach nichtrivalisierend nutzbar sind, erfasst das Sachenrecht nur körperliche und damit zwangsläufig nur rivalisierend nutzbare Sachen i.S.d. § 90 BGB.

c. Das Verhältnis von Körperlichkeit und Rivalität

Es sei an dieser Stelle betont, dass diese unterschiedliche Natur der Herrschaftsgegenstände nicht zwangsläufig mit der Unterscheidung körperlich - unkörperlich deckungsgleich ist.

aa. Rivalisierende Nutzung „natürlicher" unkörperlicher Güter

Auch wenn bei körperlichen Gegenständen meist nur eine rivalisierende Nutzung möglich ist, kann nicht ohne weiteres der Umkehrschluss gezogen werden, dass jedes unkörperliche Gut auch generell nichtrivalisierend genutzt werden kann. Das gilt insbesondere für solche unkörperlichen Güter (im Sinne natürlich vorhandener und nicht rechtlich „geschaffener" Güter), die *allein* mangels ihrer fehlenden Körperlichkeit aus dem Sach-

---

nächstinstanzlich wegen anderer Ansprüche offen gelassen in *Sherwood 48 Associates v. Sony Corp. of America* 76 Fed. Appx. 389, 392 (U.S. Court of Appeals Second Circuit, 2003).

[42] So die berechtigte Kritik von *Peukert* FS Schricker S. 149, 154 an den vereinzelten Versuchen, immaterialgüterrechtliche Nutzungsbefugnisse wie Kopien sachenrechtlich (etwa über eine Kopie als Sachfrucht und daran gem. § 953 BGB entstehendes Eigentum) erfassen zu wollen.

[43] Vgl. zur Vernichtungsbefugnis des Sacheigentümers RGZ 79, 397, 401 – *Felseneiland mit Sirenen*; KG GRUR 1981, 742, 743 – *Totenmaske*; LG München FuR 1982, 513, 514 – *Hajek/ADAC I*; LG München I NJW 1983, 1205 – *Hajek/ADAC II*; *Rehbinder*[15] Rn. 410; Wandtke/Bullinger/*Bullinger*[3] § 14 Rn. 22; mehr unter Kap. 6 B.III. Ausführlich aus rechtsvergleichender US-amerikanischer und europäischer Perspektive für Software und Datenbanken *Lipton* 35 Loy. U. Chi. L. J. 235, 257, 263 (2003), die einen Schutz gegen Beschädigung und Zerstörung rechtspolitisch für notwendig hält (a.a.O 273).

begriff fallen, wie etwa eine Domain, Daten oder virtuelle Gegenstände[44] – wie sogleich genauer gezeigt werden wird.

bb. Rivalisierende Nutzung „rechtlicher" Immaterialgüter

Aber auch zu dem Grundsatz, dass Immaterialgüter (im Sinne rechtlich geschaffener Güter) nur in nichtrivalisierender Weise nutzbar sind, finden sich Ausnahmen, die hier nicht übergangen werden und der Vollständigkeit halber Erwähnung finden sollen. Sie liegen dann vor, wenn eine Nutzung das Immaterialgut als solches beeinträchtigen kann, ohne dabei *lediglich* seinen Marktwert durch vermehrtes Angebot zu vermindern.

Das kann etwa bei Kennzeichenrechten der Fall sein, deren Wesensgehalt und Hauptfunktion darin besteht, eine klare Zuordnung von Produkten zu ihrer Herkunft zu gewährleisten[45]. Geschieht das unautorisiert durch andere Marktteilnehmer in einer Verwechslungsgefahr hervorrufenden Weise (§ 14 II Nr. 1, 2 MarkenG), wird nicht nur der Anreiz zu Investitionen in das Image einer Marke geschmälert, sondern auch die Fähigkeit des Kennzeichens zur Unterscheidung beeinträchtigt. Insoweit handelt es sich um eine rivalisierende Nutzung.

Gleiches gilt für die Rufausbeutungstatbestände des § 14 II Nr. 3 MarkenG, die allesamt auf eine Beeinträchtigung oder Ausbeutung des guten Rufes oder der Unterscheidungskraft einer Marke zielen. Soweit der hierdurch geschützte Ruf bzw. das Image eines Kennzeichens gerade in seiner Exklusivität, seiner Knappheit und in dem *deswegen* gebildeten hohen Marktwert besteht, scheint das prima facie im Widerspruch zu der obigen Feststellung zu stehen, dass der Marktwert eines Immaterialgutes nur wegen der Anreize zu Innovation und dynamischer Effizienz geschützt ist, nicht aber um der Bewahrung des Marktwertes als solchem. Dieser Widerspruch lässt sich jedoch auflösen und dieser Grundsatz greift dann nicht, wenn sich das betreffende Immaterialgut ausschließlich in der Exklusivität als solcher erschöpft, wie ein von Prestige und Luxus geprägtes Markenimage. Anders als ein urheberrechtliches Werk ist es ohne die mit ihm wesensnotwendig verbundene Knappheit nicht sinnvoll nutzbar. Ob und inwieweit das tatsächlich wohlfahrtsfördernd und ein solcher Schutz normativ angezeigt ist, soll an dieser Stelle nicht vertieft werden[46].

Auch eine Verletzung des Urheberpersönlichkeitsrechts durch Entstellung (§ 14 UrhG) kann ausnahmsweise direkte Rückwirkungen auf den Zustand des immateriellen Gutes haben und damit über eine rein wirtschaftliche

---

[44] Vgl. *Schwarz/Bullis* 10 Intell. Prop. L. Bull. 13, 23 f. (2005): „Generally, tangibility and non-rivalry are highly correlated. Almost nothing with a physical embodiment can be consumed non-rivalrously. But the converse does not hold, mere intangibility need not imply non-rivalry. And as a matter of economics, what matters is not whether the item can be touched, but whether it can be shared."

[45] EuGH GRUR 2003, 604, 608 – *Libertel*; EuGH GRUR 2004, 674, 678 – *Postkantoor*; EuGH GRUR 2005, 509, 511 – *Gillette*.

[46] Zweifelnd etwa *Litman* 108 Yale L. J. 1717 (1999).

Entwertung durch Nutzungshandlungen hinausgehen, welche ohne den Investitionsanreizgedanken hinzunehmen sind. Das betrifft auch den Grundsatz der Trennung zwischen Immaterialgut und seiner Verkörperung. Wenn mit der Beeinträchtigung des letzteren *zugleich* der seltene Fall eintritt, dass das Immaterialgut beeinträchtigt wird, so muss dessen Schutz beide Schutzgegenstände erfassen.

Dieser Gedanke trägt das allgemeine Entstellungsverbot i.S.d. § 14 UrhG außerhalb der Zerstörung eines Werkstückes. Dort können ebenso durch die Ausübung sacheigentumsrechtlicher Befugnisse unmittelbare Rückwirkungen auf die Wahrnehmung des Immaterialgutes als solchem auftreten, so dass das Urheberrecht zu einer Beschränkung der Eigentümerbefugnisse führen kann[47] – und zwar um das Werk und sein geistiges Band zum Urheber (nicht aber das Werkstück) zu schützen. In keinem der Fälle kommt es zu einer unmittelbaren Anwendung des einen Rechts auf das Herrschaftsobjekt des jeweils anderen. Selbst die Vernichtung eines Werkstückes wird grundsätzlich nicht als Entstellung gewertet[48]. Eine Entstellung ist hier allenfalls denkbar, wenn sich das Immaterialgut teilweise mit dem (einzigen) körperlichen Substrat in der Weise überlappt, dass die Zerstörung des Werkoriginals sich zwangsläufig auf ersteres auswirken würde – wie bei einer Zerstörung der einzigen Verkörperung eines Werkes[49]. In diesen Ausnahmefällen soll unter Zuhilfenahme einer Interessenabwägung im Konflikt zwischen Urheberrecht und Sacheigentum die Befugnis zur Einwirkung auf ein Werkstück und dessen Vernichtung beschränkt werden[50]. Sie geben dem Urheber jedoch kein generelles Abwehrrecht gegen eine Einwirkung auf das Werkstück selbst an die Hand.

III. Anwendung der Erwägungen auf virtuelle Güter

Wendet man diese Erwägungen (unterschiedliche Schutzgüter, Unterschiede zwischen natürlicher und rechtlicher Existenz, unterschiedliche Nutzungen und demzufolge grundsätzlich auch unterschiedliche Schutzzwecke) auf virtuelle Gegenstände an, ergibt sich folgendes Bild:

---

[47] Vgl. zu der dann notwendigen Interessenabwägung zwischen Urheberrecht und Sacheigentum im Einzelfall Schricker/*Dietz*[3] § 14 Rn. 15 ff.

[48] RGZ 79, 397, 401 – *Felseneiland mit Sirenen*; KG GRUR 1981, 742, 743 – *Totenmaske*; LG München FuR 1982, 513, 514 – *Hajek/ADAC I*; LG München I NJW 1983, 1205 – *Hajek/ADAC II*; *Rehbinder*[15] Rn. 410; Wandtke/Bullinger/*Bullinger*[3] § 14 Rn. 22.

[49] Vgl. zu diesem Fall LG Hamburg GRUR 2005, 672, 674 – *Astra-Hochhaus* (keine Entstellung durch Abriss); OLG Hamm ZUM-RD 2001, 443 – *Mindener Keilstück* (Abwehrbefugnis bejahend); LG München I NJW 1983, 1205 – *Hajek/ADAC II* (verneinend). *Schmelz* GRUR 2007, 565 will eine solche Werkzerstörung unter die allgemeinere, das Urheberpersönlichkeitsrecht i.w.S. kodifizierende Norm des § 11 UrhG subsumieren.

[50] Vgl. Dreier/Schulze/*Schulze*[3] § 14 Rn. 28; *Schack*[4] Rn. 358; Schricker/*Dietz*[3] § 14 Rn. 37a ff., welche die Werkvernichtung als schärfste Form der Beeinträchtigung begreifen und auch hier auf die erforderliche Interessenabwägung verweisen, welche einer Vernichtung vor allem bei hochwertigen Originalen von Werken der bildenden Kunst durch mutwillige Zerstörung entgegenstehe, sonst aber eher zugunsten des Eigentümers ausschlagen werde, vor allem bei nicht an den Urheber zurück übertragbaren Bauwerken.

Gegen den Rückgriff (nur) auf Immaterialgüterrechte für die Erfassung virtueller Güter spricht die zwar technisch vermittelte, aber dennoch unmittelbar erfahrbare und damit gleichsam natürliche Existenz des Herrschaftsobjektes. Virtuelle Gegenstände werden nicht durch das Recht erzeugt; sie stehen insofern körperlichen Sachen als Gegenstand des Eigentums wesentlich näher als Immaterialgütern[51]. Es müssen auch nicht notwendigerweise Immaterialgüterrechte *an* virtuellen Gütern bestehen[52]. Das offenbart sich deutlich bei virtuellen Gütern, welche die Schwelle zur Schöpfungshöhe nicht überschreiten, die aber dennoch existieren und theoretisch tauglicher Handelsgegenstand sind.

Auch die aufgezeigten Unterschiede in den Nutzungsmöglichkeiten finden sich im virtuellen Raum wieder. Wie auch in der realen Welt muss dort zwischen solchen Ressourcen unterschieden werden, die einerseits unter Knappheitsbedingungen stehen[53] und damit wie virtuelle Gegenstände als solche oder die für ihre Existenz benötigte Hardware nur rivalisierend nutzbar sind[54], und andererseits solchen, die frei verfügbar sind und aus den o.g. Gründen[55] verknappt werden, wie etwa Schöpfungshöhe erreichende, in virtuellen Gütern verkörperte urheberrechtliche Werke.

Damit korrespondierend bieten Immaterialgüterrechte Schutz gegen die wirtschaftliche Nutzung der einem virtuellen Gegenstand innewohnenden Immaterialgüter (z.B. gegen das Anfertigen von Kopien), erfassen aber grundsätzlich nicht die Abwehr von Nutzungen eines virtuellen Gegenstandes selbst, sofern diese aufgrund seiner technisch gegebenen Natur nur in rivalisierender Weise erfolgen kann[56].

---

[51] In diese Richtung auch *Koch* JurPC Web-Dok. 57/2006 Rn. 43 und *Koos* MMR 2004, 359, 361 für die Domain, der „virtuelle Sachen" als „eigenständige [...] Rechtssachen" sieht, die dogmatisch zwischen körperlichen Sachen und klassischen Immaterialgütern stehen und in ihrer Existenz von einer technisch vermittelten „virtuellen Materialisierung" abhängen.

[52] *Lober/Weber* CR 2006, 837, 842.

[53] Diese können sowohl technisch bedingt (z.B. Serverauslastung) als auch gerade technisch geschaffen sein (z.B. der exklusive Zugriff auf ein virtuelles Gut nur durch einen Nutzer).

[54] *Fairfield* 85 B.U. L. Rev. 1047, 1049 (2005).

[55] Dabei geht es nicht allein um unmittelbare Anreize zum kreativen Schaffen. Oft dienen technische Einschränkungen freier Replikation mittelbar auch dazu, die Funktion eines virtuellen Wirtschaftssystems zu gewährleisten und durch Einnahmen der Betreiber unmittelbar aus dem Verkauf von Gütern oder mittelbar über Nutzungsentgelte überhaupt hinreichende Anreize zum weiteren Betrieb einer virtuellen Welt zu setzen.

[56] Zur rivalisierenden Natur von Virtual Property *Fairfield* 85 B.U. L. Rev. 1047, 1053, 1064 (2005); *Glushko* 22 Berkeley Tech. L. J. 507, 512 (2007); *Horowitz* 20 Harv. J. L. & Tech. 443, 444 (2007).

Im Hinblick auf die bloße Nutzung eines virtuellen Gutes ließe sich hier zwar einwenden, dass sich diese auch im Hinblick auf das virtuelle Gut als solches durchaus immaterialgüterrechtlich erfassen ließe, weil jeder nur denkbare digitale Nutzungsvorgang mit einer urheberrechtlich relevanten Verwertungshandlung verbunden ist: Jeder Transport, jede Verarbeitung, jede Nutzung, ja jede Anzeige von Informationen in einer computergenerierten Umgebung erfordert zumindest eine temporäre Vervielfältigung im Arbeitsspeicher und wird damit zu einem potentiell urheberrechtlich relevanten Sachverhalt[57]. Das gilt allerdings wiederum nur dann, wenn die Gegenstände auch Urheberrechtsschutz genießen. Und genauso wenig wie über das Urheberrecht die Beeinträchtigung des Werkstückes verhindert werden kann, erfasst es im elektronischen Kontext eine Beeinträchtigung, Zerstörung oder Löschung der ein Werk verkörpernden virtuellen Gegenstände[58], sofern damit nicht zugleich eine Nutzungshandlung im Sinne einer technischen Vervielfältigung verbunden ist. Diese Situation entspricht der Zerstörung eines Werkes durch den Sacheigentümer, dem der Urheber grundsätzlich nichts entgegensetzen kann. Allein das Eigentum – bzw. sein entsprechendes virtuelles Pendant, dessen Konstruktion noch zu klären ist – liefert eine denkbare rechtliche Grundlage für die Abwehr solcher Handlungen. Auch das Recht auf einen Zugang und auf die positive Nutzung eines Werkstückes – und damit auch von virtuellen Gütern in ihrem Kontext der betriebenen virtuellen Welt – lässt sich nur in begrenztem Maße auf Immaterialgüterrechte stützen[59]. Eine andere Ansicht müsste konsequenterweise, als Kontrollüberlegung auf die reale Welt übertragen, die Anerkennung des Sacheigentums von einem immaterialgüterrechtlichen Schöpfungsakt abhängig machen.

Auch den Handel nur urheberrechtlich zu erfassen, greift zu kurz. Regelmäßig werden virtuelle Gegenstände wie Waren von einer Person zur anderen ohne (jedenfalls ausdrückliche) Lizenz gehandelt[60]. Selbst wenn man in jeder Transaktion auch einen zugrunde liegenden Lizenzvertrag sähe, so würde dieser wiederum nur die urheberrechtliche Ebene betreffen, nicht die Güter als solche, wie oben (Kap. 4 B.II.1) bereits für Software und Daten dargestellt. Deren Übertragung ist in ihrem Vollzug auch gänzlich unabhängig von einer Einräumung etwaiger immaterialgüterrechtlicher Nutzungsrechte. Und auch ob ein Transfer eines Gutes von einem Nutzer an einen anderen überhaupt einen urheberrechtlich relevanten Sachverhalt

---

[57] Dazu ausführlicher Kap. 6 B.I.1.

[58] Vgl. außerhalb des Kontextes virtueller Güter für Software und Datenbanken *Lipton* 35 Loy. U. Chi. L. J. 235, 257, 263 (2003).

[59] So ließe sich daran denken, jedenfalls für virtuelle künstlerische Unikate das Zugangsrecht des Urhebers gem. § 25 UrhG zu bemühen; dazu genauer Kap. 6 B.III.

[60] *Dooley/Karaoulou* 16(6) Comps. & Law 20, 23 (2006).

darstellt, ist alles andere als eindeutig und bedarf zumindest einer genaueren Betrachtung. Gleiches gilt erst recht für die Frage, ob sich der Handel auf dieser Grundlage gar verbieten ließe[61].

Dafür, dass die beiden unterschiedlichen Schutzregime gelegentlich vermengt werden[62], werden zumindest aus US-amerikanischer Sicht eine Reihe verschiedener Ursachen angeführt: Zunächst werden in virtuellen Welten beide Arten von Rechten oft zusammen und bisweilen ohne Differenzierung durch vertragliche Nutzungsbedingungen überformt, so dass schon ihre Entstehung in den Händen der Nutzer – soweit möglich – ausgeschlossen wird. Die Frage ihrer unterschiedlichen Ansatzpunkte und Funktionen kommt dabei gar nicht erst auf[63]. Ferner wird auch auf die bisweilen fehlende Differenzierung durch den denkbar weiten und in seinen Konturen zu einem Bündel relativer Rechte aufgelösten Property-Begriff verwiesen, der schon keine terminologisch strikt abgegrenzte Basis für beide Positionen liefert, gleichwohl aber als Ausgangspunkt für die Diskussion um etwaige Rechtspositionen herhält[64]. Und schließlich erscheint es in diesem Zusammenhang auch nicht wirklich hilfreich, wenn solche Unschärfen im Bereich der Cyberproperty-Doctrine gelegentlich durch eine Gerichtspraxis perpetuiert werden, welche die Grenzen zu eigentlich immaterialgüterrechtlichen Problemstellungen verwischt[65].

IV. Zwischenergebnis

Die rechtliche Herrschaft über virtuelle Gegenstände ist mit der immaterialgüterrechtlichen Herrschaft über die sich in ihnen niederschlagenden Werke nicht deckungsgleich. Immaterialgüterrechte können die in ihrem Schutzregime vorgesehenen Nutzungshandlungen verhindern. Diese zielen jedoch regelmäßig auf nichtrivalisierende Nutzungen, etwa die Anfertigung von Kopien virtueller Güter. Eine Abwehr rivalisierender Nutzungen

---

[61] Dazu *Stephens* 80 Tex. L. Rev. 1513 (2002) sowie ausführlich Kap. 5 A.

[62] In diese Richtung *Trump/Wedemeyer* K&R 2006, 397, 400; *Völzmann-Stickelbrock* FS Eisenhardt S. 327, 341, die ein Bedürfnis für virtuelles Eigentum mit Hinweis auf bestehenden Urheberrechtsschutz verneint; für das Verhältnis von Domain und Markenrecht v. Schultz/*Gruber* MarkenR^2 Anh. § 5 Rn. 13. In diese Richtung im US-amerikanischen Schrifttum wohl auch *Marcus* 52 N.Y. L. Sch. L. Rev. 67, 80 (2007) speziell zum Entzug; *Ondrejka* 49 N.Y. L. Sch. L. Rev. 81, 95 (2004).

[63] *Fairfield* 85 B.U. L. Rev. 1047, 1050 (2005). Soweit Nutzern nun bisweilen Rechte an den von ihnen erstellten Inhalten gelassen werden, findet diese Unterscheidung auch Einzug in die EULAs, vgl. etwa die Second Life TOS Ziff. 5.3. (http://secondlife.com/app/help/rules/tos.php, Abruf am 1.9.2009), welche sich „ownership" an Account und Daten *unbeschadet* etwaiger Immaterialgüterrechte vorbehalten. Gleiches gilt, sobald die Gerichte die Wirksamkeit solcher Vereinbarungen in Frage stellen.

[64] *Hardy* [1996] U. Chi. Legal F. 217.

[65] Vgl. Kap. 2 D.I.3.e.bb.

wird demgegenüber nicht erfasst; diese fallen in der realen Welt in das Regelungsregime des klassischen Sacheigentums. Diese grundlegende Unterscheidung ist es auch, auf der im US-amerikanischen Schrifttum das Konzept beruht, sachenähnliche, d.h. von der fehlenden Körperlichkeit einmal abgesehen wahrnehmbare, persistente, in der Nutzung rivalisierende virtuelle Güter einem eigentumsähnlichen Regelungsregime zu unterwerfen[66].

C. Die fehlende Konvergenz von Anknüpfungs- und Schutzobjekt als Schwäche einer Konstruktion über Sacheigentum und Sachbesitz

Ein Ansatz, der in Anlehnung an Vorschläge zu einer möglichen Konstruktion des virtuellen Hausrechts[67] auch für die Erfassung virtueller Güter auf das Sacheigentum an den für ihre Erzeugung und Erhaltung stets notwendigen körperlichen Computersystemkomponenten abstellt, sieht sich ähnlichen Einwänden ausgesetzt, wie sie im US-amerikanischen Schrifttum für die Cyberproperty-Doctrine diskutiert werden. Als bloße Hilfskonstruktion verfehlt sie die Konvergenz zwischen dogmatischer Anknüpfung und eigentlichem Herrschaftsgegenstand (I.). Das kann zunächst zu Problemen im Hinblick auf die Frage der Berechtigung führen, wie etwa beim Auseinanderfallen von Sacheigentum an der Systemhardware und der wirtschaftlichen Inhaberschaft an virtuellen Gegenständen (II.1.). Zudem ist das Maß einer etwaigen abwehrfähigen Beeinträchtigung auf den Ebenen des physischen Sacheigentums und der virtuellen Inhalte unzureichend aufeinander abgestimmt (II.2.). Und letztlich hilft über diese Probleme auch ein Ansatz am Sachbesitz statt am Sacheigentum nicht gänzlich hinweg (III.).

I. Konvergenz von Herrschaftsgegenstand und dogmatischem Anknüpfungsgegenstand

1. Das Problem fehlender Konvergenz

Ähnlich wie die Cyberproperty Doctrine im US-amerikanischen Recht muss sich auch ein Ansatz am Sacheigentum zunächst dem Vorwurf aussetzen, dass es sich um eine bloße Hilfskonstruktion handelt, um die fehlende Körperlichkeit virtueller Güter bzw. virtuellen Raumes (beim

---

[66] *Fairfield* 85 B.U. L. Rev. 1047 (2005); ebenso *Glushko* 22 Berkeley Tech. L. J. 507, 511 (2007); *Westbrook* [2006] Mich. St. L. Rev. 779 sowie oben Kap. 2 D.III.1.

[67] Vgl. Kap. 3 D.II.5., G.I.

virtuellen Hausrecht) zu überbrücken[68]. Der Bezug des Sacheigentums zu seinem körperlichen Herrschaftsgegenstand wird dabei extrem ausgedehnt: Der eigentliche unkörperliche Herrschaftsgegenstand muss hier um der traditionellen Dogmatik des Sacheigentums willen gleichsam auf sein körperliches Substrat transzendiert werden, was dessen wirtschaftlichen und juristischen Herrschaftsgegenstand schlichtweg auseinanderfallen lässt[69]. Ein solcher eher technisch als funktional orientierter Ansatz[70] mag als „doctrinal hook“[71] die Existenz virtueller Güter rechtlich auf das Sacheigentum zurückführen können. Die Natur virtueller Güter als Gegenstände wirtschaftlicher Transaktionen verfehlt er jedoch. Eine gewisse Konvergenz besteht allenfalls in einer Richtung: Wenn eine physische Ressource – z.B. ein Datenträger oder ein ganzer Server – beschädigt oder zerstört wird, erfasst das naturgemäß auch alle dort gespeicherten Daten bzw. laufenden Programme. Das gilt jedoch nicht umgekehrt.

2. *Die allgemeine Bedeutung von Konvergenz*

Nun ist die theoretische Abstimmung von Anknüpfungs- und Herrschaftsgegenständen beileibe kein Selbstzweck, sondern dient vor allem deren Erkennbarkeit. Vor dem Hintergrund einer einheitlichen und klaren vermögensrechtlichen Zuteilung[72] stecken sowohl die natürlichen Grenzen eines Gegenstandes (als Rechtsgegenstand erster Ordnung) als auch die Grenzen der aus ihm fließenden rechtlichen Befugnisse (als Rechtsgegenstand zweiter Ordnung[73]) den Bereich von Zuweisung und Abwehrbefugnissen ab – und bestimmen damit das genaue Objekt wirtschaftlicher Transaktionen. Die zentrale Bedeutung einer derart erkennbaren Abgrenzung zeigt sich im Sachenrecht an mehreren Stellen: Auf der Ebene des tatsächlichen Herrschaftsgegenstandes liegt sie nicht nur dem Kriterium der Abgrenzbarkeit einer „Sache“ zugrunde, sondern ist auch der Grund für die Dominanz der Verkehrsauffassung über eine naturwissenschaftliche Betrachtung dieser Frage[74]. Auf der rechtlichen Ebene kommt dieser Gedanke in dem Kriterium der sozialtypischen Offenkundigkeit zum Ausdruck, wie sie – nach umstrittener, aber zustimmungswürdiger Ansicht –

---

[68] Vgl. für Daten allgemein *Meier/Wehlau* NJW 1998, 1585, 1588.

[69] Vgl. die parallele Kritik zu Cybertrespass im US-amerikanischen Recht bei *Fairfield* 85 B.U. L. Rev. 1047, 1075 (2005); *Wong* 15 Int'l J. L. & Info. Tech. 90, 102 (2007) sowie oben Kap. 2 D.I.3.e.aa.

[70] Vgl. zu diesen beiden grundlegenden Möglichkeiten Kap. 1 D. Ziff. 3.

[71] So *McGowan* 1 J. L. Econ. & Pol'y 109, 116 (2005) für Cyberproperty.

[72] So plädierte etwa *Wieacker* AcP 148 (1943), 57, 58 für eine Anknüpfung an Herrschaftsgegenstände in einer Weise, welche genau diese ermöglicht.

[73] Zu dieser Terminologie Kap. 3 D.I.2.

[74] Vgl. Kap. 3 D.I.3.

den in § 823 I BGB genannten und deliktisch geschützten Rechtsgütern zugrunde liegt[75].

Die Reichweite des Eigentums etwa bemisst sich hiernach nicht nur nach den rechtlichen „Grenzen“ des Erlaubten, sondern auch nach den tatsächlichen Grenzen der Sache als erkennbarem Herrschaftsgegenstand. Dass die körperlichen Grenzen einer Sache in diesem Zusammenhang selten auf der Ebene des Deliktsrechts diskutiert werden, mag daran liegen, dass sich diese Frage schon auf der Ebene des § 90 BGB stellt und dann bei der Bestimmung des an diese Grenzen anknüpfenden Sacheigentums in § 903 BGB und dem aufsetzenden deliktischen Schutz in § 823 I BGB entbehrlich wird – im Gegensatz zu der dann dort diskutierten Frage, was die Grenzen der rechtlichen Befugnisse sind.

Gerade diese Begrenzung sucht man bei virtuellen Gütern (und auch beim virtuellen Hausrecht) im Sacheigentum vergebens. Wird dieses in Bezug genommen und setzt an irgendeinem körperlichen Server an, so sagen dessen physische Lokalisierung und Abgrenzung über die Grenzen eines durch seine Funktion erzeugten, technisch wahrnehmbar und abgrenzbar gemachten virtuellen Gegenstandes nicht das geringste aus[76]. Wenn es so schon auf der Ebene der Herrschaftsgegenstände (als Rechtsgegenstände erster Ordnung) zu Divergenzen kommt, begründet das aber die Gefahr eines Durchschlagens auch auf die wichtigere Ebene der aus ihnen fließenden Rechte (als Rechtsgegenstände zweiter Ordnung). Insofern gilt es, für gespeicherte Daten strikt zu unterscheiden, ob die Abgrenzbarkeit sich auf einen Datenträger (bzw. eine solchen enthaltende andere Sache, z.B. einen Server) bezieht oder eine – wie auch immer geartete – technische Abgrenzung der Daten und virtueller Gegenstände als solche vorgenommen werden kann.

Dieser Gedanke findet sich auch in der Diskussion um die Rechtsnatur von Software als Sache wieder. Solange Software als Handelsgegenstand auf einem Datenträger verkörpert ist, beschränkt sich die Problematik der Sacheigenschaft auf die – nach heute wohl überwiegender Auffassung bejahte[77] – Frage der Körperlichkeit. Wenn sich die physischen Grenzen von Datenträger und verkörperter Software allerdings nicht decken, etwa beim Download, muss der Blick auf den stets irgendwo vorhandenen Datenträger dazu führen, dass das Problem der Körperlichkeit durch das deutlicher isoliert hervortretende Problem der Abgrenzbarkeit ersetzt wird[78].

---

[75] Vgl. dazu die Ausführungen zu den Problemen des deliktischen Schutzes einer für den Verkehr nicht erkennbaren und damit als solche auch nicht abgrenzbaren Forderung in Kap. 4 D.II.2.a.bb.

[76] Vgl. allgemeiner für Daten und ihren Träger *Kloos/Wagner* CR 2002, 865.

[77] Vgl. oben Kap. 3 D.II.1.

[78] Vgl. zu diesem Problem *Müller-Hengstenberg/Kirn* NJW 2007, 2370, 2373, welche auch deswegen die Sacheigenschaft von Software ablehnen.

3. Anerkannte Konstruktionen abgeschwächter sachenrechtlicher Konvergenz

Dass das für eine Anknüpfung benutzte Rechtsgut und der eigentliche wirtschaftliche Verfügungsgegenstand auseinanderfallen können, ist allerdings nichts Neues. Solcherlei Hilfskonstruktionen finden sich in einer Zahl von Fällen.

a. Beispiel elektronische Werbung und Veranstalterhausrecht

Exemplarisch sei hier die Abwehr unerwünschter Werbung erwähnt, die im Offlinebereich an Eigentum und Besitz am Briefkasten geknüpft wird[79], im Onlinebereich jenseits wettbewerbsrechtlicher Spezialtatbestände aber auf das Allgemeine Persönlichkeitsrecht oder das Recht am eingerichteten und ausgeübten Gewerbebetrieb gestützt wird[80]; ferner die Konstruktion von Senderechten an Sportveranstaltungen, die über das Hausrecht am Veranstaltungsort begründet werden[81], weil die Sportveranstaltung selbst kein urheberrechtlich geschütztes Werk ist[82]. Beiden Ansätzen ist ihre sinnvolle Ergebnisorientierung gemeinsam, wenn sie ein elektronisches Postfach nicht anders als ein reales von unerwünschter Werbung freihalten, oder wenn sie das Sacheigentum im Grunde für den eigentlich immaterialgüterrechtlichen Schutz der wirtschaftlichen Sekundärverwertung von Veranstaltungen nutzen[83]. Hierbei auf bekannte Rechtsfiguren für neue wirtschaftliche Fragestellungen zurückzugreifen, ist als Rechtsfortbildung so lange gangbar, wie die benutzten Rechtsfiguren hierfür Raum lassen und nicht ihre Grenzen überdehnt werden. Im Hinblick auf die – hier insbesondere interessierende – Konvergenz erzeugen die vorgenannten

---

[79] BGHZ 106, 229; Soergel/*Spickhoff*[13] § 823 Rn. 61.

[80] Die Abwehr unerwünschter Werbe-Emails wurde außerhalb der spezialgesetzlichen Regelung der §§ 3, 7 II Nr. 3 UWG bislang entweder auf der Grundlage des allgemeinen Persönlichkeitsrechts gem. §§ 1004, 823 I BGB i.V.m. Art. 2 I, 1 I GG gewährt oder bei gewerblich genutzten Email-Postfächern aus dem Recht am eingerichteten und ausgeübten Gewerbebetrieb als richterrechtlich entwickeltem sonstigen Rahmenrecht i.S.d. § 823 I BGB hergeleitet (vgl. nur KG MMR 2007, 386, 3787; KG MMR 2002, 685; LG Berlin MMR 2002, 631, 632). Das Verhältnis zwischen beiden Anspruchsgrundlagen im gewerblichen Verkehr ließ der BGH zuletzt offen, vgl. BGH GRUR 2007, 620. Dass die Rechtsprechung ein Verbot des Versandes unerwünschter Mails bislang nie mit Blick auf das Sacheigentum an der Serverhardware begründet hat, ließe sich durchaus auch als Argument gegen einen solchen Ansatz anführen.

[81] BGH NJW 2006, 377, 379 – *Hörfunkrechte*.

[82] Vgl. zum fehlenden Urheberrechtsschutz von Sportveranstaltungen Fromm/Nordemann/*A. Nordemann*[10] § 2 Rn. 134. Der Leistungsschutz eines Sendeunternehmens gem. § 87 I UrhG greift hier gerade deswegen nicht, weil eine Sendung dabei gerade erst hergestellt werden soll.

[83] Vgl. *Ohly* FS Schricker S. 105, 113 für die Behelfsnatur des Veranstalterhausrechts.

Fälle meist keine größeren praktischen Probleme. Anknüpfungs- und Herrschaftsobjekt sind beide jeweils erkennbar und aufeinander bezogen und abgestimmt[84]; vor allem aber entstehen keine Verwerfungen im Hinblick auf die Berechtigung und die Reichweite der Befugnisse[85].

b. Beispiel Sammelverwahrung von Wertpapieren

Eine etwas deutlichere Parallele zum hier betrachteten Fall eines Auseinanderdriftens zunehmend unkörperlicher Wirtschaftsgüter und ihrer sachenrechtlichen Anknüpfung lässt sich im Wertpapierrecht beobachten. Dort unterliegen Inhaberpapiere und blankoindossierte Namenspapiere einem sachenrechtlichen Regime; insbesondere werden sie nach sachenrechtlichen Grundsätzen gem. §§ 929 ff. BGB übereignet[86], wobei die aus ihnen fließenden Rechte dem sachenrechtlichen Eigentum folgen. Eine solche Konstruktion ist optimal zugeschnitten auf eine Übertragung durch Übergabe einzelner Wertpapiere im unmittelbaren Besitz des Veräußerers gem. § 929 S. 1 BGB. Und auch wenn die Wertpapiere bei einer Bank gesondert verwahrt sind und durch eine äußerlich erkennbare Bezeichnung des Hinterlegers als Sachen individualisiert werden können („Streifbandverwahrung" als herkömmliche, aber praktisch immer seltener werdende Form der Verwahrung i.S.d. § 2 DepotG)[87], stellt das Sachenrecht mit den Übergabesurrogaten der §§ 930, 931 BGB durch die Abtretung des Herausgabeanspruches gegen die Bank aus dem Verwahrungsvertrag als Besitzmittlungsverhältnis (§ 931 BGB) oder durch die Begründung eines weiteren Besitzmittlungsverhältnisses zwischen dem Veräußerer und Erwerber (§ 930 BGB) einen Rechtsrahmen für die Übertragung bereit. Mit zunehmender Intensivierung des unkörperlichen Wertpapierhandels stößt eine solche fest im Sachenrecht verankerte Konstruktion jedoch an

---

[84] Beim elektronischen Postfach geht es um *das* Postfach eines *bestimmten* Menschen; das Veranstalterhausrecht erfasst die *dort* vorgenommene Erzeugung wirtschaftlich nutzbarer Inhalte. Freilich tut sich für letzteres die oben beschriebene Abgrenzung zwischen rivalisierender und (rein „wirtschaftlicher") nicht rivalisierender Nutzung auf. Allerdings lässt sich hier – wie bei Fotoaufnahmen in BGH GRUR 1975, 500 – *Schloss Tegel* – an das Betreten des Veranstaltungsortes anknüpfen.

[85] Hier ist Rechtsinhaber meist unproblematisch der Inhaber des Postfaches bzw. der Inhaber des Veranstaltungsortes. Die Anforderungen an die Abwehrbefugnisse werden ergebnisorientiert durch wirtschaftliche Erwägungen bestimmt: Unerwünschte Mails bzw. eine unerwünschte wirtschaftliche Verwertung der Veranstaltungsinhalte sind abwehrfähig. Dieses Ergebnis hängt dort allerdings nicht von technischen Zufälligkeiten ab wie beim virtuellen Hausrecht – dazu sogleich.

[86] Vgl. statt vieler *Habersack/Mayer* WM 2000, 1678, 1679; *Mentz/Fröhling* NZG 2002, 201, 202; *Zöllner* FS Raiser S. 249, 272.

[87] Dazu *Mentz/Fröhling* NZG 2002, 201, 203.

ihre Grenzen[88]. Das zeigt sich insbesondere, wenn Wertpapiere in Sammelverwahrung genommen werden oder gar in einer Sammelurkunde verbrieft sind.

Bei der Sammelverwahrung – sei es eine Haussammelverwahrung bei einer verwahrenden Bank (§ 1 II DepotG) oder eine Girosammelverwahrung bei einer Wertpapiersammelbank (§ 5 I DepotG) – gehen alle Wertpapiere ungetrennt in einen einheitlichen Sammelbestand ein. Dabei entsteht Miteigentum nach Bruchteilen an allen zum Sammelbestand gehörenden Wertpapieren einer Art (§ 6 I 1 DepotG), dessen Anteil sich für jeden Inhaber nach der Summe der Anteilsquote der eingelieferten Wertpapiere am Gesamtbestand bestimmt[89]. Das Eigentum am eingelieferten Wertpapier erlischt, und es entsteht nur Bruchteilseigentum an jedem Papier des gesamten Sammelbestandes. Verfügungen sind daher nur über diesen Bruchteil am ganzen Depot möglich, nicht aber über eine einzelne Sache oder einen Miteigentumsanteil an dieser[90]. Diese Orientierung am Gesamtbestand wird als Durchbrechung des sachenrechtlichen Spezialitätsprinzips gesehen, das sonst nur an einzelne Sachen anknüpfen kann[91]; sie steht aber im Ergebnis hinreichend bestimmten Verfügungen über Papiere im Sammeldepot nicht entgegen. Auch wenn kein einzelnes Wertpapier im Bestand individualisiert werden kann, ist eine Verfügung über einen Bruchteil am Gesamtbestand bei Angabe von Wertpapiergattung, Verwahrart, Depotbank und Nennbetrag hinreichend bestimmt[92], weil sie *alle* Papiere erfasst. Dabei hat der Inhaber des Wertpapiers als Hinterleger auch (meist gestuften) mittelbaren (Mit-)Besitz am Gesamtbestand[93]; etwaige Herausgabeansprüche sind gem. §§ 7, 8 DepotG und entgegen sachenrechtlicher Grundsätze nicht auf die eingelieferten Wert-

[88] Kritisch schon 1974 *Zöllner* FS Raiser S. 249, 255, der das sachenrechtliche Anknüpfungsmoment einer Sammelurkunde bezeichnet als einen „...Denkbehelf, eine geistige Krücke, die mit der historischen und praktischen Grundlage des Wertpapierwesens [...] nichts mehr zu tun hat." Diese Kritik zielt in dieselbe Richtung wie die sachenrechtliche Anknüpfung an den Server bei der Cyberproperty Doctrine, vgl. Kap. 2 D.I.3.e.

[89] Vgl. dazu *Mentz/Fröhling* NZG 2002, 201, 204 f.

[90] *Kümpel* WM 1980, 422, 425 f.; *Mentz/Fröhling* NZG 2002, 201, 205; MüKo BGB/*K. Schmidt*[4] § 1008 Rn. 31; *Hoffmann* WM 2007, 1547, 1549 hinsichtlich Verpfändung.

[91] MüKo BGB/*K. Schmidt*[4] § 1008 Rn. 30.

[92] *Kümpel* WM 1980, 422, 425; *Mentz/Fröhling* NZG 2002, 201, 207.

[93] H.M. vgl. nur BGH WM 1967, 902 f.; BGH NJW 1997, 2110; BGH WM 1999, 2451, 2455; *Habersack/Mayer* WM 2000, 1678, 1679 f.; *Mentz/Fröhling* NZG 2002, 201, 205; MüKo BGB/*K. Schmidt*[4] § 1008 Rn. 30; a.A. MüKO HGB/*Einsele* Depotgeschäft Rn. 90.

papiere, sondern lediglich auf eine bestimmte *Menge* gerichtet, um die Funktionsfähigkeit der Sammelverwahrung zu wahren[94].

An ihre Grenzen stößt eine solche Konstruktion im Rahmen des geltenden Sachenrechts nun bei in einer Sammelurkunde (§ 9a I DepotG) verkörperten Wertpapieren. Dort sind alle Einzelrechte in einer einzigen Urkunde verkörpert; alle Anteilseigner sind Bruchteilseigentümer. Übereignet wird wie bei der Sammelverwahrung (§ 9a II DepotG) eigentlich nach §§ 929 ff. BGB[95]. Aber schon die Möglichkeit einer Übereignung nach sachenrechtlichen Grundsätzen und der dazu regelmäßig nötigen Besitzübertragung ist bei der Verbriefung in einer Sammelurkunde unklar. Umstritten ist nämlich, ob überhaupt jemand außer der die Sammelurkunde verwahrenden Bank eine (mittelbare Mit-)Besitzposition an der Sammelurkunde haben kann, weil der dafür erforderliche Herausgabeanspruch gegen die verwahrende Bank als unmittelbare Besitzerin wegen § 9a III 2 DepotG eigentlich nicht besteht, wenn – wie normalerweise – ein Anspruch auf Einzelverbriefung ausgeschlossen ist[96]. Angesichts weiterer Folgeprobleme für eine Verwertung in der Insolvenz[97] fühlen sich im insolvenzrechtlichen Schrifttum gar Stimmen geneigt, den sachenrechtlichen Rahmen des Besitzbegriffes i.S.d. §§ 854 ff. BGB zu sprengen und einen wirtschaftlichen „virtuellen" Besitz als Begriff einzuführen[98]. Noch

---

[94] *Mentz/Fröhling* NZG 2002, 201, 205; *Habersack/Mayer* WM 2000, 1678, 1680. Letztere bemerken wegen des fehlenden Gleichlaufes von Anspruch auf Auslieferung noch nicht konkretisierter effektiver Stücke und Bruchteilseigentum am Sammelbestand die geringere dogmatische Stringenz gegenüber den besitzrechtlichen Regeln des BGB. So auch schon *Zöllner* FS Raiser S. 249, 260, nach dem der mittelbare, sich allein in Buchungsposten niederschlagende Besitz an verkörperten Sammelbeständen seine „Denaturierung zum bloßen Anspruch" deutlich offenbare.

[95] *Mentz/Fröhling* NZG 2002, 201, 205; *Palandt*/Bassenge[68] § 1008 Rn. 5.

[96] Für einen Herausgabeanspruch *Hoffmann* WM 2007, 1547, 1549 f.; dagegen *Habersack/Mayer* WM 2000, 1678, 1680; *Mentz/Fröhling* NZG 2002, 201, 208 jeweils m.w.N. zum Streitstand. Ungeachtet der theoretischen Auseinandersetzung geht jedenfalls die Praxis von einer Besitzposition aus. Die Clearstream Banking AG als derzeit in Deutschland einzige girosammelverwahrende Bank sieht sich in § 8 I ihrer AGB als Besitzmittlerin für ihre Kunden.

[97] Die besitzmäßige Zuordnung der Globalurkunde in der Insolvenz entscheidet gem. § 166 I InsO darüber, ob in der Insolvenz das verwahrende Kreditinstitut als Pfandgläubiger gem. § 173 I InsO zur Verwertung berechtigt ist, oder ob das der Insolvenzverwalter tut. Mittelbarer Besitz würde in jedem Fall genügen (vgl. BGH NJW 2006, 1873 für Gegenstände, die der Schuldner gewerblich einem Dritten zum Gebrauch gegen Entgelt überlassen hat; BGH NJW-RR 2007, 490 für eben solche, vom Dritten an dessen Kunden weiter vermietete).

[98] Sofern gar keine sachenrechtliche Besitzposition besteht, will *Uhlenbruck* ZinsO 2008, 114 das Problem durch die Annahme eines „virtuellen Besitzes" lösen, der sich gar nicht an sachenrechtlichen Kriterien orientiert, sondern an den spezifisch insolvenzrechtlich geprägten Kriterien, ob die Wertpapiere dem technisch-organisatorischen Verbund

weitergehender werden die Probleme einer sachenrechtlichen Konstruktion als Argument für die überfällige Einführung eines umfassenden Wertrechtssystems und die Ablösung des Wert*papier*rechts vorgebracht[99], obwohl der Gesetzgeber – auch jüngst im KonTraG – an sachenrechtlichen Prinzipien festgehalten hat[100].

Dieser kurze Überblick hat einige Grenzen des sachenrechtlichen Rahmens für zunehmend unkörperlich gehandelte Wertpapiere aufgezeigt. Die Parallelen zu virtuellen Gegenständen[101] sind weniger dogmatischer Natur. Vielmehr zeigen beide Problemkreise, wie juristische Konstruktionen die Fortentwicklung einer Handelspraxis weg von körperlichen Transaktionsgegenständen einzufangen versuchen – und dabei die wirtschaftliche Realität nur bedingt widerspiegeln[102]. Beide kennzeichnet insoweit ein Auseinanderfallen von Anknüpfungspunkt und Handelsgegenstand. Wenn hier schon das DepotG als Spezialgesetz für traditionell an einer körperlichen Urkunde ansetzende, verselbständigt gehandelte Miteigentumsanteile nicht alle sachenrechtlichen Verwerfungen beseitigen kann, so tun sich bereits hier erste Bedenken auf, ob das eine einfache sachenrechtliche Konstruktion virtueller Gegenstände über das Sacheigentum am Server vermag. Diese hat nämlich mit einer weiteren Schwierigkeit zu kämpfen: Im Wertpapierrecht kreisen die Probleme weitgehend um Fragen von Inhaberschaft und Übertragung; bei den aus dem Papier fließenden Positionen geht es meist um ausübbare Mitgliedschaftsrechte oder Rechte auf Leistung, die in keiner Weise mit dem physischen Zustand oder der Abgrenzung der Urkunde als Papier verbunden sind. Die oben erwähnten Konvergenzprobleme stellen sich bei der Sammelurkunde daher nicht wirklich. Demgegenüber ginge es bei virtuellen Gegenständen um –

---

des schuldnerischen Unternehmens zugeordnet für eine Fortführung bzw. geordnete Abwicklung notwendig seien.

[99] Dafür etwa *Habersack/Mayer* WM 2000, 1678, 1684; ebenso schon *Zöllner* FS Raiser S. 249 ff.

[100] *Habersack/Mayer* WM 2000, 1678; *Mentz/Fröhling* NZG 2002, 201, 210.

[101] Eine Annäherung beider Problemkreise erfolgt bei einer elektronischen Sammelverwahrung. *Becker* AcP 196 (1996), 439, 469 wirft etwa in diesem Zusammenhang die Frage auf, ob bei elektronischer Verwahrung ohne Ausstellung eines Wertpapiers ein Datenverlust das Eigentum des Gläubigers (des Wertpapiers) verletzt – was genau genommen aber eher der zufällige Eigentümers des physischen Speichermediums sein würde. Mit einer ähnlichen Parallelisierung auch *Beurskens* in: *Domej/Dörr/Hoffmann-Nowotny/Vasella/Zelger* S. 443, 452 Fn. 50.

[102] Vgl. *Kümpel* WM 1980, 422, 431, der als Beispiel für das Auseinanderfallen wirtschaftlicher und juristischer Betrachtungen beim wirtschaftlich denkenden Verkehr die Sammelverwahrung von Wertpapieren anführt, bei der der Verkehr von der untechnischen Vorstellung der Ein- und Auslieferung bzw. Umbuchung seiner Wertpapiere ausgehe, kaum aber von einer Vielzahl an Miteigentumsrechten in Bruchteilsgemeinschaft an allen Papieren im Sammelbestand.

gleichsam aus dem Server „fließende" – tatsächlich vorhandene, technisch erzeugte, interaktionsfähige sachenähnliche Güter mit rivalisierender Ressourcennutzung. Wird für ihre Nutzung nicht an ihren virtuellen Kontext angeknüpft, sondern an etwaige technische Zustandsveränderungen des Servers, tut sich die Konvergenzproblematik in voller Schärfe auf.

II. Konkrete Probleme des Sacheigentums

Bedenklich ist nicht die eigentliche Konstruktion, abgrenzbare virtuelle Gegenstände über das – stets irgendwo vorhandene – Sacheigentum erfassen zu wollen. Sie ist vielmehr eine legitime Antwort des Rechts auf eine technische Fortentwicklung hin zu neuen Wirtschaftsgütern, für die das Recht im Rahmen seiner Möglichkeiten naturgemäß zuvorderst auf vorhandene Rechtsfiguren zurückgreift. An seine Grenzen stößt ein solcher Ansatz erst bei dysfunktionalen Ergebnissen. Genau das ist jedoch für virtuelle Gegenstände in dreierlei Hinsicht der Fall: Zunächst verzerrt sich nicht nur die Frage der Inhaberschaft, wenn Sacheigentum und virtuelle Inhaberschaft auseinanderfallen (1.a.); ein Ansatz am Sacheigentum kann darüber hinaus gar zu einer potentiellen Vervielfachung von Rechtspositionen führen (1.b.). Überdies sind die an einem physisch-körperlichen Verständnis ausgerichteten Modalitäten und die Reichweite der jeweils zugewiesenen (und damit spiegelbildlich abwehrfähigen) *Sach*nutzung nur schlecht auf die Nutzung virtueller Gegenstände innerhalb ihres virtuellen Kontextes abgestimmt (2.).

1. Die Inhaberschaft als personelles Konvergenzproblem

a. Das Auseinanderfallen von Sachberechtigtem und virtuell Berechtigtem

Ein Problem stellt zunächst das Auseinanderfallen von „Inhaberschaft" an virtuellen Gegenständen und dem Sacheigentum am Server dar. Schon im Zusammenhang mit dem virtuellen Hausrecht wurde darauf hingewiesen, dass die Berechtigung an solchen „virtuellen Räumen" im Sinne einer Verfügungsgewalt über die dort verwendeten Daten selten mit dem Eigentum an dem Server korrespondiert, auf dem sich diese physisch – wie etwa beim Webhosting – befinden[103]. Da der Eigentümer selbst kaum

[103] *Faustmann* VuR 2006, 260, 261; *Feldmann/Heidrich* CR 2006, 406, 409; *Kunz* S. 124; *Redeker* CR 2007, 265, 266; ähnlich *Bartsch* CR 2008, 613, 617 für das Verhältnis von Eigentumsschutz und einem von ihm diskutierten Recht auf Integrität informationstechnischer Systeme. Kritisch gegenüber der dadurch erfolgenden Zuweisung zum Serverbetreiber *Beurskens* in: *Domej/Dörr/Hoffmann-Nowotny/Vasella/Zelger* S. 443, 453. Zumindest das Strafrecht hat sich hier bei § 303a StGB als Fall der „virtuellen Sachbeschädigung" vom sachbezogenen Blick gelöst und greift auf „sachenrechtsähnliche

Veranlassung haben wird, bei einer Beeinträchtigung der Nutzer unter Berufung auf sein Sacheigentum gegen etwaige Störer oder Verletzer vorzugehen[104], wären die Nutzer darauf angewiesen, sich die Ausübung eigentumsrechtlicher Befugnisse vertraglich gestatten zu lassen, um sie zumindest in gewillkürter Prozessstandschaft geltend machen zu können[105]. Eine solche Lösung versagt aber zunächst dort, wo gar kein Vertrag vorhanden ist[106]. Zudem sind derartige Klauseln in Nutzungsverträgen schlichtweg nicht zu finden. Und ob gerade die Betreiber virtueller Welten eine Entscheidung über eine gerichtliche Geltendmachung aus der Hand geben wollen – und damit gerade dem von ihnen oft abgewehrten Einbruch des Außenrechts[107] Vorschub leisten wollen – erscheint zumindest zweifelhaft[108].

Ein noch bedeutsamerer Einwand ist jedoch die Tatsache, dass ein sachenrechtlicher Ansatz die zentrale Frage in den Blick nehmen muss, wo genau Daten gespeichert sind, um die letztlich vom Sacheigentum abgeleitete Berechtigung auch wieder auf dieses zurückzuführen[109]. Das mag in den für das virtuelle Hausrecht diskutierten Konstellationen möglich sein, wenn etwa ein Chatforum als „virtueller Raum" auf einem bestimmten Server eines bestimmten Webhosters betrieben wird. Jenseits solcher einfach gelagerten Fälle bildet ein Ansatz am Sacheigentum aber ein Einfallstor für erhebliche technisch bedingte Zufälligkeiten. Wenn der Schutz vom Ort der Speicherung und dem daran bestehenden Sacheigentum abhängt, ist es rein zufällig, ob Daten auf einem eigenen oder fremden Server oder lokal auf einem Rechner eines Nutzers gespeichert werden – was vor allem von den technischen Entscheidungen des Anbieters und den zur Verfügung stehenden Übertragungskapazitäten abhängt[110]. Dazu kommt, dass auch ein Betreiber nicht zwingend den Server in seinem Eigentum haben muss. Vielmehr können bei der Nutzung fremder Server Daten und Rechenkapazität je nach Last und Bedarf physisch auf mehrere Server verteilt werden. Wenn so nur die Speicher- und Rechenkapazität fremder Server zur Verfügung gestellt und genutzt wird, müsste eine vertragliche Rechtekette ggf. über mehrere Ebenen geleitet werden –

Grundsätze" zurück, damit die E-Mails in der Mailbox auf einem Server auch ihrem Inhaber gehören, vgl. *Fischer*[56] § 303a Rn. 7.

[104] Auf die fehlenden Anreize zu einer Klage ohne eigene Beeinträchtigung hinweisend *Fairfield* 85 B.U. L. Rev. 1047, 1081 (2005).

[105] *Redeker* CR 2007, 266, 267.

[106] Das wird zwar bei virtuellen Welten die Ausnahme sein, ist im Zusammenhang mit dem virtuellen Hausrecht mangels Vertragsschlusses aber öfter der Fall.

[107] Vgl. *Grimmelmann* Virtual Borders S. 11.

[108] I.E. ähnlich für Daten allgemein *Faustmann* VuR 2006, 260, 263.

[109] Vgl. aus US-amerikanischer Sicht *Meehan* 13 Rich. J. L. & Tech. 7, 40 (2006).

[110] *Meehan* 13 Rich. J. L. & Tech. 7 Tz. 40 (2006).

wobei sich der letztliche Sacheigentümer gar nicht mehr ausmachen ließe. Aus Sicht des Nutzers sind all diese Modalitäten der technischen Umsetzung nicht einmal erkennbar.

Dass in diesen Fällen von einer Konvergenz des Sacheigentums und den letztlich zu erfassenden Daten gar keine Rede mehr sein kann, findet sich auch als Erwägung in der Diskussion um die Rechtsnatur von Software als – auf den körperlichen Datenträger rückführbare – Sache. Hier wird vor allem auf die zunehmende Virtualisierung der physischen Hardware verwiesen, wenn diese durch eine zusätzliche Softwareschicht zwischen Betriebssystem und Hardware für darauf laufende Programme nur noch simuliert wird und insbesondere Anforderungen an Ressourcen (z.B. Speicherplatz, Rechenkapazität) derart flexibel handhabt, dass sie auf eine über eine ganze Zahl vorhandener physischer Ressourcen je nach Bedarf und Auslastung verteilt werden kann. Eine konkrete Zuweisung bestimmter physischer Ressourcen ist kaum mehr möglich[111].

Auch bei doppelter Speicherung und Sicherheitskopien wird die Frage der Inhaberschaft verkompliziert[112]. Insbesondere bei dezentralen Systemen ohne einen Server, wie etwa solchen auf Grundlage einer peer-to-peer Architektur[113], zeigt sich, dass ein technisch genauer Ansatz am Sacheigentum bei zunehmender Virtualisierung von Speicherplatz und Rechenleistung kaum gangbar ist. Die erheblichen kollisionsrechtlichen Probleme eines Ansatzes am Sacheigentum an einem konkreten physisch lokalisierten Server seien hierbei noch gar nicht einmal eingeblendet[114].

b. Vielzahl von Sachberechtigten

Abgesehen von der erheblichen Unklarheit und den Zufälligkeiten der Sachberechtigung kann ein Ansatz am Sacheigentum bei physisch verteilten Ressourcen zu einer Vervielfachung potentiell abwehrfähiger Rechtspositionen führen, welche – wie beim Cyberproperty – die Gefahr von Anticommons erzeugt[115]. Ergänzt man dieses Bild jetzt noch um die Erfassung auch von flüchtig verkörperten Daten im Arbeitsspeicher statt in einem dauerhaften magnetischen oder optischen Festspeicher – wie dem in der Entscheidung zur Rechtsnatur des ASP-Vertrages der BGH zuzuneigen scheint[116] – sowie eine grundsätzlich abwehrfähige Durchleitung elektro-

[111] Vgl. *Müller-Hengstenberg/Kirn* NJW 2007, 2370, 2373; ebenso *Koch* CR 2006, 42 zum Grid-Computing.

[112] *Meehan* 13 Rich. J. L. & Tech. 7 Tz. 41 (2006).

[113] *Schmidt/Dreyer/Lampert* S. 29 ff.; *Mayer-Schönberger/Crowley* 100 NW. U. L. Rev. 1775, 1822 f. (2006).

[114] Dazu Kap. 5 C.IV.

[115] *Fairfield* 85 B.U. L. Rev. 1047, 1076 ff. (2005).

[116] Vgl. BGH NJW 2007, 2394, 2395 – *ASP Vertrag*; krit. *Müller-Hengstenberg/Kirn* NJW 2007, 2370.

nischer Signale[117], sind Bedenken gegenüber einer Erfassung von Daten über ihre (immer irgendwo vorhandene) Verkörperung wegen potentiell ausufernder Folgen nicht gänzlich von der Hand zu weisen.

Für das hier gewählte Beispiel virtueller Welten mag die genaue technische Umsetzung variieren. Zumeist werden die virtuellen Güter (genauer: die Daten ihres Aussehens, ihrer Eigenschaften und ihrer Position im Raum) vom Server an jeden Client-Rechner übertragen, der sie als wahrnehmbare Objekte der virtuellen Welt abbildet – und damit auch im Arbeitsspeicher all dieser Rechner „verkörpert", was theoretisch und unter der Prämisse des Fehlens anderweitiger dogmatischer Korrekturen einer Vielzahl von Nutzern eigentumsrechtliche Deliktsansprüche eröffnen könnte, denen nicht einmal die virtuelle Sachherrschaft über die Gegenstände technisch eröffnet ist.

Dass hier – nicht anders als bei der US-amerikanischen Cyberproperty-Doctrine[118] – eine Vielzahl abwehrfähiger Rechtspositionen nicht zur Erzeugung von Anticommons und letztlich zu dem absurden Ergebnis führen darf, dass jeder auch nur mittelbar betroffene Sacheigentümer bei Datenspeicherung, Datentransport und Datenverarbeitung in einem Netzwerk verbundener Computerressourcen eine Hold-Up Position erlangt, nachdem er sein Eigentum zur Nutzung in einem Netzwerk geöffnet hat, muss freilich auch das deutsche Recht anerkennen. So ließen sich die Folgen einer Ausdehnung des Kreises potentiell Berechtigter etwa durch eine Korrektur auf der Ebene der sachlichen Eigentumsnutzung auffangen. Der Blickpunkt verschiebt sich damit von der Frage, *wessen* Sacheigentum genutzt wird, auf die nachgelagerte und nun betrachtete Frage, welche Arten von Nutzung auch *abwehrfähige* Eigentumsnutzungen darstellen.

2. Die Reichweite von Zuweisungs- und Abwehrbefugnissen als sachliches Konvergenzproblem

Die deswegen fehlende Konvergenz der Schutzgegenstände äußert sich nicht nur in den oben dargestellten personellen Konvergenzproblemen mit Blick auf die Inhaberschaft, sondern auch dadurch, dass die Perspektive der körperlich-technischen Sachnutzung nur schwer mit der Perspektive der inhaltlich-funktionalen Nutzung des eigentlich betrachteten wirtschaftlichen Herrschafts- und Verfügungsgegenstandes in Einklang gebracht werden kann. Die Grenzen der tatsächlichen Gegenständlichkeit virtueller Gegenstände und die Reichweite der hieran anknüpfenden Exklusivität lassen sich nur schwer von ihrem virtuellen Kontext auf die zugrunde liegende Hardware projizieren. Das zeigt sich vor allem bei der Reichweite der von § 903 BGB gewährten Eigentümerbefugnisse und ihrer erforderli-

---

[117] Vgl. BGH GRUR 2004, 530, 531 f. – *Fremdeinspeisung*; OLG München MMR 2002, 49; OLG Hamburg MMR 2001, 526. Zur Steuerung der Reichweite der Abwehrbefugnisse über eine (ggf. konkludente) Einwilligung sogleich.

[118] Vgl. oben Kap. 2 D.I.3.d.

chen Begrenzung. So sind beispielsweise eine – soweit technisch überhaupt möglich – virtuelle Substanzbeeinträchtigung oder – eher denkbar – eine virtuelle Nutzungsbeeinträchtigung[119] nur schwer mit den Eigentümerbefugnissen an der Systemhardware abstimmbar, da alle virtuellen inhaltlichen Interaktionsvorgänge im Rahmen einer technisch normalen Servernutzung erfolgen. Die eigentliche Nutzung virtueller Güter oder virtueller Räume berührt die Nutzung des zugrunde liegenden Sacheigentums nur äußerst mittelbar[120].

a. Die Divergenz von virtuell-inhaltlicher und real-technischer Nutzung

Das eigentliche Problem bildet das Auseinanderfallen von inhaltlicher Interaktion zwischen Nutzern *im Kontext* des virtuellen Raumes und dieser *zugrunde liegender* technischer Interaktion auf der Ebene der dazu jeweils notwendigen elektronischen Steuerungsbefehle und ihrer Ausführung auf einem die virtuelle Umgebung generierenden Computer, meist einem zentralen Server. Am – einfach verständlichen – Beispiel der Fälle des virtuellen Hausrechts erfolgte eine inhaltliche Nutzung durch das Hochladen von Texten, das sich auf physischer Ebene in der Nutzung von Speicherplatz niederschlug. Dieses Beispiel kann jedoch kaum wiedergeben, wie sich die vielfältigen Formen inhaltlicher Nutzung virtueller Welten in der technischen Nutzung der ihrem Betrieb zugrunde liegenden Server niederschlagen[121]. Die eigentliche Interaktion erfolgt ebenso auf inhaltlicher Ebene im Kontext der virtuellen Umgebung. Dort werden Gegenstände produziert, benutzt, gehandelt, ihre Lage im virtuellen Raum verändert, u.U. ihre Nutzung behindert und u.U. – sofern technisch möglich – sogar zerstört. Zwar wird die Hardware für alle diese Handlungen in irgendeiner Weise auch benutzt. Diese Art der technischen Nutzung hat mit der inhaltlichen Nutzung innerhalb des generierten virtuellen Raumes indes kaum etwas gemein. Unabhängig von den Handlungen, die Nutzer im inhaltlichen Kontext einer virtuellen Welt vornehmen, erfolgen in technischer Hinsicht auch nur die eingangs darge-

---

[119] Ob die Zerstörung virtueller Gegenstände in ihrem virtuellen Kontext überhaupt möglich ist, ist eine so grundsätzliche Architekturentscheidung, dass sie meist schon auf der technischen Ebene erfolgt. Eher als eine Zerstörung sind im virtuellen Kontext Behinderungen der Nutzung möglich, wie etwa virtuelle Blockaden, Demonstrationen, sog. Griefing. Vgl. zu beidem Kap. 4 F.II.4.d.cc.

[120] Vgl. *Ladeur* in: *Eifert/Hoffmann-Riem* S. 339, 346.

[121] Die genauen Modalitäten der Benutzung sind in technischer Hinsicht so vielgestaltig und von den jeweiligen technischen Designentscheidungen der Betreiber abhängig, dass hier zum einen keine generelle Aussage getroffen werden kann. Zum anderen verbietet sich aber auch gerade deshalb ein zu enger Blick auf die genaue technische Umsetzung. Zur technischen Umsetzung vgl. Kap. 1 B.II., insbesondere zur Übertragung virtueller Gegenstände Kap. 7 D.III.4.b.

stellten normalen Nutzungsvorgänge, bei denen Daten zwischen Client und Server übertragen werden, der Server die Folgen einer Handlung für das Geschehen im virtuellen Raum ausrechnet, Einträge in Datenbanken aktualisiert und entsprechende Daten an die Clients aller betroffenen Nutzer zurück überträgt. Im Falle eines – soweit technisch überhaupt möglich, weil vorgesehenen – „virtuellen Diebstahls" ist das schlicht ein neuer Datenbankeintrag, dass nun ein anderer Nutzer die technische Verfügungsgewalt über einen virtuellen Gegenstand hat. Bei einer virtuellen Blockade ist das die Information an die jeweiligen Clientprogramme, dass eine bestimmte Handlung – etwa eine Bewegung – nicht möglich ist. Bei der Zerstörung eines virtuellen Gegenstandes wird schlicht ein Datenbankeintrag gelöscht. Etwaige Beeinträchtigungen, die sich für die Nutzer aus dem inhaltlichen Kontext ergeben, schlagen sich auf technischer Ebene nicht nieder, sondern sind Teil des normalen Betriebes.

Schon diese Betrachtung zeigt, dass die Reichweite von Zuweisungsgehalt und Ausschlussbefugnissen auf technischer Ebene für den normalen Nutzer nicht erkennbar, von der jeweiligen technischen Ausgestaltung abhängig, damit vom Betreiber beeinflussbar und in ihrer Konstruktion auch unnötig kompliziert ist, wenn man die eigentlich relevante Handlung schlicht als unmittelbar nachvollziehbare und eingängige virtuelle Übertragung, Blockade oder gar Zerstörung klassifizieren kann.

b. Versuch und Grenzen eines Abgleichs von Sachnutzung und Datennutzung

Dass Versuche, Daten über den Datenträger eigentumsrechtlich zu erfassen, zu erheblicher Unklarheit bei der Reichweite von Ausschluss- und Zuweisungsbefugnis über virtuelle Gegenstände führt, zeigt sich sehr deutlich am Beispiel der Nutzung, die dem Eigentümer zugewiesen ist, aber Abwehrbefugnisse gegen Einwirkungen Dritter erst bei nicht unerheblicher Beeinträchtigung gewährt.

Hierzu ist als Vorfrage zunächst zu klären, ob zwischen flüchtigen und nichtflüchtigen Speichermedien zu differenzieren ist (aa.), bevor die allgemeine Bedeutung des Kriteriums der Erheblichkeit für Nutzungsbeeinträchtigungen kurz umrissen wird (bb.(1)). Sodann ist zu fragen, ob eine elektronisch vermittelte Einwirkung eine bloße Einwirkung auf die Nutzung einer Sache ist und damit notwendigerweise eine gewisse Erheblichkeit erfordert, oder ob es sich um eine Einwirkung auf die Substanz handelt, womit eine Erheblichkeit entbehrlich ist (bb.(2)). Für die sachliche Konvergenzproblematik entscheidend ist schließlich, ob man zur Bestimmung der Beeinträchtigung auf die tatsächlich in Bezug genommene körperliche Sache abstellt, deren Sacheigenschaft und Abgrenzung sich nach der Verkehrsauffassung bestimmt, und so beispielsweise die

Nutzung eines ganzen Servers oder eines ganzen Datenträgers zum Maßstab erhebt, oder ob der Blick auf die dort verkörperten Daten als abgrenzbare Dateneinheiten oder Speicherbereiche gerichtet wird. Naturgemäß wird die Schwelle zur Erheblichkeit einer Einwirkung auf Daten umso geringer sein, je kleiner das Bezugsobjekt gewählt wird. Die Veränderung einer Datei mag für die gesamte Funktion eines Servers unerheblich sein; für die Funktion der in der Datei niedergelegten Daten ist sie jedoch entscheidend (bb(3))[122].

aa. Irrelevanz der technischen Art eines Speichermediums

Mit der Frage des Speichermediums sei begonnen. Teilweise wird gegen eine technische Differenzierung nach der Art des Speichermediums plädiert[123], überwiegend aber dafür, was flüchtige Verkörperungen im Arbeitsspeicher von der Reichweite des Eigentums ausschließen soll[124]. Für letztere Ansicht spricht die zutreffende Einsicht, dass – im Hinblick auf die hier interessierenden Zuweisungs- und Abwehrbefugnisse bei netzwerkverbundener Nutzung – nicht jede Benutzung eines nichtflüchtigen Speichermediums, wie sie bei jeder nur denkbaren Nutzung eines Computers zwangsläufig auftritt, potentielle eigentumsrechtliche Abwehransprüche auslösen kann. Ferner bringt eine nicht permanente Speicherung naturgemäß höhere, dem Nutzer im Ergebnis aufzubürdende Gefahren des Datenverlustes mit sich. Jedoch erscheint es nicht sachgerecht, diese Frage schon an der technischen Form des Speichermediums festzumachen und so von einer Stromzufuhr abhängige Medien a priori auszuschließen. Denn ihre Bedeutung erlangen Speichermedien in erster Linie durch ihre Funktion, nicht durch ihre – auch dem schnellen technischen Wandel unterworfene – Konstruktion[125]. Daher erscheint eine funktionale Betrachtung

---

[122] Insofern besteht entgegen Staudinger/*Hager*[1999] § 823 Rn. B 60 in der Diskussion um die Sacheigenschaft von Software durchaus ein Unterschied zwischen einem Ansatz am Datenträger selbst, in dem die Software verkörpert ist, und einem Ansatz an der Software selbst, weil sie irgendwie verkörpert ist.

[123] *Mantz* K&R 2007, 566, 567; in diese Richtung wohl auch BGH NJW 2007, 2394, 2395 – *ASP Vertrag*.

[124] Nur für magnetische Datenträger *Faustmann* VuR 2006, 260; *Meier/Wehlau* NJW 1998, 1585, 1588; MüKo BGB/*Wagner*[4] § 823 Rn. 96; Palandt/*Sprau*[68] § 823 Rn. 9. Wohl nur dann eine Einwirkung auf die Sach*substanz* begreifend auch Soergel/*Spickhoff*[13] § 823 Rn. 79.

[125] Eine elektronische Einwirkung auf den flüchtigen Arbeitsspeicher, die bei jedem Ablauf von Programmen erfolgt, ist meist ebenso unerheblich wie eine Einwirkung auf nichtflüchtige Speicher, wenn diese dieselbe Funktion eines lediglich temporären Speichers ausüben. Das ist z.B. bei der von jedem Betriebssystem vorgenommenen Auslagerung des Arbeitsspeichers in eine Swap-Datei oder Swap-Partition auf der Festplatte der Fall. Umgekehrt können bei kaum vom Strom getrennten Computern auch logische

sachgerechter, welche die Folgen einer Einwirkung als eine Frage der Erheblichkeit formuliert, anstatt die Natur des Mediums vorgelagert zu betrachten.

bb. Eigentumsrelevante Sachnutzung und Erheblichkeit

Sieht man in der Erheblichkeit etwaiger Einwirkungen die entscheidende Voraussetzung einer aus dem Eigentum abwehrfähigen Sachnutzung, muss zunächst klargestellt werden, ob eine elektronische Einwirkung sich in einer bloßen Nutzungsbeeinträchtigung erschöpft, deren Reichweite maßgeblich durch dieses Kriterium gesteuert wird (1), oder ob es sich gar um eine stets abwehrfähige Substanzeinwirkung handelt (2). Zudem ist für das erforderliche Maß der Erheblichkeit der genaue Bezugsgegenstand herauszuarbeiten (3).

(1) Nicht unerhebliche Beeinträchtigung als Voraussetzung eigentumsrelevanter Sachnutzung

Aus dem Eigentum fließen gem. § 903 BGB die umfassenden Befugnisse für den Eigentümer, einerseits positiv nach Belieben mit einer Sache zu verfahren und andererseits negativ Dritte von einer Einwirkung auszuschließen[126]. Wie weit die Zuordnung des Eigentums und die damit korrespondierende Ausschlussbefugnis reicht, zeigt sich bei der Durchsetzung der Eigentümerbefugnisse gegen eine Störung im Wege eines Unterlassungsanspruches gem. § 1004 I BGB sowie beim Ersatz für dadurch entstandene Schäden in § 823 I BGB. Beide setzen einen widerrechtlichen Eingriff in das Eigentum als geschütztes Rechtsgut voraus. Ein solcher Eingriff kann nicht nur durch Entziehung und Substanzverletzung (wie etwa Zerstörung, Beschädigung, Verunstaltung) erfolgen, sondern auch durch Beeinträchtigung der Nutzung[127]. Im Hinblick auf das letzte Kriterium besteht einige Unsicherheit, wie weit die exklusive Nutzungsbefugnis des Eigentümers reicht und wie weit die bloße wirtschaftliche Nutzung einer Sache – insbesondere ihre Lage im Raum und wirtschaft-

---

Laufwerke als RAM-Disc im sonst flüchtigen Arbeitsspeicher angelegt werden und permanenten Speichern gleichkommen. Einige neuere Laufwerke arbeiten zur Steigerung der Geschwindigkeit gar mit einer Kombination aus flüchtigem Speicher und interner Notstromversorgung für den Fall eines Stromausfalls und sind in ihrer Funktion nichtflüchtigen (und langsameren) Speichermedien sehr angenähert. Umgekehrt gibt es auch Geräte, die nichtflüchtigen Flash-EEPROM Speicher als Arbeitsspeicher verwenden. Eine Differenzierung allein nach der Art des Mediums führt daher nicht weiter und ist angesichts sich schnell fortentwickelnder Technik mit erheblicher Unsicherheit behaftet.

[126] Palandt/*Bassenge*[68] § 903 Rn. 4-6; Erman/*A. Lorenz*[12] § 903 Rn. 1.

[127] Palandt/*Sprau*[68] § 823 Rn. 7; Erman/*Schiemann*[12] § 823 Rn. 23; Soergel/*Spickhoff*[13] § 823 Rn. 59 ff.

liche Verbindung mit Gegenständen außerhalb ihrer selbst – noch vom Zuweisungsgehalt des Eigentums erfasst ist, und wo das allgemeine wirtschaftliche Lebens- und Verwendungsrisiko einer Sache beginnt. Um diese auszuräumen, ist das vom BGH verwendete abstrakte Kriterium einer nicht unerheblichen Beeinträchtigung der bestimmungsgemäßen Verwendung[128] wegen der stets einzelfallbezogenen Betrachtung nur bedingt geeignet.

Die allgemeine Formel der nicht unerheblichen Beeinträchtigung der bestimmungsgemäßen Verwendung kohärent mit Leben zu füllen, ist dem BGH bislang noch nicht gelungen[129]. Im Ausgangspunkt muss die Nutzungsstörung jedenfalls die Sache selbst betreffen und nicht lediglich die Person des Berechtigten, auch wenn er dabei in der Ausübung seiner Eigentümerbefugnisse gestört wird[130]. Werden hingegen die Gebrauchsmöglichkeiten einer Sache selbst eingeschränkt, so tut sich ein weites graduelles Spektrum zwischen der (nicht abwehrfähigen) Beeinträchtigung nur einer Gebrauchsmöglichkeit und dem (abwehrfähigen) völligen Verlust aller sinnvollen Gebrauchsmöglichkeiten auf; dies auch mit unterschiedlichen zeitlichen Dimensionen. Im Kern lässt sich die Abgrenzung nach dem Maß ziehen, in dem die wirtschaftlichen Nutzungsmöglichkeiten einer Sache eingeengt sind. Die konkrete, vom Eigentümer intendierte Nutzung wird meist betroffen sein, denn sonst würde er nicht rechtlich gegen die Einwirkung vorgehen. Ebenso wird oft trotz der Einwirkung noch irgendeine alternative Form der Nutzung in Betracht kommen. Welche zumutbaren und sinnvollen alternativen Nutzungsmöglichkeiten noch in Betracht kommen, entscheidet letztlich über das Vorliegen einer Eigentumsverletzung, auch wenn das auf eine Vielzahl von Einzelfallentscheidungen hinausläuft[131].

---

[128] BGH NJW 1994, 517, 518; BGH NJW 1998, 1942, 1943.

[129] Krit. Erman/*Schiemann*[13] § 823 Rn. 31; Staudinger/*Hager*[1999] § 823 Rn. B 89 ff.

[130] BGHZ 63, 203, 206; BGH NJW 1977, 2264, 2265; Staudinger/*Hager*[1999] § 823 Rn. B 89; Soergel/*Spickhoff*[13] § 823 Rn. 62.

[131] In diesen Rahmen lassen sich die wichtigsten Entscheidung des BGH einpassen: BGH NJW 1977, 2264, 2265: Eigentumsverletzung verneint bei kurzfristiger Blockade einer Grundstückszufahrt, wobei das Grundstück i.Ü. aber genutzt werden konnte; BGHZ 55, 153, 160: verneint für Schiffe, die nur einen bestimmten Hafen nicht anlaufen können, aber anderweitig nutzbar waren; BGH NJW-RR 2005, 673, 674: verneint für Lokomotiven, die nur eine bestimmte Eisenbahnstrecke nicht befahren können; BGHZ 55, 153, 159: bejaht für ein eingesperrtes und so als Transportmittel gänzlich unverwendbares Schiff; BGH NJW 1977, 2264, 2265: bejaht für Räumung eines Grundstückes wegen Explosionsgefahr; BGHZ 137, 89: bejaht für Baumaschinen bei vollständigem Ausschluss von der Nutzung durch zweitägige Blockade (entschieden für Besitz, aber übertragbar). BGHZ 86, 152, 155 lässt sich hier allerdings nicht wirklich einfügen, wo eine Eigentumsverletzung an Hafenanlagen verneint wurde, die mangels Wasser im zuführenden Kanal nicht mehr angelaufen werden konnten und damit nicht mehr zum Entladen von Schiffen (und wohl auch nicht sonstwie) benutzbar waren; krit. auch Staudinger/*Hager*[1999] § 823 Rn. B 97. Eine Sonderstellung – augenscheinlich wegen der immensen wirtschaftlichen Haftungsrisiken – nehmen hier indes die Stromkabelfälle ein (BGHZ 29, 65, 75: keine Haftung für Stillstand einer Fabrik durch gekapptes Stromkabel; anders bei dadurch entstandenen Substanzschäden in BGHZ 41, 123).

Die zahlreichen Versuche im Schrifttum, hier allgemeine aber zugleich griffige Kriterien aufzustellen[132], lassen es nicht angezeigt erscheinen, die Frage der Nutzungsbeeinträchtigung an dieser Stelle erneut erschöpfend klären zu wollen. Für die Zwecke dieser Darstellung lässt sich zumindest festhalten, dass eine Nutzungsbeeinträchtigung jedenfalls eine – im Einzelfall zu bestimmende – gewisse Erheblichkeit der Einwirkung voraussetzt.

(2) Sachnutzung oder Sachsubstanzeinwirkung?

Im Gegensatz zur Beeinträchtigung der Nutzung einer Sache ist eine Substanzeinwirkung stets und unabhängig von der Erheblichkeit der Einwirkung abwehrfähig[133]. Daher spielt es für Daten eine entscheidende Rolle, ob eine elektronisch vermittelte Einwirkung auf diese „nur" die Nutzung des Datenträgers oder auch dessen Sachsubstanz betrifft. Während vereinzelt eine Änderung des Dateninhaltes auf einem Datenträger als Änderung seiner Sachsubstanz begriffen wird[134], geht die weit überwiegende Auffassung zu Recht davon aus, dass es sich hierbei lediglich um Modalitäten der Nutzung des Datenträgers handelt[135]. Dem ist schon

[132] Dem BGH eher folgend und mit der nicht nur kurzfristigen Beeinträchtigung des bestimmungsgemäßen Gebrauches auf die Intensität abstellend Palandt/*Sprau*[68] § 823 Rn. 7; Staudinger/*Hager*[1999] § 823 Rn. B 97. Großzügiger für jede Beeinträchtigung einer funktionsgemäßen Nutzung Erman/*Schiemann*[13] § 823 Rn. 31 f.; für die Unmöglichkeit des bestimmungsgemäßen Gebrauchs in sozialtypischen Verwendungsfunktionen *Medicus* BR[21] Rn. 613. Anders und die Beeinträchtigung des Marktwertes der Sache fordernd MüKo BGB/*Mertens*[3] § 823 Rn. 113. Zu Recht kritisch nunmehr MüKo BGB/*Wagner*[4] § 823 Rn. 116; Soergel/*Spickhoff*[13] § 823 Rn. 63, weil der Schutz des Eigentums mehr sei als der bloße Schutz des Wertes und schon unterhalb der Schwelle greifen müsse, ab der tatsächlich der Marktwert beeinträchtigt wird. Hinzu kommt, dass die Eigentümerbefugnisse auch eine Art der Benutzung einer Sache umfassen können, die sich nicht in dem aus generellem Verhältnis von Angebot und Nachfrage gebildeten Marktwert niederschlägt. Vgl. Staudinger/*Hager*[1999] § 823 Rn. B 89 ff. m.w.N. zum Streitstand.

[133] Das Kriterium der nicht unerheblichen Beeinträchtigung der bestimmungsgemäßen Verwendung findet sich dort jedenfalls nicht in der Form, vgl. Bamberger/Roth/*Spindler*[2] § 832 Rn. 40; Erman/*Schiemann*[12] § 823 Rn. 27; Staudinger/*Hager*[1999] § 823 Rn. B 79; MüKo BGB/*Wagner*[4] § 823 Rn. 107.

[134] So *Feldmann/Heidrich* CR 2006, 406, 409; *Faustmann* VuR 2006, 260; Soergel/*Spickhoff*[13] § 823 Rn. 79 (Veränderung der Magnetisierung von Speichermedien ist Einwirkung auf die Sachsubstanz); ebenso wohl *Meier/Wehlau* NJW 1998, 1585, 1588.

[135] OLG Karlsruhe NJW 1996, 200, 201 (Behinderung des Inhabers, mit der Sache nach Wunsch zu verfahren); Erman/*Schiemann*[12] § 823 Rn. 34; etwas unklar Palandt/*Sprau*[68] § 823 Rn. 9 („Eigentumsbeeinträchtigung") aber mit Verweis auf *Spindler* NJW 2004, 3145, 3146, der klar von einer Nutzungsbeeinträchtigung ausgeht; insoweit unklar auch MüKo BGB/*Wagner*[4] § 823 Rn. 96: Eigentumsverletzung, wenn die Magnetisierung von Speichermedien modifiziert wird, indem die auf diesen Datenträgern gespeicherten

deswegen zuzustimmen, weil das Korrektiv, dass auch eine Nutzungsbeeinträchtigung durch elektronische Einwirkung nur dann eine Eigentumsbeeinträchtigung ist, wenn sie erheblich ist, länger andauert und daher nicht sozialadäquat ist[136], sonst schlicht entfallen würde. Es mag bei genauer technischer Sicht durchaus sein, dass der physikalisch-technische Zustand des Datenträgers und damit seine Substanz sich mit jedem Speichervorgang physikalisch ändert[137]. Dass diese technisch beabsichtigte, normale und vor allem ohne Weiteres rückgängig zu machende Änderung als solche jedoch generell abwehrfähig sein soll, würde die Grenzen des Eigentumsschutzes schlichtweg überspannen. Daher erscheint es geboten, die Folgen einer elektronischen Einwirkung als Nutzungsbeeinträchtigung unter der Erheblichkeitsschwelle zu würdigen.

(3) Bezugsobjekt der Sachnutzung

Welches Maß an Erheblichkeit erforderlich ist, hängt stets von der für das Eigentum in Bezug genommenen Sache ab – was wiederum die stets im Hintergrund schwebende Frage der Konvergenz akut werden lässt. Bei konsequenter Anwendung des Daten-Datenträger-Ansatzes muss das Einwirken auf die Funktion eines Datenträgers[138], Computers[139] bzw. einer EDV-Anlage[140] als solcher gewürdigt werden. Hier werden Beeinträchtigungen der Erreichbarkeit in einem Netzwerk etwa durch dDOS-Angriffe[141], die Belegung von Leitungskapazität[142] oder die nicht geringe

---

Informationen verändert oder gelöscht werden. Auch diejenigen, die sich in manchen Fällen für eine Substanzbeeinträchtigung aussprechen, sehen hier als minus jedenfalls eine Nutzungsbeeinträchtigung, vgl. *Faustmann* VuR 2006, 260, 261; Soergel/*Spickhoff*[13] § 823 Rn. 79.

[136] Soergel/*Spickhoff*[13] § 823 Rn. 79; Bamberger/Roth/*Spindler*[2] § 823 Rn. 69.

[137] So etwa eine andere elektrische Ladung bei flüchtigen (z.B. RAM) oder nichtflüchtigen Speicherzellen (z.B. Flash-EEPROM Speicher), eine andere Magnetisierung bei magnetischen Datenträgern (z.B. Disketten, Festplatten), eine Änderung der optisch reflektierenden Oberflächenstruktur (z.B. CD-ROM, DVD).

[138] Auf diesen bzw. auf einen Speicher in den Betrachtungen abstellend OLG Karlsruhe NJW 1996, 200, 201; *Faustmann* VuR 2006, 260; *Meier/Wehlau* NJW 1998, 1585, 1588; MüKo BGB/*Wagner*[4] § 823 Rn. 96; Palandt/*Sprau*[68] § 823 Rn. 9; *Spindler* NJW 1999, 3737, 3738; noch deutlicher *Spindler* NJW 2004, 3145, 3146.

[139] Soergel/*Spickhoff*[13] § 823 Rn. 79.

[140] Erman/*Schiemann*[12] § 823 Rn. 34.

[141] Vgl. *Mantz* K&R 2007, 566, 567; *Kraft/Meister* MMR 2003, 366, 373 für virtuelle Demonstrationen bei nicht unerheblicher Beeinträchtigung.

[142] Vgl. OLG München MMR 2002, 49, 50 für begrenzte Netzkapazitäten bei Kabelfernsehsignalen, was in der Sache auf jedes Datennetzwerk übertragbar erscheint; *v. Reinersdorff* MMR 2001, 528, 529. Nachgehend wurde diese Frage von BGH GRUR 2004, 530 – *Fremdeinspeisung* nicht problematisiert und bei der Lösung über eine nicht

Inanspruchnahme von Speicherplatz[143] abwehrfähig sein. Bezugsobjekt ist dabei – konsequenterweise – nicht eine abgrenzbare Dateneinheit, wie z.B. eine Datei oder ein virtueller Gegenstand, sondern der Datenträger. Erstere sind vielmehr vom Schutz seiner Funktionalität und inneren Ordnung erfasst[144].

Vor diesem Hintergrund ist es nicht selbstverständlich, das Löschen oder die Änderung einzelner Dateien per se auch für die Funktion eines Datenträgers bzw. einer EDV-Anlage als erheblich anzusehen. Auch beim Hinzufügen von Daten auf die Inanspruchnahme zusätzlichen Speicherplatzes zu verweisen[145], überzeugt nur dann, wenn wirklich benutzter und vorhandener Speicherplatz in Relation zueinander gesetzt werden. Ansätze mit einer solch extrem niedrigen Beeinträchtigungsschwelle werden allerdings dann nachvollziehbar, wenn das eigentliche Bezugsobjekt modifiziert wird und das Kriterium der Erheblichkeit auf dessen Teile wie eine abgrenzbare Dateneinheit[146] oder belegte Speicherbereiche bezogen wird[147]. Dementsprechend müssen auf einen Datenträger abstellende Ansätze auch eine höhere Erheblichkeitsschwelle anwenden[148].

---

abwehrfähige, weil freiwillige Disposition des Eigentümers durch Anschluss an das Kabelnetz wohl unterstellt (vgl. Kap. 4 C.II.2.d.).

[143] Vgl. *Feldmann/Heidrich* CR 2006, 406, 409, die aber auf jede Inanspruchnahme von Speicherplatz abstellen.

[144] OLG Karlsruhe NJW 1996, 200, 201; Palandt/*Sprau*[68] § 823 Rn. 9; *Spindler* NJW 1999, 3737, 3738; *Spindler* NJW 2004, 3145, 3146. Wenn von der inneren Ordnung eines Datenträgers die Rede ist, wird begrifflich auf die Störung einer Sachgesamtheit und damit auf BGH NJW 1980, 1518, 1519 Bezug genommen, der eine Eigentumsverletzung auch ohne Substanzbeschädigung allein durch die Änderung der Ordnung in einem Archiv als Sachgesamtheit annimmt. Gerade diese Störung der Ordnung als Beeinträchtigung des Bestimmungsrecht des Eigentümers diskutiert Staudinger/*Hager*[1999] § 823 Rn. B 82 allerdings unter dem Oberbegriff der Substanzbeeinträchtigung.

[145] So *Feldmann/Heidrich* CR 2006, 406, 409 für das virtuelle Hausrecht mit der Argumentation, die Nutzung führe zu einer Inanspruchnahme des – letztlich begrenzten – Speicherplatzes.

[146] In Bezug auf verkörperte Computerprogramme, welche im Rahmen eines ASP-Nutzungsvertrages auf einem Server gespeichert und über das Internet zugänglich sind, verneint der BGH NJW 2007, 2394, 2395 – *ASP Vertrag* zwar den Besitz an diesen, allerdings mangels Sachherrschaft, nicht ausdrücklich wegen eines untauglichen Bezugsgegenstandes.

[147] In diese Richtung für Internetforen *Feldmann/Heidrich* CR 2006, 406, 409: Server*kapazitäten* (Herv. d. Verf.) hätten Sachqualität; vgl. auch *Härting* CR 2001, 37, 43, der bei einem Webhosting-Vertrag einen physischen Teil der Festplatte als vermietete Sache ansieht.

[148] Vgl. deutlich zur Bedeutung des Bezugsobjekts *Koch* NJW 2004, 801, 802, der eine Beeinträchtigung der Integrität von Daten als Sachen annimmt und daneben eine Eigentumsverletzung am Computer bei erheblichen Funktionsstörungen für denkbar hält. Nach *Faustmann* VuR 2006, 260 f. soll eine Beeinträchtigung des bestimmungsgemäßen Gebrauches bei nichtflüchtigem Speicher erst bei einer nachhaltigen Beeinträchtigung

Außer Frage steht, dass sich die Erheblichkeit bei beiden Bezugsobjekten jedenfalls im Hinblick auf solche Daten deckt, die für eine ordnungsgemäße Funktion der EDV-Anlage erforderlich sind, wie z.B. solche für die grundlegenden Funktionen des Betriebssystems und von Anwendungsprogrammen, zudem – in negativer Hinsicht – die Abwesenheit von Computerviren, Malware, Spyware und anderen, unerwünschte Funktionen ausführenden Programmen. Die Beeinträchtigung der Daten führt dabei meist zu einer Beeinträchtigung des gesamten Systems. Für eine Vielzahl anderer Daten gilt diese Erwägung jedoch gerade nicht.

Wenn – als Beispiel – eine auf einem Computer gespeicherte Textdatei verändert und Teile des Textes gelöscht werden, ist diese Störung im Hinblick auf diese Datei erheblich. Für die Funktion des Computers sind hier zumindest dann Zweifel angebracht, wenn man wirklich an ihm als eigentlichem Objekt der Betrachtung festhält. Ebenso mag die Einwirkung auf virtuelle Gegenstände in ihrem virtuellen Kontext erheblich für deren Nutzung in diesem Kontext sein. Auf dem Server werden jedoch lediglich die räumlichen Positionsdaten von Objekten geändert – was im Laufe normalen Betriebes ständig passiert. Wollte man hier die Erheblichkeit bejahen, müsste man die rein technische Betrachtungsebene um das virtuelle Geschehen in seinem Kontext erweitern.

Hieraus lassen sich zwei mögliche Schlüsse ableiten: Einerseits ließe sich die Erheblichkeit auf der physisch-körperlichen Ebene generell dann bejahen, wenn de facto Daten in ihrem Nutzungskontext betroffen sind. Dann würde aber das Festhalten an der körperlichen Sache als Ansatz und *deren* Beeinträchtigung zu bloßer Makulatur verkommen, so dass der eigentliche konstruktive Schritt hin zu einem eigenständigen Recht an abgrenzbaren virtuellen Gegenständen nur ein konsequenter wäre.

Andererseits müsste eine ihrerseits konsequente Anwendung des Daten-Datenträger-Ansatzes die Erheblichkeit verneinen. Damit wären Einwirkungen auf Daten als solche trotz ihrer wirtschaftlichen Folgen solange folgenlos, wie nicht auch die Nutzung des Computersystems betroffen ist. In diesem Fall wäre das Bedürfnis nach einem originären Recht keinewegs rein dogmatischer Natur, sondern ein wirtschaftliches Schutzbedürfnis. Beide Erwägungen verleihen der Anerkennung eines originären Rechtes an Daten – freilich auf unterschiedliche Weise – ein gewisses Moment.

In solchen Konstellationen, in denen die konkrete Nutzung des Sacheigentums so sehr transzendiert wird, dass für die Bestimmung nicht mehr wirklich auf die technische Sachnutzung geschaut werden kann, sondern eine völlig betriebsnormale technische Nutzung erst auf einer virtuellen, inhaltlichen Ebene Probleme aufwirft (wenn Dateien geändert oder virtuelle Gegenstände in ihrer Nutzung beeinträchtigt werden), kann das

---

des Systems, bei flüchtigem Speicher bei praktischer Unbenutzbarkeit eintreten – im Gegensatz zu dem dort geforderten Recht am eigenen Datenbestand als solchen (a.a.O. 263).

Sacheigentum zwar formal noch als Anknüpfungspunkt herhalten. In der Sache hat sich die Frage der Beeinträchtigung jedoch von der Betrachtung eines körperlichen Gegenstandes gelöst.

c. Beispiel: „Technische" Ansätze zum virtuellen Hausrecht und ihre Grenzen

Dass ein technischer Ansatz Probleme hat, die Nutzung virtueller Räume oder Güter mit der dabei erfolgenden technischen Nutzung des zugrunde liegenden Computersystems in Einklang zu bringen, zeigt sich schon am Beispiel des virtuellen Hausrechts über einen Ansatz am Sacheigentum. Hier besteht erhebliche Unklarheit darüber, wann eine inhaltliche Nutzung des virtuellen Raumes auch mit einer eigentumsrechtlich relevanten (und in diesem Fall abwehrfähigen) Sachnutzung korrespondiert. Im Schrifttum finden sich hier drei Vorschläge, die allerdings alle sehr eng auf den vom LG Bonn bzw. OLG Köln entschiedenen Fall eines Meinungsforums bezogen sind und sich ihrerseits auch eine Reihe von Einwänden ausgesetzt sehen.

So wird zunächst auf die Inanspruchnahme zusätzlichen Speicherplatzes auf einem Server durch das Einstellen von Beiträgen abgestellt, um eine Grundlage für eine abwehrfähige Rechtsposition zu schaffen[149]. Diese Nutzung von Kapazität korrespondiert zwar mit dem Ansatz in den Kabeldurchleitungsfällen, wo eine abwehrfähige Eigentumsnutzung auf die Inanspruchnahme zusätzlicher und letztlich begrenzter Leistungskapazität gestützt wurde[150]. Allerdings ist zweifelhaft, ob durch eine minimale Inanspruchnahme zusätzlichen Speicherplatzes bereits die Erheblichkeitsschwelle überschritten ist.

Ein anderer Ansatz zieht technische Schreibvorgänge auf dem Datenträger heran[151]. Ein solcher Ansatz ist aber ebenso nur bedingt in der Lage, Störungen auf der virtuell-inhaltlichen Ebene ohne eine Veränderung der

---

[149] So *Feldmann/Heidrich* CR 2006, 406, 409 mit der Argumentation, die Nutzung führe zu Inanspruchnahme des – letztlich begrenzten – Speicherplatzes; a.A. *Faustmann* VuR 2006, 260, 261.

[150] Prima facie war es zwar die Art der zusätzlich durchgeleiteten Signale, welche zu einer wirtschaftlichen Beeinträchtigung führten, weil sie unter Umgehung des klagenden Hauskabelnetzbetreibers direkt vom vorgelagerten Netzbetreiber an Endkunden übermittelt wurden und so das Geschäftsmodell des Übergangenen in Frage stellten. Die neu in das Kabel eingespeisten Kanäle nutzten jedoch auch physische Bandbreite. Explizit auf die begrenzten Netzkapazitäten abstellend OLG München MMR 2002, 49, 50; *v. Reinersdorff* MMR 2001, 528, 529; in der Revisionsinstanz nicht problematisiert durch BGH GRUR 2004, 530 – *Fremdeinspeisung*.

[151] So *Kunz* S. 128, 130, die zwischen bloßen Lesevorgängen (z.B. beim Zugriff auf Websites) und Schreibvorgängen (z.B. durch das Einstellen von Inhalten in Internetforen) differenzieren will.

in Frage stehenden Daten zu erfassen. Das kann etwa dadurch geschehen, dass die physischen Daten unverändert gelassen werden, aber Änderungen des diese Daten nutzenden und die virtuelle Umgebung und Interaktionsmöglichkeiten schaffenden Programms ihre Nutzbarkeit beeinträchtigt[152]. Gleiches gilt für Handlungen innerhalb des virtuellen Raumes, welche wie im Fall einer virtuellen Blockade oder virtuellen Belästigung[153] die Nutzbarkeit eines virtuellen Gegenstandes im virtuellen Raum behindern, ohne die ihm technisch zugrunde liegenden Daten überhaupt zu berühren.

Und schließlich ließe sich, nicht differenziert nach Schreib- und Lesevorgängen, auf jede Form der Hardwarenutzung abstellen. Hierfür spricht, dass bei konsequenter technischer Betrachtung auch bloße Lesevorgänge nicht ausgeblendet werden können, weil diese beim Auslesen von Daten die Hardware technisch nicht weniger als Schreibvorgänge nutzen. Ein praktisches Bedürfnis diese einzubeziehen stellt sich etwa in den Fällen eines massenhaften Zugriffs auf ein Computersystem, wie bei einer dDoS-Attacke, oder einer „virtuellen Demonstration"[154].

Wie oben bereits angedeutet, kann aber hierbei nicht jede Form der Sachnutzung abwehrfähig sein, weil die Nutzung von Daten und virtuellen Gegenständen in ihrem virtuellen Kontext mit einer technisch völlig normalen Nutzung des Sacheigentums am Server im laufenden Betrieb korrespondiert.

Wollte man dennoch eine Vielzahl fragmentierter, aus dem Sacheigentum fließender Einzelrechte an die Sachnutzung eines Servers knüpfen, auch wenn diese nur einen minimalen Teil der darauf gespeicherten Daten oder genutzter Rechenkapazität betrifft, so erforderte es einen erheblichen Begründungsaufwand, diese Folgen generell für technisch ähnliche Nutzungen netzwerkverbundener körperlicher Computerressourcen abzulehnen. Bereits im Zusammenhang mit der Cyberproperty-Doctrine wurde auf die dadurch entstehenden Gefahren hingewiesen. Nicht nur unerwünschte und auf einen eigenen Server gerichtete Hyperlinks ließen sich so theoretisch als Teilnahme an Eigentumsverletzungen erfassen[155],

---

[152] Vgl. *Meehan* 13 Rich. J. L. & Tech. 7 Tz. 42 f. (2006), der auf den Fall verweist, dass virtuelle Gegenstände zwar nicht gelöscht werden, aber schlichtweg nicht mehr zugänglich sind.

[153] Zu solchen Fällen sog. „Griefings" Kap. 4 F.II.4.d.cc.

[154] Vgl. *Kraft/Meister* MMR 2003, 366, 373 unter der Prämisse nicht unerheblicher Beeinträchtigung. Für eine Anwendung des Rechts am eingerichteten und ausgeübten Gewerbebetrieb in einem solchen Fall vgl. LG Hamburg MMR 2006, 491.

[155] *Adams* [2002] I.P.Q. 1, 2 für das englische Recht. Eine Ausdehnung auf Hyperlinks würde insbesondere die hierzulande anerkannte Zulässigkeit von Deep Links (BGH GRUR 2003, 958 – *Paperboy*) unterlaufen, deren Verwendung wegen der möglichen Umgehung geschalteter Werbung für den Verlinkten wirtschaftlich oftmals unerwünscht sind.

sondern auch die Schranken von Immaterialgüterrechten unter Berufung auf das Sacheigentum aushebeln[156]. Selbst wenn man das aus Investitionsschutzgesichtspunkten für nicht abwegig halten mag[157], ist es bedenklich, solche Folgen gerade an das Sacheigentum zu knüpfen, dessen Schutzreichweite sich eigentlich nach dem formalen Maß der körperlichen Einwirkung bemisst[158] und nicht mit wirtschaftlichen Investitionsschutzerwägungen überfrachtet werden sollte.

d. Dogmatische Einbruchstellen für Korrekturen

Um die aus dem Sacheigentum fließenden Befugnisse nicht ausufern zu lassen, bieten sich verschiedene Ansatzpunkte für eine interessen- und sachgerechte Steuerung ihrer Reichweite an. Wiederum verschiebt sich hier – um allzu absurde Ergebnisse zu vermeiden und nicht gar jeden Aufruf einer Internetseite als potentielle Eigentumsbeeinträchtigung am Server zu sehen – der Blickpunkt von der Frage der grundsätzlich eröffneten Abwehrbefugnisse auf die Frage der tatsächlich auch abwehrfähigen Nutzung. Als Ausgangspunkt der Überlegungen dient die Tatsache, dass alle elektronisch genutzten, körperlichen, netzwerkverbundenen Ressourcen gerade diesem Zweck freigegeben und für Einwirkungen geöffnet wurden. Sind diese insofern geradezu auf eine verknüpfte Nutzung angelegt[159], können nicht gleichzeitig die Vorteile dieser Nutzung in Anspruch genommen und Abwehrbefugnisse dagegen geltend gemacht werden.

---

[156] So gerade der Vorschlag von *Adams* [2002] I.P.Q. 1, 16, der eine Anwendung der Cyberproperty-Doctrine im englischen Recht befürwortet, um die Grenzen immaterialgüterrechtlichen Schutzes zu überkommen. Nach ihm hätte etwa die Übernahme von elektronischen Pferderenndaten in *British Horse Racing Board v. William Hill* [2005] EWCA (Civ) 863 auch über Trespass gelöst werden können. Das würde die Entscheidung des EuGH GRUR 2005, 244, 250 Rn. 69 – *British Horseracing Board* zur Beschränkung des Datenbankschutzes gem. Art. 7 I DatenbankRL 96/9/EG auf die Entnahme eines wesentlichen Teils solcher Daten, deren Aufnahme in die Datenbank, nicht aber deren Erzeugung eine wesentliche Investition voraussetzt, schlichtweg unterlaufen.

[157] Vgl. aber zur Kritik eines ausufernden Investitionsschutz Kap. 4 B.II.2.a.

[158] Vgl. etwa BGH GRUR 1990, 390, 391 – *Friesenhaus*, der eine Eigentumsverletzung durch Vermarktung eines Fotos der Sache ohne Substanzeinwirkung ablehnt, obwohl dies eine wirtschaftliche Nutzung des Eigentums durch Dritte darstellt und so auch als Schmälerung des abschöpfbaren Gewinnes und Minderung von Investitionsanreizen formulierbar wäre. Soweit solche Erwägungen zum Tragen kommen (vgl. etwa BGH GRUR 1975, 500 – *Schloss Tegel* zur Verwertung eines Fotos; BGH GRUR 2004, 530 – *Fremdeinspeisung* für die Durchleitung digitaler Kabelprogramme), ist dem hier die Frage der körperlichen Beeinträchtigung vorgelagert.

[159] Vgl. dazu die oben dargestellte Kritik an der Cyberproperty-Doctrine in Kap. 2 D.I.3.d. Diese Erwägungen greifen *Kraft/Meister* MMR 2003, 366, 373; *Kunz* S. 130; *Ladeur* in: *Eifert/Hoffmann-Riehm* S. 339, 346 f. auf.

Für die sinnvolle dogmatische Verortung eines Korrektivs kommen mehrere Ebenen in Betracht: Zunächst ließe sich schon die Sacheigenschaft in einem Datenträger verkörperter Daten bestreiten und damit vom Sacheigentum abkoppeln. Das Eigentum an der Hardware wäre nur dann betroffen, wenn sie als solche in ihrer Funktion beeinträchtigt ist, wie bei einer nicht unerheblichen technischen Störung. Wie jedoch oben bereits dargestellt, wird die Sacheigenschaft und damit auch die Eigentumsfähigkeit und der deliktische Schutz von Daten mittlerweile überwiegend bejaht[160].

Weiterhin kann eine Auslegung am Begriff der Einwirkung i.S.d. § 903 S. 1 BGB ansetzen, der die Grenzen des Eigentumsschutzes zieht[161]. Eine solche kann jedoch nicht jede Form rein elektronischer Interaktion ausklammern. Wenn schon die Durchleitung von Daten zum Inhalt des Sacheigentums zählt[162], spricht einiges dafür, dasselbe erst recht für deren Speicherung und Verarbeitung anzunehmen[163].

Sieht man elektronische Einwirkungen als Nutzungsbeeinträchtigungen, kommt dem Erfordernis der Erheblichkeit eine zentrale Rolle zu (s.o.). Elektronische Einwirkungen im Rahmen technisch normaler Nutzung ließen sich zudem als sozialadäquat begreifen[164]. Auch ein Entfall der Widerrechtlichkeit durch stillschweigende Einwilligung wird vertreten[165].

---

[160] Für Daten als Schutzgut des Eigentums i.S.d. von § 823 I BGB etwa OLG Karlsruhe NJW 1996, 200, 201; Bamberger/Roth/*Spindler*[2] § 823 Rn. 55; *Faustmann* VuR 2006, 260 f.; *Mantz* K&R 2007, 566, 567; MüKo BGB/*Wagner*[4] § 823 Rn. 96; Palandt/*Sprau*[68] § 823 Rn. 9; Soergel/*Spickhoff*[13] § 823 Rn. 79; Staudinger/*Hager*[1999] § 823 Rn. B 60; *Koch* NJW 2004, 801, 802 f.

[161] So *Kunz* S. 130 für Lesevorgänge beim virtuellen Hausrecht. Eine Beeinträchtigung ist jeder dem Inhalt des Eigentums widersprechende Eingriff. An diesen Umfang des § 903 BGB knüpft auch § 823 I BGB an, vgl. Palandt/*Bassenge*[68] § 1004 Rn. 6; Staudinger/*Hager*[1999] § 823 Rn. B 58.

[162] So für die Durchleitung analoger und digitaler Fernseh- und Internetsignale durch ein Kabel BGH GRUR 2004, 530, 531 f. – *Fremdeinspeisung*; OLG München MMR 2002, 49; OLG Hamburg MMR 2001, 526. Zur Steuerung der Reichweite der Abwehrbefugnisse hierbei sogleich.

[163] Vgl. die o.g. Nachweise zum deliktischen Schutz von Daten über den Datenträger. Als a.A. auslegbar LG Berlin NJW 2002, 2569, 2570, das eine Eigentumsverletzung ablehnt, weil „...durch den Empfang unerwünschter E-Mails keine *materiellen* [Herv. d. Verf.] Wirtschaftsgüter beeinträchtigt werden." Freilich ließe sich diese Aussage auch in einer Weise verstehen, dass im Ergebnis keine materiellen Wirtschaftsgüter *beeinträchtigt* wurden, wobei die Begründung offen bleibt.

[164] Mit diesem Kriterium *Mantz* K&R 2007, 566, 571, der Sozialadäquanz bei Gefahr der Kompromittierung eines Computers durch Schadprogramme aus dem Internet ablehnt.

[165] So *Kunz* S. 131 für den Eintrag von Inhalten beim virtuellen Hausrecht. Wird deren Wirkung durch einen etwaigen Widerruf bei einer in einem Netzwerk verbundenen und damit technisch dem Verkehr eröffneten Nutzung aufgehoben, kann dies u.U. als venire

Schließlich kann den Duldungspflichten des § 1004 II BGB als Korrektiv Bedeutung zukommen[166]. Welche Lösung aus insbesondere abwehrfähiger Einwirkung, konkludenter Einwilligung oder speziellen Duldungspflichten letztlich bevorzugt wird, erscheint als vorwiegend dogmatische Frage, solange nur die obigen Erwägungen verortet werden können.

Diese werden ähnliche sein müssen wie in den Kabeldurchleitungsfällen, will man diesen Ansatz realistisch handhaben und nicht die gesamte Informationstechnologie durch eine Unzahl eigentumsrechtlicher Abwehransprüche lahm legen[167]. Die dogmatischen Lösungen variierten auch dort. Nachdem auf den Begriff der Störungshandlung i.S.d. § 1004 I BGB[168] und die Duldungspflichten i.S.d. § 1004 II BGB[169] rekurriert wurde, stellte der BGH schließlich auf die Eigentümerbefugnisse i.S.d. § 903 BGB ab[170]: Wenn die Einwirkungen auf Dispositionen des Eigentümers beruhen, die er selbst vorgenommen hat – wie hier die zwangsläufig zur Durchleitung der auf höherer Netzebene eingespeisten Signale führende Zusammenschaltung der Kabelnetze –, fehle es an einem dem Inhalt des Eigentums widersprechenden Zustand. Mit dieser Argumentation zieht der BGH die Grenze der Abwehrbefugnisse und differenziert dabei zwischen den unmittelbaren und mittelbaren Folgen der Zusammenschaltung: Die Signaldurchleitung als solche sei als unmittelbare Folge nicht abwehrfähig. Keine solche unmittelbare Folge sei indes die gewerbliche Nutzung des Kabels zur Durchleitung spezieller Angebote (z.B. digitales Fernsehen, Internetzugang) im Rahmen einer direkten Vertragsbeziehung mit dem Endkunden[171]. Auch wenn der BGH hier auf inhaltlich-wirtschaftliche Kriterien zurückgreift, ist dem immer noch eine tatsächliche Einwirkung durch Belegung von

---

contra factum proprium unbeachtlich sein, jedenfalls wenn dieses Ergebnis durch technische Maßnahmen einfacher möglich ist.

[166] Vgl. *Ladeur* MMR 2001, 787, 788; *Ladeur* in: *Eifert/Hoffmann-Riehm* S. 339, 349 f., der die Formulierung von Schranken des Eigentums und ggf. die Entwicklung neuartiger Duldungspflichten fordert, um einer elektronisch verknüpften Nutzung des Sacheigentums den Vorrang vor einer zu weit gehenden Ausschlussfunktion zu gewähren; speziell für das virtuelle Hausrecht *Feldmann/Heidrich* CR 2006, 406, 411. Mit Verortung in § 1004 II BGB bei der Signaldurchleitung im Kabelnetz OLG München MMR 2002, 49, 50 (i.E. abl.); *v. Reinersdorff* MMR 2001, 528, 529.

[167] Auf diese Gefahr für Kabelnetze weist *von der Osten* MMR 2002, 50, 51 hin, nachdem das OLG München MMR 2002, 49 generell Abwehransprüche bejaht hatte.

[168] So OLG Hamburg MMR 2001, 526, 527, das die Einwirkungen auslösende aktive Störungs*handlung* i.S.d. § 1004 I BGB nicht im Einspeisen der Inhalte durch den Programmanbieter (bzw. Kabelbetreiber höherer Netzebene) sieht, sondern im aktiven Tun des klagenden Kabeleigentümers selbst, der sein Netz bewusst an das Kabelnetz höherer Netzebene anschließt.

[169] OLG München MMR 2002, 49, 50 (i.E. abl.).

[170] BGH GRUR 2004, 530 – *Fremdeinspeisung*.

[171] Diese Differenzierung ist verständlich mit Blick auf das damalige Geschäftsmodell der Kabelnetzbetreiber. Im analogen Zeitalter übernahm dieser die eingespeisten Programme und bot sie selbst gegen Entgelt seinen Endkunden an. Das Aufkommen verschlüsselter digitaler Programme ermöglichte nun einen direkten Vertragsschluss zwischen Programmanbieter und Endkunden, was das bisherige Geschäftsmodell der – weiterhin alle Signale durchleitenden – Kabelnetzeigentümer unterlief, vgl. *v. Reinersdorff* MMR 2001, 528.

Leistungskapazität vorgelagert[172]. Inwiefern dieser Ansatz direkt auf die Nutzung eines Servers übertragbar ist, erscheint fraglich, weil maßgeblich auf die Verbindung mit dem Netz und der schon vorhandenen Signalbelegung als disponierende Handlung abgestellt wurde. Die in Frage stehenden Handlungen bei der Nutzung eines Servers dürften jedoch eher spätere konkrete Nutzungshandlungen sein[173].

e. Verbleibende Konvergenzprobleme für virtuelle Gegenstände

Eine solche Lösung des Problems überschießender Befugnisse aus dem Sacheigentum durch Verkürzung der inhaltlichen Schutzreichweite (und nicht durch passenden Zuschnitt des Herrschaftsgegenstandes) stellt sich jedoch für virtuelle Gegenstände als zweischneidig und nicht wirklich hilfreich dar. Einerseits müssten die Anforderungen an eine abwehrfähige Nutzung der körperlichen Hardware generell hoch angesetzt werden, um eine Vielzahl von Sachberechtigten und die Abwehrfähigkeit technisch normaler Nutzungen zu vermeiden. Andererseits erfordert die rechtliche Erfassung virtueller Gegenstände mit einem aus dem Sacheigentum abgeleiteten Zuweisungsgehalt und Abwehrbefugnissen aber gerade erheblich niedrigere Anforderungen, um die Konvergenz zwischen der Nutzung im virtuellen Kontext und den zugrunde liegenden technisch Vorgängen herzustellen, welche eine normale und bestimmungsgemäße Nutzung des Computersystems darstellen. Wären die Anforderungen niedriger, gäbe es an virtuellen Gegenständen schon keine aus dem Sacheigentum ableitbare Rechtsposition. Insofern steht einem Ansatz am Sacheigentum immer noch die fehlende Konvergenz von Anknüpfungsgegenstand und eigentlichem wirtschaftlichem Herrschaftsgegenstand entgegen.

3. Zwischenergebnis

Die vorstehenden Ausführungen zeigen die Verwerfungen eines Ansatzes am Sacheigentum insbesondere bei den Folgen einer fehlenden personellen Konvergenz von Sacheigentümer und Inhaber eines virtuellen Gegenstandes sowie bei der fehlenden sachlichen Konvergenz der Nutzungs- und Abwehrbefugnisse in Bezug auf die Systemhardware und die virtuellen Inhalte auf. Als Grundlage für eine Rechtsfigur virtuellen Eigentums ist die Systemhardware nur bedingt tauglich, weil sie es nicht schafft, die Modalitäten einer *inhaltlichen-kontextbezogenen* Nutzung einzelner vir-

---

[172] Vgl. explizit OLG München MMR 2002, 49, 50; *v. Reinersdorff* MMR 2001, 528, 529. Vom BGH GRUR 2004, 530 – *Fremdeinspeisung* wurde dieser Punkt nachgehend nicht explizit angesprochen.

[173] Keinen Unterschied wird man dann sehen, wenn man wie *Dierck* MMR 2004, 31 auch bei der Kabeldurchleitung eine spätere Änderung der eingespeisten Signale für zustimmungsfrei hält.

tueller Gegenstände und einer *physisch-technischen* Nutzung der zugrunde liegenden körperlichen Systeminfrastruktur in Einklang zu bringen.

III. Konkrete Probleme eines „virtuellen Besitzes"

Um einige der aufgezeigten Probleme zu vermeiden, wird – mit verschiedenen Ansätzen im Detail – vorgeschlagen, statt auf eine abgeleitete Eigentumsposition des Betreibers der EDV-Anlagen abzustellen, eine originäre Besitzposition der Nutzer anzuerkennen. Diese soll als (Sach-)Besitz in Form von Mitbesitz, mittelbarerem Besitz oder Teilbesitz – auch in Kombination – an der Systemhardware bestehen (1.a.). Über die vorstehenden Bedenken können jedoch auch diese Ansätze nicht gänzlich hinweghelfen. Abgesehen von einigen dogmatischen Hürden beim Rückgriff auf den Sachbesitz (1.b.), setzt auch die für eine Sachherrschaft maßgebliche Verkehrsauffassung hier Grenzen (1.c.). Vor allem aber stellen sich wiederum die dargestellten inhaltlichen Konvergenzprobleme (1.d.). Wenn schon die Rechtsfigur des Besitzes in sehr ergebnisorientierter Weise gedehnt werden soll, ist es zumindest erwägenswert, den Blick auf den eigentlichen virtuellen Herrschaftsgegenstand zu richten und – gleich in welchem terminologischen Gewand – seine strikte *Sach*fixierung auf die Systemhardware zu überdenken (2.).

1. Sachbesitz am Server

Die Annahme eines – seiner Art nach sogleich näher zu bestimmenden – Besitzes der Nutzer an der Sache, in welcher die Daten verkörpert sind, bietet gegenüber einem Ansatz am Eigentum zunächst den Vorteil, die personellen Konvergenzprobleme (Kap. 4 C.II.1.) zu lösen. Die Zufälligkeiten des Sacheigentums am Server und das Auseinanderfallen der Rechtsstellung zwischen „technischem" Eigentümer und „wirtschaftlich" über virtualisierte Ressourcen Verfügungsbefugtem ließen sich weitgehend auffangen, wenn letzterem mit dem berechtigten Besitz eine eigene Rechtsposition an die Hand gegeben wird. So kann etwa ein berechtigter Sachbesitz am Computer die Grundlage für einen Schutz der darauf befindlichen Dateien sein, auch wenn dieser nicht im Eigentum des Datenberechtigten steht[174]. Der berechtigte Besitz genießt über den possessorischen Besitzschutz der §§ 859 ff. BGB hinaus als sonstiges Recht i.S.d. § 823 I BGB absoluten deliktischen Schutz[175]. Insoweit ist er

---

[174] LG München CR 2007, 264; *Feldmann/Heidrich* CR 2006, 406, 409; *Klickermann* MMR 2007, 766, 767; *Kunz* S. 124; *Maume* MMR 2007, 620, 622; Soergel/*Spickhoff*[13] § 823 Rn. 79.

[175] St. Rspr. RGZ 59, 326, 327 f.; RGZ 160, 1, 7 f.; BGH NJW 1985, 2569, 2570; BGH NJW-RR 2005, 673, 675; Erman/*Schiemann*[12] § 823 Rn. 43; *Mincke* JZ 1984, 862;

dem Eigentum – auch bei der Reichweite der Abwehrbefugnisse[176] – weitgehend angenähert. In Verbindung mit einer Konstruktion virtuellen Eigentums über eine Vielzahl relativer Forderungen (dazu Kap. 4 D.) böte das den Vorteil einer gewissen Verdinglichung[177].

a. Konstruktion als Mitbesitz, mittelbarer Besitz oder Teilbesitz

Besitz ist die vom Verkehr anerkannte, von einem natürlichen Besitzwillen getragene, tatsächliche Herrschaft einer Person über eine Sache[178]. In Anbetracht des auch hier zugrunde zu legenden engen körperlichen Sachbegriffes[179] muss Ausgangspunkt der Überlegungen zum Besitz – nicht anders als beim Eigentum – wiederum die körperliche EDV-Anlage sein. Sofern es sich dabei um einen lokalen Computer in der unmittelbaren Sachherrschaft eines Anwenders handelt, erstreckt sich dessen unmittelbarer Besitz an dem Computer auch auf die darauf gespeicherten Daten[180]. Sobald jedoch die Daten physisch anderswo gespeichert werden und über ein Netzwerk zugänglich sind – wie in unserem Beispiel auf einem Server, wo virtuelle Gegenstände bzw. deren Eigenschaften und Position im virtuellen Raum gespeichert sind – ist es offensichtlich, dass ein an unmittelbar körperlich-räumlicher Einwirkungsmöglichkeit ansetzendes Konzept von Sachherrschaft versagen muss. Das gilt vor allem dann, wenn die damit arbeitenden Nutzer sich – wie regelmäßig – im Betrieb nicht einmal bewusst sind (geschweige denn in Erfahrung bringen können), mit welchem konkreten körperlichen Medium sie gerade elektronisch und programmvermittelt interagieren. Die unmittelbare Sachherrschaft haben hiernach vielmehr diejenigen mit unmittelbarem Zugang zu bzw. körperlichem Zugriff auf diese Anlagen. Vor diesem Hintergrund werden bislang

---

Palandt/*Sprau*[68] § 823 Rn. 13; Soergel/*Spickhoff*[13] § 823 Rn. 79; Staudinger/*Hager*[1999] § 823 Rn. B 167. Kritisch zur Annahme des berechtigten Besitzes als Recht i.S.d. § 823 I BGB *Dulckeit* S. 15, der an das obligatorische Besitzrecht anknüpft, welches der Besitz in ein kundbares, dinglich geschütztes Recht verwandele; ähnlich *Larenz/Canaris* Schuldrecht II/2[13] § 76 II 4 f.; hiergegen wiederum *Koziol* S. 22 mit dem Einwand, es werde dabei im Rahmen des § 823 BGB an ein relatives Recht angeknüpft.

[176] Vgl. BGH NJW-RR 2005, 673, 675.

[177] Dazu Kap. 3 D.I.1.

[178] Vgl. zu den gängigen Definitionsmerkmalen Besitzwillen, Sachherrschaft und Verkehrsauffassung statt vieler Palandt/*Bassenge*[68] vor § 854 Rn. 3 f.; Erman/*A. Lorenz*[12] § 854 Rn. 2.

[179] Wie auch beim Eigentum gibt es keinen Besitz an unkörperlichen Gegenständen, vgl. Erman/*A. Lorenz*[12] vor § 90 Rn. 2; Palandt/*Bassenge*[68] vor § 854 Rn. 3; Staudinger/*Bund*[2007] vor §§ 854 ff. Rn. 44.

[180] Soergel/*Spickhoff*[13] § 823 Rn. 79.

zumindest Mitbesitz (§ 866 BGB)[181] oder mittelbarer Besitz (§ 868 BGB)[182] am Server bemüht, um eine Besitzstellung[183] der Nutzer an elektronisch genutzten, aber nicht in unmittelbarer Sachherrschaft stehenden EDV-Anlagen zu konstruieren.

aa. Mitbesitz

Mitbesitz aller Nutzer i.S.d. § 866 BGB an einem körperlichen Server wird etwa im Fall des virtuellen Hausrechts an Internetforen angenommen. In diesem Fall stellt der Betreiber eines Servers den Nutzern (dort den Forenbetreibern) im Rahmen eines Webhostingvertrages Speicherplatz und Serverkapazität zur Verfügung. Der Serverbetreiber ist meist Eigentümer und, da der Server regelmäßig in ihm zugänglichen Räumlichkeiten stehen wird, unmittelbarer Besitzer kraft physischer Einwirkungsmöglichkeit[184], welche die Nutzer nicht haben[185].

In Bezug auf die übermittelten Inhalte wird vertreten, dass der Serverbetreiber zwar die technische Funktionskontrolle ausübe, der Nutzer vermittels einer elektronischen Einwirkungsmöglichkeit und Kontrolle

---

[181] So *Kunz* S. 125; *Maume* MMR 2007, 620, 622 im Zusammenhang mit dem virtuellen Hausrecht für den Betreiber eines Internetforums und den Betreiber des Servers.

[182] So *Feldmann/Heidrich* CR 2006, 406, 409 im gleichen Zusammenhang, der den Betreiber eines Internetforums als mittelbaren Besitzer, den Betreiber des Servers als Besitzmittler ansieht.

[183] Auch die Besitzstellungen von Mitbesitzer, mittelbarem Besitzer und Teilbesitzer sind für sich vollwertige Besitzpositionen mit den beschriebenen, rechtlich an diese geknüpften Folgen. Vgl. für den Mitbesitzer Palandt/*Bassenge*[68] § 866 Rn. 6; für den mittelbaren Besitzer Erman/*Werner*[12] § 868 Rn. 2; Palandt/*Bassenge*[68] § 868 Rn. 1; Soergel/*Mühl*[13] § 868 Rn. 2; Staudinger/*Bund*[2007] § 868 Rn. 5; a.A. MüKo BGB/*Joost*[4] § 868 Rn. 5 (keine tatsächliche Sachherrschaft, sondern Rechtsverhältnis); für den Teilbesitzer Staudinger/*Bund*[2007] § 865 Rn. 7.

[184] Daher ist dieser Fall auch nicht mit dem Besitz an Kabeln vergleichbar, durch die elektronische Signale geleitet werden, wenn sich die Kabel zwar nicht im Eigentum, aber im physischen Herrschaftsbereich der Empfänger befinden. Diese Erwägung anstellend, aber i.E. verneinend BGH GRUR 1996, 808, 809 – *Pay-TV-Durchleitung*.

[185] Eine solche Konstellation betrifft gleichsam drei Stufen der Nutzung und Sacheinwirkung: Auf der ersten Stufe steht der Betreiber des Servers mit unmittelbarer Sachherrschaft über diesen. Auf der zweiten Stufe stehen die Nutzer des Servers, welche ihrerseits Betreiber etwaiger Dienste sind und über die Inhalte eine redaktionelle Sachherrschaft ausüben. Auf der dritten Stufe stehen die Nutzer dieser Dienste und dadurch zugleich auch des Servers als Sache. Bei virtuellen Welten gibt es normalerweise nur zwei Stufen: Der Betreiber der virtuellen Welt ist normalerweise sowohl Betreiber des Servers wie er auch – um die Terminologie in diesem Vergleich zu übernehmen – die umfassende redaktionelle Sachherrschaft in Form inhaltlicher Einwirkungsmöglichkeiten hat. Die Nutzer der virtuellen Welt ihrerseits haben eine solche Herrschaftsbeziehung zu den ihnen zugewiesenen Inhalten. Diese kann rein faktisch aber durch die Betreiber technisch aufgehoben werden.

über Dateninhalte jedoch eine Art „redaktionelle Sachherrschaft“ inne habe und insoweit auch – neben dem Betreiber – Kontrolle über den physischen Datenträger. Diese softwarevermittelte Einwirkungsmöglichkeit begründe zumindest Mitbesitz am Server und gebe dem Forenbetreiber jedenfalls eine bessere Besitzposition als einem bloßen Nutzer des Forums (und damit zugleich auch des Servers) an die Hand. Trotz fehlender unmittelbarer physischer Sachherrschaft sei diese dennoch als vollwertige Besitzposition anzuerkennen, auf die ein Ausschluss und die Kontrolle von Inhalten gestützt werden könne[186].

bb. Mittelbarer Besitz

Daneben findet sich auch die – knapp begründete – Annahme mittelbaren Besitzes i.S.d. 868 BGB an vertraglich überlassenen Serverkapazitäten. Hierbei mittele der Serverbetreiber dem Forenbetreiber (=Nutzer) durch einen Webhosting-Vertrag als Besitzmittlungsverhältnis den Besitz, wodurch letzterer eine Besitzposition als mittelbarer Besitzer erlange[187].

cc. Teilbesitz

Als Spielart des vorgenannten Ansatzes wäre schließlich auch (ggf. mittelbarer) Teilbesitz i.S.d. § 865 BGB denkbar, bei dem einem Nutzer nicht der Sachbesitz am ganzen Server gemittelt wird, sondern nur an den ihm zugewiesenen körperlichen Speicherbereichen. Diese Annahme läge insbesondere dann nicht fern, wenn als Bezugsgegenstand nicht eine EDV-Anlage als solche, sondern abgrenzbare Teile derselben verstanden würden[188]. In diese Richtung ließen sich Wendungen wie eine technisch vermittelte Herrschaft über Server*kapazitäten*[189] interpretieren.

b. Bedenken

Ob allerdings die körperliche Besitzkonzeption des BGB für diese Ansätze tragfähig ist und eine Grundlage für die Rechtsposition der Inhaber virtueller Gegenstände (oder gar allgemein für Verfügungsrechte über Daten) bilden kann, erscheint fraglich. Insbesondere die bemühte Verkehrsanschauung (aa.), die Voraussetzungen des Besitzes (bb.) und die

---

[186] *Kunz* S. 124 f.; *Maume* MMR 2007, 620, 622 f.

[187] *Feldmann/Heidrich* CR 2006, 406, 409.

[188] Mitbesitz muss auf eine ganze Sache, mithin auf den Server als solchen bezogen sein. Eine engere Wahl des Bezugsobjektes – wie etwa körperlich abgrenzbare Teile desselben – wäre demnach kein Fall von Mit-, sondern von Teilbesitz, vgl. Staudinger/*Bund*[2007] § 866 Rn. 1.

[189] So *Feldmann/Heidrich* CR 2006, 406, 409; vgl. auch *Härting* CR 2001, 37, 43; terminologisch kritisch *v. Westerholt/Berger* CR 2002, 81, 84 Fn. 19.

konkrete Bestimmung der besessenen Sache (cc.) stoßen hier an die äußeren Grenzen des Besitzbegriffes. Davon ganz abgesehen stellen sich die gleichen inhaltlichen Konvergenzprobleme wie beim Sacheigentum (dd.).

aa. Einwände insbesondere gegenüber Mitbesitz: Die faktischen Grenzen der Verkehrsanschauung

Das für Mitbesitz erforderliche Maß an tatsächlicher Sachherrschaft entspricht dem Alleinbesitz[190] und äußert sich dementsprechend darin, einerseits faktisch auf eine Sache positiv einwirken und andererseits andere von einer solchen Einwirkung negativ ausschließen zu können[191]. Die jeweiligen Anforderungen dieser Einwirkungsmöglichkeiten bestimmen sich nach der Verkehrsanschauung[192]. Gerade diese erheben die Befürworter des Mitbesitzes zum zentralen Kriterium und füllen sie mit dem Inhalt, dass ein Nutzer aus der Sicht des Verkehrs die Herrschaftsbefugnis über die ihm zugewiesenen Inhalte[193] allein oder jedenfalls neben dem Serverbesitzer ausübe[194].

Im Hinblick auf das Einwirkungsmoment ist dem zuzugestehen, dass die technische Einwirkungsmöglichkeit der Nutzer auf die ihnen zugewiesenen Inhalte gegeben ist und normalerweise auch regelmäßig in erheblich höherem Maße wahrgenommen wird als die des Betreibers, dessen Rolle sich oft auf eine technische Funktionskontrolle beschränkt[195]. Und auch ein Hinweis auf die Möglichkeiten des Servereigentümers, sämtliche Inhalte zu ändern oder gar zu löschen[196], ändert daran zunächst nichts. Diese

---

[190] Vgl. MüKo BGB/*Joost*[4] § 866 Rn. 3; Staudinger/*Bund*[2007] § 866 Rn. 3.

[191] Staudinger/*Bund*[2007] § 854 Rn. 4. Insofern ähnelt der Besitz dem Eigentum. Während aber hier die Einwirkungs- und Ausschlussmöglichkeit Voraussetzung für die Sachherrschaft (und die daran geknüpften rechtlichen Folgen) ist, ist die umfassende Befugnis dort eine rechtliche aus dem Eigentum fließende Folge, vgl. Kap. 4 F.I.5.b.bb.

[192] Vgl. BGH NJW-RR 2005, 673, 674 f.; RGZ 75, 221, 223; BGHZ 101, 186, 188; *Baur/Stürner*[17] § 7 Rn. 5; Erman/*A. Lorenz*[12] § 854 Rn. 2; Palandt/*Bassenge*[68] § 854 Rn. 3; Soergel/*Stadler*[13] vor § 854 Rn. 4; Staudinger/*Bund*[2007] § 854 Rn. 6.

[193] Das können ein Betreiber einer auf dem Server gehosteten Website oder eines gehosteten Internetforums sein oder die Inhaber virtueller Gegenstände in virtuellen Welten.

[194] *Kunz* S. 124 f.; *Maume* MMR 2007, 620, 623.

[195] *Kunz* S. 124 f. und *Maume* MMR 2007, 620, 622 f. kann in diesem Punkt gefolgt werden, wenn sich die Rolle des Serverbetreibers in bloßem Webhosting erschöpft. Inwiefern das auch in virtuellen Welten der Fall ist, wo aktive Eingriffe in das virtuelle Wirtschaftssystem notwendig werden können, und wie der Verkehr die Häufigkeit, Intensität und Einwirkung auf die jeweiligen virtuellen Gegenstände jeweils wahrnimmt, muss hier als Einzelfallfrage dahinstehen.

[196] Dies betonend etwa *Beurskens* in: *Domej/Dörr/Hoffmann-Nowotny/Vasella/Zelger* S. 443, 459.

beträfen weniger die Einwirkungsmöglichkeit des Betreibers, der die Inhalte insoweit ja nicht positiv *nutzen* würde, als die letztlich fehlende Ausschlussmöglichkeit der Nutzer gegenüber dem Betreiber. In der Gewichtung dieser beiden Kriterien tritt die Ausschlussmöglichkeit jedoch zurück[197]. Genauso wenig, wie es in der realen Welt erforderlich ist, jegliche Einwirkung auf eine Sache auch tatsächlich – und notfalls mit Gewalt – abwehren zu können[198], kann es in der virtuellen Umgebung darauf ankommen, dass jemand sich erfolgreich gegen ein – in Ausnahmefällen und als ultima ratio eingesetztes – technisches Äquivalent zu physischer Gewalt zur Wehr setzen kann. Selbst wenn es für die Frage der Herrschaft letztlich den Ausschlag geben mag, wer *mehr* als ein anderer in der Lage ist, auf eine Sache einzuwirken[199], ist die Verkehrsanschauung auch ein normatives Korrektiv, weil sie auf einem durch redliche Verkehrsteilnehmer respektierten Verhältnis zum Besitzobjekt beruht und nicht auf einer Sachherrschaft unter den Gegebenheiten eines – hier virtuellen – Faustrechts[200].

Auch der Einwand, die Verkehrsauffassung werde in tatsächlicher Hinsicht über die Maße gedehnt, muss sich entgegengehalten lassen, dass die Annahme von Besitz kein Selbstzweck ist. Ein gänzlich von normativen Erwägungen entkleidetes Konzept von Sachherrschaft würde vernachlässigen, dass es auch hier letztlich nur darum geht, an die tatsächliche Besitzstellung geknüpfte rechtliche Folgen auszulösen – oder auch nicht. Allen faktischen Wurzeln der Besitzdogmatik zum Trotz sollten die Augen nicht davor verschlossen werden, dass auch Anerkennung und Reichweite des Besitzes der normativen Frage nach seiner Notwendigkeit nicht entkommen können. Und diese führt für den Besitz an virtuellen Gegenständen zu ähnlichen Erwägungen wie bei virtuellem Eigentum oder Virtual Property[201].

Diese Tendenz offenbart sich etwa in gesetzgeberischen Entscheidungen wie der – historisch gar nicht selbstverständlichen[202] – Anerkennung des Fremdbesitzes von

---

[197] Staudinger/*Bund*[2007] § 854 Rn. 5.

[198] Staudinger/*Bund*[2007] § 854 Rn. 4.

[199] Staudinger/*Bund*[2007] § 854 Rn. 5.

[200] Staudinger/*Bund*[2007] § 854 Rn. 6; zur historischen Ausweitung des Besitzbegriffes und der Schwächung erforderlicher Abwehrbefugnisse auch *Kruse* Bd. 1 S. 748, nach dem „...die Sache in einem Kulturgemeinwesen mit großer Rechtssicherheit unter Umständen im Besitz sein kann, unter denen sie in einem weniger entwickelten Gemeinwesen mit unsicheren rechtlichen Verhältnissen nicht als besessen angesehen werden kann."

[201] Vgl. dazu Kap. 4 F.II.5.c.bb.

[202] So ist die Vorstellung vom Wesen des Besitzes dem Wandel der Zeiten unterworfen. Im römischen Recht wurde als possessio das von patrizischen Grundherren zur Nutzung an einen Eigenbesitzer überlassene Grundeigentum geschützt. Fremdbesitzer niedrigerer sozialer Stellung wie Mieter oder Pächter blieben außen vor. Im Kern hielt

Mietern gegenüber dem Vermieter oder dem Erbenbesitz (§ 857 BGB), der die faktische Besitzstellung zum Gegenstand einer sonst nur Rechtspositionen vorbehaltenen Universalsukzession machen kann. Auch die in der Rechtsprechung anerkannten Besitzlockerungen[203] und die Konstruktion eines generellen Besitzwillens[204] sind weniger von der tatsächlichen Einwirkungsmöglichkeit als von Folgenerwägungen und einem Schutzbedürfnis getragen[205].

Die Offenheit der Verkehrsanschauung kann allerdings nicht über ein weiteres Problem hinweghelfen, das auch für den Mitbesitz – wieder – in seinem Bezugsobjekt liegt. Selbst wenn ein Server als terminologischer Ausgangspunkt gewählt wird, scheinen die Betrachtungen zu Einwirkungs- und Ausschlussmöglichkeiten in der Sache zumeist doch wieder auf eine Herrschaft über elektronische Inhalte bzw. diese verkörpernde *Sach*teile zu zielen. Für diese ist eine elektronisch vermittelte, redaktionelle Einwirkung seitens der Nutzer, die neben den inhaltlichen Einwirkungsmöglichkeiten der Betreiber besteht, noch nachvollziehbar. Besinnt man sich jedoch wirklich auf einen Server als körperlichen, in den Räumen des Betreibers stehenden und dort jederzeit zugänglichen Gegenstand, lassen sich Zweifel an einer Herrschaftsbeziehung der nur elektronisch mit diesem verbundenen Nutzer nicht von der Hand weisen. Die Verkehrsauffassung mag hier zwar ein wichtiges Kriterium bilden, kann aber die Reichweite des Besitzes nicht allein und unbesehen bestimmen[206]. Sachherrschaft gründet sich immer noch auf eine nicht nur kurzzeitige, erkennbare, tatsächliche und räumliche Beziehung zu einer Sache[207]. Mitbesitz erfordert dabei ein Mindestmaß an Einwirkungsmöglichkeiten gleicher Intensität[208] und folgt

---

sich dieses enge Besitzverständnis – wenngleich für den Schutz auch von Fremdbesitzern über andere Rechtsinstitute wie die spätere detentio in ihrer Wirkung etwas abgemildert – über die Zeit hinweg und fand über die Pandektistik auch Eingang in die ersten Entwürfe zum BGB, das letztlich jedoch den weiten, heutigen Besitzbegriff aufnahm. Vgl. dazu Staudinger/*Bund*[2007] vor §§ 854 ff. Rn. 1, 9; *Kaser/Knütel*[19] § 19 II-V; *Kruse* Bd. 1 S. 696 ff., 711 ff.

[203] Vgl. *Baur/Stürner*[17] § 7 Rn. 16 für den Pflug auf dem Feld.

[204] BGH NJW 1987, 2812, 2813; MüKo BGB/*Joost*[4] § 854 Rn. 10; Palandt/*Bassenge*[68] § 854 Rn. 4.

[205] Vgl. *Kruse* Bd. 1 S. 709 zur Zweckgerichtetheit des Besitzbegriffes, in dem sich als tragender Gedanke eher die wirtschaftliche Bestimmung einer Sache als die tatsächliche Herrschaft niederschlage (a.a.O. 719), welche zugunsten der beabsichtigten Rechtswirkungen zunehmend zu Fiktion verkomme (a.a.O. 743 f.).

[206] Jedenfalls ist eine bloße Verweisung auf die Verkehrsanschauung zur Bestimmung der Reichweite des Besitzes unzureichend, zumal diese historisch nur als Korrektiv gegenüber einem zu subjektiv nur auf die Anschauungen des Besitzers bezogenen Verständnis von Sachherrschaft gedacht war, Staudinger/*Bund*[2007] vor §§ 854 ff. Rn. 37 f.; krit. auch MüKo BGB/*Joost*[4] § 854 Rn. 4: „gefährliche Leerformel".

[207] Vgl. für diese Merkmale Staudinger/*Bund*[2007] § 854 Rn. 7-10.

[208] Dass es der Annahme von Besitz nicht entgegenstehe, dass eine Sache im unmittelbaren Herrschaftsbereich eines anderen Besitzers verbleibe und dieser vertraglich zur

nicht allein aus einer Mitnutzung[209]. Genau darauf liefe es aber hinaus, die unmittelbare *Sach*herrschaft über den Server auf eine Stufe mit den nur inhaltlichen Einwirkungsmöglichkeiten auf dort gespeicherte oder verarbeitete Inhalte zu stellen.

Auch das Argument der engeren funktionalen Einwirkungsmöglichkeit als Kriterium hilft hier nicht weiter. Beim virtuellen Hausrecht mag das dem Betreiber z.B. eines Internetforums, der selbst Nutzer des zum Betrieb notwendigen Servers ist, noch gegen andere, dort Einträge verfassende Nutzer helfen, da ersterer durch seine Administratorenstellung die „bessere" virtuelle Besitzposition hat[210]. Generell handelt es sich dabei aber nur um einen Vergleich der Besitzpositionen im Horizontalverhältnis zweier Nutzer. Dieser „besseren" Stellung vorgelagert ist jedoch die Frage, ob hier *überhaupt* eine Besitzposition besteht. Und diese muss – will man Besitz und Sachbegriff nicht trennen – gerade im Vertikalverhältnis zum Betreiber und dessen Sachbesitz am Server beantwortet werden.

Ob solche Erwägungen auch der Aussage des BGH zugrunde gelegen haben, als er bei der Miete von Serverkapazität im Rahmen eines ASP-Vertrages einen Sachbesitz an den dort verkörperten und über das Internet zugänglichen Programmen verneinte[211], ist allerdings nicht klar. Ein Grund für die knappe Ablehnung von Besitz mag auch gewesen sein, dass einem Nutzer im Rahmen eines ASP-Vertrages in erster Linie die Funktionalität eines Programmes zur Verfügung gestellt wird. Den Zugriff auf die Programme teilt er sich dabei mit einer Vielzahl anderer Nutzer. Nur die Datenübertragung an das Programm, die damit durchgeführten Rechenoperationen sowie die Datenausgabe sind exklusiv. Insofern kann – ganz abgesehen vom Sachbegriff[212] und Konvergenzüberlegungen – hier schon von Sachherrschaft gar keine Rede sein[213].

Unterlassung jeglicher Einwirkung verpflichtet sei, führt für die hier interessierenden Konstellationen nicht weiter. BGH WM 1970, 1518, 1519 f. entschied zwar, dass es für eine Übertragung des Besitzes an Steinen an einen Erwerber genüge, wenn diese im Einfluss des Veräußerers als bisherigem Besitzer verbleiben und dort noch aufbewahrt werden sollen. Dort hatte der Erwerber aber – anders als hier – *ebenfalls* eine Möglichkeit zu unmittelbarem Zugang und zur Einwirkung, so dass die Verpflichtung des Veräußerers, seine gleichwertige Einwirkungsmöglichkeit nicht auszuüben, für eine bessere Sachherrschaftsposition des Erwerbers genügte. Insoweit trägt der Verweis von *Kunz* S. 124 auf dieses Urteil nicht. Dieser Gedanke ist auf den Betrieb eines Servers, der ständigen Zugang, Wartung und Überwachung erfordert, kaum übertragbar.

[209] Staudinger/*Bund*[2007] § 866 Rn. 3.

[210] In diese Richtung *Maume* MMR 2007, 620, 623.

[211] BGH NJW 2007, 2394, 2395 – *ASP Vertrag*.

[212] Der BGH NJW 2007, 2394, 2395 – *ASP Vertrag* bezieht den Besitz – zumindest terminologisch – auf verkörperte Computerprogramme, nicht den sie enthaltenden Datenträger oder den Server als Sache.

[213] Mit etwas anderem Abgrenzungsansatz *Maume* MMR 2007, 620, 623: Beim ASP-Vertrag liege die inhaltliche Sachherrschaft beim Serverbetreiber, da dieser die Funktionalität der ASP-Software bestimme.

bb. Einwände insbesondere gegenüber mittelbarem Besitz: Die Grenzen des Besitzwillens

Eine Sachherrschaft der Nutzer als mittelbare Besitzer über einen Server anzunehmen, welche der Serverbetreiber als Besitzmittler im Rahmen des jeweiligen Nutzungsvertrages als Besitzmittlungsverhältnis ausübt, kann demgegenüber gar nicht überzeugen. Hierzu bedarf es in jedem Fall eines Besitzmittlungsverhältnisses[214], das gekennzeichnet ist durch eine (wenn auch langfristig denkbare) zeitliche Begrenzung[215], die nach Ablauf in einen Herausgabeanspruch des mittelbaren Besitzers mündet[216]. Damit korrespondiert auf subjektiver Ebene der Besitzmittlungswille des unmittelbaren Fremdbesitzers[217], der seinen Besitz nur aufgrund dieses Rechtsverhältnisses ausübt und seine Herausgabepflicht anerkennt[218].

Bezweifelt werden muss hier nicht nur, dass der Besitzwille eines Nutzers überhaupt auf eine Sachherrschaft über den Server als solchem zielt, wenn er lediglich dessen Funktionen auf inhaltlicher Ebene nutzt. Vor allem ist es nicht nachvollziehbar, dass ein Betreiber als Eigentümer den Fremdbesitzerwillen haben soll, die Sachherrschaft an seinem Server einer Vielzahl von Nutzern zu mitteln und sich deren Herrschaftsgewalt zu unterwerfen[219]. Hierfür gibt ein Nutzungsvertrag keinerlei Grundlage; ein – letzten Endes die Herrschaftsgewalt tragender[220] – Herausgabeanspruch in Bezug auf den Server ist völlig fernliegend[221]. Das gilt selbst dann, wenn man hier nicht auf den Server, sondern (dazu sogleich) auf Speicherbereiche abstellen wollen würde.

Diese Konstellation – das Fehlen von Herausgabeansprüchen und Fremdbesitzerwillen – weist gewisse Parallelen zu den oben angesprochenen Besitzverhältnissen der Wert-

---

[214] Palandt/*Bassenge*[68] § 868 Rn. 6; MüKo BGB/*Joost*[4] § 868 Rn. 11.

[215] Palandt/*Bassenge*[68] § 868 Rn. 6; Staudinger/*Bund*[2007] § 868 Rn. 17.

[216] RGZ 132, 183, 186; BGHZ 10, 81, 87; *Baur/Stürner*[17] § 7 Rn. 43; Erman/*Werner*[12] § 868 Rn. 8; MüKo BGB/*Joost*[4] § 868 Rn. 15 f.; Soergel/*Mühl*[13] § 868 Rn. 10; Staudinger/*Bund*[2007] § 868 Rn. 23.

[217] Palandt/*Bassenge*[68] § 868 Rn. 7; MüKo BGB/*Joost*[4] § 868 Rn. 17; Staudinger/*Bund*[2007] § 868 Rn. 24.

[218] BGH NJW 2005, 359, 364; Palandt/*Bassenge*[68] § 868 Rn. 7.

[219] Das gilt trotz der Tatsache, dass gelegentlich die Annahme von Fremd- bzw. Eigenbesitzerwillen normativ korrigiert zu werden scheint: Wenn etwa ein Eigentumsvorbehaltskäufer dem Eigentumsvorbehaltsverkäufer den Besitz mitteln soll (so Erman/*Werner*[12] § 868 Rn. 12; MüKo BGB/*Joost*[4] § 868 Rn. 59; Staudinger/*Bund*[2007] § 868 Rn. 43; a.A. Soergel/*Mühl*[13] § 866 Rn. 14), so wird ihm regelmäßig ein Fremdbesitzerwillen zugesprochen, selbst wenn er nichts Konkretes vom – etwa in AGB vereinbarten – Eigentumsvorbehalt weiß und sich lediglich generell bewusst sein muss, dass nicht vollständig bezahlte Waren unter Eigentumsvorbehalt veräußert werden.

[220] Vgl. Staudinger/*Bund*[2007] § 868 Rn. 23.

[221] So auch *Beurskens* in: *Domej/Dörr/Hoffmann-Nowotny/Vasella/Zelger* S. 443, 452.

papierinhaber an einer durch die Wertpapiersammelbank verwahrten Sammelurkunde auf. Wegen des Fehlens eines – wie auch immer gearteten – Verwahrungscharakters bezüglich des Servers ist das hier jedoch noch deutlicher zu verneinen.

Auch die vom BGH und dem wohl überwiegenden Schrifttum abgelehnte Figur des ungleichstufigen Mitbesitzes hilft hierüber nicht hinweg. Hiernach soll mittelbarer Mitbesitz an einer Sache derart bestehen können, dass der unmittelbare Besitzer (hier der Betreiber) über seinen Fremdbesitz für den mittelbaren Eigenbesitzer (den Nutzer) hinaus zugleich auch Eigenbesitz hinsichtlich derselben Sache haben kann und sie so gleichsam für zweierlei Zwecke besitzt[222]. Aber selbst dann liegen die immer noch erforderlichen Tatbestandsvoraussetzungen von Fremdbesitzerwille und Herausgabeanspruch aus den genannten Gründen nicht vor.

cc. Einwände insbesondere gegen Teilbesitz: Die Grenzen des Sachbegriffes

Die oben dargestellten Zweifel an einer Sachherrschaft der Nutzer nähren sich in erster Linie an der Vorstellung des körperlichen Bezugsobjektes. Ist dieses der in den Räumen des Betreibers befindliche und ihm unmittelbar zugängliche Server, so läuft es geradezu jeder Intuition zuwider, den vom Zugang ausgeschlossenen Nutzern eine – dem Betreiber auch nur annähernd vergleichbare – Herrschaftsposition zuzusprechen. Löst man sich jedoch von diesem Bild und „virtualisiert" das Bezugsobjekt ein wenig, ohne schon den Bezug zur Körperlichkeit aufzugeben, werden die intuitiven Zweifel schwächer: Richtet sich der Blick nicht mehr auf einen Server als solchen, sondern auf Speicherbereiche, so ist die Herrschaft über diese schon gleichmäßiger verteilt, weil hier *alle* Beteiligten nur technisch vermittelten Zugriff haben. Die Herrschaft des Betreibers ist hier nicht deswegen stärker, weil er der Sache räumlich näher steht. Die Intensität der Einwirkungsmöglichkeiten wird hier für alle Beteiligten in gleicher Weise technisch vermittelt.

Die Besitzkonstruktion, in der sich dieses Bild am ehesten niederschlägt und das zugleich den Bezug zum Server als Sache wahrt, ist der Teilbesitz

---

[222] Für diese Figur gestuften Mitbesitzes *Baur/Stürner*[17] § 7 Rn. 80; Soergel/*Stadler*[13] § 866 Rn. 4; Staudinger/*Bund*[2007] § 866 Rn. 21. Dagegen BGHZ 85, 263, 264 f.; MüKo BGB/*Joost*[4] § 866 Rn. 10; mit dem Argument der Unvereinbarkeit von gleichzeitigem Eigen- und Fremdbesitzerwillen. Relevant wurde diese Frage bei der Teilabtretung einer Grundschuld, bei der die Bank als Zedent auf die Bildung eines Teilgrundschuldbriefes verzichtete und so den Grundschuldbrief hinsichtlich des nicht abgetretenen Teils für sich selbst, hinsichtlich des abgetreten Teils für den Zessionar besitzen wollte, um so die gem. §§ 1192 I, 1154 I 1, 930 BGB erforderliche Briefübergabe vorzunehmen. Dies hielt der BGH a.a.O. für nicht möglich, weil an einer Sache nicht zugleich Eigen- und Fremdbesitz bestehen könne.

an – um den Bezug zur körperlichen Vorstellungswelt zu behalten – dem Nutzer „zugewiesenen" Speicherbereichen. Der dem BGB vorschwebende Normalfall des Teilbesitzes an körperlich abgrenzbaren und räumlich gesondert beherrschbaren Teilen einer Sache[223] sind zwar Grundstücke. Bei hinreichendem Nutzungs- und Beherrschungsinteresse des Verkehrs ist Teilbesitz aber auch an beweglichen Sachen denkbar[224]. Maßgeblich ist wiederum die Verkehrsanschauung[225]. Wenn technische Mittel schon die Sacheigenschaft und den Besitz begründen können[226], liegt es nicht gänzlich fern, auf diese auch für eine Art technisch vermittelte „Teilbarkeit" zurückzugreifen und die technische Zuweisung körperlicher Speicherbereiche abgeschlossenen Räumen in einem Warenlager oder einem abgeschlossenen Schrankfach[227] gedanklich anzunähern[228].

Aber auch ein solcher, die Verkehrsanschauung wiederum erheblich bemühender Ansatz kann sich nicht gänzlich von seinen Wurzeln im körperlichen Sachbegriff lösen. Selbst wenn man zugewiesene elektronische Ressourcen auf einem Server auf physische Speicherbereiche zurückführen wollte, tut sich für den in Frage stehenden Sachteil das Problem der physischen Abgrenzbarkeit und damit zugleich die Frage der sachenrechtlichen Bestimmtheit auf, wonach nur ein konkreter Gegenstand Objekt der Sachherrschaft i.S.d. § 854 ff. BGB sein kann[229]. Stellt man für eine bestimmte inhaltlich zusammenhängende „Ansammlung" von Daten auf den körperlichen Datenträger ab, lassen sich diese Dateneinheiten nicht trennscharf erfassen. Auf einem Datenträger ruhend, sind sie in dieser Form ohne softwarevermittelte Nutzung für den Verkehr weder wahrnehmbar noch abgrenzbar[230]. Sofern ein virtueller Gegenstand nur einen

[223] Staudinger/*Bund*[2007] § 865 Rn. 2;
[224] Staudinger/*Bund*[2007] § 865 Rn. 6.
[225] RGZ 108, 269, 272; Staudinger/*Bund*[2007] § 865 Rn. 2.
[226] Vgl. oben Kap. 2 D.I.3.
[227] Für Teilbesitz hier Staudinger/*Bund*[2007] § 865 Rn. 6.
[228] In dieses Bild passt am ehesten der Ansatz von *Härting* CR 2001, 37, 43, der bei einem Webhosting-Vertrag einen physischen Teil der Festplatte als vermietete Sache ansieht. In diese Richtung für Internetforen wohl auch *Feldmann/Heidrich* CR 2006, 406, 409, der auf Serverkapazitäten abstellt.
[229] BGHZ 85, 263, 264 f.; *Habersack/Mayer* WM 2000, 1678, 1681; *Kümpel* WM 1980, 422, 423. Bedenken speziell im Hinblick auf Daten auch bei *Beurskens* in: *Domej/Dörr/Hoffmann-Nowotny/Vasella/Zelger* S. 443, 452.
[230] Dieses Problem einer technisch-körperlichen Sicht wird dadurch verschärft, dass Daten noch nicht einmal in physisch zusammenhängenden Speicherbereichen auf einem Datenträger verkörpert sein müssen. Sie sind meist über mehrere Speicherbereiche verteilt, weil inhaltlich zusammengehörende Einheiten technisch passgenau aufgeteilt werden, um unbeschriebene Bereiche auf einem Datenträger zu füllen. Die Zuordnung und Zusammenführung dieser verteilten Datenpakete bewerkstelligen dabei Dateizuordnungstabellen, die File Allocation Tables (FATs).

kleinen Bruchteil des physikalisch verfügbaren Platzes eines Speichermediums auf dem Server in Anspruch nimmt, wird auch kein physisch bestimmter Teil des Speichermediums für ihn reserviert, sondern bei Bedarf ein seiner Größe nach festlegbarer, ansonsten aber unbestimmter und wechselnder Speicherbereich zugewiesen. Insoweit würde eine hier ansetzende Sachherrschaft auch das Erfordernis einer gewissen Dauer und Festigung[231] verfehlen. Zusätzliche Probleme treten dann auf, wenn Inhalte physisch auf verschiedenen Servern verteilt liegen, deren Speicherplatz und Rechenkapazität aber für die Nutzung technisch zusammengefasst werden. Zudem ist zweifelhaft, ob die Figur des Teilbesitzes auch dann trägt, wenn es nicht um körperliche Speicherbereiche, sondern um die Zuweisung von bloßer Rechenkapazität geht[232]. Auf einer technischen Zwischenebene kann die Nutzung elektronischer Ressourcen nicht nur dadurch von der zugrunde liegenden Sache entkoppelt werden, dass die Nutzung einer Sache aufgespalten wird, sondern auch dass mehrere Sachen zu einer Nutzung zusammengeführt werden, ohne dabei überhaupt erkennbar zu sein[233].

Sofern man also eine *Sach*herrschaft konstruieren wollte, wäre zwangsläufig zu akzeptieren, dass jegliche Abgrenzbarkeit von Daten, Speicherbereichen und elektronischen Ressourcen allgemein nur über eine zu ihrer Benutzung stets zwischengeschaltete Softwareebene als technisches Mittel erfolgen kann, das die Abgrenzung in logisch-zusammenhängenden Einheiten erst erzeugt[234]. Damit hätte man sich aber bei den Voraussetzungen von Abgrenzbarkeit und Beherrschbarkeit schon weit von der körperlichen Natur des Sachbegriffes gelöst und rein inhaltliche Kriterien einer sinnvollen Datenabgrenzung (wie z.B. eine Datei, einen in seiner virtuellen Umgebung abgegrenzten virtuellen Gegenstand, einen Datenbankeintrag) zum Maßstab erhoben[235]. Vor diesem Hintergrund erscheint es nur konsequent, entweder in einem letzten Schritt gleich auf die Daten als solche

[231] Vgl. BGH NJW-RR 2005, 673, 674; RGZ 75, 221, 223; *Baur/Stürner*[17] § 7 Rn. 7; Erman/*A. Lorenz*[12] § 854 Rn. 3; Palandt/*Bassenge*[68] § 854 Rn. 3; Soergel/*Stadler*[13] vor § 854 Rn. 8; Staudinger/*Bund*[2007] § 854 Rn. 5.

[232] Vgl. dazu BGH NJW 2007, 2394, 2395 – *ASP Vertrag*.

[233] Vgl. zur zunehmenden Virtualisierung der Hardware selbst Kap. 4 C.II.1.a.

[234] Eine Parallele hierzu sind normale, auf einer Festplatte gespeicherte Dateien: Erst Programme zum Dateimanagement (wie etwa der Windows Explorer oder der Mac OS Finder) können die Dateien als logisch abgrenzbare Einheiten darstellen. Blickt man nur auf den physischen Datenträger, so sind diese meist fragmentiert gespeichert und für den normalen Benutzer nicht als zusammenhängende Einheit wahrnehmbar.

[235] Wann eine zusammengehörende Dateneinheit vorliegt, muss sich im Einzelfall nach der Verkehrsauffassung richten. Da solche Fragen der Bestimmung eines einheitlichen Gegenstandes auch im Verhältnis von Sachbestandteilen, Sachen und Sachgesamtheiten auftreten, wird insofern nur ein altbekanntes Problem in einem neuen Zusammenhang aktuell.

abzustellen und die Zufälligkeiten ihrer technischen Verkörperung auszublenden, oder bei der Bestimmung des Herrschaftsobjektes auch deren physische Grenzen als Sache zu wahren. Ersterer Lösung steht der herkömmliche Sachbegriff des BGB entgegen. Letztere erzeugt die oben beschriebenen technischen Zufälligkeiten sowie Konvergenzprobleme zwischen Daten und Datenträger.

dd. Generelle Konvergenzprobleme

Selbst wenn die Verkehrsauffassung für so dehnbar gehalten wird, dass sie eine elektronisch vermittelte Sachherrschaft zulässt, die elektronische Herrschaftsbeziehung der Nutzer gegenüber dem physischen Zugriff überbetont und den Bezugsgegenstand verschleiert, so helfen all diese Erwägungen nicht über die oben bereits dargestellten inhaltlichen Konvergenzprobleme hinweg.

Auch hier fallen – aus konstruktiv-theoretischer Sicht – die zu erfassenden, im virtuellen Raum existierenden, abgegrenzten und vom Verkehr als solche wahrgenommenen Herrschaftsgegenstände einerseits sowie die technisch zugrunde liegenden, nicht wahrnehmbaren, nur als dogmatischer Anker dienenden EDV-Anlagen, Speichermedien bzw. Speicherbereiche andererseits auseinander. Auf den Punkt gebracht: Der Besitz erfasst wiederum nicht die Objekte, um die es als gehandelte Wirtschaftsgüter eigentlich geht. Das hat bei der sachlichen Schutzreichweite die gleichen Folgen wie beim Eigentum, denn auch die Schutzreichweite und die Zuweisung einer exklusiven Nutzung laufen bei Besitz und Eigentum parallel[236]. So stellt sich auch hier die Frage, wie die Grenzen von exklusiver Zuweisung und Ausschlussbefugnis im Widerstreit zwischen technisch-körperlicher Sicht (Inanspruchnahme des Servers als solchem) und inhaltlich-funktionaler Sicht (Nutzung und Handel virtueller Gegenstände in ihrem virtuellen Kontext) mit Blick auf die aus dem Besitz fließenden Zuweisungs- und Abwehrbefugnisse gezogen werden müssen.

2. Originärer virtueller Besitz?

Die gezeigten Probleme legen den Schritt nahe, der Verkehrsauffassung Rechnung zu tragen und eine Herrschaftsbeziehung über virtuelle Gegenstände *als solche* anzunehmen. Dem steht jedoch die Sachbezogenheit des Besitzes entgegen, der de lege lata immer noch eine *Sach*herrschaft ist, die unkörperliche Herrschaftsobjekte in das Prokrustesbett der Körperlichkeit zwingen muss, anstatt als *Gegenstands*herrschaft technisches Anknüpfungs- und tatsächliches Herrschaftsobjekt in Einklang bringen zu können.

---

[236] BGH NJW-RR 2005, 673, 674.

Eine solche Erweiterung des Besitzbegriffes jenseits der Grenzen der §§ 854, 90 BGB wäre ohne gesetzgeberische Tätigkeit allenfalls im Wege einer Rechtsfortbildung zu erzielen. Diese würde für einen „virtuellen Besitz“ an Daten und virtuellen Gegenständen allerdings ähnliche Fragen aufwerfen wie für ein originäres, sich ebenso aus der Körperlichkeit lösendes „virtuelles Eigentum“. Der Sinn einer virtuellen Besitzposition zeigt sich vor allem im Zusammenspiel eines besitzrechtlichen und schuldrechtlichen Ansatzes, wenn der *berechtigte* virtuelle Besitz – so wie sonst der Sachbesitz[237] – eine nur relative schuldrechtliche Forderung dinglich verstärkt. So erhielte ein aus der Vertragsbeziehung im Vertikalverhältnis berechtigter „Besitzer“ eines virtuellen Gegenstandes deliktischen Schutz über § 823 I BGB. Gerade dieses Ergebnis ließe sich indes auch über ein originäres virtuelles Eigentum als sonstiges Recht i.S.d. § 823 I BGB erreichen. Zudem wäre in beiden Fällen die gewährte Position von dem schuldrechtlichen Nutzungsvertrag abhängig: Beim virtuellen Besitz durch die Kombination von Besitz und schuldrechtlicher Berechtigung; beim virtuellen Eigentum durch die vertragliche Überformung[238].

IV. Zwischenergebnis

Virtuelles Eigentum kann mit dem Sacheigentum an der Systemhardware begründet werden, führt aber zu erheblichen personellen und inhaltlichen Konvergenzproblemen. Die Annahme von Sachbesitz ist demgegenüber keine Lösung, weil den Nutzern neben dem Serverbetreiber keine Sachherrschaft zugesprochen werden kann. Den Sachbegriff statt auf den Server auf Speicherbereiche zu beziehen, scheitert an deren fehlender Bestimmbarkeit. Als Herrschaftsgegenstand die virtuellen Gegenstände als solche zu begreifen, erforderte eine Loslösung des Besitzbegriffes von seinen körperlichen Wurzeln – und damit im Ergebnis das, was hier unter dem Oberbegriff virtuelles Eigentum (Kap. 4 F.) Gegenstand der Betrachtungen ist.

---

[237] Erman/*A. Lorenz*[12] vor § 90 Rn. 8; Staudinger/*Bund*[2007] vor §§ 854 ff. Rn. 25.

[238] Vgl. Kap. 4 F.II.1. Indes hätte hierbei der „virtuelle Besitz“ insbesondere im Vertikalverhältnis zwischen Betreiber und Nutzer und im Konflikt um die Rechteverteilung aus einer etwaigen „Eigentümer“-Stellung den terminologischen Vorteil, sprachlich etwas klarer zu stellen, dass keine sich *stets* durchsetzende Rechtsposition der Nutzer erzeugt wird.

D. Bündel relativer Rechte als quasi-absolutes Recht?

Will man virtuelle Güter – ähnlich wie eine Domain[239] – rein schuldvertraglich erfassen[240], so beschränken sich die Rechtswirkungen dieser Konstruktion eigentlich auf das Vertikalverhältnis zwischen Betreiber und Nutzer. Auch ein relatives Recht kann einen Rechtsgegenstand zweiter Ordnung bilden[241], der tatsächlich existierende virtuelle Gegenstände als Rechtsgegenstände erster Ordnung einkleidet, zu Verfügungsobjekten macht und – nicht anders als bei einer Abtretung von Forderungen – ihren Handel ermöglicht. Dieser Ansatz ist für virtuelle Welten konstruktiv von dem Konzept eines absoluten Rechtes gar nicht weit entfernt. Sind nämlich *alle* Beteiligten in ein Bündel paralleler vertikaler Nutzungsverträge eingebunden, kann deren Rechteverteilung unter ihnen faktisch eine horizontale quasi-absolute Wirkung erzeugen. Deutlich wird das insbesondere aus einer theoretischen Perspektive des Sozialvertrages, welche absolute Rechte mit einem Netz hypothetischer individualvertraglicher, die gegenseitige Anerkennung (beispielsweise des Eigentums) verbürgender Verbindlichkeiten vergleicht, die im Ergebnis der Gesetzgeber durch die Gewährung absoluter Rechte herbeiführt. Sofern diese aber als Rechtsrahmen für virtuelle Gegenstände tatsächlich geschlossen wurden, kann der Rückgriff auf ein absolutes Recht entbehrlich sein, weil die gebündelte Wirkung der auf den virtuellen Gegenstand *bezogenen* relativen Rechte der Wirkung eines *aus ihm fließenden* absoluten Rechtes durchaus entsprechen kann (I.). Dogmatische Schwierigkeiten bereitet hier indes der eigentliche Rechtsgegenstand einer Forderung. Sieht man Forderungen eher handlungs- als objektbezogen an, so läuft diese pragmatische Sicht auf ein Bündel relativer Forderungen der Prämisse zuwider, dass Forderungen eigentlich keinen objektbezogenen Herrschaftsgegenstand haben (II.1.). An

[239] BGH GRUR 2005, 969 – *Domain-Pfändung*; OLG Hamm MMR 2005, 381, 382; LG Mönchengladbach NJW-RR 2005, 439; *Welzel* MMR 2001, 131, 132; *Berger* RPfleger 2002, 181, 182 f.; *Hanloser* CR 2001, 456, 458; *Hartig* GRUR 2006, 299, 300; *Hoffmann* MMR 2005, 687; Musielak/*Becker*[6] § 857 Rn. 13a; Stein/Jonas/*Brehm* ZPO[22] § 857 Rn. 80; *Ingerl/Rohnke*[2] nach § 15 Rn. 37. A.A. und für die Anerkennung als absolutes Recht sui generis LG Essen GRUR 2000, 453; LG Düsseldorf CR 2001, 468; *Koos* MMR 2004, 359, 360 f.; *Paulus*[3] S. 284; *Plaß* WRP 2000, 1077, 1081; *Schmittmann* DGVZ 2001, 177, 179.

[240] So *Völzmann-Stickelbrock* FS Eisenhardt S. 327, 340 f. und *Burger* in: *Taeger/Wiebe* S. 65, 72, der zwar die Rechtsqualität virtueller Güter nicht explizit als Forderung einordnet, dies jedoch wohl implizit unterstellt, wenn er deren Übertragung durch Abtretung der gegen den Betreiber gerichteten Forderung auf Gewährleistung von Zugang und Benutzung gem. § 398 BGB konstruiert; wohl auch *Krasemann* MMR 2006, 351, 353, der eine Wirkung als absolutes Recht ablehnt, sowie *Wemmer/Bodensieck* K&R 2004, 432, 436 für ein „nach Art. 14 GG geschütztes Nutzungsrecht“.

[241] Zu dieser Terminologie Kap. 3 D.I.2.

praktische Grenzen stößt eine solche Konstruktion zudem dann, wenn die relativen Wirkungen einer Forderung über die jeweiligen einzelnen vertikalen Schuldverhältnisse hinaus erstreckt werden müssen (II.2.), erst recht wenn es dabei nicht um selbst im Verbund der Nutzungsverträge befindliche Parteien (II.2.a.), sondern um außenstehende Dritte geht (II.2.b.). Eine solche Verdinglichung relativer Rechte lässt das deutsche Recht nur sehr zurückhaltend zu.

I. Der gedankentheoretische Übergang von gebündelten relativen Rechten zu einem absoluten Recht

Die zentralen Merkmale eines dinglichen Rechts sind die Zuordnung eines Gegenstandes zum Rechtsinhaber sowie die Absolutheit der hieraus fließenden Rechtswirkungen[242]. Beide Elemente unterscheiden ein dingliches Recht von einer bloßen Forderung. Diese hat zunächst keine unmittelbare Zuordnung eines Herrschafts*gegenstandes* zum Inhalt, sondern erzeugt nur Rechtspflichten in Verbindung zu einer anderen Person. Zudem beschränkt sich ihre Wirkung grundsätzlich auf die durch das relative Recht verbundenen Parteien, ohne dass ein umfassender Klageschutz erga omnes in Bezug auf den Bestand des relativen Rechts oder den von seiner Wirkung betroffenen Gegenstand[243] begründet wird.

1. Absolutheit und Relativität als quantitativer Unterschied

Ein Blick auf die aus einer absoluten Rechtsposition fließenden Rechte zeigt, dass die bei ihrer Beeinträchtigung ausgelösten Abwehrrechte (so am Beispiel des Eigentums der Vindikationsanspruch aus § 985 BGB; Schadenersatz aus § 823 I BGB; Unterlassung aus § 1004 BGB) selbst relativer Natur sind, auch wenn sie sich dabei gegen eine potentielle Vielzahl von Personen richten können[244]. Das lässt den Unterschied zwischen relativen und absoluten Rechten im Hinblick auf den Kreis der Verpflichteten schon weniger als qualitativen, sondern eher als quantitativen erscheinen und entspricht einer Strömung in der oben bereits dargestellten Diskussion um

---

[242] *Canaris* FS Flume S. 371, 373 f.

[243] Auch bei der Diskussion um einen absoluten Schutz relativer Rechte ist zwischen dem Bestand eines Rechts und dem Gegenstand zu unterscheiden, auf den es sich bezieht. So wie das Eigentum durch Einwirkung auf das Recht (z.B. Veräußerung durch Nichtberechtigte, §§ 932 ff. BGB) oder die Sache (Substanzbeschädigung) beeinträchtigt werden kann, ist auch bei Forderungen gedanklich zwischen einer Einwirkung auf die Forderung (etwa durch wirksame Einziehung durch einen Nichtberechtigten, § 307 BGB) bzw. auf den Gegenstand zu unterscheiden, auf dessen Leistung sie gerichtet ist, soweit ein solcher über die Handlungen des Schuldners hinaus überhaupt vorhanden ist (dazu sogleich Kap. 4 D.II.1).

[244] Vgl. *Becker* AcP 196 (1996), 439, 458.

den Property-Begriff im US-amerikanischen Recht unter dem Einfluss der ökonomischen Analyse[245]. Ob ein Recht seine Wirkung nur gegen eine andere, bestimmte Person richtet und seinem Inhaber einen Anspruch gibt, von ihr ein Tun, Dulden oder Unterlassen zu fordern, oder aber ob sich ein solcher Anspruch potentiell gegen jeden richten kann, ist lediglich ein Unterschied der Reichweite jener Handlungsrechte, der sich freilich in ihrem Wert niederschlägt[246]. So fundamental aus dogmatischer Sicht die Unterscheidung zwischen relativen und absoluten Rechten auch sein mag, so zeigt sich auf gedankentheoretischer Ebene doch ein fließender Übergang zwischen ihnen. Hier lassen sich absolute Rechte ohne weiteres als Ergebnis einer Vielzahl hypothetischer, von jedermann mit jedem zur Anerkennung seiner Herrschaftsposition ausgehandelter relativer Rechte auffassen[247]. Da diese wegen prohibitiver Transaktionskosten freilich nicht realiter privatautonom geschaffen werden können, müssen sie kraft gesetzlicher Anordnung bestehen. Eine solche Vorstellung spiegelt sich in Ansätzen wider, welche die Legitimation des Eigentums als Prototyp eines absoluten Rechts auf eine hypothetische konsensualvertragliche Grundlage stellen und zu diesem Zweck das Konstrukt des gesellschaftlichen Sozialvertrages *Rousseau*scher oder *Hobbes*scher Prägung heranziehen[248]:

Dessen normativ-legitimierende Kraft wird dabei mit einer ökonomischen Argumentation gegenseitiger Anerkennung von Rechten zum Zwecke effizienter Ressourcennutzung untermauert: Das Eigentum ist von der hypothetischen Zustimmung aller Beteiligten zur Schaffung einer Eigentumsrechte garantierenden Verfassung getragen. Die Vorteile, welche rational und eigennützig handelnde Akteure dazu bringen, sich selbst den künftigen Beschränkungen des Eigentums anderer zu unterwerfen, liegen dabei auf der Hand: In einem vorverfassungsmäßigen, entstaatlichten und gleichsam anarchischen Zustand müsste jeder erhebliche Aufwendungen zum Schutz seiner Güter gegen Übergriffe tätigen, die von jeweils gegenläufigen Aufwendungen zur gewaltsamen Wegnahme gekontert würden[249]. Ein solches „Wettrüsten" als Modell wechselseitiger externer Verluste führt zu einer allseitigen massiven Verschwendung von Ressourcen und läuft in diesem „Urzustand" auf ein Gleichgewicht im Sinne eines *Hobbes*schen Kampfes aller gegen alle hinaus[250]. Während die *Hobbes*sche Perspektive sich nun auf den Souverän konzentriert, der diese Entwicklung durch eine befriedende staatliche Ordnung verhindert

[245] Vgl. nur *Cohen* [2002] U. Ill. J. L. Tech. & Pol'y 375, 382; *Merrill/Smith* 111 Yale L. J. 357 (2001) sowie die weiteren Nachweise unter Kap. 2 B.I.

[246] *Richter/Furubotn*[3] S. 96; *Schäfer/Ott*[4] S. 100.

[247] Vgl. zu dieser Verhandlungsperspektive *Buchanan* S. 44 ff.; *Richter/Furubotn*[3] S. 127 ff.

[248] Vgl. *Fritsch* in: *Boettcher/Herder-Dorneich/Schenk* S. 31 für einen Überblick über die Ansätze für die Legitimation kollektiven Handelns auf dieser Grundlage.

[249] Und das bis sich ein Gleichgewicht einstellt, in dem der Nutzen zusätzlicher Schutzaufwendungen bzw. Abwehrmaßnahmen gleich dem Grenznutzen der Güter ist: *Buchanan* S. 34.

[250] *Buchanan* S. 82 f.

und daraus seine Legitimation ableitet[251], blickt *Buchanan* aus individualistisch-ökonomischer Sicht auf den Vorgang und die Anreize zu einer freiwilligen Entmachtung der Individuen. Als eigennützig-rational handelnde Menschen werden diese erkennen, dass die bisher zur Verteidigung und zur Eroberung von Ressourcen eingesetzten Mittel ineffizient vergeudet sind und sich dann auf einen Waffenverzicht einlassen. Wenn die Verteidigung kollektiv dem Staat und seiner Rechtsordnung anvertraut und von diesem durchgesetzt wird, können frei werdenden Ressourcen so einer produktiveren Nutzung zugeführt werden[252]. Vor diesem Hintergrund lässt sich die Existenz und Reichweite des Eigentums einer Person gegenüber anderen Gesellschaftsmitgliedern gleichsam als ein zwischen allen geschlossener Abrüstungsvertrag verstehen, der eine wechselseitige, kollektiv durchgesetzte Selbstbindung in Bezug auf die Anerkennung von Rechtspositionen anderer beinhaltet und auf diese Weise sozialvertraglich die wechselseitigen externen Effekte einer Schädigung internalisiert[253].

2. Die Bedeutung für eine relative Konstruktion virtuellen Eigentums

Diese rechtspolitisch-legitimierende Konstruktion absoluter Rechte als Ersatz einer Vielzahl hypothetischer Vereinbarungen und ihre spiegelbildliche analytische Dekonstruktion in ein Bündel relativer Rechte führen den theoretischen Übergang zwischen absoluten und relativen Rechten vor Augen. Auch wenn aus Sicht des positiven Rechts solche Überlegungen als Gedankenexperimente erscheinen mögen, liegt der Reiz des Beispiels virtueller Welten in der Möglichkeit, diesen Übergang zu einem gewissen Grad rechtstatsächlich nachzuzeichnen – und ein solches Bündel relativer Rechte u.U. zur Erfassung von Rechtsgegenständen erster Ordnung zu nutzen. Denn dort schließen die Nutzer mit dem jeweiligen Betreiber einen realen Nutzungsvertrag, der ihnen die Zustimmung zu grundlegenden Verhaltensregeln abverlangt, unter die sich theoretisch – je nach Art der virtuellen Welt in unterschiedlichem Maße – auch die wechselseitige Anerkennung exklusiv zugewiesener virtueller Gegenstände fassen ließe. Diese Positionen wären vom Betreiber entweder schon auf technischem Weg ausdefiniert (und somit selbstdurchsetzend[254]) oder ließen sich rechtlich von einen „virtuellen Sozialvertrag“ des Innenrechts in die Nutzungsbedingungen des Außenrechts übersetzen und dort als relative Forderung durchsetzen[255].

[251] *Buchanan* S. 7.
[252] *Buchanan* S. 84.
[253] *Buchanan* S. 35.
[254] Zur Rolle des Code im Konkurrenzverhältnis zum Recht vgl. Kap. 4 F.II.4.d.bb.
[255] Das würde zudem vor Augen führen, wie die Wirkung absoluter Rechte auch durch andere rechtliche Mechanismen (wie ein Bündel von Verträgen) und technische Maßnahmen erreicht werden kann. Vgl. für das US-amerikanische Recht *Fairfield* Anti-Social Contracts S. 15 (i.E. wegen der sogleich behandelten Grenzen der Drittwirkung ablehnend); *Lipton* 35 Loy. U. Chi. L. J. 235, 250 (2003). Freilich können hierdurch die Grenzen von Property und Contract durchaus verschwimmen, wie etwa *Meehan* 13 Rich.

II. Die dogmatischen Grenzen einer schuldvertraglichen Konstruktion mit quasi-absoluter Wirkung

Ein solches ideales Verständnis der Nutzungsbedingungen als virtueller Sozialvertrag im Innenrecht und eine Übersetzung dieses Gedankenkonstruktes in die Rechtsfiguren des Außenrechts ist freilich nur auch dann praktisch fruchtbar, wenn die Rechtsfiguren des Zivilrechts auch die angestrebte quasi-absolute Wirkung der dabei entstehenden relativen Rechte liefern können. Hier tun sich zwei konstruktive Probleme auf: Zunächst werden die Nutzungsverträge nur zwischen Nutzern und Betreibern geschlossen, nicht aber – und somit anders als im Bild des virtuellen Sozialvertrages – auch zwischen den Nutzern. Die Annahme horizontaler Wirkungen würde eine gewisse Verdinglichung der vertikalen relativen Rechtsbeziehungen voraussetzen. Ansonsten fehlte es an einem absoluten deliktischen Schutz gegen Einwirkungen auf virtuelle Gegenstände durch – soweit technisch möglich – andere Nutzer und Dritte (2.). Zunächst soll aber geklärt werden, wie es mit dem Konzept einer eigentlich gegenstandslosen, nur gegen eine Person gerichteten Forderung vereinbar ist, dass diese mit virtuellen Gegenständen ausnahmsweise einen unmittelbaren Herrschaftsgegenstand haben (1.).

1. Dogmatische Bedenken: Gegenstandslosigkeit der Forderung

Eine Forderung hat keine unmittelbare Zuordnung eines Herrschafts*gegenstandes* zum Inhalt, sondern erzeugt lediglich eine Verbindung zu einer anderen Person. Insofern gibt es bei der Forderung eigentlich keinen außerhalb ihrer selbst und dem verpflichteten Schuldner liegenden außerpersönlichen Gegenstand, auf den sich das Recht des Gläubigers bezieht[256]. Insbesondere hat eine Forderung in Bezug auf einen vertraglich geschuldeten Gegenstand keinen Zuweisungsgehalt[257]. Sie kann lediglich bezüglich eines solchen *wirken* und etwa zu einer Änderung seiner Zuordnung verpflichten[258].

J. L. & Tech. 7 Tz. 6 (2006) am Beispiel von Virtual Property anmerkt. So drehte sich der erste praktische Fall in der Diskussion um Virtual Property, *Bragg v. Linden Research* 487 F. Supp. 2d 593 (U.S. District Court, Eastern District of Pennsylvania, 2007), in der Sache zwar um die Wirksamkeit vertraglicher Nutzungsbedingungen. Dennoch nahmen Teile des Schrifttums die Analyse des Gerichtes als auf die Anerkennung von Virtual Property zielend wahr, vgl. *Dougherty* 9(7) E.C.L. & P. 6, 7 (2007) sowie oben Kap. 2 D.II.3.

[256] *Canaris* FS Flume S. 371, 373; *Medicus* FS Steffen S. 333, 340.

[257] *Becker* AcP 196 (1996), 439, 460; *Canaris* FS Steffen S. 85, 95 ff.; a.A. *Dulckeit* S. 51, der die Forderung als absolutes Recht an der geschuldeten Leistung begreift.

[258] *Canaris* FS Flume S. 371, 373. Anders stellen sich die Dinge dar, wenn man – wie *Dulckeit* mit seiner auf kaum fruchtbaren Boden gefallenen Lehre vom relativen Eigen –

Wenn sich die Forderung hiernach nicht auf einen Herrschaftsgegenstand bezieht, wie es das Eigentum mit einer Sache tut, sondern sich gleichsam in sich selbst erschöpft, bereitet es erhebliche Schwierigkeiten, hier überhaupt aus objektbezogener Sicht einen Gegenstand auszumachen. Stattdessen dominiert ein personell-handlungsbezogenes Verständnis, nach dem sich mit einer obligatorischen Forderung die Rechtssubjekte einander zuordnen[259] und Gegenstand der Forderung die vom Schuldner geschuldete Handlung bzw. Leistung ist[260]. Teilweise wird eine sinnvolle Trennung von zuordnendem Recht und zugeordnetem Gegenstand für die Forderung selbst auch gar nicht für sinnvoll möglich gehalten[261].

Dieser Normalfall trifft indes die rechtliche Erfassung virtueller Gegenstände nicht ganz. Hier hat die Forderung faktisch einen klaren Herrschaftsgegenstand, den es zu erfassen gilt, sonst wäre diese Konstruktion gar nicht erst erforderlich. Das muss diesem Ansatz nicht entgegenstehen, denn auch eine objektbezogene Zuweisung lässt sich ohne weiteres in eine handlungsbezogene umformulieren, wie der BGH es am Beispiel der

---

schon durch ein schuldrechtliches Kausalgeschäft eine (relative) Zuordnungsänderung bewirkt sehen wollte: Nach ihm wird das „Eigen" im schuldrechtlichen Vertrag versprochen, das wegen dessen Verbindlichkeit inter partes schon mit dem Abschluss des Grundgeschäftes dem Erwerber zustehe. Es wird gleichsam „relatives Eigen" an einer Sache übertragen, das sich mit Erfüllung in das absolute Eigentum umwandele. Anspruch und „relatives Eigen" seien dabei nicht deckungsgleich: Gegenstand des letzteren sei die Sache selbst, Inhalt des ersteren die Leistung (*Dulckeit* S. 33, 43).

[259] *Becker* AcP 196 (1996), 439, 460.

[260] *Savigny* Bd. 1 § 53 S. 338 f.; *Dulckeit* S. 43, 51, 59.

[261] *Canaris* FS Flume S. 371, 380. Vgl. für die Probleme der Erfassung des Gegenstandes einer Forderung auch *Mincke* JZ 1984, 862, 864. Die Unterscheidung zwischen zuordnendem Recht und zugeordnetem Gegenstand, wie sie etwa in der Beziehung Eigentum – Sache zum Ausdruck kommt, bedarf mit Blick auf die Forderung noch einer Klärung, weil sie hier in zweierlei Weise verwendet wird: Einerseits ließe sich die Forderung als das die Leistung zuordnende Recht verstehen, die Leistung als Zuordnungsgegenstand (vgl. *Dulckeit* S. 43, 51, 59). Andererseits ließe sich die Forderung durchaus auch – wenn nicht gerade wegen ihrer Gegenstandslosigkeit – selbst als zugeordneter Gegenstand begreifen, dessen Inhaberschaft durch ein vom BGB nicht ausdrücklich erwähntes Rechtsinstitut zugeordnet wird, welches man als Inhaberschaft an einer Forderung, Rechts- bzw. Forderungszuständigkeit (*Larenz* Schuldrecht II[12] S. 604 f.), Zuweisungsgehalt, rechtstheoretisch auch „Eigentum" an einer Forderung (*Kruse* Bd. 1 S. 169 f., 185) bezeichnen kann oder terminologisch gar nicht von der Forderung trennt (*Canaris* FS Steffen S. 85, 96). Relevant wird dieses Recht dann, wenn in den rechtlichen Bestand der Forderung selbst eingegriffen wird und ein deliktischer Schutz gegen den unberechtigten Einzug – im Gegensatz zur Einwirkung auf den Leistungsgegenstand – bejaht wird (*Canaris* FS Steffen S. 85 ff.). In dem hier interessierenden Fall „forderungseingekleideter" virtueller Gegenstände steht aber (auch für die Frage von Einwirkungen) gerade der virtuelle Gegenstand und nicht die Forderung und damit die erstgenannte Konstellation im Blickpunkt. Daher kann das Verhältnis von Forderung und Inhaberschaft bzw. Forderungszuständigkeit im Folgenden vernachlässigt werden.

Domain gezeigt hat[262]. Dann aber erscheint ein solcher Ansatz denkbar konstruiert, weil virtuelle Güter in ihrer Existenz – und vor allem in ihrer Verkehrswahrnehmung – weitaus objektsbezogener sind als die bloße Pflicht der Betreiber, ihre fortdauernde Existenz zu gewährleisten. Mit diesem Hinweis soll ein relativ-schuldrechtlicher Ansatz nicht per se als unpassend zurückgewiesen werden. Es erscheint nur nötig anzuerkennen, dass eine Vielzahl von Forderungen in ihrem Zusammenwirken einem tatsächlich existierenden Herrschaftsgegenstand einen Zuweisungsgehalt verleihen können, wenn sie als funktionales Äquivalent für (noch?) nicht vorgesehene absolute Rechte eingesetzt werden.

Wenn und soweit ein Gegenstand durch eine Vielzahl relativer Verpflichtungen erfasst und inter partes mit einer Pflicht zur Anerkennung versehen wird, die im Kreis aller Vertragsparteien einer Wirkung erga omnes gleichkommt, liegt es nahe, dass der Gegenstand so in diesem Personenkreis auch zugewiesen wird. So wird ein relatives Recht in seiner Wirkung einem absoluten dadurch quantitativ angenähert, dass die Zahl der Vertragsparteien erhöht wird und die Summe für sich genommen relativer Rechtsbeziehungen in ihrer Gesamtheit eine quasi-absolute Dinglichkeit schafft. Bildlich ausgedrückt: „Agreements can thingify“[263]. Rechtliche Anerkennung fließt dabei nicht aus der absoluten Zuweisung eines Herrschaftsgegenstandes. Vielmehr *erwächst* der Herrschaftsgegenstand selbst, für den de lege lata keines der Zuweisungsregime des BGB passt, aus dem ihm gewährten Schutz heraus. Eine solche Perspektive mag die Begründung absoluter Rechte auf den Kopf stellen. Sie erweist sich aber als pragmatischer Versuch, einen aus der Not des engen Sach-, Besitz- und Eigentumsbegriffes geborenen Ansatz zu stützen, der tatsächlich existierende Gegenstände über ein Netz von Forderungen erfassen muss.

2. Quasi-absoluter Schutz des Gegenstandes?

Über das theoretische Problem der Gegenstandslosigkeit einer Forderung hinaus findet die Parallele zu einem virtuellen Sozialvertrag ihre Grenzen auch in der Drittwirkung von Forderungen. Im Vertikalverhältnis zwischen Betreiber und Nutzer regelt das Nutzungsvertragsverhältnis die Rechte-

[262] BGH GRUR 2005, 969, 970 – *Domain-Pfändung* sah als geschuldete Handlung und Gegenstand der relativen Ansprüche die Registrierung, Aufrechterhaltung und ggf. Änderung der Domain.

[263] Vgl. *Madison* 56 Case Western Res. L. Rev. 381, 444 (2005) am Beispiel einer solche Erfassung von (nicht über Urheberrechte als absolute Rechte geschützten) Daten über ein Netz vertraglicher Vereinbarungen.

verteilung im Hinblick auf virtuelle Gegenstände[264]. Probleme stellen sich jedoch im Horizontalverhältnis zwischen den Nutzern. Das Gedankenkonstrukt eines virtuellen Sozialvertrages beruht darauf, dass alle Nutzer durch diesen verbunden und so zur Einhaltung grundlegender Verhaltensregeln und der Anerkennung gewisser – einzelfallabhängiger – Rechtspositionen gegenüber allen anderen verpflichtet sind. Aus der Perspektive des Zivilrechts muss daher den relativen, gleichsam sternförmigen Rechtsbeziehungen irgendwie eine drittschützende Wirkung derart zukommen können, dass sie innerhalb des Nutzerkreises als Netz individualvertraglicher Abwehrrechte eines jeden einzelnen die Funktion absoluter Rechte ausüben können (a.). Offen bleibt zudem die Frage einer Wirkung gegenüber Dritten außerhalb des Nutzerkreises (b.).

a. Verdinglichung gegenüber anderen Nutzern und konstruktive Probleme einer Drittwirkung

Die Nutzungsverträge bei virtuellen Welten und damit auch die aus ihm fließenden Ansprüche auf Gewährung und Erhalt der darin enthaltenen virtuellen Gegenstände sind aus zivilrechtlicher Perspektive zweiseitige Verträge zwischen individuellem Nutzer und Betreiber. Soll unter dieser Prämisse die rechtliche Anerkennung der Herrschaft über virtuelle Gegenstände von einem jeden verlangt und die Sanktion einer Störung dieser Beziehung einem jeden auferlegt werden[265], zeigt sich schnell, dass eine Vielzahl paralleler, aber isolierter Verträge an ihre Grenzen stößt. Im Kern geht es dabei um die fast schon klassische, in einer Vielzahl anderer Fallgestaltungen diskutierte Konstellation der Drittwirkung relativer Rechte. Anders als in den USA, wo eine strikt verstandene Doctrine of Consideration die Konstruktion eines Vertragsverhältnisses zwischen Nichtvertragsparteien im Horizontalverhältnis verhindert und deswegen als nur untauglicher Ersatz für Virtual Property angesehen wird[266], gibt das deutsche Recht drei gangbare Ansätze her, um eine strikte Relativität für virtuelle Gegenstände zu überwinden: Der orthodoxe Weg besteht darin, einem Nutzungsvertrag Schutzwirkung im Hinblick auf andere Nutzer und deren Güter zuzugestehen (aa.). Darüber hinaus bietet sich hier Gelegenheit, die Diskussion um den absoluten Schutz von Forderungen aufzugrei-

---

[264] Vgl. *Lober/Weber* CR 2006, 837, 842 mit dem Hinweis, dass eine deliktische Haftung im Verhältnis Nutzer – Betreiber wegen der bestehenden vertraglichen Beziehungen selten relevant werden wird.

[265] Selbst die Diskussion um eine absolute originäre Property-Position erfolgt nicht nur im Bezug auf das Vertikalverhältnis, sondern auch mit Blick auf mögliche Kompensationen bei Schädigungen zwischen Nutzern, vgl. *Chin* 72 Brook. L. Rev. 1303, 1324 (2007).

[266] *Fairfield* Anti-Social Contracts S. 16, 24 ff.

fen (bb.). Schließlich wäre es auch nicht undenkbar, die neuartige Rechtsfigur des „Netzvertrages" zu bemühen, um jeden Nutzer in eine direkte (gleichsam spinnennetzartige) Vertragsbeziehung zu einer Vielzahl anderer Nutzer einzubeziehen. Insbesondere letzteres würde das Bild eines gesellschaftlichen Sozialvertrages am klarsten in das Zivilrecht übersetzen (cc.).

aa. Die Ausdehnung der Vertragswirkungen

Um die relative Wirkung von Schuldverhältnissen zu überkommen und Dritte einzubeziehen, kommen zunächst als geradezu klassische vertragliche Konstruktionen der Vertrag mit Schutzwirkung für Dritte (1) sowie die Drittschadensliquidation (2) in Betracht.

(1) Vertrag mit Schutzwirkung für Dritte

Ein Vertrag mit Schutzwirkung für Dritte ließe sich zunächst begründen, indem man dem Nutzungsvertrag mit seinen auf Nutzer und Betreiber beschränkten Hauptleistungspflichten Zugang gegen (meist) Entgelt im Wege ergänzender Vertragsauslegung[267] drittwirkende Obhutspflichten gegenüber anderen Nutzern nach Maßgabe der jeweiligen, durch EULA oder TOS bestimmten Verhaltenspflichten entnimmt. Aus diesem können andere geschädigte Nutzer eigene Ansprüche gegen den Schädiger ihres – hier vertraglichen – „virtuellen Eigentums" ableiten, sofern die vier Voraussetzungen von Leistungsnähe, Gläubigernähe, Erkennbarkeit und Schutzbedürftigkeit erfüllt sind.

Es erfordert indes einigen Begründungsaufwand, um bei gleichsam sternförmigen Verträgen dem nur vertikal verankerten Gebot des neminem laedere eine horizontale Wirkung zu verleihen. Die Leistungsnähe, wonach der Geschädigte bestimmungsgemäß so mit der Leistung in Berührung kommen muss wie der Beteiligte an der vertraglichen Sonderverbindung[268], wird man noch annehmen können, wenn man mit der h.M. eine reine Verhaltenspflicht im Sinne einer Schutz- oder Rücksichtnahmepflicht

---

[267] Vgl. zu dem Rechtsinstitut des Vertrages mit Schutzwirkung die st. Rspr. BGH NJW 2006, 830, 835; BGH NJW 1984, 356; BGH NJW 1959, 1676; rückführbar bis zu RGZ 127, 222; RGZ 102, 232; RGZ 91, 24. Den akademischen Streit um die Rechtsgrundlage des Vertrages mit Schutzwirkung als ergänzende Vertragsauslegung (vgl. die genannte Rspr. sowie Palandt/*Grüneberg*[68] § 328 Rn. 13), eine Form richterlicher Rechtsfortbildung auf Grundlage des § 242 BGB (MüKo BGB/*Gottwald*[5] § 328 Rn. 110) oder nach der Schuldrechtsnovelle 2002 nun § 311 III BGB aufzugreifen, besteht an dieser Stelle kein Anlass.

[268] BGHZ 49, 350, 354; BGHZ 70, 327, 329; BGHZ 129, 136, 168; Palandt/*Grüneberg*[68] § 328 Rn. 16.

als Leistungspflicht genügen lässt[269] – und die bestimmungsgemäße Interaktion der Nutzer untereinander im Rahmen der vertraglichen (ggf. impliziten oder technisch ausgestalteten[270]) Verhaltenspflichten hierunter subsumieren will. Etwaige Haftungserleichterungen – vor allem bei spielerischer Aktivität – bestehen freilich fort[271].

Schon dieser erste Schritt deckt sich nicht wirklich mit den herkömmlichen Fallkonstellationen. Bei diesen geht es typischerweise darum, dass – terminologisch in das hiesige Bild übertragen – ein Dritter im Näheverhältnis zu einer Partei eines vertikalen Vertrages in dessen Schutzbereich einbezogen werden soll, wie etwa Angehörige eines Mieters in den Mietvertrag[272]. Eine Schutzwirkung horizontal auf jemanden zu erstrecken, der seinerseits auch in einer *gleichartigen* Sonderverbindung mit dem Vertragspartner des Schädigers steht, ist eher selten und wird in der Rechtsprechung beispielsweise für Mieter untereinander bei Schädigungen abgelehnt[273].

Nicht ganz eindeutig ist zudem das anerkennenswerte Interesse des Gläubigers an einer Einbeziehung des Dritten. Dieses unter Gläubigernähe diskutierte – und terminologisch noch von den früher erforderlichen „Wohl-und-Wehe“-Beziehungen mit personenrechtlichem Einschlag wie Familien- oder Arbeitsverhältnisse[274] geprägte – Kriterium wird mittlerweile zwar einer ergänzenden Vertragsauslegung entnommen und nicht einmal durch gegenläufige Gläubigerinteressen ausgeschlossen[275]. Beim Blick auf die vernünftigen Interessen und einen daraus ableitbaren hypothetischen Willen der Nutzer mag die Begründung eines horizontalen Schutzes prima facie wegen der drohenden Belastung fern liegend erscheinen. Anderes ergibt sich aber, wenn man den Betrachtungshorizont über einen konkreten Schädiger hinaus zieht und *alle* Nutzer hinter einem *Rawls*schen Schleier des Nichtwissens verortet, ob sie sich auf Verletzer- oder Geschädigtenseite wieder finden und jeder so auch zum potentiell Geschädigten wird. Unklar ist jedoch das Interesse der Betreiber an vertraglichen Ansprüchen überhaupt, wenn sie – von der eigenen Kontrolle

---

[269] BGH NJW-RR 2003, 1035; MüKo BGB/*Gottwald*[5] § 328 Rn. 110; Palandt/*Grüneberg*[68] § 328 Rn. 16.

[270] Dazu Kap. 4 F.II.4.d.

[271] Vgl. zum Durchschlagen von Haftungsbeschränkungen auf das Verhältnis zum Dritten BGHZ 56, 269; Palandt/*Grüneberg*[68] § 328 Rn. 18.

[272] BGHZ 61, 227, 233. Weitere Beispiele sind etwa Kinder eines Mandanten in einen Anwaltsvertrag (BGH NJW 1977, 2073); Angehörige eines Patienten in einen Behandlungsvertrag (OLG Düsseldorf NJW 1975, 596); interessierte, erhebliche Vermögensdispositionen beabsichtigende Dritte in einen Bankauskunftsvertrag (BGH NJW-RR 1991, 1265); mitbeförderte Personen in einen Beförderungsvertrag (BGHZ 24, 327).

[273] BGH NJW 1969, 41; OLG Köln NJW-RR 1995, 1480.

[274] BGHZ 51, 91, 96; BGHZ 56, 275, 283; BGH NJW 1970, 40; Palandt/*Grüneberg*[68] § 328 Rn. 17 (terminologisch als Einbeziehungsinteresse).

[275] BGHZ 128, 168, 173; BGHZ 127, 378; BGH NJW 2004, 3035; BGH NJW-RR 2006, 611; Palandt/*Grüneberg*[68] § 328 Rn. 17a; *Rohe* S. 105.

und deren Durchsetzung abgesehen – virtuelle Welten möglichst „außenrechtsfrei" halten wollen[276].

Unter der – hier angezweifelten – Prämisse gegebener Leistungs- und Gläubigernähe werfen die beiden restlichen Voraussetzungen kaum Probleme auf. Das Ausmaß der Haftungserweiterung und die oben dargestellten Umstände von Leistungs- und Gläubigernähe wären für die Nutzer durchaus erkennbar[277]. Insbesondere entfiele die Gefahr eines ausufernden Vermögensschutzes, wenn eine Schädigung im virtuellen Raum funktional dadurch einer realen Schädigung entspricht, dass die geschädigten Gegenstände mit Sachen vergleichbar sind[278] und Klarheit über die Tatsache besteht, dass diese in irgendjemandes Inhaberschaft stehen. Auch die Schutzbedürftigkeit des Geschädigten, keine eigenen gleichwertigen vertraglichen Ansprüche gegen den Schädiger haben zu dürfen[279], steht dann außer Frage, zumal er hier nicht einmal deliktische Ansprüche hat.

(2) Drittschadensliquidation

Als konstruktives Gegenstück zum Vertrag mit Schutzwirkung weitet die Drittschadensliquidation nicht den Schutzbereich eines Schuldverhältnisses aus, sondern verhindert eine unbillige Entlastung eines Schädigers dort, wo Ersatzanspruch und Schaden dadurch auseinanderfallen, dass ein Ersatzberechtigter keinen Schaden und ein Geschädigter keinen Anspruch hat[280]. In diesem Fall kann der Ersatzberechtigte im eigenen Namen als Gläubiger den Schaden des Dritten geltend machen[281]. Auf ein Netz von Nutzungsverträgen übertragen bedeutet dies, dass der Betreiber als Partei des Vertragsverhältnisses und Anspruchsinhaber etwaiger Ansprüche aus Pflichtverletzungen bei anderen Nutzern entstehende Schäden geltend machen kann, welche diesen sodann gem. § 242 BGB (bzw. aus § 285 BGB bei Leistungspflichten oder aus ergänzender Vertragsauslegung)

---

[276] Vgl. *Grimmelmann* Virtual Borders S. 11.

[277] Vgl. hierzu allgemein BGH NJW 1985, 489; BGHZ 75, 312, 323; vgl. Palandt/*Grüneberg*[68] § 328 Rn. 18.

[278] Vgl. dazu Kap. 3 D.I.3.

[279] Vgl. MüKo BGB/*Gottwald*[5] § 328 Rn. 127; Palandt/*Grüneberg*[68] § 328 Rn. 18.

[280] Vgl. zur allgemeinen Anerkennung der Drittschadensliquidation nur BGH NJW 1963, 2071; BGH NJW 1974, 502; BGH NJW 1996, 2735; Erman/*Kuckuk*[12] vor §§ 249-253 Rn. 137; *Larenz* Schuldrecht I[14] § 27 IV b, S. 460; Palandt/*Heinrichs*[68] vor § 249 Rn. 112; MüKo BGB/*Oetker*[5] § 249 Rn. 277; Staudinger/*Schiemann*[2005] vor §§ 249 ff. Rn. 62.

[281] Vgl. RGZ 115, 419, 426; BGH NJW 1985, 2411; BGH NJW 1989, 452; Erman/*Kuckuk*[12] vor §§ 249-253 Rn. 137; Palandt/*Heinrichs*[68] vor § 249 Rn. 114; MüKo BGB/*Oetker*[5] § 249 Rn. 282; Staudinger/*Schiemann*[2005] vor §§ 249 ff. Rn. 67.

abgetreten werden müssten[282]. Auch so ließe sich – über einen vertikalen Umweg – de facto eine horizontale Wirkung der Nutzungsbedingungen jedenfalls bei Schadenersatzansprüchen erzielen.

Voraussetzung hierfür ist neben dem Auseinanderfallen von Anspruch und Schaden eine zufällige Schadensverlagerung derart, dass der Ersatzberechtigte atypischerweise keinen Schaden und der Dritte atypischerweise keinen Anspruch hat[283], also der Schaden typischerweise bei ersterem eintritt und nur zufälligerweise aufgrund besonderer Umstände auf letzteren verlagert ist[284]. Hierin äußert sich die Erwägung, dass der Schädiger durch eine zufällige, für ihn regelmäßig nicht erkennbare Verlagerung des Schadens auf den mittelbar Geschädigten nicht privilegiert werden darf[285]. Über die anerkannten Fallkonstellationen obligatorischer Gefahrentlastung, mittelbarer Stellvertretung, Obhutsfälle, Treuhandfälle und vereinzelt auch solche aufgrund besonderer vertraglicher Gestaltung[286] hinaus zeigt sich jedoch die Rechtsprechung mit der Annahme einer zufälligen Schadensverlagerung eher zurückhaltend, selbst wenn diese Fallgruppen als nicht abschließend verstanden werden und letztlich die Interessenlage im Einzelfall maßgeblich ist[287].

Teilweise werden bei der Schädigung von Daten wertungsmäßige Parallelen zu den Obhutsfällen gezogen[288]. Diese Konstellationen zeichnen sich dadurch aus, dass der Besitzer einer fremden Sache über diese Sache einen Vertrag schließt, diese dabei dem Vertragspartner anvertraut (z.B. Reparatur oder Verwahrung) und bei ihrer Beschädigung durch seinen Vertragspartner einen Ersatzanspruch auch ohne einen eigenen Substanzschaden (den erleidet der Eigentümer ohne direkten Anspruch) geltend

---

[282] Staudinger/*Schiemann*[2005] vor §§ 249 ff. Rn. 67.

[283] Erman/*Kuckuk*[12] vor §§ 249-253 Rn. 137.

[284] *Larenz* Schuldrecht I[14] § 27 IV b, S. 462; Palandt/*Heinrichs*[68] vor § 249 Rn. 112.

[285] BGHZ 40, 91, 100ff.; BGHZ 49, 356, 361; Erman/*Kuckuk*[12] vor §§ 249-253 Rn. 137; *Larenz* Schuldrecht I[14] § 27 IV b, S. 462; MüKo BGB/*Oetker*[5] § 249 Rn. 277; Staudinger/*Schiemann*[2005] vor §§ 249 ff. Rn. 62.

[286] Vgl. zu diesen klassischen Konstellationen Erman/*Kuckuk*[12] vor §§ 249-253 Rn. 139 ff.; Palandt/*Heinrichs*[68] vor § 249 Rn. 115 ff.; Staudinger/*Schiemann*[2005] vor §§ 249 ff. Rn. 68 ff.

[287] MüKo BGB/*Oetker*[5] § 249 Rn. 278.

[288] Auf dieser Grundlage die Anwendung der Drittschadensliquidation für gespeicherte Daten kurz erwägend *Beurskens* in: *Domej/Dörr/Hoffmann-Nowotny/Vasella/Zelger* S. 443, 470 Fn. 126. Sein Beispiel beschreibt den Fall, dass ein außenstehender Dritter fahrlässig ein EDV-System und dort gespeicherte Daten beschädigt: Der Systembetreiber hat im Hinblick auf die Daten keinen Schaden und ist jedenfalls mangels Verschuldens (oder etwaiger Haftungsausschlüsse) keinen Ersatzansprüchen ausgesetzt; die Nutzer als Inhaber der Daten haben weder vertragliche noch mangels Sacheigenschaft deliktische Ansprüche.

machen kann[289]. Bei genauem Blick will sich jedoch die typische Obhutskonstellation auf den hier betrachteten Fall virtueller Gegenstände (bzw. gespeicherten Daten) nicht recht übertragen lassen, selbst wenn statt der herkömmlich in Obhut gegebenen körperlichen Sache virtuelle Gegenstände oder Daten betrachtet werden. Da es der Betreiber ist, der letztlich gegen einen schädigenden Nutzer einen Anspruch aus dem Nutzungsvertrag hat, müsste er es eigentlich auch sein, der die Daten dem Schädiger anvertraut hat – eine nicht wirklich eingängige Vorstellung. Eher dürfte das Bild passen, dass dies gerade der geschädigte Nutzer gegenüber dem Betreiber getan hat, auf dessen Server die Daten nun liegen[290]. Hierüber lässt sich freilich hinwegsehen, wenn schon die Eröffnung des bloßen Zuganges zur virtuellen Welt wegen der damit verbundenen technischen Einwirkungsmöglichkeiten einem Obhutsverhältnis gleichgestellt wird[291]. Aber auch dann stellt sich die nächste Hürde bei der Frage der „Dateninhaberschaft“[292], die *zufällig* nicht dem Betreiber als Anspruchsinhaber, sondern dem geschädigten Nutzer zustehen muss. Dieses Kriterium deckt sich jedoch gerade mit dem virtuellen Eigentum als Herrschaftsrecht, nach dem hier gesucht wird – und das hier gerade vertraglich konstruiert werden soll. Dass eine Drittschadensliquidation ihrerseits auf eine originäre drittwirkende Herrschaftszuweisung an Daten angewiesen ist, nährt Zweifel an ihrem Sinn. Und schließlich steht einer Drittschadensliquidation hier auch das Erfordernis einer zufälligen Schadensverlagerung entgegen. Dass eintretende Schädigungen die Daten der Nutzer und nicht die Daten des Betreibers treffen, ist jedenfalls bei virtuellen Welten im System rein vertikaler Nutzungsverträge und dem generellen Fehlen einer deliktischen Anspruchsgrundlage geradezu angelegt und erkennbar. Wirkt ein Nutzer in

---

[289] *Larenz* Schuldrecht I[14] § 27 IV b 2, S. 464; Staudinger/*Schiemann*[2005] vor §§ 249 ff. Rn. 72.

[290] Hält man sich die typische Konstellation der Obhutsfälle vor Augen, so soll der Verwahrer zu Sorgfalt verpflichtet sein und etwaige Folgen einer Pflichtverletzung tragen, egal wem die zu verwahrende Sache letztlich gehört. Allein die zufällige Tatsache, dass sie jemand anderem gehört, soll keinen Ausschlag für eine Entlastung geben. Übertragen auf virtuelle Welten (oder entfernte Datenspeicherung allgemein) entspräche das am ehesten einer – schwer vorstellbaren – Konstellation, in der Nutzer nicht ihnen „gehörende“ Daten bei einem Betreiber speichern.

[291] Auch diese Obhutskonstellation scheitert indes bei außervertraglichen Schädigungen durch Dritte. In diesem Fall zeigt sich nur allzu deutlich, dass es bei der Drittschadensliquidation darum geht, *vertragliche* Ansprüche auf der Ebene des Schadenersatzes auszudehnen, nicht aber neue deliktische Ansprüche zu schaffen. Das ist für das o.g. Beispiel von *Beurskens* in: *Domej/Dörr/Hoffmann-Nowotny/Vasella/Zelger* S. 443, 470 f. und die Erwägungen von *Faustmann* VuR 2006, 260, 262 ein Problem.

[292] Diese soll als – an dieser Stelle noch nicht genauer bestimmte – Rechtsposition verstanden werden, aus der Herrschaft und Zuweisungsgehalt an den Daten abgeleitet wird.

Drittschadenskonstellationen schädigend auf virtuelle Gegenstände ein, so liegt es nahe, dass diese anderen Nutzern zustehen[293].

In der Fallgruppe von Drittschadensliquidationen kraft vertraglicher Vereinbarung[294] findet sich eine Entscheidung des BGH, die der hier betrachteten Konstellation nicht unähnlich ist. Dort urteilte der BGH, dass der Lizenzgeber in einem Patentlizenzvertrag bei Überschreiten der eingeräumten Nutzungsbefugnis durch einen Lizenznehmer zulasten eines anderen Lizenznehmers berechtigt sein solle, gegen den ersten Lizenznehmer den Schaden des mit diesem vertraglich unverbundenen zweiten geltend zu machen[295]. Er ließ – mit anderen Worten – in einem „vertikalen" (Patent-)Nutzungsvertrag eine „horizontale" Drittschadensliquidation zu. In den Entscheidungsgründen aus dem Jahr 1974 treten jedoch deutlich Erwägungen hervor, die aus heutiger Sicht eher beim Vertrag mit Schutzwirkung zu verorten wären, so etwa wenn der BGH auf die erkennbare Wahrung der Interessen eines Dritten abstellt und konstruktiv eine ergänzende Vertragsauslegung bemüht. Aus rechtshistorischer Sicht ist das verständlich, da die Herauslösung des Vertrages mit Schutzwirkung aus seinen Wurzeln der Wohl-und-Wehe-Beziehungen und seine Anwendung über Personenschäden hinaus auf Sachschäden jüngere Entwicklungen sind[296]. Ob Gerichte eine solche Lizenzkonstellation heute noch als Drittschadensliquidation einordnen würden, ist angesichts der vermehrten Anwendung des Vertrages mit Schutzwirkung[297] und dessen dogmatischen Vorranges[298] eher zweifelhaft[299]. Auch vor dem Hintergrund einer derzeit generell ablehnenden Haltung der Betreiber gegenüber Rechtsstreitigkeiten erscheint es wenig hilfreich, diese in horizontale Auseinandersetzungen der Nutzer einzubeziehen, von der zusätzlichen Unsicherheit, eine Abtre-

---

[293] Das lässt sich anhand der klassischen Obhutsfälle noch verdeutlichen: Der Zufall ergibt sich dort daraus, dass bei dem eine Sache in Obhut gebenden Nicht-Eigentümer und einer Schädigung der Sache aus Sicht des Schädigers atypischerweise der Anspruch des vermeintlichen Eigentümers und der Schaden des tatsächlichen Eigentümers auseinanderfallen. Gerade dieses Zufallsmoment fehlt jedoch bei virtuellen Welten, wo aus dem Kontext klar ist, dass die Herrschaft über die Daten beim Geschädigten liegt. Ähnliches dürfte für auf einem Server gespeicherte Daten allgemein gelten. In Zeiten dezentraler und verteilter Speicherung ist es schwer, von einem Zufallsmoment auszugehen, dass gespeicherte Daten *ausnahmsweise nicht* dem Betreiber zustehen. Das dürfte gerade ziemlich häufig der Fall sein.

[294] Zu dieser Fallgruppe MüKo BGB/*Oetker*[5] § 249 Rn. 295; Palandt/*Heinrichs*[68] vor § 249 Rn. 118.

[295] BGH NJW 1974, 502.

[296] Diese waren früher Anwendungsfall der Drittschadensliquidation, vgl. MüKo BGB/*Oetker*[5] § 249 Rn. 279; Staudinger/*Schiemann*[2005] vor §§ 249 ff. Rn. 66.

[297] Vgl. Staudinger/*Schiemann*[2005] vor §§ 249 ff. Rn. 65.

[298] Palandt/*Heinrichs*[68] vor § 249 Rn. 116; MüKo BGB/*Oetker*[5] § 249 Rn. 281.

[299] Staudinger/*Schiemann*[2005] vor §§ 249 ff. Rn. 68.

tung etwaiger Ansprüche in den Nutzungsvertrag hineinzulesen, ganz zu schweigen. Eine Ermächtigung zur Geltendmachung direkt durch einen geschädigten Nutzer[300] stößt auf dieselben Zweifel wie bereits oben im Zusammenhang mit dem Sacheigentum ausgeführt[301].

Vor diesem Hintergrund erscheint der Weg über eine Drittschadensliquidation weitaus schwieriger als über einen Vertrag mit Schutzwirkung.

bb. Die Ausdehnung deliktischen Schutzes: Forderungen als sonstige Rechte i.S.d. § 823 I BGB

Eine Drittwirkung der Rechte an virtuellen Gegenständen und deren Durchsetzung ließe sich auch über das Deliktsrecht als „sonstiges Recht" i.S.d. § 823 I BGB erreichen – käme nicht nach ganz h.M. ein solcher deliktischer Schutz nur für absolute Rechte in Betracht und würde für relative Forderungen ausscheiden[302]. Obwohl dieser Streitstand in Bezug auf die Forderung als solche – anders als für die Forderungszuständigkeit[303] – bisweilen als geklärt bezeichnet wird[304], erscheint es im

---

[300] Diese ist möglich, vgl. BGHZ 25, 250, 259 f.; MüKo BGB/*Oetker*[5] § 249 Rn. 282; Staudinger/*Schiemann*[2005] vor §§ 249 ff. Rn. 67.

[301] Vgl. Kap. 4 C.II.1.a.

[302] St. Rspr., vgl. nur BGH NJW-RR 2005, 673, 674; RGZ 111, 298, 302; RGZ 57, 138, 142; Erman/*Schiemann*[13] § 823 Rn. 36; Palandt/*Sprau*[68] § 823 Rn. 11; Staudinger/*Hager*[1999] § 823 Rn. B 162; *Medicus* BR[21] Rn. 607; *Medicus* FS Steffen S. 333, 338 ff.; MüKo BGB/*Wagner*[4] Rn. 154. Teils wird, unter Ablehnung des deliktischen Schutzes der Forderung als solcher, zumindest für den Schutz der Forderungszuständigkeit als sonstiges Recht plädiert, vgl. *Larenz* Schuldrecht II/2[12] S. 604 f.; *Canaris* FS Steffen S. 85, 96 (dort terminologisch als Schutz der Forderung selbst bezeichnet); *Larenz/Canaris* Schuldrecht II/2[13] § 76 II 4 g; Soergel/*Spickhoff*[13] § 823 Rn. 88; Staudinger/*Hager*[1999] § 823 Rn. B 165; wohl auch MüKo BGB/*Wagner*[4] Rn. 155. Nur vereinzelt finden sich Stimmen für die Anerkennung der Forderung selbst als sonstiges Recht, so etwa *Mincke* JZ 1984, 862; 864; *Becker* AcP 196 (1996), 439 ff., die den Gefahren einer ausufernden Haftung durch andere Korrektive wie Adäquanz, Schutzzweckzusammenhang oder dem Bewusstsein eines Eingriffes in die Forderung begegnen wollen; grundsätzlich für die Möglichkeit der deliktischen Beeinträchtigung fremder Forderungsrechte auch *Koziol* S. 161, 171; sowie *Dulckeit* passim, mit seiner Lehre des relativen Eigen.

[303] Bei der Diskussion um den deliktischen Schutz der Forderungs*zuständigkeit* geht es zuvorderst um eine unberechtigte, aber gegenüber dem Gläubiger wirksame Einziehung der Forderung (§ 407 BGB), welche die Forderung durch Erfüllung zum Erlöschen bringt. Es geht dabei um eine rechtliche Einwirkung auf die Forderung als solche statt auf ihren Gegenstand. Insofern lässt sich die Einwirkung auf eine Forderung durch einen Rechtsakt mit der unberechtigten Verfügung über das Eigentum parallelisieren und von der Einwirkung auf das Eigentum durch Einwirkung auf die Sache als seinem Herrschaftsgegenstand abgrenzen (*Canaris* FS Steffen S. 85, 94). Hier soll trotz des entstehenden Ausgleichanspruches des Gläubigers gegen den einziehenden Dritten aus § 816 II BGB das Bedürfnis nach einem deliktischen Schutz dann bestehen, wenn der Schädiger nicht Empfänger der Leistung ist (*Canaris* a.a.O. 87). Die hier interessierende Frage hat

Zusammenhang mit virtuellen Gegenständen durchaus angebracht, ihn erneut zu hinterfragen. Immerhin erschöpft sich die Bedeutung der Forderung hier nicht in einer zweiseitigen Leistungsbeziehung, sondern sie wird in Ermangelung anderer Rechte und wegen eines engen Sachbegriffes als Hilfskonstruktion benutzt, um virtuelle Güter als Rechtsgegenstände erster Ordnung zu erfassen, in einen Rechtsgegenstand zweiter Ordnung einzukleiden und damit zum Verfügungsobjekt zu machen.

Gegen einen deliktischen Schutz von Forderungen finden sich regelmäßig vier Hauptargumente: Zunächst wird angeführt, dass § 823 BGB nur absolute Rechte schütze und Forderungen lediglich relative Wirkung hätten[305]. Weiterhin wird die Befürchtung geäußert, dass eine Haftung Dritter für Handlungen mit Auswirkungen auf bestehende Vertragsverhältnisse die Grenze zu einem reinen primären Vermögensschutz überschreiten[306] und damit ausufernde Haftungsrisiken hervorrufen[307]. Diese könne der potentielle Schädiger auch kaum verhindern, weil einer Forderung die soziale Offenkundigkeit fehle[308]. Schließlich sei ein Schutz der Forderung selbst auch gar nicht erforderlich, weil meist schon der geschuldete Leistungsgegenstand selbst deliktischem Schutz unterstehe und es sonst zu einer Verdopplung des Rechtsschutzes kommen könne[309].

Diese vorgebrachten Bedenken scheinen für den Fall virtueller Gegenstände jedoch nicht zwingend. Zunächst lässt sich allein aus der Qualifizierung der Forderung als (nur) relatives Recht kein Schluss auf deren rechtlichen Schutz ziehen, weil die Tatsache allein, dass nur der Schuldner den Anspruch zu erfüllen hat, noch nichts darüber aussagt, ob einem Dritten die Störung verwehrt ist[310]. Bedenklicher ist indes schon der

---

indes mit dieser Konstellation und dem Problem der Forderungszuständigkeit nichts zu tun.

[304] *Canaris* FS Steffen S. 85.

[305] Vgl. RGZ 57, 353, 354 ff; RGZ 59, 236, 237; *Canaris* FS Steffen S. 85 (für die Forderung als solche, anders für die Forderungszuständigkeit); MüKo BGB/*Wagner*[4] § 823 Rn. 154. Mit Blick auf die Entstehungsgeschichte des BGB zweifelnd *Becker* AcP 196 (1996), 439, 471 ff.

[306] Erman/*Schiemann*[13] § 823 Rn. 36; Staudinger/*Hager*[1999] § 823 Rn. B 162.

[307] MüKo BGB/*Mertens*[3] § 823 Rn. 131. Dass im Ergebnis eine ausufernde Haftung für die Störung fremder Schuldverhältnisse – und sei es durch andere Korrektive – vermieden werden muss, ist freilich auch Prämisse bei denjenigen, die wie *Becker* AcP 196 (1996), 439, 455, 457 einen deliktischen Schutz der Forderung befürworten.

[308] MüKo BGB/*Mertens*[3] § 823 Rn. 131; *Fabricius* AcP 160 (1961), 273, 302.

[309] Erman/*Schiemann*[13] § 823 Rn. 36; *Koziol* S. 173; Staudinger/*Hager*[1999] § 823 Rn. B 162. Zudem könnten bei einer Einwirkung auf den Forderungsgegenstand etwaige Ersatzansprüche abgetreten werden.

[310] Staudinger/*Hager*[1999] § 823 Rn. B 162; *Paulus* in: *Noack*/*Spindler* S. 1, 10. Insofern scheint die Ablehnung des Einbezuges relativer Rechte in § 823 I BGB gerade wegen ihrer fehlenden Absolutheit etwas zirkulär, denn gerade um die deliktische Schaf-

Einwand eines ausufernden reinen Vermögensschutzes. Diesen zu vermeiden, ist bekanntlich ein Zweck des geschlossenen Rechtsgutkataloges in § 823 I BGB.

Der deliktische Schutz der in § 823 I BGB erwähnten Rechtsgüter zielt in personeller Hinsicht auf die allgemeinen, zwischen allen Personen bestehenden Rechtsbeziehungen, die genannten Güter nicht zu schädigen[311]. Der vom Deliktsrecht angestrebte Zweck, eine erfolgte Schädigung zu kompensieren[312] und dadurch Anreize zu ihrer Vermeidung zu setzen[313], würde indes durch eine generelle Pflicht gegenüber der Allgemeinheit, alle nachteiligen Handlungen zu unterlassen, schlichtweg überspannt. Ihr Inhalt wäre – anders als privatautonom inter partes begründete, konkretere Verhaltensanforderungen beinhaltende vertragliche Pflichten – viel zu diffus und würde dem Schädiger unüberschaubare und ausufernde Ersatzpflichten auferlegen. Dazu tritt das Problem der Abgrenzung, welche Schäden im Wirtschaftsleben – und insbesondere im Wettbewerb, wo der Vorteil des einen zwingend mit dem Nachteil eines anderen korrespondiert – geradezu erwünscht sind. Um hier einen angemessenen Ausgleich zwischen den widerstreitenden Interessen des Geschädigten an Integrität und Kompensation sowie denen des Schädigers an wirtschaftlicher Handlungsfreiheit frei von allgegenwärtigen, lähmenden Haftungsfolgen zu finden[314], führt der Weg des BGB zu einer sinnvollen Beschränkung der deliktischen Haftung über die enumerative Aufzählung geschützter Rechtsgüter, welche einen überschaubaren Kreis spezifisch rechtsgutsbezogener Pflichten[315] aus dem allgemeinen Gebot des neminem laedere heraushebt. Hierzu werden neben den in § 823 I genannten

---

fung der absoluten und als solche durchsetzbaren Abwehrbefugnis geht es hier. *Becker* AcP 196 (1996), 439, 470 versteht daher die Zuordnung einer Forderung zu einer Person unbeschadet ihres relativen Inhaltes derart als absolut, dass Dritte ihren Bestand zu achten hätten. Wenig überzeugend ist es, eine absolute Berechtigung durch Abstellen auf den monetären Wert als Gegenstand der Forderung zu begründen, wie es *Mincke* JZ 1984, 862, 865 tut. Die Frage wäre immer noch, *wem* dieser Wert zugewiesen ist.

[311] Palandt/*Sprau*[68] vor § 823 Rn. 1.

[312] So der herrschende Kompensationsgedanke des Schadenersatzrechts, vgl. Erman/*Schiemann*[12] vor § 823 Rn. 12; Soergerl/*Spickhoff*[13] vor § 823 Rn. 30; Staudinger/*Hager*[1999] vor §§ 823 ff. Rn. 9.

[313] So vor allem die Vertreter der ökonomischen Analyse des Rechts, die von der Prämisse ausgehen, ein nutzenmaximierender, rational handelnder Akteur würde die drohende Schadenersatzpflicht als Kosten des schädigenden Verhaltens einpreisen und Anreize zur u.U. kostengünstigeren Schadensvermeidung erhalten (vgl. *Schäfer/Ott*[4] S. 129 ff.). Diese Präventionsfunktion des Deliktsrechts ist jedenfalls als Nebenfunktion anerkannt (MüKo BGB/Wagner[4] vor § 823 Rn. 34 f; Staudinger/*Hager*[1999] vor § 823 Rn. 10), wenn nicht gar neben die Kompensationsfunktion getreten (Soergel/*Spickhoff*[13] vor § 823 Rn. 31). Im Bereich der Persönlichkeitsverletzungen durch Presse stützt der BGH seine Rspr. zum allgemeinen Persönlichkeitsrecht sogar ganz maßgeblich auf diese Erwägung (vgl. nur BGH GRUR 1995, 224, 229 – *Erfundenes Exclusiv-Interview*).

[314] *Schäfer/Ott*[4] S. 296, 301; Erman/*Schiemann*[12] vor § 823 Rn. 2.

[315] Andere denkbare Korrektive wären hier etwa objektive Zurechnung, Rechtswidrigkeit und Sozialadäquanz sowie Verschulden – wie sie Rechtsordnungen mit einer deliktischen Generalklausel, z.B. der französische Art. 1382 Code Civil oder der österreichische § 1295 I ABGB, aufweisen. *Schäfer/Ott*[4] S. 289 bemerken beim deutschen Recht den Vorteil größerer Kalkulierbarkeit.

Rechtsgütern Leben, Körper, Gesundheit, Freiheit und Eigentum in der offenen Formulierung „sonstige Rechtsgüter“ nur eigentumsähnliche Rechtsgüter erfasst, die über eine positive Nutzen- und negative Ausschlussfunktion verfügen[316]. Ein Orientierungspunkt für die in § 823 I BGB getroffene Auswahl geschützter Rechtspositionen ist auch deren sozialtypische Offenkundigkeit[317]. So ist für den potentiellen Verletzer schon auf der Ebene der geschützten Rechtsgüter erkennbar, wann seine Handlungen zu einer Beeinträchtigung anderer führen können. Ein primärer Schutz des bloßen Vermögens scheidet demgegenüber aus[318]. Wollte man hier reine Vermögensinteressen einbeziehen, die sich nicht in fassbaren Rechtspositionen niederschlagen, müsste der Verkehr vor dem Hintergrund ständiger Schadenersatzansprüche – und vorbehaltlich anderer dogmatischer Korrekturmöglichkeiten[319] – ständig einen extrem hohen und jegliche Aktivität lähmenden Erkennungs- und Vermeidungsaufwand betreiben[320]. Genau dieser Gedanke liegt auch dem fehlenden Schutz von Forderungen zugrunde[321].

---

[316] *Canaris* FS Steffen S. 85, 90; Erman/*Schiemann*[12] § 823 Rn. 35; MüKo BGB/*Wagner*[4] § 823 Rn. 136 ff.; Soergel/*Spickhoff*[13] § 823 Rn. 86; Staudinger/*Hager*[1999] § 823 Rn. B 124.

[317] So vor allem *Fabricius* AcP 160 (1961), 292, 289 ff.; Erman/*Schiemann*[12] § 823 Rn. 35; *Larenz/Canaris* Schuldrecht II/2[13] § 76 I 1 c; MüKo BGB/*Mertens*[3] § 823 Rn. 123; im Grunde auch *Koziol* S. 180. Die Eignung dieses Kriteriums jedenfalls wegen fehlender tatbestandlicher Präzision bezweifelnd Staudinger/*Hager*[1999] § 823 Rn. B 124. Kritisch mit Verweis auf die fehlende Offenkundigkeit bei Immaterialgüterrechten MüKo BGB/*Wagner*[4] § 823 Rn. 137, der aber in seinem Beispiel des Urheberrechts zwei Dinge außer Acht lässt: Zum einen setzt die Offenkundigkeit nicht am Recht, sondern am Rechtsobjekt, d.h. am Werk, an, das wegen der erforderlichen Schöpfungshöhe dem Verkehr zumindest theoretisch als solches erkennbar sein sollte. Zum anderen haben schwerer erkennbare Immaterialgüterrechte gerade deswegen einen klareren Zuschnitt des Schutzbereiches als der in dieser Hinsicht eher generalklauselartige § 823 BGB. Kritisch auch *Medicus* FS Steffen S. 333, 336: Das Abstellen auf sozialtypische Offenkundigkeit und Kenntnis einer Verletzung (etwa einer fehlenden Berechtigung bei der Forderungszuständigkeit) verwische die Grenzen zum Vorsatz und zu § 826 BGB. Dagegen *Becker* AcP 196 (1996), 439, 456: Das Bewusstsein des Bestehens eines geschützten Rechtsgutes sei vom für § 826 BGB erforderlichen Bewusstsein der Verletzung und erst recht der Schädigung selbst zu unterscheiden. Ähnlich für die Forderungszuständigkeit *Canaris* FS Steffen S. 85, 94. Auch *Fabricius* AcP 160 (1961), 292, 292 hatte schon betont, dass es um die subjektive Voraussehbarkeit nicht gehe, sondern entscheidend eine objektive Offenkundigkeit des Rechtsgutes sei.

[318] Erman/*Schiemann*[12] vor § 823 Rn. 2; *Larenz/Canaris* Schuldrecht II/2[13] § 76 II 4 a; MüKo BGB/*Wagner*[4] § 823 Rn. 176; Staudinger/*Hager*[1999] vor § 823 Rn. 20. Dem „bloßen Vermögen“ unterfällt dabei alles, was nicht in § 823 I BGB erwähnt ist, Staudinger/*Hager*[1999] § 823 Rn. B61.

[319] *Becker* AcP 196 (1996), 439, 455 verweist etwa auf Korrektive bei der Schadenszurechnung (z.B. Adäquanz, erlaubtes Risiko, Schutzzweck einer Norm) sowie des Verschuldens (das Maß verkehrsüblicher Sorgfalt).

[320] *Larenz/Canaris* Schuldrecht II/2[14] § 75 I 1; *Schäfer/Ott*[4] S. 301. Auch wenn das theoretische Modell des Vermeidungsaufwandes in der Praxis ohne ex ante kalkulierbare Schadenskosten auskommen muss, so kann sich der Schädiger selbst dann, wenn das Ausmaß eines potentiellen Schadens nicht genau messbar ist, zumindest eine grobe Vorstellung machen und ggf. angehalten sein, zunächst weiteren Schadensermittlungs-

Indes ist die Gefahr uferloser Haftungspflichten bei virtuellen Gegenständen eher gering. Gerade das Argument der fehlenden Erkennbarkeit einer Beeinträchtigung und damit auch der Gedanke eines unzumutbaren Vermeidungsaufwandes verfangen nicht bei vom Verkehr klar individualisierbaren, wahrnehmbaren, abgrenzbaren virtuellen Gegenständen, die rechtlich lediglich mangels ihrer Körperlichkeit nicht über das Sacheigentum erfasst werden können. So wie die Existenz der Sache, die meist in irgendjemandes Eigentum steht, als Hinweis auf ein beeinträchtigungsfähiges und dagegen geschütztes rechtliches Gut verstanden werden kann[322], muss das gleiche für eine Forderung gelten, wenn sie hier eine dogmatische Ersatzfunktion zur unmittelbaren Schaffung eines Rechtsgegenstandes übernimmt und – ausnahmsweise – vermittels ihres erkennbaren Herrschaftsgegenstandes auch offenkundig ist[323].

Zwar trifft es zu, dass in der Diskussion um die Anerkennung der Forderung als „sonstiges Recht" i.S.d. § 823 I BGB zuvorderst Einwirkungen auf den Bestand der Forderung abgewehrt werden sollen, nicht aber auf den Gegenstand der Forderung[324], denn eine Forderung hat – wie oben dargestellt – normalerweise schon keinen Gegenstand zum unmittelbaren Zuordnungsobjekt. Inhalt einer obligatorischen Forderung ist ein Recht *auf* die Leistung, nicht aber ein Recht *am* Leistungsgegenstand. Dieser ist dem Inhaber der Forderung normalerweise nicht durch die Forderung zugeordnet[325] – erst recht, wenn man als Gegenstand der Forderung die geschuldete Handlung begreift[326]. Diese Erwägungen wollen aber auf virtuelle Gegenstände nicht recht passen, denn die Forderung wird nach diesem Ansatz gerade dazu benutzt, einen sonst nicht fassbaren Gegenstand überhaupt als Verfügungsobjekt rechtlich zu greifen[327]. Dass es dabei

---

aufwand zu betreiben. Das Kriterium der Vorhersehbarkeit kommt somit sowohl mittelbar auf der Ebene geschützter Rechtsgüter zum Ausdruck als auch auf der Ebene des Verschuldens, wo die Verletzung unter Anwendung gebotener Sorgfalt erkennbar und vermeidbar gewesen sein muss, vgl. BGH NJW 1989, 2616; BGH NJW 1990, 2885.

[321] MüKo BGB/*Mertens*[3] § 823 Rn. 131.

[322] Vgl. *Becker* AcP 196 (1996), 439, 456: Bei unerlaubter Einwirkung auf eine Sache sei das Bewusstsein der Beeinträchtigung des Eigentums als achtbares Gut mitzudenken.

[323] *Fabricius* AcP 160 (1961), 273, 302 f. weist zwar darauf hin, dass es dann eigentlich um den Herrschaftsgegenstand selbst gehe. Dieser sei etwa bei der Miete der auf die Forderung gestützte berechtigte Besitz. Ist dieser jedoch wie hier rechtlich nicht anerkannt, bleibt vorerst nur der hier diskutierte Rückfall auf die Forderung selbst.

[324] So differenzierend *Canaris* FS Steffen S. 85, 95; *Koziol* S. 172.

[325] *Canaris* FS Steffen S. 85, 96; *Medicus* FS Steffen S. 333, 339.

[326] Wie *Savigny* Bd. 1 § 53 S. 338 f.; mit Bezug auf die Leistung auch *Dulckeit* S. 43, 51, 59.

[327] Die Diskussion um Gegenstand und zuweisendem Recht kann auch für die Forderung mit dem Modell von Sache (als Gegenstand) und Eigentum (als zuweisendem Recht) verglichen werden. Im Normalfall wird die Forderung nicht als zuweisendes

im Kern nicht um eine Leistung als Handlung, sondern um einen tatsächlich vorhandenen Gegenstand geht, führt wiederum nur den provisorischen Charakter dieser Konstruktion vor Augen.

Und schließlich bestehen – anders als beim Normalfall des deliktischen Schutzes von Forderungen – hier auch Schutzlücken. Nicht die Einwirkung auf eine qua Forderung noch vorzunehmende wirtschaftliche Neuzuordnung eines als solchen geschützten Leistungsgegenstandes steht hier im Mittelpunkt, sondern eine Einwirkung auf den Leistungsgegenstand selbst, der normalerweise zugunsten des Forderungsschuldners/Inhabers und nicht zugunsten des Gläubigers anderweitig unmittelbar deliktisch geschützt ist. Im Bereich körperlicher Gegenstände werden Probleme bei der Beeinträchtigung des Leistungsgegenstandes einer Forderung auch dadurch gelöst, dass der lediglich obligatorisch Berechtigte immerhin mit dem berechtigten Besitz über eine geschützte Rechtsposition verfügt[328]. Paradebeispiel hierfür ist der Schutz des Mieters, der im deutschen Recht zwar keine dingliche Rechtsstellung hat, wohl aber über den berechtigten Besitz an der Mietsache deliktischen Schutz genießt. Freilich versagt die Kombination aus obligatorischem Recht und berechtigtem Besitz, wenn noch kein Besitz erlangt wurde[329] oder Sachbesitz gar nicht im Raum

---

Recht für ihren Leistungsgegenstand angesehen, erst recht nicht zugunsten des Gläubigers für den noch dem Schuldner zugeordneten Leistungsgegenstand. Wohl aber ließe sich die Forderung durchaus auch – wenn nicht gerade wegen ihrer Gegenstandslosigkeit – selbst als zugeordneter Gegenstand begreifen, dessen Inhaberschaft durch ein vom BGB nicht ausdrücklich erwähntes Rechtsinstitut zugeordnet wird, welches man als Inhaberschaft an einer Forderung, Rechts- bzw. Forderungszuständigkeit (*Larenz* Schuldrecht II[12] S. 604 f.), Zuweisungsgehalt, rechtstheoretisch gar auch „Eigentum“ an einer Forderung (*Kruse* Bd. 1 S. 169 f., 185) bezeichnen kann – oder terminologisch gar nicht von der Forderung trennt (*Canaris* FS Steffen S. 85, 96). Noch weitergehender ist es, Forderung und Zuständigkeit gleichzusetzen, um einen Schutz wegen Einwirkung auf den Leistungsgegenstand selbst zu erzielen (vgl. nur *Becker* AcP 196 (1996), 439, 469).

[328] Vgl. zum deliktischen Schutz des berechtigten Besitzes RGZ 59, 326, 327 f.; RGZ 160, 1, 7 f.; BGH NJW 1985, 2569, 2570; *Mincke* JZ 1984, 862; Palandt/*Sprau*[68] § 823 Rn. 13; Staudinger/*Hager*[1999] § 823 Rn. B 167. Kritisch zur Annahme des berechtigten Besitzes als Recht i.S.d. § 823 I *Dulckeit* S. 15, der an das obligatorische Besitzrecht anknüpft, welches den Besitz in ein kundbares, dinglich geschütztes Recht verwandele; ähnlich *Larenz/Canaris* Schuldrecht II/2[13] § 76 II 4 f.

[329] Etwa bei Zerstörung einer Mietsache vor Übergabe, vgl. *Becker* AcP 196 (1996), 439, 444; *Mincke* JZ 1984, 862; oder bei Zerstörung einer Kaufsache vor Übergabe. Die dadurch verursachte Unmöglichkeit löst zwar einen Anspruch aus § 285 I BGB aus, wonach der Geschädigte den Schadenersatzanspruch des Verkäufers gegen den Schädiger aus §§ 280 I, III, 283 BGB erhält. Zweifelnd aber *Becker* AcP 196 (1996), 439, 444 weil das einen entgangenen Gewinn des Käufers bei der Weiterveräußerung nicht umfassen würde.

steht[330]. Gerade aus dem letztgenannten Grund können sich im Bereich obligatorischer Berechtigungen an unkörperlichen Gegenständen erhebliche Lücken auftun, wenn der Besitz an einen engen Sachbegriff gekoppelt ist und auch eine Art „virtueller Besitz“ abgelehnt wird.

Aus all diesen Erwägungen greifen die gegen einen Schutz der Forderung – und auch ihres Gegenstandes – sprechenden Argumente nicht durch.

cc. Die Ausdehnung der Vertragsparteien: Netzverträge

Letztlich kommt in Betracht, die Idee eines virtuellen Sozialvertrages unmittelbar in das Zivilrecht umzusetzen und die Nutzer miteinander in direkte vertragliche Verbindungen treten zu lassen. Die hierzu denkbare Konstruktion ist die Idee des „Netzvertrages“[331], der die vertraglichen Rechtsbeziehungen innerhalb komplexer Mehrpersonenbeziehungen erfassen soll, welche zwar über rein relativ wirkende Schuldverhältnisse hinausgehen, aber zugleich unterhalb der Schwelle gesellschaftsrechtlicher Organisationsformen mit Vermögensverselbständigung und eigener (Teil-) Rechtsfähigkeit verbleiben[332]. Sein Ziel ist u.a. eine direkte Drittwirkung von Vertragsbeziehungen durch Ausweitung der Vertragsparteien, was einen Ausgleich entstehender Schäden gegenüber herkömmlichen vertraglichen Konstruktionen wie dem Vertrag mit Schutzwirkung für Dritte[333] oder der Drittschadensliquidation[334] bzw. deliktischen Konstruktionen wie Verkehrspflichten oder § 826 BGB[335] gegen einen vertraglich nicht unmittelbar verbundenen Dritten erheblich vereinfacht[336]. Für die Funktionsfähigkeit des Netzverbundes werden hierbei zudem die jeweiligen individuellen Pflichten im Zweipersonenverhältnis entsprechend dem Gesamtzweck[337] des sie überwölbenden multipolaren Vertragsverbundes modifiziert[338]. Auf diese Weise lassen sich Lücken privatautonomer

---

[330] So etwa bei der Verletzung eines Arbeitnehmers und daraus folgende Schäden im Betrieb des Arbeitgebers. Dies nimmt vor allem *Becker* AcP 196 (1996), 439, 445 ff. als Problem wahr, weil es sich als Lücke in einem sonst ausgebauten Schutz des Betriebes als organisatorische Einheit darstelle. Klar einen solchen Anspruch ablehnend BGHZ 7, 30, 36.

[331] Vgl. für den virtuellen Kontext *Ladeur* in: *Eifert/Hoffmann-Riem* S. 339, 343; *Ladeur* MMR 2001, 787, 790; eingehend *Rohe* passim.

[332] *Rohe* S. 492: „Konglomerat von Obligationen“.

[333] *Rohe* S. 104 ff.

[334] *Rohe* S. 96 ff.

[335] Etwa für Leistungsstörungen im Überweisungsverkehr, vgl. *Rohe* S. 20 ff. m.w.N.

[336] *Rohe* S. 87.

[337] Dieser besteht in einem übergeordneten, einheitlichen, gemeinsamen Vertragszweck bei ansonsten disparatem Zweckstreben, *Rohe* S. 65.

[338] *Rohe* S. 491 f.

Handlungsmodelle bei inhaltlich aufeinander bezogenen Einzelverträgen schließen, die letztlich Transaktionen im Zusammenwirken aller Beteiligten verfolgen[339].

Für die Konstruktion eines Netzvertrages wird an der Willenserklärung angesetzt: Nicht der natürliche Wille in der Form, wie ihn der Vertragspartner objektiv verstehen durfte, gebe letztlich den Ausschlag für den Vertragsinhalt[340], sondern ein durch normative Effizienzkriterien überformter, gleichsam „vernünftiger", an den Interessen aller Beteiligten ausgerichteter Wille[341]. Dieser soll – ähnlich einer ergänzenden Vertragsauslegung[342] – darauf gerichtet sein, die Wirkungen des Netzvertrages auch dann auf eine Vielzahl von Beteiligten zu erstrecken, wenn sich hierfür keine expliziten Anhaltspunkte finden lassen, weil nur so das von allen Beteiligten beabsichtigte optimale rechtliche Arrangement gewählt werden könne. Deswegen müsse beim Anschluss an den Netzverband hinreichend deutlich zum Ausdruck kommen, dass gerade nicht zugleich dessen

---

[339] *Rohe* S. 2. Freilich sind die Ausführungen von *Rohe* nicht unmittelbar auf den hier interessierenden Fall übertragbar, weil sein Augenmerk dort vornehmlich auf Leistungsbeziehungen ruht und er dabei Rechtsbeziehungen im bargeldlosen Zahlungsverkehr (a.a.O. 195 ff.), bei Kreditkartensystemen (a.a.O. 305 ff.), Gütertransport (a.a.O. 323 ff.) als Formen dezentraler Netzverträge sowie Just-in-time-Produktionsverträge (a.a.O. 384 ff.), Franchising (a.a.O. 412 ff.) und Vertragshändlersysteme (a.a.O. 449 ff.) als Formen hierarchischer Netzverträge analysiert. Dementsprechend sind die dort entwickelten Merkmale eines Netzvertrages auch sehr auf eine Leistungsaustauschbeziehung ausgerichtet, wenn Voraussetzung eines Netzwerkvertrages eine Vielzahl von Sekundärtransaktionen zum Zwecke der kostensenkenden Durchführung einer bestimmten standardisierten Primärtransaktion sein soll, die typischerweise nur im Zusammenwirken einer Vielzahl von Beteiligten realisierbar ist und von deren Ergebnis alle Beteiligten profitieren (a.a.O. 66 f.). Die Überlegung einer – hier verhaltenspflichtbezogenen – Wechselwirkung trifft indes auch auf virtuelle Welten zu, selbst wenn sich deren virtueller Sozialvertrag nicht ganz in *Rohe*s Kategorien eines dezentral strukturierten Netzvertrages in Form eines „Gitternetzes" oder eines hierarchischen Netzvertrages in der Form eines „Spinnennetzes" (a.a.O. 356 ff.) einfügen lässt. Diese Unterscheidung trifft *Rohe* in bezug auf hierarchische Kooperationsformen arbeitsteiliger Produktion, um bei letzterer direkte Ansprüche zwischen den Beteiligten und übermäßige Haftungsrisiken für wirtschaftliche Folgeschäden wegen Störungen der Gesamtproduktion bei einem „Strahl" des Spinnennetzes gegenüber dem gesamten System eher auszuschließen (a.a.O. S. 495 f.). Bei dem hier betrachteten Sozialvertrag passt dieses Bild arbeitsteiliger Produktion und der Gefahr ausufernder Folgeschäden für alle Produktionsbeteiligten wie Subunternehmer jedoch nicht ganz. Es geht – in diesem Bild – eher darum, Auswirkungen von Handlungen von einem „Strahl" des Spinnennetzes auf einen anderen, jeweils benachbarten, erkennbaren zu erfassen, nicht aber auf das Gesamtsystem.

[340] *Rohe* S. 192.

[341] *Rohe* S. 141 ff., 149 ff.

[342] So *Rohe* S. 168 trotz des Einwandes, dass eine ergänzende Vertragsauslegung nicht vertragsbegründend wirken kann.

multipolare Wirkung in Kauf genommen werden wolle[343]. Steht dieser aus Effizienzerwägungen abgeleitete Wille zum Netzverbund fest, sei die Art der dogmatischen Konstruktion zweitrangig[344] und „...die Frage nach den am Vertrag Beteiligten gewissermaßen akzessorisch“[345]. Davon, dass das BGB noch dem Leitbild des durch zwei Willenserklärungen gebildeten bilateralen Vertrages anhänge[346], dürfe sich die Begründung von Vielparteienrechtsverhältnissen nicht einengen lassen[347]. Als de lege lata gangbare Konstruktion bemüht *Rohe* eine konkludente Bevollmächtigung zum Kontrahieren mit allen gegenwärtigen und zukünftigen Netzbeteiligten[348]. Dass damit eine unüberschaubare Vielzahl von Vertragsbeziehungen entstehe, sei deswegen unschädlich, weil sie die eigentliche Leistungserbringung nicht berühren und außer bei Störungen in der Leistungserbringung voraussichtlich nie genutzt werden[349]. Ebenso sei die Vielzahl unbekannter Beteiligter kein Problem, wenn man statt der Vertragsparteien den wirtschaftlichen Geschäftszweck als Identitätsmerkmal eines Schuldverhältnisses sehe[350].

Im Rahmen dieser Arbeit soll keine grundsätzliche Bewertung des Netzvertrages vorgenommen werden. Allerdings kann seine generelle Tauglichkeit als Grundlage für eine relative Netzkonstruktion virtuellen Eigentums ebenso wenig ohne Kritik bleiben, wie die anderen vorstehenden Ansätze. Bei aller Sinnhaftigkeit im Ergebnis, muss er sich vor allem dem Vorwurf aussetzen, die Strukturen der Rechtsgeschäftslehre und die zentrale Bedeutung des Parteiwillens für die Vertragsbegründung zumindest bis an ihre äußersten Grenzen zu dehnen, wenn allein das Ergebnis zum Maßstab erhoben wird. Von diesen konstruktiven Bedenken ganz abgesehen, ließe sich für einen Sozialvertrag virtueller Welten zudem einwenden, dass dieser u.U. dem Interesse eines Betreibers entgegenlaufen kann, der gerade danach strebt, das Innenrecht möglich außenrechtsfrei zu halten. In diesem Fall kollidieren – selbst bei einer Unterordnung des wahren Willens unter normative Effizienzgesichtspunkte – Kurzzeit- und Langzeitinteressen: Wie noch darzulegen sein wird[351], ist empirisch unklar,

---

[343] *Rohe* S. 193.
[344] *Rohe* S. 169.
[345] *Rohe* S. 117.
[346] Krit. *Rohe* S. 1.
[347] *Rohe* S. 156 f.: „Je weiter sich die rechtsgeschäftliche Interaktion vom klassischen bipolaren Vertragsmuster entfernt, desto eher ist sie objektivierter und damit zweckorientierter Interpretation zugänglich.“
[348] *Rohe* S. 171.
[349] *Rohe* S. 171.
[350] *Rohe* S. 150.
[351] Vgl. für einen utilitaristischen Begründungsansatz für Virtual Property, der sich in der Sache auf Effizienzüberlegungen stützt, Kap. 4 F.I.5.c.bb.(3).

ob unter Effizienzgesichtspunkten die Betreiberinteressen an absoluter Kontrolle (unter Ausschluss des Außenrechts und etwaiger in das Innenrecht einbrechender Beschränkungen) oder die Nutzerinteressen an einem sicheren Rechtsrahmen für Investitionen ausschlaggebend sind. Insofern müsste jedenfalls nach Art und Struktur virtueller Welten differenziert und die Fragen nach der Natur der Inhalte (Nutzererstellte oder betreibererstellte Inhalte?), dem Zweck der virtuellen Welt (Sicherer Transaktionsrahmen oder anarchische Spielwiese?) und den daraus fließenden Erwartungen der Nutzer (Berechtigte Erwartungen in sichere Positionen als Investitionsgrundlage?) gestellt werden.

b. Verdinglichung gegenüber Dritten außerhalb des vertraglichen Nutzerkreises

Über die jeweiligen konstruktiven Schwächen der drei oben genannten Ansätze hinaus – von denen ein Vertrag mit Schutzwirkung noch der am ehesten gangbare sein mag – versagt eine vertragliche Konstruktion zudem dort, wo schlichtweg kein Vertrag vorhanden ist. Im Verhältnis von Nutzern untereinander mögen solche Konstellationen vergleichsweise selten sein. Der vertragliche Charakter der meisten Nutzungen virtueller Welten lässt sich kaum ernsthaft in Zweifel ziehen, wenn diese entgeltlich finanziert werden oder die Installation einer Software auf dem Client-Rechner die Einräumung urheberrechtlicher Nutzungsrechte voraussetzt, deren Rechtsgrund der Nutzungsvertrag bildet. Indes zeigt die Diskussion um das Vorliegen eines Vertragsschlusses bei der Benutzung von Internetforen, insbesondere bei im unmittelbaren Betreiber-Nutzer-Verhältnis unentgeltlichen[352] und anonymen Angeboten[353], dass es auch an einem Vertrag fehlen kann.

Vertragliche Konstruktionen versagen zudem gegenüber Dritten außerhalb des Nutzerkreises. Da diese allerdings selten überhaupt technischen Zugang erlangen, zielt eine solche Konstellation weniger auf eine Inter-

---

[352] Vgl. AG Regensburg v. 27.4.2006 Az. 9 C 3693/05. Dabei muss die Unentgeltlichkeit keineswegs den wirtschaftlichen Charakter in Frage stellen. Werden Einnahmen aus Werbung generiert, sind diese umso höher, je mehr Nutzer erreicht werden. Über attraktivitätserhöhenden Netzwerkeffekte entsteht dabei eine Nachfrage der Betreiber nach nutzergenerierten Inhalten. Auf diese Weise besteht eine mittelbare Leistungsbeziehung aus aktiver Teilnahme der Nutzer und Gewährung des Zuganges.

[353] Am Vorliegen eines Vertragsverhältnisses ohne Registrierung unter richtigem Namen zweifelnd *Kunz* S. 161 f.; *Ladeur* MMR 2001, 787, 788 (nur wenn Anbieter zugleich Service Provider für den Zugang zum Internet sei); *Maume* MMR 2007, 620, 621; LG Bonn MMR 2000, 109, 110 für Verhaltensregeln in einem Diskussionsforum; ebenso auf die Angabe des Namens abstellend LG München CR 2007, 264, 265; a.A. und für einen Vertragsschluss auch bei anonymer Registrierung *Feldmann/Heidrich* CR 2006, 406, 409.

aktion im Kontext einer virtuellen Welt, sondern wird meist mit einer technisch-manipulativen Einwirkung auf die den Betrieb steuernden Computersysteme einhergehen. Gerade dieser Bereich, wie Fälle des Einhackens, Ausspähens von Passwörtern und unbefugter Manipulation von Daten, ist Gegenstand verschiedener Straftatbestände. Potentiell einschlägig sind hier vor allem das – mitunter als „elektronischer Hausfriedensbruch" bezeichnete[354] – Ausspähen von Daten (§ 202a StGB), die Datenveränderung (§ 303a StGB) als „virtuelle Sachbeschädigung[355]" sowie bei Auswirkungen auf die Gesamtheit der Datenverarbeitung eine Computersabotage i.S.d. § 303b StGB. Da diese wichtigsten Tatbestände als Schutzgesetze i.S.d. § 823 II BGB zur Anwendung kommen können, sollen sie nunmehr in gebotener Kürze umrissen werden.

aa. Strafrechtliche Tatbestände i.V.m. § 823 II BGB

(1) § 202a StGB

§ 202a StGB schützt das Interesse des Verfügungsbefugten gegen einen unerlaubten Datenzugriff[356] und stellt das unberechtigte Verschaffen des Zuganges zu nicht für den Täter bestimmten gespeicherten oder übermittelten Daten unter Überwindung einer Zugangssicherung unter Strafe. Insbesondere soll diese Norm das Hacking erfassen[357], welches eine Verschlüsselung oder einen Passwortschutz als besondere zugangs-

---

[354] *Ernst* NJW 2007, 2661; *Gröseling/Höfinger* MMR 2007, 549, 551.

[355] *Ernst* NJW 2007, 2661, 2664.

[356] Auf die formelle Verfügungsbefugnis des Datenberechtigten abstellend LK StGB/*Schünemann*[11] § 202a Rn. 2; NK StGB/*Kargl*[2] § 202a Rn. 3; Schönke/Schröder/*Lenckner*[27] § 202a Rn. 1 (zu § 202a a.F.); mit Betonung des inhaltlichen Geheimhaltungsinteresses *Lackner/Kühl*[26] § 202a Rn. 1 (zu § 202a a.F.); nach *Schumann* NStZ 2007, 675, 676 soll das für § 202a n.F. der Hauptzweck sein; sowohl für einen inhaltlichen Geheimnisschutz als auch für das Interesse des Verfügungsberechtigten vor unbefugtem Zugriff *Fischer*[56] § 202a Rn. 2.

[357] Vgl. *Ernst* NJW 2007, 2661; *Fischer*[56] § 202a Rn. 10; *Gröseling/Höfinger* MMR 2007, 549, 551; *Schumann* NStZ 2007, 675, 676. Das war vor der Neufassung des § 202a StGB durch das Strafrechtsänderungsgesetz zur Bekämpfung der Computerkriminalität 2007 nicht gänzlich klar, weil der bloße Zugang zu Daten nach dem Willen des Gesetzgebers nicht strafbar sein sollte (BT-Drucks. 10/5058 S. 28), aber nur schwer vom strafbaren Verschaffen abzugrenzen war, etwa wenn die Inhalte von Verzeichnisstrukturen übermittelt wurden. Für eine teleologische Reduktion bei notwendigerweise mit dem Hacking verbundenem Verschaffen und der Kenntnisnahme daher *Lackner/Kühl*[26] § 202a Rn. 5; ähnlich Schönke/Schröder/*Lenckner*[27] § 202a Rn. 10, der die Grenzen des bloßen Hackings dort zieht, wo vorrangiger Zweck des Eindringens nicht die Überwindung der Zugangsicherung war; für eine damalige Strafbarkeit demgegenüber *Tröndle/Fischer*[56] § 202a Rn. 10a. Beim Verschaffen von Daten (z.B. Passwörtern) wurde auch damals von einer Strafbarkeit ausgegangen, vgl. NK StGB/*Kargl*[2] § 202a Rn. 1; LK StGB/*Schünemann*[11] § 202a Rn. 1.

hindernde Sicherungsmechanismen[358] überwindet. Die Frage, ob die Daten für den Täter „bestimmt“ sind, richtet sich nach der Verfügungsbefugnis über die Daten. Deren genaue Bestimmung ist zwar noch nicht hinreichend geklärt[359]; im hier betrachteten Zusammenhang steht sie Dritten außerhalb des Kreises von Nutzern und Betreibern aber jedenfalls nicht zu. Im Rahmen virtueller Welten erfasst dieser Straftatbestand zuvorderst eine Manipulation auf technischer Ebene, durch die Dritte unberechtigten Zugriff auf die technischen Systeme zur Erzeugung der virtuellen Umgebung, Zugang zu einem Nutzeraccount oder Kontrolle über virtuelle Gegenstände erlangen.

Der unbefugte Zugang zu einem Benutzerkonto und das Übertragen virtueller Gegenstände oder virtueller Währung an einen anderen Nutzer kann auch nach § 263a I 3. Var. StGB strafbar sein. Dieser stellt es unter Strafe, unbefugt Daten in einer Weise zu verwenden, die das Ergebnis eines Datenverarbeitungsvorganges beeinflusst, dadurch das Vermögen eines anderen schädigt und von der Absicht rechtswidriger Bereicherung getragen ist. Insofern gilt nichts anderes als beim Zugang zu einem Onlinekonto, wo die unbefugte Verwendung von PIN und TAN als Zahlungscode eine elektronische Überweisung und einen Geldabfluss zum Schaden des Kontoinhabers auslöst[360].

(2) § 303a StGB

Eine schädigende Einwirkung auf Daten erfasst § 303a I StGB, welcher das rechtswidrige Löschen, Unterdrücken, Unbrauchbarmachen oder

---

[358] Vgl. zu diesen Sicherungsmechanismen *Fischer*[56] § 202a Rn. 9a; *Lackner/Kühl*[26] § 202a Rn. 4; LK StGB/*Schünemann*[11] § 202a Rn. 16; NK StGB/*Kargl*[2] § 202a Rn. 10; Schönke/Schröder/*Lenckner*[27] § 202a Rn. 8.

[359] Auf die Verfügungsbefugnis über den Datenträger kommt es nicht an (*Fischer*[56] § 202a Rn. 7; *Lackner/Kühl*[26] § 202a Rn. 3; LK StGB/*Schünemann*[11] § 202a Rn. 12; NK StGB/*Kargl*[2] § 202a Rn. 7), ebenso wenig auf das Betroffensein vom Inhalt der Daten (*Lackner/Kühl*[26] § 202a Rn. 3; LK StGB/*Schünemann*[11] § 202a Rn. 12; NK StGB/*Kargl*[2] § 202a Rn. 7; Schönke/Schröder/*Lenckner*[27] § 202a Rn. 6). Zur Begründung originärer Verfügungsmacht führt i.d.R. die Erstabspeicherung der Daten als Skripturakt (*Fischer*[56] § 202a Rn. 7; *Kraft/Meister* MMR 2003, 366, 372; LK StGB/*Schünemann*[11] § 202a Rn. 12; NK StGB/*Kargl*[2] § 202a Rn. 7; Schönke/Schröder/*Lenckner*[27] § 202a Rn. 6). In einem Auftragsverhältnis kommt es dabei regelmäßig auf den Auftraggeber an (LK StGB/*Schünemann*[11] § 202a Rn. 12).

[360] Vgl. zur Strafbarkeit nach § 263a StGB *Fischer*[56] § 263a Rn. 11a, 16; NK StGB/*Kindhäuser*[2] § 263a Rn. 20. Das hier bei Auseinanderfallen von elektronisch Verfügendem und Geschädigtem erforderliche Näheverhältnis, kraft welchem die Verfügung dem Geschädigten wie beim normalen Dreiecksbetrug zugerechnet werden kann (vgl. *Fischer*[56] § 263a Rn. 21; *Lackner/Kühl*[26] § 263a Rn. 21; Schönke/Schröder/*Cramer/Perron*[27] § 263a Rn. 22), folgt bei der Banküberweisung aus dem Giro- und bei virtuellen Welten aus dem Nutzungsvertrag. Dazu *Krasemann* MMR 2006, 351, 355.

Verändern von Daten sanktioniert und somit die Unversehrtheit[361] bzw. die Verfügungsgewalt[362] über gespeicherte Informationen schützt. Um verfassungsrechtliche Bedenken aufgrund inhaltlicher Unbestimmtheit zu überwinden[363], bedarf die Norm nach allgemeiner Ansicht einer teleologischen Reduktion, so dass nur *fremde* Daten dem Tatbestand unterfallen, an denen ein anderer eine eigentümerähnliche Stellung hat[364]. Damit allein lässt sich der Vorwurf der Unbestimmtheit indes nicht gänzlich ausräumen, weil die im Begriff der Fremdheit vorausgesetzte, zivilrechtsakzessorische[365] Verfügungsbefugnis über Daten bei § 303a StGB – anders als bei der systematischen Parallele der Sachbeschädigung i.S.d. § 303 StGB – nicht einfach an das zivilrechtliche Sacheigentum angeknüpft werden kann. So müssen im Zusammenwirken verschiedener Beurteilungskriterien „sachenrechtsähnliche Anknüpfungspunkte"[366] bemüht werden, was für strafrechtliche Zwecke immer noch bedenklich vage erscheint[367]. So soll für die Datenzuordnung etwa auf einen unerlaubten Zugriff auf täterfremde Speichermedien[368] abgestellt werden, bei Auseinanderfallen von Speichermedium und Datenherrschaft auf den zugrunde liegenden, meist vertraglichen, Besitz am Datenträger oder auf Nutzungsrechte an Daten einräu-

---

[361] *Ernst* NJW 2007, 2661, 2664; NK StGB/*Zaczyk*[2] § 303a Rn. 2; Schönke/Schröder/*Stree*[27] § 303a Rn. 1.; *Lackner/Kühl*[26] § 303a Rn. 1 (unversehrte Verwendbarkeit von Daten); ebenso LK StGB/*Tolksdorf*[11] § 303a Rn. 1.

[362] *Fischer*[56] § 303a Rn. 2.

[363] Noch durch Auslegung behebbare Bedenken bei *Lackner/Kühl*[26] § 303a Rn. 4; Verfassungswidrigkeit wegen Verstoßes gegen das Bestimmtheitsgebot des Art. 103 II GG nimmt hingegen LK StGB/*Tolksdorf*[11] § 303a Rn. 7 an; noch deutlicher NK StGB/*Zaczyk*[2] § 303a Rn. 1.

[364] So Schönke/Schröder/*Stree*[27] § 303a Rn. 3 mit Hinweis auf den systematischen Zusammenhang zur Sachbeschädigung gem. § 303 StGB; ähnlich *Lackner/Kühl*[26] § 303a Rn. 4: eigentümerähnliches Verfügungsrecht; LK StGB/*Tolksdorf*[11] § 303a Rn. 5; *Fischer*[56] § 303a Rn. 4 spricht von einem unmittelbaren Recht einer anderen Person auf Verarbeitung, Löschung oder Nutzung. Auf nichtflüchtig gespeicherte Daten will LK StGB/*Tolksdorf*[11] § 303a Rn. 4 den Tatbestand beschränken, weil in deren Integrität niemand vernünftigerweise vertrauen könne. Eine solche Einschränkung mag sinnvoll sein, den weiten Anwendungsbereich der Vorschrift zu beschränken; jedoch kann der Fortschritt ein solches technisches Kriterium schnell überholen.

[365] *Fischer*[56] § 303a Rn. 5; LK StGB/*Tolksdorf*[11] § 303a Rn. 6.

[366] Vgl. *Fischer*[56] § 303a Rn. 7 für E-Mails, die dem Inhaber einer Mailbox für die Zwecke des § 303a StGB „gehören".

[367] Für eine Verfassungswidrigkeit auch dieser Norm wegen Verstoßes gegen das Bestimmtheitsgebot des Art. 103 II GG LK StGB/*Tolksdorf*[11] § 303a Rn. 7; NK StGB/*Zaczyk*[2] § 303a Rn. 5.

[368] *Fischer*[56] § 303a Rn. 5; *Lackner/Kühl*[26] § 303a Rn. 4; NK StGB/*Zaczyk*[2] § 303a Rn. 5.

mende Rechtsverhältnisse[369]. Im Fall einer Speicherung und Verarbeitung durch einen Dritten führt das nicht automatisch zu dessen Verfügungsbefugnis; diese wird vielmehr (auch) beim Auftraggeber gesehen[370]; nach anderer Auffassung eher bei demjenigen, der letztlich den speichernden Skripturakt durchführt[371]. Allerdings sollen auch hier bei einer vernetzten, dezentralen Datenspeicherung modifizierte Maßstäbe gelten und sachenrechtsähnliche Anknüpfungspunkte gewählt werden, so dass beispielsweise über E-Mails der Inhaber einer Mailbox, nicht aber der Systembetreiber verfügungsbefugt sei[372]. Unabhängig von der genauen Zuweisung der Verfügungsbefugnis nach den vorgenannten Kriterien[373] fehlt diese jedenfalls wiederum einem – hier interessierenden – Dritten außerhalb des Nutzungsvertrages virtueller Welten.

Sofern es sich dabei – was seltener der Fall sein wird – um beweiserhebliche Daten handelt, die der Täter löscht, kann der den Rechts- und Beweisverkehr schützende[374] Tatbestand des § 274 Nr. 2 StGB erfüllt sein.

(3) § 303b StGB

Richtet sich die Einwirkung weniger auf konkrete Daten, sondern betrifft darüber hinaus eine Gesamtheit datenverarbeitender Vorgänge, kommt

---

[369] *Lackner/Kühl*[26] § 303a Rn. 4; NK StGB/*Zaczyk*[2] § 303a Rn. 5; Schönke/Schröder/*Stree*[26] § 303a Rn. 3; zurückhaltend wegen der über den Umweg des Strafrechts geschaffenen absoluten Wirkung relativer Rechte LK StGB/*Tolksdorf*[11] § 303a Rn. 17.

[370] *Lackner/Kühl*[26] § 303a Rn. 4; Schönke/Schröder/*Stree*[26] § 303a Rn. 3.

[371] *Fischer*[56] § 303a Rn. 6, der mit diesem restriktiven Ansatz der Gefahr einer Kriminalisierung bloßer Vertragsverletzungen entgegenwirken will; ähnlich LK StGB/*Tolksdorf*[11] § 303a Rn. 17.

[372] *Fischer*[56] § 303a Rn. 7.

[373] Für die Zuweisung virtueller Gegenstände im Spannungsfeld zwischen Nutzer und Betreiber lässt sich die hier gestellte Frage ihrer Anerkennung als originäres Recht (Kap. 4 F.) auch als eines der o.g. zusammenwirkenden Kriterien für die Zuweisung ihrer Verfügungsbefugnis heranziehen. Nach diesen Grundsätzen ließe sich in virtuellen Welten – ähnlich wie bei einem Email-Account – u.U. eine Strafbarkeit des Betreibers für unberechtigte Eingriffe in die Daten der Nutzer begründen, sofern die Verfügungsbefugnis den Nutzern zugewiesen ist und sofern aus einem Nutzungsvertrag keine Einwilligung für solche Eingriffe abgeleitet werden kann. Insofern äußert sich hier gerade die Zivilrechtsakzessorietät (*Fischer*[56] § 303a Rn. 5) des § 303a StGB. Auf dieses spezifisch strafrechtliche Problem soll im vorliegenden Zusammenhang nicht weiter eingegangen werden; ebenso wenig kann hier ein allgemein gültiger Ansatz für jede Form von Daten aufgestellt werden. Vgl. hierzu den weitgehend an das Strafrecht angelehnten Ansatz von *Beurskens* in: *Domej/Dörr/Hoffmann-Nowotny/Vasella/Zelger* S. 443, 459 ff., der kumulativ auf Skripturakt, Immaterialgüterrechte an Inhalten, sachenrechtliche Zuordnung des Datenträgers und schuldrechtliche Beziehungen als bewegliches System von Beurteilungskriterien abstellen will, das erst im Lauf der weiteren Rechtsentwicklung durch Fallgruppen konkretisiert werden kann.

[374] Vgl. zum Schutz dieses Rechtsgutes *Fischer*[56] § 274 Rn. 6.

Computersabotage i.S.d. § 303b StGB in Betracht, welche die ordnungsgemäße und störungsfreie Funktion der Datenverarbeitung schützt[375]. Dieser Begriff ist weit zu verstehen und erfasst die Gesamtheit aller elektronischen Rechenvorgänge im Umgang mit Daten einschließlich ihrer Eingabe, Verarbeitung und Übertragung[376] und geht damit über eine einzelne Rechenoperation hinaus[377]. Strafbar ist eine erhebliche Störung einer fremden Datenverarbeitung von wesentlicher Bedeutung, welche durch eine Manipulation von Daten i.S.d. § 303a StGB (§ 303b I Nr. 1 StGB), durch eine schädigende Einwirkung auf die Hardware (im Wege von Zerstörung, Beschädigung oder Unbrauchbarmachen, Beseitigung oder Veränderung einer Datenverarbeitungsanlage oder eines Datenträgers i.S.d. § 303b I Nr. 3 StGB) oder durch die Eingabe oder Übermittlung von Daten in Nachteilszufügungsabsicht (§ 303b I Nr. 2 StGB) erfolgt. Wesentliche Bedeutung hat die durch solche Handlungen gestörte Datenverarbeitung, wenn die sie nutzende Organisation überwiegend von ihrer Funktionsfähigkeit abhängig ist[378] oder diese für Privatpersonen eine zentrale Funktion für deren Lebensgestaltung einnimmt[379]. Wie auch bei §§ 202a, 303a reagierte der Gesetzgeber hier auf den technischen Fortschritt mit sehr weit gefassten Formulierungen, deren Unbestimmtheit eine enge Auslegung

---

[375] *Lackner/Kühl*[26] § 303b Rn. 1; Schönke/Schröder/*Stree*[27] § 303b Rn. 1; *Schumann* NStZ 2007, 675, 679; *Fischer*[56] § 303b Rn. 1 (der zudem die Verfügungsgewalt über Daten bei § 303b I Nr. 1 StGB, das Sacheigentum an Datenverarbeitungsanlagen bei § 303b I Nr. 3 StGB sowie das bloße Vermögen im Fall des § 303b II StGB dabei erfasst sieht). Ein zuvorderst betriebsbezogenes Verständnis etwa bei LK StGB/*Tolksdorf*[11] § 303b Rn. 2 (Datenverarbeitung für die Funktionserfüllung von Betrieben und Behörden) oder NK StGB/*Zaczyk*[2] § 303b Rn. 1 (als Recht an der eingerichteten und ausgeübten Organisation, soweit sie sich auf Datenverarbeitung stützt), dürfte mit der Neufassung und Ausdehnung auf den privaten Bereich nun zu eng sein.

[376] *Fischer*[56] § 303b Rn. 5; weitergehender unter Einbeziehung von Erfassung und Verwendung von Daten *Lackner/Kühl*[26] § 303b Rn. 2; ebenso NK StGB/*Zaczyk*[2] § 303b Rn. 3.

[377] LK StGB/*Tolksdorf*[11] § 303b Rn. 3; Schönke/Schröder/*Stree*[27] § 303b Rn. 3.

[378] Für eine Betrachtung der jeweiligen *funktionalen* Bedeutung Schönke/Schröder/*Stree*[27] § 303b Rn. 3; ähnlich NK StGB/*Zaczyk*[2] § 303b Rn. 6; *Fischer*[56] § 303b Rn. 6 gegen die u.a. auf den technischen Charakter der Datenverarbeitungsgeräte abstellende Gesetzesbegründung BT-Drucks. 10/5058 S. 35, die Kleincomputer und Großrechner einander gegenüberstellt.

[379] BT-Drucks. 16/3656 S. 13. Damit kann die Bestimmung der Wesentlichkeit auf ein gewisses subjektives Moment nicht gänzlich verzichten; Bedenken bei *Fischer*[56] § 303b Rn. 6 f. gegenüber einem Abstellen auf „willkürlich definierte (Freizeit-)interessen“; erhebliche Zweifel an der Bestimmtheit dieses Tatbestandsmerkmals schon zu § 303b a.F. NK StGB/*Zaczyk*[2] § 303b Rn. 6; a.A. LK StGB/*Tolksdorf*[11] § 303b Rn. 6 zur damaligen engeren Fassung.

gebieten[380]. Das gilt insbesondere für den neu gefassten Nr. 2, welcher an sich neutrale, aber im Einzelfall schädigende, von direktem Vorsatz getragene Handlungen unter Strafe stellt[381], wie etwa die Bündelung von Zugriffen zur Lahmlegung eines Systems bei dDOS-Angriffen[382]. Als Korrektive gegen eine ausufernde Strafbarkeit kommen vor diesem Hinter-

---

[380] *Fischer*[56] § 303b Rn. 2a; *Lackner/Kühl*[26] § 303b Rn. 2; wegen Unbestimmtheit von der Verfassungswidrigkeit ausgehend NK StGB/*Zaczyk*[2] § 303b Rn. 2.

[381] *Fischer*[56] § 303b Rn. 12 f.; *Schumann* NStZ 2007, 675, 679.

[382] BT-Drucks. 16/3656 S. 13; *Ernst* NJW 2007, 2661, 2665; *Fischer*[56] § 303b Rn. 12; *Schumann* NStZ 2007, 675, 679. Diese waren vorher über § 303b StGB schwer erfassbar. Wohl aus diesem Grund wollen *Kraft/Meister* MMR 2003, 366, 370 ff. ebenso wie AG Frankfurt MMR 2005, 863 bei nicht erreichbaren Homepages wegen „virtuellen Demonstrationen“ eine Anwendung von Gewalt annehmen, halten den Nötigungstatbestand des § 240 I 1. Var. StGB für einschlägig und verlagern den Schwerpunkt der Betrachtungen in die Verwerflichkeitsprüfung des § 240 II StGB. Um die für Gewalt erforderliche (jedenfalls minimale) Kraftentfaltung auf Seiten des Täters und die körperliche Zwangswirkung auf Seiten des Opfers zu begründen, werden Parallelen zur Sitzblockadenrechtsprechung gezogen: Die früher vom BGH für § 240 I 1. Var. StGB noch für hinreichend befundene „psychische Gewalt“ ohne jegliche körperliche Einwirkung (BGHSt 23, 54) hatte das BVerfG (BVerfGE 92, 1, 18) für verfassungswidrig erklärt, wenn Gewalt lediglich in körperlicher Anwesenheit bestehe und die Zwangswirkung auf den Genötigten nur psychischer Natur sei. Jedoch liegt nach neuerer „Zweite-Reihe“-Rechtsprechung des BGH dann kein solch reiner psychischer Zwang vor, wenn als Folge der Blockade die ersten Fahrzeuge anhalten und ihrerseits auf nachfolgende Fahrzeuge gleichsam als Werkzeuge unmittelbaren körperlichen Zwang ausüben (BGHSt 41, 182; die Verfassungsmäßigkeit dieses Ansatzes offen lassend BVerfGE 104, 92, 103; BVerfG NJW 2002, 2308). Hierauf nehmen die Befürworter der Nötigung Bezug. Beim Zugriff über das Internet reiche eine „technische Verstärkung“ der als solchen nicht erheblichen Kraftentfaltung durch Mausklick, so dass es sich bei der Nichterreichbarkeit einer Homepage um keine rein psychische Barriere handele. Durch Ingangsetzen technischer Vorgänge werde der Zugang physisch blockiert und das Abrufen als Handlungsmöglichkeit des Opfers beschränkt. Kritisch äußern sich demgegenüber wegen der nur minimalen Kraftentfaltung und der höchst mittelbaren Zwangswirkung *Lackner/Kühl*[26] § 240 Rn. 8; *Fischer*[56] § 240 Rn. 23 und das Urteil des LG nachinstanzlich aufhebend OLG Frankfurt MMR 2006, 547, welches unter Berufung auf das verfassungsrechtliche Bestimmtheitsgebot und die Rspr. des BVerfG zum Gewaltbegriff die durch Gewalt ausgelöste körperliche Wirkung betont, welche bei einer reinen Nichtabrufbarkeit nicht gegeben sei. Ein gestörtes „Aufsuchen“ der Homepage sei nicht mit einer Beeinträchtigung der körperlichen Bewegungsfreiheit gleichzusetzen. Dem ist zuzustimmen. Eine reine Parallelisierung mit Sitzblockaden verkennt, dass es dort tatsächlich um die verhinderte *räumliche* Bewegung der Verkehrsteilnehmer als Nötigungsopfer ging, hier aber letztlich um eine bloße Behinderung des Abrufes von Daten – ein Sachverhalt, der eher dem ohne unmittelbare körperliche Auswirkung nicht strafbaren Abstellen von Elektrizität, Heizkraft oder Wasser (vgl. dazu Schönke/ Schröder/*Eisele/Eser*[27] vor §§ 234-241a Rn. 13) gleicht. Würde man demgegenüber der Gegenansicht folgen wollen, ließe sich die fehlende technische Erreichbarkeit auch auf Einschränkungen der Bewegungs- oder Nutzungsfreiheit durch Blockaden *im* virtuell-räumlichen Kontext ausdehnen.

grund insbesondere eine enge Auslegung der objektiven Tatbestandsmerkmale der Wesentlichkeit und der erheblichen Störung sowie im subjektiven Tatbestand der Tätervorsatz in Betracht, welcher sich auch bei der notwendigen Parallelwertung in der Laiensphäre auf diese Merkmale beziehen muss[383]. Im hier betrachteten Zusammenhang der Dritteinwirkung auf virtuelle Welten und darin befindlicher Gegenstände kann eine Computersabotage i.S.d. § 303b StGB gegeben sein, wenn erhebliche Störungen des ordnungsgemäßen Betriebs bzw. des Zuganges zu virtuellen Welten etwa durch eine Überlastung der Server ähnlich einem dDOS-Angriff erfolgen. In diesem Fall wird jedenfalls die Datenverarbeitung des Betreibers beeinträchtigt, welche die virtuelle Umgebung erzeugen, zugänglich und ordnungsgemäß nutzbar machen soll. Wenn dadurch zugleich virtuelle Räume oder Gegenstände unbenutzbar werden, kann auch eine Datenverarbeitung der Nutzer betroffen sein. Dass eine Störung der gesamten Umgebung auf die Aktivitäten der Nutzer durchschlägt, ist im Grunde nicht anders zu beurteilen als ein dDOS-Angriff, der nicht gegen eine spezielle Homepage, sondern gegen einen Server und alle dort befindlichen Homepages ausgeführt wird[384]. Freilich müssen auch diesbezüglich die Wesentlichkeit der Datenverarbeitung für die Nutzer und ihre erhebliche Störung gegeben sein. Dass die Gesetzesbegründung pauschal Computerspiele als Beispiel für unwesentliche Beeinträchtigungen nennt[385], lässt die hier betrachteten Fälle nicht per se aus dem Bereich des § 303b StGB herausfallen; vielmehr ist auch im Einzelfall nach der funktionalen Bedeutung der Datenverarbeitung zu differenzieren: Während der Zugang zu spielerischen MMORPGs regelmäßig am unwesentlichen Ende des Spektrums zu verorten sein wird, lassen sich am anderen Ende je nach Einzelfall durchaus wirtschaftlich oder sonstwie bedeutsame Nutzungen virtueller Welten finden, wie z.B. virtuelle Kunstausstellungen, virtuelle universitäre Lehre, virtuelle Geschäfte zum Verkauf virtueller oder realer Gegenstände[386] und dergleichen mehr. Da es sich für die Betreiber unabhängig von den Inhalten stets um eine zentrale Unternehmenstätigkeit handelt, ist die Wesentlichkeit für diese regelmäßig anzunehmen.

---

[383] *Fischer*[56] § 303b Rn. 16; LK StGB/*Tolksdorf*[11] § 303b Rn. 29; NK StGB/*Zaczyk*[2] § 303b Rn. 13; a.A. Schönke/Schröder/*Stree*[27] § 303b Rn. 16.

[384] Vgl. *Fischer*[56] § 303b Rn. 12.

[385] BT-Drucks. 16/3656 S. 13.

[386] Vgl. Kap. 1 B.I.,III. zu Beispielen.

bb. Vorsätzliche sittenwidrige Schädigung

Daneben greift in solchen Fällen zumeist auch der deliktische Schutz der vorsätzlichen sittenwidrigen Schädigung i.S.d. § 826 BGB[387], welcher als Auffangtatbestand für Schutzlücken im Einzelfall[388] keines der in § 823 I BGB genannten Rechtsgüter voraussetzt[389] und somit auch Daten als bloßes Vermögen erfasst. Dieser weiterreichende Schutz korrespondiert freilich mit höheren Hürden im Tatbestand. So lehnt sich der Sittenverstoß bei § 826 BGB an den Maßstab des § 138 BGB an und setzt einen Verstoß gegen das Anstandsgefühl aller billig und gerecht Denkenden sowie dessen Gesamtwürdigung nach Inhalt, Zweck und Beweggrund voraus[390]; der Vorsatz muss zudem in doppelter Hinsicht bezüglich der Sittenwidrigkeit begründenden Umstände[391] und des entstehenden Schadens[392] bestehen.

cc. Grenzen der Drittwirkung

Alle vorgenannten Strafrechtsnormen können im Verhältnis zu Dritten über § 823 II BGB grundsätzlich zivilrechtliche deliktische Schutzlücken füllen[393], wenn sie als Schutzgesetz den individuellen Schutz eines anderen

---

[387] Vertreten wird die Anwendung von § 826 BGB etwa für den Einsatz von Computerviren (*Libertus* MMR 2005, 507, 508) oder den Versand von Spam (*Hoeren* NJW 2004, 3513, 3514).

[388] Palandt/*Sprau*[68] § 826 Rn. 1; Erman/*Schiemann*[12] § 826 Rn. 1.

[389] Palandt/*Sprau*[68] § 826 Rn. 1; Erman/*Schiemann*[12] § 826 Rn. 1; MüKo BGB/*Wagner*[4] § 826 Rn. 4.

[390] Palandt/*Sprau*[68] § 826 Rn. 4; Erman/*Schiemann*[12] § 826 Rn. 3, 8; MüKo BGB/*Wagner*[4] § 826 Rn. 7 f. (beide i.E. kritisch wegen der Unbestimmtheit dieser Formel). Die Anforderungen bei der Anwendung des § 826 BGB als Mittel, die Relativität von Forderungen zu überwinden und eine deliktische Haftung Dritter für beeinträchtigende Eingriffe in den Bestand einer Forderung zu begründen, sind hoch: Eine solche sittenwidrige Mitwirkung des Dritten am Vertragsbruch liegt nur dann vor, wenn es sich um schwerwiegende Verstöße des Dritten gegen das Anstandsgefühl handelt, die mit den Grundbedürfnissen loyaler Rechtsgesinnung unvereinbar sind. Dies ist der Fall, wenn in seinem Eindringen in die Vertragsbeziehungen ein besonderes Maß an Rücksichtslosigkeit gegenüber dem Betroffenen hervortritt, etwa im kollusiven Zusammenwirken mit dem Vertragsschuldner gerade zur Vereitelung der Ansprüche des betroffenen Vertragsgläubigers (BGH NJW 1994, 128; BGH NJW 1981, 2184, 2185; BGH NJW-RR 1989, 1255).

[391] BGH NJW 2004, 3706, 3710; Palandt/*Sprau*[68] § 826 Rn. 11.

[392] BGH NJW 2004, 446, 447; BGH NJW 2000, 2896, 2897; BGH GRUR 2000, 249, 250 – *Programmsperre*; Palandt/*Sprau*[68] § 826 Rn. 10.

[393] Hierauf verweisen bei der zivilrechtlich problembehafteten Datenlöschung und Datenveränderung etwa AG Brandenburg CR 2002, 721 (LS, Volltext bei Iuris); *Bartsch* CR 2008, 613, 615; *Beurskens* in: *Domej/Dörr/Hoffmann-Nowotny/Vasella/Zelger* S. 443, 470; *Kraft/Meister* MMR 2003, 366, 373.

bezwecken[394] sowie der Geschädigte in deren persönlichen und sachlichen Schutzbereich fällt[395]. Das ist zugunsten des Verfügungsbefugten, dessen persönlicher Lebensbereich bei § 202a StGB, dessen Dateninhaberschaft bei § 303a StGB, dessen Herrschaft über die Datenverarbeitungsanlage bei § 303b StGB oder dessen Vermögen bei § 263a StGB betroffen ist, regelmäßig der Fall[396]. Ein zivilrechtliches Verfügungsrechtesystem jedoch teilweise auf einem strafrechtlichen Schutz aufzubauen, erscheint zumindest bei den zivilrechtsakzessorischen Straftatbeständen wenig hilfreich, die den Schutz des Strafrechts ihrerseits gerade an eine zivilrechtliche Vermögenszuordnung knüpfen. Hier widerstrebt es nicht nur dem Charakter des Strafrechts als ultima ratio[397], einen Eingriff in fremde Nutzungsrechte[398] bei Daten mit Strafe zu bewehren, im Zivilrecht aber ohne anerkanntes Rechtsgut auf rein schuldrechtliche Konstruktionen zu verweisen. Auch könnte ein gewisser Gleichlauf der Kriterien helfen, die Probleme der Bestimmtheit i.S.d. Art. 103 II GG und die verfassungsrechtlichen Bedenken abzumildern.

Zudem verbleiben Lücken einer Erfassung über § 826 BGB und ebenso über § 823 II BGB i.V.m. mit Normen des StGB insbesondere bei nicht undenkbaren fahrlässigen Schädigungen[399]. Diese kommen beispielsweise in Betracht, wenn der Vorsatz inhaltlich (nur bestimmte Arten von Daten, bestimmte virtuelle Gegenstände) oder personell (nur die einer bestimmten Person oder Personengruppe) beschränkt ist und die Schädigungshandlung Folgeschäden bei anderen Daten oder dritten Personen hervorruft, oder wenn der Vorsatz gar nicht vorliegt, wie beim fahrlässigen Einspeisen und Verbreiten von Computerviren. Gleiches gilt überdies, wenn bei § 826 BGB die Anforderungen an den doppelten Schädigungsvorsatz nicht erfüllt sind[400]. Auch kann die wegen ihrer relativen Unbestimmtheit gebotene enge Auslegung der meisten dargestellten Straftatbestände im Rahmen des § 823 II BGB Lücken für zivilrechtsrelevante Störungen unterhalb der Schwelle zur Strafbarkeit lassen.

---

[394] Palandt/*Sprau*[68] § 823 Rn. 57; Staudinger/*Hager*[1999] § 823 Rn. G 19 ff.

[395] Palandt/*Sprau*[68] § 823 Rn. 58; Staudinger/*Hager*[1999] § 823 Rn. G 24.

[396] Vgl. für den Schutzgesetzcharakter dieser Normen *Kraft/Meister* MMR 2003, 366, 373; Staudinger/*Hager*[1999] § 823 Rn. G 42 m.w.N.

[397] Schönke/Schröder/*Stree*[27] vor §§ 38 ff. Rn. 1.

[398] So terminologisch etwa *Lackner/Kühl*[26] § 303a Rn. 4.

[399] Vgl. *Beurskens* in: *Domej/Dörr/Hoffmann-Nowotny/Vasella/Zelger* S. 443, 470 f. für Daten allgemein; für Computerviren *Libertus* MMR 2005, 507, 511 f.

[400] Generelle Zweifel – außerhalb des Bereiches von elektronischer Einwirkung – an der Eignung des § 826 BGB als Ersatz für eine vertragliche Drittwirkung bei *Rohe* S. 24, der hieraus das Bedürfnis nach Netzverträgen ableitet.

III. Zwischenergebnis

Vor diesem Hintergrund erweist sich der deliktische Drittschutz über § 826 BGB zwar als grundsätzlich tauglich, größere Schutzlücken auszufüllen, weniger aber, um ein rein vertragliches System von Verfügungsrechten über virtuelle Gegenstände im Verhältnis zu Dritten überzeugend zu flankieren. Gleiches gilt für § 823 II BGB i.V.m. Normen des StGB, ohne sogleich auf das scharfe Schwert – und die hohen Hürden – der Strafbarkeit zurückzugreifen. Selbst im Verhältnis der Nutzer untereinander ist zweifelhaft, inwiefern ein Vertrag mit Schutzwirkung, eine Drittschadensliquidation oder die Annahme eines Netzvertrages eine horizontale Drittwirkung innerhalb des Nutzerkreises begründen kann.

IV. Exkurs und allgemeiner Ausblick: Vom Eigentum zum relativen Zugangsrecht?

Wie bereits einleitend betont, ist die Frage der rechtlichen Erfassung virtueller Gegenstände für die Konstruktion von Verfügungsrechten über elektronische Ressourcen hier als paradigmatisch zu verstehen, wenn es darum geht, absolute Rechte funktional durch Vertragsrecht zu ersetzen. Trotz der soeben aufgezeigten dogmatischen Grenzen einer relativen Konstruktion ist – auch über den hier betrachteten Zusammenhang hinaus – eine generelle Tendenz festzustellen, Verfügungsrechte zunehmend auf eine vertragliche Grundlage zu stellen bzw. bestehende absolute Rechte durch relative Rechte zu überformen.

Insbesondere die schnelle technische Fortentwicklung – so apostrophiert *Rifkin*[401] aus US-amerikanischer Sicht – werde in diesem Zusammenhang zu einem tiefgreifenden Bedeutungswandel der Rechtsfiguren führen, im Zuge dessen Property[402] zunehmend an Bedeutung verlieren werde. Statt der umfassenden Herrschaft über Ressourcen rücke der nicht dauerhafte Zugang zu ihnen zunehmend in den Mittelpunkt des Wirtschaftslebens; an die Stelle einer dauerhaften Zuordnungsänderung trete die bloß vorübergehende, netzwerkvermittelte Zugänglichmachung. Dementsprechend werde auch der Handel mit dem Vollrecht als umfassendem, exklusivem Herrschaftsrecht an einer Ressource auf dem Markt zusehends abgelöst durch

---

[401] So die viel beachteten Ausführungen von *Rifkin* passim. Auf ihn speziell aus deutscher juristischer Sicht Bezug nehmend *Kloos/Wagner* CR 2002, 865 sowie *Czychowski/Brücker* MMR 2002, 81 am Beispiel des Zurverfügungstellens bloßer Rechenkapazität durch ASP (Application Service Providing).

[402] Zum Vergleich der beiden Rechtsbegriffe Kap. 2 B.I. Da sich Eigentum auf körperliche Gegenstände als Herrschaftsobjekt beschränkt, lässt sich der weiter gefasste Begriff „Property" in deutscher Terminologie am ehesten als absolutes Recht auffassen. Im Hinblick auf die hier interessierende Ausschließlichkeit können beide Begriffe an dieser Stelle synonym verwandt werden.

einfache Zugangsrechte[403]. Wenn hierbei eine Vielzahl paralleler Verträge im Kreis der Vertragsparteien de facto einem absoluten Recht ähnliche Wirkungen erzeugt, stellt sich wiederum die Frage, inwiefern die Grenzen zwischen relativen und absoluten Rechten verwischen[404] (1.) und auf welche Bedenken eine solche Entwicklung stoßen mag (2.).

1. Die Tendenz hin zu vertraglichen Konstruktionen

Zunächst ist festzuhalten, dass allein die wahrgenommene Tendenz zu vorübergehenden Zugangsrechten als Grundlage einer Herrschaftsbeziehung über wirtschaftliche Ressourcen jedenfalls aus deutscher Perspektive keineswegs auch einen Übergang von absoluten Rechten an einem Herrschaftsgegenstand hin zu relativen Nutzungsrechten vorsieht. Ob nämlich Zugangsrechte eigentumsähnliche Wesensmerkmale aufweisen, ist allein eine Frage ihrer rechtlichen Ausgestaltung. Ein Recht auf Zugang kann freilich relativ ausgestaltet sein wie die Miete (§§ 535 ff. BGB, die aber gerade mit dem Sukzessionsschutz in § 566 I BGB ein Element der Dinglichkeit aufweist[405]), allerdings auch als beschränktes dingliches, eigentumsähnliches absolutes Recht bestehen wie die Grunddienstbarkeit (§ 1018 BGB), das auf ihr beruhende Wegerecht[406], ein Wohnrecht als persönliche Dienstbarkeit (§ 1093 BGB) oder gar das – von *Rifkin* als Beispiel angeführte – Timesharing, dessen Ausgestaltung auch in ding-

[403] Als Grund dieser Entwicklung wird u.a. der schnelle technische Fortschritt mit immer kürzeren Produktlebenszyklen gesehen, welcher eine sich rapide wandelnde Nachfrage auslöst, in der das Volleigentum als dauerhafte Rechtsposition an schnell veralteten Ressourcen seinen Wert zugunsten eines kurzzeitigen, flexiblen Zuganges zu diesen verliere (*Rifkin* S. 20 ff.). Eigentum als Vollrecht an Ressourcen werde es zwar in den Händen einer geringen Zahl von Anbietern als Zugangsvermittler noch geben, selten jedoch als veräußerter Transaktionsgegenstand, weil die Nutzer lediglich einen Zugang ohne eigentumsähnliche Rechtspositionen erhielten (*Rifkin* S. 56 ff.). Das gelte insbesondere für genuin unkörperliche Wirtschaftsgüter, deren ubiquitäre Natur eine universale Nutzung durch eine Vielzahl von Nutzern jenseits aller physisch-körperlichen Beschränkungen ermögliche. Zwar gewährleiste das einen „passgenaueren" Zuschnitt auf ihre Bedürfnisse der Nutzer berge aber die Gefahr einer zunehmenden Vermachtung auf Seiten der Ressourceninhaber sowie die Aufgabe der herkömmlicherweise an das Eigentum geknüpften Freiheit (*Rifkin* S. 240). Auf *Rifkin* aus deutscher juristischer Perspektive Bezug nehmend etwa *Engel* in: *von Danwitz/Depenheuer/Engel* S. 9, 81; *Czychowski/Bröcker* MMR 2002, 81; *Kloos/Wagner* CR 2002, 865.

[404] Vgl. *Radin* 1 U. Ott. L. & Tech. J. 173 (2003-2004): „[T]he in personam/in rem distinction is in practice obliterated or at least very much blurred [...] where a regime of contracts has coalesced into a promulgated superseding propertization regime." Auch *Zumbansen* in: *Ladeur* S. 273, 284 wirft die Frage auf, inwiefern Verträge gesetzliche Regelungen ersetzen können.

[405] *Canaris* FS Flume S. 371, 393.

[406] Vgl. Palandt/*Bassenge*[68] § 1018 Rn. 16.

licher Weise erfolgen kann[407]. Die griffige Gegenüberstellung von „Property“ und „Access“ erweist sich aus deutscher juristischer Perspektive zumindest bei der Nutzung körperlicher Gegenstände als weitaus nicht so polarisierend, wie es auf den ersten Blick scheinen mag.

Die Gründe, hier zunehmend auf vertragliche Konstruktionen zurückzugreifen, liegen vielmehr darin, dass die Vertragsbedingungen privatautonom vereinbart werden können, flexibel handhabbar sind und so – im Gegensatz zum gesetzlichen Zuschnitt absoluter Rechte als Interessenausgleich zwischen Inhaber und Allgemeinheit – bis zu einem gewissen Grade auch die Interessenbalance einseitig zugunsten des Zugang gewährenden Ressourceninhabers verschieben können. Dazu kommen die gegenüber der Vergangenheit stetig sinkenden Transaktionskosten für Vertragsschlüsse[408]. Insbesondere im elektronischen Kontext liegt die Wahl des Vertrages deswegen so nahe, weil die Grenzkosten für einen Vertragsschluss insbesondere bei den „Clickwrap“-Verträgen gegen Null tendieren. Allein dass einer Vielzahl von Webseiten und Angeboten zustimmungsbedürftige Nutzungsbedingungen vorgeschaltet sind und nur die Wahl zwischen Annahme oder Ablehnung lassen, erzeugt ohne größeren Aufwand eine Vielzahl von Vertragsverhältnissen und damit ein einheitlich auf die Interessen des Betreibers zugeschnittenes Nutzungsregime, das zumindest im Vertikalverhältnis an Stelle absoluter Rechte treten kann. In der Sache ermöglichen so die geringen Transaktionskosten elektronischer Vertragsschlüsse, eine Art neues Lehenswesen aufkommen zu lassen, in dem die Rechte zur Ressourcennutzung von einem übergeordneten Recht abgeleitet sind und so eine Vielzahl vertikaler Rechteketten schafft[409].

---

[407] Palandt/*Putzo*[68] § 1 TzWrG Rn. 2.

[408] Wegen sinkender Transaktionskosten die allgemeine Tendenz hin zu vertraglichen Regelungen feststellend etwa *Merrill/Smith* 110 Yale L. J. 1, 54 (2000).

[409] Vgl. zu diesem Bild *Engel* in: *von Danwitz/Depenheuer/Engel* S. 9, 81 ff. Speziell für vertragliche Konstruktionen bei virtuellen Welten *Fairfield* 85 B.U. L. Rev. 1047, 1092 f. (2005); *Fairfield* Anti-Social Contracts S. 35. Eine ausführliche Diskussion der Vor- und Nachteile dieser Entwicklung findet sich bei *Engel* a.a.O.: Auch wenn bloße Zugangs- und Nutzungsrechte eine präzisere Ressourcenallokation mit Zuschnitt auf die jeweils individuellen Nutzungspräferenzen ermöglichen und damit auch zu einer Preisdifferenzierung führen können, würden diese Vorteile mit einer ganzen Reihe von Nachteilen erkauft. Nicht nur die Innovations- und Investitionsbereitschaft in ein Teilrecht gegenüber dem Volleigentum sei geringer, sondern auch der Optionswert, mit einer Sache zu einem späteren Zeitpunkt in einer anderen Weise zu verfahren oder sie zu übertragen. Verloren gehe ein Stück der Freiheit, mit einer Sache nach Belieben zu verfahren, die das Volleigentum bietet. In jedem Fall stiegen sowohl die Transaktionskosten einer Reallokation als auch das Konfliktpotential langfristiger Geschäftsbeziehungen. Zudem könne eine überdifferenzierte Aufspaltung von Ressourcen auch zu Anticommons führen (dazu Kap. 2 D.I.3.d.bb.). Vor allem aber führe das Fehlen von Arbitragegeschäften unter den Nutzern zu einer Abnahme des Anbieterwettbewerbs. Sind etwa

2. Generelle Bedenken gegenüber vertraglichen Konstruktionen

Eine solche Entwicklung ruft zwei generelle Bedenken hervor. Probleme entstehen – wie am Beispiel virtueller Welten aufgezeigt – zunächst dann, wenn mit der Zunahme relativer Zugangsrechtsverhältnisse und einer etwaigen Abnahme absoluter Rechtspositionen an Ressourcen auch der deliktische Drittschutz der Nutzer entfällt. Insbesondere dass der beim Zugang zu körperlichen Ressourcen zu einer gewissen Verdinglichung führende berechtigte Sachbesitz[410] bei elektronischen Ressourcen und im virtuellen Raum entfällt, mag Anlass geben, erneut allgemein – und über die obigen Erwägungen zu virtuellen Gegenständen hinaus – über die Verdinglichung relativer Rechte nachzudenken.

Zudem haftet einer vertraglichen Konstruktion die Schwäche des Interessenausgleiches an, die sich schon bei zweiseitigen Leistungsaustauschverträgen im Spannungsverhältnis zwischen der Vertragsfreiheit und dem „gerechten" Interessenausgleich zeigt[411]. Dass absolute Rechte durch Verträge überformt oder gar substituiert werden, ist an sich nicht bedenklich. Dann aber, wenn ein Bündel relativer Rechte nicht nur als theoretisches Erklärungsmodell für die Wirkung absoluter Rechte fungiert, sondern vertragliche Vereinbarungen zum realen funktionalen Surrogat absoluter Rechte werden, tut sich das Problem ihrer Reichweite auf. Während die durch den Gesetzgeber oder die Gerichte normalerweise sorgfältig justierte Reichweite absoluter Rechte eine Balance der Interessen von Rechteinhaber und Allgemeinheit anstrebt, kann sich ein Bündel vertraglich begründeter relativer Rechte leichter in den Mantel der Vertragsfreiheit kleiden und eine erhebliche Rechte- und Interessenverschiebung privatautonom zu legitimieren suchen, sofern kein zwingendes gesetzliches Korrektiv greift. Im deutschen Recht sind einer solchen Ausdehnung noch Grenzen durch zwingende Normen wie § 138 BGB und § 307 I BGB und deren richterliche Anwendung gezogen[412].

---

die Nutzungsrechte nicht übertragbar, sinke der produktinterne Wettbewerbsdruck mit der Folge eines steigenden Preises. Inwiefern – als gängiges Gegenargument – all diese Nachteile von Akteuren am Markt tatsächlich ex ante eingepreist werden, dürfte auf das bekannte Problem letztlich nur beschränkter Rationalität oder gar rationalen Unwissens hinauslaufen, vgl. dazu *Eidenmüller* JZ 2005, 216, 220; *Kirchgässner* in: *Herder-Dorneich/Schenk/Schmidtchen* S. 181, 188 ff.; *Tietzel* in: *Herder-Dorneich/Schenk/Schmidtchen* S. 38, 50.

[410] Vgl. zum deliktischen Schutz des Besitzes RGZ 59, 326, 327 f.; RGZ 160, 1, 7 f.; BGH NJW 1985, 2569, 2570; *Mincke* JZ 1984, 862; Palandt/*Sprau*[68] § 823 Rn. 13; Staudinger/*Hager*[1999] § 823 Rn. B 167.

[411] Vgl. zu den Problemen einer vertraglichen Rechteverteilung und den Grenzen der Privatautonomie unten Kap. 4 F.II.2.d.bb.

[412] Insbesondere gilt das für eine Inhaltskontrolle allgemeiner Geschäftsbedingungen gem. § 307 I BGB, auch wenn deren Eignung für die Kontrolle von Nutzungsrechten sehr

Wie eine Mischung aus technisch geregeltem Zugang und vertraglichen Nutzungsvereinbarungen die Grenzen absoluter Rechte verschieben und rechtliche Wirkungen in einer Weise erzeugen kann, die der Gesetzgeber kaum vorgesehen hat, zeigt sich insbesondere in den USA. Dort halten die Gerichte traditionell das Modell der Vertragsfreiheit hoch und zeigen äußerste Zurückhaltung, in einmal geschlossene Verträge korrigierend einzugreifen, selbst wenn sie dabei über die Grenzen bestehender Immaterialgüterrechte hinausgehen oder gar faktisch neue Immaterialgüterrechte schaffen[413]. Das gab im Schrifttum durchaus Anlass zur Kritik[414]. Diese richtet sich weniger gegen die vertragliche Schaffung neuer „Rechte“, sondern zielt eher auf das Unterlaufen der im Property Law stets erforderlichen Erwägungen zur Reichweite absoluter Rechte allein dadurch, dass sie aus vertragsrechtlicher Perspektive formuliert und so dort meist immun gegen gerichtliche Eingriffe in die privatautonome Rechteverteilung sind[415].

Insbesondere wenn eine Vielzahl von Verträgen so quasi-absolute Funktionen übernimmt, spricht einiges dafür, ihren Regelungsgehalt nicht allein der Vertragsfreiheit zu überlassen, die historisch auf dem Ideal punktueller, ausgehandelter, auf gegenseitiger Zustimmung beruhender und damit effizienzoptimalen[416] Einzeltransaktionen beruht. Den Grenzen der Vertragsfreiheit[417] kommt eine umso größere Bedeutung zu, je mehr quasi-absolute Wirkungen der Vertrag entfaltet. Noch größere Probleme tun sich indes dort auf, wo auch der Vertrag durch selbstdurchsetzende technische Mechanismen ersetzt und damit scheinbar gänzlich einer rechtlichen Kontrolle entzogen wird[418].

---

umstritten ist, wie sich später noch am urheberrechtlichen Beispiel zeigen wird, dazu eingehend Kap. 7 F.

[413] Erheblichen Einfluss hatte hier die vielzitierte Entscheidung *ProCD, Inc., v. Zeidenberg* 86 F.3d 1447, 1449 (7th Cir. 1996), welche am Fall der Benutzung einer Datenbank den fehlenden Copyright- und originären Datenbankschutz auf eine vertragsrechtliche Grundlage im Form eines Clickwrap-Agreement stellt.

[414] Kritisch etwa *Benkler* 74 N.Y.U. L. Rev. 354, 435 (1999), der auf eine „functional equivalence of legislative and contractual enclosure“ hinweist. Ebenso *Gibson* 80 Notre Dame L. Rev. 163, 197 (2004) am Beispiel der immaterialgüterrechtlich nicht geschützten Datenbanken und lizenzvertraglichen Nutzungskonstruktionen; *Fairfield* Anti-Social Contracts S. 27.

[415] Auf dieses Dilemma weist etwa *Fairfield* Anti-Social Contracts S. 32, 44 hin: Wenn eine typische „Property“-Frage der Interessenverteilung im Vielpersonenverhältnis als vertragliches Problem der Auslegung und Inhaltskontrolle formuliert wird, setzen sich in diesen Vertrag eingreifende Gerichte der Kritik aus, die Vertragsfreiheit zu vernachlässigen. Auf der anderen Seite würden nicht eingreifende Gerichte die entstehenden Probleme der Rechteverteilung und Reichweite quasi-absoluter Rechte nicht lösen.

[416] Vgl. *Homann* in: *Boettcher/Herder-Dorneich/Schenk* S. 325, 330 f.; *Schäfer/Ott*[4] S. 393.

[417] Vgl. Kap. 4 F.II.2.d.cc, dd.

[418] Vgl. Kap. 4 F.II.4.d.

E. Das Persönlichkeitsrecht als Hilfskonstruktion

Auch eine Konstruktion auf persönlichkeitsrechtlicher Grundlage (Kap. 3 F.) begegnet einigen Bedenken. Dass eigentumsähnliche Rechte im virtuellen Raum bisweilen auf eine persönlichkeitsrechtliche Grundlage gestellt werden, ist dem deutschen Recht zwar nicht fremd. Es finden sich durchaus Fälle, in denen die Rechtsprechung Unterlassungsansprüche gegen den Versand unerwünschter Werbe-Emails auf der Grundlage von §§ 1004, 823 I BGB i.V.m. Artt. 2 I, 1 I GG gewährte[419]. Gemeinsam ist diesen nur das verfolgte Ziel der Zuweisung von exklusiver Ressourcennutzung. Insofern mag man auch für virtuelle Gegenstände in Betracht ziehen, dort auf das Persönlichkeitsrecht zurückzugreifen, wo das Sachenrecht versagt[420]. Dass aber – um bei diesem Beispiel zu bleiben – unerwünschte Briefpost in der realen Welt als Eigentums- und Besitzstörung am Briefkasten gesehen wird[421], verdeutlicht einmal mehr, dass solche Ansätze eher aus der Not geboren werden, die Lücken des Sachenrechts bei fehlender Körperlichkeit zu schließen.

Schon die Unterschiede zwischen den Fällen unerwünschter Werbemails und virtueller Güter zeigen deutlich die Probleme einer persönlichkeitsrechtlichen Qualifikation auf: Während es im ersteren Fall allein um die Abwehr unerwünschter Beeinträchtigungen geht, muss eine Rechtsfigur zur Erfassung virtueller Güter nicht nur eine Grundlage für die Abwehr rivalisierender Nutzungen bieten können, sondern auch handelbar sein, will sie nicht hinter der wirtschaftlichen Realität zurückbleiben. Gerade die Unübertragbarkeit des Persönlichkeitsrechts lässt dieses als Grundlage für die rechtliche Erfassung frei gehandelter, virtueller Gegenstände denkbar ungeeignet erscheinen, zumal es hier nicht um reine Abwehrrechte, sondern auch um einen generellen Rechtsrahmen für virtuelles Eigentum an virtuellen Gegenständen geht, der ihrer Natur als Handelsobjekt Rechnung tragen soll.

---

[419] Vgl. nur KG MMR 2007, 386, 387; KG MMR 2002, 685; LG Berlin MMR 2002, 631, 632; *Faustmann* VuR 2006, 260, 262; *Hoeren* NJW 2004, 3513, 3514; *Koch* NJW 2004, 801, 803. Bei gewerblich genutzten Email-Postfächern außerhalb eines Wettbewerbsverhältnisses kommt auch das Recht am eingerichteten und ausgeübten Gewerbebetrieb in Betracht (*Hoeren* NJW 2004, 3513, 3514). Das Verhältnis zwischen beiden Anspruchsgrundlagen im gewerblichen Verkehr ließ der BGH zuletzt offen (BGH GRUR 2007, 620).

[420] Dass die Grenzen zwischen Eigentum und Persönlichkeit nicht nur dann verschwimmen, wenn sie als Rechtsfiguren für das gleiche Ziel eingesetzt werden, sondern auch in ihrer rechtspolitischen Legitimation gemeinsame Wurzeln haben, zeigt ausführlich *Radin* 34 Stan. L. Rev. 957 (1982).

[421] Vgl. BGH GRUR 1989, 225 – *Handzettel-Wurfsendung* für den Fall eines Aufklebers gegen unerwünschten Einwurf.

Zudem fällt an der Begründung auf, dass diese sich eng an einem durch die individuelle Gestaltung des Avatars als persönlich-geistige Schöpfung entstehenden Urheberrecht anlehnt. Die zentralen, der Konstruktion zugrunde liegenden Erwägungen sind nämlich weniger solche, auf denen das kommerzielle Persönlichkeitsrecht basiert, das tatsächlich vorhandene Persönlichkeitsmerkmale einer realen Person vor einer unerlaubten wirtschaftlichen Verwertung schützt[422]. Statt dessen sollen Avatare – und akzessorisch Gegenstände mit persönlicher Prägung – über das Persönlichkeitsrecht ihrer *Schöpfer* geschützt werden. So wird darauf verwiesen, dass der Avatar eine eng an die Persönlichkeit des Spielers angelehnte Schöpfung darstelle, in die als „Werk“ erlebte und empfundene Lebenssachverhalte, subjektive Weltanschauungen und individuelles Können des einzelnen Spielers mit einfließen[423], durch welche diese eine individuelle Prägung erhalten[424]. Damit ist die Parallele zur persönlich-geistigen Schöpfung i.S.d. § 2 UrhG augenscheinlich. Vor diesem Hintergrund ließe sich dem Ansatz auch entgegenhalten, dass so die zentralen urheberrechtlichen Schutzvoraussetzungen des § 2 UrhG auf der Basis des Persönlichkeitsrechtes als isoliertem *droit moral* unterlaufen werden können. Wie hier aber die Anforderungen an die notwendige Schöpfungshöhe gezogen werden, ist nicht ganz klar.

Abgesehen davon, dass so der oben bereits angesprochene Dualismus zwischen virtuellem Gegenstand als solchem und an ihm bestehenden Immaterialgüterrechten verwischt wird, offenbart sich eine Schwäche auch der quasi-urheberrechtlichen Begründung nochmals bei der Übertragung dieser Rechte. Hier verschärft eine *rein* persönlichkeitsrechtliche Begründung gegenüber dem Urheberrecht, dessen *droit moral* unter der monistischen Theorie immerhin nur eine seiner zwei Komponenten ist[425] und noch von den Verwertungsrechten getrennt werden kann, konstruktiv sogar noch die Probleme einer urheberrechtlichen Erfassung im Hinblick auf die Übertragbarkeit, Pfändbarkeit in der Zwangsvollstreckung oder der Massezugehörigkeit in der Insolvenz. Deswegen kann diesem Ansatz hier zwar im Ergebnis eines originären Rechtes gefolgt werden, nicht aber mit einer persönlichkeitsrechtlichen Begründung stark urheberrechtsähnlichen Einschlags.

---

[422] Vgl. BGH NJW 2000, 2195, 2197 – *Marlene Dietrich*; BGH NJW 2000, 2201 – *Der blaue Engel*; BGH GRUR 2008, 1124 – *Zerknitterte Zigarettenschachtel*.

[423] *Koch* JurPC Web-Dok. 57/2006 Rn. 40.

[424] *Koch* JurPC Web-Dok. 57/2006 Rn. 35.

[425] Vgl. *Rehbinder*[15] Rn. 31; *Schack*[4] Rn. 306 ff.; Schricker/*Schricker*[3] vor §§ 12 ff. Rn. 6.

F. Virtuelles Eigentum als Rechtsfortbildung?

Wenn Konstruktionen virtuellen Eigentums i.w.S. auf immaterialgüterrechtlicher, sachenrechtlicher und vertragsrechtlicher Grundlage für sich genommen jeweils an ihre Grenzen stoßen, erscheint es geboten, die Möglichkeit eines originären virtuellen Eigentums i.e.S. im Wege der Rechtsfortbildung auszuloten. Dass hierbei terminologisch von „Eigentum" die Rede ist, soll indes nicht nahe legen, dass hier ein körperlich-sachenrechtlicher Ansatz verfolgt werde. Dessen terminologische Annäherung an das Eigentum soll allein das eingängige Konzept der rechtlichen Herrschaft über einen konkreten Gegenstand auch im virtuellen Raum widerspiegeln[426]. In der Sache wird es sich um ein sonstiges absolutes Recht i.S.d. § 823 I BGB handeln.

I. Dogmatische Herleitung der Rechtsfigur

Anders als unter dem weiten Begriff Property, bei dem in der US-amerikanischen Diskussion allein schon die Eigenschaft virtueller Gegenstände als sachähnliches Wirtschaftsgut und die Vorteile eines Rückgriffes auf bekannte Konzepte als Argumente für Virtual Property vorgebracht werden (1.), muss sich beim virtuellen Eigentum aus deutscher Sicht eine Rechtsfortbildung an den Voraussetzungen einer Analogie oder einer Auslegung bestehender Rechtsnormen entlang bewegen (2.). Sie darf dabei weder in Konflikt mit allgemeinen Rechtsprinzipien, wie hier dem numerus clausus gegenständlicher Rechte, geraten (3.), noch zu erheblicher Rechtsunsicherheit führen (4.). In diesem Rahmen setzt die Anerkennung als Rechtsfigur zudem noch eine normative Legitimation in Gestalt sacheigentumsähnlicher Schutzwürdigkeit voraus (5.).

1. Das Eigentum und der kognitive Vorteil bekannter Rechtsfiguren

Wie bereits festgestellt, fallen virtuelle Gegenstände allein mangels Körperlichkeit aus dem privatrechtlichen Eigentumsbegriff des § 903 BGB heraus. Dessen Ausdehnung auf andere Güter als körperliche Gegenstände i.S.d. § 90 BGB blieb unter dem Einfluss der Pandektistik und namentlich *Savignys* der Erfolg stets versagt[427]. Mussten andere Vermögensgüter als

---

[426] So deckt sich beispielsweise das Konzept virtuellen Eigentums im Hinblick auf die erfassten Gegenstände partiell mit einem „Recht am eigenen Datenbestand" (dazu *Meier/Wehlau* NJW 1998, 1585, 1588; *Faustmann* VuR 2006, 260, 262).

[427] Vgl. zum engen am Sachbegriff des § 90 BGB ausgerichteten Sacheigentum des § 903 BGB MüKo BGB/*Säcker*[4] § 903 Rn. 1; Palandt/*Bassenge*[68] § 903 Rn. 2; Staudinger/*Seiler*[2002] vor §§ 903 ff. Rn. 3; *Kruse* Bd. 1 S. 177; zu historischen Aspekten *Engel* in: *von Danwitz/Depenheuer/Engel* S. 9, 31; *Ohly* JZ 2003, 545, 547; kritisch

körperliche Gegenstände folglich anderen Institutionen zugeordnet werden, so orientierte man sich für unkörperliche Herrschaftsgegenstände – unter maßgeblichem Einfluss *Kohlers*[428] – eher hin zum Begriff der Immaterialgüterrechte[429], die seither üblicherweise dem Sacheigentum gegenüber gestellt werden.

Das rechtliche Schicksal virtueller Gegenstände allein durch die fehlende Körperlichkeit zu präjudizieren, griffe indes zu kurz. Für unkörperliche, aber rivalisierend nutzbare Ressourcen wird diese Zweiteilung zum Problem, weil sie – wie gezeigt – keinem der beiden Regelungsregime eindeutig zugeordnet werden können. Da sie bis auf ihre fehlende Körperlichkeit die Charakteristika körperlicher Gegenstände teilen[430], ist es aus rechtsevolutionärer Sicht zumindest erwägenswert, ihre rechtliche Erfassung auch am Modell des Sacheigentums auszurichten.

Dass eine Wiederkehr solch „alter" – im Kontext elektronischer Ressourcen unter der Ägide der Immaterialgüterrechte längst obsolet geglaubter – Rechtsfiguren hier tatsächlich der Beschränktheit rechtlicher Instrumentarien geschuldet ist[431], zeigt sich selbst bei einer so breiten Auswahl alternativer Konstruktionsmöglichkeiten wie bei virtuellen Gegenständen. Sich hier – nicht zuletzt terminologisch – an das Eigentum als bekannter und bewährter Rechtsfigur als Herrschaftsrecht über einen Gegenstand anzulehnen, birgt den Vorteil, auf rechtstatsächliche Erfahrungen zurückzugreifen[432] und das soziale Verständnis sowie die Anerkennung von Eigentum in weitaus höherem Maße nutzbar zu machen, als es ein komplexes Konstrukt einer Vielzahl kumulierender Immaterialgüter und Nutzungsrechte könnte.

Der zentrale Grund dafür, dass Vorstellung, Sprache und letztlich auch Rechtsfiguren einer konzeptuellen Bindung an das Gegenständlich-Reale nicht entkommen können, liegt in der menschlichen Wahrnehmung und dem menschlichen Denken, die seit jeher in einer real–gegenständlichen Welt stattfinden. Kognitive Kategoriebildung, intuitives Verständnis sowie die daraus fließende soziale Überzeugungskraft sind eng mit dem Wesen des Menschen und seiner Selbst- und Fremdwahrnehmung als Akteur in

---

gegenüber einem solch engen Eigentumsverständnis *Dulckeit* S. 36, 63; *Kruse* Bd. 1 S. 106, 178, 181 ff.

[428] *Kohler* AcP 82 (1894), 141, 150 ff.; gegen diese Tendenz schon *Kruse* Bd. 1 S. 106.

[429] Zur – eher terminologischen, aber dennoch mit gewissem Nachdruck geführten – Diskussion um die Begriffe geistiges Eigentum und Immaterialgüterrecht vgl. nur *Ohly* JZ 2003, 545; *Götting* GRUR 2006, 353, 354; *Seifert* FS Piper S. 769 einerseits sowie *Hilty* MMR 2003, 3, 9 und *Rehbinder*[15] Rn. 97 andererseits.

[430] Vgl. Kap. 2 D.I.3.

[431] Vgl. Kap. 1 C.II.

[432] *Paulus* FS Mayer-Maly S. 563, 567.

einem gegenständlichen Raum verbunden. Wie oben dargestellt, kommt diesem Aspekt in der US-amerikanischen Diskussion große Bedeutung zu[433]. Und insbesondere dann, wenn Onlineressourcen sogar in ihrer Nutzung körperliche Gegenstände im Raum nachbilden[434], haben gegenständliche Vorstellungen und Metaphern den Vorteil, dass der menschliche Verstand auf ihm bekannte Konzepte zur Wahrnehmung und Erklärung zurückgreifen kann[435]. Da der menschliche Wahrnehmungsapparat räumlich-situativ funktioniert und darauf angelegt ist, den Raum und die in ihm befindlichen Objekte als dreidimensionale Umgebung in einem eher „egozentrischen" als „geozentrischen" Wahrnehmungsprozess zu erfassen, sind naturgemäß auch Vorstellung und Sprache räumlich geprägt[436]. Als Mittel, abstrakte Konzepte zu strukturieren und verständlich zu machen[437], dienen gegenständliche Metaphern[438] – seien sie dabei auf eine Vorstellung von Raum oder von Gegenständlichkeit gerichtet – schlichtweg der Senkung kognitiver Transaktionskosten[439] und erlangen damit eine höhere faktische Wirkungskraft[440].

Vor diesem Hintergrund mag es von Vorteil sein, auf bekannte und intuitiv eingängige Konzepte abzustellen – und bekannte Rechtsfiguren der körperlich-realen Welt in einen diesen nachbildenden virtuellen Raum zu überführen. Das gilt vor allem dort, wo die Vorstellung von Räumlichkeit nicht nur eine Metapher darstellt, sondern die Räumlichkeit auch als solche wahrgenommen wird und der Verkehr virtuelle Gegenstände in diesem Raum als abgrenzbare und handelbare Wirtschaftsgüter begreift und behandelt. Im deutschen Recht erschöpft sich der Einfluss solcher Überlegungen freilich in einer terminologischen Ebene. Die Verwendung bekannter Bezeichnungen wie Hausrecht oder Eigentum im virtuellen Raum präjudiziert keineswegs deren dogmatische Konstruktion. Auch

---

433 Vgl. *Cohen* 107 Col. L. Rev. 210, 234 (2007); *Lipton* 35 Loy. U. Chi. L. J. 235, 237 (2003); *Fairfield* 85 B.U. L. Rev. 1047, 1053 Fn. 22 (2005); *Hunter* 91 Cal. L. Rev. 439, 458 ff. (2003); speziell mit Bezug zu virtuellen Gütern *Dougherty* 9(7) E.C.L. & P. 6, 8 (2007) sowie oben Kap. 2 D.I.3.b.

434 *Fairfield* 85 B.U. L. Rev. 1047, 1052 f. (2005).

435 *Cohen* 107 Col. L. Rev. 210, 226 ff. (2007); *Hunter* 91 Cal. L. Rev. 439, 465 ff., 516 (2003); *Lipton* 35 Loy. U. Chi. L. J. 235, 240 f. (2003); *Madison* 44 B.C. L. Rev. 433, 439 (2003); *Madison* 56 Case Western Res. L. Rev. 381, 463 (2005).

436 *Cohen* 107 Col. L. Rev. 210, 227 f. (2007).

437 *Cohen* a.a.O.

438 Die sprachliche Dimension zeigen gängige Begriffe wie Cyberspace, Homepage, Chatroom, und neuerdings in der juristischen Terminologie eben auch das virtuelle Hausrecht.

439 *Madison* 56 Case Western Res. L. Rev. 381, 418 (2005); im Zusammenhang mit Intellectual Property auch *Long* 90 Va. L. Rev. 465, 540 (2004): „[T]hingness is a mental model [...] that reduces the cost of processing information".

440 Vgl. *Madison* 44 B.C. L. Rev. 433, 441 (2003).

wenn einer kognitiven Eingängigkeit mittelbare Bedeutung zukommen kann – etwa wenn sie sich in der für den Sachbegriff zentralen Verkehrswahrnehmung äußert[441] –, erschiene es dennoch methodisch höchst eigenwillig, diesem Aspekt bei der Rechtsfortbildung einen Stellenwert einzuräumen, wie er in der US-amerikanischen Diskussion um Cyberproperty zum Ausdruck kommt. Reine Metaphorikerwägungen können freilich eine solche Rechtsfortbildung nicht tragen.

2. Analogie zum Eigentum oder sonstiges Recht i.S.d. § 823 I BGB?

Soll sich virtuelles Eigentum i.e.S. am Sacheigentum i.S.d. § 903 BGB anlehnen, so kommt für virtuelle Gegenstände entweder eine Analogie zu § 903 BGB in Betracht[442] oder die Anerkennung als absolutes sonstiges Recht i.S.d. § 823 BGB[443]. Beide Konstruktionen ähneln sich. Die erste setzt eine mit dem Sacheigentum vergleichbare Interessenlage sowie eine planwidrige Regelungslücke voraus[444]; letztere ein dem Modellcharakter des Sacheigentums ähnliches Recht[445]. Beide würden – vorbehaltlich einer vertraglichen Überformung des entstehenden Rechts insbesondere durch einen Nutzungsvertrag[446] – die positive Zuweisung der Nutzung beinhalten, einen Ausschluss Dritter ermöglichen[447] und eine übertragbare Rechtsposition schaffen. Vorzugswürdig erscheint der erste Weg. Schon

---

[441] Vgl. für den Vorrang der Verkehrsauffassung gegenüber einer exakten naturwissenschaftlichen Betrachtung im Zusammenhang mit der Annahme von Sachen auch *Bydlinski* AcP 198 (1998), 287, 302; Erman/*Michalski*[12] § 90 Rn. 4; Palandt/*Heinrichs*[68] § 90 Rn. 1.

[442] So etwa *Maume* MMR 2007, 620, 623 für das virtuelle Hausrecht.

[443] Diesen Weg gehen *Lober/Weber* CR 2006, 837, 842 f. sowie für Daten allgemein *Beurskens* in: *Domej/Dörr/Hoffmann-Nowotny/Vasella/Zelger* S. 443, 454 und *Meier/Wehlau* NJW 1998, 1585, 1588; ihnen folgend *Faustmann* VuR 2006, 260, 262. Ein solches originäres, eigentumsähnliches Recht ohne Rückgriff auf den Datenträger wurde (entgegen *Spindler* ZUM 1996, 533, 547) von der Rechtsprechung noch nicht anerkannt. Zu trennen sind diese Ansätze freilich von denjenigen, die etwa im Rahmen des virtuellen Hausrechts direkt auf das Sacheigentum abstellen, wie etwa *Feldmann/Heidrich* CR 2006, 406, 408; *Klickermann* MMR 2007, 766, 767; *Kunz* S. 123 ff.; *Redeker* CR 2007, 264, 266 (mit terminologischer Kritik, dass es gar nicht um ein „virtuelles Hausrecht", sondern um gewöhnliche Eigentums- und Besitzbeeinträchtigungen gehe).

[444] Vgl. zu den Voraussetzungen für eine Rechtsfortbildung im Wege der Analogie eingehend *Larenz* Methodenlehre[2] S.258 ff.

[445] RGZ 57, 353, 356; Erman/*Schiemann*[12] § 823 Rn. 35; Palandt/*Sprau*[68] § 823 Rn. 11.

[446] Dazu unten Kap. 4 F.II.1.

[447] Schutz gegen Schädigung und Entzug wäre über § 823 I BGB gewährleistet. Eine „virtuelle Vindikation" für den Fall, dass Rechtsinhaberschaft und faktische Kontrolle ungewollt auseinanderfallen, lässt sich ohne weiteres aus einer Naturalrestitution i.S.d. §§ 823 I, 249 I BGB ableiten und zudem – im Falle fehlenden Verschuldens – als Beseitigung eines anhaltenden Störungszustandes gem. §§ 823 I, 1004 BGB sehen.

die Möglichkeit, ein sonstiges Recht i.S.d. § 823 I BGB anzuerkennen, lässt am Vorhandensein einer Regelungslücke zweifeln.

3. Numerus clausus gegenständlicher Rechte

Fraglich ist hierbei zunächst, ob einer Anerkennung originären virtuellen Eigentums nicht schon der numerus clausus gegenständlicher Rechte entgegensteht. Ein solches Argument wurde schon im Zusammenhang mit der Domain gegen die Anerkennung eines absoluten Rechtes vorgebracht[448]. Im Hinblick auf virtuelle Gegenstände wird der numerus clausus, soweit problematisiert, meist nicht als Problem angesehen[449], weil er für Immaterialgüterrechte ohnehin nicht gelte[450]. Auch wenn dieser Aussage im Ergebnis zuzustimmen ist, trägt ihre Begründung in dieser Form aus zwei Gründen nicht: Zunächst ist der numerus clausus im Bereich der Immaterialgüterrechte nicht unumstritten, und seine Geltung wird von der wohl h.M. durchaus und zu Recht bejaht[451]. Zum anderen sind virtuelle Gegenstände als solche – wie gezeigt – gerade nicht dem Regime der Immaterialgüterrechte zuzuordnen[452]. Deswegen soll hier zunächst ein Blick auf die Reichweite des numerus clausus geworfen (a.) und die ihm

---

[448] Vgl. *Kleespies* GRUR 2002, 764, 766. Soweit der BGH GRUR 2005, 969 – *Domain-Pfändung* letztlich ihren absoluten Charakter verneint, beruft er sich allerdings nicht auf den numerus clausus.

[449] *Koch* JurPC Web-Dok. 57/2006 Rn. 27; *Völzmann-Stickelbrock* FS Eisenhardt S. 327, 339. A.A. *Psczolla* JurPC Web-Dok. 17/2009 Rn. 28.

[450] So *Koch* JurPC Web-Dok. 57/2006 Rn. 27 für ihren persönlichkeitsrechtlichen Ansatz, insoweit den Ausführungen von *Koos* MMR 2004, 359, 362 für die Domain folgend; *Forkel* NJW 1993, 3181, 3183; *Fezer* MarkenR[4] Einl. G Rn. 15 f.; *Völzmann-Stickelbrock* FS Eisenhardt S. 327, 339.

[451] Vgl. nur *Larenz/Wolf* BGB AT[9] § 15 Rn. 12; *Psczolla* JurPC Web-Dok. 17/2009 Rn. 29; *Schrader* WRP 2005, 562, 563; *Troller*[3] Bd. 1 S. 59. Diese Frage kommt auch im Spannungsverhältnis zwischen den Immaterialgüterrechten und dem Wettbewerbsrecht zum Ausdruck. Jenseits des numerus clausus der Immaterialgüterrechte herrscht nach zutreffender h.M. grundsätzlich Nachahmungsfreiheit, beispielsweise nach Ablauf der Schutzfristen, bei Nichterfüllung der Schutzvoraussetzungen oder weil ein durch Hoheitsakt gewährter Schutz schlichtweg versäumt wurde. Weil insoweit Nachahmen grundsätzlich erlaubt und erwünscht ist, stellt der ergänzende wettbewerbsrechtliche Leistungsschutz des §§ 3, 4 Nr. 9 UWG eine Ausnahme dar und knüpft an die Unlauterkeit einer Nachahmungshandlung, nicht aber an ein Leistungsergebnis an, vgl. nur RegE UWG BT-Drucks. 15/1487 S. 18; st. Rspr. BGH GRUR 2007, 795, 799 – *Handtaschen*; BGH GRUR 1999, 1106, 1108 – *Rollstuhlnachbau*; BGH GRUR 1996, 210, 211 – *Vakuumpumpen*; OLG Frankfurt GRUR 1982, 175, 176 – *Rubiks Cube*; OLG Frankfurt GRUR 1987, 44, 45 – *WM-Slogan*; OLG Dresden WRP 1998, 415, 418 – *Metall-Fördergurte*; OLG Köln GRUR-RR 2003, 183 – *Designerbrille*; *Emmerich*[7] S. 182; Harte-Bavendamm/Henning-Bodewig/*Sambuc* § 4/9 Rn. 6, 9; *Nordemann*[10] Rn. 1607; krit. zum Ansatz der Nachahmungsfreiheit Köhler/Bornkamm/*Köhler*[26] § 4 Rn. 9.4.

[452] Vgl. Kap. 4 B.

zugrunde liegenden Erwägungen herausgearbeitet werden (b.), bevor seine Anwendung auf virtuelle Gegenstände diskutiert wird (c.).

a. Reichweite des numerus clausus

Im Sachenrecht, wo er seinen Ursprung hat, begrenzt der numerus clausus die Anzahl dinglicher Rechte an körperlichen Gegenständen. Die Parteien können zwar ihre Rechtsbeziehungen in Bezug auf eine Sache in den Grenzen der Vertragsfreiheit nach Belieben schuldrechtlich ausgestalten und dabei ihre Rechtspositionen sowie daraus fließende Rechte und Pflichten inter partes je nach Bedarf zuschneiden. Sofern sie jedoch privatautonom Rechte über die gesetzlich vorgesehenen hinaus begründen wollen, entfalten diese aus Gründen der Rechtsklarheit und des Verkehrsschutzes keine dingliche Wirkung erga omnes über den Kreis der Vertragsparteien hinaus[453]. Eine ähnliche Beschränkung absoluter Rechtspositionen findet sich – wenngleich nicht unter der expliziten Bezeichnung numerus clausus – auch im Common Law, wo Gerichte mit ähnlichen Erwägungen Zurückhaltung bei der Anerkennung neuer Rechtspositionen als Property walten lassen[454].

Während sich der numerus clausus im Sachenrecht auf die Frage beschränkt, welche Rechte an einer Sache bestehen, hat er im Immaterialgüterrecht eine doppelte Bedeutung: Anders als im Sachenrecht, wo der Herrschaftsgegenstand bereits natürlich existiert, muss er im Immaterialgüterrecht zunächst noch ausdefiniert werden. Danach erst stellt sich die Frage nach dem Kreis der hieran anknüpfenden Rechte im Sinne typisierter erlaubter bzw. verbotener Nutzungshandlungen. Somit kann sich der numerus clausus im Immaterialgüterrecht sowohl auf die zu definierenden Schutzobjekte (wie z.B. ein urheberrechtliches Werk oder eine Marke) als auch auf die aus ihnen fließenden Befugnisse beziehen[455]. Dadurch verschiebt sich der Schwerpunkt der Betrachtungen: Während im Sachenrecht das Herrschaftsobjekt klar vorhanden ist und die an ihm begründbaren Rechte limitiert sind, erlangt der numerus clausus der Immaterialgüter zuvorderst im Hinblick auf das Herrschaftsobjekt – und damit der Zahl der Schutzrechte als solcher – Bedeutung. Der Zuschnitt der dann aus

---

[453] *Canaris* FS Flume S. 371, 376; MüKo BGB/*Rinne*[4] Einl. SachR Rn. 11; Staudinger/*Seiler*[2007] Einl. SachR Rn. 38.

[454] *Merrill/Smith* 110 Yale L. J. 1, 9 ff. (2000). Diese Tendenz lässt sich bis in das Englische Recht des 17. Jahrhunderts zurückführen, wo das Court of Chancery im Jahre 1834 ausführte: „[G]reat detriment would arise and much confusion of rights if parties were allowed to invent new modes of holding and enjoying real property. [...] [I]t would hardly be possible to know what rights the acquisition of any parcel conferred." (*Keppell v. Bailey* 39 Eng. Rep. 1042, 1049).

[455] Vgl. *Ohly* FS Schricker S. 105, 107.

ihm fließenden Rechte wird demgegenüber eher flexibel gehandhabt. Vertraglich können Nutzungsrechte an Immaterialgütern inhaltlich, räumlich und zeitlich flexibel auf den Umfang zugeschnitten werden, den die konkrete Verwertung erfordert[456]. Insofern sind die Interessen des Verkehrs an einem typisierten Zuschnitt geringer[457], aber – wie sogleich gezeigt – immer noch vorhanden.

b. Zweck des numerus clausus

Der dem numerus clausus zugrunde liegende Zweck von Verkehrsschutz, Rechtssicherheit und Klarheit[458] lässt sich ohne weiteres in ökonomische Terminologie übersetzen. Dort dient er zunächst der Vermeidung negativer Externalitäten[459]. Nicht am individuellen Rechtezuschnitt der ursprünglichen Transaktionsparteien beteiligte Dritte müssen den Umfang vereinbarter Rechte erkennen können, um etwaige Rechtsverletzungen zu vermeiden und – sofern sie später solche Rechte erwerben – den Gegenstand solcher Transaktionen richtig zu erfassen. Ohne eine gewisse zwingende Standardisierung würde dieser Aufwand für den Rechtsverkehr zu erheblichen Informationskosten führen. Da die ursprünglichen Transaktionsparteien all diese Folgen kaum in Betracht ziehen werden, fallen letztlich dem Verkehr aufgebürdete externalisierte soziale Kosten an[460]. Daneben wird die Gefahr gesehen, dass ein beliebiger Zuschnitt und eine denkbare Überfragmentierung absoluter Rechtspositionen deren Über-

---

[456] Insoweit existiert kein numerus clausus beim Zuschnitt der Nutzungsrechte, vgl. *Forkel* GRUR 1988, 491, 494; Fromm/Nordemann/*J. Nordemann*[10] § 31 Rn. 28; *Ohly* FS Schricker S. 105, 107; Schricker/*Schricker*[3] vor §§ 28 ff. Rn. 52. Zur Einschränkung durch das Konzept der eigenständig verkehrsfähigen Nutzungsart sogleich.

[457] *Forkel* NJW 1993, 3181, 3182.

[458] Staudinger/*Seiler*[2007] Einl. SachR Rn. 38; *Ohly* FS Schricker S. 105, 117.

[459] Zur ökonomischen Ineffizienz solcher Externalitäten, die das Kosten-Nutzen-Verhältnis einer wirtschaftlichen Aktivität nicht richtig abbilden, vgl. nur *Richter/Furubotn*[3] S. 109 ff.; *Schäfer/Ott*[4] S. 394. Die Erkenntnis, dass solche Externalitäten theoretisch bei Transaktionskosten von Null durch eine Verhandlung aller davon Betroffenen internalisierbar wären (sog. Coase Theorem, vgl. *Coase* in: *Katz* S. 69 ff.), hilft dann nicht weiter, wenn die Zahl der Verhandlungspartner zu prohibitiven Verhandlungskosten führt und so eine Internalisierung verhindert oder – wie typischerweise bei deliktischen Verletzungen – die Person der Betroffenen ex ante gar nicht bestimmbar ist. Wenn das Recht hier eine Verhandlungslösung nicht ermöglichen oder erleichtern kann, sollte es die Externalitäten im Wege einer hypothetischen Verhandlungslösung von vornherein verhindern (*Schäfer/Ott*[4] S. 113; *Eidenmüller*[2] S. 65 ff.).

[460] Vgl. *Merrill/Smith* 110 Yale L. J. 1, 26 ff. (2000), die hier den Vermeidungsaufwand von Rechtsverletzungen und die allgemeine Unsicherheitswirkung für problematischer halten als die Kosten potentieller Rechtsnachfolger der ursprünglichen Parteien, weil sich deren erhöhter Aufwand zur Feststellung des Rechtezuschnittes u.U. im Preis niederschlägt.

tragung und wirtschaftlich sinnvolle Nutzung behindern können. Wenn zu viele dingliche Beschränkungen anerkannt sind und die betroffenen Parteien diese nicht mehr mit vertretbarem Aufwand vorhersehen und aushandeln können, kann das schnell zu prohibitiven Verhandlungs- und Transaktionskosten und zu der oben schon erwähnten Tragedy of Anticommons führen[461]. All diese Folgen durch den standardisierten und vorhersehbaren Zuschnitt von Rechten zu verhindern, ist Aufgabe des numerus clausus[462].

Diese Überlegungen haben ihre Heimat insbesondere im Sachenrecht, wo der Verkehr eine gewisse Standardisierung von Nutzungsrechten erwartet – und die Möglichkeiten zur Nutzung einer Sache auch beschränkter sind als bei Immaterialgütern[463]. Dass damit jedoch im Immaterialgüterrecht ein geringeres Gewicht der Bedürfnisse des Verkehrs einhergehen soll, einheitliche und verlässliche Typen vorzufinden, weil sich immaterielle Güter anders als körperliche Sachen in vielfältigerer Weise einsetzen lassen[464], erscheint jedenfalls auf der ersten Ebene der Herrschaftsgegenstände zweifelhaft. Eher im Gegenteil wird der Verkehr ein erhebliches Interesse daran haben, in seiner freien wirtschaftlichen Entfaltung nur in einer überschaubaren Zahl von Fällen gehindert zu werden – dann nämlich, wenn ex ante klar ausdefinierte Immaterialgüterrechte aus Innovationsanreizgesichtspunkten eine Abweichung von der Norm des freien Wettbewerbs rechtfertigen[465] und die daraus fließenden Handlungsbeschränkungen auch klar erkennbar sind. Und auch auf der zweiten Ebene aus ihnen fließender Rechte drückt sich der Gedanke des numerus clausus aus, wenngleich nicht explizit unter dieser Bezeichnung. So setzt etwa die Rechtsprechung im Urheberrecht mit dem Konzept der selbstständigen Nutzungsart dem dinglichen Zuschnitt von Nutzungsrechten im Interesse der Verkehrsfähigkeit Grenzen und sorgt so für eine

---

[461] *Heller* 108 Yale L. J. 1163, 1163 ff. (1999); *Fairfield* 85 B.U. L. Rev. 1047, 1051 (2005); zweifelnd *Merrill/Smith* 110 Yale L. J. 1, 51 ff. (2000), weil der numerus clausus die Anzahl der Formen möglicher Rechtspositionen beschränke, nicht aber die Zahl möglicher Rechteinhaber – wie sich deutlich beim Miteigentum zeige. Hiernach ist das Anticommons-Problem jedenfalls nicht der alleinige Existenzgrund des numerus clausus.

[462] *Merrill/Smith* 111 Yale L. J. 357, 386 f. (2001).

[463] *Forkel* NJW 1993, 3181, 3183.

[464] *Forkel* NJW 1993, 3181, 3183. Gegen eine strikte Typenfixierung von Nutzungsrechten ließe sich hier auch anführen, dass die vielfältigen Nutzungsmöglichkeiten gerade kein begründetes Erwartungsbild des Verkehrs schaffen *können*. Denn gerade der Inhalt von Nutzungsrechten an immateriellen Gütern ist zumeist für Dritte kaum erkennbar. Damit würde – anders als bei körperlichen Gegenständen – dem Verkehr der Aufwand zur Bestimmung des Rechtes ohnehin auferlegt, und eine Typenfixierung böte nur wenig Erleichterung.

[465] Vgl. dazu Kap. 4 B.II.2.a.

gewisse Typisierung der Drittwirkung[466]. Vor diesem Hintergrund mag dem numerus clausus zwar tendenziell eine geringere Bedeutung als im Sachenrecht zukommen. Dass er aber auf Immaterialgüter keine Anwendung finde[467], greift insoweit zu kurz[468].

c. Anwendung auf virtuelle Gegenstände

Da der numerus clausus nach hier vertretener Ansicht grundsätzlich auch für Immaterialgüter gilt, kann die Anerkennung eines absoluten Rechtes an virtuellen Gegenständen jedenfalls nicht allein mit seiner Nichtgeltung begründet werden. Entscheidend ist hier vielmehr, dass virtuelle Gegenstände – wie dargestellt[469] – ihrer Natur und rivalisierender Nutzung nach Sachen näher stehen als den klassischen Immaterialgütern.

Hierbei bildet der numerus clausus absoluter Rechte für ihre Anerkennung im Ergebnis kein Hindernis, denn er soll nur die Beteiligten im Einzelfall daran hindern, Unsicherheiten und Belastungen für den Rechtsverkehr durch einen übermäßigen „Zuschnitt" handelbarer Rechtspositionen zu erzeugen oder neuartige Herrschaftsrechte allein durch Parteivereinbarung zu schaffen. Einer generellen Rechtsfortbildung steht er jedoch nicht entgegen[470]. Das zeigt sich an den zahlreichen Durchbrechungen im Sachenrecht, wo durch richterliche Rechtsfortbildung mittlerweile Anwartschaftsrecht, Sicherungseigentum und Sicherungsgrundschuld gewohn-

---

[466] Eine dingliche Beschränkung urheberrechtlicher Nutzungsrechte erga omnes ist aus Gründen der Verkehrsfähigkeit und Rechtsklarheit nur an konkreten und hinreichend bestimmten eigenständigen Nutzungsarten möglich. Eine solche erfordert eine nach der Verkehrsauffassung hinreichend klar abgrenzbare, konkrete technisch und wirtschaftlich eigenständige Verwendungsform des Werkes (st. Rspr. BGH GRUR 1997, 215, 217 – *Klimbim*; BGH GRUR 1995, 212, 213 – *Videozweitauswertung III*; BGH GRUR 1986, 62, 64 – *GEMA-Vermutung I*). Dies soll unübersichtliche und unklare Rechtsverhältnisse verhindern, welche die Feststellung der Rechteinhaberschaft und den Umfang der Berechtigung nicht oder nur unter erheblichen Schwierigkeiten zulassen (BGH GRUR 1992, 310, 311 – *Taschenbuch-Lizenz*; BGH GRUR 1990, 669, 671 – *Bibelreproduktion*; Dreier/*Schulze*[3] § 31 Rn. 28 ff.; Fromm/Nordemann/*J. Nordemann*[10] § 31 Rn. 11; Schricker/*Schricker*[3] vor §§ 28 ff. Rn. 52 ff.).

[467] *Forkel* NJW 1993, 3181, 3183; *Koos* MMR 2004, 359, 362; *Koch* JurPC Web-Dok. 57/2006 Rn. 27; *Ohly* FS Schricker S. 105.

[468] Auf die ähnliche Funktion von numerus clausus und dem Konzept der eigenständigen Nutzungsart weist auch Schricker/*Schricker*[3] vor §§ 28 ff. Rn. 52 hin.

[469] Vgl. Kap. 4 B.III.

[470] *Canaris* FS Flume S. 371, 376; *Forkel* NJW 1993, 3181, 3183; *Koos* MMR 2004, 359, 362; MüKo BGB/*Rinne*[4] Einl. SachR Rn. 11; *Ohly* FS Schricker S. 105, 106; Staudinger/*Seiler*[2007] Einl. SachR Rn. 42 ff. Zu eng, weil die Möglichkeit der generellen Rechtsfortbildung unterbetonend *Kleespies* GRUR 2002, 764, 766 für die Domain. Soweit der BGH GRUR 2005, 969 – *Domain-Pfändung* letztlich ihren absoluten Charakter verneint, geschieht das jedenfalls nicht aufgrund des numerus clausus.

heitsrechtlich anerkannt sind[471]. Diese absoluten Rechtspositionen müssen nur zur Ausbildung fest umrissener, einzelner Tatbestände und dürfen nicht zu einer generalklauselartigen Durchbrechung führen[472].

Und selbst im Immaterialgüterrecht ließen sich – nicht zuletzt aus verfassungsrechtlichen Vorgaben der Artt. 1 I, 2 I GG – einzelne neu geformte Schutzgüter wie etwa das kommerzielle Persönlichkeitsrecht[473] auch als Durchbrechung des numerus clausus verstehen[474].

Eine solche Anerkennung steht auch mit dem vom numerus clausus verfolgten Ziel, Informations- und Transaktionskosten für die handelnden Vertragsparteien sowie externe Kosten für den Rechtsverkehr bei der Bestimmung des Rechtezuschnittes zu senken, im Einklang. Das Hauptaugenmerk virtuellen Eigentums liegt nämlich hier auf der ersten Ebene einer Anerkennung des tatsächlichen elektronischen Herrschaftsobjektes; und gerade dieses besteht wie bei körperlichen Sachen in einem wahrnehmbaren und abgegrenzten Gegenstand, dessen tatsächliche Erfassung in seinem Kontext kaum erhöhte Feststellungskosten verursachen würde.

4. Rechtssicherheit

Der Aspekt der Rechtssicherheit ist bei einer solchen Rechtsfortbildung durchaus ambivalent. Einerseits kann gerade einer neuartigen Rechtsfigur anfangs eine erhebliche Rechtsunsicherheit anhaften, welche Anlass zur Zurückhaltung geben mag[475]. Auf der anderen Seite erscheint es wegen der selbst Rechtsunsicherheit erzeugenden Probleme alternativer Konstruktionen – wie der Konvergenzprobleme beim Sacheigentum und der Drittwirkungsprobleme eines Vertrages – auch vorteilhaft, ein klares Anknüp-

---

[471] Vgl. statt vieler Staudinger/*Seiler*[2007] Einl. SachR Rn. 44-46.

[472] *Canaris* FS Flume S. 371, 377.

[473] Vgl. BGH NJW 2000, 2195, 2197 – *Marlene Dietrich*; BGH NJW 2000, 2201 – *Der blaue Engel*; BGH GRUR 2008, 1124 – *Zerknitterte Zigarettenschachtel.* In dem Maße, wie es gegen eine nicht schädigende (m.a.W. nichtrivalisierende) kommerzielle Nutzung durch Dritte gerichtet ist, deren Vorteile abgeschöpft werden können, teilt es den oben (Kap. 4 B.II.2.) beschriebenen Charakter der Immaterialgüter und kann den klassischen Immaterialgüterrechten gleichgestellt werden. Anderes gilt nach obiger Einteilung für das ideelle Persönlichkeitsrecht, welches beispielsweise bei Ehrverletzungen rivalisierende und das Rechtsgut Persönlichkeit auch über seine wirtschaftliche Verwertbarkeit hinaus beeinträchtigende Nutzungen abwehrt.

[474] Hieraus leitet *Ohly* FS Schricker S. 105 gerade dessen Nichtgeltung ab.

[475] Vgl. etwa die Ablehnung gegenüber dem von *Meier/Wehlau* NJW 1998, 1585, 1588 vorgeschlagenen „Recht am eigenen Datenbestand“ bei MüKo BGB/*Wagner*[4] § 823 Rn. 96, weil sich ein solches Recht inhaltlich kaum fixieren und in seinem Schutzbereich definieren lasse; dagegen zu Recht *Faustmann* VuR 2006, 260, 263.

fungsobjekt und originäre aus diesem fließende Rechte zu haben[476]. Die genauere Ausgestaltung des Rechtes und seine Reichweite im Einzelfall können dabei der Rechtsprechung anvertraut werden – nicht anders als bei anderen anerkannten „sonstigen Rechten" i.S.d. § 823 I BGB.

In welchem Maße die Vorteile einer solchen Rechtsfigur anfängliche Unschärfen ihrer Reichweite aufwiegen, ist an dieser Stelle schwer zu quantifizieren. Schon wegen der derzeit im Fluss befindlichen Entwicklung virtueller Welten sowie den zunehmenden Arten virtueller Verfügungsgegenstände erscheinen solche Erwägungen hier recht spekulativ. Festgehalten werden kann an dieser Stelle jedenfalls, dass es schlicht um eine tatsächliche Abwägung des Nutzens einer originären Rechtsfigur gegenüber den oben dargestellten Nachteilen alternativer Konstruktionen geht. Die Rechtssicherheit als Argument streitet dabei für keine der beiden Seiten eindeutig.

5. Eigentumsähnliches „sonstiges Recht" i.S.d. § 823 I BGB

Rechtsgüter unter die „sonstigen Rechte" des § 823 I BGB zu subsumieren, erfordert stets eine besondere Begründung, um nicht die gesetzgeberische Entscheidung für einen beschränkten Katalog geschützter Rechtsgüter und gegen eine offene deliktische Generalklausel zu unterlaufen[477]. Und wie vor diesem Hintergrund ein sonstiges Recht i.S.d. § 823 I BGB eigentumsähnlicher Natur sein muss[478], ist auch virtuelles Eigentum am Modellcharakter des Sacheigentums zu messen. Konkret erfordert eine solche Rechtsfortbildung positive Nutzen- und negative Ausschlussfunktion[479] (c.) sowie sozialtypische Offenkundigkeit[480] (b.aa.). Demgegenüber hängt der Modellcharakter des Sacheigentums nicht an einem spezifischen körperlichen Gegenstand[481]. Auch die faktische Möglichkeit zur Durchsetzung von Ausschlussbefugnissen (b.bb.) und eine etwaige Überformung durch relative Vertragsverhältnisse (b.cc.) sind für sich keine entschei-

[476] *Blazer* 5 Pierce L. Rev. 137, 138 (2006); *Fairfield* 85 B.U. L. Rev. 1047, 1094 (2005).

[477] Erman/*Schiemann*[12] § 823 Rn. 6.

[478] RGZ 57, 353, 356; Erman/*Schiemann*[12] § 823 Rn. 35; Palandt/*Sprau*[68] § 823 Rn. 11.

[479] *Canaris* FS Steffen S. 85, 90; Erman/*Schiemann*[12] § 823 Rn. 35; Palandt/*Sprau*[68] § 823 Rn. 11; Soergel/*Spickhoff*[13] § 823 Rn. 86; Staudinger/*Hager*[1999] § 823 Rn. B 124; insbesondere für ein Recht am Datenbestand *Faustmann* VuR 2006, 260, 263.

[480] Vgl. *Fabricius* AcP 160 (1961), 292, 289 ff.; Erman/*Schiemann*[12] § 823 Rn. 35; MüKo BGB/*Mertens*[3] § 823 Rn. 123; zur Auseinandersetzung um dieses Kriterium vgl. oben Kap. 4 D.II.2.bb.

[481] Wie die Anerkennung des allgemeinen Persönlichkeitsrechtes zeigt.

denden Kriterien. Zunächst muss jedoch überhaupt erst eine Notwendigkeit zur Ausdehnung des Rechtekataloges in § 823 I BGB bestehen[482] (a.).

Bei einer Konstruktion über eine Analogie zum Sacheigentum würden diese Fragen in den Analogievoraussetzungen einer planwidrigen Regelungslücke sowie einer vergleichbaren Interessenlage aufgehen. Die planwidrige Regelungslücke läge in der Enge des an den traditionellen Sachbegriff anknüpfenden Sacheigentums, dessen Grenzen bei der Erfassung unkörperlicher Wirtschaftsgüter mit sachähnlichen Eigenschaften (Abgrenzbarkeit, Wahrnehmbarkeit, Persistenz, Nutzungsrivalität; es fehlt allein die Körperlichkeit) der damalige Gesetzgeber insbesondere im elektronischen Kontext nicht voraussehen konnte[483] und die auch durch andere Rechtsfiguren nicht gefüllt werden können (a.). Die vergleichbare Interessenlage würde bei den genannten Eigenschaften durch die sachähnliche rivalisierende Nutzung und das Bedürfnis nach Zuweisungs- und Ausschlussfunktion erzeugt[484]. Insofern kommen auch hier die Erwägungen zu b. und c. zum Tragen.

a. Konstruktive Notwendigkeit und Schutzlücken anderer Rechtsfiguren

Die Grenzen alternativer Konstruktionen für virtuelle Gegenstände, insbesondere die unvollständige Erfassung über das Urheberrecht, die Konvergenzprobleme beim Sacheigentum sowie die Drittwirkungsprobleme bei Forderungen zwischen Nutzern und zu Dritten, wurden oben unter Kap. 3 A.–E. bereits dargestellt. Zwar hat sich der BGH für die Domain, die in den USA auch unter dem Stichwort Virtual Property diskutiert wird[485], gegen die Schaffung neuer absoluter Rechte ausgesprochen[486]. Bei der Domain genügt indes eine rein schuldrechtliche Konstruktion in Verbindung mit den technischen Gegebenheiten der Registrierung, weil es vornehmlich um die Domain als Handelsgegenstand geht. Tatsächliche Einwirkungen auf die Domain als sachähnlichem Gegenstand oder virtuelle Interaktionen zwischen Domains, die mit den hier betrachteten Konstellationen virtueller Gegenstände vergleichbar wären, sind schlechterdings nicht denkbar.

---

[482] Erman/*Schiemann*[13] § 823 Rn. 36; Staudinger/*Hager*[1999] § 823 Rn. B 162 (dort bei der Diskussion um den deliktischen Schutz der Forderung).

[483] So für Internetforen und Homepages *Maume* MMR 2007, 620, 623.

[484] Diese Grundsätze auf Homepages und Internetforen anwendend *Maume* MMR 2007, 620, 623 f., der aber für die Vergleichbarkeit auch auf die tatsächlichen Einwirkungsmöglichkeiten abstellt, dazu sogleich Kap. 4 F.I.5.b.bb.

[485] *Fairfield* 85 B.U. L. Rev. 1047, 1052 (2005).

[486] BGH GRUR 2005, 969 – *Domain-Pfändung*.

b. Vergleichbarkeit der Herrschaftsgegenstände mit dem Sacheigentum

aa. Sozialtypische Offenkundigkeit

Im Hinblick auf die Vergleichbarkeit der Bezugsobjekte virtuellen und realen Eigentums kommt es maßgeblich auf ihre Abgrenzbarkeit, Wahrnehmbarkeit und Beherrschbarkeit an, die allesamt ihre Verkehrsfähigkeit ermöglichen[487]. Zudem muss eine gewisse Dauerhaftigkeit und – hier als Abgrenzung zu den Immaterialgüterrechten – die Möglichkeit nichtrivalisierender Nutzung gegeben sein. All diese Eigenschaften liegen bei virtuellen Gegenständen vor[488]. Diese sind individualisierbar und von ihrer Umgebung abgrenzbar[489]. In dieser sind sie als solche wahrnehmbar und beherrschbar. Dass dies durch technische Hilfsmittel erfolgt, spielt dabei – ebenso wie beim Sachbegriff – keine unmittelbare Rolle[490], denn der der Abgrenzbarkeit und Wahrnehmbarkeit zugrunde liegende Gedanke ist letztlich nur die eindeutige und für den Verkehr erkennbare Zuordnung des Herrschaftsgegenstandes und seine Abgrenzung zu der ihn umgebenden allgemeinen Sphäre[491]. Ihre rivalisierende Nutzung wurde oben bereits dargestellt. Und in Bezug auf ihre Dauerhaftigkeit ist die Abhängigkeit ihrer Existenz vom Fortbestand technischer Rahmenbedingungen unschäd-

---

[487] Vgl. auch *Maume* MMR 2007, 620, 624 in Bezug auf Websites und das virtuelle Hausrecht. Die Verkehrsfähigkeit selbst erscheint als Voraussetzung für eine Anerkennung als absolutes Recht in Abgrenzung zu einer nur relativen Rechtsposition allerdings nicht hinreichend, weil in beiden Fällen ein Handel möglich ist. Wenn etwa der Markt handelbarer Domainnamen als Argument für eine absolute Rechtsposition an der Domain angeführt wird (vgl. etwa *Koos* MMR 2004, 359 f.; *Fezer* MarkenR[4] Einl. G Rn. 14; vgl. auch LG Essen MMR 2000, 286; LG Düsseldorf CR 2001, 468), dann ist seine alleinige Überzeugungskraft begrenzt, weil ein Markt auch bei einer rein schuldrechtlichen Konstruktion funktionieren kann, wie der Handel mit Domains in der von BGH GRUR 2005, 969 – *Domain-Pfändung* vertretenen Konstruktion zeigt. Andererseits erscheint Verkehrsfähigkeit – im Gegensatz zur Abgrenzbarkeit des Rechtsgutes – aber auch nicht zwingend notwendig für eine Anerkennung als absolutes Recht (a.A. *Koch* JurPC Web-Dok. 57/2006 Rn. 28), wie nicht verkehrsfähige, dennoch aber absolute Rechtspositionen wie die Menschenwürde als unverzichtbarer Kern des allgemeinen Persönlichkeitsrechtes oder der unübertragbare Nießbrauch (§ 1059 BGB) demonstrieren.

[488] Wie hier für Daten allgemein *Beurskens* in: *Domej/Dörr/Hoffmann-Nowotny/Vasella/Zelger* S. 443, 454.

[489] Vgl. *Koch* JurPC Web-Dok. 57/2006 Rn. 22; ähnlich *Schmidl* K&R 2006, 563, 564 für das virtuelle Hausrecht, der für dessen Eingrenzung auf die IP-Adresse verweist.

[490] Vgl. für eine elektronische Beherrschbarkeit beim virtuellen Hausrecht auch *Maume* MMR 2007, 620, 622; ähnlich *Schmidl* K&R 2006, 563, 564 sowie *Beurskens* in: *Domej/Dörr/Hoffmann-Nowotny/Vasella/Zelger* S. 443, 456 für Daten, der deren technische Wahrnehmbarkeit dem kaum abgrenzbaren und erfassbaren Goodwill eines Unternehmens gegenüberstellt.

[491] Vgl. *Bydlinski* AcP 198 (1998), 287, 303 für Sachen.

lich[492]. Auch körperliche Gegenstände sind nicht dauerhaft und Rechten nur für die Dauer ihrer Existenz unterworfen[493]. Die Tatsache, dass der Betreiber technischen Zugriff auf die Gegenstände hat, steht der Anerkennung als virtuelles Eigentum ebenfalls nicht schon bei der Frage der Dauerhaftigkeit entgegen, sondern bei dem nun behandelten Verhältnis von faktischer Herrschaft zu rechtlicher Herrschaftsmacht.

bb. Faktische Ausschlussmöglichkeit?

In der Diskussion um die Anerkennung virtuellen Eigentums (und ähnlicher Rechtspositionen) als absolute Rechte wird zudem bisweilen das Kriterium bemüht, ob der Inhaber seine Herrschaftsmacht ohne die Mithilfe anderer Personen ausüben kann[494]. Die Möglichkeit zum Ausschluss ist aber keine Voraussetzung eines absoluten Rechtes, sondern dessen *Folge*[495]. Ob ein exklusiver Herrschaftsbereich durch privates Handeln oder durch rechtliche Anerkennung verliehen wird, ist ein entscheidender Unterschied[496]. Ebenso wenig wie das Eigentum durch das

---

[492] So auch *Koch* JurPC Web-Dok. 57/2006 Rn. 43 für ihren persönlichkeitsrechtlichen Ansatz.

[493] So auch *Lober/Weber* MMR 2005, 653, 655.

[494] Eine solche Argumentation findet sich etwa bei *Lober/Weber* MMR 2005, 653, 655; *Psczolla* JurPC Web-Dok. 17/2009 Rn. 24 und *Rippert/Weimer* ZUM 2007, 272, 275, die einen immaterialgüterrechtsähnlichen Schutz primär damit begründen, dass andere von der Nutzung individualisierbarer virtueller Gegenstände ausgeschlossen werden können. Auch *Koch* JurPC Web-Dok. 57/2006 Rn. 23 verweist auf die faktisch ausschließliche Zugriffsmöglichkeit auf die virtuellen Gegenstände, um eine persönlichkeitsrechtliche, eigentumsähnliche Position zu begründen. Mit gleicher Argumentation, aber genau umgekehrtem Ergebnis *Völzmann-Stickelbrock* FS Eisenhardt S. 327, 340: Kein absoluter Schutz, weil der Fortbestand virtueller Gegenstände vom Willen des Betreibers abhänge. Ähnlich *Krasemann* MMR 2006, 351, 353, weil die Grundlage der Gegenstände nur technisch geschaffen sei und dem Betreiberzugriff unterliege. Dass er für von Benutzern erstellte Gegenstände eine Ausnahme machen will, ist zumindest deswegen zweifelhaft, weil der Betreiber auch bei diesen auf technischem Wege Einwirkungen vornehmen kann. In vergleichbarem Zusammenhang *Koos* MMR 2004, 359, 360 f., der von der technisch begründeten Monopolstellung an der Domain auf dessen rechtliche Ausschließlichkeit schließt sowie *Schmidl* K&R 2006, 563, 564, der als Grundlage des virtuellen Hausrechts die faktische Beherrschungsmöglichkeit sieht. In diese Richtung auch *Ladeur* MMR 2001, 787, 788, der eine eigentumsähnliche Behandlung des virtuellen Hausrechts auch auf die tatsächlichen Einwirkungsmöglichkeiten des Betreibers stützt.

[495] Zu Recht gegen einen Schluss von einer faktischen oder technischen Ausschließlichkeit auf ein absolutes Recht BGH GRUR 2005, 969, 970 – *Domain-Pfändung*; dem folgend BVerfG NJW 2005, 589; *Kleespies* GRUR 2002, 764, 766; ebenso allgemein *Larenz/Wolf* BGB AT[9] § 15 Rn. 2.

[496] Deswegen ist es beispielsweise im Hinblick auf eine Domain auch nicht überzeugend, dass sich die Situation bei der Domainregistrierung „nur“ dadurch von einer Mar-

Faustrecht und der rechtliche Schutz eines Grundstückes erst durch einen Zaun entstehen oder Urheberrechtsschutz durch Kopierschutzmechanismen begründet wird, kann auch ein absolutes Recht an virtuellen Güter damit begründet oder abgelehnt werden, der Inhaber virtueller Sachen könne ihre Beachtung von jedem verlangen, *weil* nur ihm der technische Zugriff offen stehe. Solche Mechanismen treten dabei vielmehr in ein Konkurrenzverhältnis zum Recht[497].

cc. Abhängigkeit von relativer Vertragsbeziehung bzw. Fortbestand der Umgebung?

Auch die Abhängigkeit von einer relativen Vertragsbeziehung wird als Argument gegen die Anerkennung einer absoluten Rechtsposition angeführt[498]. Dem ist entgegenzuhalten, dass die Begründung eines virtuellen Eigentums von einer – wie auch immer gearteten – vertraglichen Überformung im Vertikalverhältnis zwischen Nutzer und Betreiber unterschieden werden muss[499]. Würde man entgegen dieser Annahme die vertragliche Ausgestaltung bereits als Wesensmerkmal des virtuellen Eigentums sehen wollen, so könnte das jedenfalls nicht ohne einen Zirkelschluss als Argument im Hinblick auf dessen Rechtsnatur verwendet werden, denn um das Wechselverhältnis der Folgen einer Anerkennung virtuellen Eigentums zu gegenläufigen vertraglichen Vereinbarungen geht es gerade.

Überdies schließt auch die Abhängigkeit von relativen vertraglichen Rechten eine absolute Rechtsposition nicht per se aus[500]. Dass dem deutschen Recht eine solche Konstruktion keineswegs unbekannt ist, zeigt

---

kenregistrierung unterscheide, dass eine Verleihung durch eine private Stelle bewirkt werde, wie *Koos* MMR 2004, 359, 361 argumentiert.

[497] Dazu ausführlich Kap. 4 F.II.4.d.bb.

[498] So *Koch* JurPC Web-Dok. 57/2006 Rn. 44, die allen virtuellen Gütern ohne persönlichkeitsrechtliche Prägung wegen der Abhängigkeit von der relativen Vertragsbeziehung eigenständigen Rechtscharakter abspricht. Ebenso verneinen *Rippert/Weimer* ZUM 2007, 272, 275 eine eigentumsähnliche Position (u.a.), soweit der Betreiber sich das Recht zum einseitigen Entzug eingeräumt hat; ähnlich *Psczolla* JurPC Web-Dok. 17/2009 Rn. 26; *Völzmann-Stickelbrock* FS Eisenhardt S. 327, 339 f.; ebenso *Kleespies* GRUR 2002, 764, 766 für die Domain. Ähnlich aus US-amerikanischer Perspektive für Virtual Property *Sheldon* 54 UCLA L. Rev. 751, 764 ff. (2007) mit Hinweis auf die Beschränkung der Ausschlussfunktion im Vertikalverhältnis durch die Nutzungsbedingungen „Since the participants are only given a tiny sample of the bundle of rights that constitute property, it does not appear that participants can claim to ‚own' outright the virtual items and avatars…" (a.a.O. 773).

[499] Vgl. Kap. 4 F.II.1.

[500] *Dulckeit* S. 39. Freilich dient dieses Argument hier nicht – wie von ihm vertreten – zur Begründung einer generellen Verdinglichung obligatorischer Rechte.

sich etwa am Anwartschaftsrecht[501], dessen rechtlicher Bestand – und damit noch mehr als nur beim virtuellen Eigentum die Reichweite – gerade vom Fortbestand eines Vertrages abhängen kann[502]; zudem schon allgemein beim schuldrechtlichen Zuschnitt dinglicher Rechte wie dem Erbbaurecht[503]. Eine weitere wertungsmäßige Parallele für die Abhängigkeit absoluter Rechte von einem relativen Rechtsverhältnis bildet das Mitgliedschaftsrecht in einer Gesellschaft bzw. einem Verband, das die überwiegende Ansicht gegenüber Dritten als Herrschaftsrecht mit Zuweisungs- und Ausschlussgehalt anerkennt[504]. Auch hier kann das Innenrecht des Verbandes die deliktische Haftung im Außenverhältnis steuern[505]; und die relative Sonderbeziehung zwischen Mitglied und Verband läuft in (nur) diesem Verhältnis mit einem aus der Mitgliedschaft fließenden absoluten Recht parallel[506]. Auch weist es eine abgestufte Schutzreichweite auf, wenn es jedenfalls gegen unmittelbare Eingriffe Dritter[507], nicht aber mittelbar gegen eine Entwertung der Mitgliedschaft durch Minderung der Ertragsfähigkeit der Gesellschaft wirken soll[508]. Vor allem ist das Mitgliedschaftsrecht derart beschränkt und von seinem Bezugsobjekt

---

[501] Vgl. zur absoluten Rechtsnatur des Anwartschaftsrechts RGZ 170, 1, 6; BGHZ 55, 20, 25; Erman/*Schiemann*[12] § 823 Rn. 42; Palandt/*Sprau*[68] § 823 Rn. 11.

[502] Schon das Beispiel eines Rücktrittes vom Kaufvertrag unter Eigentumsvorbehalt (oder sonstwie ausgelöstem Erlöschen des Erfüllungsanspruches) zeigt, wie dem dinglichen Anwartschaftsrecht eine relative Schwäche anhaftet.

[503] Beispiel nach *Dulckeit* S. 39. Zur dinglichen Wirkung des Erbbaurechts vgl. statt vieler Palandt/*Bassenge*[68] Einl ErbbRVO Rn. 3.

[504] Vgl. RGZ 100, 274, 278; BGHZ 110, 323, 327; Erman/*Schiemann*[13] § 823 Rn. 41; *Larenz/Canaris* Schuldrecht II/2[13] § 76 II 4 e, Palandt/*Sprau*[68] § 823 Rn. 21; Staudinger/*Hager*[1999] § 823 Rn. B 141.

[505] Staudinger/*Hager*[1999] § 823 Rn. B 146.

[506] Dass der BGH den Fall eines Vereinsausschlusses nicht als Verletzung eines sonstigen Rechts i.S.d. § 823 I BGB, sondern im Rahmen einer Sonderrechtsbeziehung zwischen Mitglied und Verein geprüft hat (BGHZ 90, 92, 95), steht der Einordnung als sonstiges Recht nicht entgegen, weil im Verhältnis von Verein und Mitglied Sonderbeziehung und Wirkung des absoluten Mitgliedschaftsrechts – ähnlich wie hier Nutzungsvertrag und sonstiges Recht an Daten – parallel laufen und sich überformen, vgl. Staudinger/*Hager*[1999] § 823 Rn. B 144.

[507] Staudinger/*Hager*[1999] § 823 Rn. B 142.

[508] RGZ 158, 248, 255; Erman/*Schiemann*[13] § 823 Rn. 41; Staudinger/*Hager*[1999] § 823 Rn. B 143. Wenn auf dieser Linie gefordert wird, dass sich ein mitgliedschaftsbezogener Eingriff unmittelbar gegen den Bestand der Mitgliedschaft richten und die Herrschafts-, Teilhabe- oder Vermögensfunktion verletzen muss (Vgl. Palandt/*Sprau*[68] § 823 Rn. 21; Staudinger/*Hager*[1999] § 823 Rn. B 144 m.w.N.), so dient das vornehmlich der Abgrenzung zu bloßen Vermögensschäden. Eine solche Differenzierung lässt sich durchaus beim Recht am eingerichteten und ausgeübten Gewerbebetrieb mit dem Erfordernis eines unmittelbar betriebsbezogenen Eingriffs parallelisieren (Staudinger/*Hager*[1999] § 823 Rn. B 144).

abhängig, dass es mit Wegfall des Verbandes, auf den es sich bezieht, erlischt. Insofern ist die Situation ähnlich wie bei der Existenz der Bezugsobjekte virtuellen Eigentums als abhängig vom fortdauernden Betrieb ihrer Umgebung. Bedenkt man, dass der Betrieb einer virtuellen Welt jedenfalls solange nicht bewusst eingestellt wird, wie er wirtschaftlich gewinnbringend ist, geht es hier letztlich nur um ein normales wirtschaftliche Verlustrisiko von Rechteinhabern[509].

Für eine rein relative Vertragsbeziehung wird ferner vorgebracht, dass auch die Art der den Nutzern vertraglich gewährten Rechte für ein relatives Recht spräche, weil Nutzer bei Kündigungen oder Enteignungen nicht die Herausgabe virtueller Gegenstände, sondern vorrangig Entschädigung verlangen könnten, was die typischen relativen Rechte eines Vertragspartners seien[510]. Dem ist zu entgegnen, dass das Anspruchsziel hier kaum aussagekräftig ist. Absolute Rechte können wie auf Herausgabe genauso gut auf Schadenersatz in Form von Wertersatz als Form der Naturalrestitution i.S.d. § 249 II BGB gerichtet sein. Dies gilt genauso für vertragliche Pflichten, deren Verletzung die Naturalrestitution und Wiederherstellung des Status quo ante im haftungsausfüllenden Tatbestand des § 249 I BGB in Form von Herausgabeansprüchen nicht ausschließt. Hier eine Trennlinie zwischen absoluten und relativen Rechten nach dem Anspruchsziel ziehen zu wollen, erscheint nicht wirklich weiterführend.

c. Vergleichbarkeit der Schutzwürdigkeit als normative Legitimation einer eigentumsähnlichen Herrschaftsbeziehung

Das dritte Erfordernis positiver Zuweisungs- und negativer Ausschlussfunktion kann nicht als aus dem absoluten Recht fließende Folge verstanden werden, wenn es gerade um die Voraussetzungen für dessen Anerkennung geht. Stattdessen liegt die Bedeutung dieser Kriterien für die Entscheidung über die Anerkennung eines sonstigen Rechtes i.S.d. § 823 I BGB eher in der vorgelagerten Frage, welche Gründe – ähnlich wie beim Sacheigentum und noch stärker diskutiert bei den Immaterialgüterrechten – Zuweisung und Ausschluss überhaupt rechtfertigen. Diese deckt sich in der Sache mit der normativen Frage nach der Schutzwürdigkeit eines Gutes durch eine eigentumsähnliche Rechtsposition[511].

---

[509] *Fairfield* 85 B.U. L. Rev. 1047, 1098 (2005) verweist hier auf die Parallele von Gesellschaftern und der Insolvenz ihrer Gesellschaft. Freilich entfiele das Problem bei nutzergenerierten virtuellen Gegenständen mit der Schaffung technisch kompatibler Formate und dem Export zu anderen Betreibern, vgl. *Balkin* 90 Va. L. Rev. 2043, 2071 (2004); *Vacca* 76 Tenn. L. Rev. 33, 54 (2008). *Lastowka/Hunter* 92 Cal. L. Rev. 1, 42 (2004) vergleichen dies mit einer ex ante unbestimmten Befristung des Rechts.

[510] *Völzmann-Stickelbrock* FS Eisenhardt S. 327, 340 f.

[511] Freilich ließe sich hier auch mit einem Seitenblick auf das Strafrecht argumentieren, welches Daten allgemein normativ unter Schutz stellt, wie es *Faustmann* VuR 2006, 260, 263 und *Beurskens* in: *Domej/Dörr/Hoffmann-Nowotny/Vasella/Zelger* S. 443, 470, 472 tun. Der Sinn einer eigenständigen normativen Betrachtung im Zivilrecht liegt darin,

aa. Ex post Schutz des Wertes oder ex ante Perspektive?

Oft findet sich die Argumentation, dass Güter rechtlichen Schutz verdienen, *weil* sie auf einem Markt werthaltig behandelt werden[512]. Hierbei stellt sich aber die Frage, ob das Pferd nicht von hinten aufgezäumt wird. Bedenkt man, dass der Wert virtueller Güter zu einem Großteil auf dem Vertrauen in die Funktion des Systems sowie in den – notfalls auch rechtlich gegenüber dem Betreiber durchsetzbaren – Fortbestand der Güter, den Zugang zu ihnen und ihre Nutzbarkeit basiert[513], so erscheint ein Schutz gerade wegen des durch diesen Schutz gebildeten Wertes zirkulär. Einen Schutz von Wert und Investition um ihrer selbst Willen kann es nicht geben[514]. Auch getätigte Ausgaben durchbrechen diese Zirkularität nicht. Ohne anerkannten Schutz sind sie ein Risikogeschäft, bei dem der Investor – ökonomisch rationales Handeln unterstellt – die Wahrscheinlichkeit etwaiger Beeinträchtigungen ex ante einkalkulieren muss, nicht aber einfach ex post einen rechtlichen Schutz einfordern kann, wenn seine getätigten Aufwendungen eine Ausschließlichkeit abbilden sollen, die das Recht so nicht liefert.

Diesem Problem entkommt man, wenn der Blick nicht auf den Schutz des Wertes oder getätigter Investitionen gerichtet wird, sondern auf den vorgelagerten, ex ante verfolgten Zweck gewährter Rechte, durch Ausschluss und Zuweisung Anreize zur effizienten Ressourcennutzung zu setzen. Diese Rechte können – wie oben bereits eingehender dargestellt[515] – schlicht der Abwehr rivalisierender Nutzungen dienen, oder durch Abwehr nichtrivalisierender Nutzungen in angemessenem Maße Investitionsanreize setzen. Die problematische Frage wird hier weniger das *Ob* als das *Wie* sein, welches das rechte Maß für die Reichweite virtuellen Eigentums im Spannungsverhältnis zwischen Nutzer- und Betreiberperspektive ist.

---

dass die oben dargestellten Straftatbestände gerade an der Unbestimmtheit ihrer Zivilrechtsakzessorietät kranken.

[512] In diese Richtung *Lastowka/Hunter* 92 Cal. L. Rev. 1, 45 (2004), die für einen Schutz plädieren, (auch) weil Nutzer die geschaffenen Gegenstände hoch bewerten; *Balkin* 90 Va. L. Rev. 2043, 2044 f. (2004); *Blazer* 5 Pierce L. Rev. 137 (2006): „[W]here a free market cultivates value, courts should protect that value."; wohl auch *Belcher* 7(1) E.C. L. & P. 7, 8 (2005).

[513] *Dooley/Karaoulou* 16(6) Comps. & Law 20, 21 (2006); *Horowitz* 34 Ohio N.U. L. Rev. 223, 234 (2008).

[514] So schon *Cohen* 35 Col. L. Rev. 809, 815 (1935) im Hinblick auf Kennzeichenrechte. Ebenso kritisch Litman 108 Yale L. J. 1717, 1725 (1999): „There has been inexorable pressure to recognize as an axiom the principle that if something appears to have substantial value to someone, the law must and should protect it as property."

[515] Kap. 4 B.II.2.

bb. Allgemeine Legitimationserwägungen für virtuelles Eigentum

Diese Überlegungen leiten nahtlos zur generellen Frage einer ex ante Legitimation eigentumsähnlicher Positionen über, für welche die eben genannten utilitaristischen Anreiz- und Nutzenerwägungen nur *ein* Ansatz unter mehreren sind. So wie die Legitimation des Privateigentums auf grundlegende philosophische und ökonomische[516] Erwägungen rückführbar ist, können diese auch für virtuelles Eigentum im Rahmen der Frage des normativen Schutzbedürfnisses fruchtbar gemacht werden. Im US-amerikanischen Common Law bilden solche grundlegenden Betrachtungen in der Diskussion um Cyberproperty und Virtual Property einen wesentlichen methodischen Aspekt[517], dem für virtuelles Eigentum indes ein vergleichsweise geringes Gewicht zuzukommen scheint[518]. Dass das Hauptaugenmerk der Diskussion hierzulande eher auf die dogmatische Erfassung durch bestehende Rechtsfiguren als auf die Legitimation neuer Rechtsfiguren zielt, mag den oben aufgezeigten methodischen Unterschieden[519] geschuldet sein. Aus deutscher Sicht ist jedenfalls die Tendenz unverkennbar, die mit virtuellem Eigentum bezeichneten Rechtspositionen möglichst in der Rechts*anwendung* unter eine anerkannte Rechtsfigur zu subsumieren. Im Common Law erfordert es demgegenüber schon die Offenheit, Flexibilität und relative Unbestimmtheit des zentralen Begriffes Property, seine Reichweite und Grenzen durch die Gerichte stets aufs Neue zu bestimmen, so dass solch grundsätzliche Überlegungen auch dem Prozess judikativer Recht*setzung* als notwendige Leitlinie dienen. Selbst wenn sich deren Bedeutung hierzulande zumeist auf den rechtspolitischen Diskurs beschränkt[520], so erscheint ein direkter Blick auf diese Grundlagen auch

---

[516] Diese beiden Disziplinen in einem Atemzug zu nennen erscheint angesichts ihrer gemeinsamen Wurzeln gerechtfertigt. Erst mit der zunehmenden Ausdifferenzierung der modernen Gesellschaft Ende des 18., Anfang des 19. Jahrhunderts differenzierte sich auch die Ökonomik aus der praktischen Philosophie heraus, vgl. *Homann* in: *Lütge* S. 45, 52.

[517] So etwa bei *Lastowka/Hunter* 92 Cal. L. Rev. 1, 43 ff. (2004); *Horowitz* 20 Harv. J. L. & Tech. 443 (2007); *Westbrook* [2006] Mich. St. L. Rev. 779, 791 ff.; ebenso *Hardy* [1996] J. Online L. Art. 7 für die Rechtfertigung der Cybertrespass-Doctrine und *Carrier/Lastowka* 22 Berkeley Tech. L. J. 1485, 1493 ff. (2007) dagegen.

[518] Im hiesigen Zusammenhang mit virtuellem Eigentum bzw. Verfügungsrechten über Daten erwähnt im deutschen Schrifftum soweit ersichtlich allein *Beurskens* in: *Domej/Dörr/Hoffmann-Nowotny/Vasella/Zelger* S. 443, 455 f. die Eigentumstheorien „nur am Rande".

[519] Vgl. Kap. 2 C.

[520] Ein Blick über das in Existenz und Funktion anerkannte Sacheigentum hinaus zeigt, dass solche Argumente in rechtspolitischen Diskussionen bei denjenigen Rechten eine erhebliche Rolle spielen, deren Existenz und Reichweite in Frage gestellt wird. Das gilt insbesondere für Immaterialgüterrechte, deren eigentumsähnliche Zuweisung, Reichweite, ja gar deren terminologische Gleichsetzung mit Eigentum immer noch derart

bei einer Rechtsfortbildung angezeigt, wie sie eine Anerkennung virtuellen Eigentums als sonstiges Recht i.S.d. § 823 I BGB darstellen würde. Methodisch lassen sich diese bei der Eigentumsähnlichkeit, dabei konkret bei der Schutzwürdigkeit (oder beim Weg über eine Analogie in der vergleichbaren Interessenlage) verorten. Zunächst werden hierzu der naturrechtliche Ansatz *Locke*s, welcher virtuelle Güter als Früchte menschlicher Arbeit betrachtet (1), sowie ein persönlichkeitsrechtlicher Ansatz *Hegel*scher Prägung benutzt (2). Sodann soll aus einer utilitaristischen Sicht die Frage nach einer effizienten, wohlfahrtssteigernden Wirkung der Anerkennung virtuellen Eigentums gestellt werden (3).

(1) Die Locke*sche Naturrechtsperspektive*

Die *Locke*sche Sicht auf das Eigentum als natürliches Recht des Menschen an den Früchten eigener Arbeit findet sich regelmäßig als Rechtfertigung für Cyberproperty und Virtual Property[521]. Die Legitimation des Eigentums beruht bei ihm auf den Erwägungen, dass der Mensch selbst ursprüngliches Eigentum an seiner Person hat und damit auch über seine Arbeitskraft verfügt. Vermischt er nun seine Arbeitskraft mit den Ressourcen der Natur, so erhält er das Eigentum an den Früchten seiner Arbeit. Das Eigentum der Person setzt sich gleichsam an den mit dieser geschaffenen Sachen fort, sofern das nur genügend Ressourcen für andere lässt[522].

---

umkämpft sind, dass trotz ihrer Kodifizierung auch philosophische Ansätze zu ihrer Rechtfertigung bemüht werden. Vgl. etwa *Ohly* JZ 2003, 545, 548 zu einer naturrechtlichen Perspektive; *Bechtold* GRUR Int. 2008, 484 zu einer rechtsökonomisch-utilitaristischen Perspektive; mit dem Versuch einer Vereinigung beider Ansätze *Leistner/Hansen* GRUR 2008, 479. Aus nichtjuristischer Sicht eingehend zur Legitimation des Eigentums (auch) nach den nachfolgenden Ansätzen *Luhmann* in: *Krawietz/Martino/Winston* S. 43.

[521] So etwa bei *Horowitz* 20 Harv. J. L. & Tech. 443, 450 (2007); *Lastowka/Hunter* 92 Cal. L. Rev. 1, 46 ff. (2004); *Miller* 22 Rev. Litig. 435, 437 (2003) ohne expliziten Bezug zu *Locke* aber in mit ähnlicher Argumentation; *Westbrook* [2006] Mich. St. L. Rev. 779, 791 ff.; für die Cyberproperty-Doctrine *Hardy* [1996] J. Online L. Art. 7 Tz. 24 ff.; *Lipton* 35 Loy. U. Chi. L. J. 235, 249 (2003); *Sheldon* 54 UCLA L. Rev. 751, 760 (2007); abl. *Carrier/Lastowka* 22 Berkeley Tech. L. J. 1485, 1500 ff. (2007).

[522] Diese letztgenannte Beschränkung beruht auf *Locke*s Annahme, dass die von Gott gegebenen Ressourcen reichlich verfügbar seien und jeder sich nur soviel nehme, wie er zum Leben brauche. Unter Knappheitsbedingungen verliert diese Theorie daher an Überzeugungskraft. Dieser letzte Teil wird interessanterweise öfter ausgeblendet, wenn mit dem Naturrecht für eine Ausdehnung des Schutzes geistigen Eigentums argumentiert wird. Vgl. *Locke*, Second Treatise of Government, Kapitel 5: „It will perhaps be objected to this, that if gathering the acorns, or other fruits of the earth; makes a right to them, then any one may ingross as much as he will. To which I answer, Not so. The same law of nature, that does by this means give us property, does also bound that property too [...]. As much land as a man tills, plants, improves, cultivates, and can use the product of, so much is his property. [...] Nor was this appropriation of any parcel of land, by

Auf virtuelle Welten angewendet, tut sich hier eine ganze Zahl von Problemen auf: Zunächst wird diskutiert, wie weit der Begriff der menschlichen Arbeit überhaupt reicht. Sofern dem bisweilen deren spielerische Natur entgegengehalten wird[523], geht das in mehrerer Hinsicht fehl: Zunächst betrifft das bei weitem nicht alle virtuelle Welten; vielmehr ist nach deren jeweiligem Zweck zu differenzieren. Überdies ist eine solche Differenzierung nicht wirklich weiterführend, wenn virtuellen Gegenständen ein erheblicher wirtschaftlicher Wert zukommt und die ohnehin schon unscharfen Grenzen zwischen Spiel und Arbeit durch das sog. Goldfarming in Asien oder Mexiko noch weiter verschwimmen, wo sie gegen Entgelt professionell erspielt und sodann vertrieben werden[524]. Selbst ohne Entgelt lässt sich die aufgewendete Zeit stets in Opportunitätskosten ausdrücken. Und schließlich beruht diese Sicht überhaupt auf einem Dualismus von Arbeit und Spiel, der sich anscheinend aus dem Vergnügen als Kriterium speist. Dieses kann hier aber nicht ausschlaggebend sein, weil die *Locke*sche Vorstellung allein auf Arbeit als Schaffensprozess beruht[525].

Zu erheblichen Einbußen an legitimatorischer Kraft führt jedoch die genau gegenläufige Rechtfertigung der Positionen der Betreiber. Wenn nicht nur die Arbeit von Nutzern in bezug auf virtuelle Güter betrachtet wird, sondern auch die Arbeit und Investitionen der Betreiber in den Aufbau und Betrieb der virtuellen Welt, so offenbart sich deutlich, dass die Naturrechtsperspektive im Vertikalverhältnis an ihre Grenzen stößt. *Locke*s Eigentumszuweisung beruht maßgeblich auf dem Gedanken einer vorexistierenden Natur unter niemandes Herrschaft. Auf den ersten Blick könnte man diese bei einer brach liegenden virtuellen Welt, in der sämtliche Inhalte nutzergeschaffen sind, auch annehmen. Diese Sicht versagt aber, sobald darin Objekte vorgefertigt vorhanden sind und – etwa einem spielerisch vorgefertigten Ablauf folgend – nicht erst durch Arbeit erschaf-

---

improving it, any prejudice to any other man, since there was still enough, and as good left; and more than the yet unprovided could use."

523 So etwa aus Betreiberperspektive *Bartle* Pitfalls of Virtual Property S. 6. Dass eine Sichtweise als Spiel die Anerkennung originärer Rechte erschweren würde, bemerkt auch *Dougherty* 9(7) E.C.L. & P. 6 (2007).

524 *Belcher* 7(1) E.C. L. & P. 7, 8 (2005); *Dougherty* 9(7) E.C.L. & P. 6, 7 (2007); *Lastowka/Hunter* 92 Cal. L. Rev. 1, 47 (2004). Vgl. dazu auch *Black Snow v Mythic Entertainment* oben Kap. 2 D.II.3. Generell gegen die Gegenüberstellung der Begriffe von Arbeit und Spiel *Ondrejka* 2(3) Innovations: Technology, Governance, Globalisation 27, 33 (2007).

525 *Horowitz* 20 Harv. J. L. & Tech. 443, 451 f. (2007); ebenso i.E. *Sheldon* 54 UCLA L. Rev. 751, 761 (2007) mit Verweis auf den Aufwand auch nicht-schöpferischer, repetitiver Tätigkeiten.

fen, sondern lediglich erlangt werden müssen[526]. Und auch für den erstgenannten Fall lässt sich an dem Naturzustand zweifeln, wenn die reine Innenperspektive verlassen wird. Selbst wenn eine virtuelle Welt inhaltlich brach liegt, liegt ihre – aus Nutzersicht gleichsam transzendierte – *technische* Existenz in den Händen der Betreiber[527]. Zugespitzt und im Bilde *Locke*s formuliert wirkt das naturrechtliche Eigentum nur zwischen den Menschen *in* einer Welt, nicht aber gegenüber ihrem Schöpfer. Dementsprechend kann sich die Position der Nutzer mit einer naturrechtlichen Argumentation auch nur auf einen Anteil des Geschaffenen beschränken, und zwar des *von* ihnen *in* der virtuellen Welt Geschaffenen, nicht aber auf die gesamte virtuelle Welt[528]. In diesem Spannungsfeld eröffnet sich – je nach Charakter der virtuellen Welt – ein denkbar weites Spektrum, in dem die Legitimation einer Rechtsposition der Nutzer bei vorgefertigten virtuellen Gütern höchst schwach ist, sich aber mit zunehmendem Aufwand auch zum Nutzer hin verlagert[529]. Aber selbst am erstgenannten Ende des Spektrums sollte die Tatsache nicht gänzlich ausgeblendet werden, dass das typische Geschäftsmodell des „Web 2.0", eine technische Plattform zur Verfügung zu stellen und sie mit nutzergenerierten Inhalten zu füllen, seine Attraktivität nicht nur aus den nutzererstellten Inhalten ziehen muss. Auch andere Mitwirkungsleistungen der Nutzer und die dadurch ausgelösten Netzwerkeffekte können für die Attraktivität einer virtuellen Welt maßgeblich sein und – ähnlich wie bei sozialen Netzwerken schon

---

[526] *Westbrook* [2006] Mich. St. L. Rev. 779, 794 bemängelt die normative Tragfähigkeit eines *Locke*schen Ansatzes und weist auf die gegenläufigen Ergebnisse hin, wenn sowohl die Arbeit der Betreiber bei der Erstellung vorgefertigter virtueller Güter sowie die der Nutzer beim Erlangen in Betracht gezogen wird. Diesen Konflikt versucht er dadurch aufzulösen, dass er an unterschiedliche Objekte als Bezugspunkte anknüpft: Die Position, welche aus der Arbeit der Betreiber entstand, sei der Programmcode, die der Nutzer das Recht zur Nutzung. Das ist für die hier entscheidende Frage aber nicht unbedingt hilfreich, denn letztlich treffen beide Positionen dann wieder aufeinander, wenn es etwa um die Frage geht, ob virtuelle Gegenstände „enteignet" werden können. Großzügiger *Sheldon* 54 UCLA L. Rev. 751, 761 (2007), der auch aufwendig erlangte vorgefertigte Güter als Früchte der eigenen Arbeit ansieht.

[527] *Horowitz* 20 Harv. J. L. & Tech. 443, 453, 455 (2007), der Virtual Property deshalb auch für virtuelle Welten mit nutzergenerierten Inhalten ablehnt, solange die virtuelle Welt selbst proprietärer Natur ist und nicht auf Basis von Open Source entwickelt wurde.

[528] *Lastowka/Hunter* 92 Cal. L. Rev. 1, 47 (2004). Die Kongruenz von Arbeit und Geschaffenem betonend auch *Carrier/Lastowka* 22 Berkeley Tech. L. J. 1485, 1501 (2007) zu Cyberproperty.

[529] Vgl. *Dooley/Karaoulou* 16(6) Comps. & Law 20, 21 (2006). Eingebettet ist die Aufwandsbetrachtung zwar in die dortige Frage, *wem* die Güter zustehen sollen. Das läuft im Ergebnis aber parallel mit dem hier gewählten Betrachtungsrahmen, *ob* die Nutzer an jenen eine Rechtsposition erlangen.

die bloße Anwesenheit der Nutzer – einen großen Wert bilden, dessen Profiteure nicht zuletzt die Betreiber sind[530].

(2) Die Hegel*sche Persönlichkeitsperspektive*

Weiterhin lässt sich die Existenz des Eigentums als Ausfluss und notwendige Verwirklichung der Persönlichkeit des Eigentümers verstehen. Dies entspricht im Kern der Sicht *Hegel*s, einer Person eine notwendige Sphäre äußerer Freiheit zuzugestehen, in welcher sich ihr Wille und damit ihr Sein in der Außenwelt überhaupt manifestieren kann[531]. Indem sie ihren Willen in Sachen legt[532], nehmen diese Sachen über den Körper der Person hinaus an der Herrschaft ihres Willens teil[533]. In dieser Beziehung erwächst das Eigentum zum Ausfluss der Persönlichkeit. Es drückt sich als Sphäre der Freiheit des Einzelnen über seinen Körper hinaus aus und ist gleichsam die materielle Voraussetzung zur Entfaltung seines Willens in der Außenwelt; es ermöglicht sein äußerliches Dasein[534]. In dieser Funktion ist es nicht bloß Mittel zur Bedürfnisbefriedigung, sondern Freiheit der Person als Zweck in sich selbst: „[I]m Eigentum gibt die Freiheit sich Dasein“[535].

Auf dieser theoretischen Grundlage hat im Common Law ein Ansatz *Radin*s beachtliche Bedeutung erlangt, der unter dem Stichwort Property and Personhood[536] mit den Eigentumsvorstellungen *Hegel*s zwar nicht deckungsgleich ist, dort aber seine Wurzeln hat[537]. Auch bei ihr manifestiert sich die Persönlichkeit durch ihre Beziehung zu Dingen, in welche ihr Wille gelegt wurde. Zudem benötigt das Individuum, um in diesem Sinne Person zu sein, aber auch das Eigentum an materiellen Ressourcen. Das Eigentum ist so gleichermaßen Ausdruck und Voraussetzung der Persönlichkeit. Diese Perspektive dient als eine weitere Quelle für Entscheidungen über die Anerkennung und Reichweite von Property-Positionen. Dabei wird die normative Stärke der jeweiligen Rechtsposition durch das Maß

---

530 *Lastowka* 10 Vand. J. Ent. & Tech. L. 893, 901. (2008).

531 *Hegel* PhilR 1821/22 § 41: „Die Person muß sich eine äußere Sphäre ihrer Freiheit geben, um als Idee zu sein“.

532 „Die Person hat das Recht, in jede Sache ihren Willen zu legen, welche dadurch die meinige ist, zu ihrem substantiellen Zwecke, da sie einen solchen nicht in sich selbst hat, ihrer Bestimmung und Seele meinen Willen erhält“ (*Hegel* PhilR 1821/22 § 44).

533 „[E]twas, in das ich meinen Willen gelegt habe, [ist] nicht mehr bloß eine Sache, sondern zugleich ein Innerliches, Subjektives“ (*Hegel* PhilR 1819/20 Tz. 48.

534 „Eigentum zu haben, erscheint in Rücksicht auf das Bedürfnis, indem dieses zum Ersten gemacht wird, als Mittel; die wahrhafte Stellung aber ist, daß vom Standpunkte der Freiheit aus das Eigentum, als das erste Dasein derselben, wesentlicher Zweck für sich ist.“ (*Hegel* PhilR 1821/22 § 45).

535 *Hegel* PhilR 1819/20 Tz. 44.

536 *Radin* 34 Stan. L. Rev. 957 (1982).

537 *Radin* 34 Stan. L. Rev. 957, 977 (1982).

beeinflusst, in welchem sich im Rechtsobjekt auch die Persönlichkeit des Inhabers manifestiert[538]. Das Ergebnis dieser – als ergänzend gedachten – Betrachtung ist durchaus fließend mit austauschbaren Massengütern an der einen Seite und für die ureigene Identität eines Menschen zentrale Güter auf der anderen[539].

Angesichts der Tatsache, dass diese neuhegelianische Betrachtungsweise im Common Law stets mit *Radin* assoziiert wird, ist es wert hervorzuheben, dass schon im Jahr 1931 *Kruse* in seinem Konzept eines „seelischen Eigentums"[540], ohne sich explizit auf *Hegel* zu stützen, die Sachherrschaft mit Aspekten der Persönlichkeit verknüpfte[541]. Ähnlich wie *Radin* begreift auch er dieses nicht als eigenständige Form des Privateigentums, sondern als Teil seiner Legitimation[542], was sich zugleich als dessen Reichweite mit steuerndes Element erweist[543].

Auch für die hier interessierende Legitimation einer Rechtsposition virtuellen Eigentums ergibt sich somit als Maßstab die Verbindung virtueller Güter mit der Ausübung persönlicher Freiheit und Identität[544]. So entfaltet dieser Ansatz jedenfalls im Hinblick auf den Avatar als virtuellem alter ego des Nutzers und Substrat seiner Persönlichkeit seine volle normative Kraft[545]. In Ermangelung einer vergleichbar intensiven persönlichen Bindung erfasst er aber nicht generell alle virtuellen Güter, am wenigsten gar austauschbare, vorgefertigte virtuelle Massengegenstände[546].

---

[538] *Radin* 34 Stan. L. Rev. 957, 986 ff. (1982).

[539] Diese Art der Legitimation ist für fungible Objekte geringer als für einzigartige, eng mit der Persönlichkeit ihres Eigentümers verwobene, etwa Familienhäuser, Hochzeitsringe und persönliche Fotos, vgl. *Radin* 34 Stan. L. Rev. 957, 987, 1005 (1982).

[540] So wendet sich *Kruse* S. 113 ff. gegen eine Reduktion des Eigentums auf dessen rein wirtschaftliche Bedeutung. Seelisch versteht er freilich nicht im religiösen Sinne, sondern meint damit Kräfte, „welche, sozial oder individuell, von beherrschender Art sind" und die ein „sicheres und harmonisches Gemeinschafts- und Menschenleben gewähren können" (a.a.O. 119 f.).

[541] Vgl. *Kruse* S. 123 und die dort zitierten Worte *Goethes*: „[M]ein ist der Kreis, den meine Wirksamkeit erfüllt und an dem meine Seele hängt".

[542] *Kruse* S. 148. Daneben finden sich auch naturrechtliche Erwägungen (a.a.O. 108).

[543] *Kruse* S. 151 f. In diesem Rahmen haben beispielsweise spekulatives Grundeigentum (a.a.O. 124) oder bloße gattungsbestimmte Verbrauchsgegenstände (a.a.O. 126) in normativ geringerem Maße an einem Eigentumsschutz teil als höchstpersönliche Gegenstände wie Hausrat.

[544] *Lastowka/Hunter* 92 Cal. L. Rev. 1, 48 (2004).

[545] Dessen Schutz betonen auch *Lastowka/Hunter* 92 Cal. L. Rev. 1, 48 f. (2004), ohne dabei jedoch andere Güter generell ausschließen zu wollen.

[546] Für eine solche abgestufte Betrachtung auch *Westbrook* [2006] Mich. St. L. Rev. 779, 799. Insoweit bestehen Parallelen zwischen der grundlegenden Rechtfertigung von Eigentum als Ausfluss der Persönlichkeit und dem Ansatz von *Koch* JurPC Web-Dok. 57/2006 zur Erfassung virtueller Güter auf persönlichkeitsrechtlicher Grundlage, oben Kap. 4 E. Zutreffend weist allerdings *Westbrook* [2006] Mich. St. L. Rev. 779, 800 wiederum auf den inneren Widerspruch hin, wenn das Eigentum durch seine enge per-

(3) Die utilitaristische Nutzenperspektive

Schließlich werden in der Diskussion um virtuelles Eigentum auch utilitaristische Argumente herangezogen[547]. Ziel und Maßstab einer utilitaristischen Sicht ist die Nutzenmaximierung, deren Inhalt sich jedoch seit den Zeiten *Benthams* als ihrem Begründer[548] deutlich gewandelt hat. War Ausgangspunkt des Utilitarismus dort noch das Streben nach dem größten Glück der größten Zahl einzelner Individuen, so ist diese eher hedonistische Sicht mittlerweile einem ökonomischen Nutzenkalkül gewichen und dient als Grundlage für Theorien sozialer Wohlfahrt und auch der ökonomischen Analyse des Rechts[549]. Geblieben sind dabei die Methodik und das Ziel, den Gesamtnutzen der Gesellschaft aus dem aggregierten Individualnutzen Einzelner abzuleiten und so aus mehreren potentiellen Regelungen unter Nutzenmaximierungsgesichtspunkten die wohlfahrtsmaximierende – und effizienteste – auszuwählen. Aus utilitaristischer Perspektive rechtfertigt sich etwa die Existenz des Privateigentums allein aus seinem Nutzen für die Gesellschaft. Dieser besteht, wie oben bereits dargestellt, darin, eine ineffiziente Übernutzung von Ressourcen (Tragedy of the Commons) zu vermeiden, hinreichende Anreize für Investitionen zu setzen und klare handelbare Rechtspositionen zu schaffen. Den dazu nötigen Ausschluss Dritter über das Recht herbeizuführen und die Durchsetzung dem Staat zu überantworten, erspart zudem erhebliche Aufwendungen für eine Verteidigung der eigenen Ressourcen[550].

Zentraler Maßstab für die Anerkennung virtuellen Eigentums sind hiernach seine wohlfahrtsfördernden Effekte[551]. Überblicksartig zusammengefasst, werden hier verschiedene Aspekte vorgebracht: So wird argumentiert, dass die Anerkennung von Virtual Property notwendig sei, um den Nutzern ex ante durch eine sichere Rechtsposition hinreichend Anreize

---

sönliche Bindung legitimiert werden, die Rechtsposition aber übertragbar und gerade von dieser Bindung lösbar sein solle.

[547] *Fairfield* 85 B.U. L. Rev. 1047, 1094 (2005); *Lastowka/Hunter* 92 Cal. L. Rev. 1, 44 f. (2004); *Westbrook* [2006] Mich. St. L. Rev. 779, 795; für die Cyberproperty-Doctrine allgemein *Hardy* [1996] J. Online L. Art. 7 Tz. 30 ff.; *Vacca* 76 Tenn. L. Rev. 33, 47 (2008).

[548] Vgl. *Bentham* passim; *Todt* in: *Ott/Schäfer* S. 1, 2 f.; *Eidenmüller*[2] S. 22 ff.

[549] Dazu eingehend *Eidenmüller*[2] S. 174 ff.; *Todt* in: *Ott/Schäfer* S. 1 ff.

[550] Vgl. *Buchanan* S. 84 sowie Kap. 4 D.I.1.

[551] Diese sind keine ausschließliche Domäne des Öffentlichen Rechts. Auch das Privatrecht ist nicht allein der Freiheit und Selbstbestimmung der Individuen gewidmet, sondern verfolgt darüber hinaus mit Blick auf die Wirkung privatrechtlicher Bindungen auf das Allgemeinwohl auch eine Steuerungsfunktion, vgl. *Raiser* in: *Raiser* S. 208; *Zumbansen* in: *Ladeur* S. 273, 279.

zur Innovation, Produktion oder zum Handel mit werthaltigen[552] virtuellen Gütern zu setzen[553], die über ihre eigene Existenz hinaus einen Mehrwert erschaffen[554], von dem dann über eine höhere Attraktivität und steigende Nutzerzahlen auch der Betreiber profitiere. Weder Anreize noch Investitionen müssen dabei strikt monetärer Art sein[555]. Allerdings stehen und fallen auch solche nichtmonetärer Art mit der Sicherheit der aus ihnen fließenden Rechtsposition. Weiterhin wird teilweise mit der Existenz bestehender Märkte argumentiert, welche schon aus Gründen der Rechtssicherheit eine klare Anerkennung der gehandelten Positionen fordern[556]. Auch wird auf den Schutz des Wertes der geschaffenen Güter verwiesen[557].

Einer solchen rein nutzerzentrierten Perspektive lässt sich freilich entgegensetzen, dass die Anerkennung solcher Rechte zugleich die Position der Betreiber durch Haftungsrisiken beeinträchtigen kann und demgemäß auch deren Anreize für Innovationen und Investitionen in die Plattform berücksichtigt werden müssen – welche letztlich gleichermaßen im Interesse von Betreibern und Nutzern stehen[558]. Das Problem virtuellen

---

[552] *Westbrook* [2006] Mich. St. L. Rev. 779, 796 verweist darauf, dass selbst im Fall geringwertiger Güter die Gesamtzahl der Nutzer entscheidend ist. Und dieser aggregierte Marktwert ist – wie eingangs dargestellt – nicht gerade gering.

[553] *Blazer* 5 Pierce L. Rev. 137, 149 (2006); *Fairfield* 85 B.U. L. Rev. 1047, 1095 (2005); *Hunt* 9 Tex. Rev. Ent. & Sports L. 141, 158. Ähnlich *Ondrejka* 49 N.Y. L. Sch. L. Rev. 81, 100 (2004), der virtuelle Welten mit Entwicklungsländern vergleicht, in denen keine klaren Eigentumsrechte und daher erhebliche Hindernisse für den produktiven Einsatz von Ressourcen bestehen. *Glushko* 22 Berkeley Tech. L. J. 507, 524 (2007) und *Vacca* 76 Tenn. L. Rev. 33, 47 (2008) sehen in der sprunghaften Popularität von Second Life nach der (teilweisen) Anerkennung von Rechten der Nutzer einen Beweis für die Validität dieses Argumentes. Ebenso *Ondrejka* 2(3) Innovations: Technology, Governance, Globalisation 27, 31 (2007) mit dem Hinweis, dass der entscheidende Gedanke dazu von *Lessig* kam: Nutzer würden kaum eine Welt schaffen, in denen ihnen das Geschaffene nicht auch gehöre. Genau entgegengesetzt *Chein* 80 St. John's L. Rev. 1059, 1089 (2006), der wegen der ohnehin stark wachsenden Popularität virtueller Welten keine Notwendigkeit für zusätzliche Anreize sieht. Das dürfte indes allenfalls für vorgefertigte Inhalte zutreffen.

[554] Vgl. *Koch* JurPC Web-Dok. 57/2006 Rn. 39.

[555] Vgl. *Reuveni* 54 J. Copyright Soc'y U.S.A. 285, 314 (2007), der (allerdings im Rahmen einer urheberrechtlichen Betrachtung) für nutzergenerierte Inhalte monetäre Anreize neben dem Bedürfnis nach Gemeinschaft, Selbstausdruck und Anerkennung sogar für nachrangig hält; *Deenihan* S. 21; *Stephens* 80 Tex. L. Rev. 1513, 1530 (2002).

[556] Vgl. *Balkin* 90 Va. L. Rev. 2043, 2044 f. (2004); *Lipton* 35 Loy. U. Chi. L. J. 235, 247 f. (2003): „The law then follows the market by creating and supporting the property right in question, either by statute, through the courts, or both."

[557] *Lastowka/Hunter* 92 Cal. L. Rev. 1, 45 (2004). Zur Zirkularität einer solchen Argumentation Kap. 4 F.II.3.a.bb.

[558] *Blazer* 5 Pierce L. Rev. 137, 159 (2006); *Reuveni* 54 J. Copyright Soc'y U.S.A. 285, 318 (2007) aus Sicht des Urheberrechts, der in der Sache aber Fragestellungen des Virtual Property aufgreift.

Eigentums im Vertikalverhältnis besteht darin, bei der Schutzreichweite eine angemessene Balance zwischen den legitimen Interessen der Nutzer und den durch ihre Anerkennung entstehenden Belastungen der Betreiber finden zu müssen, so dass weder die Entwicklung virtueller Welten als solche behindert, noch die Anreize zur Erzeugung nutzergenerierter Inhalte genommen werden[559]. Bei virtuellen Welten mit nutzergenerierten Inhalten sind beide Leistungen integrale Teile, von denen keine für sich allein ausreichen würde.

So intuitiv eingängig diese Interessengegensätze auch sein mögen, so wenig lässt sich die theoretische Debatte um Anreize derzeit mit Fakten füllen[560]. Die zuvorderst empirische Frage, in welchem Maße diese Anreizeffekte eintreten, ist bislang noch nicht analysiert worden und kann auch an dieser Stelle kaum allgemeingültig beantwortet werden[561]. Festgehalten werden kann insoweit lediglich, dass weder die Positionen der Nutzer noch die der Betreiber absolute Geltung beanspruchen können. Unabdingbar ist es, in diesem Interessengegensatz nach der genauen Art der Inhalte zu differenzieren. Hier jedoch grob zwischen Spielen und eher kommerziell geprägten Transaktionsräumen zu unterscheiden, erscheint recht abstrakt und nicht hilfreich, da sich ein spielerischer Charakter als das Grundmotiv einer virtuellen Welt und ein (erlaubter) Handel mit virtuellen Gütern nicht notwendigerweise ausschließen müssen[562]. Vorzugswürdig erscheint es eher, auf Faktoren wie eine Kommodifikation virtueller Güter und das Vorhandensein nutzergenerierter Inhalte zurückzugreifen, welche für das Maß erwünschter Investitionen ausschlaggebend sind[563]. Demgemäß ist die utilitaristische Rechtfertigung dort am stärksten, wo der Betreiber eine Plattform ohne nennenswerte Inhalte zur Verfügung

---

[559] *Blazer* 5 Pierce L. Rev. 137, 141 (2006).

[560] Es scheint ein generelles Problem aller nutzenmaximierend-ökonomisch geprägten Ansätze in der ökonomischen Analyse des Rechts zu sein, die für ihre Anwendung erforderlichen Informationen im Hinblick auf das Analyseziel mit wirtschaftlich vertretbarem Aufwand zu beschaffen. Der gepriesene Vorteil eines theoretisch klaren Analysemodells verblasst schnell, wenn es sich nur schwer mit Daten füllen lässt oder bestimmte vorhandene, aber nicht quantifizierbare Wirkungsfaktoren um der Anwendung des Modells wegen einfach ausgeblendet werden. Die ökonomische Analyse des Rechts erweist sich dann selbst als *methodisch* ineffizient. Da mag es geradezu geboten erscheinen, auf eine Daumenregel zurückzugreifen.

[561] Die Probleme einer normativen Rechtfertigung auf der Basis derzeit spekulativer Erwägungen einräumend auch *Vacca* 76 Tenn. L. Rev. 33, 49 (2008) und *Westbrook* [2006] Mich. St. L. Rev. 779, 796 f., der aber dennoch einen utilitaristischen Ansatz befürwortet.

[562] *Ondrejka* 49 N.Y. L. Sch. L. Rev. 81, 95.

[563] *Hunt* 9 Tex. Rev. Ent. & Sports L. 141, 167 (2007); für eine Unterscheidung in nutzergenerierte und betreibergenerierte Inhalte auch *Ondrejka* 49 N.Y. L. Sch. L. Rev. 81, 95 (2004).

stellt und die Beiträge der Nutzer den Inhalt und die Attraktivität generieren und damit auch eine wesentliche Grundlage für den wirtschaftlichen Betrieb einer virtuellen Welt bilden – wie bei der virtuellen „Erschließung“ unbebauten Landes.

6. Zwischenergebnis

Auf Grundlage der vorstehenden Erwägungen ist eine Anerkennung virtuellen Eigentums als eigentumsähnliches sonstiges Recht i.S.d. § 823 I BGB grundsätzlich möglich, wobei die Frage der Anerkennung freilich noch nicht die davon zu trennende Frage der Reichweite dieser Rechtsposition präjudiziert. In dieser werden dann – je nach Ansatz – die obigen Erwägungen zum Tragen kommen, wieviel und wessen Arbeit sich in den virtuellen Gegenständen manifestiert, wie eng deren Beziehung zur Person ihres Inhaber ist bzw. welche Rechteverteilung für ein effizientes, m.a.W. Innovation und Wohlfahrt anregendes, Ergebnis sorgt.

II. Die Reichweite virtuellen Eigentums

Die vorstehenden Überlegungen haben die grundsätzliche Möglichkeit aufgezeigt, virtuelles Eigentum als sonstiges Recht i.S.d. § 823 I BGB anzuerkennen, ohne dass damit schon eine Aussage über dessen Reichweite verbunden war. Vielmehr wurde bereits aus den Erwägungen zur Legitimation dieser Rechtsfigur das Bedürfnis nach einer ihr immanenten Beschränkung – vor allem im Vertikalverhältnis von Nutzer und Betreiber – deutlich. Dass absolute Rechte Beschränkungen unterliegen, ist an sich nichts besonderes und zeigt sich deutlich selbst am Sacheigentum, dessen Einschränkungen im Spannungsverhältnisses zu anderen Gesetzen und entgegenstehenden Rechten Dritter schon explizit in § 903 S. 1 2. HS BGB niedergelegt wurden, so dass die umfassende Herrschaftsmacht über eine Sache eher programmatischen Charakter hat, als wirtschaftliche Realität zu sein[564]. Die hier erforderliche Grenzziehung wohnt aus den oben genannten Gründen dem virtuellen Eigentum ganz besonders inne[565], weil schon die Existenz seiner Herrschaftsgegenstände von technischen Gegebenheiten im Sacheigentum eines Dritten und meist auch von Vertragsverhältnissen mit diesem abhängt. Vor diesem Hintergrund ist neben der oben diskutierten

---

[564] Vgl. Staudinger/*Seiler*[2002] § 903 Rn. 3.

[565] Vgl. zur Interessenabwägung als Mittel der Reichweitenbestimmung bei Virtual Property *Blazer* 5 Pierce L. Rev. 137, 161 (2006) sowie die obigen Ausführungen zur Legitimation virtuellen Eigentums unter Kap. 4 F.I.5.c.bb.

Frage, ob es ein originäres virtuelles Eigentum geben kann, nun auch und vor allem dessen Reichweite zu klären[566].

In diesem Zusammenhang wird auf vier Aspekte einzugehen sein: Zunächst gilt es, die Überformung originären virtuellen Eigentums durch einen etwaigen Nutzungsvertrag und die Wechselwirkung zwischen beiden darzustellen, welche nicht nur die Ausformung virtuellen Eigentums durch einen seine Wirkung überwölbenden Vertrag, sondern auch eine etwaige Korrektur dieses Vertrages am Wirkungsmaßstab virtuellen Eigentums zur Folge haben kann. Seine Bedeutung geht somit im Vertikalverhältnis über eine vertraglich zugeschnittene Rechtsposition und ihre absolute horizontale Wirkung zwischen Nutzern und Dritten hinaus (1.). Sodann wird in diese vertragsrechtlichen Überlegungen die theoretische Diskussion um die Regelungsautonomie virtueller Welten eingeblendet, welche ebenso die Reichweite etwaiger Rechte aller Beteiligten in dem Maße überlagert, wie ein konsensgetragener Vorrang des Innenrechts virtueller Welten besteht (2.). Danach wird auf die Reichweite virtuellen Eigentums im Vertikalverhältnis zwischen Nutzer und Betreiber eingegangen (3.), was eine sorgfältige Analyse der konfligierenden Interessenlagen erfordert (3.a.), um auf dieser Grundlage die allgemeinen Maßstäbe zur Legitimation virtuellen Eigentums zur Anwendung zu bringen und eine nach den konkreten Arten virtueller Welten differenzierende Lösung zu finden (3.b.). Ein ähnliches Vorgehen ist im Horizontalverhältnis angezeigt, wo die Reichweite virtuellen Eigentums vor allem durch explizit vertragliches, implizit durch Verkehrsgewohnheiten ausgedrücktes oder technisch gesetztes Innenrecht virtueller Welten geprägt ist (4.). Dabei gilt es, für die folgenden Ausführungen zur Reichweite virtuellen Eigentums Vertikal- und Horizontalverhältnis gedanklich zu trennen[567].

1. Vertragliche Überformung

Vor dem Hintergrund, dass das Innenrecht fast aller virtuellen Welten auch durch vertragliche Nutzungsbedingungen in Gestalt von EULAs gebildet wird[568], stellt sich die Frage des Verhältnisses von vertraglichen Bestimmungen und virtuellem Eigentum. Auf Grundlage einer rein vertraglichen

---

[566] In diesem Sinne für Virtual Property auch *Sharma/Birdsey* 180 T.W. 36, 37 (2005).

[567] Aus der Perspektive eines Nutzungsvertrages als hypothetischem Gesellschaftsvertrag korrespondiert diese Unterscheidung gleichsam mit einem horizontalen zivilrechtlichen Eigentumsschutz gegenüber anderen Privatrechtssubjekten sowie dem vertikalen öffentlichrechtlichen Schutz des Eigentums gegenüber der enteignenden Institution.

[568] Vgl. *Lastowka/Hunter* 92 Cal. L. Rev. 1, 50 (2004); *Meehan* 13 Rich. J. L. & Tech. 7 Tz. 12 ff. (2006).

Konstruktion (oben D.) wäre „virtuelles Eigentum" freilich nur ein Synonym für die vertragliche Position des Nutzers gegenüber dem Betreiber (a.). Im Rahmen eines originären Ansatzes als absolutes Recht entfalten beide demgegenüber eine Wechselwirkung, bei der – ähnlich dem Virtual Property – nicht gänzlich klar ist, ob und wie virtuelles Eigentum die Anwendung und Auslegung der Nutzungsverträge beeinflusst – und umgekehrt (b.). Relevant wird diese Unterscheidung dann, wenn Nutzungsbedingungen die aus einem zunächst anerkannten virtuellen Eigentum fließenden Rechte zur Nutzung, zum Ausschluss und zur Übertragung im Vertikalverhältnis gegenüber dem Betreiber erheblich beschränken und die originäre Rechtsposition der Nutzer zum Wirkungsfaktor in einer etwaigen Inhaltskontrolle solcher Vertragsvereinbarungen wird.

a. Nochmals: Konvergenz von Vertragsrecht und virtuellem Eigentum

Wenn sich virtuelles Eigentum – wie oftmals – mit Vertragsbeziehungen überschneidet, tut sich regelmäßig eine Konfliktlage auf: Während virtuelles Eigentum als Rechtsfigur tendenziell zugunsten des schaffenden Nutzers streitet und über einen – nicht notwendigerweise inhaltlich und zeitlich umfassenden – Schutz gegen Beeinträchtigung und Entzug die fortdauernde wirtschaftliche Nutzung virtueller Gegenstände anstrebt, sehen die vom Betreiber gestellten Vertragsbestimmungen meist das genaue Gegenteil vor, wenn sie – je nach Einzelfall – schon die Entstehung virtuellen Eigentums ausschließen, etwaige entstehende Rechtspositionen an die Betreiber übertragen, sich ein umfassendes Recht zur Löschung von Inhalten, ein Verbot der Übertragbarkeit, eine Kündigung von Accounts sowie Haftungsausschlüsse vorbehalten und damit das einmal begründete virtuelle Eigentum im Vertikalverhältnis seiner eigentlichen Substanz entleeren[569].

Diese Konfliktlage ließe sich leicht vermeiden, wenn man virtuelles Eigentum schon *a priori* als rein vertragsrechtlich qualifiziert und daraus abgeleitete Herrschaftsrechte im Gewand einer relativen Vertragsbeziehung zwischen Betreiber und Nutzer erscheinen[570]. Dann nämlich lägen

---

[569] Den einseitig–nutzerbenachteiligenden Charakter der Nutzungsbedingungen bemerken etwa *Gervassis* [2004] J.I.L.T (3); *Jankowich* 8 Tul. J. Tech. & Intell. Prop. 1, 5 (2006); *Sheldon* 54 UCLA L. Rev. 751, 763 ff. (2007). Zur Frage der Wirksamkeit solcher EULA-Klauseln vgl. Kap. 7 D.III.2.; E.II.; F.III.3.

[570] *Lober/Weber* CR 2006, 837, 838 Fn. 8 kritisieren den Fokus der Diskussion auf das virtuelle Eigentum, weil die tatsächlichen Probleme der Rechteverteilung im Vertragsrecht lägen, obwohl sie anderenortes den Schwerpunkt der Betrachtungen auf ein originäres Recht legen (*Lober/Weber* MMR 2005, 653, 655). Nahtlos in diese Tendenz fügt sich das – oben schon thematisierte – Argument ein, dass die vertraglichen Beschränkungen gerade gegen eine originäre Rechtsposition der Nutzer sprächen (*Koch* JurPC Web-Dok. 57/2006 Rn. 44; *Rippert/Weimer* ZUM 2007, 272, 275; *Völzmann-*

schon begrifflich keine vertraglichen *Beschränkungen* virtuellen Eigentums vor, weil das Recht so überhaupt erst *konstituiert* wird. Virtuelles Eigentum wäre demnach nur eine vertragsrechtliche Position des Innenrechts, bestimmt durch ein Geflecht von expliziten Regeln, implizit einbezogenen sozialen Übereinkünften und technischen Gegebenheiten[571], dessen Reichweite sich grundsätzlich auch im Innenrecht erschöpft.

b. Die Überwölbung durch und das Spannungsverhältnis zum Vertragsrecht

Anerkennt man jedoch virtuelles Eigentum als ein dem Vertrag gedanklich vorgelagertes originäres Rechtsinstitut, so werden die daraus hervorgehenden Rechte durch die jeweiligen Vertragsbestimmungen überformt, so dass sich diese Rechtsfigur gerade als normatives Gegengewicht nutzen ließe, eine allzu einseitige vertragliche Rechteverteilung im Verhältnis von Nutzer und Betreiber zu hinterfragen.

Eine solche Tendenz findet sich etwa im US-amerikanischen Recht zu Virtual Property, dass dessen Anerkennung Gerichte dazu bewegen könnte, eher die Unwirksamkeit vertraglicher Regelungen anzunehmen, die weitreichende Nutzungsbeschränkungen, absolute Übertragungsverbote, voraussetzungslose Enteignungs- oder Kündigungsrechte sowie eine Übertragung sämtlicher Rechte an die Betreiber vorsehen[572]. In diesem Sinne wird auch die bislang einzige Gerichtsentscheidung zu Virtual Property, *Bragg v. Linden Research*[573], wahrgenommen[574]. Die Prämisse

---

Stickelbrock FS Eisenhardt S. 327, 339 f.; ähnlich *Kleespies* GRUR 2002, 764, 766 für die Domain). Dazu bereits oben Kap. 4 F.I.5.b.cc. Vgl. für Virtual Property *Meehan* 13 Rich. J. L. & Tech. 7 Tz. 6 (2006), der seine Analyse der Rechteverteilung nicht auf die Anerkennung von Virtual Property ausrichtet, sondern in einem vertraglichen Rahmen vornimmt; sowie *Sheldon* 54 UCLA L. Rev. 751, 762 ff. (2007). Die zentrale Bedeutung der EULA betonen auch *Gervassis* [2004] J.I.L.T. (3) und *Kayser* 27 Loy. L.A. Ent. L. Rev. 59, 72 ff. (2007).

[571] Zu den Quellen des Innenrecht ausführlich Kap. 4 F.II.4.b.–d.

[572] Vgl. *Balkin* 90 Va. L. Rev. 2043, 2070 (2004); *Belcher* 7(1) E.C. L. & P. 7, 8 (2005): „Will the terms [...] be sufficient to override the principles of property ownership?"; *Blazer* 5 Pierce L. Rev. 137, 150 (2006): „[T]he economic reality of virtual property may trump empty formalities in an EULA."; *Chein* 80 St. John's L. Rev. 1059, 1086 (2006): „The real battle is to establish full fledged ownership of virtual property over the EULA concerns."; *Fairfield* 85 B.U. L. Rev. 1047, 1051 f. (2005): „The law of contract and the law of property traditionally balance each other"; *Fairfield* Anti-Social Contracts S. 5; *Jankowich* 8 Tul. J. Tech. & Intell. Prop. 1, 10 (2006); *Lastowka/Hunter* 92 Cal. L. Rev. 1, 50 (2004); *Westbrook* [2006] Mich. St. L. Rev. 779, 803. So zumindest auch die Ausgangsfragestellung bei *Horowitz* 20 Harv. J. L. & Tech. 443, 444 (2007); *Vacca* 76 Tenn. L. Rev. 33, 49 ff. (2008); beide aber i.E. ablehnend.

[573] *Bragg v. Linden Research* 487 F. Supp. 2d 593 (U.S. District Court, Eastern District of Pennsylvania, 2007); dazu oben Kap. 2 D.II.3.

einer solchen Sichtweise ist zweistufig; sie beruht zunächst erststufig auf der grundsätzlichen Anerkennung von Virtual Property als originäre Rechtsposition, um sodann auf der zweiten Stufe als archimedischer Punkt für die Beurteilung einer unangemessenen Beschränkung durch vertragliche Nutzungsbedingungen zu dienen. Das Verhältnis von Virtual Property zum überformenden Vertragsrecht ist hiernach von einer Wechselwirkung geprägt: So wie Virtual Property einerseits vertraglich überformt wird, kann es andererseits gerade die Grenzen seiner Überformung mit ziehen, wenn diese seine weitgehende Aushöhlung zur Folge hat.

Von einer ähnlichen Wechselwirkung wird – jedenfalls implizit – auch im deutschen Recht ausgegangen[575]. Dogmatisch ließe sich virtuelles Eigentum etwa als Wirkungsfaktor bei der Inhaltskontrolle von Vertragsklauseln gem. § 307 I BGB fruchtbar machen, wenn eine unangemessen einseitige vertragliche Rechteverteilung vom Leitbild dieses absoluten Rechtes abweicht[576]. Hierbei können Erwägungen zur Reichweite virtuellen Eigentums im Spannungsfeld zwischen den längerfristig verwobenen Nutzer- und Betreiberinteressen[577] direkt fruchtbar gemacht werden[578].

Wenn nun virtuelles Eigentum ohnehin durch Vertragsrecht überformt wird, stellt sich freilich die bereits oben aufgeworfene Frage nach dem Sinn einer gleichsam vorgeschalteten originären Rechtsfigur, statt derer hier auch eine rein schuldvertragliche Konstruktion als Kombination einer Vielzahl relativer Vertragsbeziehungen mit im Ergebnis ähnlich absoluter Wirkung ausreichen könnte. Anders formuliert: Wenn virtuelles Eigentum durch ein Geflecht vertraglicher Beziehungen überwölbt wird, die ihm im Außenverhältnis und im vertikalen Innenverhältnis einen Großteil seiner Substanz nehmen, andererseits im horizontalen Innenverhältnis funktional

---

[574] *Dougherty* 9(7) E.C.L. & P. 6, 7 (2007); *Fairfield* Anti-Social Contracts S. 44; ähnlich *Chin* 72 Brook. L. Rev. 1303, 1321 (2007).

[575] Vgl. *Beurskens* in: *Domej/Dörr/Hoffmann-Nowotny/Vasella/Zelger* S. 443, 467, der aus einem originären Recht eine Modifizierung der Vertragsbedingungen ableitet, z.B. eine Kündigungsfrist oder gar einen sachlichen Grund; *Wemmer/Bodensiek* K&R 2004, 432, 436, die eine eigentumsähnliche absolute Rechtsposition ablehnen, *um* die wirtschaftliche Handlungsfreiheit der Betreiber zu gewährleisten – und so implizit einen Konflikt zwischen virtuellem Eigentum und durch die Nutzungsverträge angestrebter Handlungsfreiheit sehen. Vgl. auch LG Hamburg v. 28.8.2008, Az. 315 O 326/08, welches das virtuelle Hausrecht in Verbindung mit den Terms of Use anwendet sowie LG Regensburg v. 26.9.2006, Az.: 2 S 153/06 (obiter), das bei vertraglicher Konkretisierung der Leistungspflichten einen Rückgriff auf das virtuelle Hausrecht ablehnt.

[576] Ein Leitbildcharakter kommt nicht nur Gesetzen im formellen Sinne zu, sondern auch im Wege der Rechtsfortbildung entwickelten Rechtsfiguren, vgl. BGHZ 121, 18; BGHZ 100, 163; Palandt/*Heinrichs*[68] § 307 Rn. 26.

[577] Dazu sogleich Kap. 4 F.II.3.

[578] Zur Wirkung in der Klauselkontrolle Kap. 7 D.III.2., E.II., F.III.3.

ein absolutes Recht ersetzen können, spricht das dann nicht gleich für eine rein vertragliche Grundlage[579]?

Zwei Erwägungen lassen sich dem entgegenhalten: Zunächst sind das die oben dargestellten Schwächen einer vertraglichen Konstruktion im Horizontalverhältnis. Deren Überzeugungskraft als Argument hängt freilich direkt von der Bereitschaft ab, die oben aufgezeigten Wege in Richtung einer Drittwirkung relativer Rechtsverhältnisse zu gehen. Diese im Horizontalverhältnis zwischen Nutzern – z.B. durch einen Vertrag mit Schutzwirkung – großzügig zu handhaben, Einwirkungen außerhalb jeglicher vertraglicher Sonderverbindung als Ausnahmekonstellationen zu sehen, oder gar einen deliktischen Schutz von Forderungen dann anzuerkennen, wenn diese ausnahmsweise ein konkretes, gegenständliches Herrschaftsobjekt haben, erweitert freilich den vom Vertragsrecht abgedeckten Bereich, welchen originäres virtuelles Eigentum nicht mehr füllen müsste.

Die zweite Erwägung ist eher theoretischer Natur und betrifft die Ausgangsverteilung der Rechte jenseits jeglicher Vertragsbeziehung. Praktische Bedeutung gewinnt sie in Fällen, in denen ein Vertrag unwirksam ist oder gar kein Vertrag geschlossen wurde. Letzteres mag derzeit bei zentral betriebenen virtuellen Welten selten sein[580]. Spätestens mit technisch dezentralen Systemen auf Grundlage einer aufkommenden peer-to-peer Architektur[581] ohne zentralen Server und Betreiber zeigt sich aber, dass die Annahme eines Vertrages ohne ein konstruiertes, rechtlich schwer handhabbares Vertragsgeflecht zwischen allen einzelnen Nutzern – dem obigen Netzvertrag nicht ganz unähnlich – an seine Grenzen stößt. Blendet man vor diesem Hintergrund für die Ausgangsverteilung der Rechte an virtuellen Gegenständen einen etwaigen Vertrag aus, so griffe im Zweifel – ungeachtet aller Konvergenzprobleme – wohl das Sacheigentum an der Systemhardware und sorgte für eine generelle Ausgangsverteilung zu-

---

[579] Diese müsste bei einer etwaigen Inhaltskontrolle i.S.d. §§ 307 ff. BGB freilich auf ein originäres Recht als Leitbild i.S.d. § 307 II Nr. 1 BGB verzichten, könnte aber die in diesem Kapitel angestellten Überlegungen zur Reichweite virtuellen Eigentums direkt als Erwägung zur Angemessenheit i.S.d. § 307 I BGB verorten.

[580] Meist existiert hier ein Nutzungsvertrag mit dem Systembetreiber, dem der Nutzer explizit zustimmen muss. Für nicht so eindeutig wird ein Vertragsschluss aber dort gehalten, wo ein solcher nicht eindeutig vorliegt, etwa für virtuelle Räume wie Diskussionsforen, vgl. dazu *Ladeur* MMR 2001, 787, 788; *Maume* MMR 2007, 620, 621; *Kunz* S. 161 ff.; demgegenüber recht weitgehend für die Konstruktion stillschweigender Verträge *Feldmann/Heidrich* CR 2006, 406, 409. Vgl. für das Bedürfnis nach einer solchen vertraglichen Regelung gerade wegen des Fehlens einer anderen Rechtsfigur *Horowitz* 20 Harv. J. L. & Tech. 443, 447 (2007): „Without a positive theory of virtual property, it is hard to consider a world beyond the EULAs."

[581] Vgl. *Schmidt/Dreyer/Lampert* S. 29 ff.; *Mayer-Schönberger/Crowley* 100 NW. U. L. Rev. 1775, 1822 f. (2006).

gunsten des jeweiligen, technisch zufälligen Sacheigentümers. Ein solches Ergebnis, das Herrschaftsrechte an nutzererstellten Inhalten allein beim Betreiber konzentriert, widerstrebt geradezu den obigen Erwägungen zur ihrer Legitimation. Selbst wenn die Nutzer über Immaterialgüterrechte *an* ihren virtuellen Gegenstände verfügen, so liefen diese – wie oben gezeigt – ohne eine parallele Herrschaftsbefugnis über ihre (ohne etwaige Datenexportfunktionen ggf. einzige) tatsächliche elektronische Verkörperung im System weitgehend leer. In diese Lücke tritt ein originäres Recht an der elektronischen Verkörperung und deren rivalisierender Nutzung.

Diesen Befund stützt ein Seitenblick auf die Vorschriften über die Verarbeitung (§§ 950 f. BGB), welche hier mangels Sacheigenschaft freilich nicht anwendbar, aber geeignet sind, die grundlegenden Wertungen des BGB bei der Zuweisung von Herrschaftsbefugnissen über die Ergebnisse der eigenen Arbeit herauszustellen[582]. Wenn der Verarbeiter nach § 950 BGB das Eigentum an einer dabei neu entstandenen Sache erlangt, sofern er durch seine Verarbeitung einen Wert zuführt, der nicht erheblich geringer ist als der der Ausgangsstoffe, so ist das Ausdruck des Grundgedankens, dass die rechtliche Herrschaft – freilich hier mit dem Ausgleichsanspruch des § 951 BGB – der Arbeitsleistung und Wertschöpfung folgt[583]. Gerade diese bewirken hier aber gerade die Nutzer; zudem ist der Wert des in Anspruch genommenen physischen Speicherplatzes im Verhältnis zu dem Wert erzeugter Inhalte verschwindend gering, und das nicht nur angesichts seit Jahren rapide fallender Speicherpreise.

2. Virtuelles Eigentum und die Autonomiediskussion virtueller Welten

In engem Zusammenhang mit der Reichweite virtuellen Eigentums und dessen vertraglicher Überformung steht die grundlegende Frage der Regelungsautonomie virtueller Räume. Vom Ausgangspunkt umfassender Autonomie und dem Primat gesetzten virtuellen Innenrechts vor dem realen Außenrecht gesehen hätten es die Betreiber in der Hand, völlig über die Anerkennung oder den Ausschluss virtuellen Eigentums auch mit Wirkung für das Außenrecht zu entscheiden. Umgekehrt die Befugnis zur autonomen innenrechtlichen Regulierung gänzlich zu verneinen, hätte demgegenüber zur Folge, dass das gesetzte Innenrecht für die Reichweite eines im Außenrecht anerkannten virtuellen Eigentums gänzlich ohne Beachtung bliebe. Auch wenn im Ergebnis weitgehend Einigkeit besteht, dass es sich bei virtuellen Welten nicht um einen rechtlich autonomen – m.a.W. (außen-) rechtsfreien – Raum handeln kann[584], sind damit Ausmaß

---

[582] Vgl. *Kruse* Bd. 1 S. 108, der auf Gebieten ohne gesetzliche Regelung und in Zweifelsfällen für die Geltung allgemeiner Grundsätze plädiert, nach denen die vom einzelnen geschaffenen Werte in erster Linie dessen Herrschaft zuzuweisen sind.

[583] Vgl. Soergel/*Henssler*[13] § 950 Rn. 1.

[584] *Balkin* 90 Va. L. Rev. 2043, 2044 f. (2004); *Burger* in: *Taeger/Wiebe* S. 65, 76; *Chin* 72 Brook. L. Rev. 1303, 1325 (2007); *Klickermann* MMR 2007, 766, 769; *Krieg* in: *Taeger/Wiebe* S. 79, 80; *Mendis* [2008] E.I.P.R. 1, 2.

und Quellen möglicher Regelungsautonomie, auch im Verhältnis zu virtuellem Eigentum, nicht geklärt. Das ist Gegenstand dieses Abschnittes.

Nach einer kurzen terminologischen Vorbemerkung zu Innen- und Außenrecht (a.), einem Blick auf die verschiedenen argumentativen Stoßrichtungen der Autonomiediskussion (b.) und einem Rückblick auf die ähnliche Diskussion in der Geschichte des Internet in den 90er Jahren (c.) wird sodann aufgezeigt, auf welcher Grundlage eine solche Regelungsautonomie überhaupt beruhen kann (d.) Der zentrale Mechanismus hierfür ist Vorrang durch Konsens (d.aa.), welcher sich in verschiedenen Formen ausdrücken kann (d.bb.) und dabei im Gleichlauf mit den Grenzen der Privatautonomie auch an seine Grenzen stößt (cc.). Das auch in diesem Zusammenhang vorgebrachte Argument der Entbehrlichkeit jeglicher Regulierung bei hinreichendem Wettbewerb vermag jedenfalls im Falle eines Marktversagens nicht gänzlich zu überzeugen (dd.).

a. Terminologie: Innenrecht und Außenrecht

Für die Zwecke der folgenden Ausführungen sind zunächst die verwendeten Begriffe von Innenrecht und Außenrecht zu definieren. Das Innenrecht soll die Übereinkunft von Betreibern und Nutzern über die geltenden Verhaltensregeln und die Rechteverteilung zwischen ihnen und den Nutzern untereinander und damit die Summe aller selbstgesetzten Regeln bezeichnen[585]. Das Außenrecht umfasst die gesamte objektive Rechtsordnung, soweit virtuelle Welten in den tatbestandsmäßigen Anwendungsbereich ihrer Normen gelangen.

Speziell der Begriff virtuelles Eigentum kann je nach Perspektive im Innenrecht und Außenrecht zwei Bedeutungen annehmen. Einerseits kann er die Herrschaft der Nutzer über ihre jeweiligen virtuellen Gegenstände innerhalb einer virtuellen Welt bezeichnen, soweit sie sich aus dem Innenrecht ergibt. Hiernach haben Nutzer dort – und unter Ausblendung des Außenrechts – meist eine technisch bewirkte[586] eigentümerähnliche Herrschaftsmacht über ihnen zugewiesene virtuelle Gegenstände, welche den Zugriff Dritter abwehren, ihre ausschließliche Nutzung gewährleisten

---

[585] Die Einordnung als „Recht“ erscheint jedenfalls nicht unangebracht, wenn man sich einer Sichtweise als „virtuelle Gemeinschaft“ nicht verschließt, die auf die Funktion von Recht als sozialem Ordnungsrahmen zurückgreift, der Ressourcen zuweisen und Verhaltensregeln aufstellen soll; vgl. *Lastowka/Hunter* 92 Cal. L. Rev. 1, 12 f. (2004) und *von Arnauld* in: *von Arnauld* S. 51, 55 ff. zu dieser konstitutionalisierenden Funktion beim „Spielvertrag“.

[586] Zur Rolle der technischen Ausgestaltung des Innenrechts Kap. 4 F.II.4.d.

und u.U. auch ihre Übertragung ermöglichen kann[587]. Demgegenüber stellt sich die hier untersuchte Frage einer rechtlichen Anerkennung virtuellen Eigentums aus der Sicht des Außenrechts. Dieses wird dann relevant, wenn es die Herrschaftsmacht des Nutzers aus dem Kontext einer virtuellen Welt in das reale Recht zu übersetzen gilt, wo virtuelles Eigentum durch die Rechtsordnung anerkannt und horizontal gegen andere Nutzer und Dritte sowie vertikal gegen die Betreiber durchgesetzt werden soll.

b. Stoßrichtungen der Autonomiediskussion

Hervorzuheben ist vorab ferner, dass Autonomie in diesem Zusammenhang nicht Anarchie bedeutet[588]. Der Begriff der Autonomie zielt hier weniger auf die *Abwesenheit* jeglicher rechtlicher Regelung, sondern auf die *Anerkennung* intern gesetzter Normen (oder gerade ihres Fehlens) auch im Außenrecht. Soweit in die Diskussion um virtuelles Eigentum das Autonomieargument eingeführt und für einen begrenzten Einfluss des realen Außenrechts plädiert wird, geschieht das aus zwei denkbar unterschiedlichen Perspektiven heraus, die deutlich seine Ambivalenz zeigen:

Einerseits berufen sich die Verfechter der Regelungsautonomie virtueller Welten auf die Utopie einer von Nutzern getragenen „Self Governing Community“[589], die sich als Produkt interner demokratischer Normsetzungsmechanismen über das Außenrecht hinwegsetzt und dazu – im Idealfall – sogar eigene Rechtsdurchsetzungsmechanismen[590] entwickelt hat. Die propagierte Autonomie soll dabei nicht rein defensiv den Einfluss des Außenrechts begrenzen, sondern zielt aktiv darauf, im Innenrecht getroffene Regelungen im Außenrecht anzuerkennen und dem legitim gesetzten Innenrecht somit *Geltung* zu verschaffen, wenn seine Rechteverteilung von der des Außenrechts abweicht[591]. Diesem frühen Cyberspaceutopien ähnelnden Bild[592] liegt die Vorstellung zugrunde, dass so selbstgesetztes Innenrecht einem demokratischen Prozess entstamme und

---

[587] Vgl. *Lastowka/Hunter* 92 Cal. L. Rev. 1, 30 (2004) mit dem Hinweis darauf, dass ein solch faktisches „Virtual Property“ unabhängig von der Frage seiner (außen-) rechtlichen Anerkennung in fast jeder virtuellen Welt existiert.

[588] Ähnlich *Mayer* NJW 1996, 1782, 1790 für das Internet allgemein.

[589] Vgl. zu diesem Bild *Bradley/Froomkin* 49 N.Y. L. Sch. L. Rev. 103, 144 (2004); *Lastowka/Hunter* 92 Cal. L. Rev. 1, 69 ff. (2004); *Kayser* Loy. L.A. Ent. L. Rev. 59, 63 (2007).

[590] *Lastowka/Hunter* 92 Cal. L. Rev. 1, 73 (2004); für das Beispiel Second Life *Cordall* 18(2) Comps. & Law, 25, 27 (2007); *Chin* 72 Brook. L. Rev. 1303, 1348 (2007).

[591] *Lastowka/Hunter* 92 Cal. L. Rev. 1, 73 (2004): „Courts will need to recognize that virtual worlds are jurisdictions separate from our own, with their own distinctive community norms, laws, and rights. [...] [I]nhabitants will demand that these rights be recognized by real-world courts [...]“.

[592] Dazu sogleich Kap. 4 F.II.2.c. sowie Kap. 2 D.I.3.b.

damit keiner Kontrolle durch ein – als aufgebürdet empfundenes – Außenrecht bedürfe.

Eine genau entgegengesetzte Stoßrichtung hat das Autonomieargument bei den sich ebenso hierauf berufenden Betreibern, deren Absicht es ist, ihre eigenen Eingriffe in die virtuelle Welt wie Enteignungen, Kündigungen von Nutzerkonten (mit de facto enteignendem Effekt), entwertende Maßnahmen und sonstige Handlungen rechtlich folgenlos zu stellen[593]. Sofern sie sich auf eine vorrangige Geltung des Innenrechts berufen, geschieht das allerdings nicht mit dem normativen Unterbau der vorrangigen Geltung einer utopischen virtuellen Demokratie, sondern entspricht vielmehr der wirtschaftlichen Realität eines von ihnen beherrschten virtuellen Raumes, dessen Nutzung durch eine Vielzahl vorformulierter, oft einseitig gestalteter Nutzungsvertragsbedingungen geregelt ist. Regelmäßig wird hierbei auch die eingangs erwähnte ökonomische Bedeutung virtueller Güter heruntergespielt[594]. Auffällig sind jedoch die Widersprüche, wenn Betreiber den virtuellen Raum einerseits möglichst außenrechtsfrei und damit unter ihrer absoluten Kontrolle behalten wollen *und* andererseits gerade die Rechtsordnung bemühen, um unerwünschte Aktivitäten – wie etwa den Handel mit virtuellen Gütern – zu unterbinden[595].

c. Rückblick: Die Autonomie des Internet

Die – bisweilen etwas euphorische – Wahrnehmung von „digitalen Gesellschaften“ und Forderungen nach deren autonomer Regelsetzung sind als solche nicht neu. Ihre historischen Vorläufer hatten sie schon Mitte der 1990er Jahre, als in den USA die Autonomiediskussion um das damals für die allgemeine Nutzung relativ neue Internet geführt wurde, um dort Raum für die Entwicklung eigener Rechtsetzungs- und Durchsetzungsmechanismen zu geben[596].

---

[593] *Bartle* Pitfalls of Virtual Property; *ders.* 49 N.Y. L. Sch. L. Rev. 19, 33 ff. (2004).

[594] *Bartle* Pitfalls of Virtual Property S. 13; Vgl. *Kolz,* Virtual IP Rights Rock Online Gaming World (http://www.law.com/jsp/article.jsp?id=1101738506769, Abruf am 15.12. 2008): „Many developers deny the real-dollar connection to avoid disputes if real-world property law ever applies to virtual goods.“

[595] *Grimmelmann* Virtual Borders S. 11.

[596] Vgl. etwa *Johnson/Post* 48 Stan. L. Rev. 1367 (1996), die damals einen „...distinct Cyberspace that needs and can create ist own law and legal institutions“ apostrophierten und meinten „...new rules will emerge to govern a wide range of new phenomena that have no clear parallel in the nonvirtual world.“ (a.a.O. 1367, 1387) Große Bekanntheit unter den Nutzern des Internet in seinen Anfangstagen erlangte in diesem Zusammenhang ein Manifest von *John Perry Barlow*, das als „A Declaration of the Independence of Cyberspace“ v. 8.2.1996 die Unabhängigkeit des Internet propagierte und sich dabei mit den Worten „Your legal concepts [...] do not apply to us.“ auch gegen die Anwendung

Blendet man das romantisierende und sich an die Eroberung des Westens der USA anlehnende Bild einmal aus, in dem unerschlossenes – wenngleich virtuelles – Land von neuen, freien Gemeinschaften entdeckt, in Besitz genommen und eigenen Regeln unterworfen wird[597], so war ein starkes Argument für diese Autonomie schlicht pragmatischer Natur und zielte auf durch die Ubiquität des Internet hervorgerufene kollisionsrechtliche Probleme[598] – wie sie auch heute bei virtuellen Welten bestehen[599]. Gerade dieser Zusammenhang war es auch, in dem die oben schon erörterte Raummetaphorik[600] für die gedankliche Trennung des „virtuellen Raumes" vom „realen Raum" bemüht wurde. Statt sich dem realen Recht unterwerfen zu wollen, plädierte man für eine eigene lex mercatoria[601], welche in Self-Governance-Strukturen geschaffen[602] und in internen Streitschlichtungsinstitutionen durchgesetzt werden sollte[603]. Die Aussicht, dass diese Entwicklung weitgehend jenseits staatlicher oder wirtschaftlicher Monopole vonstatten gehen würde[604], ja sogar die Grundlage einer

---

realen Rechts wandte (http://homes.eff.org/~barlow/Declaration-Final.html, Abruf am 1.9.2009).

597 *Hunter* 91 Cal. L. Rev. 439, 442 (2003) m.w.N. Ein ähnliches Bild findet man derzeit auch bei der Wahrnehmung virtueller Welten, vgl. nur *Kayser* 27 Loy. L.A. Ent. L. Rev. 59, 62 (2007).

598 Vgl. *Johnson/Post* 48 Stan. L. Rev. 1367, 1392 f. (1996); in deutscher Rezeption *Mayer* NJW 1996, 1782, 1789.

599 Ausführlich zu kollisionsrechtlichen Aspekten virtuellen Eigentums § 5.

600 *Johnson/Post* 48 Stan. L. Rev. 1367, 1379. Vgl. Kap. 2 D.I.3.b.

601 In dieser durchaus erfolgreichen Entwicklung von Handelsbräuchen im Mittelalter als Alternative zur Anwendung einer Vielzahl divergierender lokaler Rechtsordnungen wurde ein Vorbild für die Rechtsentwicklung im Internet zur Überwindung kollisionsrechtlicher Probleme gesehen, vgl. *Hardy* 55 U. Pittsb. L. Rev. 993, 1019 ff. (1994); *Johnson/Post* 48 Stan. L. Rev. 1367, 1389 (1996); *Reidenberg* 76 Tex. L. Rev. 553 (1997); im deutschen Schrifttum etwa *Mayer* NJW 1996, 1782, 1790; *Paulus* FS Mayer-Maly S. 563, 573. Für einen Vergleich der lex mercatoria mit der Entscheidungspraxis der ICANN-Panels in Domain Disputes *Teubner/Karavas* in: *Ladeur* S. 249, 265 ff.

602 *Johnson/Post* 48 Stan. L. Rev. 1367, 1388 (1996) mit exemplarischem Verweis auf das System der Domainvergabe.

603 *Johnson/Post* 48 Stan. L. Rev. 1367, 1389 (1996). *Hardy* 55 U. Pittsb. L. Rev. 993, 1021 (1994) plädierte etwa für die Schaffung besonderer „virtueller Gerichte" für grenzübergreifende Rechtsverletzungen im Internet; ein Gedanke, der derzeit für Domains bei den ICANN-Panels in Domain Disputes zum Tragen kommt, vgl. *Teubner/Karavas* in: *Ladeur* S. 249, 265 ff. Zur Bedeutung eines solchen Ansatzes für die Selbstregulierung von Internetforen *Kunz* S. 187 ff.

604 So *Post* 52 Stan. L. Rev. 1439, 1451 ff. (2000), der auch bei privater Normsetzung hinreichend Wettbewerb sah und damalige Monopolisierungsbedenken nicht teilte.

originären virtuellen Demokratie sein könnte[605], erscheint im Rückblick allerdings ziemlich optimistisch[606].

Dass sich diese Forderung nie durchsetzte, lag nicht nur an der großen, heterogenen Masse von Nutzern, die sich Ende der 90er Jahre dem Internet zuwandten, so dass von einer für selbstgesetzte Verhaltensregeln hinreichend homogenen „Online Community" kaum mehr die Rede sein konnte[607] und die propagierte autonome Regelsetzung allenfalls für technische Standards realistisch war. Weitaus bedeutendere Gründe für den Einbruch des realen Rechts waren die zahlreichen Auswirkungen des Netzgeschehens auf die reale Welt[608] und vor allem das Bedürfnis nach einem sicheren und vorhersehbaren Rahmen für wirtschaftliche Transaktionen[609]. Dass es heute keinen eigenständigen Rechtsraum im Internet gibt, dürfte mittlerweile nicht mehr ernsthaft bezweifelt werden[610].

d. Die Herleitung der Regelungsautonomie virtueller Welten

Auch wenn die einstigen „Cyberspace Utopian Theories" des Internet von der Realität überholt wurden, scheint sich die Aufmerksamkeit ihrer Anhänger nun auf Teilräume wie virtuelle Welten zu richten[611].

---

605 Dazu *Rheingold* passim, der das Bild überlokaler „Virtual Communities" als demokratische und egalitäre Zusammenschlüsse souveräner Individuen entwarf, welche als virtuelle Gesellschaft das Gegenmodell zur realen Gesellschaft darstellen sollten.

606 Eine skeptische Gegenströmung ließ sich auch schon damals ausmachen. So bezweifelte *Lessig* 48 Stan. L. Rev. 1403, 1407 (1996), dass eine solch autonome demokratische Normsetzung als wesentliche normative Voraussetzung und Legitimationsgrundlage für die Anerkennung eines autonomen „Cyberlaw" Realität werden würde. Ähnlich nüchtern mit der Einschätzung, dass es sich nur um einen normalen Anwendungsfall des internationalen Privatrechts handele *Goldsmith* 65 U. Chi. L. Rev. 1199, 1242 (1998); *ders.* 5 Ind. J. Gl. Leg. Stud. 475 (1998). Zu den Grenzen der Selbstregulierung im Internet auch *Christiansen* MMR 1999, 123 sowie *Roßnagel* MMR 2002, 67.

607 *Cohen* 107 Col. L. Rev. 210, 217 f. (2007). Diesen Hindernissen sehen sich virtuelle Welten mit einer homogeneren Nutzerstruktur, spezifischen Übereinkünften sozialen Handelns, gefestigteren Rollenstrukturen und Vertrauensvorschüssen als Indikatoren für eine virtuelle Gemeinschaftsbildung (dazu *Götzenbrucker* S. 160 ff.) aber in geringerem Maße ausgesetzt.

608 Vgl. *Lessig* 48 Stan. L. Rev. 1403, 1404 (1996), der diese Auswirkungen als Grund für Regulierung sieht.

609 *Cohen* 107 Col. L. Rev. 210, 217 f. (2007).

610 Vgl. statt vieler *Hoeren* NJW 2008, 2615, 2616; *Lastowka/Hunter* 92 Cal. L. Rev. 1, 69 (2004); *Paulus* in: *Noack/Spindler* S. 1; *Schack* MMR 2000, 59; *Schack* MMR 2000, 59.

611 Vgl. *Cohen* 107 Col. L. Rev. 210, 214, 218 (2007).

aa. Vorrang des Innenrechts kraft Konsenses

Die Frage nach der Legitimation des Außenrechts für einen *Einbruch* in das autonome Innenrecht zu stellen, impliziert einen Status Quo, welcher den virtuellen Raum schon als außenrechtsfrei begreift und eine Abweichung von diesem Zustand unter rechtspolitische Rechtfertigungslast stellt. Ein solcher Ansatz ist schon deswegen fehlgeleitet, weil der virtuelle Raum nicht rechtsfrei sein kann, sofern er nur – wie wegen der realen Existenz von Nutzern und wirtschaftlichen Folgen virtueller Transaktionen fast immer – Auswirkungen in der realen Welt erzeugt und diese unter die Tatbestände rechtlicher Normen fallen[612]. So lassen sich alle virtuellen Vorgänge in Kategorien des realen Rechts erfassen: Die virtuelle Welt als solche über die Immaterialgüterrechte des sie formenden Programms, ihre Verhaltensregeln als Vertrag, ein Verstoß gegen sie u.U. als schadenersatzpflichtige Pflichtverletzung, die virtuellen Gegenstände über die hier diskutierten Rechtsfiguren usw. Eine wie auch immer geartete Autonomie virtueller Räume gegenüber dem Außenrecht kann sich nicht aus sich selbst heraus erzeugen. Auch aus der grenzüberschreitenden Natur virtueller Welten und der potentiellen Einschlägigkeit einer Vielzahl von Rechtsordnungen ergibt sich kein anderes Ergebnis[613]. Das gilt für eine potentielle Haftung gleichermaßen wie für das zulässige Maß an Kontrolle und Eingriffen in die virtuelle Wirtschaft seitens der Betreiber, mit welcher eine spiegelbildliche Freiheit der Nutzer vor solchen Eingriffen korrespondiert. All diese potentiellen Konfliktlagen können nicht einfach auf der Basis einer vermeintlichen virtuellen Autonomie gelöst werden, die – je nach Blickwinkel – in ihren beiden extremen Ausprägungen entweder den Betreibern die absolute Kontrolle ermöglichen und sie von jeglichen Folgen ihres Handelns freistellen soll, oder aber allein den eine vermeintliche virtuelle Demokratie einfordernden Nutzern daraus Rechte zusprechen soll, obwohl sie letztlich dazu die den Betreibern gehörenden Server und Plattformen nutzen.

Welches zwischen diesen beiden Extrema im Einzelfall auch das rechte Maß an virtueller Autonomie sein mag, so kann sich diese Autonomie jedenfalls nicht aus sich selbst heraus erzeugen und das Geschehen in virtuellen Welten – wie die Anerkennung virtuellen Eigentums – schlicht dem Außenrecht entziehen. Eine Autonomie kann nur und gerade *aus dem Außenrecht hergeleitet* werden. Dieses ist ihre Quelle und Schranke. Das Mittel dazu ist der Konsens, wie er etwa im Nutzungsvertrag zum Aus-

---

[612] *Balkin* 90 Va. L. Rev. 2043, 2059 (2004); *Castronova* 49 N.Y. L. Sch. L. Rev. 185, 188 (2004); *Chin* 72 Brook. L. Rev. 1303, 1320 (2007); *Westbrook* [2006] Mich. St. L. Rev. 779, 789.

[613] Vgl. *Röthel* JZ 2007, 755, 762 für die legitimatorische Herleitung einer lex mercatoria.

druck kommt, der die Rechtsbeziehungen aller Nutzer untereinander und zu den Betreibern bestimmt. Nur so lässt sich inter partes ein Innenrecht setzen, dessen *privatautonome* Geltung vom Außenrecht anerkannt wird[614]. Allein schon weil sich virtuelle Welten in ihrer Natur erheblich unterscheiden und deren differenzierte rechtliche Behandlung gewährleistet sein muss[615], kann hier nur ein privatautonom geformter und damit auf die jeweiligen Anforderungen an die Rechteverteilung im Innenrecht zugeschnittener Konsens Ausgangspunkt sein, um die Reichweite der so erzeugten virtuellen Autonomie und die Anerkennung dieser Regeln im Außenrecht zu steuern. Anders als bei der früheren Entwicklung des Internet ist das bei virtuellen Welten dadurch möglich, dass es sich bei ihnen weitgehend um geschlossene Gemeinschaften handelt, die sich über explizite Nutzungsbedingungen überhaupt ein Innenrecht geben können[616].

Auf diesem Wege Rechtssphären begrenzter Autonomie verbunden mit der Rechtsmacht zur Regelung interner Angelegenheiten zu schaffen, ist nichts Seltenes und findet sich als Konstruktion eines konsensualen Vorranges des Innenrechts in einer Vielzahl von Bereichen, wie in der internen Rechtssetzung von Gesellschaften[617], der oben bereits erwähnten lex mercatoria[618], ja selbst bei jedem Spiel, wo sich die Frage nach (außen-) rechtlicher Bindung in dem Sinne auftut, dass sie dem homo ludens eine Welt eigener, von rechtlichen Folgen gerade abgeschirmter Regeln ermöglichen soll. Dem Ziel, Handlungen im Spiel von ihren Konsequenzen im Außenrecht zu entkoppeln, dienen verschiedene Mechanismen: Das kann schlicht das vertragsrechtliche Erfordernis des Rechtsbindungswillens sein, der dem spielerisch Handelnden abgesprochen wird, eine Einwilligung in die Gefährdung eigener Rechtsgüter im Deliktsrecht[619] oder Beschränkungen der Durchsetzbarkeit etwaiger Forderungen als bloße Naturalobligationen (§ 762 BGB). Wenn diese besondere Sphäre der Interaktion, in der sich die Spieler freiwillig

[614] Vgl. *Fairfield* Anti-Social Contracts S. 10 mit dem Hinweis, dass die vertraglichen Nutzungsbedingungen so die im Außenrecht bestehenden Rechtsbeziehungen ersetzen. Ähnlich für die private Rechtsetzung durch die lex mercatoria *Röthel* JZ 2007, 755, 756, die ihren Vorrang auch von der jeweiligen nationalstaatlichen Anerkennung der Privatautonomie ableitet.

[615] Vgl. *Johnson/Post* 48 Stan. L. Rev. 1367, 1395 (1996), die auf die unterschiedliche Natur virtueller Räume (i.w.S.) und damit die unterschiedlichen Regulierungsbedürfnisse hinweisen; in diese Richtung auch *Cohen* 107 Col. L. Rev. 210, 235 (2007): „Cyberspace can and does include a multiplicity of places."

[616] *Lastowka/Hunter* 92 Cal. L. Rev. 1, 69 (2004).

[617] Vgl. *Johnson/Post* 48 Stan. L. Rev. 1367, 1392 (1996).

[618] Vgl. *Röthel* JZ 2007, 755, 756 für die private Rechtsetzung durch die lex mercatoria, die ihren Vorrang auch von der jeweiligen nationalstaatlichen Anerkennung der Privatautonomie ableitet.

[619] Vgl. zur Beschränkung der Geltendmachung von Schadenersatzansprüchen bei Sportarten mit erheblichem Gefährdungspotential BGH NJW 2003, 2018. Dies gilt nicht, soweit Versicherungsschutz besteht, BGH NJW 2008, 1591.

eigenen informalen Normen unterwerfen, nicht schon auf diese Art und Weise im Recht anerkannt wäre, ließe sich diese auch über einen „Spielvertrag“[620] konstruieren[621].

Im Hinblick auf die außenrechtliche Anerkennung virtuellen Eigentums deckt sich der Aspekt autonomer, d.h. konsensgetragener Regulierung mit der oben (1.) angesprochenen vertraglichen Überformung. Die Wechselwirkung zwischen virtuellem Eigentum als Rechtsfigur und dem diese einerseits ausfüllenden, andererseits beschränkenden Vertrages entspricht genau dem Widerstreit zwischen dem Außenrecht als Quelle und zugleich als Schranke innenrechtlicher Regelsetzung.

bb. Exkurs: Der Nutzungsvertrag als partikulare digitale Zivilverfassung?

Vor dem Hintergrund seiner Rolle als zentrale Quelle des Innenrechts lässt sich der Nutzungsvertrag auch in einem weiter gefassten Zusammenhang als ein bloßer zivilrechtlicher Vertrag zwischen Nutzer und Betreiber begreifen (1). Mit Blick auf die Gesamtheit aller Nutzungsverträge gerät er in die gedankliche Nähe einer Art virtueller Zivilverfassung (2). Die Inhaltskontrolle der Nutzungsverträge geriete bei einer solchen Sichtweise gleichsam zu einem materiellen Verfassungsrecht als übergeordnetem Kontrollmaßstab rechtlicher Regeln (3).

(1) Die Sichtweise als Nutzungsbedingungen

Die zentrale Rolle des Konsenses als Mittel der Rechtsetzung rückt bei virtuellen Welten die Nutzungsverträge in den Vordergrund, die – regelmäßig als EULA oder TOS – dem virtuellen Zusammenleben und der Rechteverteilung zugrunde liegen. Sie stellen detaillierte interne Verhaltensregeln auf, prägen mit die Reichweite (oder den Ausschluss) von Virtual Property bzw. virtuellem Eigentum, weisen etwaige entstehende Immaterialgüterrechte zu bzw. räumen Nutzungsrechte ein, definieren die Voraussetzungen von Enteignungen und Kündigungen und beinhalten eine Vielzahl von weiteren Regelungen[622]. Sie binden alle Nutzer, sind oftmals durch die Kündigungsmöglichkeiten selbst sanktionsbewehrt und im

---

[620] Dazu *von Arnauld* in: *von Arnauld* S. 51 ff., der den „Spielvertrag“ aus dem Blickwinkel eines Gesellschaftsvertrages im Sinne *Rousseau*s betrachtet.

[621] Die Grenze verläuft freilich dort, wo die allgemeine wirtschaftliche Bedeutung der vorgenommenen Handlungen deren Qualifikation als spielerisch nicht mehr tragen oder die Grenzen der Disponibilität überschritten sind. So muss der verlassene Ordnungsrahmen des Rechtes etwa dann wieder greifen, wenn erhebliche wirtschaftliche Werte im Raum stehen, zwingende Normen verletzt werden, das Spiel selbst rechtlich missbilligt und gar für sittenwidrig gehalten wird oder die Rechtspositionen Dritter betroffen sind. Diese grundsätzlichen Grenzen privatrechtlicher Gestaltung finden sich auch bei virtuellen Welten wieder, vgl. unten Kap. 4 F.II.2.d.cc.

[622] Eingehend *Jankowich* 8 Tul. J. Tech. & Intell. Prop. 1, 10 (2006).

Außenrecht als Vertrag durchsetzungsfähig. Aus der Perspektive des Zivilrechts handelt es sich bei ihnen lediglich um Verträge zwischen Betreiber und Nutzer[623], die so mit den Mitteln des Privatrechts vertragliches Recht zwischen sich und mit grundsätzlichem Geltungsvorrang vor dem dispositiven Außenrecht setzen[624].

(2) Die Sichtweise als partikulare „Zivilverfassung"

Geht man über diese zivilrechtliche Sicht hinaus und betrachtet die Gesamtheit aller Nutzungsverträge als Bündel von Verträgen, die für alle Beteiligten grundlegende Verhaltensnormen einer Gemeinschaft niederlegen, so ist es nur ein kleiner gedanklicher Schritt, die Nutzer einer virtuellen Welt als virtuelle Gesellschaft anzusehen und das ihr zugrunde liegende Innenrecht gleichsam als virtuelle Verfassung zu verstehen[625]. Das mag vor dem traditionellen Verständnis einer an den Staatsbegriff – und damit auch an das geographische Territorium[626] – gekoppelten Verfassung sehr weitgehend erscheinen. Lässt man sich aber darauf ein, dass der Begriff der Verfassung im Zuge einer nationalstaatliche Grenzen überschreitenden Globalisierung und zunehmenden gesellschaftlichen Ausdifferenzierung eine Ausweitung über das überkommene staatszentrierte Verständnis hinaus erfahren kann, und anerkennt man zudem, dass einer Vielzahl „partikularer Zivilverfassungen" eine wachsende Bedeutung für die grundlegende Normbildung in sich entwickelnden und autonomes Recht gebenden „Teilgesellschaften" zukommt[627], dann sollte ein solcher

[623] Zur Rechtsnatur genauer Kap. 7 A.

[624] *Jankowich* 8 Tul. J. Tech. & Intell. Prop. 1, 5 (2006); *Mayer-Schönberger/Crowley* 100 NW. U. L. Rev. 1775, 1794 (2006).

[625] Mit diesem Vergleich *Dibbell* Owned; *Glushko* 22 Berkeley Tech. L. J. 507, 511 (2007); *Jankowich* 8 Tul. J. Tech. & Intell. Prop. 1, 10 (2006).

[626] Vgl. zur Drei-Elemente-Lehre von Staatsvolk, Staatsgebiet und Herrschaftsmacht, die einen Staat erst ausmachen, *Jellinek* S. 394 ff.

[627] So *Teubner* ZaöRV 2003, 1, der für die Entwicklung des Cyberspace aus systemtheoretischer Sicht analysiert, inwiefern sich die Traditionen der Nationalstaatsverfassungen fruchtbar machen lassen, um sie auf neue Problemlagen von Digitalisierung, Privatisierung und globaler Vernetzung anzuwenden. Sein Ausgangspunkt ist dabei, dass eine Verfassung auf globaler politischer Ebene derzeit illusorisch sei. Realistischer sei es demgegenüber, den Verfassungsbegriff in grenzüberschreitendem Rahmen ohne den Staat zu denken. Eine Staatszentrierung der Verfassung, die auf ein Verständnis von Verfassung als Freisetzung und Beschränkung staatlich-politischen Handelns beschränkt sei, sei verfehlt (a.a.O. 5). Statt dessen lasse sich die reale Tendenz beobachten, dass sich allmählich eine Vielzahl von partikularen Zivilverfassungen in gesellschaftlichen Teilsystemen herausbildet – so auch im Bereich einer staatsfernen „Digitalverfassung". Dieser Prozess sei begleitet von einer polyzentristischen Globalisierung, in der eine Vielzahl selbständiger, autonomer gesellschaftlicher Funktionseinheiten zunehmend grenzübergreifend agiere, wohingegen die Globalisierung des Politischen im Vergleich mit

gedankentheoretischer Vergleich nicht a priori von der Hand gewiesen werden. Das gilt insbesondere wegen der aus ihm fließenden Erkenntnisgewinne gerade für das Privatrecht und die wachsende Zahl grenzüberschreitend geltender, eigeninitiativ und privatautonom gesetzter Normen[628]. Vor diesem Hintergrund erscheint es auch nicht gänzlich fernliegend, die Nutzungsbedingungen virtueller Welten als privatautonom gesetztes Innenrecht mit einem gesellschaftlichen Sozialvertrag zu vergleichen[629], zumal dieser aus zivilrechtlicher Sicht hier sogar tatsächlich geschlossen wurde und so eine – rechtsphilosophische – Diskussion um seinen rein hypothetischen Charakter[630] und die dadurch geschwächte normative Kraft[631] gar nicht erst aufkommt.

Der Erkenntnisgewinn einer solchen Betrachtung liegt darin, dass sie die Rollen der Akteure modifiziert und Nutzer und Betreiber nicht nur in einer einseitig ausgerichteten Leistungsbeziehung von Nutzung und Entgelt abbildet. Stattdessen begreift sie richtigerweise die Gesamtheit der Nutzer als aktive Teilnehmer und Teilhaber einer einen Mehrwert schaffenden sozialen Gemeinschaft, ohne den eine virtuelle Welt kaum attraktiv wäre. Für die Erhaltung dieses nutzergeschaffenen Mehrwertes nimmt sie den hiervon nicht minder profitierenden Betreiber mit in die Pflicht, etwa indem sein Verhalten zumindest an Maßstäben von Good Governance gemessen wird[632].

---

anderen gesellschaftlichen Teilsystemen eher zurückgeblieben sei (a.a.O. 12). So schaffen diese autonomen globalen Teilverfassungen eine zunehmende konstitutionelle Konkurrenz. Ein Beispiel sei die zunehmende private Regulierung des Internet mit internen Streitschlichtungsmechanismen wie den ICANN Dispute Resolution Panels. Zu einer Analyse der autonomen Standardsetzung aus der Sicht der Diskurstheorie vgl. *Froomkin* 116 Harv. L. Rev. 749 (2003).

[628] Vgl. *Röthel* JZ 2007, 755, 761 f. für die lex mercatoria.

[629] Vgl. *Balkin* 90 Va. L. Rev. 2043, 2050 (2004); *Dibbell* Owned; *Fairfield* Anti-Social Contracts S. 5; *Grimmelmann* Virtual Borders S. 12. Freilich hat dieser Vergleich Grenzen: Während der Gesellschaftsvertrag im *Hobbes*schen oder *Rousseau*schen Sinne darauf beruht, dass Individuen sich dem Souverän unterwerfen und ihm die Herrschaftsmacht *übertragen*, ist der Status Quo in virtuellen Welten durchaus umgekehrt. Die absolute Herrschaftsmacht liegt bereits beim Betreiber als Souverän. Zweifelnd an einem solchen Vergleich auch *Mayer-Schönberger/Crowley* 100 NW. U. L. Rev. 1775, 1808 (2006), weil der Betreiber – die Wirksamkeit aller Haftungsausschlussklausen unterstellt – diesen Sozialvertrag ohne Folgen aufkündigen könne.

[630] Vgl. *Fritsch* in: *Boettcher/Herder-Dorneich/Schenk* S. 31, 54; *Madison* 56 Case Western Res. L. Rev. 381, 437 (2005): „The social contract is a rationalizing device that allows us to comprehend the legitimacy of the relationships that surround us."

[631] Vgl. *Tietzel* S. 152 f.

[632] Wie weit diese geht, ist eine rechtspolitische Frage. Weitgehend etwa *Balkin* 90 Va. L. Rev. 2043, 2082 f. (2004), der eine Analogie zum Verhältnis von Regierung und Volk zieht und diese als Basis für die Befolgung grundlegender Prinzipien wie Fairness nimmt, darüber hinaus aber auch eine demokratische Entscheidungsfindung befürwortet.

(3) Inhaltskontrolle von Verträgen als virtuelles „Verfassungsrecht"?

Dieses idealisierte Bild virtueller Gesellschaften mit ihren partikularen Zivilverfassungen steht allerdings in krassem Kontrast zur Realität. Technisch üben die Betreiber ohnehin die absolute Kontrolle über den von ihnen geschaffenen virtuellen Raum aus. Und auch rechtlich haben sie eine weitgehende Kontrolle dadurch, dass sie sich in den Nutzungsbedingungen eine Machtfülle zusichern, in der sich kaum jemals Ansätze eines (propagierten) Idealbildes demokratischer Entscheidungsfindung zeigen, ja die eher an feudale oder absolutistische Herrschaftsstrukturen erinnere[633], womit die Nutzungsbedingungen bei einem gedanklichen Vergleich eher zur Satire einer Verfassung gerieten[634], weil sie dem Nutzer keinerlei virtuelles Pendant zu Grundrechten wie Meinungsfreiheit gewähren[635], keinen Raum für Kollektiventscheidungen lassen und von der Willkür ihrer Ausübung geprägt sind[636].

Ob die Entwicklung virtueller Welten überhaupt auf eine weitgehende Demokratisierung von Entscheidungsprozessen hinauslaufen sollte[637] oder überhaupt kann[638], soll an dieser Stelle dahinstehen und braucht für die Fragestellung virtuellen Eigentums nicht abschließend geklärt zu werden. Zweifel sind jedenfalls dort angebracht, wo ein zentraler Betreiber für den Aufbau, die technische Funktion und den Fortbestand einer virtuellen Welt Sorge trägt und deswegen in seinen grundsätzlichen wirtschaftlichen Entscheidungen frei bleiben muss. Sofern er sich nicht selbst auf ein solches Modell virtueller Entscheidungsfindung einlässt, kann ihm der Demokratiegedanke jedenfalls nicht aufgezwängt werden, ohne Investition und Kontrolle zu trennen – und damit schlimmstenfalls jede weitere Entwicklung virtueller Welten zu ersticken. Sofern virtuelle Welten nur darauf angelegt sind, einen wirtschaftlichen Transaktionsraum darzustellen,

---

[633] Mit dieser Wahrnehmung etwa *Bradley/Froomkin* 49 N.Y. L. Sch. L. Rev. 103, 144 (2004); *Castronova* On Virtual Economies S. 32; *Fairfield* Anti-Social Contracts S. 22; *Grimmelmann* 47 N.Y. L. Sch. L. Rev. 147, 175 f. (2004); *Jankowich* 8 Tul. J. Tech. & Intell. Prop. 1, 8 (2006); *Lastowka/Hunter* 92 Cal. L. Rev. 1, 59 f. (2004); *Lessig* Code^2 S. 139, 285.

[634] *Jankowich* 8 Tul. J. Tech. & Intell. Prop. 1, 10 Fn. 42 (2006). Freilich erscheint es nicht zwingend, die Frage einer virtuellen Verfassung auch an Demokratie zu koppeln.

[635] Vgl. *Jankowich* 8 Tul. J. Tech. & Intell. Prop. 1, 20, 28 ff. (2006), zu Nutzungsbedingungen, die eine öffentliche Diskussion über Entscheidungen und Sanktionen der Betreiber schlichtweg verbieten.

[636] *Jankowich* 8 Tul. J. Tech. & Intell. Prop. 1, 8 (2006).

[637] In diese Richtung etwa *Balkin* 90 Va. L. Rev. 2043, 2082 f. (2004); *Jankowich* 11 B.U. J. Sc. and Tech. L. 173, 204 ff. (2005).

[638] Skeptisch *Mayer-Schönberger/Crowley* 100 NW. U. L. Rev. 1775, 1794 ff. (2006), die auf mehrere gescheiterte Versuche verweisen, eine absolute Betreiberkontrolle durch virtuelle demokratische Entscheidungsfindung zu ersetzen.

mögen sogar die Nutzer selbst einen sicheren Rechtsrahmen den Unwägbarkeiten einer virtuellen Demokratie vorziehen[639].

Eine von der bisweilen propagierten Demokratisierung zu trennende Frage ist die *Konstitutionalisierung* virtueller Welten, welche die Herrschaftsausübung der Betreiber zumindest klaren, festgeschriebenen Regeln unterwirft, damit vorhersehbar macht und so die Wahrscheinlichkeit willkürlicher Entscheidungen minimiert[640]. Das kann insbesondere durch die Anerkennung von Nutzerrechten geschehen, welche dem Betreiber außenrechtlich durchsetzbare Verhaltensbeschränkungen auferlegen, auch wenn sich diese im Einzelfall nicht notwendigerweise gegenüber den Betreiberinteressen durchsetzen müssen. Neben vorwiegend im US-amerikanischen Schrifttum diskutierten – nicht näher behandelten – Aspekten wie der Drittwirkung von Meinungsfreiheit[641] kann im hier betrachteten Zusammenhang gerade dem virtuellen Eigentum eine entscheidende Rolle dabei zukommen, im Vertikalverhältnis willkürlichen Enteignungen und Ausschlüssen entgegenzustehen. Auch eine „Anerkennung" von Immaterialgüterrechten der Nutzer an ihren selbst erstellten Inhalten verhindert eine wirtschaftliche Aneignung der Inhalte durch den Betreiber[642]. All das geht jedoch nicht zwingend mit der nicht unproblematischen Demokratisierung der Entscheidungsfindungsprozesse einher.

Der Aspekt der Konstitutionalisierung zeigt deutlich, wie verwoben die gedanklichen Ebenen von „digitaler Zivilverfassung" und vertraglichen Nutzungsbedingungen sind. Was sich aus einer gleichsam virtuell-verfassungsrechtlichen Sicht auf die Gewährung grundlegender Rechtspositionen darstellt, läuft aus der Sicht des Zivilrechts auf Fragen des Pflichtenprogramms und der Rechteverteilung in den Nutzungsverträgen hinaus. Vor diesem Hintergrund wird die rechtspolitische Forderung einer Aner-

---

[639] *Mayer-Schönberger/Crowley* 100 NW. U. L. Rev. 1775, 1803 (2006).

[640] *Mayer-Schönberger/Crowley* 100 NW. U. L. Rev. 1775, 1809 (2006).

[641] Vgl. für das US-amerikanische Recht *Jenkins* 8 (1) J. Internet L. (2004); *Zack* 10 U. Pa. J. Const. L. 225 (2007), die Nutzern virtueller Welten die eigentlich gegen den Staat gerichteten Grundrechte der US-Verfassung – insbesondere die Meinungsfreiheit – gewähren und den Betreibern in der gleichen Weise deren Einhaltung auferlegen wollen, wie es Eigentümer öffentlichen Raumes in einer sog. „company town" seit *Marsh v. Alabama* 326 U.S. 501 (U.S. Supreme Court, 1946) müssen. Dort wurde ein Unternehmen als Eigentümer einer ganzen, seinen Angestellten zum Wohnen dienenden Stadt in dem Maße grundrechtsverpflichtet, wie es der Staat wäre, wenn er die hier von Privaten übernommenen Hoheitsaufgaben ausübte.

[642] Vgl. *Mayer-Schönberger/Crowley* 100 NW. U. L. Rev. 1775, 1809 (2006). Im Hinblick auf automatisch an nutzererstellten Inhalten entstehende Urheberrechte ist die Formulierung „Anerkennung" als sprachliche Kurzform für das Fehlen einer Übertragung bzw. – wenn wie hierzulande wegen § 29 I UrhG nicht möglich – einer umfassenden Einräumung der Nutzungsrechte an den Betreiber zu verstehen. Zur vertraglichen Kontrolle des Umfangs einer solchen Rechteeinräumung Kap. 7 F.

kennung grundlegender Nutzerrechte in der virtuellen Gemeinschaft über die Inhaltskontrolle von Nutzungsverträgen konkret fassbar. Die drohenden Gerechtigkeitsdefizite einer virtuellen Zivilverfassung korrespondieren hier mit den Grenzen der Privatautonomie im Zivilrecht, wie sie sich etwa bei der unangemessenen Benachteiligung einer Vertragspartei durch ein strukturelles Verhandlungsungleichgewicht darstellen. Genau dort sind dann auch die Grenzen der Autonomie zur Schaffung einer virtuellen Verfassung durch privatautonomes Innenrecht zu verorten.

cc. Rechtliche Grenzen der Autonomie

Aus einer reinen Innenperspektive mögen die Betreiber zwar die absolute technische Kontrolle über die Ausgestaltung des virtuellen Raumes haben und sich diese im Vertikalverhältnis auch vertraglich absichern[643]. Da sich, wie gezeigt, jedoch der Geltungsvorrang des Innenrechts virtueller Welten nur aus der Anerkennung des Vorranges privatautonomer Übereinkunft von Betreibern und Nutzern ableitet, durch welche sie inter partes autonomes Recht setzen und eine auf Zustimmung basierende Selbstbindung erzeugen[644], unterliegt auch der Geltungsvorrang des Innenrechts den allgemeinen Grenzen der Privatautonomie[645]. Diese sind vor allem dann erreicht, wenn zwingende Rechtsnormen die privatautonome Gestaltungsfreiheit a priori begrenzen (1) oder wenn Dritte außerhalb der Vertragsbeziehung betroffen sind (2). Das gegen solche Beschränkungen der Privatautonomie häufig vorgebrachte Argument einer hinreichenden externen Kontrolle über den Wettbewerbsdruck geht jedenfalls in den Fällen von Marktversagen fehl (dd).

(1) Nicht dispositive Rechtsnormen

Die privatautonome Gestaltungsfreiheit vermag sich zunächst dann nicht durchzusetzen, wenn sie mit zwingenden gesetzlichen Normen kollidiert und damit der Bereich verlassen wird, in dem das staatlich gesetzte Recht privaten Akteuren eine privatautonome Normsetzung überhaupt zugesteht. Bedeutung erlangen hier insbesondere Rechtsnormen, welche dem Schutz der Vertragsparteien dienen. Die Grenzen der Privatautonomie verlaufen u.a. dort, wo sie dazu genutzt werden soll, durch Machtmissbrauch einer

---

[643] Vgl. *Grimmelmann* 47 N.Y. L. Sch. L. Rev. 147, 175 (2004): „While virtual rights can be made inviolable as against other players, they are completely meaningless as against the designer. The search for some kind of check on this power has been a recurring theme throughout the history of virtual worlds."

[644] Vgl. für den gleichen Mechanismus privater Rechtsetzung bei der lex mercatoria *Röthel* JZ 2007, 755, 756.

[645] Hierzu eingehend *Paulus/Zenker* JuS 2001, 1.

Partei einen angemessenen Interessenausgleich zu verhindern[646]. Dementsprechend findet auch der die Vertragsfreiheit tragende Grundsatz „stat pro ratione voluntas"[647] seine Grenze jedenfalls dort, wo der Schutz des Schwächeren im Raum steht und von selbstbestimmtem Handeln keine Rede mehr sein kann[648]. Eine sehr asymmetrische Rechtsverteilung als Resultat eines erheblichen Verhandlungsungleichgewichtes zwischen Betreibern und Nutzern wird auch bei den Nutzungsverträgen virtueller Welten wahrgenommen[649]. Angriffen ist – an der Schnittstelle zwischen Außen- und Innenrecht[650] – insbesondere das EULA ausgesetzt, das sich vor allem an der Klauselkontrolle der §§ 305 ff. BGB messen lassen muss[651]. Auch im Hinblick auf das Kollisionsrecht finden sich insbesondere im Bereich des Verbraucherschutzes zwingende Normen, die eine Umgehung dieser Kontrolle durch Rechtswahlklauseln verhindern[652].

In dem Maße, wie – aus zivilrechtlicher Sicht – die Vertragsbedingungen einer Kontrolle durch das Außenrecht unterworfen werden, lässt sich auch den oben bereits artikulierten Bedenken einer zunehmenden Ersetzung staatlich gesetzten durch privat gesetztes Recht Rechnung tragen[653]. So läuft etwa die Inhaltskontrolle von Nutzungsbedingungen i.S.d. §§ 305 ff. BGB, im Zuge derer staatliche Gerichte auch eine Drittwirkung grundrechtlicher Standards einfließen lassen können[654], in der Sache auf die erforderliche

---

[646] *Paulus/Zenker* JuS 2001, 1, 2 ff.

[647] *Flume* BGB AT[4] Bd. II § 1/5.

[648] Vgl. BVerfG NJW 1990, 1469, 1470. Kritisch zu Eingriffen in die Vertragsfreiheit jüngst *Bruns* JZ 2007, 385, der u.a. bei der Inhaltskontrolle von AGB eine paternalistische Tendenz im europäischen Vertragsrecht ausmachen will. Zur ökonomischen Rechtfertigung einer solchen Kontrolle sogleich.

[649] *Glushko* 22 Berkeley Tech. L. J. 507, 515 (2007); *Jankowich* 8 Tul. J. Tech. & Intell. Prop. 1, 7 (2006); *Hunt* 9 Tex. Rev. Ent. & Sports L. 141, 150 (2007); *Kayser* 27 Loy. L.A. Ent. L. Rev. 59, 63 (2007). Skeptisch gegenüber einer autonomen Rechtsentwicklung als gerechte Lösung von Interessenkonflikten im Internet generell auch *Kunz* S. 55 f.

[650] *Jankowich* 8 Tul. J. Tech. & Intell. Prop. 1, 9 (2006).

[651] Dazu Kap. 7 D.III., E.II., F.III.

[652] Dazu Kap. 5 C.III.3.

[653] Dazu Kap. 4 D.IV.2.

[654] Vgl. Wolf/Horn/Lindacher/*Wolf*[5] § 307 Rn. 176; *Paulus/Zenker* JuS 2001, 1, 4 f. für die Ausstrahlungswirkung von Grundrechten bei der AGB-Kontrolle. Speziell für die Meinungsfreiheit in Internetforen *Ladeur* MMR 2001, 787, 791, der die mittelbare Drittwirkung auf „private ordering Mechanismen" anwenden will. Allgemein für die Drittwirkung von Grundrechten im Privatrecht vgl. etwa BGH NJW 2008, 2110, 2111 – *Gen-Milch* zur Berücksichtigung der Meinungsfreiheit des Art. 5 I 1 GG bei einem Eingriff in das Recht am eingerichteten und ausgeübten Gewerbebetrieb gem. § 823 I BGB; BGH GRUR 2005, 583, 584 f. – *Lila Postkarte* zur Abwägung zwischen Kunstfreiheit i.S.d. Art. 5 III 1 GG und Eigentum i.S.d. Art. 14 I GG im Wege praktischer Konkordanz bei einer Markenrechtsverletzung; BVerfG GRUR 2001, 149, 151 f. – *Germania 3* für eine eben solche Abwägung im Urheberrecht bei der Reichweite des § 51 Nr. 2 UrhG als Schrankenbestimmung für Zitate.

verfassungsrechtliche Kontrolle nicht-legislativen Rechts hinaus[655]. Für virtuelle Welten werden so die generellen verfassungsrechtlichen Grenzen des Außenrechts mit den Mitteln des Zivilrechts dort in das Innenrecht projiziert, wo letzteres als Quasi-Sozialvertrag eine verfassungsähnliche Funktion wahrnimmt.

(2) Auswirkungen auf Dritte

Genauso wie sich die ökonomische Richtigkeitsgewähr des Vertrages[656] auf die vertragsschließenden Parteien beschränkt und die Rechtsordnung daher keinen Vertrag anerkennt, der Externalitäten auf Dritte abwälzen könnte[657], findet auch die Regelungsautonomie virtueller Welten ihre Grenze in Sachverhalten mit Drittbetroffenheit. Das können Schädigungen Dritter durch Straftaten[658] oder Immaterialgüterrechtsverletzungen sein. Hier sind insbesondere Urheber- und Markenrechte zu nennen, wenn beispielsweise Musikwerke in virtuellen Einkaufszentren oder Cafés öffentlich wiedergegeben und Lichtbildwerke in virtuellen Galerien ausgestellt werden[659] oder virtuelle Markenimitate die nicht gänzlich geklärte Frage aufwerfen, ob diese überhaupt eine Verletzungshandlung darstellen[660]. Sofern diese Rechtsverletzungen hingegen innerhalb des Nutzerkreises begangen werden, können sie theoretisch – in den Grenzen von Disponibilität und Dispositionsbefugnis – durch das Innenrecht überformt werden. Inwieweit sich beispielsweise Nutzer untereinander die Nutzungsrechte an den von ihnen hergestellten Gegenständen einräumen, bedarf einer genauen Analyse[661]. Dritte sind schließlich auch Gläubiger, die ein Interesse am zwangsweisen Zugriff auf das Vermögen ihres

---

[655] Auf die Bedeutung der Inhaltskontrolle als Mittel zum Abgleich auch privat gesetzten Rechtes an diesen Maßstäben weist etwa *Röthel* JZ 2007, 755, 763 hin. In die gleiche Richtung *Teubner* ZaöRV 2003, 1, 22, der aber anerkennt, dass dabei jeweils regimespezifische Standards berücksichtigt werden müssen, um die Eigenrationalität privater externer Rechtssetzungsprozesse anzuerkennen.

[656] *Schäfer/Ott*[4] S. 393; *Richter/Furubotn*[3] S. 148. Im ökonomischen Sinne muss der von allen Beteiligten freiwillig abgeschlossene Vertrag wohlfahrtssteigernd sein, weil mindestens eine Partei besser, aber keine durch ihn schlechter gestellt wird. Sonst wäre er nicht geschlossen worden.

[657] Solche Handlungen können beispielsweise Verträge zulasten Dritter sein, Verträge, die das Funktionieren der Rechtsordnung beeinträchtigen, oder gläubigerbenachteiligende Handlungen, dazu *Paulus/Zenker* JuS 2001, 1 ff.

[658] Vgl. etwa *Hopf/Braml* ZUM 2007, 354 zur Strafbarkeit virtueller Kinderpornographie.

[659] Zu urheberrechtlichen Nutzungshandlungen Kap. 6 B. I.

[660] Vgl. dazu *Kotelnikov* [2008] I.P.Q. 110, 117 ff.; *Körber/Lee* WRP 2007, 609, 612 ff.; *Zagouras/Körber* WRP 2006, 680, 688 f.

[661] Dazu Kap. 6 B. I. 4.

Schuldners haben, wenn in diesem virtuelle Güter zu finden sind[662]. Würde ihr Zugriff behindert werden, setzte das für Schuldner erhebliche Anreize, schlicht in diese zu investieren, d.h. – in womöglich nicht allzu ferner Zukunft – reales Geld in virtuelle Währung zu tauschen und mit dieser dann beispielsweise erheblichen virtuellen Landbesitz anzuhäufen.

dd. Systemwettbewerb als Gegenargument?

Inwiefern hier eine Korrektur angezeigt ist, wird insbesondere aus US-amerikanischer Perspektive bisweilen mit einem Hinweis auf den bestehenden Systemwettbewerb bezweifelt (1). An dessen tatsächlicher Eignung, zu einem Markt angemessener Vertragsbedingungen und Rechteverteilungen zu führen, bestehen indes noch größere Zweifel (2).

(1) Entbehrliche Regulierung bei wettbewerblichen Verhaltensrestriktionen

Zur Rechtfertigung einer solchen asymmetrischen Rechteverteilung wird auf die stetig steigende Zahl virtueller Welten und den geringen Aufwand eines Wechsels verwiesen, die bei relativ geringen Transaktionskosten zu einem gut funktionierenden Systemwettbewerb[663] führen sollen, wenn schon ein individuelles Aushandeln beidseitig angemessener Verträge ausgeschlossen sei[664]. Dieser rechtfertige es, die interne Regelsetzung und Machtausübung durch die Betreiber einer geringeren rechtlichen Kontrolle zu unterwerfen, weil nicht nur ein marktbeherrschender Anbieter, sondern eine Vielzahl von ihnen existiere[665].

---

[662] Auch wenn derzeit wirklich werthaltige virtuelle „Immobilien" noch selten sind, wird die Konstellation ihrer Verwendung als Sicherungsgut und des Gläubigerzugriffes schon im US-amerikanischen Kreditsicherungsrecht diskutiert, vgl. *Moringiello* 35 Fla.St.U. L. Rev. 119 (2007). Zur Verwendung einer Domain als Sicherungsgut *Nguyen* 59 Wash. & Lee L. Rev. 37 (2002).

[663] *Dooley/Karaoulou* 16(6) Comps. & Law 20, 22 (2006); *Mayer-Schönberger/Crowley* 100 NW. U. L. Rev. 1775, 1803 (2006).

[664] Dass solche individuellen Verhandlungen in der heutigen Zeit von Massenverträgen an prohibitiven Transaktionskosten scheitern würden (statt vieler *Benkler* 74 N.Y.U. L. Rev. 354, 434 (1999)), dürfte nicht mehr ernsthaft in Zweifel gezogen werden und liegt als ein Gedanke auch der ökonomischen Rechtfertigung der Klauselkontrolle zugrunde, vgl. nur *Schäfer/Ott*[4] S. 513 ff.

[665] Vgl. zu dieser Erwägung speziell für virtuelle Welten *Bartle* 49 N.Y. L. Sch. L. Rev. 19, 38 (2004); *Bradley/Froomkin* 49 N.Y. L. Sch. L. Rev. 103, 144 f. (2004); *Deenihan* S. 14; *Mayer-Schönberger/Crowley* 100 NW. U. L. Rev. 1775, 1802 ff. (2006); etwas einschränkend unter der – selbstverständlichen – Prämisse rationalen Verhaltens und dem Fehlen von Marktzutrittsschranken *Rogers* 76 Geo. Wash. L. Rev. 405, 420 (2008). Ebenso tendenziell in Bezug auf die Meinungsfreiheit in Internetforen *Ladeur* MMR 2001, 787, 792.

(2) Notwendige Regulierung bei Marktversagen

Dieses typische Chicago-School Argument des Wettbewerbsdruckes auf einem freien Markt, der Betreibern genügend Anlass für ausgewogenere Nutzungsbedingungen gebe, weil jedem Nutzer ein Wechsel frei stehe, trifft auch hier auf seine üblichen Gegenargumente: Ob Wettbewerbsdruck allein ein optimales Ergebnis erzeugt, hängt von einer Vielzahl von Faktoren ab. Zunächst ist die Existenz eines Wettbewerbs um die beste Form von Virtual Governance und die besten Nutzungsbedingungen[666] schon nicht empirisch belegt und erzeugt daher die Gefahr, eine rechtliche Kontrolle mit rein theoretisch-modellhaften Überlegungen einzuschränken. Allein die Tatsache, dass sich viele Nutzungsbedingungen schlichtweg ähneln[667] und sich somit kaum Auswahlmöglichkeiten auftun, die Virtual Property in einer es nicht durch weitreichende Haftungsausschlüsse und voraussetzungslose Kündigungsklauseln wieder unterlaufenden Weise anerkennen würden[668], spricht eher dagegen, dass so ein Wettbewerb existierte.

Bedenkt man zudem, dass es auf den Inhalt der Nutzungsbedingungen regelmäßig erst im Konfliktfall ankommt, ist es zweifelhaft, dass Nutzer sich bei der Entscheidung überhaupt intensiv mit diesen auseinandersetzen. Statt dessen werden sie rationales Unwissen[669] an den Tag legen und sich eher an den für sie offensichtlichen Auswahlfaktoren wie Attraktivität, Preis und durch die Nutzerzahl generierten Netzwerkeffekten orientieren. Die Informationsprobleme im Wettbewerb um nur mit größerem Aufwand erkennbare Aktionsparameter wie Vertragsbedingungen werden seit geraumer Zeit diskutiert[670]. Selbst wenn die Bedingungen bekannt wären[671], bestünden weiterhin erhebliche Informationsdefizite hinsichtlich

---

[666] Diesen Aktionsparameter betonen – neben Preis und attraktiven Inhalten – vor allem *Mayer-Schönberger/Crowley* 100 NW. U. L. Rev. 1775, 1803 (2006).

[667] *Jankowich* 8 Tul. J. Tech. & Intell. Prop. 1, 49 (2006).

[668] *Hunt* 9 Tex. Rev. Ent. & Sports L. 141, 153 (2007). Dazu in Kap. 7.

[669] Vgl. *Eidenmüller* JZ 2005, 216, 220; *Kirchgässner* in: *Herder-Dorneich/Schenk/Schmidtchen* S. 181, 188 ff.; *Tietzel* in: *Herder-Dorneich/Schenk/Schmidtchen* S. 38, 50; *Zintl* in: *Boettcher/Herder-Dorneich/Schenk* S. 227, 231 zu diesem Phänomen, bei dem die beschränkte Fähigkeit des Menschen zur Informationsverarbeitung gerade zu einer rationalen Eigenbeschränkung des Informationsstandes führt. Ob die Nutzer sich vor diesem Hintergrund der Bedeutung der Vertragsbedingungen bewusst sind und sie tatsächlich lesen (geschweige denn verstehen), wie es *Rogers* 76 Geo. Wash. L. Rev. 405, 420 (2008) glaubt, erscheint indes wenig lebensnah. Wie hier *Fairfield* Anti-Social Contracts S. 40.

[670] Vgl. schon *Schwartz/Wilde* 69 Va. L. Rev. 1387 (1983).

[671] *Dooley/Karaoulou* 16(6) Comps. & Law 20, 22 (2006) stützen sich auf eine etwaige Markttransparenz durch Vernetzung und Kommunikation der Nutzer, welche den Regulierungswettbewerb verstärke.

ihrer Auslegung, Anwendung und Durchsetzung durch den Verwender im Einzelfall. Vor allem wird der Informationsaustausch hierüber unter den Nutzern von den Betreibern oftmals unterdrückt[672], die interne Nutzerkommunikation überwacht[673], und als Sanktion für kritische Berichterstattung über aktuelle Probleme werden gar Accounts gekündigt[674]. Auf diese Weise werden die ohnehin schon bestehenden Schwierigkeiten der Mobilisierung größerer, fragmentierter Interessengruppen[675], um eine kritische Masse unzufriedener Nutzer hinreichenden Wettbewerbsdruck ausüben zu lassen, nur noch verstärkt.

Dazu kommen aber vor allem mit einem Wechsel verbundene Kosten in Form von Lock-In-Effekten, weil es derzeit[676] technisch nicht möglich ist, virtuelle Güter von einer in eine andere Umgebung zu übertragen[677]. Diese Hindernisse werden jedenfalls nicht dadurch beseitigt, dass den Nutzern das geistige Eigentum an ihren geschaffenen Gütern zugestanden bzw. belassen wird, weil das lediglich die rechtlichen Hindernisse einer Verwendung außerhalb einer bestimmten virtuellen Welt beseitigt[678]. Auch das – später noch genauer zu behandelnde[679] – Verbot des Handels mit virtuellen Gütern oder ganzen Accounts führt dazu, dass der Wert virtuel-

---

[672] *Deenihan* S. 12 f.

[673] *Kayser* 27 Loy. L.A. Ent. L. Rev. 59, 75 (2007).

[674] *Kayser* 27 Loy. L.A. Ent. L. Rev. 59, 64 (2007), der das Beispiel von *Ludlow v. Electronic Arts* (oben Kap. 2 D.II.3.) anführt.

[675] *Fairfield* Anti-Social Contracts S. 23; *Kayser* 27 Loy. L.A. Ent. L. Rev. 59, 75 (2007). Zum Problem des „Mobilisation Bias" instruktiv *Posner*[4] S. 524 ff.

[676] Sowohl *Mayer-Schönberger/Crowley* 100 NW. U. L. Rev. 1775, 1810 (2006) als auch *Vacca* 76 Tenn. L. Rev. 33, 54 (2008) verweisen zwar auf die Entwicklung technischer Exportmöglichkeiten. Ob sich ihre Vision in der Realität durchsetzt, erscheint zumindest vor dem Hintergrund mangelnder Anreize der großen Betreiber zur Schaffung kompatibler Standards fraglich. Auch wenn Nutzer solche bevorzugen würden (a.a.O. 1817), zeigen die problematischen Wettbewerbsvorteile proprietärer Standards als Marktzutrittsschranken (vgl. *Delfs* in: *Eifert/Hoffmann-Riem* S. 171, 182) und deren Ausnutzung sich deutlich in den kartellrechtlichen Streitigkeiten um Interoperabilität von Computersystemen, vgl. EuG T-201/04 – *Microsoft*. Selbst wenn in jüngster Zeit erste Bestrebungen in diese Richtung existieren (vgl. http://www.heise.de/newsticker/meldung/98802, Abruf am 1.9.2009), ist es daher kaum absehbar, ob sich diese Ansätze zur Schaffung von Interoperabilität auch unter großen Betreibern durchsetzen werden.

[677] *Balkin* 90 Va. L. Rev. 2043, 2051 (2004); *Grimmelmann* 47 N.Y. L. Sch. L. Rev. 147, 179 (2004); *Hunt* 9 Tex. Rev. Ent. & Sports L. 141, 153 (2007); *Lastowka/Hunter* 92 Cal. L. Rev. 1, 62 (2004); *Lastowka* 10 Vand. J. Ent. & Tech. L. 893, 916 (2008); *Vacca* 76 Tenn. L. Rev. 33, 56 (2008); *Mayer-Schönberger/Crowley* 100 NW. U. L. Rev. 1775, 1804 (2006).

[678] Das mag – mit *Mayer-Schönberger/Crowley* 100 NW. U. L. Rev. 1775, 1805 f., 1810 (2006) – eine notwendige Bedingung für einen funktionierenden Systemwettbewerb zwischen virtuellen Welten sein, aber keine hinreichende.

[679] Vgl. Kap. 7 D.

len Vermögens nicht auf einem Markt realisiert werden kann und einen späteren Wechsel der Nutzer behindert. Insofern besteht hier eine direkte Beziehung zwischen der wirtschaftlichen Freiheit der Nutzer und wettbewerbsvermittelten Verhaltensrestriktionen der Betreiber[680]. Zu ähnlichen Pfadabhängigkeiten führen auch die schon ihrer Natur nach unübertragbaren sozialen Investitionen in soziale Netzwerke[681].

All diese Faktoren mögen aus Betreibersicht zur Verminderung des Wettbewerbsdruckes und der so geschaffenen externen Kontrolle höchst willkommen sein. Da diese Marktgegebenheiten aber zugleich auch die Effektivität eines etwaigen Systemwettbewerbs in Frage stellen, können hierauf gestützte Ansätze, die Vertragsbedingungen weitgehend kontrollfrei halten zu wollen, jedenfalls dann nicht überzeugen, wenn sie auf eine rechtliche Kontrolle zugunsten rein *theoretischer* Marktmechanismen verzichten. Unter der Prämisse der obigen Defizite besteht kein rechtspolitischer Anlass, die Anwendung der Klauselkontrolle und der durch sie gezogenen Grenzen der Privatautonomie auch auf die Nutzungsverträge virtueller Welten in Frage zu stellen – und damit die „digitale Zivilverfassung" einem Mindestmaß an inhaltlicher Kontrolle zu unterwerfen. Auf konkrete Beispiele problembehafteter Vertragsbedingungen wie weitreichende und entschädigungslose Enteignungsrechte, Kündigungsrechte mit gleichem wirtschaftlichen Effekt oder Übertragungsverbote wird in Kapitel 7 eingegangen.

e. Zwischenergebnis: Beschränkte Autonomie

Es lässt sich somit festhalten, dass sich eine Regelungsautonomie virtueller Welten – anders als im Internet allgemein – aus dem Konsens von Nutzer und Betreiber über die Bedingungen der Nutzung herleiten lässt. Dieser wirkt nur inter partes, und seine Reichweite muss sich an zwingenden Normen des Außenrechts messen lassen. Im hier betrachteten Zusammenhang ist das vor allem die AGB-Kontrolle der §§ 305 ff. BGB. Der theoretische Hinweis auf einen etwaigen Systemwettbewerb virtueller Welten steht dem wegen zahlreicher Möglichkeiten eines Marktversagens ohne weitere empirische Fundierung nicht entgegen. Damit ist einerseits den Betreibern die Möglichkeit genommen, zur gänzlichen Abwehr virtuellen Eigentums auf das Autonomieargument zurückzugreifen. Umgekehrt bestimmt sich die Reichweite virtuellen Eigentums sowie seiner vertraglichen Überformung[682] auch nach dem gesetzten Innenrecht.

---

[680] *Grimmelmann* 47 N.Y. L. Sch. L. Rev. 147, 180 (2004); *Fairfield* Anti-Social Contracts S. 37.

[681] *Lessig* Code^2 S. 289 f.

[682] Vgl. Kap. 4 F.II.1.

Hierauf wird nun beim Vertikalverhältnis (3.) und später beim Horizontalverhältnis (4.) genauer einzugehen sein.

3. Reichweite im Vertikalverhältnis zum Betreiber

Nachdem mit einem sonstigen Recht i.S.d. § 823 I BGB ein gangbarer dogmatischer Rahmen für die grundsätzliche Anerkennung virtuellen Eigentums aufgespannt wurde, soll der Blick nun am konkreten Beispiel werthaltiger virtueller Gegenstände in virtuellen Welten auf die Interessen- und Konfliktlage im Vertikalverhältnis zwischen Nutzern und Betreibern gelenkt werden, in deren Spannungsfeld die Reichweite virtuellen Eigentums diskutiert wird. Wenn sich die folgende Darstellung weitgehend an der US-amerikanischen Diskussion um Virtual Property orientiert, hat das seinen Grund nicht nur in der dort vergleichsweise intensiven rechtswissenschaftlichen Durchdringung der Problematik. Auch die Wertung und Gewichtung konfligierender Interessen besteht weitgehend losgelöst von einer konkreten Rechtsordnung und ist als Erwägung auch auf die Sicht des deutschen Rechts übertragbar.

a. Sachliche Systematisierung des Konfliktpotentials

In sachlicher Hinsicht lassen sich in der Diskussion drei potentielle Konfliktlagen ausmachen: Der Schutz virtueller Gegenstände als solcher gegen Entzug und Schädigung (aa.), der Schutz ihres wirtschaftlichen Wertes (bb.) sowie die Frage ihres Schutzes bei grundlegenden Veränderungen des virtuellen Raumes oder Einstellung des Betriebes (cc.).

aa. Schutz virtueller Güter gegen Entzug und Schädigung

Im Vertikalverhältnis zielt die Diskussion um virtuelles Eigentum meist auf die Befugnis des Betreibers, virtuelle Gegenstände unmittelbar zu entziehen, den Zugang des Nutzers zur virtuellen Welt – und damit auch zu seinen Gütern – zu sperren sowie die Haftung für Schäden aufgrund von Funktionsstörungen auszuschließen. Hier behalten sich die Betreiber in den Nutzungsbedingungen regelmäßig das Recht zur Löschung oder Veränderung virtueller Gegenstände bzw. gar die Kündigung eines Accounts vor[683] und versuchen die Entstehung von Rechten der Nutzer auszuschließen bzw. etwaige entstehende Rechte auf sich zu übertragen[684].

---

[683] Vgl. *Balkin* 90 Va. L. Rev. 2043, 2070 (2004); *Meehan* 13 Rich. J. L. & Tech. 7 Tz. 12 (2006) m.w.N. zu solchen Nutzungsbedingungen im US-amerikanischen Recht.

[684] *Fairfield* 85 B.U. L. Rev. 1047, 1082 ff. (2005); *Horowitz* 20 Harv. J. L. & Tech. 443, 445 f. (2007); *Lim* 1(7) J.I.P.L.P. 481, 482 (2006). Konkreter wird auf solche Klauseln unter Kap. 7 eingegangen.

Selbst das oft genannte Beispiel Second Life gewährt bei genauem Blick nicht die Position, die Nutzer unter dem dort beworbenen Begriff „virtuelles Eigentum" eigentlich erwarten dürften: Zwar behalten diese sämtliche Immaterialgüterrechte an den von ihnen selbst erstellten Gegenständen[685]. Die Herrschaftsgewalt über den Account und die Daten, m.a.W. das virtuelle Eigentum an rivalisierend nutzbaren Gegenständen, behalten sich allerdings die Betreiber vor[686]. Auch weitreichende Rechte zur Löschung von Objekten und zum Ausschluss von Nutzern laufen einem virtuellen Eigentum im Vertikalverhältnis eher zuwider[687].

bb. Schutz des Wertes virtueller Güter

Über die Existenz und Nutzung virtueller Güter hinaus spielt in der Diskussion um virtuelles Eigentum auch der Schutz ihres Marktwertes eine Rolle. Um in virtuellen Welten ein reales Marktwirtschaftssystem nachzubilden und die Preise stabil zu halten, werden virtuelle Gegenstände oft künstlich verknappt[688], auch damit der Betreiber sie ggf. selbst gewinnbringend vertreiben kann, wie etwa von den Nutzern erst zu erschließendes Brachland, bezugsfertige virtuelle „Immobilien" oder begehrte öffentliche Plätze zu Werbezwecken. Als Problem wird hier gesehen, dass es betreiberseitig nur eines einfachen technischen Eingriffes bedarf, um die Menge verfügbaren virtuellen Landes oder anderer virtueller Gegenstände zu Grenzkosten von annähernd Null erheblich zu steigern und so teuer verkaufte virtuelle Grundstücke schlagartig durch eine Erhöhung des Angebotes oder durch wertmindernde Substitute zu entwerten[689]. Auch andere Eingriffe in das virtuelle Wirtschaftssystem – wie etwa die Änderung der Eigenschaften und damit des Wertes betreibererstellter virtueller Gegenstände – können jenes unbeabsichtigt aus dem Gleichgewicht bringen. Selbst nur fahrlässige Programmierfehler, welche eine inflationäre Replikation von Gütern und damit einen massiven Wertverfall ermög-

---

[685] *Chin* 72 Brook. L. Rev. 1303, 1312 (2007); vgl. auch die Second Life TOS § 5.3 (http://secondlife.com/app/help/rules/tos.php, Abruf am 1.9.2009).

[686] Das betonen auch *Chein* 80 St. John's L. Rev. 1059, 1083 (2006); *Glushko* 22 Berkeley Tech. L. J. 507, 526 (2007); *Hunt* 9 Tex. Rev. Ent. & Sports L. 141, 151 (2007); *Meehan* 13 Rich. J. L. & Tech. 7 Tz. 12 (2006); *Naylor/Jaworski* 18(8) Ent.L.R. 262 (2007).

[687] So auch *Horowitz* 20 Harv. J. L. & Tech. 443, 449 (2007).

[688] *Chin* 72 Brook. L. Rev. 1303, 1322 (2007); *Lastowka/Hunter* 92 Cal. L. Rev. 1, 33 (2004). Wegen dieser künstlich erzeugten Knappheit ist es zweifelhaft, ob man mit *Grimmelmann* 47 N.Y. L. Sch. L. Rev. 147, 164 (2004) davon ausgehen kann, dass in virtuellen Welten wegen eines Angebotsüberhanges generell Deflation herrsche.

[689] *Bradley/Froomkin* 49 N.Y. L. Sch. L. Rev. 103, 132 (2004). Dieses Szenario mag wegen des rationalen Eigeninteresses der Betreiber am Vertrauen der Nutzer eher unwahrscheinlich sein; es demonstriert aber deutlich die physische Kontrolle des Betreibers über alle innerhalb der virtuellen Welt verfügbaren elektronischen Ressourcen und die Möglichkeit zu erheblichen Preisspekulationen.

lichen[690], sind denkbar[691]. Vor diesem Hintergrund stellt sich die Frage, inwiefern virtuelles Eigentum auch gegen eine solche bloße Entwertung durch den Betreiber schützen und ihm Unterlassungspflichten auferlegen kann.

Auf den Wert virtueller Güter hat auch die Möglichkeit des Handels mit ihnen erheblichen Einfluss. Dieser ist als wirtschaftliche Grundentscheidung der Betreiber – je nach Einzelfall und Charakter des virtuellen Wirtschaftssystems – in den Nutzungsbedingungen überwiegend verboten und sanktionsbewehrt[692], gelegentlich aber auch erlaubt[693]. Während aus Betreiberperspektive als Grund für ein Verbot regelmäßig eine unerwünschte Kommerzialisierung[694], etwaige Haftungsrisiken[695] oder inhaltliche Qualitätsanforderungen[696] angeführt werden, ermöglicht es in nicht unerheblichem Maße auch die Kontrolle über nachgelagerte Märkte, wozu die Betreiber vor allem dann erhebliche Anreize haben, wenn sie selbst dort gewinnbringende Handelsplattformen betreiben[697].

cc. Schutz virtueller Güter gegen grundlegende Änderungen oder Einstellung des Betriebes ihrer Umgebung

Schließlich wird virtuelles Eigentum auch in Konstellationen bedeutsam, in denen es als Argument gegen sonstige wirtschaftliche Entscheidungen der Betreiber im Hinblick auf die grundlegende Ausgestaltung des virtuel-

---

690 *Krasemann* MMR 2006, 351 Fn. 3 verweist hier beispielhaft auf einen Softwarefehler in Sony Online Entertainments „Everquest II", der Anfang 2005 die vermehrte Verfügbarkeit sonst knapper virtueller Waren erlaubte und zu einem massiven Kurseinbruch der virtuellen Währung gegenüber dem realen Dollarkurs führte.

691 Prominentes Beispiel hierfür ist der „Copybot-Zwischenfall" in Second Life. Copybot, ein ursprünglich Backupzwecken dienendes Programm, wurde modifiziert und erlaubte plötzlich die massenhafte Vervielfältigung virtueller Gegenstände. Die schnelle Verbreitung des Programmes führte letztlich – wenngleich etwas verspätet – zu seinem sanktionsbewehrten Verbot, vgl. *Chin* 72 Brook. L. Rev. 1303, 1318 (2007); *Cordall* 18(2) Comps. & Law 25, 26 f. (2007); *Naylor/Jaworski* 18(8) Ent.L.R. 262 (2007).

692 *Jankowich* 8 Tul. J. Tech. & Intell. Prop. 1, 37 (2006) zeigt auf, dass 56% der von ihm analysierten EULAs einen realen Handel mit virtuellen Gegenständen sowie 67% eine Übertragung des Accounts verbieten.

693 So etwa bei Second Life, EVE-Online, EverQuest II.

694 *Bartle* Pitfalls of Virtual Property S. 14 ff.; *ders.* 49 N.Y. L. Sch. L. Rev. 19, 38 (2004); dazu auch *Grimmelmann* Virtual Borders S. 8; *Stephens* 80 Tex. L. Rev. 1513, 1519 (2002).

695 *Stephens* 80 Tex. L. Rev. 1513, 1520 (2002).

696 Vgl. *Schwarz/Bullis* 10 Intell. Prop. L. Bull. 13, 19 (2005).

697 Vgl. *Schwarz/Bullis* 10 Intell. Prop. L. Bull. 13, 25 f. (2005), die aus US-amerikanischer Sicht kartellrechtliche Bedenken gegen ein Verbot des Handels gegen reales Entgelt nur auf externen Plattformen vorbringen, wenn es zugleich eine proprietäre Handelsplattform fördere.

len Wirtschaftssystems oder gar die Einstellung des Betriebes einer virtuellen Welt ins Feld geführt wird. Da die fortwährende Existenz virtueller Güter von der sie in ihrem Kontext erschaffenden und umgebenden virtuellen Welt abhängt, ist deren Existenz zwingende Voraussetzung für ihre Nutzung und damit auch für ihren Wert. Insofern führt ein Abschalten meist auch zur Zerstörung – jedenfalls aber zur völligen Entwertung – darin enthaltener virtueller Gegenstände. Hier wird Virtual Property bisweilen angeführt, um eine solche Entscheidung zu erschweren[698] oder zumindest gerichtlicher Kontrolle auszusetzen[699]. Mit genau gegenläufiger Tendenz wird eine Fortführungspflicht entweder abgelehnt[700] oder aus Betreiberperspektive gerade als Argument gegen Virtual Property als solches vorgebracht[701].

b. Interessengegensatz zwischen Betreibern und Nutzern

Die drei vorgenannten Konfliktlagen im Vertikalverhältnis illustrieren die Hauptprobleme der widerstreitenden Interessen von Nutzern und Betreibern. Hier virtuelles Eigentum anzuerkennen und einen Einbruch des Außenrechts in das betreibergesetzte Innenrecht einer virtuellen Welt zuzulassen, wird aus deren Sicht als großes Risiko für ihre wirtschaftliche Entscheidungsfreiheit wahrgenommen. Das gilt vor allem für die sich aus einer Anerkennung von Virtual Property u.U. ergebenden höheren Hürden für einen Ausschluss von Nutzern, für Enteignungen virtueller Gegenstände, für zu Entwertungen führenden Eingriffen in das virtuelle Wirtschaftssystem, für etwaige Haftungsausschlüsse bei technischen Problemen sowie letztlich gar für das Abschalten einer virtuellen Welt[702]. Solche Einschränkungen der wirtschaftlichen Handlungsfreiheit der Betreiber gefährden letztlich die Kontrolle über den von ihnen geschaffenen virtuellen Raum. Gerade diese sei aber für die Gewährleistung eines störungsfreien Betriebs unabdingbar, wenn korrigierende Eingriffe in das virtuelle Wirtschaftssystem notwendig werden[703] oder ein Ausschluss als Sanktion

---

[698] *Balkin* 90 Va. L. Rev. 2043, 2071 (2004) will nach dem dadurch vernichteten Wert differenzieren: „...the more value is destroyed, the less likely the law will stand for it."

[699] *Belcher* 7(1) E.C. L. & P. 7, 8 (2005).

[700] *Meehan* 13 Rich. J. L. & Tech. 7 Tz. 70 ff. (2006).

[701] *Bartle* Pitfalls of Virtual Property S. 12.

[702] Vgl. für die Bedenken *Bartle* Pitfalls of Virtual Property S. 13; *Belcher* 7(1) E.C. L. & P. 7, 9 (2005); *Blazer* 5 Pierce L. Rev. 137, 154 (2006); *Fairfield* 85 B.U. L. Rev. 1047, 1098 (2005); *Vacca* 76 Tenn. L. Rev. 33, 49 ff. (2008); *Westbrook* [2006] Mich. St. L. Rev. 779, 787 ff.

[703] *Bartle* 49 N.Y. L. Sch. L. Rev. 19, 28-30 (2004) weist darauf hin, dass es bei diesen geradezu unvermeidbar sei, dass einige Nutzer gegenüber anderen bevorteilt bzw. benachteiligt werden.

für Verstöße gegen Verhaltenspflichten ausgesprochen werden muss[704]. Zudem erfordere der Betrieb erhebliche Investitionen, deren Amortisation durch profitorientiertes Wirtschaften dagegen spräche, die Kontrolle über den virtuellen Raum und etwaige virtuelle Vermögensgegenstände einfach aus der Hand zu geben[705]. Da jegliche Rechtspositionen an ihnen a priori dem Betreiber zugewiesen seien, könnten Nutzer nur insofern Rechte geltend machen, als diese von den Betreibern explizit gewährt würden[706].

Dieser Sichtweise werden von Nutzerseite regelmäßig die – schon oben bei der Frage der Anerkennung virtuellen Eigentums angeführten – grundsätzlichen Erwägungen zur Legitimation einer eigentumsähnlichen Herrschaftsposition entgegengehalten, von der naturrechtlichen Zuweisung der Ergebnisse ihrer Arbeit[707] über die intrinsische Verbindung virtueller Besitztümer mit ihrer Persönlichkeit[708] bis letztlich zum utilitaristischen Argument hinreichender Anreize zu Investition und zum Schaffen[709].

Das spezielle Problem des Handels mit virtuellen Gegenständen betrifft demgegenüber hauptsächlich auf spielerische Aktivität ausgelegte MMORPGs, bei denen eine Kommerzialisierung befürchtet wird, die das Spielkonzept und deren Attraktivität erheblich mindern könne[710]. Überdies wird für abonnementfinanzierte virtuelle Welten, deren Finanzierungsmodell auf einem zeitintensiven Durchspielen beruht, die Gefahr einer Abkürzung der dafür aufgewendeten Zeit und Verweildauer und damit eines Verlustes von Einnahmen gesehen[711].

Solchen Bedenken wird entgegengehalten, dass viele virtuelle Gegenstände auch in MMORPGs bereits werthaltige, kommerzialisierte Wirtschaftsgüter seien[712] und eine solche Entwicklung hin zum faktischen Wirtschaftsgut ohnehin kaum zu verhindern sei, wenn die Nutzer einen Handel wünschen und durchführen[713]. Dass ein realer Handel mit virtuellen Gegenständen zudem Pfadabhängigkeiten und versenkte Kosten bei

---

[704] Vgl. *Bartle* 49 N.Y. L. Sch. L. Rev. 19, 41 (2004), der die Notwendigkeit zur Löschung eines Accounts als Sanktion für unerlaubten Handel mit virtuellen Gütern hervorhebt.

[705] *Blazer* 5 Pierce L. Rev. 137, 154 (2006).

[706] *Bartle* Pitfalls of Virtual Property S. 4.

[707] Kap. 4 F.I.5.c.bb.(1).

[708] Kap. 4 F.I.5.c.bb.(2).

[709] Kap. 4 F.I.5.c.bb.(3).

[710] *Bartle* Pitfalls of Virtual Property S. 9; *Bartle* 49 N.Y. L. Sch. L. Rev. 19, 35 (2004); er verweist auch darauf, dass ein Handel den Aufbau eines Charakters als Symbol für Status und damit die soziale Ordnung unterminiere (a.a.O. 31); dazu auch *Belcher* 7(1) E.C. L. & P. 7, 9 (2005).

[711] *Stephens* 80 Tex. L. Rev. 1513, 1519 (2002); *Westbrook* [2006] Mich. St. L. Rev. 779, 788.

[712] *Fairfield* 85 B.U. L. Rev. 1047, 1099 (2005).

[713] *Ondrejka* 49 N.Y. L. Sch. L. Rev. 81, 98 (2004).

Investitionen in virtuelle Gegenstände vermeidet, den Nutzern eine Realisierung des realen Wertes ihres virtuellen Vermögens sowie einen verlustfreien Ausstieg ermöglichet und so einen Wettbewerbsdruck auf die Betreiber erzeugt, wurde oben bereits dargestellt[714]. Da diese Ausstiegsoption erhebliche Anreize zur Schaffung von Inhalten auf *längere* Sicht setze, müsse damit nicht einmal zwangsläufig ein Ertragsverlust für die Betreiber verbunden sein[715].

c. Differenzierende Lösung und Interessenabwägung

Da diese beiden Positionen – einerseits das Betreiberszenario von Haftungsrisiken, Kontrollverlust und mittelfristig nahendem Untergang virtueller Welten, andererseits weitgehende Herrschaftsansprüche der Nutzer über ihre virtuellen Besitztümer – augenscheinlich die Extrema in diesem Interessengegensatz bilden, erscheint, wie auch für Virtual Property[716], eine differenzierende Lösung angebracht. Diese muss den Interessen von Betreibern und Nutzern gleichermaßen angemessen Rechnung tragen und für die Reichweite virtuellen Eigentums auch die Grundlagen seiner theoretischen Legitimation als Rechtsfigur heranziehen[717].

aa. Differenzierung nach der Art virtueller Welten

Den vorgenannten Interessenkonflikten ist zunächst gemeinsam, dass die betroffenen Interessen je nach Natur der jeweiligen virtuellen Welt unterschiedliches Gewicht haben.

In wirtschaftlichen Transaktionsräumen mit nutzergenerierten Inhalten, deren Betreiber eine Kommerzialisierung offen begrüßen, erlangen auf Seiten der Nutzer Investitionsschutz und Rechtssicherheit eine erhebliche Bedeutung. Die Investitionen der Nutzer sind es in erster Linie, welche für die nötige Attraktivität vormals leerer virtueller Räume, positive Netz-

---

[714] Vgl. oben Kap. 4 F.II.2.d.dd.(2).

[715] Vgl. *Jankowich* 8 Tul. J. Tech. & Intell. Prop. 1, 26 (2006), der auf das massive Wachstum der virtuellen Wirtschaft bei There und Second Life verweist. Ähnlich betont auch *Blazer* 5 Pierce L. Rev. 137, 161 (2006) das Entwicklungspotential von Virtual Property auf neuen Märkten.

[716] Vgl. dort für Differenzierungen nach der Art virtueller Welten *Bartle* 49 N.Y. L. Sch. L. Rev. 19, 41 (2004); *Balkin* 90 Va. L. Rev. 2043, 2047, 2072 (2004); über die differenzierenden Voraussetzungen für die Anerkennung von Virtual Property mittelbar auch *Blazer* 5 Pierce L. Rev. 137 (2006); *Dooley/Karaoulou* 16(6) Comps. & Law 20, 21 f. (2006); *Horowitz* 20 Harv. J. L. & Tech. 443, 457 (2007); *Lederman* 82 N.Y.U. L. Rev. 1620, 1639 f.; *Ondrejka* 49 N.Y. L. Sch. L. Rev. 81, 90, 96 (2004). Vgl. auch *Johnson/Post* 48 Stan. L. Rev. 1367, 1395 (1996) für die unterschiedlichen Regulierungsbedürfnisse virtueller Räume i.w.S.

[717] So für Virtual Property auch *Blazer* 5 Pierce L. Rev. 137, 140 (2006); *Westbrook* [2006] Mich. St. L. Rev. 779, 804 ff.

werkeffekte und steigende Nutzerzahlen sorgen. Für diese einen sicheren rechtlichen Transaktionsrahmen zur Verfügung zu stellen, erscheint nicht allein aus utilitaristischen Anreizgesichtspunkten angezeigt. Auch gebühren den Nutzern aus einer *Locke*schen Perspektive die Früchte ihrer Arbeit. Der gegenläufige Aspekt der vom Betreiber geschaffenen technischen Plattform kann hier zwar nicht in einer Weise ausgeblendet werden, dass ihm so jegliche Kontrolle über den virtuellen Raum genommen wird. In seiner Gewichtung muss er jedoch hinter den Interessen der Nutzer jedenfalls insoweit zurücktreten, als Eingriffe in den Bestand virtueller Gegenstände grundsätzlich rechtfertigungsbedürftig sind.

Sofern gar kein konkreter Betreiber existiert, tut sich hier schon kein Interessenkonflikt auf, so dass einer umfassenden Rechtsposition der Nutzer nichts entgegensteht[718]. Ein solches Szenario virtueller Welten auf Basis von Open Source Software und Peer-to-Peer Technologie wird zwar apostrophiert[719], ist bei ihrem gegenwärtigen Entwicklungsstand allerdings bislang noch nicht zu finden.

Genau entgegengesetzt fällt das Ergebnis bei MMORPGs aus, deren Inhalte durch die Betreiber geschaffen sind, bei denen sich wirtschaftliche Investitionen der Nutzer in Grenzen halten und ein rechtlicher Rahmen für Transaktionen schon gar nicht gewünscht ist, um ihrer Kommerzialisierung entgegenzuwirken. Auch die normative Legitimationsgrundlage für eine eigentumsähnliche Rechtsposition ist bei solchen virtuellen Welten, in denen Erholung und Spielspaß im Vordergrund stehen, gegenüber denen kommerzieller Natur geringer. Weder schlägt sich die Arbeit der Nutzer in höherem Maße als die der Betreiber in vorgefertigten virtuellen Gegenständen nieder, noch sind die Nutzerinteressen in einem Maße auf Wertschöpfung gerichtet, das die Betreiberinteressen an einem reibungslosen Ablauf des Spielgeschehens überwiegen könnte[720].

Da sich die Vielzahl individuell gestalteter virtueller Welten nur schlecht in dieses holzschnittartige Bild einpassen lässt, erscheint es für eine sachgerechte Differenzierung nach Art und Konzept virtueller Welten geboten, auf weitere Kriterien zurückzugreifen:

So ließe sich zunächst subjektiv auf den Betreiberwillen abstellen, der dem Nutzer virtuelles Eigentum zugesteht oder gerade nicht[721]. Dieser

---

[718] *Hunt* 9 Tex. Rev. Ent. & Sports L. 141, 171 (2007).

[719] *Mayer-Schönberger/Crowley* 100 NW. U. L. Rev. 1775, 1823 (2006).

[720] *Deenihan* S. 21 verweist für MMORPGs auf die Bedeutung von sozialem Status, Fair Play und Spielspaß für die Nutzer, hinter die Aspekte wie Investitions- und Rechtssicherheit zurücktreten.

[721] Vgl. *Horowitz* 20 Harv. J. L. & Tech. 443, 445 (2007), der „property-adverse worlds“ und „property-promoting worlds“ einander gegenüberstellt. Ähnlich *Balkin* 90 Va. L. Rev. 2043, 2072 (2004) sowie *Hunt* 9 Tex. Rev. Ent. & Sports L. 141, 169 (2007), der eine solche bewusste Designentscheidung etwa durch Kommodifikation oder durch die Möglichkeit zur Erzeugung nutzergenerierter Inhalte zum Ausdruck gebracht sieht.

Maßstab trägt den wirtschaftlichen Entscheidungen der Betreiber Rechnung, wenn sie sich bewusst entweder für oder gegen die Anerkennung solcher Rechte entscheiden und so die jeweilige Nachfrage unterschiedlicher Nutzer bedienen, die entsprechend ihrer jeweiligen Präferenzen entweder wirtschaftliche Investitionen oder spielerische Aktivitäten verfolgen. Die Grenzen dieses subjektiven Ansatzes zeigen sich jedoch, wenn der Betreiberwille nicht klar zum Ausdruck kommt oder gar widersprüchlich ist. Letzteres ist etwa der Fall, wenn in einer eigentlich nichtkommerziellen virtuellen Welt gerade durch den Betreiber eine Handelsplattform errichtet wird[722] oder wenn trotz der öffentlichen Bewerbung virtuellen Eigentums die den Nutzern gewährte Rechtsposition vertraglich ausgehöhlt wird.

Um diese Widersprüche auszuräumen, ließe sich zudem objektiv der Aspekt der Kommerzialisierung einer virtuellen Welt heranziehen. Hierfür kann freilich weder der wirtschaftliche Handel als solcher genügen, denn dieser existiert de facto überall[723]. Noch ist aus dem gleichen Grund eine Differenzierung danach sonderlich aussagekräftig, ob Transaktionen virtueller Güter nur innerhalb einer virtuellen Welt erfolgen oder auch Wirkungen in der realen Welt zeigen[724]. Gangbar erscheint es aber, die objektive Kommerzialisierung aus der Sicht legitimer Erwartungen der Nutzer zu beurteilen und dann anzunehmen, wenn Betreiber den Nutzern eine eigentumsähnliche Position in Aussicht stellen, einen entgeltlichen Handel unterstützen – oder zumindest dulden – und die Nutzer damit zu Investitionen ermutigen[725]. Etwaige Enteignungs- und Haftungsausschluss-

---

[722] Vgl. *Kayser* 27 Loy. L.A. Ent. L. Rev. 59, 80 f. (2007) mit Verweis auf EverQuest II, wo Sony als Betreiber zunächst vehement gegen den Handel mit virtuellen Gütern vorging, diesen sodann aber auf der dazu eigens geschaffenen Handelsplattform Station Exchange gegen Entgelt erlaubte.

[723] *Ondrejka* 49 N.Y. L. Sch. L. Rev. 81, 96 ff. (2004). Ähnlich für die AGB-Kontrolle LG Regensburg v. 26.9.2006, Az.: 2 S 153/06, wonach eine rein faktische Kommerzialisierung den Nutzern nicht das Rechte auf kommerzielle Betätigung verleihe.

[724] Dafür aber *Rogers* 76 Geo. Wash. L. Rev. 405, 418 ff. (2008), der nur für „in-world"-Transaktionen jegliche Anwendung des Außenrechts und eine Kontrolle der EULA ablehnt. Da aber schon eine Gegenleistung in realem Geld bzw. in einem dafür eingetauschten Zahlungsmittel die Verbindung zur realen Wirtschaft herstellt, dürfte sein Ansatz in fast allen Fällen marktgängiger, werthaltiger virtueller Güter – genau in den Fällen also, in denen sich die hier diskutierten Probleme auftun – immer zu einer Anerkennung als Virtual Property führen.

[725] Vgl. *Balkin* 90 Va. L. Rev. 2043, 2047, 2072 (2004): „[I]f game designers commodify virtual worlds, encourage people to treat elements in those worlds like property, and allow purchase of those assets in real-world markets as if they were property, they should not be at all surprised if courts and legislatures start treating these elements like property." Ebenso für die Relevanz von Nutzererwartungen (aus vertragsrechtlicher Sicht) *Glushko* 22 Berkeley Tech. L. J. 507, 530 f. (2007). Wegen der dynamischen

klauseln sowie Disclaimer in den Nutzungsbedingungen[726] müssen dem nicht zwingend entgegenstehen. Für die Beurteilung legitimer Erwartungen sind sie jedenfalls dann von geringer Aussagekraft, wenn sie der geschaffenen oder geduldeten ökonomischen Realität und insbesondere der erwartungsbildenden Bewerbung einer sicheren Rechtsposition widersprechen[727].

Das kann der Fall sein, wenn virtuelles Eigentum beworben, aber nicht tatsächlich gewährt wird[728], oder ein Betreiber in einer als solche beworbenen „Real Cash Economy" virtuelles Land teuer verkauft, sich aber zugleich entschädigungslose Enteignungen oder Sperrungen von Accounts mit demselben Effekt vorbehält.

Teilweise wird hier nach der Art der Inhalte zwischen nutzergenerierten und durch den Betreiber vorgefertigten differenziert[729]. Auch das Geschäftsmodell und die Art der Finanzierung einer virtuellen Welt können eine Rolle spielen, wenn und soweit durch den Handel mit virtuellen Gegenständen die normale Nutzungsdauer verkürzt, das zu erwartende Nutzungsentgelt erheblich geschmälert und die Interessen der Betreiber dadurch unangemessen beeinträchtigt werden[730]. Wenig aussagekräftig ist

---

Entwicklung und bisweilen Kurzlebigkeit virtueller Welten an etwaigen berechtigten Erwartungen zweifelnd *Chein* 80 St. John's L. Rev. 1059, 1077 (2006). Für Kommerzialisierung („Kommodifikation") als Kriterium *Hunt* 9 Tex. Rev. Ent. & Sports L. 141, 169 (2007), der aber diese und das Vorhandensein nutzergenerierter Inhalte als kumulative Voraussetzungen sieht (a.a.O. 171). Eine solche Verknüpfung erscheint nicht zwingend: Auch wenn der Betreiber seine eigenen Güter verkauft und einen Handel zulässt, ist nicht per se ausgeschlossen, dass sich hier berechtigte Erwartungen auf Nutzerseite in die Anerkennung von Rechtspositionen formen können. Vielmehr wird das nur einer von mehreren Beurteilungsfaktoren sein.

[726] Dazu Kap. 7 E.

[727] So zu Recht aus US-amerikanischer Perspektive *Blazer* 5 Pierce L. Rev. 137, 150 (2006).

[728] Naheliegendes Beispiel hierfür ist Second Life, vgl. die öffentliche Werbung des Betreibers dargestellt bei *Kolz*, Virtual IP Rights Rock Online Gaming World, http://www.law.com/jsp/article.jsp?id=1101738506769 (Abruf am 15.11.2008): „‚Second Life' players, in contrast, do own the characters and objects they construct". Gewährt bzw. belassen werden hier lediglich die Rechte geistigen Eigentums an den nutzergenerierten virtuellen Gegenständen (Kap. 7 E.). Diese Rechte decken sich mit dem hier diskutierten virtuellen Eigentum jedoch nicht (Kap. 4 B.). Das Fehlen dessen, was Nutzer unter der Gewährung virtuellen Eigentums und daraus fließenden Mindestrechten verstehen würden, heben auch hervor *Horowitz* 20 Harv. J. L. & Tech. 443, 449 (2007); *Hunt* 9 Tex. Rev. Ent. & Sports L. 141, 151 (2007); *Meehan* 13 Rich. J. L. & Tech. 7 Tz. 12 (2006); *Naylor/Jaworski* 18(8) Ent.L.R. 262 (2007).

[729] *Ondrejka* 49 N.Y. L. Sch. L. Rev. 81, 96 ff. (2004), der so zwischen „Metaversen" und MMORPGs differenziert; ebenso eines der drei Kriterien bei *Hunt* 9 Tex. Rev. Ent. & Sports L. 141, 170 (2007).

[730] Vgl. *Lederman* 82 N.Y.U. L. Rev. 1620, 1640, der auf das geringere Interesse der Betreiber hinweist, den Handel mit virtuellen Gütern zu verhindern, wenn keine

demgegenüber eine abstrakte Unterscheidung nach dem Zweck virtueller Welten in die Kriterien von Spiel und Nicht-Spiel, wenn sie losgelöst von den zuvor genannten wirtschaftlichen Gesichtspunkten erfolgt[731].

Allgemeiner gesprochen kann für die Reichweite virtuellen Eigentums als zentrales Kriterium, welches sich aus allen der vorgenannten speist, das Maß gesehen werden, in dem das Innenrecht einer virtuellen Welt die außenrechtliche Anerkennung virtuellen Eigentums vorsieht oder verhindert. Aus dem konsensgetragenen Vorrang des Innenrechts lassen sich ohne weiteres auch die Eckpfeiler einer Anerkennung (oder Ablehnung) virtuellen Eigentums ableiten. Der widerspruchsfrei zum Ausdruck gekommene Wille der Betreiber, die darauf aufbauende Kommerzialisierung, die berechtigten Erwartungen der Nutzer und die hieraus folgende Schaffung nutzergenerierter Inhalte sind allesamt Indizien für die Auslegung des Innenrechts als virtuellem Sozialvertrag, der auch die Anerkennung und Reichweite von eigentumsähnlichen Herrschaftspositionen im Horizontal- und Vertikalverhältnis regelt. Von seiner Ausgestaltung hängt es ab, ob einerseits in einem Spiel mit anarchischem Kampf aller gegen alle nur das Faustrecht über virtuelle Besitztümer regiert und demzufolge mangels anderer berechtigter Erwartungen weder im Horizontalverhältnis – dazu sogleich – ein rechtlicher Schutz vorgesehen noch sich im Vertikalverhältnis die wirtschaftlichen Nutzerinteressen durchsetzen. Andererseits können auch die Schöpfungen der Nutzer und ihre wirtschaftlichen Transaktionen im Vordergrund stehen, so dass eine Beeinträchtigung im Horizontalverhältnis, sofern überhaupt technisch möglich, abwehrfähig ist und im Vertikalverhältnis die Nutzerinteressen überwiegen. Es kommt m.a.W. auf das Maß an, in dem sich an den obigen Kriterien orientierende Nutzer ihr virtuelles Vermögen vernünftigerweise auch als das *Ihrige* betrachten können. Legitimerweise können sie das jedenfalls bei selbst erstellten Inhalten als Ergebnis der eigenen Arbeit[732].

Ein so differenzierender Ansatz gibt den Betreibern zunächst die Entscheidungsfreiheit für die Konzeption einer virtuellen Welt. Entscheiden sie sich für ein auf der Kommerzialisierung virtueller Güter beruhendes Geschäftsmodell und profitieren sie davon, müssen sie zugleich in Kauf nehmen, dass sie sich nicht in einem rechtsfreien Raum bewegen, in dem die wirtschaftlichen Interessen der Nutzer schlichtweg ausgeblendet

---

mietähnlichen z.B. monatlichen Nutzungsgebühren anfallen. Ob der Handel mit virtuellen Gütern in MMORPGs allerdings überhaupt zu einem solchen Ergebnis führt, ist empirisch keineswegs klar.

731 *Hunt* 9 Tex. Rev. Ent. & Sports L. 141, 167 (2007).

732 *Hunt* 9 Tex. Rev. Ent. & Sports L. 141, 171 (2007) sieht eine Kommodifikation und das Vorhandensein nutzergenerierter Inhalte als kumulative Voraussetzungen. Es ist indes schwer einzusehen, wieso ein Betreiber eine Kommodifikation von Inhalten, die er nicht einmal selbst erstellt hat, verhindern können sollte.

werden. Wird umgekehrt der Handel mit virtuellen Gütern nicht direkt (durch Erwerb gegen reales Geld) oder indirekt (durch vorherigen Umtausch realer Währung in virtuelle Währung) an die reale Wirtschaft gekoppelt und soll die virtuelle Welt gerade von solcher Kommerzialisierung frei gehalten werden so besteht für das reale Recht wenig Anlass zum Schutz etwaigen virtuellen Vermögens. Dessen durch kaum zu verhindernde „Graumärkte" gebildeter wirtschaftlicher Wert ist letztlich nicht entscheidend. Den Ausschlag gibt vielmehr die bewusste, dem Konzept einer virtuellen Welt zugrunde liegende Entscheidung, ihre wirtschaftlichen Grenzen zur realen Wirtschaft zu öffnen. Unternimmt der Betreiber keine Schritte in der Ausgestaltung des Programmcodes oder den Nutzungsbedingungen, um wirtschaftliche Transaktionen zwischen virtueller und realer Welt zu verhindern oder zumindest einzuschränken, so muss er sich hieran festhalten lassen. Gleiches gilt wegen innerer Widersprüchlichkeit, wenn einerseits Erwartungen in einen sicheren Vermögenserwerb ausgeschlossen werden und zugleich selbst der Kommerzialisierung virtueller Güter durch eigene Aktionsplattformen gegen reales (oder eingetauschtes) Entgelt Vorschub geleistet wird.

Mit einer solchen Differenzierung werden zudem ex ante nur dort Anreize zu wirtschaftlichen Investitionen der Nutzer gesetzt, wo diese auch erforderlich sind und nicht schon durch eine andere, etwa spielerische Motivation realisiert werden. Zugleich gibt das den Betreibern die Möglichkeit, ihr Geschäftsmodell durch gezielte Entscheidungen entweder auf spielerische Aktivität auszurichten und so den Einfluss des Außenrechts auf die Rechtsbeziehungen in einer virtuellen Welt als Spiel zu minimieren, oder aber in einer kommerziell geprägten virtuellen Welt den Einfluss des Außenrechts als Rechtsrahmen für wirtschaftliche Transaktionen zu akzeptieren. Und ex post beschränkt dieser Ansatz den rechtlichen Schutz der Nutzer – bzw. spiegelbildliche Beschränkungen der Betreiber – nur auf solche Fälle, in denen wesentliche Investitionen vorgenommen wurden, deren Anerkennung als virtuelles Vermögen beide Seiten vernünftigerweise erwarten und vorhersehen durften.

bb. Differenzierung nach der Schutzrichtung virtuellen Eigentums

Über eine Differenzierung der Schutz*reichweite* nach der Art virtueller Welten hinaus bedarf auch die Schutz*richtung* dieser Rechtsfigur anhand der obigen drei Problemkonstellationen Entzug/Schädigung, Entwertung und Abschalten der Umgebung einer Klarstellung. Als Folge der grundlegenden Differenzierung zwischen rivalisierenden und nichtrivalisierenden Nutzungen ergibt sich zunächst, dass virtuelles Eigentum im Sinne eines Herrschaftsrechts über virtuelle Gegenstände als Pendant zu körperlichen Sachen auch die Schutzrichtung des Sacheigentums teilt. Es gewährt somit nur Abwehrbefugnisse gegen Entzug, etwaige Schädigungen und sonstige Nutzungsbeeinträchtigung, nicht aber gegen bloße marktbedingte Wertminderungen; diese unterfallen allein dem Immaterialgüterrecht[733]. Nur so lässt sich an dem Grundsatz festhalten, dass die eigentumsähnlichen Rechtsgüter des § 823 I BGB keinen bloßen primären Vermögensschutz liefern[734].

Auch die Entscheidung des Betreibers zur gänzlichen Einstellung des Betriebes kann nicht in den Schutzbereich des virtuellen Eigentums fallen. Ganz abgesehen von der wirtschaftlichen Erwägung, dass die Gefahren einer solchen Fortführungspflicht den Betreibern schlechterdings nicht auferlegt werden können, ist die Abhängigkeit vom faktischen Fortbestand der virtuellen Welt in rechtlicher Hinsicht – wie oben gezeigt[735] – gerade die dem virtuellen Eigentum immanente Schwäche. Diese begrenzte Reichweite lässt sich durchaus vergleichen mit der Abhängigkeit eines Mitgliedschaftsrechts vom Fortbestand der juristischen Person und seiner fehlenden mittelbaren Wirkung gegen Beeinträchtigungen von dessen Ertragsfähigkeit[736] oder Jagd- und Fischereirechten, die einen Schutz gegen Störungen Dritter vermitteln, ohne einen Anspruch auf Aufrechterhaltung der ihnen zugrunde liegenden natürlichen Verhältnisse zu geben[737]. Da die Betreiber virtueller Welten schon aus rationalem wirtschaftlichen Eigeninteresse einen rentablen Betrieb nicht grundlos einstellen werden, lässt sich eine solche Konstellation schlicht als zukünftiger wirtschaftlicher Zufall beschreiben, dessen Risiko die Nutzer tragen.

4. Reichweite im Horizontalverhältnis zwischen Nutzern

Auch im Horizontalverhältnis ist die Reichweite virtuellen Eigentums nicht unbeschränkt. Wiederum greift hier der oben beschriebene Vorrang konsensual-autonom gesetzten Innenrechts dergestalt, dass die jeweiligen Verhaltensnormen einer virtuellen Welt auf die Reichweite außenrechtlicher Rechtspositionen durchschlagen.

---

[733] Insofern ist eine immaterialgüterrechtsähnliche Funktion virtuellen Eigentums ebenso strikt abzulehnen wie der Schutz des Sacheigentums gegen nichtrivalisierende Nutzungen, vgl. Kap. 4 B.II.2.b.; a.A. *Beurskens* in: *Domej/Dörr/Hoffmann-Nowotny/Vasella/Zelger* S. 443, 472, der aus einem originären Recht an Daten anscheinend auch Verwertungsrechte dort ableiten will, wo Immaterialgüterrechte – nach hier vertretener Ansicht allerdings zu Recht – einen nur unvollkommenen Schutz bieten.

[734] Erman/*Schiemann*[12] vor § 823 Rn. 2; *Larenz/Canaris* Schuldrecht II/2[13] § 76 II 4 a; MüKo BGB/*Wagner*[4] § 823 Rn. 176; Staudinger/*Hager*[1999] vor § 823 Rn. 20.

[735] Kap. 4 F.I.5.b.cc.

[736] RGZ 158, 248, 255; Erman/*Schiemann*[12] § 823 Rn. 41; Staudinger/*Hager*[1999] § 823 Rn. B 143.

[737] Staudinger/*Hager*[1999] § 823 Rn. B 136 m.w.N.

Hier gilt es wiederum, zunächst das Konfliktpotential im Horizontalverhältnis zu systematisieren (a.), bevor schwerpunktmäßig auf die Frage eingegangen wird, was alles unter die Kategorie des privatautonom gesetzten Innenrechtes fällt, das Vorrang und Geltung beansprucht und so die horizontale, drittwirkende Reichweite virtuellen Eigentums unmittelbar ausformt. Dieses beinhaltet nämlich nicht nur die Nutzungsverträge, welche die Rechte und Pflichten aller Beteiligten umfassend regeln (b.). Auch informale Verhaltensnormen und Verkehrsgewohnheiten (c.) sowie unmittelbar in der technischen Architektur des virtuellen Raumes zum Ausdruck kommende Regelungen sind Bestandteil des Innenrechts (d.). Letztere erweisen sich als besonders problematisch, da sie dem Recht im Systemwettbewerb als effizienterer Regulierungsmechanismus überlegen sind, gleichzeitig aber erhebliche Kontrolldefizite aufweisen. Insbesondere eine zunehmende Ersetzung rechtlicher durch technische Regulierung im virtuellen Raum provoziert die – als Exkurs zu streifende – Frage, inwieweit die Beschränkungen des Außenrechts auch bei einer technischen Umsetzung des Innenrechts gelten. Das gilt vor allem dann, wenn Code als Substitut für vertragsrechtliche Regelungen in einer Weise eingesetzt wird, deren Ergebnisse auf rechtlichem Wege gar nicht erreicht werden könnten, ohne die Grenzen der Privatautonomie zu überschreiten (e.).

a. Sachliche Systematisierung des Konfliktpotentials

Wie auch im Vertikalverhältnis ist hier zwischen einem Schutz der Substanz und Nutzung virtueller Gegenstände und dem Schutz ihres bloßen Wertes zu unterscheiden.

In ersterem Zusammenhang wird oft von „Diebstahl" oder „Zerstörung"[738] virtueller Gegenstände gesprochen. Diese plakative Bezeichnung darf trotz aller intuitiver Vergleiche mit entsprechenden Handlungen in der realen Welt nicht darüber hinwegtäuschen, dass es im Rahmen technischer Gegebenheiten entweder kaum möglich ist, virtuelle Gegenstände zu entwenden oder zu zerstören, solange damit keine Einwirkung auf die ordnungsgemäße Funktion des Computersystems verbunden ist, oder vom Innenrecht virtueller Welten geradezu vorgesehen sein kann. Das Maß potentieller Einwirkungsmöglichkeiten auf andere virtuelle Gegenstände ist im Horizontalverhältnis meist unmittelbar durch den Programmcode ausgeformt. Häufiger als zu einer Substanzeinwirkung kommt es demgegenüber zu Nutzungsbeeinträchtigungen durch virtuelle Blockaden u.ä., beispielsweise die Behinderung des Zuganges zu einem virtuellen Ge-

[738] Vgl. etwa *Sharma/Birdsey* 180 T.W. 36, 37 (2005); *Bürge* sic! 2006, 802, 809.

schäft[739] oder virtuelle Demonstrationen[740] – m.a.W. Handlungen im Kontext einer virtuellen Welt, die durch den technischen Programmcode nicht ausgeschlossen sind und wegen ihres Kontextbezuges auch schwerlich können.

Soweit Gegenstände von Nutzern im Horizontalverhältnis nahezu ähnlich kopiert werden, kann die aus virtuellen Kopien resultierende Wertminderung über Immaterialgüterrechte – regelmäßig an virtuellen Gegenständen bestehende Urheberrechte – abgewehrt werden[741]. Deren Wirkung wird bei unmittelbaren Kopien *im* virtuellen Raum (anders als bei einem Nachbau oder unerlaubter Verwertung außerhalb des technisch kontrollierten Kontextes einer virtuellen Welt) überwiegend schon unmittelbar auf technischem Wege durchgesetzt, indem beispielsweise einem verkauften Gegenstand die Eigenschaft beigegeben werden kann, nur beschränkt oder gar nicht kopiert werden zu können.

b. Einfluss der Nutzungsbedingungen (expliziter Konsens)

Die Schutzreichweite virtuellen Eigentums im Horizontalverhältnis richtet sich nach dem Inhalt des jeweiligen virtuellen Sozialvertrages. Dieser kommt zunächst in explizit niedergelegten Verhaltensregeln zum Ausdruck, die sich in EULA, TOS, Rules of Conduct oder ähnlichen Regelwerken finden und Bestandteil des Nutzungsvertrages sind[742].

c. Einfluss der Verkehrsgewohnheiten (impliziter Konsens)

Da explizit formulierte vertragliche Pflichten auch bei virtuellen Welten nicht alle Formen menschlichen Verhaltens erfassen können, müssen Lücken oder Auslegungsfragen mit den jeweiligen üblichen Gepflogenheiten des Verkehrs gefüllt werden. Diese bilden neben dem Nutzungsvertrag eine selbständige Quelle impliziter Übereinkunft, um den Inhalt

---

[739] Etwa durch eine erhebliche Zahl selbstreplizierender Objekte, die den virtuellen Raum füllen oder sogar die Datenbanken des Servers überlasten, *Chin* 72 Brook. L. Rev. 1303, 1323 (2007). Zu denken ist in diesem Zusammenhang auch an Testkäufer, die ausgeschlossen werden sollen, vgl. dazu und zur wettbewerbsrechtlichen Zulässigkeit eines Ausschlusses LG Hamburg GRUR-RR 2007, 94 – *Elektronisches Hausverbot*; OLG Hamburg GRUR-RR 2007, 365 – *Hausverbot im Internet*.

[740] *Hunt* 9 Tex. Rev. Ent. & Sports L. 141, 162 (2007) verweist auf die Erstürmung der virtuellen Parteizentrale der rechtsextremen französischen Front National im Januar 2007. Eindrücke davon finden sich unter http://nwn.blogs.com/nwn/2007/01/stronger_than_h.html (Abruf am 1.9.2009).

[741] *Chin* 72 Brook. L. Rev. 1303, 1312 (2007); dazu Kap. 6.

[742] Diese umfassen eine Vielzahl grundlegender Verhaltensnormen – wie etwa Diskriminierungsverbote, vgl. dazu *Mayer-Schönberger/Crowley* 100 NW. U. L. Rev. 1775, 1792 (2006).

des innenrechtlichen Konsenses und damit die Reichweite der Regelungsautonomie zu bestimmen[743]. Das Problem einer Herleitung des impliziten Konsenses aus solchen Gepflogenheiten besteht freilich darin, ihren genauen Inhalt auszumachen, denn diese können je nach virtueller Welt und etwaigen Teilräumen[744] erheblich variieren. Auch hier muss der passgenaue Zuschnitt von Regeln auf die jeweilige virtuelle Welt mit einer gewissen Rechtsunsicherheit erkauft werden.

Anstatt hier nun induktiv auf eine Vielzahl von Einzelfällen einzugehen, was angesichts der schieren Unüberschaubarkeit ungeschriebener Verhaltensregeln in einer Unzahl virtueller Welten und deren Teilräumen ohne empirische Untersuchungen auch wenig sinnvoll erscheint, soll das Augenmerk im Folgenden eher darauf gerichtet werden, wie sich solche ungeschriebenen Verhaltensregeln aus expliziten oder gar technisch implementierten Normen ableiten lassen. Insbesondere stellt sich dabei die Frage eines Umkehrschlusses in dubio pro libertate, der alles virtuelle Verhalten erlaubt, das nicht explizit geregelt ist und geregelt werden konnte.

Im Horizontalverhältnis zwischen Nutzern geht es dabei vor allem um das Problem, inwiefern das Innenrecht im Falle etwaiger Rechtsverletzungen und Schäden in virtuellen Welten die Anwendung des Außenrechts überlagert. Für diese Frage, wie weit sich schädigendes Verhalten noch im Rahmen des vom Innenrecht Erlaubten (oder gar Beabsichtigten) hält, ist die Reichweite des Konsenses von zentraler Bedeutung[745]. Den Grundsatz volenti non fit iniuria auf diese Weise in Stellung zu bringen, ist nichts sonderlich Neues.

So wie es beispielsweise auch im Sport und anderen gefahrgeneigten Tätigkeiten gängige Praxis ist, die Haftung der Teilnehmer durch die Konstruktion einer Einwilligung zu begrenzen – im deutschen[746] nicht anders als im US-amerikanischen[747] und englischen Recht[748] –, gehen auch

---

[743] Nach *Fairfield* Anti-Social Contracts S. 48 geben solche ungeschriebenen Normen die Reichweite des Konsenses weitaus besser wieder als die bloßen Nutzungsverträge. Im deutschen Schrifttum die Bedeutung üblicher Gepflogenheiten für Internetsachverhalte allgemein betonend auch *Ladeur* MMR 2001, 787, 790; ferner *Rippert/Weimer* ZUM 2007, 272, 276 für die Ausübung des virtuellen Hausrechts; *Lober/Weber* MMR 2005, 653, 657 wollen aus Verkehrssitten gar vertragliche Nebenpflichten ableiten.

[744] Auch in spielerischen, auf Anarchie und Kampf ausgelegten virtuellen Welten finden sich gelegentlich „befriedete Zonen", in denen bestimmte Verhaltensweisen unerwünscht sind.

[745] Vgl. *Balkin* 90 Va. L. Rev. 2043, 2062 (2004): „These actions form part of what means to participate in the medium."

[746] Vgl. zur Beschränkung der Geltendmachung von Schadenersatzansprüchen bei Sportarten mit erheblichem Gefährdungspotential BGH NJW 2008, 1591; BGH NJW 2003, 2018; Palandt/*Sprau*[68] § 823 Rn. 217 m.w.N.

[747] *Fairfield* Anti-Social Contracts S. 47 ff. m.w.N.

die Nutzer einiger anarchischer virtueller Welten durch ihre Teilnahme bewusste Vermögensrisiken ein[749]. Ausschlaggebend für die Reichweite etwaiger Haftungsfreistellungen oder Ersatzansprüche sind wiederum die berechtigten Erwartungen der Nutzer im Kontext des virtuellen Sozialvertrages[750]. Ist der Inhalt virtueller Welten etwa darauf angelegt, dass Gegenstände gestohlen oder zerstört werden können, so muss sich das verständigerweise auch in den Erwartungen der Nutzer niederschlagen, die infolge eines dies gerade vorsehenden Sozialvertrages keinerlei Ansprüche gegen den „Dieb" herleiten können. Insoweit kommt etwaigen internen (sozialen) Sanktionsmechanismen der Vorrang zu[751]. Während das bei den meisten auf anarchischen Kampf angelegten Spielen der Fall sein wird, liegt eine solche Annahme in gleichsam „zivilisierteren" Räumen eher fern, die auf kommerzielle Transaktionen, politische Betätigung, kulturelles Schaffen oder soziale Kommunikation zielen.

Diese Unterscheidung mag für extreme Verhaltensformen wie die Wegnahme oder Zerstörung virtueller Güter oder gar das „Töten" und Ausplündern anderer Avatare noch relativ klar sein. In einen Grenzbereich mit einiger Unklarheit über die Reichweite des das Außenrecht abschirmenden Konsenses stößt man jedoch vor, wenn eine virtuelle Welt wirtschaftlich kommodifiziert ist, aber zugleich die Wegnahme und Zerstörung virtueller Güter vorsieht, sich also m.a.W. einerseits als Ort des Handels versteht, an dem andererseits aber auch kriminelle Handlungen wie Betrug zur Tagesordnung gehören[752].

---

[748] *Street*[12] S. 295 f. m.w.N.

[749] *Bartle* Pitfalls of Virtual Property S. 13; *Dougherty* 9(7) E.C.L. & P. 6 (2007); *Rogers* 76 Geo. Wash. L. Rev. 405, 412 (2008).

[750] *Chein* 80 St. John's L. Rev. 1059, 1072 (2006); *Kayser* 27 Loy. L.A. Ent. L. Rev. 59, 82 (2007); *Rogers* 76 Geo. Wash. L. Rev. 405, 424 (2008); *Vacca* 76 Tenn. L. Rev. 33, 50 (2008) Fn. 125. Insoweit spiegelt sich im Horizontalverhältnis das wieder, was auch schon im Vertikalverhältnis zwischen Betreibern und Nutzern eine zentrale Rolle spielte. Freilich werden die Rechte und Pflichten im Vertikalverhältnis explizit und detaillierter geregelt sein, weil die Betreiber ein erhebliches Interesse an einer klaren Rechte- und Pflichtenverteilung zu ihren Gunsten haben und auch die typischerweise zu regelnden Sachverhalte weniger vielgestaltig sind als im Horizontalverhältnis.

[751] Vgl. etwa *Balkin* 90 Va. L. Rev. 2043, 2069 (2004).

[752] Beispiel hierfür ist etwa EVE Online, die im Gegensatz zu anderen MMORPGs wie World of Warcraft kommodifiziert ist und ähnlich wie Second Life über eine offene Volkswirtschaft mit Wechselkursen von realer und virtueller Währung verfügt, zugleich aber auch deutlich aggressiver ist. Die Frage stellte sich konkret in dem Fall einer virtuellen Bank, deren Inhaber sich mit Einlagen i.H.v. 125.000 US-Dollar absetzte und verlautbaren ließ, dass jeder selbst schuld sei, der so dumm war, ihm zu vertrauen, vgl. dazu *Glushko* 22 Berkeley Tech. L. J. 507, 520 ff. (2007).

Die gleiche Frage stellt sich auch außerhalb der Perspektive virtuellen Eigentums, etwa wenn es um die Strafbarkeit von Beleidigungen[753] oder die Beachtung wettbewerbsrechtlicher Irreführungsverbote bei einem entgeltlichen Handel in einer sonst eher spielerischen Umgebung geht[754]. Inwieweit diese durch den impliziten Konsens aus dem virtuellen Sozialvertrag gegenüber dem Außenrecht abgeschirmt sind – Disponibilität und Dispositionsbefugnis über die jeweiligen Rechtsgüter vorausgesetzt –, ist eine nach den obigen Maßstäben zu lösende Frage des Einzelfalles.

d. Insbesondere Einfluss technischer Ausgestaltung (impliziter Konsens)

Ein weiterer Grund, dass grundlegende Verhaltensnormen als Gegenstand des Konsenses oftmals nicht explizit niedergelegt sind, ist ein Phänomen des digitalen Zeitalters, das *Lessig* als „Code is Law" bezeichnet und welches die zunehmende Konvergenz und Konkurrenz von Technik und Recht als Regelungsmechanismen beschreibt. Dazu soll zunächst ein kurzer Überblick über das Verhältnis von Recht zu anderen konkurrierenden Regelsystemen gegeben werden, die allesamt auch im virtuellen Raum Verwendung finden (aa.), darunter insbesondere der technische Programmcode (bb.). Am Beispiel virtueller Welten lässt sich sehr gut illustrieren, weswegen und inwieweit die Betreiber diesem meist bei der Ausgestaltung des „technischen Innenrechts" den Vorzug geben (cc.). Wenn unmittelbare Verhaltensbeschränkungen im virtuellen Raum technisch implementiert sind und damit eine Normabweichung schon de facto unmöglich ist, besteht für eine darüber hinausgehende explizite innenrechtliche Regelung zunächst gar kein Anlass. Im Zusammenhang mit der Reichweite einer Regelungsautonomie virtueller Räume gegenüber dem Außenrecht stellt sich dann aber die Frage, inwiefern eine solche „technische Regelung" zugleich einen impliziten Konsens ausdrücken kann, um an der so abgeleiteten Autonomie des Innenrechts teilzuhaben, und inwieweit sich dann das Ergebnis einer solchen technischen Regelung (oder gerade ihr Fehlen als bewusste Systemdesignentscheidung) gegen Normen des Außenrechts behaupten kann – und so auch die Reichweite virtuellen Eigentums im Horizontalverhältnis mit bestimmen kann (dd.,ee.,ff.).

---

[753] Vgl. *Krasemann* MMR 2006, 351, 352, 354; aus US-amerikanischer Perspektive *Balkin* 90 Va. L. Rev. 2043, 2063 (2004); *Mayer-Schönberger/Crowley* 100 NW. U. L. Rev. 1775, 1790 (2006).

[754] Vgl. aus US-amerikanischer Sicht *Balkin* 90 Va. L. Rev. 2043, 2067 (2004), der die Frage aufwirft, wo die Grenze zwischen realem Handel mit Geltung von Verbraucherschutzvorschriften sowie Verbot irreführender Werbung einerseits und spielerischer Aktivität andererseits zu ziehen ist, wo dies gerade nicht der Fall ist.

aa. Recht im Systemwettbewerb der Regelmechanismen

Dass das Recht als Mechanismus zur Verhaltenssteuerung und sozialer Konfliktlösung nicht allein dasteht, ist gedankliches Gemeingut. War das Augenmerk in der Vergangenheit hier eher auf das Verhältnis von Recht und sittlicher Moral gerichtet – letztere hier verstanden als Grundlage eines informellen sozialen Sanktionsmechanismus –, so geraten zunehmend neben dem jeden Verhalten einen Preis auferlegenden und Kosten-Nutzen-Erwägungen erzwingenden Markt auch – und insbesondere in der digitalen Welt – technische Mechanismen in den Blick[755].

Dass aus einer juristischen Perspektive dabei das Recht im Zentrum der Betrachtungen steht[756], ist nicht sonderlich überraschend. Sein Wirkungsmechanismus in Gestalt von staatlich oder privatautonom gesetzten formalisierten Geboten und Verboten, die staatlich und durch die Androhung von ex post-Sanktionen durchgesetzt werden[757], soll an dieser Stelle nicht weiter vertieft werden.

In ähnlicher Weise wirken soziale Normen[758]. Sie entspringen zwar keinem formalisierten Verfahren eines dazu legitimierten Normgebers, aber auch ihre Befolgung wird durch negative Anreize in Form von Abweichungskosten durch sozialen Druck erreicht. Mag dieser informale Sanktionsmechanismus im Zuge der Entwicklung weg von der überschaubaren Kleingesellschaft mit engen sozialen Kontakten und hin zur anonymen Massengesellschaft auch erheblich an Bedeutung eingebüßt haben[759],

---

[755] Hier wird bei der Klassifizierung der Regelungsmechanismen in Recht, soziale Normen, Markt und Technik *Lessig* 113 Harv. L. Rev. 501, 507 ff. (1999) gefolgt. Für die technische Ausgestaltung verwendet er den Begriff Architektur, welche sich im digitalen Raum im Programmcode wiederfindet (*Lessig* Code[2] S. 123 ff.). Eine ähnliche Systematisierung in Recht (unterschieden in absolute Rechte und vertragliche Vereinbarungen), Markt (bezeichnet als „state-of-the-art limitations" durch entstehende Kosten) und Technik findet sich bei *Hardy* [1996] U. Chi. Legal F. 217, 223.

[756] Vgl. *Lessig* Code[2] S. 126: „Law-talk typically ignores these other regulators and how law can affect their regulation. Many speak as if law must simply take the other three constraints as given and fashion itself to them."

[757] Zu diesem Wirkungsmechanismus des Rechts aus Sicht der ökonomischen Analyse vgl. nur *Kliemt* in: *Herder-Dorneich/Schenk/Schmidtchen* S. 145, 160 f.; *Kirchgässner* in: *Herder-Dorneich/Schenk/Schmidtchen* S. 181, 183; *Lessig* 113 Harv. L. Rev. 501, 508 (1999).

[758] *Kirchgässner* in: *Herder-Dorneich/Schenk/Schmidtchen* S. 181, 184 f.

[759] Gerade die sinkende Durchsetzungsfähigkeit sozialer Normen in der anonymen Großgesellschaft macht es erforderlich, die früher in kleinen überschaubaren Gruppen gebildeten Normen menschlichen Zusammenlebens im Wege einer zunehmenden Verrechtlichung auf die anonyme Großgesellschaft umzustellen. Vgl. für das Schicksal von Moralvorstellungen und ihre Rolle in der Wirtschaftsethik etwa *Homann* in: *Lütge* S. 23 ff.

so ist er als Steuerungsinstrument nach wie vor sinnvoll für kleine Gemeinschaften[760].

Anders als im anonymen Internet allgemein wird eine solche Verhaltenssteuerung durch soziale Normen in homogenen, überschaubaren Teilräumen durchaus für möglich gehalten[761]. In Bezug auf virtuelle Welten hängt die Effizienz sozialer Normsetzung und -durchsetzung vornehmlich von Faktoren wie Größe, Heterogenität und sozialer Kohäsion der Nutzer ab. Aber auch im kommerziellen Kontext mit einer Vielzahl von Teilnehmern lassen sich solche Mechanismen durch Bewertungs- und Reputationsmanagementsysteme unterstützen[762].

Verhaltenssteuernd wirkt auch der Markt, wenn er einem bestimmten Verhalten einen Preis schon durch Kosten-Nutzen-Abwägungen zuweist[763]. Allein der Aufwand kann ein Verhalten so kostspielig erscheinen lassen, dass eine rechtliche Regelung gar nicht erst erforderlich wird.

Deutlich zeigt sich das an Beispielen aus dem Urheberrecht: Vor dem Aufkommen des Buchdruckes, der die massenhafte Vervielfältigung mit vertretbarem Aufwand überhaupt erst ermöglichte, hielt sich die Bedeutung der damaligen Autorenprivilegien in Grenzen. Die Notwendigkeit stärkeren Schutzes folgt zumeist auf neue und billigere Techniken der Reproduktion und Werknutzung – was insbesondere bei den äußerst einfachen und

---

[760] *Lessig* 113 Harv. L. Rev. 501, 513 (1999).

[761] Für sozial abgeschlossene Räume wie beispielsweise für Chatforen diskutiert etwa *Ladeur* MMR 2001, 787, 790 eine private-ordering-Theorie als informelles Steuerungsinstrument. In deren Rahmen sind es zuvorderst soziale Normen, die zwar nicht als Regelungsmechanismus in einem sonst rechtsfreien Raum fungieren, wohl aber zur Grundlage einer rechtlicher Beurteilung gemacht werden sollen. Ihnen soll das Privatrecht dergestalt Rechnung tragen, dass es zum einen diese selbst aufgestellten informellen Regeln berücksichtigt und zum anderen auf die spontane Normproduktion des beteiligten Sozialsektors rechtsbildend reagiert. Für Chatrooms bedeute das aus der Sicht des Privatrechts konkret, dass nicht nur das Benutzungsverhältnis zwischen Anbieter und einzelnem Teilnehmer rechtlich relevant sei, sondern dass das ganze Netzwerk sozialer Verknüpfungen berücksichtigt werden müsse. So können etwa Chat-Regeln nur in begrenztem Umfang vorher formell festgelegt werden und sich doch spontan zwischen den Teilnehmern selbst herausbilden. Dabei entstehe eine Art selbstorganisierter gesellschaftlicher Standard, der von „Außenseitern" anerkannt werden müsse und denen eine rechtliche Bedeutung nicht abgesprochen werden könne. Möge dieser Prozess formal auch zu einer Verrechtlichung führen, so behielten soziale Normen dabei materiell doch zu einem gewissen Grad ihre Qualität, weil zwar ihre Durchsetzung verrechtlicht werde, nicht aber ihre Normsetzung. Speziell für virtuelle Welten vgl. *Castronova* Theory of the Avatar S. 29 f.

[762] Vgl. zu sozialen Normen als Teil der Virtual Governance *Wall/Williams* 7 Criminology & Crim. Justice 391, 405 (2007).

[763] *Hardy* [1996] U. Chi. Legal F. 217, 224 f. („state-of-the-art limitations"); *Lessig* 113 Harv. L. Rev. 501, 507 (1999). Genau genommen lassen sich auch rechtliche und soziale Sanktionen als „Preis" begreifen, um dessen Willen sie befolgt werden, *Lessig* Code[2] S. 123. Für die hiesigen Zwecke sei jedoch zur Unterscheidung dieser Bereich aus dem Begriff „Markt" herausdefiniert, so dass dieser nur den außerhalb bewusst installierter Sanktionen erfahrenen Aufwand umfasst.

verlustfreien Digitalkopien deutlich wird[764]. Auch geraten mit neuen Möglichkeiten zur kaum aufwendigen Analyse von Stoffzusammensetzungen gänzlich neue Werkarten, wie etwa Parfums, in die Diskussion[765].

Und schließlich wirkt auch die Technik in Gestalt des digitalen Computerprogrammcodes in virtuellen Räumen unmittelbar verhaltensbeschränkend, wenn dieser als „Architecture"[766] oder „System Design Choice"[767] gar nicht erst die Wahl zwischen Regelbefolgung oder Regelverstoß eröffnet, sondern – gleich den Naturgesetzen der realen Welt – einem Verhalten unmittelbare Grenzen zieht[768]. In seiner Wirkung geht dieser über die anderen Formen mittelbarer Verhaltenssteuerung weit hinaus. Diese grundlegende Bedeutung eines gezielt konstruierten technischen Rahmens ist in den USA schon relativ früh erkannt worden, wenn insoweit von einer „lex informatica"[769] die Rede ist oder seine Rolle schlagwortartig mit „*Code is Law*"[770] beschrieben wird.

All diese Mechanismen stehen in einer Wechselbeziehung zueinander[771]. Während sie sich einerseits gegenseitig ergänzen, finden sie sich andererseits auch konkurrierend in einem Systemwettbewerb wieder, in dem die Wahl des „besten"[772] Regelungsmechanismus zuvorderst von seiner Effizienz abhängt[773]. So wie etwa die sinkende Durchsetzungsfähigkeit sozialer Normen zunehmend durch formale rechtliche Mechanismen ersetzt wurde, scheinen im digitalen Zeitalter schwer durchsetzungsfähige rechtliche Verbote (wie z.B. die Nutzung von Tauschbörsen für urheber-

---

[764] *Gibson* 80 Notre Dame L. Rev. 163, 180 (2004); *Hardy* [1996] U. Chi. Legal F. 217, 225.

[765] Dazu *Balañá* GRUR Int. 2005, 979.

[766] *Lessig* Code[2] S. 24, 77; *Lessig* 113 Harv. L. Rev. 501, 507 (1999).

[767] *Reidenberg* 76 Tex. L. Rev. 553, 554 (1997)

[768] *Lessig* 48 Stan. L. Rev. 1403, 1408 (1996); *Lessig* 113 Harv. L. Rev. 501, 509 (1999); vgl. auch *Hardy* [1996] U. Chi. Legal F. 217, 225 f.; *Ladeur* in: *Ladeur* S. 101, 117; *Reidenberg* 76 Tex. L. Rev. 553 (1997); *Wagner* 78 S. Cal. L. Rev. 457, 459 f. (2005); *Wall/Williams* 7 Criminology & Crim. Justice 391, 401(2007).

[769] So ursprünglich *Reidenberg* 76 Tex. L. Rev. 553, 555 (1997). Später finden sich auch hiervon abweichende Interpretationen des Begriffes, so etwa als Bezeichnung spezieller, auf Internetsachverhalte zugeschnittener Rechtnormen (*Haedicke* CR 1999, 309) oder für privatautonom und durch vertragliche Nutzungsbedingungen gesetztes Recht (*Röthel* JZ 2007, 755, 762; *Teubner* ZaöRV 63, 1, 19 (2003), terminologisch leicht abweichend als lex electronica bzw. lex digitalis).

[770] *Lessig* Code[2] S. 5; vgl. auch *Wagner* 78 S. Cal. L. Rev. 457, 459 (2005).

[771] *Hardy* [1996] U. Chi. Legal F. 217, 226; *Lessig* 113 Harv. L. Rev. 501, 508, 511 (1999).

[772] Da sich die Vorteile stets aus der Sicht des Regulierenden bestimmen, gerät das Ergebnis dieses Systemwettbewerbs dann freilich in Gefahr, wenn die Kosten etwaiger Nachteile auf Dritte entfallen und so externalisiert werden – was einen typischen Fall von Marktversagen darstellt. Hier gelten die oben geäußerten Bedenken zum Marktversagen.

[773] *Lessig* 113 Harv. L. Rev. 501, 502 (1999).

rechtlich geschützte Inhalte) zusehends mit technischem Schutz flankiert zu werden.

bb. Insbesondere „Code is Law" – das Verhältnis von Technik und Recht im digitalen Zeitalter

Besonderes Augenmerk soll in diesem Zusammenhang insbesondere auf das Verhältnis von Recht und Technik gelegt werden. Auch wenn beide Mechanismen als grundlegende Gemeinsamkeit ihre verhaltenssteuernde Wirkung haben, beide mit den ihnen jeweils eigenen Mitteln Exklusivität an Ressourcen erzeugen können[774] und beide damit auch die oben bereits beschriebenen dynamischen Investitionsanreize setzen können[775], stehen sie sich dennoch in ihrer Natur denkbar verschieden gegenüber und können vor allem nicht gleichgesetzt werden[776] – auch wenn *Lessigs* berühmter Vergleich „Code is law" bisweilen so missverstanden wird[777].

Denkbar unterschiedlich sind nämlich zunächst die Person des Normgebers sowie die Modalitäten der Durchsetzung. Im Gegensatz zu staatlich erlassenem Recht stellt der Code einen rein privaten Regelungsmechanismus dar[778], der nicht von einem hinreichend legitimierten Gesetzgeber als Institution erlassen wurde und dessen Wirkungen deswegen auch dem Anschein nach nicht den konstitutionellen Beschränkungen staatlichen Handelns – etwa im Hinblick auf Grundrechte oder ein faires Verfahren – unterfallen.

Zudem wirkt Code als eine selbstdurchsetzende Norm. Während die Normbefolgung von Recht regelmäßig durch einen mit der Verhaltensanordnung verbundenen ex post-Sanktionsmechanismus erfolgt, wird Code ex ante durchgesetzt[779]. Der Einsatz eines solch unmittelbaren selbstdurchsetzenden elektronischen Zwangsmittels macht eine erwartungsgesteuerte Regulierung gänzlich verzichtbar[780]. Auch die mühevolle Suche nach dem Verletzer und ein aufwendiges Verfahren zur Sanktion bleiben erspart, wenn eine Übertretung des Normbefehls schlichtweg nicht mehr möglich

---

[774] *Lipton* 35 Loy. U. Chi. L. J. 235, 250 (2003).

[775] *Engel* in: *von Danwitz/Depenheuer/Engel* S. 9, 79.

[776] *Lastowka* 40 Ind. L. Rev. 23, 58 (2007).

[777] Einige Autoren halten diese Aussage wegen der Unterschiede zwischen Technik und Recht als Regelungsmechanismen für irreführend, vgl. nur *Grimmelmann* 114 Yale L. J. 1719, 1743 (2005); *Kerr* 91 Geo. L. J. 357, 369 ff. (2003); *Sommer* 15 Berkeley Tech. L. J. 1145, 1195 f. (2000); *Wu* 89 Va. L. Rev. 679, 681 (2003). Darauf zielte sie aber gar nicht, vgl. Kap. 4 F.II.4.e.aa.

[778] *Lessig* Code^2 S. 77; *Lessig* 113 Harv. L. Rev. 501, 529 (1999); *Reidenberg* 76 Tex. L. Rev. 553, 568 ff. (1997).

[779] *Reidenberg* 76 Tex. L. Rev. 553, 580 f. (1997).

[780] *Teubner* ZaöRV 2003, 1, 18; *Teubner/Karavas* in: *Ladeur* S. 249, 260.

ist[781]. Aus diesem Grund ist der Einsatz von Code gegenüber dem Recht für die Zwecke der Verhaltenssteuerung hocheffizient[782].

Beispiele für die Konkurrenz von technischen und rechtlichen Lösungen finden sich nicht nur bei technischen Kopierschutzmechanismen im Urheberrecht. So wird etwa auch im Zusammenhang mit der Cybertrespass Doctrine argumentiert, dass ein technisch bewerkstelligter Ausschluss die Diskussion um einen rechtlichen Ausschluss überflüssig machen soll[783]. Ferner wird bei der Verwendung von urheberrechtlich geschützten Thumbnails in Bildersuchmaschinen eine technische opt-out-Lösung für vorzugswürdig gehalten, weil eine rechtliche opt-in-Lösung nicht realisierbar ist und wegen prohibitiver Lizenzierungskosten einem ineffizienten Totalverbot gleichkäme[784]. Auch in Kabeldurchleitungsfällen wird eine rechtliche Eigentumsbeeinträchtigung am Kabel durch die Signaldurchleitung dann abgelehnt, wenn der mögliche und zumutbare Einsatz von technischen Filtern unterblieben ist[785]. In all diesen Fällen ist es die bei gleichem angestrebten Ergebnis höhere Effizienz einer technischen Lösung, welche das Recht zurücktreten lässt.

cc. Beispiele für technische Ausgestaltung und Grenzen einer technischen Regelung in virtuellen Welten

Dieses Konkurrenzverhältnis von Recht und Technik tritt in virtuellen Welten als Nachbildung der Realität besonders augenscheinlich zutage[786]. Eine Vielzahl von Handlungen, die in der realen Welt physisch möglich und *demzufolge* gesetzlich geregelt sind, unterliegen in virtuellen Welten schon der technischen Ausgestaltung, die sich ohne weiteres mit virtuellen Naturgesetzen[787] beschreiben lässt. Sie engen schon den Bereich des

---

[781] *Reidenberg* 76 Tex. L. Rev. 553, 580 f. (1997).

[782] *Lessig* 48 Stan. L. Rev. 1403, 1408 (1996); *Lessig* 113 Harv. L. Rev. 501, 514 (1999); *Cohen* 107 Col. L. Rev. 210, 255 (2007): „Internet technologies encode an especially powerful and peculiarly invisible form of discipline."

[783] *Reeves* 63 Univ. Chi. L. Rev. 761 (1996); krit. *Lessig* Code[2] S. 169 ff.

[784] Dafür hierzulande LG Erfurt CR 2007, 391; *Berberich* MMR 2005, 145, 147; Fromm/Nordemann/*J. Nordemann*[10] § 31 Rn. 141; Wandtke/Bullinger/*Heerma*[3] § 16 Rn. 21; dagegen OLG Jena MMR 2008, 408; *Schack* GRUR 2007, 639, 643. In den USA erlaubt die Fair Use Doctrine eine solche Benutzung, vgl. *Kelly v. Arriba Soft*, 280 F.3d 934 (U.S. Court of Appeals, Ninth Circuit, 2002); *Perfect 10 v. Amazon.com*, 487 F.3d 701, (U.S. Court of Appeals, Ninth Circuit, 2007). In der Sache läuft das auf eine technische opt-out-Lösung hinaus, dafür auch *Bracha* 85 Tex. L. Rev. 1799 (2007).

[785] Vgl. BGH GRUR 2004, 530, 531 – *Fremdeinspeisung*: Diese Folge beruhe auf der von der Kl. selbst vorgenommenen technischen Ausgestaltung ihres Kabelnetzes und ihrem damit zum Ausdruck gebrachten Eigentümerwillen. A.A. OLG München MMR 2002, 49, 50.

[786] *Lessig* Code[2] S. 24, 110; *Mayer-Schönberger/Crowley* 100 NW. U. L. Rev. 1775, 1791 (2006).

[787] Sehr plakativ zu den gottgegebenen Naturgesetzen virtueller Welten *Philip Rosedale*, CEO von Second Life Betreiber Linden Labs: „What is God in a virtual world? Your only God is the code.", zit. nach *Lessig* Code[2] S. 283.

überhaupt physisch möglichen Handelns ein und verschieben damit die Grenzen überhaupt erforderlicher rechtlicher Regulierung. Wenn etwa ein virtuelles Objekt so geschaffen wurde, dass es – in seinem Kontext und ohne Manipulationen des Programms – nicht weggenommen werden kann, erscheint das rechtliche Verbot eines virtuellen „Diebstahls" und dessen Subsumtion unter eine Verletzung virtuellen Eigentums schlichtweg überflüssig[788]. Vor allem aber verschwimmt in dem Maße, wie erlaubte Handlungen unmittelbar zu *Eigenschaften* eines virtuellen Objektes werden, die in der realen Welt klare Abgrenzung zwischen Objekt (wie z.B. Sache) und Herrschaftsgewalt (wie z.B. Eigentum) über dieses[789].

Unter diesen technisch implementierten „Naturgesetzen" virtueller Welten finden sich zahlreiche Beispiele, die in der Realität mögliche Verhaltensweisen schlichtweg ausschließen. Eines rechtlichen Eigentumsschutzes gegen Dritte bedarf es etwa dann nicht, wenn ein Gegenstand physisch gar nicht beschädigt oder entwendet werden *kann*, weil das technisch nicht vorgesehen ist[790]. Ebenso kann bei virtuellen Immobilien das Betreten fremden Landes technisch verhindert werden. Unter diesen Umständen enthalten die Nutzungsbedingungen freilich selten diesbezügliche Verbote. Auch zur Vertragsdurchsetzung wird das Recht obsolet, wenn Verträge technisch Zug um Zug erfüllt werden, etwa indem gehandelte Güter auf ein Transaktionsfeld gezogen werden und das Programm sie dem Inventar eines neuen Inhabers automatisch zuweist. Risiken bei Vorleistungen und Leistungsstörungen in Form von Nichtleistung sind bei einem solchen „technischen Synallagma" schwerlich denkbar[791]. Zudem können

---

[788] Zur „Umgehung" der vorgesehenen Rahmenbedingungen durch technische Manipulation der Betriebssoftware sogleich. Es sei ferner darauf hingewiesen, dass solche Handlungen bisweilen gerade deswegen nicht ausgeschlossen werden, um den Realismus virtueller Welten weitgehend an die wahre Welt anzunähern, vgl. *Lessig* Code^2 S. 15. Ob in einem solchen Fall das Recht technisch einmal „erlaubte" Handlungen verbieten soll, ist abermals eine Frage des Vorranges des virtuellen Sozialvertrages.

[789] Vgl. *Grimmelmann* 47 N.Y. L. Sch. L. Rev. 147, 150 (2004): „[T]here is no meaningful distinction between the natural world of things and rules of law. Both are equally and identically enforced by software."

[790] Vgl. *Grimmelmann* 47 N.Y. L. Sch. L. Rev. 147, 150 Fn. 11, 152 (2004) zu differenzierenden Möglichkeiten der Ausgestaltung der elektronischen Architektur virtueller Räume, die unbefugtes Betreten oder Diebstahl faktisch unmöglich machen kann. Das dürfte meist bei auf soziale Interaktion und Handel angelegten virtuellen Welten der Fall sein – im Gegensatz zu spielerischen Simulationen archaischer Auseinandersetzung, in denen das geradezu gewünscht ist. Nach *Hunt* 9 Tex. Rev. Ent. & Sports L. 141, 162 (2007) soll sich im ersteren Fall eine Pflicht des Betreibers zur Installation eines technischen Schutzes u.U. aus der Rechtsfigur des Virtual Property ableiten lassen.

[791] Vgl. *Grimmelmann* 47 N.Y. L. Sch. L. Rev. 147, 160 (2004). Das von *Mayer-Schönberger/Crowley* 100 NW. U. L. Rev. 1775, 1790 (2006) angeführte Beispiel der

sich Immaterialgüterrechte in physischen Eigenschaften virtueller Gegenstände niederschlagen. Wird ein solcher selbst entworfen, gebaut und verkauft, können ihm bereits bei seiner Schöpfung die „Eigenschaften" mitgegeben werden, ob und wie oft dieser nach der Übertragung durch einen anderen Nutzer vervielfältigt oder weiter übertragen werden kann[792]. Und schließlich ist auch der „Tod" von Avataren als grundlegende Entscheidung meist technisch implementiert und demzufolge in kommerziell geprägten virtuellen Welten meist nicht vorgesehen[793].

Vor diesem Hintergrund stellt sich nun die Frage, inwieweit in einer Welt, die sich grundlegende Normen ihres Sozialvertrages schon als virtuelle Naturgesetze technisch selbst gegeben hat und so auch durchsetzt, überhaupt noch ein Bedürfnis nach formellem Recht besteht[794]. Dass technische Regelungen hier das Recht verdrängt hätten, mag zwar in gewissem Umfang zutreffen – allerdings nur aus der Perspektive des betreibergesetzten Innenrechts im Horizontalverhältnis und auch nur in dem Maße, wie solche Regeln technisch überhaupt aufgestellt und durchgesetzt werden können. Die mechanische Formalisierung technischer Regeln trifft überall dort auf ihre Grenzen, wo die Würdigung eines Verhaltens komplexe Wertungen erfordert, die eine technische Kontrolle schlicht zu aufwendig machen würden[795] oder Verhaltensweisen schon ihrer Natur nach nicht erfassen können[796] und damit jenseits der qualitativen Leistungsfähigkeit technisch-binärer Subsumtionsmechanismen liegen. Deren oben beschriebene quantitativ-effiziente, aber qualitativ-rigorose Natur findet sich nämlich nicht nur auf der „Rechtsfolgenseite", sondern auch auf der Seite des „Tatbestands". Die Technik als Normersatz versagt

---

Nichterfüllung für Konflikte zwischen Nutzern dürfte vor diesem Hintergrund bei den sog. In-World-Transaktionen kaum auftreten.

[792] Das entspricht etwa dem digitalen Rechtemanagement elektronischer Musiktitel oder Filme, das schon auf technischer Ebene urheberrechtliche Nutzungshandlungen beschränkt. Die Grenzen einer solchen technischen Regelung sind freilich dann erreicht, wenn die Technik umgangen wird oder virtuelle Objekte außerhalb der virtuellen Welt, etwa in Screenshots, vervielfältigt werden.

[793] Vgl. *Birch* 9 (1) E.C.L. & P. 2007, 12, 13, der von einem Betreiber berichtet, der auf Wunsch der Nutzer den Programmcode änderte und den „Tod" so schlichtweg abschaffte.

[794] Auf die Möglichkeit, Verhaltensnormen statt in die Nutzungsbedingungen gleich im Programmcode umzusetzen, verweisen etwa *Chin* 72 Brook. L. Rev. 1303, 1318 (2007) und *Jankowich* 8 Tul. J. Tech. & Intell. Prop. 1, 52 (2006), welcher aber die Vorteile der rechtlichen Kontrolle für die Nutzer im ersteren Fall betont. Ähnlich OLG Frankfurt a.M. K&R 2009, 343, 344 zum virtuellen Hausrecht, das gerade wegen technischer Ausschlussmöglichkeiten entbehrlich sei.

[795] *Jankowich* 8 Tul. J. Tech. & Intell. Prop. 1, 11 (2006).

[796] *Bartle* 49 N.Y. L. Sch. L. Rev. 19, 25 (2004).

gleichsam überall dort, wo sie die Aufgabe von Generalklauseln übernehmen müsste.

Mit Blick auf das virtuelle Eigentum kann das etwa der Fall sein bei der bloßen Behinderung der Nutzung virtueller Gegenstände ohne (sofern technisch ausgeschlossene) Substanzeinwirkung. Diese ist durch eine Vielzahl von Verhaltensweisen möglich, beispielsweise durch virtuelle Blockaden wie die Behinderung des Zuganges zu einem virtuellen Geschäft[797] oder virtuelle Demonstrationen[798]. Solche Handlungen im Kontext einer virtuellen Welt können gerade wegen ihres Kontextbezuges durch den technischen Programmcode kaum ausgeschlossen werden.

Auch einige Gewährleistungsfälle bei Transaktionen virtueller Güter (z.B. Rechtsmängel wegen bestehender Immaterialgüterrechte Dritter) lassen sich technisch ebenso wenig lösen wie die Kommunikation unerwünschter Inhalte oder antisoziales Verhalten in Form virtueller Belästigungen, die ein semantisches Verständnis kommunizierter Inhalte in ihrem Kontext erfordern würden[799]. Das gleiche gilt für die Gestaltung von Avataren[800]. Auch beim Ausschluss von Nutzern mag die Technik an ihre Grenzen stoßen. Nicht nur die Identifikation unerwünschter Nutzer kann sich ihren Fähigkeiten entziehen[801], sondern vor allem auch die Bewertung des so sanktionierten Verhaltens als Verletzung des Innenrechts. Technisch regelbar sind zudem nicht die Auswirkungen außerhalb des kontrollierten

---

[797] Etwa durch eine erhebliche Zahl selbstreplizierender Objekte, die den virtuellen Raum füllen oder sogar die Datenbanken des Servers überlasten, *Chin* 72 Brook. L. Rev. 1303, 1323 (2007). Zu denken ist in diesem Zusammenhang auch an Testkäufer, die ausgeschlossen werden sollen, vgl. dazu und zur wettbewerbsrechtlichen Zulässigkeit eines Ausschlusses LG Hamburg GRUR-RR 2007, 94 – *Elektronisches Hausverbot*; OLG Hamburg GRUR-RR 2007, 365 – *Hausverbot im Internet*.

[798] *Hunt* 9 Tex. Rev. Ent. & Sports L. 141, 162 (2007) verweist auf die Erstürmung der virtuellen Parteizentrale der rechtsextremen französischen Front National im Januar 2007. Eindrücke davon finden sich unter http://nwn.blogs.com/nwn/2007/01/stronger_than_h.html (letzter Abruf am 1.9.2009).

[799] *Bartle* 49 N.Y. L. Sch. L. Rev. 19, 25 (2004); *Mayer-Schönberger/Crowley* 100 NW. U. L. Rev. 1775, 1791 (2006).

[800] Vgl. *Ritlewski* K&R 2008, 94 für Gestaltungen „kindlicher" Avatare im Zusammenhang mit Pornographie.

[801] Für das virtuelle Hausrecht etwa weisen *Feldmann/Heidrich* CR 2006, 406, 407 auf die Probleme eines technisch bewirkten Ausschlusses von Nutzern hin. Diese seien weder über die verwendete IP-Adresse zu identifizieren, da diese providerseitig meist dynamisch vergeben wird, noch an ihren frei gewählten Benutzernamen zu erkennen. Allerdings gehe mit der Sperrung des Benutzernamens immerhin bei Stammbenutzern ein Verlust der virtuellen Identität und der sozialen Integration einher, woraus nach *Kunz* S. 38 zumindest ein gewisser Disziplinierungseffekt folgen könne. Soweit sich bei virtuellen Welten – je nach Ausgestaltung der Anforderungen an Registrierung etc. – ähnliche Probleme auftun, sind diese Ausführungen auf die hier behandelten Fälle durchaus übertragbar.

virtuellen Raumes. Bei virtuellen Transaktionen betrifft das etwa das Schicksal der Gegenleistung in der realen Welt oder aber die Nutzung immaterialgüterrechtlich geschützter Güter außerhalb des virtuellen Raumes, beispielsweise durch Screenshots oder realen Nachbau virtueller Architektur. Auch muss das Recht dort eingreifen, wo eine technische Regelung umgangen wird oder schlicht versagt, weil Programmfehler oder Lücken ausgenutzt werden[802]. Hier bleibt die Anwendung des Rechts erforderlich.

dd. Partielle Konvergenz von Recht und Technik

Die vorgenannten Beispiele zeigen, dass sich im Innenrecht virtueller Welten der technische Code und die privatautonome Setzung von Vertragsrecht als parallel genutzte Regelungsmechanismen begreifen lassen, die sich teilweise ergänzen, teilweise überschneiden[803].

Ein ergänzender Charakter kommt dem Vertragsrecht insoweit zu, als sich in den Nutzungsbedingungen (und ggf. ihrer Auslegung im Lichte ungeschriebener virtueller Verkehrsgewohnheiten) all jene Verhaltenspflichten finden, die technisch nicht unmittelbar durchsetzbar sind.

Andererseits besteht zwischen beiden aber auch eine Wechselwirkung dergestalt, dass der rechtliche Rahmen die Ausgestaltung des technischen nachzeichnen – und u.U. auch beeinflussen[804] – kann. Technische Regeln können dadurch zum Gegenstand des Nutzungsvertrages gemacht werden, dass in ihn die vertragliche Pflicht hineingelesen wird, solche Architekturentscheidungen nicht zu unterlaufen, die so grundsätzlich sind, dass für ihre Normierung keine rechtliche, sondern gleich eine technische Umsetzung gewählt wurde. Ist beispielsweise eine Umgebung so konstruiert, dass eine Beschädigung virtueller Sachen a priori nicht möglich ist, und wurde deswegen auf eine explizite Normierung entsprechender Pflichten verzichtet, so ließen sich eben solche gerade auf ihre sogar unmittelbare technische Anerkennung und Umsetzung stützen. Dieser Gedanke bietet die Grundlage für eine *Konvergenz* zwischen technischer und rechtlicher Regulierung des virtuellen Raumes: Was technisch geregelt ist, korrespon-

---

[802] *Jankowich* 8 Tul. J. Tech. & Intell. Prop. 1, 11 (2006).

[803] *Balkin* 90 Va. L. Rev. 2043, 2049 (2004). Grundlegend *Reidenberg* 76 Tex. L. Rev. 553, 585 (1997): „Lex Informatica and legal rules both parallel and overlap one another."

[804] Vgl. *Hunt* 9 Tex. Rev. Ent. & Sports L. 141, 162 (2007), der aus der Rechtsfigur des Virtual Property eine Pflicht des Betreibers ableitet, einen technischen Schutz virtueller Güter im Horizontalverhältnis gegenüber anderen Nutzern zu installieren, wo dies möglich und durch das Innenrecht angezeigt ist – so beispielsweise ein Schutz gegen Wegnahme oder Beschädigung, wenn eine solche nach dem Kontext der virtuellen Welt nicht erfolgen soll.

diert mit einer unmittelbar technisch durchgesetzten Verhaltenspflicht, die dabei durch eine implizite rechtliche Verhaltenspflicht flankiert wird. Die Bedeutung dieses Konvergenzgedankens zeigt sich in Fällen, in denen die Reichweite des virtuellen Sozialvertrages bestimmt werden muss, um die Autonomie gegenüber dem Außenrecht herzustellen: Nur wenn sich der technische Konsens auch rechtlich nachzeichnen lässt und das „technische Innenrecht" so am Vorrang des Konsenses teilhat, kann es sich auf die oben beschriebene Weise gegen das Außenrecht durchsetzen.

ee. „Regelungslücken" der Technik und berechtigte Erwartungen

Wie oben dargestellt, versagen die Überlegungen eines technisch implementierten Innenrechts in komplexen Fallgestaltungen, welche die Technik nicht voll erfassen kann, oder bei technischen Defekten[805]. Darüber hinaus gibt es auch noch unklare Grenzfälle technischer „Regelungslücken", in denen sich gerade die Frage nach der Reichweite des technischen Konsenses stellt. So lässt sich beispielsweise erwägen, ob Substanzbeeinträchtigungen virtueller Gegenstände dadurch vom virtuellen Sozialvertrag vorgesehen sein können und demzufolge keine Beeinträchtigungen virtuellen Eigentums sind, wenn diese gerade nicht auf technische Weise ausgeschlossen werden. Bei einer solch grundlegenden Systemarchitekturentscheidung mag es nicht fernliegen, aus dem Fehlen einer technisch möglichen, als vorhanden zu erwartenden und in ihrer Umsetzung unterlassenen technischen Regulierung den Umkehrschluss zu ziehen, dass ihr Fehlen den Konsens ausdrücke, ein Verhalten im Innenrecht gerade zu erlauben. Angebracht erscheint es jedoch, für einen Gleichlauf von Horizontal- und Vertikalverhältnis hier wiederum auf die berechtigten Erwartungen als übergeordnetes Kriterium abzustellen[806], in dem sich die vorgenannten drei Kriterien niederschlagen:

Um einen solchen Umkehrschluss vom Fehlen eines technischen „Verbotes" auf das rechtlich Erlaubte zu ziehen, muss eine technische Regulierung zunächst überhaupt möglich sein. Damit scheiden die oben unter F.II.4.d.cc. diskutierten Fallgestaltungen aus, die technisch schon gar nicht fassbar sind. Weiterhin muss das Vorhandensein einer technischen Regulierung eindeutig zu erwarten gewesen sein. Hierbei geht es um die Abgrenzung zwischen einer bewussten und konsensual getragenen Systemarchitekturentscheidung zu zufälligen technischen Regelungslücken. Insbesondere wenn bedeutende Vermögenswerte im Raum stehen, dürfte der Betreiber diese Problemlage gesehen und sich für eine Regelung

---

[805] Vgl. *Reidenberg* 76 Tex. L. Rev. 553, 583 (1997): „Software defects and bugs are weak links in Lex Informatica."

[806] Mit ähnlichem Ansatz *Balkin* 90 Va. L. Rev. 2043, 2081 (2004).

entschieden haben, die technisch umgesetzt und für die Nutzer erkennbar zum Ausdruck kommt[807]. Wenn schließlich eine solche Regulierung unterlassen wurde, erscheint ein Schluss auf die innenrechtliche Erlaubnis nicht fernliegend.

Diese Kriterien können an zwei Beispielen verdeutlicht werden: Grundlegende und wegen ihrer Tragweite eindeutig als bewusst getroffen zu erwartende Systemarchitekturentscheidungen sind etwa die Möglichkeiten, andere Avatare zu „töten" oder virtuelle Gegenstände zu entwenden. Während dies bei Spielen regelmäßig möglich ist, sind solche Verhaltensweisen bei virtuellen Welten als kommerzielle Transaktionsräume überwiegend ausgeschlossen. Für Spiele lässt sich hier aus dem Fehlen eines technisch umgesetzten „Verbotes" der Konsens ableiten, diese Verhaltensweisen gerade zuzulassen. Das technisch umgesetzte Innenrecht als Teil des virtuellen Sozialvertrages nimmt so am Vorrang über das Außenrecht teil, womit ein horizontaler Schutz über die Rechtsfigur des virtuellen Eigentums regelmäßig ausscheiden wird. Ein Gegenbeispiel bildet die Nutzungsbeeinträchtigung virtueller Gegenstände in ihrem Kontext, etwa durch das sog. Grieving[808]. Dessen Formen sind so vielgestaltig und technisch nicht fassbar, dass sich aus dem Fehlen einer technischen Regulierung kaum eine bewusste technische Architekturentscheidung dafür oder dagegen ableiten lässt. Daher sind derartige Verhaltensformen meist auch im EULA oder in durch Verweis einbezogenen Codes of Conduct geregelt.

ff. Technische Manipulationen

Wenn in der technischen Ausgestaltung einer virtuellen Welt das konsensgetragene Innenrecht zum Ausdruck kommt, folgt daraus auch, dass dieser Konsens verlassen wird, sobald technische Funktionen umgangen, unterlaufen oder manipuliert werden[809]. Das kann beispielsweise durch den Einsatz von Schadprogrammen wie Viren, Würmern oder auch die ordnungsgemäße Funktion des Systems beeinträchtigenden Skripten erfolgen[810]. Solche technischen Manipulationen jenseits der inhaltlichen

---

[807] Vgl. zu den unterschiedlichen Gestaltungsmöglichkeiten auch *Bradley/Froomkin* 49 N.Y. L. Sch. L. Rev. 103, 128 f. (2004).

[808] Hierbei geht es um Störungen, etwa zur Behinderung von Wettbewerbern, missbilligten Veranstaltungen oder schlicht unerwünschten Nachbarn. Vgl. die Beispiele bei *Krieg* in: *Taeger/Wiebe* S. 79, 86, der u.a. auf virtuelle Bomben oder störende virtuelle Immissionen durch herabregnende Gegenstände verweist.

[809] Vgl. allgemein *Reidenberg* 76 Tex. L. Rev. 553, 583 (1997) für den notwendigen Rückfall auf das Recht bei einer Umgehung der Lex Informatica.

[810] Vgl. für das Eindringen eines Wurms in Second Life Heise Online News v. 20.11.2006 (http://www.heise.de/newsticker/meldung/81272, Abruf am 1.9.2009).

Interaktionsebene sind meist schon eine eindeutige Pflichtverletzung des Nutzungsvertrages[811]. Darüber hinaus führen sie wiederum zu einer Verletzung des virtuellen Eigentums im Horizontalverhältnis. Das gilt insbesondere für Dritte außerhalb des vertraglichen Nutzerkreises, die normalerweise keinen berechtigten Zugang haben und ihn sich auf diese Weise verschaffen.

e. Exkurs: „Code is Law" als „Alptraum des Rechtsstaates"?

Angesichts der aufgezeigten Vorteile einer technischen Regulierung verwundert es nicht, dass normsetzende Akteure – auch außerhalb virtueller Welten – diese Möglichkeit im digitalen Zeitalter und einer um sich greifenden Technisierung des Lebens zunehmend nutzen, so dass sich die Konkurrenz zwischen Technik und Recht als Regulierungsmechanismen stetig zu verschärfen scheint[812]. Diese erweckt insbesondere für den digitalen virtuellen Raum erhebliche Bedenken[813], welche *Lessig* in seinem berühmten – allerdings auch missverstandenen[814] – Satz „Code is Law" als

[811] Vgl. dazu *Balkin* 90 Va. L. Rev. 2043, 2063 (2004). Ein ausdrückliches Verbot findet sich etwa in den Second Life TOS § 4.1.: "[Y]ou agree that you shall not [...] take any actions or upload, post, e-mail or otherwise transmit Content that contains any viruses, Trojan horses, worms, spyware, time bombs, cancelbots or other computer programming routines that are intended to damage, detrimentally interfere with, surreptitiously intercept or expropriate any system, data or personal information." (http://secondlife.com/corporate/tos.php, Abruf am 15.12.08). Zu den Problemen der horizontalen Drittwirkung der eigentlich nur vertikal zwischen Betreiber und Nutzer wirkenden relativen Pflichten Kap. 4 D.II.2.

[812] Die Gefahren einer technischen Ausgestaltung zeigen sich bislang am ehesten aus der Perspektive des Wettbewerbsrechts, wo etwa unmittelbar produktimplementierte technische Beschränkungen die Wartung des Produktes, den Einbau von Fremdersatzteilen oder Verbrauchsmaterialien von Drittherstellern verhindern und so nachgelagerte Märkte in einer Weise monopolisieren, die über vertragliche Vereinbarungen gar nicht möglich wäre. *Madison* 56 Case Western Res. L. Rev. 381, 397 f. (2005) bringt etwa das Beispiel eines PKW, dessen Motorhaube sich nur noch von autorisiertem Servicepersonal öffnen lässt.

[813] Vgl. *Grimmelmann* 114 Yale L. J. 1719, 1743 (2005): „Code is challenging the legal ordering."; ähnlich *Madison* 56 Case Western Res. L. Rev. 381, 397 f. (2005); *Teubner* ZaöRV 2003, 1, 24; *Wagner* 78 S. Cal. L. Rev. 457, 478 ff. (2005); *Wu* 89 Va. L. Rev. 679, 681 (2003). Mit positiverer, weil eher auf den formalen Regelungsmechanismus abzielender, die materiellen Regelungsinhalte ausblendender Formulierung *Reidenberg* 76 Tex. L. Rev. 553, 583 (1997): „Lex Informatica may also substitute for law when technological rules are better able to resolve policy issues."

[814] Einige Autoren halten diese Aussage wegen der Unterschiede zwischen Technik und Recht als Regelungsmechanismen für irreführend, vgl. nur *Grimmelmann* 114 Yale L. J. 1719, 1743 (2005); *Kerr* 91 Geo. L. J. 357, 369-71 (2003); *Sommer* 15 Berkeley Tech. L. J. 1145, 1195-96 (2000); *Wu* 89 Va. L. Rev. 679, 681 (2003). Auf eine solche Gleichsetzung zielte sie aber – wie sogleich gezeigt – gar nicht.

rechtspolitischen Schlachtruf gegen das wachsende Primat der Technik artikulierte. Dieses Bild diente vor allem dazu, dem Gesetzgeber die Gefahren seines schwindenden Einflusses vor Augen zu halten, wenn Recht und fundamentale gesetzgeberische Entscheidungen im digitalen Umfeld durch Technik unterlaufen werden können[815]. Vor allem fürchtete er um fundamentale Normen und Werte einer freiheitlich-demokratischen Gesellschaft, die im digitalen Umfeld zunehmender technologischer Verhaltenskontrolle und vermachteter Märkte ihren Platz nicht mehr recht finden könnten[816].

Die normgleiche Wirkung von Code zeichnet sich zunächst durch seine Absolutheit und Unbedingtheit aus. Anders als Recht, soziale Normen und der Markt dem menschlichen Verhalten nur relative Beschränkungen auferlegen, welche Abweichungen unter Inkaufnahme von Sanktionen bzw. einem höheren Preis zulassen, ist die Verhaltensbeschränkung im digitalen Raum durch Code ähnlich absolut wie die Naturgesetze der realen Welt[817]. Aus dem Blickwinkel des Konkurrenzverhältnisses von Code und Recht offenbart sich so, wie einseitig der verhaltenssteuernde Code sich im Spannungsverhältnis zwischen uniformer Regelanwendung und kostenverursachender Einzelfallgerechtigkeit verhält: Die prozedurale Gerechtigkeit staatlich-institutioneller Rechtsdurchsetzung drückt sich in formalisierten – und aufwendigen – Verfahren aus, die eine willkürliche Rechtsdurchsetzung zu eliminieren suchen, gleichzeitig aber hinreichend Raum für die Berücksichtigung der Interessen des Einzelfalles lassen. Die

---

[815] Vgl. *Lessig* 113 Harv. L. Rev. 501, 522 (1999): „Where architectures of code change the constraints of law, they in effect displace values in the law. Lawmakers will then have to decide whether to reinforce these existing values, or to allow the change to occur." Ebenso *Lessig* 48 Stan. L. Rev. 1403, 1410 (1996): „[M]ore important is who is designing them. [...] No process of democracy defines this social space, save the market is a process of democracy." *Lessig* lehnt seine Sicht auf dieses Konkurrenzverhältnis maßgeblich an das Konzept der lex informatica von *Reidenberg* an. Auch wenn die Blickwinkel beider verschieden sind und *Reidenberg* im Code selbst auch ein potentielles staatliches Regulierungsinstrument zu sehen scheint, so teilt er jedoch die Forderung, dass der Staat Einfluss auf den privaten Code nehmen muss, um die Kontrolle nicht aus der Hand zu geben. Hierauf zielt die rechtspolitische Forderung von *Reidenberg* 76 Tex. L. Rev. 553, 592 (1997), dass Regierungen etwa den Prozess technischer Standardisierung verstärkt in ihren Blick nehmen und darauf drängen sollten, dass eine technische Normung mit einer Implementation von gemeinwohlfördernden Zielen einher geht, die sich nicht unbedingt mit dem Nutzenmaximierungsinteresse eines Unternehmens decken müssen.

[816] *Lessig* 113 Harv. L. Rev. 501, 532 (1999).

[817] *Lessig* 48 Stan. L. Rev. 1403, 1408 (1996); *Lessig* 113 Harv. L. Rev. 501, 509 (1999); vgl. auch *Hardy* [1996] U. Chi. Legal F. 217, 225 f.; *Ladeur* in: *Ladeur* S. 101, 117; *Reidenberg* 76 Tex. L. Rev. 553 (1997); *Wagner* 78 S. Cal. L. Rev. 457, 459 f. (2005); *Wall/Williams* 7 Criminology & Crim. Justice 391, 401(2007).

Durchsetzung von Code ist demgegenüber unaufwendig, automatisch, unbedingt und rigide. Vor diesem Hintergrund wird sein automatisch-selbstdurchsetzender Charakter bisweilen auch als „Alptraum des Rechtsstaates“[818] wahrgenommen, weil er nicht nur die verfahrensmäßige Trennung von Rechtsetzung, Rechtsanwendung und Durchsetzung als Ausfluss der Gewaltenteilung aufhebt[819], sondern auch mit einer bisher unbekannten mechanischen Formalisierung von Normen und Verhaltenssteuerung einhergeht, die jeglichen Beurteilungs- und Ermessensspielraum für Billigkeitserwägungen im Einzelfall der Rechtsanwendung eliminiert[820], wie etwa einen materiellen Interessenausgleich bei der praktischen Konkordanz in grundrechtlichen Konfliktlagen[821] und deren Transposition in das Privatrecht[822].

Soweit eine technische Verhaltenssteuerung in der Sache rechtliche Funktionen übernimmt, wird zudem, soweit sie von Privaten ohne diskursiven politischen Prozess und rechtliche Kontrolle unmittelbar technisch „erlassen“ wird, die Frage nach ihrer Legitimation gestellt[823]. Insbesondere werden solcherart privat geschaffene Verfügungsrechtsordnungen als

---

[818] *Teubner* ZaöRV 2003, 1, 24.

[819] *Teubner* ZaöRV 2003, 1, 24; *Teubner/Karavas* in: *Ladeur* S. 249, 260.

[820] *Grimmelmann* 47 N.Y. L. Sch. L. Rev. 147, 153 (2004); *Teubner* ZaöRV 2003, 1, 24; *Teubner/Karavas* in: *Ladeur* S. 249, 261; vgl. auch *Lessig* 48 Stan. L. Rev. 1403, 1411 (1996): „A perfect technology of control does not entail a perfect technology of justice.“ Das sind ähnliche Vorwürfe, wie sie seit jeher gegen eine Verwendung der computergestützt-formalisierten Informationstechnologie zum Zwecke der realen Rechtssetzung und Rechtsprechung erhoben werden, vgl. *Wieacker* FS Bötticher S. 383, 397 ff. mit Hinweis auf technisch nicht fassbare Variablen wie innere Tatbestände, unbestimmte Rechtsbegriffe und ihre einzelfallgerechte Konkretisierung; ähnlich *Kilian* in: *Krawietz/Martino/Winston* S. 353, 362, der zwar Vorteile wie Rechtssicherheit, Transparenz, Stringenz und Vorhersehbarkeit sieht, letztlich aber auch die Gefahr einer Vernachlässigung des Vernunftrechts und moralischer Werte fürchtet.

[821] Vgl. BVerfGE 41, 29, 50 – *Simultanschule*; BVerfGE 52, 223, 247, 251 – *Schulgebet*; BVerfG NJW 1994, 36, 38 – *Ehegattenbürgschaft*; BVerfG NJW 1995, 2477, 2479 – *Kruzifix*; BVerfG GRUR 2005, 880, 881 – *Xavier Naidoo*.

[822] Vgl. für die Rechtsdurchsetzung im Privatrecht etwa BGH NJW 2008, 2110, 2111 – *Gen-Milch* zur Berücksichtigung der Meinungsfreiheit des Art. 5 I 1 GG bei einem Eingriff in das Recht am eingerichteten und ausgeübten Gewerbebetrieb gem. § 823 I BGB; BGH GRUR 2005, 583, 584 f. – *Lila Postkarte* zur Abwägung zwischen Kunstfreiheit i.S.d. Art. 5 III 1 GG und Eigentum i.S.d. Art. 14 I GG im Wege praktischer Konkordanz bei einer Markenrechtsverletzung; BVerfG GRUR 2001, 149, 151 f. – *Germania 3* für eine eben solche Abwägung im Urheberrecht bei der Reichweite des § 51 Nr. 2 UrhG als Schrankenbestimmung für Zitate.

[823] Vgl. *Lessig* 48 Stan. L. Rev. 1403, 1410 (1996).

Bedrohung für die Funktion von ausgewogenen Rechtspositionen auch als gesamtgesellschaftliches Steuerungsinstrument wahrgenommen[824].

Hierbei ist nun allerdings zu differenzieren, inwieweit sich die technische Regelungswirkung auf den Personenkreis beschränkt, der mit dem Kreis etwaiger Vertragsparteien korrespondieren würde. In diesem Fall müsste nämlich – unter der Prämisse der funktionalen Substituierbarkeit von Technik und Recht – auch die Technik an der Privatautonomie inter partes teilhaben können, so dass sich die Frage der Legitimation gar nicht stellt. Das gilt allerdings wiederum nur insoweit, wie die Grenzen der Privatautonomie nicht überschritten werden. Gerade bei der Technik tun sich hier erhebliche Lücken durch die weitgehend fehlende Inhaltskontrolle des Code auf. Wo einer privatautonomen vertraglichen Rechtsetzung durch zwingende Normen Grenzen gegen eine unangemesse Benachteiligung einer Partei gezogen sind und sich das auf einen materiell gerechten Interessenausgleich bedachte Recht so in seiner Durchsetzung selbst beschränkt, unterliegt der Code als ebenso privat erlassene und durchgesetzte Norm keinen solchen unmittelbaren Beschränkungen[825]. Um privatautonom gesetztem Recht die Anerkennung zu verweigern, genügt ein negativer Mechanismus: Können bestimmte Rechte und Pflichten nicht zum wirksamen Gegenstand eines Vertrages gemacht werden, kann sich das Recht darauf beschränken, diese Vereinbarung schlichtweg für unwirksam zu erklären, um ihr die Wirkung zu nehmen – wie etwa §§ 134, 138, 305 ff. BGB zur Unwirksamkeit und damit zugleich zur Undurchsetzbarkeit von Vertragsbestimmungen führen können. All solchen Vereinbarungen verweigert das Recht seine Anerkennung und Durchsetzung – und fungiert insofern gleichsam als Schutzmechanismus vor sich selbst[826]. Dieser Weg versagt jedoch dann, wenn dieselbe Vereinbarung inhaltlich schon rein technisch umgesetzt wird[827]. An die Stelle einer sich selbst beschränkenden und kontrollierten Durchsetzung tritt eine unbedingte Geltung, denn im Gegensatz zum Recht sind technische Maßnahmen unabhängig von der Rechtmäßigkeit ihres Regelungsgehaltes zunächst „wirksam" und durchsetzbar. Ein negativer Mechanismus, der allein ihre Durchsetzung verweigert, genügt hier nicht. Die Verwendung des Code ähnlich zu beschränken wie eine entsprechende substituierte vertragsrecht-

---

[824] Vgl. *Engel* in: *von Danwitz/Depenheuer/Engel* S. 9, 80 für das Eigentum und seine Sozialbindung.

[825] *Lessig* 113 Harv. L. Rev. 501, 530 f. (1999).

[826] *Lessig* 113 Harv. L. Rev. 501, 530 f. (1999) spricht in diesem Zusammenhang von einem „structural safety check on obligations" (a.a.O. 531), den Gerichte durchführen und der Privatautonomie durch die Anwendung zwingender Normen Grenzen setzen.

[827] Auf die Vorteile der rechtlichen Kontrolle bei Nutzungsbedingungen im Gegensatz zu deren technischer Implementierung verweist *Jankowich* 8 Tul. J. Tech. & Intell. Prop. 1, 52 (2006).

liche Regelung würde vielmehr die Konstruktion – soweit nicht schon spezialgesetzlich formulierter – proaktiver Pflichten zu technischer Anpassung sowie korrespondierender Rechte erfordern. Dieser Vorteil setzt auf Seiten der Verwender über die schon dargestellte technische Effizienz hinaus erhebliche zusätzliche Anreize, noch weiter auf (hier: vertrags-) rechtsersetzende Systemarchitekturentscheidungen als Regulator umzusteigen.

Beispiele für spezialgesetzliche Vorschriften finden sich etwa im Urheberrecht, wo technische Schutzmaßnahmen (z.B. über digitales Rechtemanagement) nicht nur den Urheberrechtsschutz digitaler Werke technisch absichern, sondern auch durch sanktionsbewehrte Umgehungsverbote in den §§ 95a ff. UrhG flankiert werden. Die technischen Schutzmaßnahmen treten jedoch nicht nur als effiziente Selbstdurchsetzung an die Seite eines bestehenden Urheberrechtsschutzes, sondern gehen oft faktisch über diesen – und insbesondere Schranken der §§ 44a ff. UrhG – hinaus und erzeugen so die Gefahr, die ausgewogene Balance von Ausschließlichkeit und Gemeinfreiheit aus dem Gleichgewicht zu bringen. Zwar sind zumindest einige Schrankenbestimmungen in § 95b UrhG bzw. Art. 6 IV InfoGes RL 2001/29/EG auch gegenüber technischen Schutzmaßnahmen durchsetzungsstark ausgestaltet, indem den Begünstigen ein Anspruch auf die Mittel für den rechtmäßigen Zugang zum Werk gegeben wird[828]. Das gilt aber weitaus nicht für alle. Während sich ein Primat der Technik bei solchen Schrankenbestimmungen noch rechtfertigen lässt, die wie die (digitale) Privatkopie in § 53 I UrhG allein der Korrektur von Marktversagen dienen, weil eine individuelle Abrechnung privater Nutzungshandlungen an prohibitiven Transaktionskosten scheitern würde[829], versagt diese Rechtfertigung jedenfalls dort, wo einer Schrankenbestimmung spezifische Erwägungen des Allgemeinwohls zugrunde liegen. Dass etwa das Zitatrecht des § 51 UrhG oder das in die freie Benutzung gem. § 24 UrhG hineingelesene[830] Recht zur Parodie durch technische Schutzmaßnahmen ausgehebelt werden, wird als Gefahr empfunden, das ausgewogene Schutzregime des Urheberrechts zwischen temporärem Monopol als Innovationsanreiz und Nutzungsinteresse der Allgemeinheit in eine Schieflage zu bringen[831]. In den oben

---

[828] Hinzu kommt, dass selbst deren Durchsetzung nicht in einer Weise erfolgt, dass sich die Berechtigten bei der Umgehung technischer Maßnahmen einfach auf diese berufen können (wie es etwa in den USA der DMCA vorsieht, vgl. *Braun* [2003] E.I.P.R. 496, 499), sondern dass sie nur einen Anspruch gegen den Rechteinhaber auf Zugang haben (§ 95b I, II UrhG) – der erst einmal durchgesetzt werden muss.

[829] So wird etwa für die Privatkopie argumentiert, dass diese Ausnahme schlichtweg auf der – in Zeiten von DRM überholten – Erwägung beruhe, dass das Verhalten im privaten Bereich nicht kontrolliert werden kann (vgl. Dreier/Schulze/*Dreier*[3] vor §§ 44a ff. Rn. 4. Vorgebracht wird in diesem Zusammenhang aber auch, dass gerade der private Bereich urheberrechtsfrei gehalten werden sollte, vgl. *Dusollier* [2005] E.I.P.R. 201.

[830] Vgl. zur freien Benutzung durch antithematische Gestaltung bei der Parodie BGH GRUR 1994, 206, 208 – *Alcolix;* BGH GRUR 1971, 588, 589 – *Disney-Parodie*; BGH GRUR 1958, 354, 356 – *Sherlock Holmes* (zur Rechtslage vor Inkrafttreten des UrhG).

[831] Kritisch aus europäischer Sicht *Dusollier* [2005] E.I.P.R. 201; *Dreier* in: *Griffiths/ Suthersanen* S. 385, 390, 397, der auf die Möglichkeiten des technischen Schutzes nicht schutzfähiger oder gemeinfreier Werke hinweist; ebenso aus US-amerikanischer Sicht *Lessig* 113 Harv. L. Rev. 501, 529 (1999); *Benkler* 74 N.Y.U. L. Rev. 354, 420 ff. (1999)

angesprochenen Fällen produktimplementierter Beschränkungen für Wartung oder Ersatzteile ließe sich auch das Kartellrecht bemühen, sofern eine technische Ausgestaltung zugleich den Missbrauch einer marktbeherrschenden Stellung i.S.d. § 19 GWB oder Art. 82 EG darstellt[832].

Gegen diese Bedenken – ähnlich wie gegen die Inhaltskontrolle von Verträgen überhaupt[833] – das Argument des Systemwettbewerbs vorzubringen, der eine unangemessene Wirkung des rechtsersetzenden technischen Programmcodes durch bestehende Ausweichmöglichkeiten relativiere[834], mag zwar unter der Prämisse eines wirksamen Wettbewerbsdruckes verfangen. Es kann jedoch leicht in den oben bereits angeführten Fällen des Marktversagens[835] fehl gehen, weil der Systemwettbewerb von den tatsächlich vorhandenen Auswahlmöglichkeiten, dem zumutbar erlangbaren Wissen um die Beschränkungen[836] und Alternativen sowie dem Fehlen von Pfadabhängigkeiten und Lock-In-Effekten abhängig ist.

So birgt die Substituierbarkeit von Recht und Code die Gefahr, allein durch die Wahl des Regelungsmechanismus grundsätzliche Eigenbeschränkungen des Rechtes unterlaufen zu können. Insbesondere wenn eine inhaltlich begrenzte Rechtsposition einen ausgewogenen Interessenausgleich unter einer Vielzahl von Betroffenen anstrebt, dem sich einer der Akteure durch die Wahl der Technik zulasten der anderen einfach entzieht, kann ein Fall instrumentellen Marktversagens im Regulierungswettbewerb auftreten. Sofern die Benachteiligten hierauf keinen Einfluss haben und die anfallenden negativen Externalitäten nicht beispielsweise durch sinkende Nachfrage internalisiert werden, mag die Gefahr eines „Race to the Bottom" nach einer Korrektur verlangen.

---

zur technischen Aushebelung des Fair Use; *Gibson* 80 Notre Dame L. Rev. 163, 192 (2004) zur Umgehung von Schutzvoraussetzungen, Schranken und zeitlichen Beschränkungen bei Datenbanken.

[832] Vgl. dazu EuG T-201/04 – *Microsoft*. Dass hier das schwerfällige Wettbewerbsrecht mit seiner hohen Darlegungslast an den Missbrauch einer marktbeherrschenden Stellung i.S.d. § 19 GWB bzw. Art. 82 EG (insbesondere bei der Marktabgrenzung, der Natur eines Missbrauches sowie der notwendigen komplexen ökonomischen Analyse in jedem Fall) als Gegengewicht im Einzelfall tauglich ist, erscheint zweifelhaft. Diese hohen Anforderungen sorgen für erhebliche Defizite bei der privatrechtlichen Durchsetzung. Vgl. zu diesen Problemen und zum Vorschlag von prozessualen Erleichterungen für Kläger das Weißbuch der Kommission zu Schadenersatzklagen wegen Verletzung des EG-Wettbewerbsrechts, KOM (2008) 165 endg. v. 2.4.2008.

[833] Vgl. Kap. 4 F.II.2.d.dd.(1).

[834] *Post* 52 Stan. L. Rev. 1439, 1453 (2000).

[835] Vgl. Kap. 4 F.II.2.d.dd.(2).

[836] In manchen Fällen mag die Kenntnis von Beschränkungen bei einer unmittelbaren technischen Umsetzung durch Code eher vorliegen als bei einer vertragsrechtlichen Regelung, die das aufwendige Studium und Verständnis von Nutzungsbedingungen erfordern würde. Das gilt aber nur insoweit, wie die Beschränkungen tatsächlich *bei* der Auswahlentscheidung auch erkennbar und erfahrbar sind. Äußern sie sich erst später – wie beispielsweise zeitliche Nutzungsbeschränkungen, digitale Selbstzerstörung von Gegenständen oder Programmsperren – so kommt es wiederum darauf an, mit welchem Aufwand diese erkennbar waren.

Aus all diesen Gründen wird der inhaltlichen Kontrolle des Code als Meta-Norm eine erhebliche Bedeutung beigemessen[837]. Dabei geht es vor allem um die Frage, wie man den Code durch inhaltliche und prozedurale Kontrollmechanismen zügeln und an realen Verfassungsmaßstäben abgleichen kann, um auch gegenüber digitalen verkörperten Rechtsnormen grundrechtliche Standards und Autonomiebereiche zu schaffen[838].

5. Zwischenergebnis: Immanente Beschränkungen virtuellen Eigentums

Die vorstehenden Ausführungen haben gezeigt, dass der dogmatische Weg hin zur Anerkennung virtuellen Eigentums als ein sonstiges Recht i.S.d. § 823 I BGB gangbar ist. Weder der numerus clausus gegenständlicher Rechte noch der Aspekt der Rechtssicherheit stehen einer solchen Rechtsfortbildung zwingend entgegen; ebenso wenig die Tatsache, dass virtuelles Eigentum ein kontextgeprägtes Recht ist, dessen Herrschaftsgegenstände faktisch vom Fortbestand ihrer Umgebung abhängig sind und das meist durch Vertragsrecht überformt wird. Ob sich indes die Gerichte in zukünftigen Sachverhalten dazu willens zeigen, hängt ganz maßgeblich von der Möglichkeit ab, auf die anderen dargestellten, insbesondere vertraglichen Konstruktionen zurückgreifen und eine horizontale Drittwirkung annehmen zu können. Nicht nur die Anerkennung dieser Rechtsfigur, sondern auch ihre Reichweite kann durch Rückgriff auf die grundlegenden Erwägungen der Legitimation von Eigentum gesteuert werden, wie das Maß der sich niederschlagenden Arbeit, der sich verwirklichenden Schöpfung sowie des Nutzens einer Anerkennung zur Steuerung gesellschaftlicher Produktivkräfte.

Bei der Reichweite virtuellen Eigentums ist zwischen dem Vertikalverhältnis zum Systembetreiber und dem Horizontalverhältnis zwischen anderen Nutzern und Dritten zu unterscheiden. Am konkreten Beispiel virtueller Welten ist seine Reichweite im Vertikalverhältnis dann am größten, wenn virtuelle Gegenstände kommodifiziert sind oder es sich um nutzergenerierte Inhalte handelt und damit berechtigte Erwartungen in eine

---

[837] *Teubner* ZaöRV 2003, 1, 25 spricht einer Inhaltskontrolle von Code sogar eine größere Bedeutung als der von Allgemeinen Geschäftsbedingungen zu. Ebenso *Teubner/Karavas* in: *Ladeur* S. 249, 262; in diese Richtung auch *Kilian* in: *Krawietz/Martino/Winston* S. 353, 356, der ein Bedürfnis sieht, bei informationstechnisch bedingten Vorteilen computergestützter Transaktionen Ungleichgewichte zwischen den Vertragsparteien ähnlich wie bei vorformulierten Vertragsbedingungen zu kompensieren, um die Vertragsfreiheit zu gewährleisten. Speziell im Urheberrecht befürwortet *Dreier* in: *Griffiths/Suthersanen* S. 385, 397 eine Konvergenz der Reichweite absoluter Rechte und ihrer technischen Durchsetzung; für subjektive Rechte Schrankenbegünstigter plädiert und vor einer „schleichenden Privatisierung des Urheberrechts durch elektronische Verträge" warnt auch *Schack*[4] Rn. 481d.

[838] *Teubner* ZaöRV 2003, 1, 23.

exklusive Zuweisung und Herrschaft über virtueller Güter geweckt wurden. Die Konfliktlage zwischen den Interessen der Betreiber an der vollen Kontrolle über die virtuelle Welt und denen der Nutzer an ihren Inhalten besteht im Vertikalverhältnis unabhängig von der gewählten dogmatischen Konstruktion virtuellen Eigentums.

Als erster – unter Kap. 7 zu vertiefender – Ausblick auf die konkreten, aus der Anerkennung dieser Rechtsposition fließenden Folgerungen sei auf Vorschläge im US-amerikanischen Schrifttum verwiesen, die aus Virtual Property beispielsweise eine Pflicht der Betreiber ableiten, die zugrunde liegenden Daten angemessen zu schützen[839], etwa durch Maßnahmen zu einem angemessenen Schutz im Horizontalverhältnis sowie gegen Angriffe Dritter[840]; ferner eine Pflicht zu zumutbaren Backup- und ggf. Wiederherstellungsmaßnahmen. Im Vertikalverhältnis können den Betreibern freilich nicht alle Sanktionen für Vertragsverletzungen genommen werden; allerdings sollen willkürliche Löschungen oder Ausschlüsse verhindert werden können[841]. Gegenüber einer Pflicht, entwertende Eingriffe zu unterlassen, solange kein „legitimate design goal" verfolgt wird[842], wird man indes Zurückhaltung zu üben haben. Da Schutz nur im Kontext des Betriebes einer virtuellen Welt besteht, gehört ein Abschalten der Plattform zur unangetasteten wirtschaftlichen Handlungsfreiheit der Betreiber[843].

Im Horizontalverhältnis hängt die Reichweite von den jeweiligen inhaltlichen Gegebenheiten virtueller Welten ab, wie sie sich im Innenrecht als virtuellem Sozialvertrag niederschlagen, einen privatautonomen Vorrang gegenüber dispositivem Außenrecht erzeugen und damit die Rechtsfigur virtuellen Eigentums ausformen können. Als dessen Quellen kommen nicht nur die ausdrücklich niedergelegten Nutzungsbedingungen in Betracht, sondern auch informale Verhaltensnormen wie erkennbare Verkehrsgewohnheiten und insbesondere die technische Ausgestaltung einer virtuellen Welt. Hierbei besteht eine Konvergenz zwischen Technik und Innenrecht insoweit, wie die Technik als effizienterer Regulierungsmechanismus eingesetzt wird und eine rechtliche Normierung entbehrlich machen kann. Der technische Regelungsgehalt schlägt sich zumindest implizit im Inhalt des virtuellen Sozialvertrages nieder. Die Reichweite des innenrechtlichen Konsenses bestimmt sich nach den berechtigten Erwartungen der Beteilig-

---

[839] *Hunt* 9 Tex. Rev. Ent. & Sports L. 141, 161 (2007).

[840] *Hunt* 9 Tex. Rev. Ent. & Sports L. 141, 162 (2007).

[841] *Hunt* 9 Tex. Rev. Ent. & Sports L. 141, 161 (2007); s.a. *Horowitz* 20 Harv. J. L. & Tech. 443, 444 f. (2007), der darauf hinweist, dass der Wert virtueller Güter auch durch fehlenden Schutz gegen Maßnahmen der Betreiber beeinträchtigt wird.

[842] *Hunt* 9 Tex. Rev. Ent. & Sports L. 141, 161 (2007).

[843] *Hunt* 9 Tex. Rev. Ent. & Sports L. 141, 164 (2007).

ten im einzelfallabhängigen Kontext einer jeweiligen virtuellen Welt. Technische Manipulationen jenseits der Ebene vorgesehener inhaltlicher Interaktion sind stets Verletzungshandlungen.
Befürworter einer rein vertraglichen Rechtsposition können auf diese Erwägungen im Vertikalverhältnis bei einer etwaigen Klauselkontrolle der Nutzungsverträge zurückgreifen, auch wenn sie dafür mangels eines originären, virtuelle Ressourcen zuweisenden Rechtes kein gesetzliches Leitbild i.S.d. § 307 II 1 BGB zur Verfügung haben. Im Horizontalverhältnis müssen sie allerdings den Aufwand betreiben, eine absolute Wirkung zu konstruieren.

Kapitel 5

Kollisionsrechtliche Fragestellungen

Da virtuelle Welten und darin enthaltene Gegenstände mit ihrer ubiquitären „Belegenheit" – wie das Internet allgemein[1] – nationalstaatliche Grenzen schlichtweg hinter sich lassen, kann eine eingehende Analyse ihrer Rechtsnatur nicht auf kollisionsrechtliche Überlegungen verzichten. Diesen widmet sich das folgende Kapitel aus Sicht des im EGBGB und der ROM II-VO niedergelegten[2] deutschen internationalen Privatrechts. Zunächst wird die Bedeutung der Konstruktion eines virtuellen Eigentums für die kollisionsrechtliche Anknüpfung dargestellt (A.,B.); sodann werden die einzelnen Ansätze auf ihre jeweiligen kollisionsrechtlichen Folgen hin

---

[1] Vgl. zu den Problemen von Regulierung und Normbefolgung bei einer Vielzahl potentiell einschlägiger Rechtsordnungen *Johnson/Post* 48 Stan. L. Rev. 1367, 1370 ff. (1996), die auf eine verschwindende Bedeutung geographisch-territorialer Grenzen und nationaler Rechtsordnungen hinweisen und deshalb schon früh die Entwicklung einer lex mercatoria für grenzüberschreitende elektronische Kommunikationsnetze befürworten (a.a.O. 1389); ebenso *Reidenberg* 76 Tex. L. Rev. 553 (1997). Zu konkreten Problemen, die das Internet dem deutschen Kollisionsrecht beschert hat, siehe nur *Borges* ZIP 1999, 565; *Klimek/Sieber* ZUM 1998, 903; *Lejeune* ITRB 2003, 247; *Redeker* ITRB 2001, 293; *Mankowski* RabelsZ 63 (1999), 203.

[2] Mit dem 11.1.2009 ist die Rom II-Verordnung 864/2007 in Kraft getreten, welche das Kollisionsrecht für außervertragliche Schuldverhältnisse vergemeinschaftet und harmonisiert hat. In ihrem Anwendungsbereich geht sie den Regelungen des EGBGB vor; der Gesetzgeber hat das in der (deklaratorischen) Verweisnorm des Art. 3 Nr. 1 EGBGB n.F. explizit zum Ausdruck gebracht, vgl. BR-Drucks. 346/08 S. 4 ff.; *Wagner* NJW 2008, 2225, 2228. Hervorzuheben sind hierbei die universale Geltung der Verordnung auch in Kollisionsrechtsfällen mit Drittstaaten (Art. 3 Rom II-VO), die deliktische Anknüpfung an das Recht des Erfolgsortes (Art. 4 I Rom II-VO, der insoweit von „Schaden" spricht) und nicht wie bisher in Art. 40 I EGBGB an das Recht des Handlungs- oder Erfolgsortes. Dies erteilt dem bislang im deutschen Deliktskollisionsrecht geltenden Ubiquitätsprinzip (vgl. *Kropholler*[6] § 53 IV 2 a S. 524; Palandt/*Heldrich*[68] Art. 40 EGBGB Rn. 4; *v. Hinden* S. 45) im Anwendungsbereich der Rom II-VO eine Absage. Kodifiziert wird ferner das bereits unter Art. 40 I EGBGB geltende Marktortprinzip im Wettbewerbsrecht (Art. 6 Rom II-VO) sowie das ebenso anerkannte Schutzlandprinzip für Verletzungen des geistigen Eigentums (Art. 8 Rom II-VO). Ausführlich zum Regelungsgehalt der Rom II-VO *Junker* NJW 2007, 3675; *Wagner* IPRax 2008, 314; insbesondere aus der Sicht des Wettbewerbs- und Immaterialgüterrechts *Sack* WRP 2008, 1405. Die erst am 17.12.2009 in Kraft tretende Rom I-VO ist in ihren Auswirkungen auf vertragliche Schuldverhältnisse unter Kap. 5 C.III.5. gesondert dargestellt.

untersucht (C.). Schon aufgrund der unklaren Rechtsnatur und der fehlenden Anerkennung virtuellen Eigentums i.e.S. erscheint es geboten, dies für alle fünf der zuvor dargestellten Ansätze zu tun.

A. Bedeutung virtuellen Eigentums für die kollisionsrechtliche Qualifikation

Die Bedeutung der verschiedenen Ansätze zur Rechtsnatur virtuellen Eigentums liegt bei grenzüberschreitenden Sachverhalten in den jeweils unterschiedlichen Folgen für ihre Behandlung im Kollisionsrecht. Je nachdem, ob virtuelle Güter als urheberrechtlich, persönlichkeitsrechtlich, als relative Forderung, über das Sacheigentum am Server oder als originäres Recht begriffen werden, kommen unterschiedliche kollisionsrechtliche Anknüpfungstatbestände in Betracht. Insofern bleibt die sachrechtliche Konstruktion nicht ohne Folgen für die kollisionsrechtliche Qualifikation, geht es bei ihr doch gerade darum, den Charakters eines unter eine Kollisionsnorm zu subsumierenden Gegenstandes festzustellen, um ihren sachlichen Anwendungsbereich zu ermitteln[3]. Auch wenn kollisionsrechtliche Begrifflichkeiten und Anknüpfungsmomente autonom auszulegen sind und mit denen des Sachrechts nicht übereinstimmen müssen[4], bildet das sachrechtliche Verständnis hier zumindest einen Ausgangspunkt, zumal Anwendungsbereich und Abgrenzung von Kollisionsnormen durch die Bedeutung und das begriffliche Vorverständnis der Anknüpfungsgegenstände mit geprägt sind[5]. Diese Frage stellt sich jedenfalls vor deutschen Gerichten, weil die Qualifikation einer Rechtsfigur und die Subsumtion unter kollisionsrechtliche Anknüpfungstatbestände aus deutscher Sicht nach der lex fori erfolgt[6].

---

[3] *Kropholler*[6] § 15 I 1 S. 114; ähnlich Erman/*Hohloch*[12] Einl. Art. 3 EGBGB Rn. 39; nur für die Einordnung fremder Rechtssätze Staudinger/*Sturm/Sturm*[2003] Einl. IPR Rn. 208.

[4] BGHZ 47, 324, 326; Erman/*Hohloch*[12] Einl. Art. 3 EGBGB Rn. 39; *Kropholler*[6] § 19 III S. 137; MüKo BGB/*Sonnenberger*[4] Einl. IPR Rn. 694; Palandt/*Heldrich*[68] Einl. EGBGB Rn. 27.

[5] Erman/*Hohloch*[12] Einl. Art. 3 EGBGB Rn. 38.

[6] BGHZ 29, 137, 139; BGH NJW 1993, 2305, 2306; *Kropholler*[6] § 16 I S. 121; Palandt/*Heldrich*[68] Einl. v. EGBGB Rn. 27; Staudinger/*Sturm/Sturm*[2003] Einl. IPR Rn. 213.

B. Auswirkungen kollisionsrechtlicher Folgen auf die Bestimmung der Rechtsnatur im Sachrecht?

Da die Rechtsfiguren des Sachrechts gerade Ausgangspunkt einer kollisionsrechtlichen Anknüpfung sind, können kollisionsrechtliche Folgen eigentlich keine Rückschlüsse auf die zugrunde liegende sachrechtliche Einordnung tragen[7]. Gleichwohl finden sich solche Erwägungen im Schrifttum[8]; und es ist auch nicht auszuschließen, dass sich Gerichte bei der gegenwärtig unklaren Einordnung virtuellen Eigentums in die Rechtsfiguren des deutschen Sachrechts für die zukünftige Rechtsentwicklung gedanklich auch von kollisionsrechtlichen Praktikabilitätsaspekten leiten lassen. Ein solches folgenorientiertes Vorgehen scheint ihnen jedenfalls nicht gänzlich fremd zu sein[9].

---

[7] Umgekehrt sind jedoch sachrechtliche Folgeerwägungen nicht ohne Einfluss auf das Kollisionsrecht. Zwar ist das sachrechtliche Ergebnis der berufenen Rechtsordnung auf der Ebene der Anknüpfung noch nicht entscheidend, jedoch ermöglichen Eingriffsklauseln (Art. 34 EGBGB, Art. 9 Rom I-VO, Art. 16 Rom II-VO) und Ordre-Public-Vorbehalt (Art. 6 EGBGB, Art. 21 Rom I-VO, Art. 26 Rom II-VO) etwaige Korrekturen im Einzelfall, die zur Anwendung der lex fori führen können.

[8] So etwa bei *Koch* JurPC Web-Dok. 57/2006 Rn. 54, die ihre sachrechtliche Argumentation zur Reichweite des virtuellen Eigentums mit kollisionsrechtlichen Erwägungen stützt.

[9] So etwa der BGH NJW 2007, 2689 – *Trihotel* unlängst im Gesellschaftsrecht, der das Institut des existenzvernichtenden Eingriffes als Durchgriffs(außen)haftung des Gesellschafters gegenüber den Gesellschaftsgläubigern wegen Rechtsformmissbrauchs als originär gesellschaftsrechtliche Rechtsfigur aufgegeben und auf der allgemeinen deliktsrechtlichen Grundlage des § 826 BGB eine Innenhaftung gegenüber der Gesellschaft begründet hat. Mit ein Grund für den Regimewechsel vom Gesellschafts- zum Deliktsrecht mögen auch kollisionsrechtliche Folgeerwägungen gewesen sein, die Existenzvernichtungshaftung auf Auslandsgesellschaften anzuwenden (*Gehrlein* WM 2008, 761, 769): Für ausländische Gesellschaften bestimmt sich das Gesellschaftsstatut nach dem im Staat der Gründung maßgeblichem Gesellschaftsrecht (BGH NJW 2005, 1648). Die Anwendung dieser Gründungstheorie ist jedenfalls für Gesellschaften im Gemeinschaftsraum durch die Niederlassungsfreiheit der Artt. 43, 48 EG geboten (vgl. nur EuGH NJW 2002, 3614 – *Überseering*). Ein Wechsel von einem gesellschaftsrechtlichen zu einem deliktsrechtlichen Rechtsinstitut könnte demgegenüber einen Wechsel der kollisionsrechtlichen Anknüpfung vom Gesellschaftsstatut zum Deliktsstatut des Art. 40 EGBGB mit sich bringen (vgl. *Gloger/Goette/van Huet* DStR 2008, 1194, 1195 ff.; *Burg/Müller-Seils* ZInsO 2007, 929; differenzierend *Gehrlein* WM 2008, 761, 769; abl. *Schilling* ZVglRWiss 106 (2007), 484, 488). Art. 40 EGBGB wäre hier auch anwendbar, da Art. 1 II lit. d Rom II-VO das außervertragliche Gesellschaftsrecht aus dem Anwendungsbereich der Verordnung ausnimmt. Inwiefern dieser Wechsel es im Lichte der Niederlassungsfreiheit i.S.d. Artt. 43, 48 EG erlauben wird, Beeinträchtigungen der Gesellschaftsgläubiger statt bzw. neben dem Recht des Sitzstaates auch dem deutschen Deliktsrecht zu unterstellen, wird mit Blick auf die kommende Rechtsprechung des

Vor diesem Hintergrund werden die folgenden Ausführungen ausdrückliche Rückschlüsse auf die oben schon diskutierten Ansätze zwar unterlassen; jedoch wird es sich jedenfalls gedanklich kaum vermeiden lassen, die obigen Ansätze dabei nochmals im Lichte ihrer kollisionsrechtlichen Praktikabilität zu sehen.

C. Einzelne Ansätze und ihre kollisionsrechtlichen Folgen

Maßgabe der folgenden kollisionsrechtlichen Überlegungen ist es, eine Anknüpfung zum „besten" anwendbaren Recht zu finden, das vor allem den allgemeinen Prinzipien der engsten Verbindung[10] sowie der Rechtssicherheit und Vorhersehbarkeit der Anknüpfungsmomente[11] möglichst weitgehend Rechnung trägt. In diesem Licht sind alle der folgenden Ansätze zu würdigen, ob virtuelle Gegenstände urheberrechtlich (I.), persönlichkeitsrechtlich (II.), als relative Forderung (III.), über das Sacheigentum am Server (IV.) oder als originäres Recht begriffen werden (V.). Wiederum sind sie dabei gedanklich vom Nutzungsvertrag zu trennen[12]. Das schließt freilich nicht aus, im Ergebnis beide dann dem Vertragsstatut unterfallen zu lassen, wenn Rechte an virtuellen Gegenständen rein vertragsrechtlich konstruiert werden oder eine korrigierende Anknüpfung an das Vertragsstatut erforderlich wird.

I. Urheberrecht und lex loci protectionis

Sofern virtuelle Güter über die an ihnen bestehenden Urheberrechte erfasst werden sollen, kommt gem. Art. 3 Nr. 1 EGBGB i.V.m. Art. 8 I Rom II-VO das Schutzlandprinzip zum Tragen[13]. Bei grenzüberschreitenden

---

EuGH abzuwarten sein (für die Vereinbarkeit mit Artt. 43, 48 EG *Gloger/Goette/van Huet* DStR 2008, 1194, 1195 ff.; dagegen *Schilling* ZVglRWiss 106 (2007), 484, 489).

[10] Vgl. Erman/*Hohloch*[12] Einl. Art. 3 EGBGB Rn. 29; *Kropholler*[6] § 4 II 1 S. 25 f.; MüKo BGB/*Sonnenberger*[4] Einl. IPR Rn. 744.

[11] *Kropholler*[6] § 4 IV S. 30.

[12] Generell von einem anwendbaren Recht zu sprechen, wäre für eine Betrachtung der verschiedenen rechtlichen Gesichtspunkte (Vertragsrecht, Immaterialgüterrecht, virtuelles Eigentum) zu undifferenziert. *Krasemann* MMR 2006, 351, 352 betrachtet unter dieser Formulierung beispielsweise allein das Vertragsrecht.

[13] *Junker* NJW 2007, 3675, 3680; zur inhaltsgleichen Rechtslage vor der Kodifikation durch die Rom II-VO in st. Rspr. BGH GRUR 2007, 871, 873 – *Wagenfeld-Leuchte*; BGH GRUR 2007, 691 – *Staatsgeschenk*; BGH GRUR 2003, 328 – *Sender Felsberg*; BGH GRUR 1999, 152, 153 – *Spielbankaffaire*; Dreier/Schulze/*Dreier*[3] vor §§ 120 ff. Rn. 28; Fromm/Nordemann/*Nordemann-Schiffel*[10] vor § 120 Rn. 59; *Kropholler*[6] § 53 VI 2 S. 546 f. („aufgrund der historischen Entwicklung [...] wohl unvermeidlich"); *Lejeune* ITRB 2003, 247, 248; Palandt/*Heldrich*[68] Art. 40 EGBGB Rn. 13; *Thum* GRUR Int.

Nutzungshandlungen findet hiernach das Recht desjenigen – und jedes – Staates Anwendung, für dessen Gebiet Urheberrechtsschutz aufgrund relevanter Nutzungshandlungen in Anspruch genommen wird[14]. Das hierbei entstehende Bündel nationaler Rechte folgt aus dem allen nationalstaatlich gewährten[15] Immaterialgüterrechten zugrunde liegenden Territorialitätsprinzip[16]. Es ist der Parteidisposition entzogen (Art. 3 Nr. 1 EGBGB i.V.m. Art. 8 III Rom II-VO)[17].

Hiervon zu trennen ist die Bestimmung des auf einen urheberrechtlichen Nutzungsvertrag anzuwendenden Rechts, das sich gem. Artt. 27 ff. EGBGB nach dem Vertragsstatut richtet[18]. Diesem unterfallen somit auch urheberrechtliche Elemente in Nutzungsverträgen virtueller Welten. Das anwendbare Recht wird daher insoweit zunächst durch die Rechtswahl der Vertragsparteien bestimmt (Art. 27 I EGBGB). Ohne eine Rechtswahl ist das Recht des Staates anwendbar, zu dem der Vertrag die engste Verbindung aufweist (Art. 28 I EGBGB), was aufgrund der Vermutung des Art. 28 II EGBGB meist das Recht des Aufenthaltsortes bzw. Sitzes desjenigen sein wird, der die charakteristische Vertragsleistung erbringt. Bei Lizenzverträgen ist das meist der Lizenzgeber[19]; dazu näher Kap. 5 C.III.

Dass das insbesondere im Zusammenhang mit Nutzungshandlungen im Internet – und so auch bei ubiquitären virtuellen Gütern – eine Vielzahl anwendbarer Rechtsordnungen überall dort berufen kann, wo ein Werk

2001, 9, 20; Schricker/*Katzenberger*[3] vor §§ 120 ff. Rn. 120; Staudinger/*Fezer/Koos*[2006] IntWirtschR Rn. 860; Wandtke/Bullinger/*v. Welser*[3] vor §§ 120 ff. Rn. 4; kritisch *Schack*[4] Rn. 800 f., 806; *Schack* MMR 2000, 59, 62 ff., der eine gespaltene Anknüpfung vorzieht und zumindest Entstehung, erste Inhaberschaft und Übertragbarkeit nach dem Recht des Ursprungslandes eines Werkes bestimmen will.

[14] Vgl. die st. Rspr. für das Urheberrecht BGH GRUR 2007, 691 – *Staatsgeschenk*; BGH GRUR 2003, 328 – *Sender Felsberg*; BGH GRUR 1999, 152, 153 – *Spielbankaffaire*; *Lejeune* ITRB 2003, 247, 248; *Thum* GRUR Int. 2001, 9, 20; *Schack* MMR 2000, 59, 62. Für das Schweizer Recht *Bürge* sic! 2006, 802, 804.

[15] Anders etwa bei den gemeinschaftsweiten Immaterialgüterrechten wie der Gemeinschaftsmarke gem. GMVO (EG) 40/94 oder dem Gemeinschaftsgeschmacksmuster gem. GGeschmMVO (EG) 6/2002. Für diese enthält Art. 8 II Rom II-VO kollisionsrechtliche Sonderregelungen.

[16] BGH GRUR 2003, 328, 330 – *Sender Felsberg*; Fromm/Nordemann/*Nordemann-Schiffel*[10] vor § 120 Rn. 59; *Peifer* ZUM 2006, 1; Staudinger/*Fezer/Koos*[2006] IntWirtschR Rn. 839 ff.

[17] *Sack* WRP 2008, 1405, 1406; so schon für die bisherige Rechtslage BGH GRUR 1999, 152, 153 – *Spielbankaffäre*; Dreier/Schulze/*Dreier*[3] vor §§ 120 ff. Rn. 28.

[18] Dreier/Schulze/*Dreier*[3] vor §§ 120 ff. Rn. 49; Fromm/Nordemann/*Nordemann-Schiffel*[10] vor § 120 Rn. 81; Schricker/*Katzenberger*[3] vor §§ 120 ff. Rn. 148; Staudinger/*Magnus*[2002] Art. 28 EGBGB Rn. 600; Staudinger/*Fezer/Koos*[2006] IntWirtschR Rn. 911.

[19] Dreier/Schulze/*Dreier*[3] vor §§ 120 ff. Rn. 52; *Mankowski* RabelsZ 63 (1999), 203, 221; Staudinger/*Magnus*[2002] Art. 28 EGBGB Rn. 602, 610. Dies gilt ebenso unter der kommenden Rom I-VO (dazu Kap. 5 C.III.5.), welche eine spezielle Regelung für Lizenzverträge über geistiges Eigentum nicht enthält, vgl. *Wagner* IPRax 2008, 377, 385.

auch nur abrufbar ist, wird zwar vielfach kritisiert[20]. Insbesondere gerät dabei das klassische immaterialgüterrechtliche Territorialitätsprinzip unter Beschuss, weil der Gedanke, dass ein Staat Rechte im Rahmen seiner Hoheitsgewalt nur für sein Territorium verleiht, im Zeitalter grenzüberschreitender virtueller Räume nicht mehr recht passen will[21]. Gleichwohl hält Art. 8 I Rom II-VO an der Geltung des Schutzlandprinzips als mittlerweile „allgemein anerkannte[m] Grundsatz“[22] auch bei unteilbaren Nutzungshandlungen im Internet und der daraus ggf. folgenden Mosaikbetrachtung eines Bündels nationaler Rechte fest[23]. Insoweit dürfte die Entwicklung des europäischen Immaterialgüterkollisionsrechts über diese rechtspolitische Kritik schlicht hinweggegangen sein.

Für eine gewisse Abmilderung dieses Problems durch materielle internationale Mindestharmonisierung sorgen hier zumindest völkerrechtliche Abkommen wie RBÜ, WCT und TRIPs. Auch kämen als Korrektiv gegen eine ausufernde Zahl berufener Rechtsordnungen Spürbarkeitsschwellen – wie ein relevanter Inlandsbezug – in Betracht. Diese sind sowohl auf kollisionsrechtlicher wie auf sachrechtlicher Ebene denkbar. Kollisionsrechtliche Spürbarkeitsschwellen sieht Art. 8 I Rom II-VO zwar gerade nicht vor[24]. Das steht jedoch der Annahme *sachrechtlicher* Spürbarkeitsschwellen in der kollisionsrechtlich berufenen Rechtsordnung nicht entgegen – wie sie etwa im deutschen Kennzeichenrecht als relevanter Inlandsbezug[25] oder im Urheberrecht als Spürbarkeit grenzüberschreitender Verbreitungshandlungen im Schutzland zu finden sind[26].

---

[20] So etwa *Koos* MMR 2004, 359, 365; *Schack*[4] Rn. 800 f., 806; *Schack* MMR 2000, 59, 62 ff.; einen rechtspolitischen Rechtfertigungszwang sieht *Thum* GRUR Int. 2001, 9, 20 Fn. 115; allgemein Zweifel an der Regulierbarkeit ubiquitärer virtueller Räume durch nationalstaatlich geprägtes Recht bei *Johnson/Post* 48 Stan. L. Rev. 1367, 1372 (1996); *Paulus* FS Mayer-Maly S. 563, 568.

[21] Vgl. *Schack*[4] Rn. 808; *Schack* MMR 2000, 59, 62 ff.; Wandtke/Bullinger/*v. Welser*[3] vor §§ 120 ff. Rn. 11, die eine gespaltene Anknüpfung vorziehen und zumindest Entstehung, erste Inhaberschaft und Übertragbarkeit nach dem Recht des Ursprungslandes eines Werkes (als insofern abgeschwächtes Universalitätsprinzip) bestimmen wollen.

[22] Rom II-VO Erw. Grd. 26.

[23] *Sack* WRP 2008, 1405, 1414; zur bisherigen Rechtslage des Schutzlandprinzips unter dem EGBGB vgl. BGH GRUR 2007, 871, 873 – *Wagenfeld-Leuchte*.

[24] *Sack* WRP 2008, 1405, 1415.

[25] Vgl. *Sack* WRP 2008, 1405, 1417 mit Verweis auf BGH GRUR 2005, 431 – *HOTEL MARITIME* für eine in Deutschland vermeintlich kennzeichenverletzende Werbung auf einer dänischen Website im Internet: Dort wurde unter kollisionsrechtlich uneingeschränkter Anwendung des deutschen MarkenG auf sachrechtlicher Ebene eine relevante Benutzungshandlung im Inland i.S.d. § 14 II MarkenG verneint. Mit kollisionsrechtlicher Einordnung dieser Entscheidung demgegenüber wohl Fromm/Nordemann/*Nordemann-Schiffel*[10] vor § 120 Rn. 79; Köhler/Bornkamm/*Köhler*[26] Einl. UWG Rn. 5.8. Dieses Verständnis wird unter der Geltung von Art. 8 I Rom II-VO, vor allem im Umkehrschluss zu Art. 6, für Immaterialgüterrechte schwer werden.

[26] Vgl. die Erwägungen zu den Auswirkungen eines Angebotes im Internet für das Verbreitungsrecht des § 17 UrhG bei BGH GRUR 2007, 871, 873 – *Wagenfeld-Leuchte*

Hiernach findet auf urheberrechtlich schutzfähige virtuelle Gegenstände das Recht jedes Staates Anwendung, in dem diese gespeichert werden, abgerufen werden, abrufbar sind oder sonst i.S.d. §§ 15 ff. UrhG genutzt werden. Wegen des ohnehin meist bestehenden Urheberrechtsschutzes virtueller Gegenstände (dazu ausführlich Kap. 6) würde ein rein urheberrechtliches Verständnis virtuellen Eigentums jedenfalls keine *zusätzlichen* kollisionsrechtlichen Probleme aufwerfen.

II. Persönlichkeitsrecht und lex loci delicti commissi

Größere Probleme bei der Bestimmung der kollisionsrechtlichen Anknüpfung ergeben sich für einen persönlichkeitsrechtlichen Ansatz. Persönlichkeitsrechte sind gem. Art. 1 II lit. g) Rom II-VO nicht von deren Anwendungsbereich umfasst[27], so dass sich das Kollisionsrecht in diesem Bereich weiterhin nach den unter dem EGBGB entwickelten und derzeit immer noch nicht endgültig geklärten Prinzipien[28] richtet.

Die Anknüpfung von Persönlichkeitsverletzungen erfolgt über das Deliktstatut des Art. 40 EGBGB. Zwar lassen sich auch hier gedankentheoretisch Bestehen und Verletzung eines Rechtes – wie beim Sacheigentum[29] und (theoretisch auch) den Immaterialgüterrechten[30] – trennen[31]. Eine praktische Bedeutung hat diese Differenzierung mangels eigenständiger Anknüpfung als Vorfrage jedoch nicht[32], denn sowohl Bestehen als auch

(dort Spürbarkeit i.E. bejaht); *Sack* WRP 2008, 1405, 1417; Fromm/Nordemann/*Nordemann-Schiffel*[10] vor § 120 Rn. 79 (allerdings mit kollisionsrechtlichem Verständnis des Urteils).

[27] *Junker* NJW 2007, 3675, 3677 („nur politisch zu erklärende Ausnahmevorschrift"); *Wagner* NJW 2008, 2225, 2228; *Wagner* IPRax 2008, 314, 316. Anderes gilt nach *Sack* WRP 2008, 1405, 1406 für Urheberpersönlichkeitsrechte, die dem geistigen Eigentum i.S.d. Art. 8 I Rom II-VO unterfallen.

[28] Eingehend *von Hinden* passim.

[29] Dort richtet sich das Bestehen von Rechten nach der lex rei sitae, die Verletzung nach der lex loci delicti commissi, welche beide regelmäßig zusammenfallen, dazu sogleich unter Kap. 5 C. IV.

[30] Deren Bestehen und Verletzung richtet sich im Ergebnis zwar einheitlich nach der lex loci protectionis (oben Kap. 5 C. I.); eine gedankentheoretisch getrennt angeknüpfte lex loci delicti commissi fiele wegen der territorialen Rechtsnatur stets mit ersterer zusammen (vgl. Staudinger/*Fezer/Koos*[2006] IntWirtschR Rn. 853; *Wagner* JZ 1993, 1034, 1037). Bei denjenigen, die ein umfassendes Schutzlandprinzip auch für die Inhaberschaft rechtspolitisch ablehnen, kommt die Trennung deutlicher zum Ausdruck, vgl. *Schack*[4] Rn. 918; *ders.* MMR 2000, 59, 62 ff.; *ders.* UFITA 108 (1988) 51, 67.

[31] *Schack* MMR 2000, 59, 61; *v. Hinden* S. 40 f.; *Wagner* JZ 1993, 1034, 1036.

[32] *V. Hinden* S. 40 f.; *Schack* MMR 2000, 59, 61. Letzterer verweist darauf, dass ein einheitliches Deliktsstatut ohne Trennung zwischen Bestehen bzw. Inhaberschaft einerseits sowie Schädigung andererseits dem ideellen, abwehrbetonten Charakter des Persönlichkeitsrechts Rechnung trage, das kein vom Träger losgelöstes Immaterialgüter-

Verletzung des Rechts werden einheitlich dem Deliktsstatut unterworfen[33]. Soweit allerdings von einer rechtlichen Verselbständigung der vermögenswerten Aspekte des Persönlichkeitsrechts ausgegangen wird, sollen insoweit – wie bei Immaterialgüterrechten – auch Territorialitäts- und Schutzlandprinzip zur Anwendung kommen[34].

Bei deliktsrechtlicher Anknüpfung gilt gem. Art. 40 I EGBGB das Ubiquitätsprinzip, das eine Anknüpfung sowohl an den Handlungs- als auch an den Erfolgsort ermöglicht[35]. Als Handlungsort kann bei Persönlichkeitsverletzungen im Internet der Ort des Einspeisens persönlichkeitsverletzender Inhalte gesehen werden[36]. Weil es Persönlichkeitsrechten an einem gegenständlichen Substrat fehlt[37], fällt demgegenüber die Bestimmung des Erfolgsortes als dem Ort, an dem das betroffene Rechtsgut lokalisiert werden kann, schwer[38]. Insbesondere besteht Uneinigkeit über dessen

---

recht sei. Nach *Wagner* JZ 1993, 1034, 1039 ist die Vorfrage nach der Inhaberschaft entbehrlich, weil der Persönlichkeitsträger das allgemeine Persönlichkeitsrecht schon automatisch kraft Gesetzes und verfassungsrechtlichem Gebot erwerbe. Die gedankliche Trennung wird jedoch dann deutlich, wenn wie beim Namensrecht das Bestehen des Rechts gesondert geregelt ist und als Vorfrage gesondert (dort über Art. 10 EGBGB) angeknüpft werden muss, vgl. *Kropholler*[6] § 53 V 4 S. 540 f.

[33] *Kropholler*[6] § 53 V 4 S. 540 f.; Palandt/*Heldrich*[68] Art. 40 EGBGB Rn. 14; *Schack* MMR 2000, 59, 61; *ders.* UFITA 108 (1998), 51, 55; *Wagner* JZ 1993, 1034, 1041. Als Ausgangspunkt für die Anknüpfung bei Persönlichkeitsrechten wird das heute kaum mehr vertretene Personalstatut des Art. 10 I EGBGB zumeist wegen seines Menschenwürdekerns abgelehnt, der auch für Ausländer gelten muss, vgl. *Schack* MMR 2000, 59, 61.

[34] Palandt/*Heldrich*[68] Art. 40 EGBGB Rn. 14; Staudinger/*Fezer/Koos*[2006] IntWirtschR Rn. 852 für ein „Persönlichkeitsvermögensrecht". Die Entwicklung der Persönlichkeit hin zu einem immateriellen Wirtschaftsgut entschieden ablehnend wiederum *Schack*[4] Rn. 51; *Schack* MMR 2000, 59, 61, was jedoch an der tatsächlichen Entwicklung vorbei geht, wie sie sich unübersehbar in der Rechts- und Wirtschaftspraxis vollzieht; vgl. zur Anerkennung und Ausweitung des kommerziellen Persönlichkeitsrechts nur BGH NJW 2000, 2195, 2197 – *Marlene Dietrich*; BGH NJW 2000, 2201 – *Der blaue Engel*; BGH GRUR 2008, 1124 – *Zerknitterte Zigarettenschachtel*; *v. Hinden* S. 34 f. m.w.N. Hier zeichnet das Recht lediglich die Tendenz zur Verwertung von Persönlichkeitsrechten im Rahmen einer zunehmenden „Experience Economy" (vgl. *Rifkin* S. 137 ff.; Kap. 1 B.III.2.) nach.

[35] Palandt/*Heldrich*[68] Art. 40 EGBGB Rn. 4; *v. Hinden* S. 44 f.

[36] *V. Hinden* S. 68.

[37] *V. Hinden* S. 29.

[38] *V. Hinden* S. 79. Vereinzelt wird hier schon die bloße Existenz eines konkreten Erfolgsortes abgelehnt, weil es sich um ein immaterielles Gut handele, und deshalb nur an den Handlungsort angeknüpft (*Schack* UFITA 108 (1998), 51, 64 f.). Ganz abgesehen, dass eine solche Sicht die ideelle Perspektive des Persönlichkeitsrechtes überbetont, wird zu Recht darauf hingewiesen, dass sich die Persönlichkeit rechtlich gerade dann lokalisieren lässt, wenn in einem konkreten Verletzungsfall Interessen beeinträchtigt werden (*v. Hinden* S. 80 f.).

Eingrenzung. Im Ausgangspunkt existiert bei Persönlichkeitsverletzungen – nicht anders als bei Streudelikten im Internet allgemein – eine Vielzahl von Erfolgsorten[39]. Als solche kommen etwa der tatsächliche Abrufort[40] oder der Ort der Abrufbarkeit in Betracht[41]. Da dies im Internet an fast jedem denkbaren Ort möglich ist[42], erscheinen aus Rechtssicherheits- und Vorhersehbarkeitsgesichtspunkten Einschränkungen geboten, auch wenn das Gesetz keinen ausdrücklichen Vorhersehbarkeitsvorbehalt kennt[43]. Als Korrektive werden hier beispielsweise der gewöhnliche Aufenthaltsort der Person vorgeschlagen, von der die Rechte abgeleitet sind[44]. Teilweise wird der Erfolgsort unter Anlehnung an das im Wettbewerbskollisionsrecht angewandte Marktortprinzip[45] auch über das Kriterium der bestimmungsgemäßen Verbreitung der schädigenden Inhalte eingeschränkt, wobei Beeinträchtigungen außerhalb des eigentlichen Zielgebietes außer Betracht bleiben sollen[46]. Letztlich ist, ähnlich wie im Immaterialgüterrecht, auch eine schlichte Mosaikbetrachtung von Persönlichkeitsverletzungen denkbar[47]. Eine solche Lösung ist in Ermangelung internationaler Mindestharmonisierung und aufgrund erheblicher kultureller Unterschiede aber

---

[39] *V. Hinden* S. 118.

[40] So etwa *Mankowski* RabelsZ 63 (1999), 203, 269; krit. *v. Hinden* S. 119 ff., der auf die technischen Schwierigkeiten der Bestimmung und die mangelnde Vorhersehbarkeit verweist.

[41] *Spindler* ZUM 1996, 533, 557; *Koch* S. 54 f.; a.A. *Mankowski* RabelsZ 63 (1999), 203, 269.

[42] So die Kritik bei *v. Hinden* S. 142.

[43] *Kropholler*[6] § 53 V 4 S. 542; *von Hinden* S. 94 ff.

[44] Diese Einschränkung für Pressedelikte (vgl. Erman/*Hohloch*[12] Art. 40 EGBGB Rn. 53; Palandt/*Heldrich*[68] Art. 40 EGBGB Rn. 14) nehmen *von Hinden* S. 173 ff. und *Mankowski* RabelsZ 63 (1999), 203, 174 als Ausgangspunkt auch für Internetsachverhalte; krit. *Spindler* ZUM 1996, 533, 558.

[45] Im internationalen Wettbewerbsrecht ist allgemein an das Recht des Staates anzuknüpfen, wo auf dem betroffenen Markt die Interessen der Mitbewerber aufeinander stoßen, vgl. BGH GRUR 2007, 245 – *Schulden Hulp*; BGH GRUR 1998, 945, 946 – *Co-Verlagsvereinbarung*; BGH GRUR 1991, 463, 464 – *Kauf im Ausland*; BGH GRUR 1962, 243, 245 – *Kindersaugflaschen*; Köhler/Bornkamm/*Köhler*[26] Einl. UWG Rn. 5.5; *Kropholler*[6] § 53 VI 1 S. 543; Palandt/*Heldrich*[68] Art. 40 EGBGB Rn. 11; *Sack* WRP 2000, 269, 272; Staudinger/*Fezer/Koos*[2006] IntWirtschR Rn. 587. Dies ist nun in Art. 6 I Rom II-VO kodifiziert. In Sachverhalten mit Internetbezug hat das zur Einführung einer kollisionsrechtlichen Spürbarkeitsregel geführt, nach der als Marktortrecht nur das Recht der Staaten berufen ist, in denen das wettbewerbliche Verhalten geeignet ist, spürbar auf potentielle Kaufentscheidungen einzuwirken, vgl. BGH GRUR 2006, 513, 515 – *Arzneimittelwerbung im Internet*; Köhler/Bornkamm/*Köhler*[26] Einl. UWG Rn. 5.8; *Kropholler*[6] § 53 VI 1 S. 545; *Sack* WRP 2000, 269, 278.

[46] *Spindler* ZUM 1996, 533, 557, der aber darauf hinweist, dass es wegen der globalen Natur des Mediums dadurch nicht immer zu einer Einschränkung der letztlich anwendbaren Rechtsordnungen kommen mag; *ders.* in: *Ladeur* S. 227, 247.

[47] *Spindler* ZUM 1996, 533, 559.

ungleich problematischer als etwa im Urheberrecht[48]. Vor allem gilt dies bei unteilbaren Ansprüchen wie Unterlassungsansprüchen, die so im Ergebnis zur Anwendung des strengsten Rechts führen können[49].

Dieser kurze Abriss denkbarer Anknüpfungen führt vor Augen, dass schon bei normalen Persönlichkeitsrechtsverletzungen im Internet erhebliche kollisionsrechtliche Probleme bestehen. Das Persönlichkeitsrecht für virtuelle Gegenstände als dogmatisches Vehikel zu verwenden, um noch einen anderen Gegenstand als die Persönlichkeit als solche zu erfassen, würde dem noch eine weitere Ebene denkbarer kollisionsrechtlicher Anknüpfungen hinzufügen. Die zentrale Frage, wo das dem Persönlichkeitsrecht zugrunde liegende und als gegenständliche Verkörperung normalerweise fehlende[50] Substrat zu „verorten" ist, lenkt den Blick hier nämlich weg von der Verletzung der Persönlichkeit als ubiquitärem und so jedenfalls *auch* am Verletzungsort bestehendem Gut hin zu einem womöglich technisch konkreter zu lokalisierenden Gegenstand. Das zeigt sich beispielsweise bei der kollisionsrechtlichen Beurteilung des Schutzes gegen das unerwünschte Platzieren von Cookies, was mitunter als Eingriff in das informationelle Selbstbestimmungsrecht begriffen wird. Erfolgsort ist dort der Ort, an dem die Daten erlangt werden[51].

Speziell für virtuelle Gegenstände ist vor dem Hintergrund all dieser denkbaren Anknüpfungen nicht ganz klar, ob die obigen persönlichkeitsspezifischen Erwägungen zum Tragen kommen, in Anlehnung an die Immaterialgüterrechte und ein Persönlichkeitsvermögensrecht das Schutzlandprinzip gilt und damit u.U. eine Vielzahl von Rechtsordnungen berufen ist[52], oder ob auf eine genauere technische Belegenheit eines virtuellen Gegenstandes als Verkörperung der ihn geschaffen habenden Persönlichkeit abzustellen ist. Insbesondere letzterer Ansatz kommt der Frage nach der „Belegenheit" eines virtuellen Gegenstandes als Anknüpfung für ein originäres virtuelles Eigentum (Kap. 5 C.V.) schon recht nahe.

---

[48] Das räumt auch *Spindler* ZUM 1996, 533, 559 ff. ein, der jedoch vor allem eine gezielte Wahl bzw. Umgehung einer Rechtsordnung als Problem sieht und der den durch eine Mosaikbetrachtung entstehenden Unvorhersehbarkeiten eine geringere Bedeutung zumisst, weil dann der steuernde Präventionsgedanke des Schadenersatzrechtes eben zurücktreten müsse. Langfristig sei aber eine Harmonisierung durch internationale Abkommen wünschenswert (a.a.O. 563).

[49] *v. Hinden* S. 164 f.

[50] *v. Hinden* S. 29.

[51] *Mankowski* RabelsZ 63 (1999), 203, 283. Handlungsorte sind die Orte beim Auslösen dieses Vorganges, an der die Cookies einfügenden Website und des Installierens auf einem lokalen Rechner.

[52] So *Koch* JurPC Web-Dok. 57/2006 Rn. 54.

III. Forderung aus dem Nutzungsvertrag und lex contractus

Sofern sich virtuelle Gegenstände in einer Forderung aus dem Nutzungsvertrag auf Gewährung und Erhalt in ihrer Umgebung erschöpfen, gilt dessen Vertragsstatut. Ausgangspunkt für das auf den Nutzungsvertrag anwendbare Recht ist meist eine ausdrückliche Rechtswahl i.S.d. Art. 27 I EGBGB (1.). Sofern eine solche fehlt, muss eine objektive Anknüpfung über Art. 28 I EGBGB erfolgen (2.). Eine Ausnahme stellen Verträge mit Verbrauchern dar, die gem. Artt. 29, 29a EGBGB auch durch eine Rechtswahl nicht den sie schützenden Vorschriften des Rechts ihres gewöhnlichen Aufenthaltsortes entzogen werden können (3.).

1. Rechtswahl gem. Art. 27 EGBGB

Ausgangspunkt für das auf den Nutzungsvertrag anwendbare Recht ist zunächst eine Rechtswahl i.S.d. Art. 27 I 1 EGBGB in den Nutzungsbedingungen[53]. Sofern diese nicht ausdrücklich erfolgt, können hier auch – bei virtuellen Welten oft verwendete – ausschließliche Gerichtsstands- oder Schiedsgerichtsklauseln Indizien für eine konkludente Rechtswahl (Art. 27 I 2 EGBGB) bilden[54]. Vorbehaltlich kollisionsrechtlicher Verbraucherschutzvorschriften unterliegen solche Rechtswahlklauseln nach überwiegender Ansicht nicht der AGB-Inhaltskontrolle der §§ 305 ff. BGB, denn deren Anwendung setzt schon voraus, dass deutsches Recht überhaupt berufen wurde. Auch wenn sich in der Rechtsprechung einige gegenteilige Urteile finden lassen[55], wird eine solche inhaltliche Klausel-

---

[53] Im Regelfall wird hier das Recht des Staates berufen, in dem der Betreiber seinen Sitz hat. Da die meisten Betreiber derzeit (noch) in den USA ihren Sitz haben, verwundert es nicht, dass auch im Jahre 2006 die meisten Nutzungsverträge virtueller Welten US-amerikanischem Recht unterlagen (81%), dabei meist dem Recht des Bundesstaates Kalifornien (37,5%), und nur 19% andere Rechtsordnungen beriefen, vgl. *Jankowich* 8 Tul. J. Tech. & Intell. Prop. 1, 50 (2006). Diese Rechtswahl steht freilich unter dem Vorbehalt etwaiger zwingender Vorschriften der lex fori, worauf auch *Jankowich* mit Blick auf die europäischen Verbraucherschutzvorschriften hinweist (a.a.O. 51); dazu sogleich Kap. 5 C.III.3.

[54] Vgl. für ausschließliche Gerichtsstandsklauseln BGH NJW-RR 1990, 183; BGH NJW 1991, 1420; Erman/*Hohloch*[12] Art. 27 EGBGB Rn. 14; *Mankowski* RabelsZ 63 (1999), 203, 213; MüKo BGB/*Martiny*[4] Art. 27 EGBGB Rn. 48; Staudinger/*Magnus*[2002] Art. 27 EGBGB Rn. 64. Deren Indizwirkung für eine konkludente Rechtswahl ist auch in der kommenden Rom I-VO im Erw. Grd. 12 anerkannt. Vgl. für Schiedsgerichtsklauseln *Mankowski* RabelsZ 63 (1999), 203, 213; Palandt/*Heldrich*[68] Art. 27 EGBGB Rn. 6. Speziell für virtuelle Welten *Geis/Geis* CR 2007, 721, 722.

[55] OLG Frankfurt/M. NJW-RR 1989, 1018 für die Inhaltskontrolle des § 307 I 1 BGB (§ 9 I AGBGB a.F.); LG Stuttgart NJW-RR 1990, 1394 für das Transparenzgebot § 307 I 2 BGB. Für eine Kontrolle auch *Ernst* BB 1997, 1057, 1058, der eine Rechtswahlklausel

kontrolle nach der lex fori überwiegend abgelehnt, weil Art. 31 I EGBGB das Zustandekommen und die Wirksamkeit eines Vertrages gerade an der lex causae misst[56]. Allerdings kann in Extremfällen ein nur unzumutbar zur Kenntnis nehmbares Clickwrap-Agreement gem. Art. 31 II EGBGB schon an der Einbeziehung in den Vertrag scheitern[57], ebenso wie überraschende Klauseln i.S.d. § 305 c I BGB [58].

2. *Objektive Anknüpfung gem. Art. 28 EGBGB*

Sofern eine ausdrückliche Rechtswahl nicht getroffen wurde, ist gem. Art. 28 I EGBGB das Recht des Staates anzuwenden, mit dem der Vertrag die engste Verbindung aufweist. Als solcher vermutet wird der Ort, an dem die Partei, welche die charakteristische Leistung erbringt, ihren gewöhnlichen Aufenthalt (Art. 28 II 1 EGBGB) bzw. bei beruflicher oder gewerblicher Tätigkeit ihre Haupt- oder leistungserbringende Zweigniederlassung hat (Art. 28 II 2 EGBGB).

Charakteristische und den Nutzungsvertrag virtueller Welten von anderen Vertragstypen unterscheidende Leistung ist nicht die Zahlung von Entgelt durch Nutzer[59], sondern die Zurverfügungstellung des Zuganges

---

als unangemessene Benachteiligung ansieht, wenn der Schutz des gewählten Rechts erheblich hinter dem des deutschen zurückbleibt.

[56] BGH NJW-RR 2005, 1071, 1072; BGH NJW 1994, 262; Erman/*Hohloch*[12] Art. 31 EGBGB Rn. 8; *Mankowski* RabelsZ 63 (1999), 203, 210; MüKo BGB/*Martiny*[4] Art. 27 EGBGB Rn. 13; *Kropholler*[6] § 52 II 2 S. 461; Palandt/*Heldrich*[68] Art. 27 EGBGB Rn. 8; Staudinger/*Magnus*[2002] Art. 28 EGBGB Rn. 649.

[57] Für die weitreichende Möglichkeit des Vertragspartners des Verwenders, sich auf den Einbeziehungsstandard seines gewöhnlichen Aufenthaltsortes zu berufen, Staudinger/*Magnus*[2002] Art. 28 EGBGB Rn. 647.

[58] Vgl. OLG Düsseldorf NJW-RR 1994, 1132; OLG Düsseldorf IPRax 1997, 115; Staudinger/*Magnus*[2002] Art. 28 EGBGB Rn. 649. Zu Aspekten der AGB-Kontrolle von Nutzungsverträgen nach deutschem Recht Kap. 7 D.III.2., E.2., F.III.3.

[59] Vgl. allgemein MüKo BGB/*Martiny*[4] Art. 28 EGBGB Rn. 33; Staudinger/*Magnus*[2002] Art. 28 EGBGB Rn. 70. Eine größere Bedeutung mag der Leistung auf Nutzerseite zukommen, soweit diese zu Mitwirkungshandlungen verpflichtet sind oder dem Betreiber Rechte an den von ihnen geschaffenen Gegenständen einräumen. Die Situation ähnelt dann Lizenzverträgen, bei welchen der Lizenznehmer bestimmten Pflichten unterliegt, welche die objektive Anknüpfung u.U. zum Recht ihres Aufenthaltsortes verschieben können (vgl. *Lejeune* ITRB 2003, 247, 248; MüKo BGB/*Martiny*[4] Art. 28 EGBGB Rn. 409; Staudinger/*Magnus*[2002] Art. 28 EGBGB Rn. 603). Sofern hiernach die Mitwirkungshandlungen der Nutzer eine eigenständige Bedeutung im Rahmen der Leistungsbeziehungen erhalten und alle zu einem Gesamtergebnis beitragen, entstehen für die kollisionsrechtliche Anknüpfung erhebliche Komplikationen. Anstatt die Verträge dann in eine Vielzahl unterschiedlicher Rechtsordnungen unterliegenden Zweierbeziehungen aufzuspalten, erscheint es vorzugswürdig, auch hier über Art. 28 II 3 EGBGB einen einheitlichen Anknüpfungspunkt zu finden, vgl. *Mankowski* RabelsZ 63 (1999), 203,

und anderer verbundener Dienstleistungen[60]. Damit kommt es für den gewerblichen Betrieb einer virtuellen Welt auf die Hauptniederlassung des Betreibers oder die vertragsabwickelnde Niederlassung an[61]. Teilweise wird hier auf das Recht des Landes abgestellt, in dem sich der Server befindet, weil dort die technische Interaktion stattfinde und dort alle Daten zusammengeführt werden[62]. Dagegen spricht jedoch, dass es ähnlich wie bei einem Providervertrag über den Zugang zu vorgehaltenen Inhalten[63] und Internetgeschäften allgemein[64] auf den Standort des Servers nicht ankommen kann. Nicht nur der klare Wortlaut des Art. 28 II EGBGB gebietet es, zuvorderst den Sitz oder eine Niederlassung des Betreibers heranzuziehen. Auch ist – wie unter IV. noch zu zeigen sein wird – der Serverstandort zu unklar und zu leicht manipulierbar, als dass er für eine objektive Anknüpfung herhalten könnte. Damit würde der Zweck des Art. 28 EGBGB verfehlt, dem Rechtsverkehr über für ihn erkennbare äußere Merkmale einen Anhaltspunkt für das anwendbare Recht an die Hand zu geben[65].

3. *Verbraucherverträge gem. Art. 29 EGBGB*

Wie die Privatautonomie im materiellen Recht muss auch im Kollisionsrecht die grundsätzlich freie parteiautonome Rechtswahl[66] bei ungleicher

230 f. Aus Gründen der Erkennbarkeit und Vorhersehbarkeit bietet sich hier wiederum die Niederlassung des Betreibers der Plattform an.

[60] Insoweit gilt der allgemeine Grundsatz, dass der Dienstleistende die charakteristische Leistung erbringt, so speziell zum Providervertrag MüKo BGB/ *Martiny*[4] Art. 28 EGBGB Rn. 417; Staudinger/*Magnus*[2002] Art. 28 EGBGB Rn. 663; sowie allgemein Erman/*Hohloch*[12] Art. 28 EGBGB Rn. 38; *Kropholler*[6] § 52 III 3 c S. 470; MüKo BGB/ *Martiny*[4] Art. 28 EGBGB Rn. 33; Staudinger/*Magnus*[2002] Art. 28 EGBGB Rn. 248.

[61] *Völzmann-Stickelbrock* FS Eisenhardt S. 327, 333.

[62] *Geis/Geis* CR 2007, 721, 722; *Krasemann* MMR 2006, 351, 352; *Klickermann* MMR 2007, 766, 767; *Wemmer/Bodensiek* K&R 2004, 432, 434, die aber später auch auf den Sitz des Anbieters abstellen und anscheinend davon ausgehen, dass sich dieser mit dem Standort des Servers deckt.

[63] *Mankowski* RabelsZ 63, 203, 220 (1999); MüKo BGB/*Martiny*[4] Art. 28 EGBGB Rn. 422; Staudinger/*Magnus*[2002] Art. 28 EGBGB Rn. 663.

[64] MüKo BGB/*Martiny*[4] Art. 28 EGBGB Rn. 47; *Mankowski* RabelsZ 63 (1999), 203, 227 f.; Palandt/*Heldrich*[68] Art. 28 EGBGB Rn. 24 (für Teledienste).

[65] Zum Aspekt der Rechtssicherheit allgemein *Kropholler*[6] § 52 III 1 a S. 468. Es ließe sich in diesem Zusammenhang zwar auch erwägen, inwieweit die Nutzung eines Servers schon eine Niederlassung an dessen Standort begründen kann. Diese setzt in Anbetracht des vorgenannten Schutzzweckes jedoch eine entscheidende Rolle innerhalb der *betrieblichen* Organisation voraus; eine rein *technische* Funktion genügt mit *Mankowski* RabelsZ 63 (1999), 203, 226 f. nicht.

[66] *Kropholler*[6] § 52 II S. 459; MüKo BGB/*Martiny*[4] Art. 27 EGBGB Rn. 8; Palandt/ *Heldrich*[68] Art. 27 EGBGB Rn. 1; Staudinger/*Magnus*[2002] Art. 27 EGBGB Rn. 21.

Verhandlungsmacht der Vertragsparteien beschränkt werden[67]. Eine Ausnahme zu Artt. 27, 28 EGBGB bilden daher für Verbraucherverträge die Artt. 29, 29a EGBGB, welche eine Rechtswahl einschränken und so eine Umgehung zwingender Verbraucherschutzregeln verhindern. Im hier betrachteten Zusammenhang zählt dazu vor allem die Inhaltskontrolle von Vertragsklauseln gem. §§ 305 ff. BGB[68].

Auch für Nutzungsverträge virtueller Welten folgt aus Art. 29 EGBGB die zwingende Anwendung der günstigeren[69] Verbraucherschutzvorschriften der lex fori, sofern im Rahmen eines Nutzungsvertrages mit einem Verbraucher zu einem Zweck, der nicht der beruflichen oder gewerblichen Tätigkeit des Verbrauchers zugerechnet werden kann (a.), Sachen geliefert oder Dienstleistungen erbracht werden (b.), welche im Aufenthaltsstaat des Verbrauchers angeboten bzw. beworben (c.) und nicht ausschließlich am berufenen Sitz des Betreibers erbracht wurden (d.).

a. Funktionale Verbrauchereigenschaft

Bei der Nutzung virtueller Welten kann zunächst der kommerzielle Handel mit virtuellen Gegenständen Zweifel an der Verbrauchereigenschaft i.S.d. § 13 BGB bei solchen Rechtsgeschäften wecken, die einer gewerblichen oder selbständigen beruflichen Tätigkeit zurechenbar sind. Im Rahmen der dann gebotenen Einzelfallbetrachtung wird eine Teilnahme am virtuellen Handel als solche die Verbrauchereigenschaft nicht in Frage stellen, wohl aber der Betrieb virtueller Geschäfte oder die Betätigung als Immobilienmakler. Im Falle einer nur teilweisen Privatbezogenheit des Geschäfts entscheidet der überwiegende Vertragszweck[70].

b. Lieferung von Sachen oder Erbringen von Dienstleistungen

Sofern die Anwendung des Art. 29 EGBGB bei der Übertragung von Daten schon deswegen abgelehnt wird, weil bei der Nutzung virtueller Welten keine körperlichen Sachen geliefert werden (Art. 29 I 1. Alt. EGBGB) und das mit der fehlenden Körperlichkeit von Daten begründet wird[71], ist dem

---

[67] *Kropholler*[6] § 40 IV 1 S. 297; MüKo BGB/*Martiny*[4] Art. 27 EGBGB Rn. 10; Staudinger/*Sturm/Sturm*[2003] Einl. IPR Rn. 121 ff.; Staudinger/*Magnus*[2002] Art. 29 EGBGB Rn. 1 mit Hinweis auf das strukturelle Informations- und Erfahrungsdefizit.

[68] Dazu eingehend Kap. 7 D.III.2., E.II.; F.III.3.

[69] Für einen Günstigkeitsvergleich *Borges* ZIP 1999, 565, 567; *Kropholler*[6] § 52 V 3 S. 484; MüKo BGB/*Martiny*[4] Art. 27 EGBGB Rn. 60. Ein solcher verlangt einen Vergleich einzelner Vorschriften des berufenen Rechts und desjenigen des Aufenthaltsortes des Verbrauchers, führt aber nicht zur generellen Unwirksamkeit einer vertraglichen Rechtswahl.

[70] MüKo BGB/*Martiny*[4] Art. 29 EGBGB Rn. 10.

[71] *Rippert/Weimer* ZUM 2007, 272, 273; *Koch* S. 53.

zunächst entgegenzuhalten, dass die Rechtsbegriffe des Kollisionsrechts weiter ausgelegt werden als die des materiellen Rechts[72]. So erfasst die Lieferung beweglicher Sachen i.S.d. Art. 29 I 1. Alt. EGBGB auch über das Internet übermittelte Daten und Software, weil der technische Fortschritt allein die Klarheit der kollisionsrechtlichen Anknüpfung nicht verwässern und es daher auf die Körperlichkeit des Datenträgers nicht ankommen kann[73].

Allerdings steht bei Nutzungsverträgen – anders als bei Verträgen über den Erwerb virtueller Gegenstände – meist weniger die Lieferung konkreter Daten im Mittelpunkt als die Pflicht, den Nutzern dauerhaften Zugang zu gewähren. Daher ist Art. 29 I EGBGB bei virtuellen Welten jedenfalls in seiner 2. Alt. einschlägig, welche die Erbringung von Dienstleistungen erfasst. Dieser Begriff ist wiederum weit zu verstehen und geht wegen der durch Art. 36 EGBGB gebotenen autonomen Auslegung[74] insbesondere über den Dienstleistungsbegriff der deutschen Vertragstypologie in § 611 BGB hinaus[75]. Nicht anders als Internetproviderverträge in diese Kategorie fallen, die eine Bereitstellung und Verwaltung des Accounts, die Pflege der technischen Infrastruktur, die Beseitigung von Störungen und ggf. weitere Dienste wie Kundenberatung umfassen[76], gilt entsprechendes für die vom Pflichtenprogramm ähnlichen Nutzungsverträge virtueller Welten.

c. *Marktbezug*

Der erforderliche Bezug zum Recht des Aufenthaltsortes des Verbrauchers wird gem. Art. 29 I Nr. 1 EGBGB u.a. dadurch hergestellt, dass dem Vertragsabschluss ein ausdrückliches Angebot oder eine Werbung in diesem Staat vorausgegangen sein und der Verbraucher in diesem Staat die

---

[72] BGH NJW 1994, 262, 263; MüKo BGB/*Martiny*[4] Art. 29 EGBGB Rn. 14.

[73] *Klimek/Sieber* ZUM 1998, 902, 906; *Mankowski* RabelsZ 63 (1999), 203, 232 f.; MüKo BGB/*Martiny*[4] Art. 29 EGBGB Rn. 15; unklar Staudinger/*Magnus*[2002] Art. 29 EGBGB Rn. 50, der ohne Bezug zum Datenträger zwischen fertiger und herzustellender Software unterscheidet. Eine weite Auslegung ist nun unter der Rom I-VO anerkannt, welche eine Beschränkung auf die Lieferung von Sachen in Art. 6 I nicht mehr enthält und damit auch den Erwerb von Daten um Wege des Download erfasst, vgl. *Leible/Lehmann* RIW 2008, 528, 537 sowie Kap. 5 C.III.5.

[74] BGH NJW 1994, 262, 263; MüKo BGB/*Martiny*[4] Art. 29 EGBGB Rn. 14; Staudinger/*Magnus*[2002] Art. 29 EGBGB Rn. 52.

[75] NJW 1994, 262, 263; BGH NJW 1997, 1697, 1698; *Mankowski* RabelsZ 63 (1999), 203, 233; MüKo BGB/*Martiny*[4] Art. 29 EGBGB Rn. 17; Palandt/*Heldrich*[68] Art. 29 EGBGB Rn. 3; *Völzmann-Stickelbrock* FS Eisenhardt S. 327, 333; Staudinger/*Magnus*[2002] Art. 29 EGBGB Rn. 29. Insofern zu eng mit Blick auf den Begriff der Dienstleistung im Rahmen der deutschen Vertragstypologie *Lober/Weber* CR 2006, 837, 838 Fn. 9.

[76] *Mankowski* RabelsZ 63 (1999), 203, 233 f.; MüKo BGB/*Martiny*[4] Art. 29 EGBGB Rn. 18; Staudinger/*Magnus*[2002] Art. 28 EGBGB Rn. 664.

zum Abschluss des Vertrages erforderlichen Rechtshandlungen vorgenommen haben muss. Letzteres wirft beim Vertragsschluss über das Internet keine Probleme auf, weil Ort der Abgabe rechtlicher Erklärungen der Ort des Einspeisens ist und beim elektronischen Vertragsschluss damit meist der tatsächliche Aufenthalt des Verbrauchers[77]. Demgegenüber besteht erheblicher Streit um die erste Voraussetzung und die Frage, wann ein Angebot oder eine Werbung über das Internet die Anforderungen des Art. 29 I Nr. 1 EGBGB erfüllt.

Während die überwiegende Ansicht hier jede Werbung über das Internet als genuin globales und damit auf jedes Land potentiell abzielendes Medium genügen lässt, solange das Angebot nicht räumlich begrenzt ist[78], befinden einige Stimmen die reine Verfügbarkeit über das Internet für unzureichend und fordern eine gewisse Zielgerichtetheit auf ein bestimmtes Land, um die Anwendung der Verbraucherschutzvorschriften auszulösen[79]. Begründet wird diese Einschränkung des Art. 29 I Nr. 1 EGBGB vor allem mit den erheblichen Belastungen, die eine Anwendung einer Vielzahl ausländischer Rechtsordnungen für im Internet tätige Unternehmer bilde[80]. Ein lückenloser Verbraucherschutz laufe dem Sinn des Art. 29 I EGBGB entgegen, der einen vom Unternehmer gesetzten, spezifischen Bezug zum Markt des Verbraucherstaates voraussetze[81]. Ob ein solcher Marktbezug gegeben sei, hänge von ähnlichen Kriterien ab, wie sie im deliktischen Bereich bei Rechtsverletzungen im Internet zur Begrenzung des Art. 40 EGBGB über das Auswirkungsprinzip vertreten werden[82]. Maßgeblich seien vor allem die inhaltlichen Merkmale der auf einen bestimmten Markt zugeschnittenen Werbung[83], anhand derer der sie verwendende Unternehmer seinen Tätigkeitskreis vorhersehen und steuern könne.

---

[77] *Mankowski* RabelsZ 63 (1999), 203, 250; Palandt/*Heldrich*[68] Art. 29 EGBGB Rn. 5; Staudinger/*Magnus*[2002] Art. 29 EGBGB Rn. 75.

[78] Erman/*Hohloch*[12] Art. 29 EGBGB Rn. 11; *Ernst* S. 25 f.; *Mankowski* RabelsZ 63 (1999), 203, 234 ff.; MüKo BGB/*Martiny*[4] Art. 29 EGBGB Rn. 36; *Klimek/Sieber* ZUM 1998, 902, 905 Fn. 30; *Waldenberger* BB 1996, 2365, 2371; Staudinger/*Magnus*[2002] Art. 28 EGBGB Rn. 655; *ders.* Art. 29 EGBGB Rn. 71; etwas enger Palandt/*Heldrich*[68] Art. 29 EGBGB Rn. 6 (sofern nicht ausdrücklich Länder ausgenommen).

[79] So für virtuelle Welten *Rippert/Weimer* ZUM 2007, 272, 274; *Wemmer/Bodensieck* K&R 2004, 432, 434; im Zusammenhang mit Internetgeschäften allgemein *Borges* ZIP 1999, 565, 569; *Redeker* ITRB 2001, 293, 295; Staudinger/*Reinhardt*[1998] Art. 29 EGBGB Rn. 54 f.; a.A. nun Staudinger/*Magnus*[2002] Art. 29 EGBGB Rn. 655.

[80] *Borges* ZIP 1999, 567, 569 spricht von einem unerträglichen Ergebnis; *Wemmer/Bodensieck* K&R 2004, 432, 434.

[81] *Borges* ZIP 1999, 567, 569.

[82] *Redeker* ITRB 2001, 293, 295.

[83] *Borges* ZIP 1999, 567, 569.

Für virtuelle Welten gilt in diesem Zusammenhang nichts anderes als für Internetangebote allgemein. Daher fallen die Nutzungsverträge selbst nach letzterer restriktiver Auffassung jedenfalls dann in den Anwendungsbereich des Art. 29 I Nr. 1 EGBGB, wenn sie die Kriterien einer gewissen Ausrichtung auf den deutschen Markt erfüllen. Das kann beispielsweise durch die gewählte Sprache zum Ausdruck kommen. Diese ist zwar kein zwingendes Kriterium[84], dennoch kann einem deutschsprachigen Auftritt bzw. einer solchen Werbung im Internet[85] oder der Verfügbarkeit der Zugangssoftware in deutscher Sprache[86] eine gewisse positive Indizwirkung zukommen. Dass das auch für die Nutzungsbedingungen selbst gilt[87], erscheint demgegenüber zweifelhaft, weil diese für die angesprochenen Marktteilnehmer kaum entscheidungserheblich sind und in den seltensten Fällen tatsächlich gelesen werden dürften. Jedenfalls tritt deren indizieller Einfluss im Verhältnis zu anderen Sprachen zurück, die an exponierterer Stelle, in der Werbung und der inhaltlichen Gestaltung des Angebotes verwendet werden. Auch zusätzlich angebotene Dienste wie Support oder Telefonhotlines können als Indizien herangezogen werden. Umgekehrt ist die Verwendung des Englischen als heutzutage gängiger Verkehrssprache ein geringes Indiz *gegen* eine Ausrichtung auch auf den deutschen Markt[88]. Als weiteres Kriterium kann die Erreichbarkeit unter der deutschen Topleveldomain .de[89] dienen. Der Währung des Entgelts wird jedoch wegen der zunehmenden Konvergenz von Zahlungsräumen und speziellen

---

[84] *Mankowski* RabelsZ 63 (1999), 203, 245 f.; MüKo BGB/*Martiny*[4] Art. 29a EGBGB Rn. 45 sowie *v. Hinden* S. 148 f. (für Art. 40 I EGBGB) sind bei verwendeter Sprache als Kriterium eher zurückhaltend, weil sie sich vor allem bei oft verwendeten Sprachen nicht mit Ländergrenzen decke und die Sprachkenntnisse von Verbrauchern unterschiedlich seien.

[85] *Borges* ZIP 1999, 567, 570; *Pfeiffer* NJW 1997, 1207, 1214; speziell zu virtuellen Welten *Burger* in: *Taeger/Wiebe* S. 65, 66; *Krasemann* MMR 2006, 351, 352; *Rippert/Weimer* ZUM 2007, 272, 274.

[86] *Krasemann* MMR 2006, 351, 352.

[87] *Völzmann-Stickelbrock* FS Eisenhardt S. 327, 334, die englischsprachige TOS als Indiz für die Rechtswahl ansieht.

[88] *Borges* ZIP 1999, 567, 570; *v. Hinden* S. 149 (für Art. 40 I EGBGB).

[89] *Burger* in: *Taeger/Wiebe* S. 65, 66 Fn. 8 für virtuelle Welten; ferner allgemein *Pfeiffer* NJW 1997, 1207, 1214; *v. Hinden* S. 150 (i.R.d. Art. 40 I EGBGB zumindest positives Indiz für Ausrichtung auf Deutschland). Krit. *Borges* ZIP 1999, 567, 570, da sich daraus kein Schluss auf den Standort des Rechners oder den Sitz des Inhabers ableiten lasse. Das geht indes an der Sache vorbei, da es im Rahmen des Art. 29 I Nr. 1 EGBGB um die Ausrichtung des Angebotes auf einen bestimmten Markt geht, nicht um die Verortung des Anbieters.

Bezahlsystemen im Internet, wie z.B. Paypal, eine eher geringere Bedeutung zukommen[90].

Sofern ein solch spezieller Bezug zum Aufenthaltsstaat des Verbrauchers nicht gegeben ist, stellt sich indes die aufgeworfene Frage der Reichweite des Art. 29 I Nr. 1 EGBGB in aller Schärfe. Der Wortlaut dieser Vorschrift erfasst mit einer „Werbung in diesem Staat" zunächst auch die Abrufbarkeit über das Internet. Sofern die binnensystematische Auslegung des Art. 29 I Nr. 1-3 EGBGB einen vom Unternehmer gesetzten, spezifischen Marktbezug zum Verbraucherstaat nahelegt[91], ist jedenfalls zu berücksichtigen, dass auch eine weite Auslegung diesen Marktbezug nicht per se vernachlässigt. Sie nimmt vielmehr das Internet in seiner globalen Natur schlichtweg als auf eine Vielzahl von Märkten simultan abzielendes Medium wahr. Damit geht kein Verzicht auf das Kriterium des Marktbezuges im rechtlichen Sinne einher, wohl aber der rein tatsächliche Verlust seiner Fähigkeit zur Einschränkung des Tatbestandes[92]. Auch in gesetzessystematischer Hinsicht auf eine gebotene enge Auslegung von Art. 29 EGBGB als Ausnahmevorschrift[93] zu verweisen[94], überzeugt dann nicht, wenn Forderungen nach einer reduzierten Reichweite der Verbraucherschutzvorschriften wegen des weiten Wortlautes nicht mehr nur als Auslegung, sondern schon als teleologische Reduktion begriffen werden[95]. In der Sache läuft die entscheidende Frage damit auf eine vom Zweck des Art. 29 I EGBGB geleitete Abwägung der beiderseitigen Interessen hinaus. Bei dieser stehen sich die Interessen der Verbraucher gegenüber, nicht durch eine Rechtswahl der sie schützenden Rechtsordnung beraubt zu werden[96], und der Unternehmer, nicht durch eine exzessive Ausdehnung nationaler Verbraucherschutzvorschriften mit einer Vielzahl anwendbarer, unüberschaubarer Rechtsordnungen konfrontiert zu werden[97]. Hier nun die Unternehmerinteressen mit dem Hinweis darauf zu beschneiden, dass der im Internet tätige Unternehmer wegen der Vorteile dieses Mediums eben höhere Rechtsermittlungskosten zu tragen habe und

---

[90] *Mankowski* RabelsZ 63 (1999), 203, 247; MüKo BGB/*Martiny*[4] Art. 29a EGBGB Rn. 45; dafür aber *Borges* ZIP 1999, 567, 570.

[91] So *Borges* ZIP 1999, 567, 569, der diesen Aspekt im teleologischen Zusammenhang betrachtet.

[92] *Mankowski* RabelsZ 63 (1999), 203, 234 f., ebenso aus teleologischer Sicht.

[93] Vgl. zu diesem Charakter BGH NJW 1997, 1697, 1699; OLG Hamm NJW-RR 1989, 496; Palandt/*Heldrich*[68] Art. 29 EGBGB Rn. 1, wonach sich jedenfalls eine Analogie zu dieser Vorschrift außerhalb ihres eigentlichen Anwendungsbereiches verbietet, der hier jedoch gerade eröffnet ist.

[94] So *Wemmer/Bodensieck* K&R 2004, 432, 434; *Koch* S. 53.

[95] So *Mankowski* RabelsZ 63 (1999), 203, 234.

[96] Hierzu *Kropholler*[6] § 52 V 2 a S. 482; MüKo BGB/*Martiny*[4] Art. 29 EGBGB Rn. 2.

[97] Vgl. *Borges* ZIP 1999, 567, 569; *Mankowski* RabelsZ 63 (1999), 203, 235.

diese anscheinend die Entwicklung des E-Commerce nicht sonderlich behindert haben[98], greift zu kurz, weil es für diese empirische Behauptung an einem Vergleichsmaßstab fehlt. Und auch den Verbraucherschutz in seine Schranken zu verweisen, um den Unternehmen die Kosten zu ersparen, seine Geschäftsbedingungen an allen betroffenen Rechtsordnungen zu messen[99], bildet das diametral entgegengesetzte argumentative Extrem, weil sich mit diesem Argument jeglicher Schutz der schwächeren Vertragspartei aufheben ließe.

Der Versuch, beide Interessen angemessen zum Ausgleich zu bringen, läuft so im Kern auf eine Gegenüberstellung der dem Unternehmen bzw. den Verbrauchern aufgebürdeten Rechtsfindungskosten sowie deren Vorhersehbarkeit und Vermeidbarkeit hinaus[100]. Auf den ersten Blick scheint die Höhe der Kosten für das mit einer Vielzahl anwendbarer Rechtsordnungen konfrontierte Unternehmen höher zu sein als für den Verbraucher, der sich nur einer fremden Rechtsordnung aussetzen muss. Sobald aber auch die Zahl der potentiell betroffenen Verbraucher eingeblendet und so die *jeweils* anfallenden Rechtsfindungs-/Transaktionskosten betrachtet werden, verliert das Bild des übermäßig belasteten Unternehmens, das ohnehin meist schon rechtliche Beratung in Anspruch nehmen wird, schnell an relativer Überzeugungskraft.

Vor allem sind diese Kosten für Unternehmen vorhersehbar und vermeidbar, wenn Vertragsschlüsse auf bestimmte Märkte beschränkt werden können. Insofern ist es Sache des Anbieters, sein Angebot gegebenenfalls räumlich zu begrenzen[101]. So ein Selbstschutz[102] ist nicht nur dort möglich, wo der Aufenthaltsort des Kunden z.B. anhand einer Lieferadresse klar erkennbar ist. Auch bei reinen Onlinedienstleistungen hat es der Unternehmer in der Hand, den Kundenkreis geographisch zu beschränken, etwa durch zwingende Angaben zur Nationalität oder dem Sitz des Kreditinstitutes bei Zahlungsmodalitäten. Vor allem aber besteht heutzutage die Möglichkeit, die Ubiquität auf technischem Wege durch Zoning-, Geolocation- bzw. IP-Mapping-Technologien einzuschränken: Die für den Datentransport im Internet verwendeten IP-Adressen als solche lassen zwar keine Rückschlüsse auf den geographischen Standort zu. Werden sie

---

[98] Auf (u.a.) das Fehlen empirischer Beweise für prohibitive Rechtsermittlungskosten beruft sich etwa *Mankowski* RabelsZ 63 (1999), 203, 235 f.

[99] Mit diesem Argument etwa *Wemmer/Bodensieck* K&R 2004, 432, 434.

[100] Für eine Verteilung der Rechtsanwendungsrisiken nach dem Prinzip des geringeren Aufwandes (Cheapest Cost Avoider) auch *Spindler* in: *Ladeur* S. 227, 247; MüKo BGB/*Martiny*[4] Art. 29 EGBGB Rn. 36 („angemessene Aufteilung der Informationsobliegenheiten").

[101] *Mankowski* RabelsZ 63 (1999), 203, 244 f., 248; MüKo BGB/*Martiny*[4] Art. 29 EGBGB Rn. 36; Palandt/*Heldrich*[68] Art. 29 EGBGB Rn. 6.

[102] Dies betonend *Mankowski* RabelsZ 63 (1999), 203, 239, 244.

jedoch zusammen mit einer bekannten Ortsbestimmung in allgemein zugänglichen Datenbanken gesammelt, lässt sich die Adressierung des Internet ohne weiteres an der realen Welt abgleichen – und reale Staatsgrenzen gleichsam in den virtuellen Raum übertragen[103]. So kann der Unternehmer direkt und ohne großen Aufwand Einfluss auf den Kreis angesprochener Rechtsordnungen nehmen[104]. Dass diese technischen Maßnahmen ihrerseits technisch unterlaufen werden können (z.B. durch VPN-Netzwerke oder Proxy-Server), ändert hieran nichts, weil die rechtliche Frage der Marktbezogenheit des Angebotes von der tatsächlichen Frage zu unterscheiden ist, ob einige Verbraucher technische Umgehungsmaßnahmen nutzen und insoweit auch nicht auf den Schutz des Art. 29 I EGBGB vertrauen können, weil das Angebot erkennbar nicht an sie gerichtet war.

Dem Argument, dass durch diese Belastung sich u.U. die Zahl angesprochener Märkte verringern könne, ist entgegenzuhalten, dass eine Abwägung der wirtschaftlichen Vorteile des Marktzuganges in anderen Rechtsordnungen mit den Kosten zusätzlicher Rechtsfindung und -befolgung durchaus nichts Besonderes ist[105]. Zudem ist die Reichweite zwingender Verbraucherschutzvorschriften meist auch beschränkt und verhilft jedenfalls bei Art. 29 I EGBGB einer (u.U. unbekannten) Rechtsordnung auch nicht zur umfassenden Anwendung. Der Verbraucherschutz äußert sich nur punktuell und zielt vor allem – wie bei der an späterer Stelle noch behandelten Klauselkontrolle[106] – auf die Einhaltung eines minimal fairen Interessenausgleiches, und kommt meist nur dann zur Anwendung, wenn dieser gestört ist. Dass Unternehmen durch die bloße Möglichkeit der Anwendung extraterritorialen Verbraucherschutzrechtes auch ohne detaillierte Kenntnis anderer Rechtsordnungen auf diese Art schon Anreize gesetzt werden sollten, von der Verwendung extrem einseitiger und unangemessener Vertragsklauseln abzusehen, um schon ex ante Konflikte in anderen Rechtsordnungen zu vermeiden, erscheint nach hier vertretener Ansicht nicht als illegitimes Ziel.

---

[103] Vgl. *Hoeren* MMR 2007, 3 ff.; *Lessig* Code[2] S. 58. Die Abfrage des eigenen Standortes ist beispielsweise möglich auf http://www.hostip.info/ (Abruf am 1.9.2009).

[104] *Naylor/Jaworski* 198 T.W. 30, 31 (2007). Die früheren Zweifel an der Effektivität technischer Mechanismen, wie vor einigen Jahren noch bei *Mankowski* RabelsZ 63 (1999), 203, 243 und *v. Hinden* S. 129 f., dürften mittlerweile überwunden sein.

[105] Vgl. *Mankowski* RabelsZ 63 (1999), 203, 235 f. für die Balance von Chancen und Risiken des Internet allgemein. Krit. gegenüber diesem Gedanken jedenfalls bei grundrechtlich abgesicherter Meinungsfreiheit wegen der abschreckenden Wirkung unabsehbarer Rechtsverletzungen für finanzschwache Akteure *v. Hinden* S. 135 f.

[106] Vgl. Kap. 7 D.III.2., E.2., F.III.3.

d. Ausschlusstatbestände

Teilweise wird für virtuelle Welten vertreten, dass die Leistung der Zurverfügungstellung des Zuganges ausschließlich in dem Staat des Betreibers erbracht wird (Art. 29 IV Nr. 2 EGBGB) und damit die Privilegierung des Verbrauchers verloren gehe, weil sich dieser freiwillig auf einen fremden Markt begebe und so den Schutz seiner Rechtsordnung verliere[107]. Eine solche weite Auslegung von Art. 29 IV Nr. 2 EGBGB, die den Verbraucherschutz bei allen rein internetbezogenen Geschäften aushebeln würde, ist aus mehreren Gründen zweifelhaft[108]: Zunächst spricht der Wortlaut von „ausschließlich" in einem anderen Staat erbrachten Dienstleistungen. Soweit diese also vom Verbraucher in dessen Heimatstaat abgerufen werden und der Erfüllungsort deswegen nicht genau lokalisierbar ist, kann von einer ausschließlichen Verortung beim Betreiber keine Rede sein[109]. Und auch historisch zielte diese Ausnahme eher auf Fälle, in denen Verbraucher sich physisch in eine andere Rechtsordnung begaben, um dort beispielsweise im Urlaub Dienstleistungen in Anspruch zu nehmen[110]. Inwieweit sich diese Überlegungen auf das Internetzeitalter übertragen lassen, hängt auch bei Art. 29 IV EGBGB in erheblichem Maße von der soeben dargestellten Risikoverteilung ab, die wie bei Art. 29 I Nr. 1 EGBGB den Ausschlag für die Reichweite dieser Ausnahme geben sollte. Überdies greift diese Vorschrift in keinem Fall für virtuelle Welten, soweit Teilleistungen im Inland erbracht werden wie etwa technische Dienstleistungen[111], der Vertrieb der Zugangssoftware[112] oder Supportdienste[113].

---

[107] *Geis/Geis* CR 2007, 721, 722; wohl auch *Klickermann* MMR 2007, 766, 767; *Wemmer/Bodensieck* K&R 2004, 432, 434 mit Verweis auf MüKo BGB/*Martiny*[3] Art. 29 EGBGB Rn. 16, der sich dort auf den allgemeinen Zweck dieser Ausnahme bezieht, jetzt bei der konkreten Frage der Internetverträge aber gerade zur Gegenauffassung tendiert, MüKo BGB/*Martiny*[4] Art. 29 EGBGB Rn. 28.

[108] So i.E. auch *Völzmann-Stickelbrock* FS Eisenhardt S. 327, 333. Die Anwendung des Art. 29 IV Nr. 2 EGBGB durch das Abstellen auf einen engen Dienstleistungsbegriff auszuschließen (so *Lober/Weber* CR 2006, 837, 838 Fn. 9) führt hier aber nicht weiter, da sich der Begriff dort mit dem ebenso weiten in Art. 29 I 2. Alt. EGBGB deckt.

[109] Ein Abruf aus dem Internet berührt zumindest *auch* das Aufenthaltsland des Verbrauchers; er hat sich insoweit nicht ausschließlich in eine andere Rechtsordnung begeben, wie *Mankowski* RabelsZ 63 (1999), 203, 255; MüKo BGB/*Martiny*[4] Art. 29 EGBGB Rn. 28; Staudinger/*Magnus*[2002] Art. 28 EGBGB Rn. 658 zutreffend bemerken.

[110] Palandt/*Heldrich*[68] Art. 29 EGBGB Rn. 3; Staudinger/*Magnus*[2002] Art. 29 EGBGB Rn. 60; *Völzmann-Stickelbrock* FS Eisenhardt S. 327, 333.

[111] Vgl. *Krasemann* MMR 2006, 351, 352, der – etwas unklar – das Bereitstellen von „Zugangspunkten" erwähnt und anscheinend inländische Server meint, da der technische Zugang über das Internet und damit die jeweiligen Access-Provider der Nutzer erfolgt.

[112] *Krasemann* MMR 2006, 351, 352; *Lober/Weber* CR 2006, 837, 838 Fn. 9.

[113] *Lober/Weber* CR 2006, 837, 838 Fn. 9.

4. Verbraucherverträge gem. Art. 29a EGBGB

Im Bereich des auf Gemeinschaftsebene materiellrechtlich harmonisierten Verbraucherschutzes findet zudem Art. 29a EGBGB Anwendung. Dieser bestimmt in Abs. 1, dass Verbraucherverträge durch die Rechtswahl eines Drittstaates nicht den nationalen Umsetzungsvorschriften gemeinschaftsrechtlicher Verbraucherschutzrichtlinien entzogen werden dürfen, sofern diese einen engen Zusammenhang mit einem EU/EWR-Staat aufweisen. Da zu diesen gemeinschaftsrechtlich zwingenden Verbraucherschutzrichtlinien auch die KlauselRL 93/13/EWG zählt[114] (Art. 29a IV Nr. 1 EGBGB), bedeutet das für den hier betrachteten Zusammenhang vor allem, dass auch die Wahl[115] drittstaatlichen Rechts die §§ 305 ff. BGB gegenüber Verbrauchern nicht außer Kraft setzen kann[116] und die Vertragsklauseln in Nutzungsverträgen virtueller Welten auch nach Art. 29a EGBGB der AGB-Kontrolle unterliegen.

Nicht gänzlich geklärt ist das Verhältnis von Art. 29a EGBGB zu Art. 29 EGBGB. Während teilweise für die vorrangige Anwendung des Art. 29 EGBGB[117] oder die Anwendung derjenigen Vorschrift mit dem jeweils größeren Schutzniveau plädiert wird[118], gehen andere Stimmen von einem Vorrang des Art. 29a EGBGB aus[119]. Mit der Vergemeinschaftung des europäischen Vertragskollisionsrechts durch die Rom I-VO[120] wird

---

[114] Diese enthält unmittelbar in Art. 6 II eine kollisionsrechtliche Regelung und schreibt vor, dass Verbraucher den durch die Richtlinie gewährten Schutz nicht verlieren dürfen, wenn das Recht eines Drittlands als das auf den Vertrag anzuwendende Recht gewählt wurde und der Vertrag einen engen Zusammenhang mit dem Gebiet der Mitgliedstaaten aufweist.

[115] Art. 29a EGBGB überwindet nur eine ausdrückliche oder stillschweigende Rechtswahl i.S.d. Art. 27 I EGBGB. Fehlt diese und erfolgt eine objektive Anknüpfung über Art. 28 oder Art. 29 II EGBGB, findet Art. 29a EGBGB keine Anwendung (vgl. MüKo BGB/*Martiny*[4] Art. 29a EGBGB Rn. 33).

[116] Für einen Günstigkeitsvergleich des berufenen mit dem gewählten Recht MüKo BGB/*Martiny*[4] Art. 29a EGBGB Rn. 11 mit Verweis auf den Mindestschutzstandard der durch Art. 29a EGBGB umgesetzten Richtlinien, die einen stärkeren mitgliedsstaatlichen Verbraucherschutz nicht ausschalten wollen; ebenso i.E. Staudinger/*Magnus*[2002] Art. 29a EGBGB Rn. 54. Dagegen Erman/*Hohloch*[12] Art. 29a EGBGB Rn. 21; Palandt/*Heldrich*[68] Art. 29a EGBGB Rn. 5.

[117] Erman/*Hohloch*[12] Art. 29 EGBGB Rn. 2a; Palandt/*Heldrich*[68] Art. 29 EGBGB Rn. 1.

[118] MüKo BGB/*Martiny*[4] Art. 29a EGBGB Rn. 115 f.

[119] *Kropholler*[6] § 52 V 6 S. 485; Staudinger/*Magnus*[2002] Art. 29 EGBGB Rn. 25, allerdings unter Berücksichtigung eines Günstigkeitsvergleichs beider Vorschriften. Als Grund für den Vorrang des Art. 29a EGBGB gegenüber Art. 29 EGBGB wird seine Rolle bei der Umsetzung europäischer Verbraucherschutzrichtlinien gesehen, welche dem allein staatsvertraglichen EVÜ vorgehen, dessen innerstaatliche Umsetzung Art. 29 EGBGB darstellt.

[120] Dazu unten Kap. 5 C.III.5.

sich diese Frage indes erledigen und der als bloße Übergangslösung[121] gedachte Art. 29a EGBGB obsolet werden.

In seinem Anwendungsbereich geht Art. 29a EGBGB insofern über Art. 29 EGBGB hinaus, als er für Verbraucherverträge[122] aller Art gilt, ohne dass es auf die Lieferung von Waren oder die Erbringung von Dienstleistungen ankommt[123]. Der für Art. 29a I EGBGB erforderliche enge Zusammenhang mit dem Recht eines EU/EWR Staates bemisst sich nach einer Gesamtwürdigung aller Umstände des Einzelfalles, wozu beispielsweise der gewöhnliche Aufenthalt des Verbrauchers, die Zweigniederlassung der anderen Partei, der Abschlussort des Vertrages, die Vertragssprache, der Erfüllungsort der beiderseitigen Leistungen oder die Belegenheit des Vertragsgegenstandes zählen können[124]. Kommt es bei der Anknüpfung auf die Klauselkontrolle des Vertragsinhaltes an, können zudem die bei Art. 29 I EGBGB geltenden Kriterien zur Bestimmung des Marktortes herangezogen werden[125]. Ein ähnlicher Gleichlauf besteht für die Vermutungsregelung des Art. 29a II EGBGB, welche für den engen Zusammenhang ein öffentliches Angebot, eine öffentliche Werbung oder eine ähnliche geschäftliche Tätigkeit in einem EU/EWR Staat gegenüber der anderen Vertragspartei genügen lässt, wenn diese ihren gewöhnlichen Aufenthalt in einem EU/EWR Staat hat und der Vertragsschluss hierauf beruht[126]. Überwiegend wird hier wiederum davon ausgegangen, dass die bloße Werbung im Internet ausreicht[127], ohne auf ein bestimmtes Land

---

[121] MüKo BGB/*Martiny*[4] Art. 29a EGBGB Rn. 3; Staudinger/*Magnus*[2002] Art. 29a EGBGB Rn. 1.

[122] Für die Verbrauchereigenschaft als in den Wortlaut des Art. 29a EGBGB hineinzulesende Voraussetzung, weil sich dieses Erfordernis in allen ihm zugrunde liegenden Richtlinien findet, MüKo BGB/*Martiny*[4] Art. 29a EGBGB Rn. 16; a.A ohne eine solche tatbestandliche Beschränkung, aber i.E. ähnlich wegen des nur Verbrauchern zugute kommenden sachrechtlichen Richtlinienschutzes Erman/*Hohloch*[12] Art. 29a EGBGB Rn. 12; Palandt/*Heldrich*[69] Art. 29a EGBGB Rn. 3; Staudinger/*Magnus*[2002] Art. 29a EGBGB Rn. 35.

[123] Erman/*Hohloch*[12] Art. 29a EGBGB Rn. 10; MüKo BGB/*Martiny*[4] Art. 29a EGBGB Rn. 20; Palandt/*Heldrich*[68] Art. 29a EGBGB Rn. 3; Staudinger/*Magnus*[2002] Art. 29a EGBGB Rn. 30.

[124] Palandt/*Heldrich*[68] Art. 29a EGBGB Rn. 3.

[125] MüKo BGB/*Martiny*[4] Art. 29a EGBGB Rn. 41; Staudinger/*Magnus*[2002] Art. 29a EGBGB Rn. 40.

[126] Eine konkret zu beweisende Kausalität ist mit dieser Anforderung nicht gemeint, Erman/*Hohloch*[12] Art. 29a EGBGB Rn. 15; Staudinger/*Magnus*[2002] Art. 29a EGBGB Rn. 45.

[127] Erman/*Hohloch*[12] Art. 29a EGBGB Rn. 14; *Mankowski* RabelsZ 63 (1999), 203, 234 ff.; MüKo BGB/*Martiny*[4] Art. 29a EGBGB Rn. 59, 65 (anders aber für die Eingrenzung von Internetangeboten nach inhaltlichen Kriterien bei der allgemeinen Bestimmung des engen Zusammenhangs außerhalb der Vermutungsregelung des Abs. 2, a.a.O. Rn. 45); Palandt/*Heldrich*[68] Art. 29a EGBGB Rn. 3; Staudinger/*Magnus*[2002] Art. 28 EGBGB

ausgerichtet sein zu müssen[128]. Wegen des Gleichlaufes beider Normen in Internetsachverhalten bei weiter Auslegung des Art. 29 EGBGB werden die Anwendungsbereiche beider Normen bei Nutzungsverträgen virtueller Welten selten auseinanderfallen.

5. Ausblick: Schuldstatut unter der Rom I-VO

Mit Inkrafttreten der Rom I-VO[129] am 17.12.2009, welches an die Stelle des EVÜ[130] tritt, wird das Kollisionsrecht auch im Bereich der vertraglichen Schuldverhältnisse von einer nur staatsvertraglichen Grundlage auf die Ebene des sekundären Gemeinschaftsrechts gehoben und harmonisiert werden. Da die Verordnung gegenüber dem in Artt. 27-37 EGBGB umgesetzten EVÜ eine nur moderate Fortentwicklung darstellt[131], sind mit der Neuregelung im hier betrachteten Zusammenhang keine großen inhaltlichen Änderungen verbunden.

Ausgangspunkt für eine Anknüpfung des Vertragsstatutes ist immer noch die freie Rechtswahl der Parteien (Art. 3 I Rom I-VO). In Ermangelung einer ausdrücklichen oder konkludenten Rechtswahl kommt jedoch das Recht des Staates, in welchem die charakteristische Leistungen erbringende Partei ihren gewöhnlichen Aufenthalt hat (Art. 4 II Rom I-VO), jetzt nur nachrangig zur Anwendung. Stattdessen enthält Art. 4 I Rom I-VO einen vorrangigen[132] Katalog konkreter, an typisierte Vertragsverhältnisse anknüpfender Kollisionsnormen. Da Art. 4 I lit. b Rom I-VO für die – wie im EVÜ begrifflich weit auszulegenden[133] – Dienstleistungsverträge das Recht am Aufenthaltsort des Dienstleistungserbringers beruft, ändert sich für die Nutzungsverträge virtueller Welten insoweit nichts.

Auch bei Verbraucherverträgen ergibt sich für die hier betrachteten Fälle kein anderes Ergebnis. Wie in Art. 29 EGBGB können Verbrauchern nach Art. 6 II 2 Rom I-VO keine national zwingenden Verbraucherschutzvorschriften durch Rechtswahl entzogen werden, wenn es sich um Verträge

---

Rn. 660; *ders.* Art. 29a EGBGB Rn. 43. So nun auch Art. 6 I lit. b) Rom I-VO, bei dem die Zugänglichkeit einer Website als solche nicht ausreicht, wohl aber sofern diese Website den Vertragsabschluss im Fernabsatz anbietet und tatsächlich ein Vertragsabschluss im Fernabsatz erfolgt ist (Erw. Grd. 24). Eine Differenzierung nach inhaltlichen Kriterien findet sich dort nicht.

[128] So aber *Borges* ZIP 1999, 565, 569; *Redeker* ITRB 2001, 293, 295.

[129] Verordnung (EG) 593/2008 über das auf vertragliche Schuldverhältnisse anzuwendende Recht.

[130] Europäisches Übereinkommen über das auf vertragliche Schuldverhältnisse anwendbare Recht v. 19.6.1980; Abl. EG L 1980 Nr. 266, 1.

[131] Mit dieser Wertung und einem Überblick über die Neuregelungen *Wagner* IPRax 2008, 377; ausführlich *Leible/Lehmann* RIW 2008, 528.

[132] *Leible/Lehmann* RIW 2008, 528, 534 f.; *Wagner* IPRax 2008, 377, 382.

[133] *Leible/Lehmann* RIW 2008, 528, 535, vgl. auch oben Kap. 5 C.III.3.b.

zwischen Verbrauchern und Unternehmern handelt (Art. 6 I Rom I-VO), die ihre Tätigkeit auf den Staat des gewöhnlichen Aufenthaltes eines Verbrauchers ausrichten (Art. 6 I lit. b Rom I-VO), der Vertrag in diesen Tätigkeitsbereich fällt (Art. 6 I letzter Hs. Rom I-VO), und die dabei geschuldeten Dienstleistungen nicht ausschließlich in einem anderen Staat als dem Aufenthaltsstaat des Verbrauchers erbracht werden (Art. 6 IV lit. a Rom I-VO). Selbst wenn sich die Normierung eines absoluten Rechtswahlverbotes im Gesetzgebungsprozess nicht durchsetzen konnte[134], geht das Maß des Verbraucherschutzes immerhin über das EVÜ und den bisherigen Art. 29 EGBGB in zweierlei Hinsicht hinaus: Erstens ist der sachliche Anwendungsbereich nicht mehr auf die Lieferung von Sachen und die Erbringung von Dienstleistungen beschränkt, so dass nun auch der Erwerb von Daten (z.B. Software, Musik, E-Books) durch Download eindeutig erfasst ist[135]. Zum Zweiten muss der Bezug zum Recht des Verbraucherstaates nicht mehr durch ein „Angebot" hergestellt werden, sondern es genügt das bloße Ausrichten der unternehmerischen Tätigkeit auf diesen[136] – wie es die nach h.M. gebotene weite Auslegung des Art. 29 EGBGB ohnehin vertrat. Dazu kann die bloße Zugänglichkeit einer Website ausreichen, sofern diese einen Vertragsabschluss im Fernabsatz anbietet und ein Vertrag tatsächlich auf diesem Wege zustande gekommen ist[137]. In diesem Fall sind verwendete Sprache und Währung allerdings nebensächlich[138].

IV. Virtuelles Eigentum als Ausfluss des Sacheigentums und lex rei sitae (Art. 43 I EGBGB)

Sofern virtuelles Eigentum i.w.S. aus dem Sacheigentum oder dem Sachbesitz am Server abgeleitet wird und dabei auf den Server als körperlichen Gegenstand abgestellt werden muss, folgt auch für das Kollisionsrecht eine

---

[134] *Leible/Lehmann* RIW 2008, 528, 538.

[135] *Leible/Lehmann* RIW 2008, 528, 537, welche den „...Verzicht auf das Tatbestandsmerkmal der Körperlichkeit [...] [als] Fossil aus längst vergangenen Dekaden..." begrüßen. So vorher schon *Klimek/Sieber* ZUM 1998, 902, 905; *Mankowski* RabelsZ 63 (1999), 203, 232 f.; MüKo BGB/*Martiny*[4] Art. 29 EGBGB Rn. 15.

[136] Insoweit soll ein Gleichlauf mit der EuGVO hergestellt werden, vgl. Erw.Grd. 24 Rom I-VO.

[137] Erw.Grd. 24 Rom I-VO; *Leible/Lehmann* RIW 2008, 528, 538. Eine Differenzierung nach inhaltlichen Kriterien findet sich dort nicht. Insofern nähert sich die Rom I-VO den Stimmen an, die schon ohne inhaltliche Kriterien die Abrufbarkeit im Internet dann ausreichen ließen, wenn diese nicht beschränkt war und letztlich zu einem Vertragsschluss führte, vgl. *Ernst* S. 25 f.; *Mankowski* RabelsZ 63 (1999), 203, 234 ff.; MüKo BGB/*Martiny*[4] Art. 29 EGBGB Rn. 36; *Klimek/Sieber* ZUM 1998, 902, 905 Fn. 30; *Waldenberger* BB 1996, 2365, 2371.

[138] Erw.Grd. 24 Rom I-VO.

sachenrechtliche Anknüpfung, im Rahmen derer Art. 43 I EGBGB das Recht am Belegenheitsort des Servers beruft. Auf die problematische Frage des kollisionsrechtlichen Sachbegriffes und die Anwendbarkeit des Art. 43 EGBGB auf isolierte Daten kommt es bei einem solchen Datenträger-Daten-Ansatz noch nicht an[139].

1. Reichweite der lex rei sitae

Nach der lex rei sitae des Serverstandortes richten sich die Fragen des Bestehens von Rechten an diesem und dort gespeicherten Daten, ihrer Inhaberschaft, Änderung, Übertragung, ihres Untergang sowie der Aktivlegitimation ihrer Geltendmachung[140]. Hierzu zählen neben dem Sacheigentum und beschränkten dinglichen Rechten[141] auch der Besitz[142] sowie etwaige hieraus fließende Herausgabe-, Unterlassungs- und Beseitigungsansprüche[143]. Selbst wenn sich bei einer Verletzung der Rechtsgüter entstehende Schadenersatzansprüche nach dem Deliktsstatut bemessen, bleibt auch für diese die lex rei sitae als Vorfrage nach der Inhaberschaft bedeutsam[144]. Da beide Regime regelmäßig zusammenfallen, spielt diese Unterscheidung praktisch bei beweglichen Sachen selten eine Rolle[145].

2. Technische Sicht auf den deliktischen Erfolgsort im Gleichlauf mit dem Belegenheitsort bei Daten

Dass dogmatisch-konstruktiv an die Systemhardware gekoppelte virtuelle Gegenstände – und Daten allgemein – bei der kollisionsrechtlichen Anknüpfung die tatsächliche Belegenheit und damit auch die lex rei sitae teilen, wird als Befund durch einen Seitenblick auf das Deliktsstatut beim Hacking gestützt. Wegen des üblichen Gleichlaufes von Belegenheitsort einer Sache und deliktischem Erfolgsort der sie schädigenden Handlung[146], lassen sich hieraus durchaus Rückschlüsse auf den Belegenheitsort von Daten allgemein ziehen. Dieser Erfolgsort ist beim Hacking der physische Ort, wo Datenbestände bei der schädigenden Einwirkung konkret gespei-

---

[139] Dazu im Rahmen des originären virtuellen Eigentums sogleich unter V.

[140] *Kropholler*[6] § 54 I 3 S. 555; Palandt/*Heldrich*[68] Art. 43 EGBGB Rn. 3; *Schack* MMR 2000, 59, 60; Staudinger/*Stoll*[1996] Int. SachenR Rn. 147 ff.

[141] Erman/*Hohloch*[12] Art. 43 EGBGB Rn. 11, 13; MüKo BGB/*Wendehorst*[4] vor Art. 43 EGBGB Rn. 77; Palandt/*Heldrich*[68] Art. 43 EGBGB Rn. 3.

[142] Erman/*Hohloch*[12] Art. 43 EGBGB Rn. 15; MüKo BGB/*Wendehorst*[4] vor Art. 43 EGBGB Rn. 64; Palandt/*Heldrich*[68] Art. 43 EGBGB Rn. 3.

[143] MüKo BGB/*Wendehorst*[4] vor Art. 43 EGBGB Rn. 96; Palandt/*Heldrich*[68] Art. 43 EGBGB Rn. 4.

[144] *Schack* MMR 2000, 59, 60.

[145] *Schack* MMR 2000, 59, 60.

[146] *Schack* MMR 2000, 59, 60.

chert sind[147], was regelmäßig auf den Standort eines konkreten Servers und das dort anwendbare Recht hinausläuft. Gleiches gilt für das – auch fahrlässige – Einspeisen und Verbreiten von Computerviren[148].

Diese Sicht legt auch der deliktische Gerichtsstand i.S.d. § 32 ZPO beim virtuellen Hausrecht nahe. Selbst wenn die Fragen von Gerichtszuständigkeit und anwendbarem Recht freilich strikt zu trennen sind, so lassen sich hier wiederum mittelbare Folgerungen von der Frage des deliktischen Erfolgsortes auf die Belegenheit des dabei geschädigten Rechtsgutes ziehen. Und dies ist nach Ansicht des LG Bonn bei einer Verletzung des virtuellen Hausrechtes durch die untersagte Nutzung[149] einer – gleichsam den virtuellen Raum bildenden – „Zugangssoftware" der Standort des Servers, auf dem diese aufgespielt ist[150]. Auf die Nutzung und etwaige Beeinträchtigung virtueller Gegenstände erscheint das ohne weiteres übertragbar.

Eine solche Sichtweise ist für virtuelle Gegenstände, die auf einem Server gespeichert sind, in technischer Hinsicht sicherlich zutreffend. Der Server ist hier Ort der eigentlichen Interaktion, wo die Aktionen aller Nutzer technisch zusammenlaufen[151] und eine virtuelle Welt mitsamt ihrer Inhalte gleichsam erzeugt und am Laufen gehalten wird. Technisch gesehen befinden sich auch die Daten, aus welchen virtuelle Gegenstände zusammengesetzt werden, auf diesem Server, von wo aus sie an alle Nutzer übertragen werden und dort in eine sinnlich wahrnehmbare, sachähnliche Form gebracht werden. Mit einem solchen Blick auf die „Quelle" gegenständlich wahrnehmbarer Formen hat auch die Aussage einen wahren Kern, der sie speichernde Server sei gleichsam Belegenheitsort virtueller Gegenstände.

---

[147] Dafür *Mankowski* RabelsZ 63 (1999), 203, 281, auf den „jeweiligen Hauptrechner" abstellend. Alternativ erwägt er, (auch) an den Aufenthaltsort des inhaltlich über die Daten Verfügungsberechtigten anzuknüpfen.

[148] *Mankowski* RabelsZ 63 (1999), 203, 282.

[149] Der Klarstellung halber muss hervogehoben werden, dass es hierbei nicht um eine Nutzungshandlung im urheberrechtlichen Sinn geht (dazu Kap. 6 B.), sondern um eine tatsächliche Nutzung der Software vermittels elektronischer Interaktion.

[150] LG Bonn MMR 2000, 109. Der dort verwendete Begriff Zugangssoftware weicht insofern von der hiesigen Terminologie ab, als er hier die zugangsvermittelnde clientseitige Software bezeichnet. Wenn das LG Bonn auf die serverseitige Software abstellt, entspricht das in der Sache hier der Betriebssoftware.

[151] So die Erwägung von *Wemmer/Bodensieck* K&R 2004, 432, 434, allerdings anders als hier für Art. 28 EGBGB.

3. Funktionale Einwände: Fehlende Erkennbarkeit, Manipulierbarkeit und Praktikabilität

Dass jedoch diese technische Erwägung allein die Anwendbarkeit der lex rei sitae tragen kann, wird von drei Überlegungen in Frage gestellt, die sich unter den Stichworten fehlende Publizität, Manipulierbarkeit und Praktikabilität zusammenfassen lassen.

Zunächst entfällt bei einer Anknüpfung an den Server die Publizität, welche aus Verkehrsschutzgesichtspunkten den tragenden Grund für die Anwendung der lex rei sitae bei Sachen bildet[152]. Der Belegenheitsort einer Sache ist normalerweise nicht nur für alle Beteiligten leicht erkennbar[153]; auch haben Störungen ihren Schwerpunkt meist am Ort der Belegenheit[154], und Entscheidungen sind dort am einfachsten in die Sache vollstreckbar[155]. Diese Gedanken sind auf den Standort des Servers jedoch nur bedingt übertragbar. Meist ist dieser für den Verkehr gar nicht erkennbar, vor allem wenn er vom Sitz des Betreibers abweicht[156]. Störungen haben bei virtuellen Gütern ubiquitäre Wirkung; und auch eine etwaige Vollstreckung *in* virtuelle Gegenstände (zu trennen vom Server als solchem) ist durch eine räumliche Nähe nicht erleichtert, weil der tatsächliche „physische" Zugriff ohnehin nur technisch erfolgen kann und es keinen Unterschied macht, wo die erforderlichen Befehle zum Übergang der Gegenstandsherrschaft eingegeben werden. Demgegenüber kann der Serverstandort geradezu zufälliger Natur sein. Inhalte physisch auf einen anderen Server zu übertragen, ist technisch denkbar einfach und kann zu geringsten Transaktionskosten vollzogen werden, ohne dass Nutzer das überhaupt bemerken würden[157]. Dass eine solche unbemerkbare Übertragung auf einen Server in einem anderen Staat dann u.U. auch noch einen Statutenwechsel auslösen können soll, gefährdet die klare kollisionsrechtliche Anknüpfung in kaum mehr hinnehmbarer Weise. Im Deliktsrecht beim Hacking mag diese Unvorhersehbarkeit noch eine geringere Rolle spielen, wenn sich ein gezielt schädigender Täter nicht darauf berufen können soll,

---

[152] Vgl. *Kropholler*[6] § 54 I 1 S. 555; MüKo BGB/*Wendehorst*[4] vor Art. 43 EGBGB Rn. 11.

[153] MüKo BGB/*Wendehorst*[4] Art. 43 EGBGB Rn. 4; Staudinger/*Stoll*[1996] Int. SachenR Rn. 126.

[154] Insbesondere für Immobilien Staudinger/*Stoll*[1996] Int. SachenR Rn. 124.

[155] MüKo BGB/*Wendehorst*[4] Art. 43 EGBGB Rn. 4.

[156] Dazu nur ein Beispiel von vielen: Betreiber von „Ultima Online" ist Electronic Arts, ein Unternehmen mit Sitz in den USA; Server sind aber (auch) in London zu finden, vgl. http://de.wikipedia.org/wiki/Ultima_Online (Abruf am 1.9.2009).

[157] *Post* 1995 J. Online L. Art. 3 Tz. 37. Auf die technischen Zufälligkeiten verweist auch *Mankowski* RabelsZ 63 (1999), 203, 227; ähnlich aus schweizer Perspektive *Bürge* sic! 2006, 802, 805.

er habe den konkreten Speicherort nicht erkennen können[158]. In einem System von Verfügungsrechten über virtuelle Gegenstände als generellem Rechtsrahmen ihrer rechtlichen Existenz und ihres Handels sind solche Unwägbarkeiten jedoch ungemein problembehafteter.

Darüber hinaus besteht die Gefahr, dass die Wahl des Servers zu wenig aufwändigen Anknüpfungsmanipulationen einlädt und in einem „Race to the Bottom" eine den Betreiber einseitig begünstigende Rechtswahl durch die Verlagerung der Serverstandorte in Haftungsoasen zur Folge hat[159]. Anders als beispielsweise im Urheberrecht, wo ähnliche Probleme der Beeinflussung des Rechts durch Standortwahl bestehen können[160], aber zumindest in einem gewissen Maße durch materielle Mindestharmonisierung aufgefangen werden[161], fehlt letztere bei virtuellem Eigentum als Verfügungsrecht über gehandelte virtuelle Gegenstände als neuem rechtstatsächlichem Phänomen völlig.

Zwar ist eine gezielte Beeinflussung des anwendbaren Rechts als solche noch kein durchschlagendes Argument gegen die Rechtsordnung des Serverstandortes, kommt doch hierin nur ein – grundsätzlich gesunder – Systemwettbewerb der Rechtsordnungen zum Ausdruck[162]. Wiederum sind es jedoch die drohenden Fälle des Marktversagens[163], die seinen Auswirkungen selbst aus einer ökonomisch-libertären Perspektive freien Systemwettbewerbs Grenzen ziehen müssen. Das ist etwa dann der Fall, wenn Betreiber eine für sie vorteilhafte – beispielsweise Nutzerrechte in weitem Umfang eliminierende – Rechtsordnung wählen, dabei jedoch die korrespondierenden Nachteile dieser Wahl externalisiert werden können. Unter optimalen modellhaften Wettbewerbsbedingungen mag sich ein rational handelnder und angemessen informierter Nutzer der ihm drohenden Nachteile bewusst sein und bei freier Wahl zwischen verschiedenen Betreibern gerade deswegen seine Nachfrage einschränken bzw. auf andere Angebote verlagern. Externalitäten fallen insoweit nicht an, als der einseitige Nutzen für die Betreiber durch die Kosten einer wegbrechenden Nachfrage wieder internalisiert wird, so dass für die Entscheidung des Betreibers über die gewählte Rechtsordnung etwaige Nachteile für die Nutzer nicht per se mit einem eigenen Vorteil einher gehen müssen. Wenn Nutzer sich dieser Nachteile nicht bewusst sind, vor allem aus rationalem Unwissen nicht einmal den Aufwand rechtlicher Recherchen eingehen[164] oder schon den Serverstandort nicht einmal

---

[158] So *Mankowski* RabelsZ 63 (1999), 203, 281.

[159] Vgl. zu diesen Bedenken etwa *Dow Jones & Co Inc. v. Gutnick* [2002] HCA 56 (High Court of Australia, 2002), für Cyberproperty; *v. Hinden* S. 62 für Persönlichkeitsrechte im Internet; *Spindler* in: *Ladeur* S. 227, 243 für das Herkunftslandprinzip der E-Commerce-RL 2000/31 EG.

[160] Vgl. die Bedenken bei Fromm/Nordemann/*Nordemann-Schiffel*[10] vor § 120 Rn. 76; *Schack* MMR 2000, 59, 63; *Schricker* MMR 1998, 39; Wandtke/Bullinger/*v. Welser*[3] vor §§ 120 ff. Rn. 19.

[161] Vgl. zu dieser Erwägung *Schack* MMR 2000, 59, 63; *Schricker* MMR 1998, 39.

[162] *Lessig* 48 Stan. L. Rev. 1403, 1406 (1996).

[163] Dazu oben Kap. 4 F.II.2.d.dd.

[164] Insoweit handelt es sich hier um einen Fall rationalen Unwissens. Der Aufwand jedes einzelnen Nutzers, die Rechtslage in Erfahrung zu bringen, steht zum erwarteten Nutzen außer Verhältnis. Vgl. *Eidenmüller* JZ 2005, 216, 220; *Kirchgässner* in: *Herder-*

erkennen können, erscheint die Annahme optimaler Bedingungen für einen Systemwettbewerb sehr modellhaft und realitätsfern. Gleiches gilt dann, wenn Wahlmöglichkeiten zwischen Anbietern nicht bestehen oder Investitionen in proprietäre technische Systeme Pfadabhängigkeiten verursacht haben. Aus all diesen Gründen birgt eine unbeschränkte Rechtswahl hier die Gefahr, einseitig die Betreiber zu bevorzugen.

Neben diese theoretischen Erwägungen treten erhebliche praktische Probleme für eine klare Anknüpfung, wenn die Serverstandorte vom Sitz des Betreibers abweichen, mehrere Server gleichzeitig betrieben werden[165] oder eine solche Anknüpfung gänzlich versagt, wenn virtuelle Welten technisch ohne einen zentralen Server, sondern über ein peer-to-peer-Netzwerk betrieben werden[166].

4. Korrektur über Art. 46 EGBGB durch vertragsakzessorische Anknüpfung?

Vor dem Hintergrund dieser erheblichen Probleme bietet sich die Erwägung an, den – selten beschrittenen – Weg über die Ausweichklausel des Art. 46 EGBGB zu gehen und die lex rei sitae zugunsten des Rechtes des Nutzungsvertrages als wesentlich engerer Verbindung aufzulockern. Der Zweck des Art. 46 EGBGB besteht zwar gerade darin, im internationalen Sachenrecht übermäßig starre kollisionsrechtliche Anknüpfungsregeln zu vermeiden[167]. Jedoch gebietet der vor allem im Sachenrecht zu beachtende Verkehrsschutz, eine Lockerung der lex rei sitae nur auf Ausnahmefälle und atypische Interessenlagen zu beschränken[168]. Dies betrifft vor allem Fälle, in denen die sachenrechtliche Publizität der Belegenheit nicht die gewünschte Klarheit und Vorhersehbarkeit bei der kollisionsrechtlichen Anknüpfung liefern kann. Schon vor der EGBGB-Novelle 1999 wurden dazu Fallgestaltungen diskutiert, wie etwa die Probleme eines Statuten-

---

Dorneich/Schenk/Schmidtchen S. 181, 188 ff.; *Tietzel* in: *Herder-Dorneich/Schenk/ Schmidtchen* S. 38, 50; *Zintl* in: *Boettcher/Herder-Dorneich/Schenk* S. 227, 231 zu diesem Phänomen, bei dem die beschränkte Fähigkeit des Menschen zur Informationsverarbeitung gerade zu einer rationalen Eigenbeschränkung des Informationsstandes führt.

[165] *Krasemann* MMR 2006, 351, 352. Erhebliche Bedenken außerhalb des Kontextes virtueller Welten auch bei *Mankowski* RabelsZ 63 (1999), 203, 227.

[166] Vgl. *Krasemann* MMR 2006, 351, 352; *Mayer-Schönberger/Crowley* 100 NW. U. L. Rev. 1775, 1822 f. (2006).

[167] EGBGB Novelle RegE BT-Drucks. 14/343 S. 18 f.; Erman/*Hohloch*[12] Art. 46 EGBGB Rn. 1; Palandt/*Heldrich*[68] Art. 46 EGBGB Rn. 1.

[168] Erman/*Hohloch*[12] Art. 46 EGBGB Rn. 6; *Kropholler*[6] § 54 VI S. 567; Palandt/ *Heldrich*[68] Art. 46 EGBGB Rn. 2; noch enger MüKo BGB/*Wendehorst*[4] Art. 46 EGBGB Rn. 1 f., 10: nur extreme Ausnahmefälle, in denen sich die Anknüpfungen der Art 43 bis 45 als schlichtweg unpassend erweisen. Ähnlich EGBGB Novelle RegE BT-Drucks. 14/343 S. 18 f.: Ausweichklausel gegen die „Anwendung extrem sachferner Rechtsordnungen".

wechsels bei nur vorübergehender Belegenheit und voraussehbarem Gebietswechsel einer Sache[169], insbesondere bei Sachen auf dem Transport[170] und – jetzt in Art. 45 EGBGB explizit geregelt – Transportmitteln selbst. Solche Überlegungen lassen sich nunmehr in der Ausweichklausel des Art. 46 EGBGB verorten[171].

Dessen hohe Hürden erfordern dreierlei: Die Sachferne des berufenen Rechts, die Sachnähe eines anderen Rechts sowie den Einklang mit kollisionsrechtlichen Grundwertungen wie insbesondere dem Verkehrsschutz[172]. Für die Sachferne der lex rei sitae kann eine mit ihr einhergehende Zufälligkeit sprechen, was etwa im Falle eines häufigen Wechsels des Lageorts angenommen wird[173]. Dieser Gedanke trifft auch auf den nicht erkennbaren, technisch schnell und ohne Aufwand änderbaren und für die eigentliche Nutzung unerheblichen Serverstandort als Belegenheitsort der Daten zu. Für die größere Sachnähe einer anderen Rechtsordnung als engste Verbindung streitet, dass fast alle potenziellen Anknüpfungspunkte auf diese weisen[174]. Hier den Nutzungsvertrag zum Ausgangspunkt zu nehmen, bietet sich deswegen an, weil dessen Vertragsstatut erheblich besser als die Belegenheit des Servers erkennbar und voraussehbar ist. Mag eine solche nutzungsvertragsakzessorische Anknüpfung auch gedanklich in die Nähe einer parteiautonomen Rechtswahl beim Sachstatut geraten, welche wegen ihrer Wirkung erga omnes normalerweise abgelehnt wird[175], so kann sie durchaus dann Indiz für das Vorliegen einer engeren Verbindung akzeptiert werden, wenn die Folgen ausnahmsweise nur einen begrenzten Personenkreis treffen[176]. Das ist hier vor allem deswegen der Fall, weil sich die betroffenen Verkehrskreise zumeist mit dem Kreis der Nutzer decken, welche schon für den technischen Zugang regelmäßig Nutzungsbedingungen zustimmen müssen. Seltener kommt es vor, dass Dritte außerhalb des Nutzungsvertragsverhältnisses überhaupt rechtmäßig verfügenden und nutzenden Zugriff auf virtuelle Gegenstände haben. Deren Interessen schlagen sich wiederum in der dritten Voraussetzung nieder, dass es zu keiner Gefährdung derjenigen Dritten kommen darf, die

---

[169] Vgl. *Kropholler*[6] § 54 II S. 558; Palandt/*Heldrich*[68] Art. 43 EGBGB Rn. 5; Staudinger/*Stoll*[1996] Int. SachenR Rn. 263.

[170] Zu den res in transitu vgl. *Kropholler*[6] § 54 IV S. 564 f.; Staudinger/*Stoll*[1996] Int. SachenR Rn. 365ff.

[171] *Kropholler*[6] § 54 II S. 559.

[172] MüKo BGB/*Wendehorst*[4] Art. 46 EGBGB Rn. 13, 16, 22.

[173] MüKo BGB/*Wendehorst*[4] Art. 46 EGBGB Rn. 14.

[174] MüKo BGB/*Wendehorst*[4] Art. 46 EGBGB Rn. 17.

[175] *Kropholler*[6] § 54 II S. 558; Palandt/*Heldrich*[68] Vorb. v. Art. 40 EGBGB Rn. 2; Staudinger/*Stoll*[1996] Int. SachenR Rn. 262.

[176] Palandt/*Heldrich*[68] Art. 46 EGBGB Rn. 3; MüKo BGB/*Wendehorst*[4] Art. 46 EGBGB Rn. 19.

auf die Regelanknüpfung vertrauen[177]. Hier ist zunächst festzuhalten, dass vor dem Hintergrund der fehlenden Erkennbarkeit des Serverstandortes im Hinblick auf Daten von einem Vertrauen in die (auch kollisionsrechtliche) Aussagekraft der Belegenheit schon kaum die Rede sein kann. Selbst wenn man dennoch die Belegenheit des Servers für maßgeblich hielte, scheiden Dritte hier zunächst im Falle gezielter deliktischer Schädigung der Daten aus, weil sie insofern weniger schutzwürdig sind und sich daher – auch für das Vertragsstatut – nicht auf dessen fehlende Erkennbarkeit berufen können[178]. Für eine relevante Drittbetroffenheit verbleibt damit allein eine fahrlässige deliktische Schädigung. Sofern hier auch präventive Gesichtspunkte der Erkennbarkeit eine Rolle spielen sollen, ist das Vertragsstatut durch Kenntnisnahme der Nutzungsbedingungen ermittelbar, und das immerhin leichter als die konkrete physische (und schnell änderbare) Belegenheit des Servers.

Knüpft man also die rechtliche Erfassung von Daten an das sie speichernde Medium, streitet hiernach viel für eine vertragsakzessorische Anknüpfung, sofern ein Nutzungsvertrag als Anknüpfungsmoment geschlossen wurde. Das gilt vor allem dann, wenn schon gar kein zentraler Server vorhanden ist, wie etwa bei peer-to-peer-Technologie. Im Falle eines fehlenden Nutzungsvertrages bleibt kollisionsrechtlich schon in Ermangelung von Alternativen nichts anderes übrig, als auf die – insoweit freilich unbefriedigende – lex rei sitae zurückzufallen. Fehlt es an beidem, bleibt allein – ähnlich wie ein Ansatz im Rahmen der persönlichkeitsrechtlichen Konstruktion – der gewöhnliche Aufenthaltsort des Nutzers.

V. Originäres virtuelles Eigentum

Für originäres virtuelles Eigentum lässt sich eine unmittelbar passende Anknüpfung im EGBGB schwer ausmachen. Sofern man nicht auf die anderen dargestellten Konstruktionsmöglichkeiten zurückgreifen, sondern diese Rechtsfigur sui generis anerkennen und damit ein Funktionsäquivalent zum US-amerikanischen Virtual Property schaffen will, tut sich hier schon die Frage nach überhaupt geeigneten Anknüpfungselementen auf. Diese gilt es, wiederum im Einklang mit den allgemeinen kollisionsrechtlichen Prinzipien der engsten Verbindung[179] sowie der Rechtssicherheit durch Vorhersehbarkeit der Anknüpfungsmomente[180] zu finden.

---

[177] MüKo BGB/*Wendehorst*[4] Art. 46 EGBGB Rn. 22.

[178] So die – insoweit auf diesen Fall übertragbare – Überlegung von *Mankowski* RabelsZ 63 (1999), 203, 281 zum Deliktstatut beim Hacking.

[179] Vgl. Erman/*Hohloch*[12] Einl. Art. 3 EGBGB Rn. 29; *Kropholler*[6] § 4 II 1 S. 25 f.

[180] *Kropholler*[6] § 4 IV S. 30; MüKo BGB/*Wendehorst*[4] vor Art. 43 EGBGB Rn. 13.

1. Erneut: Technische Anknüpfung an Serverstandort und lex rei sitae?

Wiederum bietet es sich hier zunächst an, einen technisch geprägten Blick auf den Server zu richten. Anders als beim von diesem abgeleiteten virtuellen Eigentum i.w.S. geht es hier jedoch nicht um den Belegenheitsort des Servers als Sache, an der virtuelle Gegenstände und Daten konstruktiv aufgehangen werden, sondern um die Belegenheit virtueller Gegenstände und Daten *als solcher*. Hier schlägt der Streit um die – weit überwiegend verneinte[181] – Sacheigenschaft i.S.d. § 90 BGB auf das Kollisionsrecht und die konkrete Frage durch, ob eine Anknüpfung über Art. 43 EGBGB an die lex rei sitae erfolgen kann.

Teilweise wird davon ausgegangen, dass der Sachbegriff des Art. 43 EGBGB der lex fori entnommen wird[182], was die Anwendung der Belegenheitsregel vor deutschen Gerichten auf körperliche Gegenstände beschränkt. Dem wird jedoch der allgemeine Grundsatz entgegen gehalten, dass die Rechtsbegriffe des Kollisionsrechts nicht unbedingt mit denen des materiellen Sachrechts übereinstimmen müssten[183] und so zunächst kein zwingender Grund bestehe, die lex rei sitae auch auf Sachen i.S.d. § 93 BGB zu beschränken. Auch die genau entgegengesetzte Position, dass sich der Sachbegriff aus dem berufenen Recht ergebe[184], muss sich ihrerseits dem Einwand aussetzen, dass allein die berufene Rechtsordnung nicht in dieser Weise über ihre eigene Anwendung entscheiden kann[185]. Daher wird teilweise vermittelnd und mit Blick auf die der lex rei sitae zugrunde liegenden Verkehrsschutzerwägungen danach differenziert, inwiefern die Belegenheit des Gegenstandes überhaupt als Grundlage für die kollisionsrechtliche Anknüpfung herhalten kann. Während Art. 43 EGBGB hiernach jedenfalls alle Gegenstände innerhalb des materiellrechtlichen Sachbegriffs des § 90 BGB erfasst, müsse sich seine Reichweite in problematischen Randbereichen nach einer Interessenabwägung richten[186]. Hier sei es zwar nicht per se ausgeschlossen, dass Art. 43 EGBGB grundsätzlich auch Materie außerhalb des § 93 BGB wie namentlich freie Luft, fließendes

[181] Vgl. Kap. 3 D.II.1.

[182] Palandt/*Heldrich*[68] Art. 43 EGBGB Rn. 1; Erman/*Hohloch*[12] Art. 43 EGBGB Rn. 10, der aber immerhin eine begriffliche Großzügigkeit zugesteht.

[183] MüKo BGB/*Wendehorst*[4] Art. 43 EGBGB Rn. 12. Vgl. zur weiten Auslegung kollisionsrechtlicher Begrifflichkeiten bereits die Ausführungen zum Vertragsstatut, Kap. 5 C.III.3.b.

[184] Staudinger/*Stoll*[1996] Int. SachenR Rn. 143, allerdings dort in Bezug auf die Abgrenzung einer sonderrechtsfähigen Sache von ihren Bestandteilen, denn aus der Perspektive der deutschen lex fori setze auch das internationale Sachenrecht für die Anknüpfung körperliche Gegenstände voraus.

[185] MüKo BGB/*Wendehorst*[4] Art. 43 EGBGB Rn. 13.

[186] MüKo BGB/*Wendehorst*[4] Art. 43 EGBGB Rn. 14 ff.

Wasser, elektrische Energie[187] und Daten[188] erfassen könne. Dass das Sachstatut je nach Lageort des Objekts wechseln könne, müsse jedoch insbesondere aus Verkehrsschutzgesichtspunkten überhaupt hinnehmbar sein[189]. Gerade für Daten und ihre technische Belegenheit auf einem Server bestehen hier jedoch – wie oben ausgeführt – erhebliche Bedenken.

2. Ubiquitäre „Belegenheit“ und lex protectionis?

Scheidet damit eine technisch geprägte Anwendung der lex rei sitae auf den zentralen Speicherort aus, bleibt weiterhin zu erwägen, ob der Belegenheitsort virtueller Gegenstände nicht auch aus einer funktional-kontextbezogenen Sicht bestimmt werden kann, in der sie – wie bereits festgestellt[190] – immerhin sinnlich wahrnehmbare, abgrenzbare, beherrschbare und damit bis auf die fehlende Körperlichkeit Sachen gleichende Gegenstände darstellen. Ein solcher Ansatz ist zwar in der Lage, ihre Belegenheit in der räumlichen virtuellen Umgebung eindeutig festzustellen. Da jedoch die Belegenheit für kollisionsrechtliche Zwecke notwendigerweise im Verhältnis zum realen Raum und den dortigen geographischen Grenzen von Staaten und Rechtsordnungen verstanden werden muss, führt die Zugänglichkeit virtueller Welten wie beim Internet zu einer Ubiquität eines (jeden) virtuellen Raumes und darin enthaltener Gegenstände. Die Antwort auf eine Frage nach der Belegenheit virtueller Gegenstände ist hiernach wenig weiterführend und zeigt schon die Probleme einer lex rei sitae virtualis, weil sie genau genommen „überall“ lauten muss. Ein solches Ergebnis ist zwar nicht undenkbar, weil dann konsequenterweise – und ähnlich wie den insoweit auch überall „belegenen“ Immaterialgüterrechten – eine Art Schutzlandprinzip zum Tragen kommen müsste. Ein solches erscheint hier jedoch wegen der unklaren Rechtsnatur und der gänzlich fehlenden materiellen Harmonisierung kaum handhabbar.

3. Erneut: Praktikable Anknüpfung durch Vertragsakzessorietät?

Erneut bietet sich daher die zumindest praktikable Lösung an, an das Vertragsstatut des – sofern vorhanden – Nutzungsvertrages anzuknüpfen. Da für das originäre virtuelle Eigentum schon keine klare gesetzliche Anknüpfung existiert, müssen die zu Art. 46 EGBGB vorgebrachten Erwägungen nicht wie dort in einer Ausweichklausel verortet und gegen-

---

[187] So MüKo BGB/*Wendehorst*[4] Art. 43 EGBGB Rn. 36, soweit nur ihre Belegenheit festgestellt werden kann.

[188] MüKo BGB/*Wendehorst*[4] Art. 43 EGBGB Rn. 37.

[189] MüKo BGB/*Wendehorst*[4] Art. 43 EGBGB Rn. 16.

[190] Vgl. Kap. 3 D.I.3.

über der Regelanknüpfung gerechtfertigt werden, sondern können direkt für eine Primäranknüpfung herangezogen werden.

Dass die Vorteile dieses Weges die Nachteile anderer Konstruktionen überwiegen und das Problem einer etwaigen Drittwirkung des Vertragsstatuts hier kein zwingendes Gegenargument ist, weil sie selten eintritt und andere Anknüpfungen noch schwerer vorhersehbar sind, wurde oben bereits ausgeführt. Ebenso wenig wird auf die Weise generell ein Vertrag zu kollisionsrechtlichen Lasten Dritter erzeugt. Die Drittwirkung ergibt sich hier allein aus der lex causae. Im Vertrag wird – sofern überhaupt durch Rechtswahl – nur eine Rechtsordnung als solche berufen. Dass die Kombination beider Elemente bis zu einem gewissen Grad eine faktisch drittbelastende Wirkung auf Nicht-Vertragsparteien haben kann, ist in anderen Konstellationen durchaus anerkannt, sofern dabei deren Interessen generell gewahrt bleiben[191]. Hier ist entscheidend, dass das für eine Vielzahl von Nutzungsverträgen geltende und so für eine virtuelle Welt generell gewählte Recht Dritten gegenüber weitaus besser erkennbar ist, als es etwa bei einer zweiseitigen ad hoc Vertragsbeziehung der Fall wäre.

Ohne Nutzungsvertrag oder zentralen Sitz eines Betreibers muss die Anknüpfung in Ermangelung besserer Momente wiederum durch die lex rei sitae des Servers erfolgen. Fehlt es an diesem auch, bleibt der gewöhnliche Aufenthaltsort des jeweiligen Nutzers.

VI. Exkurs: Verträge unter Nutzern

Erwähnung verdient noch die kollisionsrechtliche Anknüpfung von Verträgen zwischen Nutzern untereinander, etwa bei Kaufverträgen über virtuelle Güter. Da hier im Regelfall keine Rechtswahl i.S.d. Art. 27 I EGBGB getroffen sein wird, erfordert die Feststellung des anwendbaren Rechts eine Bestimmung der engsten Verbindung zum Recht eines Staates i.S.d. Art. 28 I EGBGB. Die Vermutung des Art. 28 II EGBGB, wonach an den Aufenthaltsort desjenigen angeknüpft wird, der die für den jeweiligen Vertrag charakteristische Leistung erbringt[192], ist hier für den Verkehr keine große Hilfe. Mag sie normalerweise der Vorhersehbarkeit des anwendbaren Rechtes dienen, so stellt sich bei „In-World"-Transaktionen das Problem, dass die Identität der Nutzer und damit auch deren normaler

---

[191] Vgl. *Kropholler*[5] § 40 IV 2 a S. 298 zu den generellen Möglichkeiten, die Interessen Dritter bei der parteiautonomen Rechtswahl zu berücksichtigen. Auch im Gesellschaftsrecht besteht eine solche rein faktisch drittbelastende Rechtswahlwirkung dadurch, dass das gewählte Gesellschaftsstatut auch auf nicht-vertragliche Gesellschaftsgläubiger Auswirkungen etwa bei den Fragen einer etwaigen Haftungsbeschränkung, Konzernhaftung oder Verhaltenszurechnung haben kann.

[192] So *Burger* in: *Taeger/Wiebe* S. 65, 67; *Völzmann-Stickelbrock* FS Eisenhardt S. 327, 333.

Aufenthalt und die engste Verbindung kaum feststellbar sind. Aus diesem Grund wird teilweise vorgeschlagen, auch für diese in Ermangelung anderer erkennbarer Anknüpfungspunkte an das Recht des Staates anzuknüpfen, in dem sich der Standort des Servers befindet[193].

Zuzugeben ist dem, dass der Aufenthaltsort der Nutzer und das anwendbare Recht ex ante nicht ohne weiteres feststellbar sind. Das kann es rechtfertigen, von der Regel des Art. 28 II EGBGB abzuweichen, und über eine engere Verbindung i.S.d. Art. 28 V EGBGB an das – jedenfalls besser erkennbare – Recht des Betreibers anzuknüpfen. Vergleichbar damit ist eine Situation, welche der Verbundenheit aller Nutzer im kooperativen virtuellen Schaffen unter dem Rahmen des Nutzungsvertrages und des Innenrechtes nicht ganz unähnlich ist: Ob die Teilnahme von Nutzern an einem bestimmten Provider-System auch eine Rechtswahl der Nutzer untereinander darstellen kann, wird etwa für komplexe Vertragsverhältnisse wie Pooling von Leistungen, Ringtausch oder die gemeinsame Verwirklichung eines kooperativen Projektes diskutiert[194] und könnte auch hier als Indiz für eine konkludente Rechtswahl gesehen werden. Falls das beiden Parteien unbillig erscheint, beispielsweise weil sie sich in ein und derselben Rechtsordnung aufhalten, können sie immer noch nachträglich eine Rechtswahl treffen[195]. Lässt man solche Praktikabilitätserwägungen zu, ist jedoch – wie oben bereits dargestellt – nicht an das Recht des Serverstandortes, sondern an das Recht der Niederlassung des Betreibers anzuknüpfen.

Ohne zentralen Betreiber stellen sich die gleichen Probleme wie bei der Bestimmung des „Belegenheitsortes“ virtueller Gegenstände. Hier bleibt nichts anderes übrig, als nach allgemeinen Regeln an den Aufenthaltsort des Nutzers anzuknüpfen, der in diesem Vertrag die charakteristische Leistung – etwa die Übereignung eines virtuellen Gegenstandes – vornimmt. Dass die dabei berufene Rechtsordnung für seinen Vertragspartner nicht erkennbar ist, muss in Ermangelung von Alternativen hingenommen werden.

---

[193] *Rippert/Weimer* ZUM 2007, 272, 274.

[194] *Mankowski* RabelsZ 63 (1999), 203, 213, der i.E. aber zurückhaltend ist, unterhalb der Stufe einer Organisation als Quasi-Verband die Strukturen des Vertragsrechts vorschnell zu verlassen.

[195] Zwar könnte diese Situation durch eine Partei genutzt werden, um die andere – meist wohl den Kläger – in einer ihr unbekannten Rechtsordnung festzuhalten und ihr damit zumindest vorab einen höheren Aufwand aufzubürden. Das ist jedoch kein Gegenargument, da auch ohne Verortung der lex causa beim Betreiber noch lange nicht das Heimatrecht der klagenden Partei zum Zuge kommen muss.

D. Zwischenergebnis

Je nach Ansatz für die Rechtsnatur eines virtuellen Eigentums sind die kollisionsrechtlichen Anknüpfungen denkbar verschieden. Das Urheberrecht führt über das Schutzlandprinzip zu einem Bündel einzelner nationaler Rechte; das Persönlichkeitsrecht über das Deliktsstatut u.U. ebenso, wobei die genaue Bestimmung und Eingrenzung des Erfolgsortes als „Belegenheitsort" des Rechtes unklar bleibt. Sofern sich virtuelle Gegenstände in einer Forderung aus dem Nutzungsvertrag auf Gewährung und Erhalt der virtuellen Sache in ihrer Umgebung erschöpfen, gilt das gewählte oder durch engste Verbindung, meist den Sitz des Betreibers, bestimmte Vertragsstatut, sofern keine zwingenden Verbraucherschutzvorschriften der lex fori greifen, wie hierzulande insbesondere die AGB-Kontrolle i.S.d. §§ 305 ff. BGB. Auf Eigentum oder Besitz am Server abzustellen, führt eigentlich zur Anwendung der lex rei sitae, wobei jedoch viel für eine Korrektur und eine – soweit möglich – vertragsakzessorische Anknüpfung spricht. Letztere erscheint auch für das originäre virtuelle Eigentum angebracht.

Kapitel 6

Urheberrechtliche Fragestellungen

Obwohl die Rechtsfigur virtuellen Eigentums von immaterialgüterrechtlichen Fragen streng zu trennen ist[1], spielt das Urheberrecht in virtuellen Welten eine erhebliche Rolle. Da sowohl das die virtuelle Umgebung bildende Computerprogramm als auch der Großteil der darin befindlichen Gegenstände urheberrechtlichen Schutz als Werk in ihrer wahrnehmbaren Erscheinungsform oder als Computerprogramm genießen, kann für eine Betrachtung der Herrschaftsgewalt über virtuelle Gegenstände das Urheberrecht jedenfalls nicht ausgeblendet werden.

Soweit – wie regelmäßig – Urheberrechte an virtuellen Gütern bestehen, folgt deren Bedeutung daraus, dass jeder nur denkbare Nutzungsvorgang in der digitalen Welt mit einer urheberrechtlich relevanten Verwertungshandlung einher geht. Jeder Transport, jede Verarbeitung, jede bloße Nutzung von Informationen in einer computergenerierten Umgebung erfordert zumindest eine temporäre Vervielfältigung im Arbeitsspeicher und wird damit sowohl für Computerprogramme wie auch für andere Werke als Anzeigeergebnisse zu einem potentiell urheberrechtlich relevanten Sachverhalt. Das gilt für eine Vielzahl virtueller Inhalte, wie beispielsweise Texte als Sprachwerke, virtuelle Gegenstände und Gebäude, deren Gestaltungselemente und Texturen, Avatare oder andere Objekte als Werke der bildenden, angewandten oder gar Baukunst, Animationen als filmähnliche Werke oder Multimediawerke, durch Streaming übertragene Musikwerke sowie schließlich der allem zugrunde liegende Programmcode als Computerprogramm.

Anders als bei sonstigen nur potentiell einschlägigen Immaterialgüterrechten wie Mustern, Marken oder Patenten werden urheberrechtliche Fragen hier im Betrieb *stets* aufgeworfen. Insofern lässt sich das Urheberrecht für den technischen Betrieb der gesamten virtuellen Welt mitsamt enthaltenen Gegenständen neben virtuellem Eigentum als die zweite Komponente eines zwangsläufig dualen Regelungsregimes begreifen, welches es auch von seinen beiden Seiten zu betrachten gilt. War dessen erste Komponente bereits Gegenstand der vorigen Kapitel, widmet sich dieses Kapitel nun dem zweiten Teil und wird hierzu die urheberrechtlich schutz-

---

[1] Vgl. oben Kap. 4 B.

fähigen Werke darstellen (A.) sowie die im Betrieb erfolgenden Nutzungshandlungen herausarbeiten (B.). Aspekte des internationalen Privatrechts wurden bereits unter Kap. 5 C.I. behandelt. Auf das Urhebervertragsrecht bei der Einräumung von Nutzungsrechten wird im Zusammenhang mit vertragsrechtlichen Fragestellungen unter Kap. 7 F. eingegangen.

A. Virtuelle Güter als Werke i.S.d. § 2 UrhG

Für die urheberrechtliche Qualifikation als schutzfähiges Werk i.S.d. § 2 UrhG ist zunächst klarzustellen, an welchen eigenständigen Werken Urheberrechte in virtuellen Welten überhaupt bestehen können (I.). Nach einer Einordnung in den Katalog von Werkkategorien des § 2 I UrhG (II.) werden für diese sodann die Anforderungen an eine schutzfähige persönliche geistige Schöpfung i.S.d. § 2 II UrhG aufgezeigt (III.).

I. Unterscheidung zwischen virtuellen Gütern und Betriebssoftware

Für eine urheberrechtliche Einordnung ist es zunächst nötig, eine Unterscheidung zwischen der laufenden Betriebssoftware einer virtuellen Welt und einzelnen virtuellen Gegenständen zu treffen. Für letztere muss weiterhin zwischen nutzergenerierten und vorgefertigten betreibergenerierten virtuellen Gegenständen differenziert werden.

1. Urheberrechtsschutz der Betriebssoftware

Wie eingangs[2] bereits genauer ausgeführt, erfordert der Betrieb einer virtuellen Welt regelmäßig eine auf einem Server laufende Betriebssoftware, welche die Umgebung generiert, ihre Physik ausrechnet und die Interaktionsmöglichkeiten ihrer Inhalte bestimmt. Zudem ist meist eine bei jedem Nutzer laufende Zugangs- bzw. Clientsoftware erforderlich, welche diese Umgebung und ihre Inhalte wahrnehmbar und benutzbar macht. Bei beiden handelt es sich jeweils um ein Computerprogramm als Sprachwerk i.S.d. §§ 2 I Nr. 1, 69a ff. UrhG. Daneben kommt ein Schutz ihrer grafischen Ausgabeergebnisse z.B. als filmähnliche Werke (§ 2 I Nr. 6 UrhG), Multimediawerke oder Laufbilder (§§ 95, 94 UrhG) in Betracht.

Für diesen möglichen Doppelschutz stellt sich die gleiche Frage wie bei Computerprogrammen allgemein, ob nämlich die am Bildschirm angezeigten Elemente noch am Programmschutz i.S.d. § 69a UrhG teilhaben, oder die Ausgabeergebnisse als solche schutzfähig sein können. Die Befürworter eines Programmschutzes berufen sich hierbei auf den Wortlaut des

---

[2] Vgl. oben Kap. 1 B.II.

§ 69a II 1 UrhG, wonach dieser sich auf „alle Ausdrucksformen eines Computerprogramms“ erstreckt und damit auch die graphische Ausgabe einbeziehe[3]. Dem wird jedoch zu Recht entgegengehalten, dass die am Bildschirm sichtbare Ausgabe nicht mehr Teil des Programms und seiner – auch nur insoweit in allen Ausdrucksformen geschützten – inneren Struktur und Organisation ist, sondern ein davon losgelöstes, technisch sichtbar gemachtes Arbeitsergebnis, welches als solches schutzfähig sein kann[4]. Hierfür spricht vor allem der auf unterschiedliche Weise zum Ausdruck kommende schöpferische Charakter bei einer technischen Befehlsfolge im Programm als Sprachwerk einerseits sowie einer eigenschöpferischen grafischen Gestaltung des Ausgabeergebnisses andererseits. Soweit die jeweiligen Elemente beide Werkcharakter aufweisen, kommt allerdings auch ein kumulativer Schutz von Programm und Ausgabeergebnis in Betracht[5].

---

[3] So OLG Karlsruhe GRUR 1994, 726, 729 – *Bildschirmmaske* für die Übernahme der graphischen und inhaltlichen Gestaltung einer Bildschirmoberfläche, ohne dass Übereinstimmungen im Programm selbst vorgetragen wurden; wohl auch LG München I MMR 2005, 267, 268 für eine Menüführung (daneben aber auch Schutz als Multimediawerk); *Koch* GRUR 1995, 459, 465; Möhring/Nicolini/*Hoeren*[2] § 69a Rn. 6; wohl auch *Schulze* ZUM 1997, 77, 81 für die programmierten Bewegungsmuster virtueller Figuren. Ähnlich LG Köln MMR 2000, 492 – *Schriftfonts* für Computerschriftarten, das (technisch etwas unklar) anscheinend von einem ihrer Darstellung zugrunde liegenden Computerprogramm ausgeht und auf dessen Anweisungen zur Darstellung der Schriftzeichen abstellt.

[4] OLG Frankfurt a.M. GRUR-RR 2005, 299, 300 – *Online-Stellenmarkt*; OLG Düsseldorf MMR 1999, 729, 730 – *Frames*; OLG Hamm GRUR-RR 2005, 73 – *Webgrafiken* (alle auf das äußere Erscheinungsbild von Webseiten abstellend, deren HTML-Code nicht als Computerprogramm geschützt ist); LG Düsseldorf ZUM 2007, 559, 562, 563 – *Transportsimulation* (für Objekte in einem Computerspiel); LG Frankfurt a.M. CR 2007, 424, 425 – *Bildschirmmaske* (für die Eingabemaske eines Programms); vgl. auch LG München I MMR 2005, 267, 268 (Schutz für Menüführung als Computerprogramm und Multimediawerk); Dreier/Schulze/*Schulze*[3] § 2 Rn. 14; Dreier/Schulze/*Dreier*[3] § 69a Rn. 16; Fromm/Nordemann/*Czychowski*[10] § 69a Rn. 27 f.; HK-UrhG/*Meckel* § 69a Rn. 11 (für Computerspiele und Internetseiten); *Kunz* S. 123 (für Chatforen); *Maume* MMR 2007, 620, 623; *Schack*[4] Rn. 179; *Schack* MMR 2001, 9, 12; Schricker/ *Loewenheim*[3] § 69a Rn. 7; Wandtke/Bullinger/*Grützmacher*[3] § 69a Rn. 14; *Wieduwilt* MMR 2008, 715. Insoweit Benutzeroberflächen als schutzfähiges Sprachwerk eingeordnet werden, zielt das auf ihre textliche, äußere Gestaltung, nicht auf den ihnen zugrunde liegenden Programmcode als Sprachwerk, vgl. Schricker/*Loewenheim*[3] § 2 Rn. 93; Wandtke/Bullinger/*Bullinger*[3] § 2 Rn. 60; Dreier/Schulze/*Schulze*[3] § 2 Rn. 101.

[5] Vgl. für die Unterscheidung zwischen der audiovisuellen Darstellung z.B. als bewegte Bild- und Tonfolgen, Einzelbilder und Figuren sowie dem sie erzeugenden bzw. einen Spielablauf steuernden Computerprogramm LG Düsseldorf ZUM 2007, 559, 562, 563 – *Transportsimulation* (Schutz für die grafische Ausgabe und das Programm prüfend); Dreier/Schulze/*Dreier*[3] § 69a Rn. 17; Fromm/Nordemann/*Czychowski*[10] § 69a Rn. 9-11; HK-UrhG/*Meckel* § 69a Rn. 11; Möhring/Nicolini/*Hoeren*[2] § 69a Rn. 8; *Rehbinder*[15] Rn. 170; Schricker/*Loewenheim*[3] § 69a Rn. 25; Wandtke/Bullinger/*Grütz-*

Einzelne Stimmen im Schrifttum plädieren beim Zusammentreffen von Programm und Ausgabeergebnis für einen alternativen Schutz, der sich nach dem jeweiligen wirtschaftlichen Schwerpunkt bestimmt[6]. Vor allem soll so das Problem gelöst werden, dass Steuerungsprogramm und audiovisuelle Bestandteile technisch untrennbar verbunden sind, aber ihre getrennte Werkzuordnung unterschiedliche Rechtsfolgen bei den Schrankenbestimmungen erzeugt. Während beispielsweise eine Sicherheitskopie für Computerprogramme generell erlaubt ist (§ 69d II UrhG) und diese Regelung auch zwingenden Charakter hat (§ 69g II UrhG), ist ihre Anfertigung unter Umgehung technischer Schutzmaßnahmen für Filmwerke oder Laufbilder verboten (§ 95a I UrhG). Eine technische Werkverbindung würde so die Gefahr erzeugen, das Recht auf die Anfertigung von Sicherheitskopien schlichtweg leer zu laufen. Dieses Problem für Computerspiele[7] dadurch zu lösen, es in Programm und Teile mit filmähnlichem Charakter aufzuspalten[8], ist technisch kaum möglich, weil regelmäßig alles zusammen auf einem Datenträger, meist sogar in einer komprimierten Installationsdatei gespeichert ist. Will man auch bewegte Ausgabeergebnisse als Filme anerkennen[9], ist eine solche Trennung zudem dann denklogisch undurchführbar, wenn sie gerade durch die Benutzung des Programms entstehen und nicht als solche gespeichert sind. Um § 69d II UrhG Geltung zu verschaffen und zu verhindern, dass er praktisch durch eine Verbindung von Computerprogrammen mit grafischen Elementen umgangen werden kann, muss § 69d II UrhG auch dann bei anderen Werkarten Anwendung finden, wenn eine technisch untrennbare Verbindung mit Computerprogrammen vorliegt[10]. Diese Lösung auf Ebene der Schrankenbestimmungen ist gegenüber einer Alternativbetrachtung schon der Schutzfähigkeit vorzugswürdig, weil sie den allgemeinen Grundsatz der selbständig zu beurteilenden Schutzfähigkeit von Werkteilen wahrt.

Praktische Probleme einer genauen Grenzziehung von Programm und Ausgabeergebnis lassen sich am Beispiel von Computerspielen verdeutlichen. Dort wird eine klare Abgrenzung bisweilen schon durch terminologische Unschärfen des allgemeinen Begriffs „Computerspiele“ erschwert, weil nicht immer eindeutig ist, ob auf das Programm[11] oder auf die davon

---

macher[3] § 69g Rn. 4. Dafür auch aus englischer Perspektive *Naylor/Jaworski* 18(8) Ent.L.R. 262, 263 (2007); ebenso für das US-amerikanische Recht *Miller* 22 Rev. Litig. 435, 447 (2003).

[6] So etwa *Koch* GRUR 1995, 459, 462 (schöpferische Leistung bei der gesteuerten Integration verschiedener Komponenten von Multimediawerken sei das Computerprogramm); *Kreutzer* CR 2007, 1, 6 (ebenso für Computerspiele); *Rippert/Weimer* ZUM 2007, 272, 276.

[7] Auch wenn dieses Problem meist am Beispiel von Computerspielen diskutiert wird, ist es nicht auf diese beschränkt, sondern kann sich bei allen Computerprogrammen mit schutzfähigen grafischen Ausgaben stellen.

[8] So wohl Fromm/Nordemann/*Czychowski*[10] § 69a Rn. 11.

[9] Zu diesem Problem unten Kap. 6 A.II.1.f.

[10] Für eine solche Schwerpunktbetrachtung jedenfalls i.R.d. Schrankenbestimmungen, wohl aber nicht schon bei der allgemeinen Werkzuordnung Wandtke/Bullinger/*Grützmacher*[3] § 69a Rn. 83.

[11] So wohl Möhring/Nicolini/*Hoeren*[2] § 69a Rn. 8, weil daneben ein Laufbildschutz für das Anzeigeergebnis bejaht wird.

zu trennenden Anzeigeergebnisse[12] Bezug genommen wird. Auch zwischen der Software, die das Spielgeschehen steuert, und der Software für die grafische Ausgabe zu unterscheiden[13], ist für eine differenzierende Betrachtung wenig hilfreich. Sie ist weder trennscharf noch praktisch durchführbar, da die elektronischen Steuerbefehle für die Rechenoperationen zum „Spielgeschehen" (Physics Engine) mit der Berechnung der grafischen Ausgabe (Rendering Engine) oft in einem Programm untrennbar vereint sind, und sich oftmals sogar in einer Programmdatei befinden können. Ebenso wenig führt bei dieser Unterscheidung eine Differenzierung nach dem Zweck eines Programms weiter. Ob ein Programm wirkliche Aufgaben löst[14] oder inwieweit sich Computerspiele von „eigentlichen Anwendungsprogrammen" unterscheiden[15], erscheint als Kriteriun – wie sich im Grenzbereich von spielerischen MMORPGs zu wirtschaftlichen virtuellen Welten deutlich zeigt – nicht nur zu unbestimmt. Es würde auch die Frage der technischen Lösung von Aufgaben inhaltlich mit der Art der Aufgaben vermengen und so – entgegen dem Grundsatz der inhaltlichen Werkneutralität[16] – die Gefahr erzeugen, den Schutz für ein Computerprogramm als technisches Mittel zur Steuerung eines Computers von seinem weiteren Verwendungszweck abhängig zu machen (Steuerung technischer Maschinen? Arbeitswerkzeug im Büro? Mittel zur Unterhaltung?), ohne dass sich an dem schöpferischen Gehalt der elektronischen Befehlsfolgen etwas ändern würde. Wann immer eine Differenzierung auf eine Trennung von Programm und grafischem Ausgabeergebnis zielt, muss sie unabhängig vom Verwendungszweck für technische Steuerprogramme, Anwendungsprogramme und Spiele in gleicher Weise erfolgen. Dementsprechend kann es auch weder bei den Steuerprogrammen virtueller Welten noch bei virtuellen Gegenständen für die urheberrechtliche Beurteilung eine Rolle spielen, ob die virtuelle Umgebung kommerzieller, politischer oder spielerischer Natur ist. Um solche Unsicherheiten zu vermeiden, wird sich die

---

[12] So Fromm/Nordemann/*Czychowski*[10] § 69a Rn. 9-11, der „Computer- oder Videospiele selbst" dem sie steuernden Computerprogramm gegenüberstellt.

[13] So *Trump/Wedemeyer* K&R 2006, 397, 400.

[14] Vgl. zu diesem Kriterium Fromm/Nordemann/*Czychowski*[10] § 69a Rn. 10, der bei Computerspielen deswegen gerade nicht den Schwerpunkt in der Programmierleistung sieht, soweit man hierauf überhaupt abstellen wolle. Dabei würden hier jedoch aus dem Aufgabenbegriff die komplexen mathematischen Berechnungen der Grafikausgabe ausgeblendet, den eine Rendering Engine zur dreidimensionalen Anzeige der Inhalte lösen muss.

[15] So *Trump/Wedemeyer* K&R 2006, 397, 400, die für den Schutz als Computerprogramm einen – nicht ganz nachvollziehbaren – „massiven" Unterschied zwischen Spielen und eigentlichen Anwendungen ausmachen wollen.

[16] Vgl. Fromm/Nordemann/*A. Nordemann*[10] § 2 Rn. 13; Schricker/*Loewenheim*[3] § 2 Rn. 43; Wandtke/Bullinger/*Bullinger*[3] § 2 Rn. 29.

hier verwendete Differenzierung bei virtuellen Welten allein daran orientieren, ob es um die wahrnehmbaren Ausgabeergebnisse geht, oder um das Programm, welches einen etwaigen Spielablauf steuert, Interaktionsmöglichkeiten vorgibt, die Physik des virtuellen Raumes ausrechnet (Physics Engine) oder die Anzeige von Objekten bewirkt (Rendering Engine).

Ob Programm und Ausgabeergebnis dabei letztlich schutzfähig sind, ist als Zusammentreffen mehrerer Werkarten jeweils im Einzelfall nach den für die jeweiligen Bestandteile geltenden Maßstäben festzustellen[17], so dass aus einer gedanklichen Trennung der schöpferischen Leistungen in Programm und Ausgabeergebnis noch kein automatischer Doppelschutz folgen muss. Daher werden sich in Fällen von reinen technischen Steuerprogrammen oder Anwendungsprogrammen eigenschöpferische und als Werk schutzfähige grafische Ausgaben meist schon tatsächlich in Grenzen halten, so dass nur dem Programm Werkeigenschaft i.S.d. § 2 II UrhG zukommt.

Soweit über die beiden Elemente von Programm und Ausgabeergebnis hinaus noch ein etwaiges Spielkonzept dem Urheberrechtsschutz unterfallen soll[18], hat das für die hier betrachteten Gegenstände in virtuellen Welten keine Relevanz. Ein solches Konzept könnte – wenn überhaupt – nur in einem die gesamte virtuelle Umgebung formenden Programm zum Ausdruck kommen. Bei virtuellen Welten als reine Plattform für die eingangs beschriebenen Formen der Nutzerinteraktion und des Handels ist aber – anders als bei herkömmlichen Computerspielen und ggf. MMORPGs – meist gar kein Konzept ersichtlich, das über die bloße Existenz des virtuellen Raumes hinausginge. Zudem geriete ein solches Konzept sehr in die Nähe von Spielideen und -konzepten, denen ohne eine konkrete Ausgestaltung der Schutz überwiegend versagt wird[19].

2. *Urheberrechtsschutz virtueller Gegenstände*

Demgegenüber können virtuelle Gegenstände als von der virtuellen Umgebung und dem sie erzeugenden Computerprogramm abgrenzbare Objekte, als handelbare Wirtschaftsgüter und auch als eigenständige Werke betrachtet werden.

Das gilt jedenfalls für nutzererstellte Inhalte. Diese sind von der zur Erzeugung des virtuellen Raumes benutzten Software und von darin schon

---

[17] Vgl. Schricker/*Loewenheim*[3] § 2 Rn. 75.

[18] Vgl. LG Düsseldorf ZUM 2007, 559, 562 – *Transportsimulation* zur Differenzierung in Programm, Ausgabe und Konzept.

[19] Vgl. BGH GRUR 1962, 51, 52 – *Zahlenlotto*; LG Düsseldorf ZUM 2007, 559, 562 – *Transportsimulation*; OLG München GRUR 1992, 510 – *Rätsel*; OLG Hamburg GRUR 1983, 437 – *PUCKMANN*; Dreier/Schulze/*Schulze*[3] § 2 Rn. 104; *Rehbinder*[15] Rn. 61; *Schack*[4] Rn. 168; Schricker/*Loewenheim*[3] § 2 Rn. 6, 110. A.A. Fromm/Nordemann/*A. Nordemann*[10] § 2 Rn. 50; Wandtke/Bullinger/*Bullinger*[3] § 2 Rn. 52 für komplexe Spielregeln mit „phantasievollem Ablauf“.

vorhandenen Inhalten zu trennen[20] und können eigenständig urheberrechtsschutzfähig sein[21]. Urheber sind nach dem Schöpferprinzip die jeweiligen Nutzer, ohne dass der Betreiber hier einen schöpferischen Beitrag leisten würde[22]. Das gilt selbst dann, wenn sie unter Nutzung von Werkzeugen der Betriebssoftware erstellt wurden und nur durch diese überhaupt wahrnehmbar und nutzbar gemacht werden. Entscheidend für die Beurteilung der schöpferischen Eigentümlichkeit – und konsequenterweise auch für ihre Abgrenzung und Einordnung als eigenständiges Werk – ist der Raum, den die Konstruktionswerkzeuge noch für eine individuelle Schöpfung des Nutzers lassen[23]. Allein durch Verwendung eines Computerprogrammes werden die Inhalte genauso wenig dessen Teil wie das mit einem Textverarbeitungsprogramm erstellte Textdokument.

Weniger klar ist jedoch, inwieweit in der Betriebssoftware vorgefertigt enthaltene virtuelle Gegenstände allein kraft ihrer wirtschaftlichen Eigenständigkeit auch eine gesonderte urheberrechtliche Beurteilung verdienen. Überwiegend wird deren urheberrechtliche Qualifikation an die Betriebssoftware gekoppelt[24]. Für die letztliche Frage der Urheber- bzw. Rechteinhaberschaft leuchtet das ein, weil hier der Betreiber über die Rechte am Programm und an den enthaltenen Inhalten verfügt[25] und eine Differenzie-

[20] So auch *Dooley/Karaoulou* 16(6) Comps. & Law 20, 22 (2006); *Dougherty/Lastowka* 9(5) E.C.L. & P. 3 (2007), die zwischen der Betriebssoftware als „foundation level" und erstellten virtuellen Gegenständen als „second level" unterscheiden; *Lim* 1(7) J.I.P.L.P. 481, 484, 488 (2006), implizit auch *Burger* in: *Taeger/Wiebe* S. 65, 69 f.

[21] Vgl. LG Köln K&R 2008, 477, 478 – *Virtueller Dom*; *Büchner* K&R 2008, 425; *Rippert/Weimer* ZUM 2007, 272, 276 f.; für das Schweizer Recht *Bürge* sic! 2006, 802, 804.

[22] Vgl. LG Köln K&R 2008, 477, 478 – *Virtueller Dom*; *Büchner* K&R 2008, 425; *Burger* in: *Taeger/Wiebe* S. 65, 69; für das Schweizer Recht *Bürge* sic! 2006, 802, 805; *Klickermann* MMR 2007, 766, 768; *Lim* 1(7) J.I.P.L.P. 481, 484, 488 (2006).

[23] Vgl. zum Kriterium des verbleibenden schöpferischen Spielraums GRUR 2005, 854, 855 – *Karten-Grundsubstanz*; BGH GRUR 2002, 959 – *Technische Lieferbedingungen*; Dreier/Schulze/*Schulze*[3] § 2 Rn. 14; Fromm/Nordemann/*A. Nordemann*[10] § 2 Rn. 40; *Rehbinder*[15] Rn. 170; *Schack*[4] Rn. 164; Schricker/*Loewenheim*[3] § 2 Rn. 28; speziell zur Benutzung von Softwarewerkzeugen *Koch* GRUR 1995, 459, 466.

[24] *Koch* JurPC Web-Dok. 57/2006 Rn. 12; *Lober/Weber* MMR 2005, 653, 658; *Rippert/Weimer* ZUM 2007, 272, 276 (die Qualifikation vorbestehender virtueller Gegenstände an die Qualifikation der Betriebssoftware nach ihrem jeweiligen Schwerpunkt als Computerprogramm oder Multimediawerk koppelnd); wohl auch *Trump/Wedemeyer* K&R 2006, 397, 400 f.; *Stephens* 80 Tex. L. Rev. 1513, 1521 (2002).

[25] Die Anwendung deutschen Rechtes auf die Produktion unterstellt, bündelt für Computerprogramme § 69b UrhG die aus dem Schöpferprinzip fließenden Rechte der einzelnen Programmierer in der Person des Betreibers; für Multimediawerke u.U. §§ 88, 89 UrhG, und im Arbeitsverhältnis erzielt § 43 UrhG eine ähnliche Wirkung. Aus Sicht des US-amerikanischen Rechts folgt die originäre Rechtsinhaberschaft aus der work-made-for-hire doctrine, vgl. Wandtke/Bullinger/*Manegold*[3] vor §§ 88 ff. Rn. 12.

rung daher keine große Rolle spielt. Für die Beurteilung des Werkcharakters besteht aus urheberrechtlicher Sicht indes kein Grund, sie zwingend an der Qualifikation der Betriebssoftware teilhaben zu lassen und so beispielsweise ein unbewegtes Einzelobjekt wie das Gesamtprogramm als Multimediawerk zu behandeln. Wenn einzelne virtuelle Gegenstände selbständig schutzfähig sind, sofern sie als Werkteile für sich genommen eine hinreichende individuelle Prägung aufweisen[26], und sich in einem Werkteil die individuelle Prägung des Gesamtwerkes nicht zwingend widerspiegeln muss[27], so erscheint es ebenso wenig zwingend geboten, die Werkart des Teils mit der des Gesamtwerkes übereinstimmen zu lassen[28]. Vor diesem Hintergrund gelten die folgenden Ausführungen zur Einordnung in die urheberrechtlichen Werkkategorien des § 2 I UrhG für nutzererstellte und vorgefertigte virtuelle Gegenstände gleichermaßen. In beiden Fällen erfolgt sie unabhängig davon, ob es sich zugleich um Werkteile einer virtuellen Welt oder (bei einem MMORPG) eines Computerspiels handelt und ob man diese wiederum als Computerprogramm, Multimediawerk oder – je nach betrachteter schöpferischer Leistung – als beides ansieht. Diese gedankliche Trennung präjudiziert freilich nicht die noch zu klärende Folgefrage, ob die schöpferische Gestaltung der einzelnen virtuellen Gegenstände sie ihrerseits zu Multimediawerken oder Computerprogrammen macht.

II. Werkgattungen

Bei der Einordnung virtueller Gegenstände in die Werkkategorien des § 2 I UrhG stellt sich zunächst die – oben für das Umgebungsprogramm bereits aufgeworfene – Frage, ob man beim urheberrechtlichen Schutz an deren tatsächlich wahrnehmbarer Gestalt, an dem ihnen zugrunde liegende Programmcode oder an beidem ansetzt. Vor dem Hintergrund des theoretisch möglichen Doppelschutzes hängt die Antwort davon ab, ob die für die jeweilige Werkkategorie maßgebliche schöpferische Leistung vorliegt und die Anforderungen an eine persönlich geistige Schöpfung i.S.d. § 2 II UrhG erfüllt[29].

---

[26] Vgl. für die Schutzfähigkeit von Werkteilen nach diesem Maßstab BGH GRUR 2002, 799, 800 – *Stadtbahnfahrzeug*; BGHZ 9, 262, 268 – *Lied der Wildbahn*; Dreier/Schulze/*Schulze*[3] § 2 Rn. 76; Fromm/Nordemann/*A. Nordemann*[10] § 2 Rn. 51; *Schack*[4] Rn. 170; Schricker/*Loewenheim*[3] § 2 Rn. 66; Wandtke/Bullinger/*Bullinger*[3] § 2 Rn. 42.

[27] Möhring/Nicolini/*Ahlberg*[2] § 2 Rn. 160; Schricker/*Loewenheim*[3] § 2 Rn. 66.

[28] So implizit auch Schricker/*Loewenheim*[3] § 2 Rn. 75, wenn bei einem Zusammentreffen mehrerer Werkarten die Schutzfähigkeit jedes Teils nach den für ihn geltenden Maßstäben festgestellt werden soll.

[29] Dazu Kap. 6 A.III.

Ähnlich wie bei Websites, deren Schutz mittlerweile über deren wahrnehmbare Gestaltung begründet wird und – außer bei komplexen Skripten oder Java-Applets – nicht über Computerprogramme[30], geht die Tendenz bei virtuellen Gütern auch eher dahin, an ihrer wahrnehmbaren Gestalt im virtuell-dreidimensionalen Raum anzusetzen[31]. Diese kann je nach den konkreten Umständen und der Erscheinung des Gegenstandes ein Werk der bildenden Kunst (1.a.), der angewandten Kunst (1.b.) bzw. der Baukunst (1.c.) darstellen, ein Lichtbildwerk oder Lichtbild sein (1.d.), als Darstellung wissenschaftlicher oder technischer Art (1.e.) oder gar als Filmwerk, Laufbild (1.f.) oder Multimediawerk (1.g.) geschützt sein. Für einen Schutz (auch) als Computerprogramm muss sich freilich in den virtuellen Gegenständen zugrunde liegenden Geometrie-, Grafik- und Bewegungsdaten überhaupt eine als Sprachwerk erfassbare (Programmier-) Leistung niederschlagen (2.).

Hervorgehoben sei bereits hier, dass die klare Einordnung virtueller Gegenstände in die Werkkategorien des § 2 I UrhG – außer bei Filmen und Computerprogrammen mit ihren Sondervorschriften in §§ 69a ff. UrhG bzw. §§ 88 ff. UrhG – nicht übermäßig entscheidend ist[32], da es sich bei diesen nur um einen nicht abschließenden Katalog von Beispielen handelt[33].

1. Funktionaler Ansatz: Schutz der wahrgenommenen Form

Virtuelle Gegenstände über ihre wahrgenommene Form in die Werkkategorien des § 2 I UrhG einzuordnen, ist keine gänzlich neuartige Aufgabe. Der Eindruck einer dreidimensionalen Darstellung sollte nicht darüber

---

[30] OLG Frankfurt a.M. GRUR-RR 2005, 299, 300 – *Online-Stellenmarkt*; OLG Düsseldorf MMR 1999, 729, 730 – *Frames*; OLG Hamm GRUR-RR 2005, 73 – *Webgrafiken*; Fromm/Nordemann/*Czychowski*[10] § 69a Rn. 8; HK-UrhG/*Meckel* § 69a Rn. 13; *Maume* MMR 2007, 620, 623; Wandtke/Bullinger/*Grützmacher*[3] § 69a Rn. 18.

[31] LG Köln K&R 2008, 477, 478 – *Virtueller Dom* (entscheidend sei nicht die Art der digitalen Festlegung, sondern die durch das Werk vermittelte gedanklich Aussage); *Büchner* K&R 2008, 425; *Rippert/Weimer* ZUM 2007, 272, 276 f. jedenfalls für nutzererstellte Inhalte; *Trump/Wedemeyer* K&R 2006, 397, 400 für die gesamte virtuelle Welt; aus Schweizer Perspektive *Bürge* sic! 2006, 802, 804. *Burger* in: *Taeger/Wiebe* S. 65, 71 setzt an Computerprogrammen nur bei speziellen Anweisungsfolgen wie etwa Skripten an; ähnlich für das US-amerikanische Recht *Marcus* 52 N.Y. L. Sch. L. Rev. 67, 76 f. (2007). Hauptsächlich für einen Programmschutz demgegenüber *Lober/Weber* MMR 2005, 653, 658; *Slavitt* 80 J. Pat. & Trademark Off. Soc'y 611, 618 (1998) bzgl. des Avatars und des ihm zugrunde liegenden Computerprogramms. Für beides *Miller* 22 Rev. Litig. 435, 447 (2003); *Stephens* 80 Tex. L. Rev. 1513, 1521 (2002).

[32] So speziell für virtuelle Gegenstände aus Sicht des Schweizer Rechts *Bürge* sic! 2006, 802, 804.

[33] Dreier/Schulze/*Schulze*[3] § 2 Rn. 3, 78; Fromm/Nordemann/*A. Nordemann*[10] § 2 Rn. 11; *Schack*[4] Rn. 152; Schricker/*Loewenheim*[3] § 2 Rn. 74.

hinwegtäuschen, dass sich hier ähnliche Fragen wie im zweidimensionalen Internet – beispielsweise für verschiedene Elementen einer Website – stellen.

a. Werke der bildenden Kunst (§ 2 I Nr. 4 UrhG)

Unter die Werke der bildenden Kunst i.S.d. § 2 I Nr. 4 UrhG fallen nicht nur klassische Formen wie Plastik, Malerei und Grafik, sondern jeder Gegenstand, solange ihm nur durch die Gestaltung von Flächen, Körpern oder Räumen ein das ästhetische Empfinden ansprechender Gehalt innewohnt[34]. Er muss sich dabei als das Ergebnis einer formgebenden Tätigkeit darstellen, deren ästhetischer Gehalt einen solchen Grad erreicht, dass nach dem im Leben herrschenden Anschauungen noch von Kunst gesprochen werden kann[35]. Ob dem so ist, beurteilt sich nach der Auffassung der für Kunst empfänglichen durchschnittlichen Verkehrskreise[36]. Unter diesen weit gefassten Begriff können auch Computeranimationen und Computergrafiken[37] sowie virtuelle, künstlich geschaffene Figuren[38] fallen, was diese Werkkategorie ebenso virtuellen Gegenständen[39] und Avataren[40] in

---

[34] Dreier/Schulze/*Schulze*[3] § 2 Rn. 150; Fromm/Nordemann/*A. Nordemann*[10] § 2 Rn. 137; Schricker/*Loewenheim*[3] § 2 Rn. 134.

[35] Vgl. nur BGH GRUR 1987, 903, 904 – *Le Corbusier-Möbel I*; BGH GRUR 1984, 453 – *Hemdblusenkleid*; krit. *Schack*[4] Rn. 195 („tautologische Umschreibung").

[36] Vgl. nur BGH GRUR 1983, 377, 378 – *Brombeer-Muster*; *Schack*[4] Rn. 196; Schricker/*Loewenheim*[3] § 2 Rn. 137.

[37] LG Köln K&R 2008, 477, 478 – *Virtueller Dom*; Dreier/Schulze/*Schulze*[3] § 2 Rn. 157. Insbesondere wenn man Computergrafiken nicht als Lichtbildwerke i.S.d. § 2 I Nr. 5 UrhG oder Lichtbilder i.S.d. § 72 UrhG ansieht (s.u. Kap. 6 A.II.1.d.), liegt es sehr nahe, sie mit *Schack*[4] Rn. 645 wie Zeichnungen unter die Werke der bildenden Kunst zu subsumieren.

[38] *Schulze* ZUM 1997, 77; Fromm/Nordemann/*A. Nordemann*[10] § 2 Rn. 161. Insoweit kann hier auf die Einordnung von Fantasie- und Comicfiguren unter § 2 I Nr. 4 UrhG zurückgegriffen werden, vgl. BGH GRUR 2004, 855, 857 – *Hundefigur*; BGH GRUR 1994, 191, 192 – *Asterix-Persiflagen*; BGH GRUR 1960, 251, 252 – *Mecki Igel II*; BGH GRUR 1958, 300, 301 – *Mecki-Igel I*; Schricker/*Loewenheim*[3] § 2 Rn. 147.

[39] LG Köln K&R 2008, 477, 478 – *Virtueller Dom*; *Büchner* K&R 2008, 425; *Wieduwilt* MMR 2008, 715, 716.

[40] Die Erwägung von *Geis/Geis* CR 2007, 721, 724 und folgend *Wieduwilt* MMR 2008, 715, 716, das „Leben" eines Avatars ähnlich der Geschichte einer Romanfigur als Fabel eines Sprachwerkes zu schützen, wenn sich dessen Handeln hinreichend zu einer Fabel verdichtet habe, erscheint eher fernliegend. Ein solcher Schutz käme allenfalls in Betracht, wenn sich dieses seinerseits schöpferisch in einem Werk niederschlägt, welches hinreichend konkrete Form angenommen hat (vgl. BGH GRUR 1999, 984, 985 – *Laras Tochter*; OLG München GRUR 1990, 674, 675 f. – *Forsthaus Falkenau*). Genauso wenig wie das nirgends in einer schöpferisch konkreten Form festgehaltene Leben einer natürlichen Person Werkcharakter hat, kann sich ein Werk daraus ergeben, dass dieses in den virtuellen Raum transponiert wird.

virtuellen Welten eröffnet, ohne auf Bilder oder Plastiken in virtuellen Kunstausstellungen beschränkt zu sein.

b. Werke der angewandten Kunst (§ 2 I Nr. 4 UrhG)

Fraglich ist indes, ob virtuelle Gegenstände auch den Werken der angewandten Kunst unterfallen können, welche Bedarfs- und Gebrauchsgegenstände mit künstlerischer Formgebung erfassen, die sich von der zweckfreien bildenden Kunst durch ihren konkreten Gebrauchszweck unterscheiden[41]. Diese Einordnungsfrage wird dann relevant, wenn man Werke der angewandten Kunst – wie der BGH in ständiger Rechtsprechung[42] – höheren Schutzanforderungen unterwirft und eine die durchschnittliche schöpferische Tätigkeit deutlich überragende Leistung fordert[43].

Für virtuelle Gegenstände ist diese Einordnung derzeit unklar. Ausgangspunkt der Überlegungen muss – nach allgemeinen Maßstäben – ihr Gebrauchszweck sein[44]. Vor diesem Hintergrund wird teilweise davon ausgegangen, dass virtuelle Gebäude oder deren selbständig schutzfähige Teile Werke der angewandten Kunst sein können. So liege der Gebrauchszweck eines virtuellen Kölner Doms darin, eben diesen Dom zu visualisieren und virtuelle Welten so als ernstzunehmende Kommunikationsplattform darzustellen. Das gehe über eine zweckfreie, rein ästhetischen

---

[41] BGH GRUR 1995, 581, 582 – *Silberdistel*; BGH GRUR 1959, 289, 290 – *Rosenthal-Vase*; Dreier/Schulze/*Schulze*[3] § 2 Rn. 158; Fromm/Nordemann/*A. Nordemann*[10] § 2 Rn. 139; *Schack*[4] Rn. 202; Schricker/*Loewenheim*[3] § 2 Rn. 156; Wandtke/Bullinger/*Bullinger*[3] § 2 Rn. 97.

[42] Vgl. BGH GRUR 2004, 941, 942 – *Metallbett*; BGH GRUR 1995, 581, 582 – *Silberdistel*; BGH GRUR 1983, 377, 378 – *Brombeer-Muster*.

[43] Ob dies zweckmäßig ist, um eine Vielzahl von Trivialgegenständen aus dem Urheberrechtsschutz herauszuhalten, oder ob es im Vorgriff auf eine zunehmende europäische Harmonisierung hin zu einheitlichen Schutzanforderungen über den derzeit harmonisierten Bereich von etwa Lichtbildern, Computerprogrammen und Datenbanken hinaus geboten erscheint, braucht für die Zwecke dieser Arbeit nicht entschieden zu werden; kritisch und in letzterem Sinne etwa Dreier/Schulze/*Schulze*[3] § 2 Rn. 32; Fromm/Nordemann/*A. Nordemann*[10] § 2 Rn. 147 ff.; Schricker/*Loewenheim*[3] § 2 Rn. 158; für die Beibehaltung einer höheren Schutzschwelle zu Recht *Rehbinder*[15] Rn. 153; für Websites auch *Schack* MMR 2001, 9, 10 f. Selbst wenn man die rechtlichen Anforderungen herabsetzt, verschiebt das die Frage der Schutzfähigkeit auf eine tatsächliche Ebene, inwiefern nämlich bei Werken der angewandten Kunst dann ein geringerer, die individuelle Prägung einengender oder gar ausschließender Gestaltungsspielraum besteht.

[44] Vgl. zum Gebrauchszweck als Kriterium Fromm/Nordemann/*A. Nordemann*[10] § 2 Rn. 139; *Schack*[4] Rn. 202; Schricker/*Loewenheim*[3] § 2 Rn. 156; insbesondere für Computeranimationen Dreier/Schulze/*Schulze*[3] § 2 Rn. 157.

Anschauungen dienende Darstellung der reinen Kunst hinaus[45]. Entgegengehalten wird dem, dass der Gebrauchszweck virtueller Gegenstände lediglich in der Dekoration einer virtuellen Welt liege. Eine visuelle Darstellung allein könne keinen Gebrauchszweck begründen, sondern erschöpfe sich wie bei der reinen Kunst in ihrer ästhetischen Wirkung. Auch ein etwaiger durch virtuelle Gegenstände erzeugter „sozialer Nutzen" virtueller Welten ändere hieran nichts, da er unabhängig von einem virtuellen Gegenstand existiere. Genauso wenig könne der ökonomische Nutzen des Handels mit virtuellen Gegenstände entscheidend sein, da auch Kunstwerke gegen Entgelt gehandelt würden[46].

Beide Perspektiven erweisen sich bei genauerem Blick als unzureichend differenzierend. Weder die Frage, ob ein Gegenstand dem Nutzen virtueller Welten dient (z.B. durch Steigerung der Attraktivität und Bekanntheit), noch ob seine Verwendung dort eine visuelle Dekoration ist, zielt bei virtuellen Welten auf die eigentliche Frage des Gebrauchszweckes enthaltener virtueller Gegenstände. Überträgt man diese Überlegungen in die reale Welt, müsste man bei Kunstwerken den Nutzen des sie ausstellenden Museums betrachten[47] bzw. würde auf der anderen Seite dekorative Elemente in Werbegrafiken oder auf Websites schon wegen ihrer ästhetischen Wirkung eher der bildenden Kunst – und nicht wie üblich der angewandten Kunst[48] – zuschlagen müssen. Die Lösung liegt nicht darin, den Nutzen eines virtuellen Gegenstandes in einer Außenperspektive *für* eine virtuelle Welt im Hinblick auf deren Attraktivität zu bestimmen. Das würde den Nutzen des Werkes mit dem Nutzen seiner Umgebung vermengen. Statt dessen ist aus einer differenzierten Innenperspektive zu fragen, welchen konkreten Nutzen ein virtueller Gegenstand *in* der virtuellen Welt erfüllt[49]. Dieser kann nämlich je nach seiner Art und Natur sowohl ein für sich rein ästhetisch wirkendes Kunstwerk sein (z.B. eine virtuelle Plastik), aber auch anderen Gebrauchszwecken dienen (wie virtuelle Werbeschil-

---

[45] Vgl. LG Köln K&R 2008, 477, 479 – *Virtueller Dom* für Texturen eines Gebäudes, i.E. einen Schutz mangels hinreichender, für angewandte Kunst notwendiger Schöpfungshöhe verneinend.

[46] So *Büchner* K&R 2008, 425, 426; ähnlich *Wieduwilt* MMR 2008, 715, 716.

[47] Das Beispiel des Museums lässt sich am Beispiel einer repräsentativen Plastik in der Eingangshalle eines Wirtschaftsunternehmens noch zuspitzen.

[48] So aber die gängige Einordnung, vgl. OLG Jena GRUR-RR 2002, 379, 380 – *Rudolstädter Vogelschießen*; Dreier/Schulze/*Schulze*[3] § 2 Rn. 165; Schricker/*Loewenheim*[3] § 2 Rn. 172 für Werbegrafiken; *Schack*[4] Rn. 207.

[49] A.A. *Büchner* K&R 2008, 425, 426, der die Frage aus einer Außenperspektive beurteilen will, weil sonst die Schutzfähigkeit von den Beteiligten einer virtuellen Welt abhänge. Gerade darin äußert sich aber die Beurteilung von Werken aus der Sicht der jeweiligen für Kunst empfänglichen Verkehrskreise (vgl. BGH GRUR 1983, 377, 378 – *Brombeer-Muster*; *Schack*[4] Rn. 196; Schricker/*Loewenheim*[3] § 2 Rn. 137). Das sind hier gerade die Nutzer.

der). Die Differenzierung ähnelt damit derjenigen in der realen Welt, nur dass sich der „Gebrauch“ in einer virtuellen Interaktion erschöpft und nicht physischer Art ist. Freilich ist eine Definition des Gebrauches nicht leicht, weil das überkommene Verständnis damit einen physisch-manipulativen Aspekt zu verbinden scheint. Das zeigt sich etwa in Formulierungen, virtuelle Figuren ließen sich nicht gebrauchen, sondern nur betrachten[50]. Eine solche Differenzierung ist in der realen Welt sicherlich praktikabel, würde in einer virtuellen Welt und bei den dort verfolgbaren Aktivitäten wirtschaftlicher, ökonomischer und didaktischer (im Gegensatz zu solchen künstlerischer und kultureller) Art[51] aber außer Acht lassen, dass ein virtueller Gebrauch durchaus solchen Gebrauchszwecken dienen kann, bei denen nicht die rein ästhetische Betrachtung im Vordergrund steht.

c. Werke der Baukunst (§ 2 I Nr. 4 UrhG)

Des weiteren wird für virtuelle Gebäude eine Einordnung als Werk der Baukunst i.S.d. § 2 I Nr. 4 UrhG erwogen[52]. Zwar spielen hierfür weder Material noch Zweck des Baus eine Rolle[53], so dass der Begriff der Baukunst auf den ersten Blick auch rein elektronisch verkörperte Architektur aufnehmen könnte. Eine Grenze für die Subsumtion lediglich virtueller Gebäude unter diesen Begriff bildet jedoch das herkömmliche Verständnis von Bauwerken als plastischen Gestaltungen, die einem Gebrauchszweck wie dem Begehen, Befahren oder Bewohnen dienen[54]. Um diese zu überschreiten, müsste man Werke der Baukunst nicht nur generell als nicht an körperliche Materie gebunden begreifen, sondern hierfür auch die wahrnehmbare schöpferische Form eines virtuell begehbaren Bauwerkes im virtuellen Raum genügen lassen[55]. Hierzu allein auf den Schutz von Entwürfen und Abbildungen zu verweisen[56], trägt als Argument jedoch nicht. Zwar umfasst der Schutz als Bauwerk auch die Entwurfszeichnung eines Architekten[57], wobei es keinen Unterschied machen kann, ob diese am Reißbrett oder am Computer entstehen. Letztlich sind

---

[50] Fromm/Nordemann/*A. Nordemann*[10] § 2 Rn. 161.

[51] Vgl. dazu die Einleitung Kap. 1 B.I.

[52] *Büchner* K&R 2008, 425, 426. Ebenso aus Sicht des US-amerikanischen Rechts *Marcus* 52 N.Y. L. Sch. L. Rev. 67, 77 sowie *Miller* 22 Rev. Litig. 435, 451 (2003), die virtuelle Gebäude als architectural works i.S.d. U.S. Code Title 17 (Copyright) Sec. 102 (a) (8) einordnen.

[53] Schricker/*Loewenheim*[3] § 2 Rn. 149.

[54] Wandtke/Bullinger/*Bullinger*[3] § 2 Rn. 108.

[55] So *Büchner* K&R 2008, 425, 426.

[56] So *Büchner* K&R 2008, 425, 426.

[57] BGH GRUR 2003, 231, 234 – *Staatsbibliothek*; Dreier/Schulze/*Schulze*[3] § 2 Rn. 187 f.; Fromm/Nordemann/*A. Nordemann*[10] § 2 Rn. 152; Wandtke/Bullinger/*Bullinger*[3] § 2 Rn. 111.

diese aber immer noch auf die reale Verwirklichung in Form eines physischen Gebäudes gerichtet. Da Entwürfe generell für jede Werkkategorie Schutz genießen, sobald sie die für eine persönlich-geistige Schöpfung erforderlichen individuellen Züge aufweisen[58], muss sich ihre jeweilige Einordnung nach ihrer – objektivierten[59] – Zweckbestimmung richten und die Werkkategorie von Entwürfen damit nach dem des letztlich zu verwirklichenden Werkes richten, was hier die tatsächlich raumgestaltende Wirkung ist. Anderenfalls ließen sich schutzfähige Entwürfe für Werke der bildenden, angewandten und Baukunst kaum nach der Werkgattung voneinander abgrenzen. Diese Frage einer exakten Einordnung als Werk der Baukunst oder bildenden Kunst ist letztlich zwar zweitrangig, da die exemplarisch aufgezählten Werkarten ohnehin nicht trennscharf voneinander abgegrenzt werden müssen[60] und sich hier die Schutzanforderungen an eine persönlich-geistige Schöpfung nicht von denen bei Werken der bildenden Kunst unterscheiden[61]. Will man eine solche Einordnung aber für das Werk vornehmen, kann der dem Werk folgende Entwurf gerade nicht als Argument herhalten, dessen Einordnung selbst zu verändern.

d. Lichtbildwerke (§ 2 I Nr. 5 UrhG)

Ein Schutz virtueller, am Computer erstellter Gegenstände als Lichtbildwerke (§ 2 I Nr. 5 UrhG) oder Lichtbilder (§ 72 UrhG) scheidet demgegenüber aus, solange keine real aufgenommenen Fotos – etwa für Texturen – als eigenständig schutzfähige Werkteile Verwendung finden. Ein Lichtbild setzt, auch wenn die technischen Modalitäten der Bildfestlegung letztlich nicht entscheidend sind, eine fotografische oder eine in Wirkungsweise und Ergebnis der Fotografie verfahrensähnliche Herstellung voraus[62]. Da das den Einsatz strahlender Energie erfordert, scheiden direkt

---

[58] Schricker/*Loewenheim*[3] § 2 Rn. 22, 131, 155.

[59] Dass die subjektiven Vorstellungen des Urhebers für die Werkeigenschaft unerheblich sind, wie *Büchner* K&R 2008, 425, 427 zutreffend bemerkt, spricht jedoch nicht gegen das Kriterium einer raumgestaltenden Zweckbestimmung. Denn diese kann Entwurfszeichnungen auch objektiviert aus Sicht der maßgeblichen Verkehrskreise zu- oder abgesprochen werden. Während Entwurfszeichnungen von Architekten oder Bebauungspläne üblicherweise auf eine Realisierung im realen Raum angelegt sind, dürfte das bei virtuellen Gebäuden in virtuellen Welten (erst recht in solchen futuristischer oder mittelalterlicher Atmosphäre) weniger der Fall sein.

[60] Dreier/Schulze/*Schulze*[3] § 2 Rn. 79; *Schack*[4] Rn. 152; Schricker/*Loewenheim*[3] § 2 Rn. 74.

[61] Dreier/Schulze/*Schulze*[3] § 2 Rn. 182; Wandtke/Bullinger/*Bullinger*[3] § 2 Rn. 108.

[62] Fromm/Nordemann/*A. Nordemann*[10] § 2 Rn. 193; Schricker/*Loewenheim*[3] § 2 Rn. 176; Wandtke/Bullinger/*Bullinger*[3] § 2 Rn. 113.

am Computer erstellte Grafiken hier aus[63]. Insofern bleibt einer Computergrafik zuvorderst die Einordnung als Werk der bildenden Kunst oder als technische Darstellung offen. Gleiches gilt für einfache Lichtbilder i.S.d. § 72 UrhG[64].

e. Darstellungen wissenschaftlicher oder technischer Art (§ 2 I Nr. 7 UrhG)

Darstellungen wissenschaftlicher oder technischer Art i.S.d. § 2 I Nr. 7 UrhG dienen der Vermittlung wissenschaftlicher oder technischer Informationen über einen dargestellten Gegenstand[65]. Diese inhaltsbezogene Einordnung ermöglicht die Annahme solcher Werke durchaus auch im Rahmen eines Computerprogramms[66] oder auf Webseiten[67]. Daher ist es nichts Besonderes, den Schutz von Darstellungen technischer oder wissen-

---

[63] Fromm/Nordemann/*A. Nordemann*[10] § 2 Rn. 193 mit der Begründung, dass diese eher Zeichnungen ähneln; HK-UrhR/*Dreyer*[2] § 2 Rn. 237; *Schack*[4] Rn. 209; *Schack* MMR 2001, 9, 10; Schricker/*Loewenheim*[3] § 2 Rn. 176; a.A. Dreier/Schulze/*Schulze*[3] § 2 Rn. 200; *Rehbinder*[15] Rn. 199. Für eine solche Dehnung des Lichtbildbegriffes gibt es indes keinen Anlass, weil am Computer geschaffene Werke ohne weiteres als Werk der bildenden Kunst erfasst werden können. Folgt man der h.M., stellt sich für computergenerierte und bewegte Grafiken die Frage des Einzelbildschutzes als Lichtbildwerke gar nicht erst, vgl. Fromm/Nordemann/*A. Nordemann*[10] § 2 Rn. 194 für computeranimiert produzierte Filme.

[64] OLG Hamm GRUR-RR 2005, 73, 74 – *Web-Grafiken*; *Schack*[4] Rn. 645; Schricker/*Vogel*[3] § 72 Rn. 18; Wandtke/Bullinger/*Thum*[3] § 72 Rn. 18; a.A. und wie bei Lichtbildwerken Dreier/Schulze/*Schulze*[3] § 72 Rn. 7; *Rehbinder*[15] Rn. 837; *Schulze* ZUM 1997, 77, 82; *Büchner* K&R 2008, 425, 427; wohl auch Möhring/Nicolini/*Hoeren*[2] § 69a Rn. 8. Ein ausufernder Lichtbildschutz gem. § 72 UrhG riefe indes die Gefahr hervor, dass so über die niedrigeren Schutzanforderungen eine Unzahl einfacher Gebrauchswebgrafiken ohne jegliche schöpferische Leistung schutzfähig gestellt würde. Ein Schutz einer Computerzeichnung mit einem Mindestmaß schöpferischer Individualität als „kleine Münze" eines Werkes der bildenden Kunst bzw. bei Computergrafiken zu Gebrauchszwecken (wie als Icons oder Schaltflächen) als Werk der angewandten Kunst erscheint hier angemessener, da sonst auch die – hier nicht in Frage gestellten – höheren Anforderungen der Rechtsprechung an die Schutzfähigkeit letzterer Werke unterlaufen würden.

[65] KG GRUR-RR 2002, 91, 92 – *Memo-Kartei*; *Schack*[4] Rn. 182; Dreier/Schulze/*Schulze*[3] § 2 Rn. 222 f.; Schricker/*Loewenheim*[3] § 2 Rn. 192; Wandtke/Bullinger/*Bullinger*[3] § 2 Rn. 131.

[66] OLG Köln ZUM 1999, 404, 408 – *Overlays* (bejahend für die Visualisierung der Datenbestände in einer Software für die Präsentation und den Verkauf von Möbeln, die ähnlich einer Konstruktionszeichnung durch bestimmte graphische und farbliche Symbolik Angaben über einen technischen Informationsgegenstand vermittelt); Dreier/Schulze/*Schulze*[3] § 2 Rn. 234; Fromm/Nordemann/*A. Nordemann*[10] § 2 Rn. 219; Schricker/*Loewenheim*[3] § 2 Rn. 201.

[67] Dreier/Schulze/*Schulze*[3] § 2 Rn. 234; Fromm/Nordemann/*A. Nordemann*[10] § 2 Rn. 227; Schricker/*Loewenheim*[3] § 2 Rn. 201.

schaftlicher Art bei technischen Modellen, Konstruktionszeichnungen[68] und Prototypen[69], Karten[70] oder Lehrmitteln[71] auch bei virtuellen Gegenständen[72] im Rahmen virtueller Lehrveranstaltungen für möglich zu halten.

f. Schutz als Filmwerke (§ 2 I Nr. 6 UrhG) oder Laufbilder (§§ 95, 94 UrhG)?

Größere Probleme wirft eine urheberrechtliche Einordnung virtueller Gegenstände als Filmwerke bzw. Laufbilder auf. Vereinzelt wird vertreten, virtuelle Gegenstände als filmähnliche Werke i.S.d. § 2 I Nr. 6 UrhG oder – unterhalb der dazu erforderlichen Schöpfungshöhe[73] – als Laufbilder i.S.d. §§ 95, 94 UrhG anzusehen[74]. Da ein bewegtes Bild bei im virtuellen Raum statischen Gegenständen durch die eigene Bewegung des Betrachters und die dadurch ausgelösten unterschiedlichen Perspektiven und Blickwinkel entsteht, und da eine solche Interaktion der Einordnung einer dadurch ausgelösten Bildfolge als Film nach überwiegender Ansicht nicht entgegensteht[75], erschiene es nicht gänzlich fernliegend, die so durch bewegten „Blick" auf die Gegenstände geschaffene Bildfolge prima facie als Film zu begreifen.

Für diese Frage muss zunächst differenziert werden, ob es um die Einordnung des umgebungsgenerierenden Programms als Film geht, welches

---

[68] Vgl. Dreier/Schulze/*Schulze*[3] § 2 Rn. 240; *Schack* MMR 2001, 9, 10.

[69] Vgl. Schricker/*Loewenheim*[3] § 2 Rn. 207.

[70] Vgl. Dreier/Schulze/*Schulze*[3] § 2 Rn. 236; Schricker/*Loewenheim*[3] § 2 Rn. 206.

[71] Vgl. Dreier/Schulze/*Schulze*[3] § 2 Rn. 237 f.; Schricker/*Loewenheim*[3] § 2 Rn. 208.

[72] So auch für Art. 2 II lit. d Schweizerisches URG *Bürge* sic! 2006, 802, 704.

[73] Die Abgrenzung von Filmwerken zu Laufbildern erfolgt – wie bei Lichtbildwerken und einfachen Lichtbildern – über die Gestaltungshöhe, die durch Elemente wie die Wahl der Perspektive, Auswahl der Motive und des Hintergrundes, Beleuchtung, visuelle Effekte oder vor allem Schnitte erreicht werden kann. Erreicht die bewegte Bildfolge eigenschöpferische Prägung, kann sie als Filmwerk eingeordnet werden, sonst ist sie einfaches Laufbild. Vgl. zu den genannten Kriterien Fromm/Nordemann/*J. Nordemann*[10] § 95 Rn. 5; *Schack*[4] Rn. 214; Wandtke/Bullinger/*Manegold*[3] § 95 Rn. 19.

[74] *Trump/Wedemeyer* K&R 2006, 397, 400 f. für die grafischen Darstellungen der Betriebssoftware einer virtuellen Welt, an deren Qualifikation virtuelle Gegenstände teilhaben sollen. Zu Recht dagegen LG Köln K&R 2008, 477, 479 – *Virtueller Dom*; *Burger* in: *Taeger/Wiebe* S. 65, 71; *Büchner* K&R 2008, 425, 427. Selbst wenn man die durch normale Bewegungsabläufe erzeugten Bildfolgen als Film ansehen will, werden diese kaum jemals Filmwerksqualität erreichen, sondern ähnlich wie Amateurfilme (dazu Fromm/Nordemann/*J. Nordemann*[10] § 95 Rn. 15; Schricker/*Katzenberger*[3] § 95 Rn. 12) nur Laufbildcharakter haben.

[75] Fromm/Nordemann/*J. Nordemann*[10] § 95 Rn. 14; HK-UrhR/*Dreyer* § 2 Rn. 259; Schricker/*Loewenheim*[3] § 2 Rn. 183; Wandtke/Bullinger/*Bullinger*[3] § 2 Rn. 129; Wandtke/Bullinger/*Grützmacher*[3] § 69g Rn. 5; *Büchner* K&R 2008, 425, 427.

technisch über eine Rendering Engine verschiedene bewegte Blickwinkel erzeugen kann (aa.), um die darin enthaltenen, im virtuellen Raum unbewegten, aber durch die Bewegung des Betrachters als bewegt wahrnehmbaren virtuellen Gegenstände (bb.), oder aber in sich selbst bewegte zweidimensionale Bilder bzw. dreidimensionale Formgestaltungen im virtuellen Raum (cc.). Die umstrittene Frage, ob bewegte Darstellungen in Computerspielen und Multimediaanwendungen als filmähnliche Werke bzw. Laufbilder anzusehen sind, lässt sich hier auf die Parallele des die Umgebung erzeugenden Programms übertragen (aa. (1),(2)). Sie liefert dabei den Ausgangspunkt für die Diskussion einer etwaigen Anwendung dieser Grundsätze auch auf virtuelle Gegenständen als solche. Dabei wird sich jedoch zeigen, dass ein wachsender Grad an Interaktivität die konkrete Festlegung des Werkes verschwimmen lässt (aa. (2), bb. (1)). Auch ein Bedürfnis nach urheberrechtlichem Schutz (aa. (3)) oder einer Anwendung der §§ 88 ff. UrhG im Hinblick auf die virtuelle Umgebung (aa. (4)) lässt sich bei darin enthaltenen virtuellen Gegenständen nicht erkennen (bb. (2)). Demgegenüber unterfallen in sich bewegte Formgestaltungen im virtuellen Raum schon definitionsgemäß dem Filmbegriff (cc.).

aa. Die virtuelle Plattform als Film: Paralleldiskussion um den Laufbildschutz bei Computerspielen

Da sämtliche Argumente für eine filmähnliche Qualifikation virtueller Gegenstände auf die Diskussion um die Werkkategorisierung von Bildschirmspielen zurückführbar sind, wird zunächst auf diese eingegangen, bevor die daraus gefundenen Ergebnisse auf virtuelle Gegenstände angewendet werden.

(1) Der weite Filmbegriff

Der urheberrechtliche Filmbegriff ist denkbar weit und erfasst jede Folge von Bildern oder Bildern und Tönen, welche den Eindruck eines bewegten Bildes vermitteln[76]. Anders als bei Lichtbildern ist das fotographische Aufnahmeverfahren nicht entscheidend[77], so dass hierunter auch bewegte Multimediaprodukte und Computeranimationen fallen können[78]. Nach

---

[76] Dreier/Schulze/*Schulze*[3] § 2 Rn. 204; Fromm/Nordemann/*A. Nordemann*[10] § 2 Rn. 203; Fromm/Nordemann/*J. Nordemann*[10] vor §§ 88 ff. Rn. 9; *Schack*[4] Rn. 211; Schricker/*Loewenheim*[3] § 2 Rn. 181; Schricker/*Katzenberger*[3] vor §§ 88 ff. Rn. 20; Wandtke/Bullinger/*Manegold*[3] vor §§ 88 ff. Rn. 18.

[77] Dreier/Schulze/*Schulze*[3] § 2 Rn. 205.

[78] Schricker/*Loewenheim*[3] § 2 Rn. 183 f.; Dreier/Schulze/*Schulze*[3] § 2 Rn. 207; Fromm/Nordemann/*A. Nordemann*[10] § 2 Rn. 204; Fromm/Nordemann/*Czychowski*[10] § 69a Rn. 10; HK-UrhR/*Dreyer* § 2 Rn. 248; Schricker/*Katzenberger*[3] vor §§ 88 ff. Rn. 44; Wandtke/Bullinger/*Bullinger*[3] § 2 Rn. 129; Wandtke/Bullinger/*Manegold*[3] vor §§ 88 ff. Rn. 19.

überwiegender Ansicht werden daher unter Anknüpfung an ihre grafische Ausgabe[79] auch Computerspiele im Wege einer erweiterten Auslegung unter den Filmbegriff subsumiert – je nach Schöpfungshöhe als ähnlich wie ein Filmwerk geschaffenes Werk (§ 2 I Nr. 6 UrhG) oder als Laufbild (§ 95 UrhG) – und so den besonderen Filmrechtsvorschriften der §§ 88 ff. UrhG unterstellt[80].

(2) Grenzen des Filmbegriffes bei zunehmender Interaktivität

Gegen ein solches Verständnis computergenerierter, interaktiver Bildfolgen als Film[81] wird der gestalterische Einfluss des Nutzers auf die konkret erzeugte Bildfolge vorgebracht. Nach h.M. steht ein Element der Interaktivität einer Qualifikation als Film nicht entgegen[82]; für andere kann dagegen der Filmbegriff bei interaktiv erzeugten Bildfolgen an seine Grenzen stoßen[83]. Bei genauem Blick geht es für die Frage der Interaktivität nicht allein um eine restriktive oder – mit Blick auf die angestrebten Rechts-

---

Zum gleichen Ergebnis gelangen diejenigen, die diese Werke als Multimediawerk begreifen und die Filmrechtsvorschriften der §§ 88 ff. UrhG analog anwenden.

[79] Vgl. zum Doppelschutz der technisch steuernden Elemente als Computerprogramm und der grafischen Ausgabeergebnisse Dreier/Schulze/*Dreier*[3] § 69a Rn. 17; Fromm/Nordemann/*Czychowski*[10] § 69a Rn. 9-11; HK-UrhG/*Meckel* § 69a Rn. 11; Möhring/Nicolini/*Hoeren*[2] § 69a Rn. 8; *Rehbinder*[15] Rn. 170; Schricker/*Loewenheim*[3] § 69a Rn. 25; Wandtke/Bullinger/*Grützmacher*[3] § 69g Rn. 4.

[80] OLG Köln GRUR 1992, 312, 313 – *Amiga Club*; BayObLG GRUR 1992, 508, 508 f. – *Verwertung von Computerspielen*; OLG Hamburg GRUR 1990, 127, 128 – *Super Mario III*; Fromm/Nordemann/*J. Nordemann*[10] vor §§ 88 ff. Rn. 12; Dreier/Schulze/*Schulze*[3] § 2 Rn. 207 (aber differenzierend bei den Rechtsfolgen *ders.* vor §§ 88 ff. Rn. 4: keine Anwendung der §§ 88-93 UrhG, wohl aber der §§ 94, 95 UrhG); HK-UrhR/*Dreyer* § 2 Rn. 247; HK-UrhR/*Meckel* § 95 Rn. 3; Möhring/Nicolini/*Ahlberg*[2] § 2 Rn. 34; Schricker/*Katzenberger*[3] vor §§ 88 ff. Rn. 44; Wandtke/Bullinger/*Grützmacher*[2] § 69g Rn. 4 f.; Wandtke/Bullinger/*Manegold*[2] vor §§ 88 ff. Rn. 17. Gegen einen Laufbildschutz OLG Frankfurt GRUR 1984, 509 – *Donkey Kong Junior II*; OLG Frankfurt GRUR 1983, 757, 757 f. – *Donkey Kong Junior I*; OLG Frankfurt GRUR 1983, 753, 756 – *Pengo*. Zurückhaltend auch Fromm/Nordemann/*Hertin*[9] vor §§ 88 ff. Rn. 12; *Schack*[4] Rn. 217 (Einordnung als Multimediawerk; analoge Anwendung mancher Vorschriften nicht ausgeschlossen) sowie Schricker/*Katzenberger*[3] vor §§ 88 ff. Rn. 46 speziell für Multimediawerke im Allgemeinen, anders für Computerspiele im Besonderen, a.a.O. Rn. 44.

[81] Da der Unterschied zwischen Filmwerk i.S.d. § 2 I Nr. 6 UrhG und Laufbildern i.S.d. § 95 UrhG lediglich in der Schöpfungshöhe liegt, soll in diesem Abschnitt für die Frage einer Einordnung als bewegtes Bild zur sprachlichen Vereinfachung zunächst von einem Film die Rede sein.

[82] *Büchner* K&R 2008, 425, 427; Fromm/Nordemann/*J. Nordemann*[10] § 95 Rn. 14; HK-UrhR/*Dreyer* § 2 Rn. 259; Schricker/*Loewenheim*[3] § 2 Rn. 183; Wandtke/Bullinger/*Bullinger*[3] § 2 Rn. 129; Wandtke/Bullinger/*Grützmacher*[3] § 69g Rn. 5.

[83] Dreier/Schulze/*Schulze*[3] § 2 Rn. 14; Dreier/Schulze/*Schulze*[3] § 95 Rn. 9; Wandtke/Bullinger/*Manegold*[3] § 95 Rn. 14.

folgen der §§ 88 ff. UrhG (dazu (d)) – extensive Auslegung des Filmbegriffes und seine Abgrenzung zu anderen Werkarten[84], als vielmehr darum, wo das Erfordernis einer konkreten Form des Werkes für jede Werkart absolute Grenzen zieht[85].

Den Ausschlag im Einzelfall gibt hier, wie sich eine etwaige Interaktivität des Werkes auf seine Festlegung in einer konkreten wahrnehmbaren Form auswirkt. Auch wenn das keine körperliche Fixierung erfordert, so muss das konkrete Werk dennoch eine konkrete Gestalt haben, um als Schutzgegenstand des Urheberrechts und zur Bestimmung der daraus fließenden Reichweite des Nutzungsmonopols überhaupt erfassbar zu sein[86]. Solange die sich konkret ergebende Bildfolge in irgendeiner Weise im technischen Medium des Werkes angelegt ist, steht die Interaktivität einer Rückführung der u.U. variablen Bildfolge auf das Werk nicht entgegen. Zentrale Voraussetzung ist aber, dass es überhaupt einen vorgegebenen Ablauf bewegter Bilder gibt, der (lediglich) zu einem gewissen Grad variiert werden kann. Dementsprechend ist das tragende Argument für einen Laufbildschutz, dass gewisse Abläufe zwar durch Interaktion beeinflussbar, sonst aber in ihren Grundzügen fest vorgegeben seien[87]. In welchem Maße das der Fall ist, kann jedoch durch eine generelle Einordnung als „Bildschirmspiele" nicht beantwortet werden, sondern nur durch eine konkrete Würdigung, inwiefern die sich ergebenden Bildfolgen tatsächlich technisch bereits angelegt sind. Bei digitalisierten und im

---

[84] Auch eine Subsumtion solcher Werke unter Multimediawerke als originäre Werkart entgeht dem sogleich dargestellten Problem der konkreten Festlegung des Werkes nicht, so *Schack*[4] Rn. 217, der interaktive Werkformen unter Multimediawerke subsumiert, und nur in begrenztem Maße „manche" der §§ 88 ff. UrhG analog anwenden will.

[85] Vgl. zu diesem Erfordernis BGH GRUR 1962, 470, 472 – *AKI;* Dreier/Schulze/*Schulze*[3] § 2 Rn. 14; Fromm/Nordemann/*A. Nordemann*[10] § 2 Rn. 23; *Schack*[4] Rn. 159; Schricker/*Loewenheim*[3] § 2 Rn. 20; Wandtke/Bullinger/*Bullinger*[3] § 2 Rn. 19.

[86] Vgl. *Long* 90 Va. L. Rev. 465, 476, (2004) zu den informationsökonomischen Kosten der Unbestimmtheit.

[87] OLG Frankfurt GRUR 1984, 509, 509 f. – *Donkey Kong Junior II*; HK-UrhR/*Dreyer* § 2 Rn. 247; *W. Nordemann* GRUR 1981, 891, 893; *Schack*[4] Rn. 653 (wenngleich i.E. abl., weil die Programmierung die eigentlich schutzwürdige Leistung sei); Schricker/*Loewenheim*[3] § 2 Rn. 183; *Schulze* ZUM 1997, 77, 80; Wandtke/Bullinger/*Bullinger*[3] § 2 Rn. 129; Wandtke/Bullinger/*Grützmacher*[3] § 69g Rn. 5. Dieses Kriterium liegt auch Entscheidungen aus dem US-amerikanischen Recht zugrunde, vgl. *Stern Electronics, Inc. v. Kaufman* 669 F.2d 852, 856 (U.S. Court of Appeals for the Second Circuit, 1982): „The repetitive sequence of a substantial portion of the sights and sounds of the game qualifies for copyright protection as an audiovisual work." Ähnlich *Williams Elecs., Inc. v. Artic Int'l, Inc.*, 685 F.2d 870, 874 (U.S. Court of Appeals for the Third Circuit, 1982).

Programm gespeicherten Videosequenzen ist das sicherlich der Fall[88]; darüber hinaus bestehen indes Zweifel an der Richtigkeit dieser sehr verbreiteten Annahme. Zwar mag es im Jahre 1981 noch so gewesen sein, dass alle durch Interaktion verursachten (denkbar geringen[89]) Veränderungen der wahrnehmbaren optischen Ausgabe in einer Weise vorprogrammiert waren, dass sie noch mit einem Fernsehbild und den elektrischen Anweisungen zum Bildaufbau verglichen werden konnten[90]. Heutzutage beruht die Annahme, in einem Programm sei „eine Vielzahl von Filmen gespeichert, die streckenweise identisch sind, streckenweise aber auch voneinander abweichen“[91], indes auf technisch höchst fragwürdigen Prämissen.

Dem ist so jedenfalls bei quasi-dreidimensional wahrgenommenen virtuellen Welten. In den zu ihrem Betrieb laufenden Programmen angelegt sind meist nur die darstellungsbildenden komplizierten Berechnungen (als Teil eines Computerprogramms i.S.d. §§ 2 I Nr. 1, 69a ff. UrhG); und gerade diese sind bei dreidimensionalen virtuellen Welten und ihrer Rendering Engine hinsichtlich des graphischen Ausgabeergebnisses ergebnisoffen, weil sie völlig von den konkreten Eingabewerten und Umgebungsdaten abhängen. Die bewegten Bilder sind – anders als das Computerprogramm und die komplexen Algorithmen zur allgemeinen Art und Weise ihrer Berechnung und Erzeugung – insoweit nicht gespeichert. Sie werden vielmehr erst dadurch erzeugt, dass ein Programm in Echtzeit die Geometrie der virtuellen Umgebung ausrechnet, die Gegenstände mit Texturen überzieht, virtuelle physikalische Gesetze bei der Interaktion von Benutzern und Gegenständen im Raum festlegt, aus Standort und Bewegung des Nutzers die Blickwinkel auf vorhandene virtuelle Gegenstände und Inhalte errechnet und das Ergebnis darstellt[92]. Welche bewegten optischen Eindrücke sich daraus für den jeweiligen einzelnen Nutzer aus der Unzahl denkbarer und frei gewählter Bewegungsabläufe und Perspektiven im virtuellen Raum ergeben, kann in keiner Weise vorhergesagt werden. Wenn bewegte Bilder hierbei allein durch die Bewegung des

---

[88] *Schack*[4] Rn. 654; Wandtke/Bullinger/*Manegold*[3] § 95 Rn. 15; *Wieduwilt* MMR 2008, 715, 716. Hier gilt nichts anderes als bei der Subsumtion von Computeranimationen unter den Filmbegriff, dazu Dreier/Schulze/*Schulze*[3] § 2 Rn. 207.

[89] Bei älteren Computerspielen und Spielautomaten bewegte sich oft eine Spielfigur vor dem Ausschnitt eines Hintergrundes, der mit dem vorprogrammierten Spielablauf weiterbewegt wurde (Scrolling). Insofern erschöpften sich die interaktiven Einflussmöglichkeiten nur auf die Bewegung der Spielfigur und die des Hintergrundes entlang vorgegebener Richtungen.

[90] So *W. Nordemann* GRUR 1981, 891, 893 f.

[91] *W. Nordemann* GRUR 1981, 891, 893. Hierauf regelmäßig aufbauend diejenigen, die einen Qualifikation als Film bejahen.

[92] Vgl. LG Köln K&R 2008, 477, 479 – *Virtueller Dom* für diese technische Funktion.

Betrachters entstehen, so kann kaum die Rede davon sein, dass alle sich nur denkbar ergebenden Bildfolgen bereits im die grafische Ausgabe steuernden Programm – und noch weniger im betrachteten Objekt selbst – angelegt seien. Angelegt im Programm ist hier lediglich die mathematische Berechnung der bewegten Bildfolge; der Schwerpunkt dieser schöpferischen Leistung ist von dem ihres grafischen Ergebnisses grundverschieden[93]. Daher trägt auch die Erwägung, der Nutzer könne keine Bildfolgen erzeugen, die der Hersteller nicht vorgesehen habe, und sei insofern nur dessen Werkzeug[94], bei völlig freien Interaktionsmöglichkeiten nur bedingt. Genauso gut kann gerade die schöpferische Leistung des Betreibers als bloßes Werkzeug für etwaige Leistungen der Nutzer gesehen werden, je mehr schöpferischer Freiraum den letzteren verbleibt. Aber selbst unter der hier abgelehnten Prämisse, alle nur potentiell möglichen Bildabläufe als vorab festgelegt zu begreifen, versagt dieser Ansatz jedenfalls, wenn eine Plattform nutzergenerierte Inhalte enthält. Dann kann das Programm allein nicht mehr die Bildfolge liefern; diese wird originär durch alle Nutzer mitbestimmt[95].

(3) Gleichwohl Subsumtion unter den Filmbegriff wegen früheren Schutzbedürfnisses

Dass dennoch Teile der Rechtsprechung Mitte der 1980er Jahre begannen, einen Laufbildschutz[96] für Computerprogramme zu etablieren, versteht

[93] I.E. ebenso *Wieduwilt* MMR 2008, 715, 716. Nicht umsonst wird der Schutz von Computerprogrammen und ihren Ausgabeergebnissen getrennt, vgl. OLG Frankfurt a.M. GRUR-RR 2005, 299, 300 – *Online-Stellenmarkt*; OLG Düsseldorf MMR 1999, 729, 730 – *Frames*; OLG Hamm GRUR-RR 2005, 73 – *Webgrafiken*; LG Düsseldorf ZUM 2007, 559, 562, 563 – *Transportsimulation*; LG Frankfurt a.M. CR 2007, 424, 425 – *Bildschirmmaske*; vgl. auch LG München I MMR 2005, 267, 268; Dreier/Schulze/*Schulze*[3] § 2 Rn. 14; Dreier/Schulze/*Dreier*[3] § 69a Rn. 16; Fromm/Nordemann/*Czychowski*[10] § 69a Rn. 27 f.; *Kunz* S. 123; *Maume* MMR 2007, 620, 623; *Schack*[4] Rn. 179; Schricker/*Loewenheim*[3] § 69a Rn. 7, 25; Wandtke/Bullinger/*Grützmacher*[3] § 69a Rn. 14.

[94] So Fromm/Nordemann/*J. Nordemann*[10] § 95 Rn. 14. Gegen eine Betrachtung dessen, was der Nutzer *nicht kann*, anstelle dessen, was der Hersteller *konkret schöpferisch geleistet* hat, spricht auch folgender Vergleich: Hat ein Innenarchitekt die komplette innere Gestaltung eines Bauwerks vorgenommen, so könnte nach dem vorgenannten Maßstab kein Film aufgenommen werden, ohne dass die entstehende Bildfolge nicht zumindest potentiell (als eine unter unendlich vielen) schon in der Gestaltung des Raumes angelegt wäre, nur weil sie diesen dabei zwingend abbildet. Dies zeigte sich in der Vergangenheit bei Bildschirmspielen nicht so deutlich, weil die Anzahl potentieller Bildfolgen erheblich geringer war.

[95] So auch aus US-amerikanischer Perspektive *Miller* 22 Rev. Litig. 435, 454 f. (2003).

[96] Die Einordnung als Laufbild i.S.d. § 95 UrhG dominiert die Rechtsprechung vor allem deswegen, weil sich die Gerichte pragmatisch eine Auseinandersetzung mit der

sich vor dem Hintergrund, dass die damals hohen Schutzvoraussetzungen für Computerprogramme über ihren Programmcode als Sprachwerk[97] praktisch kaum von einem Computerprogramm erfüllt werden konnten und daher (auch) Computerspiele über ihren Programmcode de facto schutzunfähig blieben[98]. Während einige Gerichte diese Schutzlücke de lege lata hinnahmen und einen Schutz des bewegten Anzeigeergebnisses als Laufbild aus den obigen Gründen ablehnten[99] und teilweise als Notlösung gegen aufkommende Raubkopien den ergänzenden Leistungsschutz des § 1 a.F. UWG bemühten[100], bejahten andere Gerichte den Laufbildschutz in pragmatischer Weise, indem sie ungeachtet der obigen Bedenken den Schutz von Computerprogrammen lieber an ihre grafische Ausgabe knüpften, anstatt Raubkopien sanktionslos lassen zu müssen[101]. Dieses praktische Schutzbedürfnis spielt heutzutage jedoch keine große Rolle mehr, da der Schutz von Computerprogrammen als solchen über §§ 2 I Nr. 1, 69a ff. UrhG mittlerweile fest etabliert ist[102] und deren vorgegebene

---

Filmwerkseigenschaft und der Aktivlegitimation eines derivativen Rechteerwerbs ersparen wollten, vgl. Schricker/*Katzenberger*[3] § 94 Rn. 12.

[97] Der BGH verlangte eine das handwerksmäßige Können eines Durchschnittsprogrammierers deutlich überragende Leistung, was die meisten Computerprogramme von einem – grundsätzlich eröffneten – Urheberrechtsschutz ausschloss, vgl. nur BGH GRUR 1985, 1041, 1048 – *Inkasso-Programm*; BGH GRUR 1991, 449, 451 – *Betriebssystem.*

[98] Vgl. OLG Frankfurt GRUR 1984, 509 – *Donkey Kong Junior II* (kein schutzfähiges Computerprogramm wegen enger Grenzen für eigenschöpferische Gestaltung); OLG Frankfurt GRUR 1983, 757, 757 f. – *Donkey Kong Junior I* (kein Schutz als Computerprogramm, weil keine über das alltäglich handwerklich Geschaffene herausragende Programmierleistung); OLG Frankfurt GRUR 1983, 753, 756 – *Pengo* (kein Schutz als Computerprogramm, weil im einstweiligen Verfügungsverfahren nicht hinreichend glaubhaft gemacht, insb. kein Vortrag im Hinblick auf den Quellcode).

[99] Vgl. zur Ablehnung des Laufbildschutzes, weil die Bildfolge durch den Nutzer vorgegeben werde OLG Frankfurt GRUR 1984, 509 – *Donkey Kong Junior II* (kein Laufbildschutz); OLG Frankfurt GRUR 1983, 757, 757 f. – *Donkey Kong Junior I* (kein Filmwerk); OLG Frankfurt GRUR 1983, 753, 756 – *Pengo* (kein Laufbildschutz, ausdrücklich mangels Wiedergabe eines aufgezeichneten Ablaufes von Bildern).

[100] So OLG Frankfurt GRUR 1984, 509 – *Donkey Kong Junior II.*

[101] OLG Köln GRUR 1992, 312, 313 – *Amiga Club* (kein hinreichender Vortrag zu Gestaltungshöhe bezüglich Programm; aber Laufbildschutz bejaht, weil alle bewegten Bild-/Tonfolgen trotz bestehender Interaktionsmöglichkeiten bereits im Programm festgelegt seien); BayObLG GRUR 1992, 508, 508 f. – *Verwertung von Computerspielen* (Laufbildschutz aus den gleichen Gründen bejaht); OLG Hamburg GRUR 1990, 127, 128 – *Super Mario III* (dto.).

[102] Mit Umsetzung der ComputerprogrammRL 91/250 EWG in die §§ 69a ff. UrhG entfielen diese besonderen Anforderungen an die Schöpfungshöhe, vgl. heute nur BGH GRUR 2005, 860, 861 – *Fash 2000* zur tatsächlichen Vermutung für eine hinreichende Individualität der Programmgestaltung bei komplexen Computerprogrammen. Speziell für Computerspiele LG Düsseldorf ZUM 2007, 559, 562, 563 – *Transportsimulation*; *Schack*[4] Rn. 653.

Ausgabeergebnisse[103] ohne Not auch unter andere Werkarten gefasst werden können[104].

(4) Heutige Korrektur wegen Rechtsfolgen der §§ 88 ff. UrhG

Heutzutage wird eine extensive Auslegung des Filmbegriffes vor allem ergebnisorientiert auf das Bedürfnis gestützt, zu einer möglichst breiten Anwendung der §§ 88 ff. UrhG zu gelangen.

(a) Rechtekonzentrationsvermutungen der §§ 88, 89 UrhG

Die Auslegungsregeln der §§ 88, 89 UrhG erleichtern den Rechteerwerb des Filmherstellers an vorbestehenden Werken (§ 88 UrhG) sowie an schöpferischen Mitwirkungsbeiträgen der Filmschaffenden (§ 89 UrhG). Indem sie an diesen Beiträgen bestehende Rechte zum Zwecke einer ungestörten wirtschaftlichen Auswertung des entstandenen Filmes in der Hand des Filmherstellers konzentrieren[105], tragen sie der typischen Interessenlage einer Filmproduktion unter Mitwirkung einer Vielzahl von Personen Rechnung. Genau diese für den Verwerter günstige Bündelungswirkung der §§ 88f. UrhG für vergleichbare Interessenlagen zu erreichen, wird als Grund für eine weite Auslegung des Filmbegriffes angeführt[106].

Für ein Computerspiel oder ein komplexes Multimediaprodukt[107] lässt sich der Sinn einer solchen Vorschrift nicht gänzlich von der Hand weisen, wenn es ähnlich wie ein Film typischerweise durch arbeitsteiliges Zusammenwirken einer Vielzahl von Beteiligten unter Einsatz erheblicher finanzieller Investitionen geschaffen wird und daher auf einen erleichterten Erwerb von Rechten an vorbestehenden Werken oder Mitwirkungsleis-

---

[103] Diese nehmen am Schutz des Computerprogramms nicht teil, vgl. Kap. 6 A.I., A.II.2.a.

[104] So bestehen wie gezeigt keine Bedenken gegen eine Einordnung von *vorab bereits festgelegten* Videosequenzen als Filmwerke, Multimediawerke oder Laufbilder (vgl. Dreier/Schulze/*Schulze*[3] § 95 Rn. 9). Einzelne Computergrafiken lassen sich – wie auch ihr Sonderfall virtueller Gegenstände – unter die oben bereits dargestellten Werkarten fassen.

[105] Dreier/Schulze/*Schulze*[3] vor §§ 88 ff. Rn. 1; Fromm/Nordemann/*J. Nordemann*[10] vor §§ 88 ff. Rn. 1; Schricker/*Katzenberger*[3] vor §§ 88 ff. Rn. 9.

[106] Fromm/Nordemann/*J. Nordemann*[10] vor §§ 88 ff. Rn. 7, 12; zurückhaltend gegenüber einer Anwendung der §§ 88, 89 mit Verweis auf die oftmals ausbleibende tatsächliche Leistung einer angemessenen Vergütung Dreier/Schulze/*Schulze*[3] vor §§ 88 ff. Rn. 4 (trotz Subsumtion unter den Filmbegriff, *ders.* § 2 Rn. 207).

[107] In terminologischer Hinsicht erscheint eine Beschränkung auf Spiele wenig angebracht, wenn der entstehende grafische Eindruck ausschlaggebend sein soll. Zwar mögen diese oft mehr bewegte Bilder enthalten als Anwendungsprogramme wie Textverarbeitungen. Eine begriffliche Beschränkung auf Computerspiele birgt jedoch die Gefahr, sich vorschnell auf den Verwendungszweck des Werkes zu konzentrieren.

tungen nicht minder angewiesen ist als ein klassischer Film. Im hier betrachteten Zusammenhang leuchtet es für MMORPGs durchaus ein, dass ihr Produzent auf die Konzentration der Rechte in Bezug auf vorgefertigte und darin enthaltene Inhalte in seiner Person angewiesen ist[108].

Diese Wirkung passt indes nur soweit, wie es tatsächlich um eine Konzentration zur Herstellung und Verwertung eines filmähnlichen Werkes geht. Das mag auf die Herstellung und Verwertung eines MMORPG mit vorgefertigten Inhalten oder die (leere) Plattform einer virtuellen Welt als solche zutreffen, erfasst aber keine *späteren* nutzererstellten Inhalte. § 88 UrhG passt hier schon deswegen nicht, weil die schöpferischen Leistungen der Nutzer in einer virtuellen Welt kaum als vorbestehende Werke – ähnlich wie Romanvorlage, Filmmusik oder Drehbuch beim Film[109] – verstanden werden können. Wenn § 88 UrhG von „zu verfilmen" spricht, geht es um deren veränderte oder unveränderte Benutzung zur Herstellung eines (hier) filmähnlichen Werkes[110], wobei das vorbestehende Werk mit einer Bildfolge verbunden wird, so dass ein neuer und anderer Gesamteindruck entsteht[111]. Will man eine vom Betreiber „hergestellte" virtuelle Welt als filmähnliches Multimediawerk begreifen, erschöpft es sich aber in der technischen Plattform und den bereits in ihr vorhandenen, vorgefertigten Inhalten. Gerade mit dieser Schaffensphase haben die Nutzer jedoch nichts mehr zu tun, wenn sie im normalen Betrieb *fertiger* virtueller Welten ihre eigenen schöpferischen Inhalte einbringen, die dort vervielfältigt und öffentlich zugänglich gemacht werden. Das läge – nicht anders als

[108] Dann greift § 89 UrhG für schöpferische Mitwirkungsleistungen, wie von Programmierern und Designern geschaffenen Inhalten. Bei angestellten Programmierern im Arbeitsverhältnis erleichtert zudem § 43 UrhG den Rechtserwerb, wenn § 89 UrhG nicht anwendbar ist. Auch vorbestehende Werke i.S.d. § 88 UrhG kommen hier in Betracht, wie beispielsweise Filmcharaktere oder Filmbauten in einem thematisch auf einen Film bezogenen Computerspiel. Die genaue Abgrenzung schöpferischer Mitwirkungsleistungen i.S.d. § 89 UrhG und vorbestehender Werke i.S.d. § 88 UrhG wird zumeist danach gezogen, ob sich die schöpferischen Leistungen gedanklich vom (hier) Computerspiel als filmähnlichen Werk trennen und theoretisch selbständig verwerten lassen oder untrennbar in ihm aufgehen (Dreier/Schulze/*Schulze*[3] vor §§ 88 ff. Rn. 8; Fromm/Nordemann/*J. Nordemann*[10] vor §§ 88 ff. Rn. 16; Schricker/*Katzenberger*[3] vor §§ 88 ff. Rn. 60). Mit der inhaltlichen Angleichung der §§ 88 und 89 im Jahr 2002 hat die Abgrenzung zwischen vorbestehenden Werken und Filmwerksbeiträgen indes an Bedeutung verloren (Fromm/Nordemann/*J. Nordemann*[10] § 88 Rn. 31).

[109] Vgl. zu deren Charakter als vorbestehende Werke Dreier/Schulze/*Schulze*[3] vor §§ 88 ff. Rn. 8; sowie Schricker/*Katzenberger*[3] vor § 88 Rn. 14 ff.

[110] Vgl. Schricker/*Katzenberger*[3] vor §§ 88 ff. Rn. 23; Dreier/Schulze/*Schulze*[3] § 88 Rn 11. Bei einer extensiven Auslegung des Filmbegriffes erfasst „verfilmen" auch die Produktion von Videospielen, Fromm/Nordemann/*J. Nordemann*[10] § 88 Rn. 27.

[111] Vgl. Dreier/Schulze/*Schulze*[3] § 88 Rn. 11.

beim normalen Film[112] – jenseits des Anwendungsbereiches von § 88 UrhG. Eine andere Auffassung, die nutzererstellte Inhalte als vorbestehende Werke ansähe, müsste konsequenterweise auch das herzustellende filmähnliche Werk unter Einschluss dieser Inhalte definieren. Das liefe auf eine virtuelle Welt als sich ständig änderndes, gleichsam in ständiger Herstellung begriffenes, die unkoordinierten schöpferischen Leistungen einer Unzahl von Nutzern aufnehmendes Gesamtwerk hinaus. Eine solche Vorstellung verträgt sich kaum mit dem Erfordernis eines in konkreter Form festgelegten Werkes[113]. Hierauf bauen auch die Auslegungsregeln der §§ 88, 89 UrhG auf, wenn sie nur die Herstellung eines *konkreten* Filmes[114] bzw. Multimediawerkes erfassen.

Diese Frage ist von dem oben aufgeworfenen Problem der Interaktivität für den Filmbegriff zu trennen. Dort ging es darum, ob überhaupt ein Einfluss der Werknutzer auf die entstehende Bildfolge der Einordnung als Film entgegensteht. Hier geht es darum, ob später hinzugefügte schöpferische Beiträge – also ein erhebliches qualitatives *Mehr* an Interaktivität – auch noch die Grenzen des betrachteten *Werkes erweitern* können, gerade *um* diese späteren Beiträge als vorbestehende Werke für ein späteres, sich gleichsam ständig veränderndes Werk aufzufassen. Hierbei die Notwendigkeit einer Einräumung von Verfilmungsrechten für den laufenden Betrieb gerade damit zu begründen, dass die Verwendung nutzererstellter Inhalte in der virtuellen Umgebung zu einem diese schon einschließenden filmähnlichen Werk führt, liefe jedoch auf eine klassische petitio principii hinaus.

Überdies ist die von § 88 UrhG im Zweifel bewirkte ausschließliche Rechtekonzentration in den Händen des Betreibers bei virtuellen Welten auch nicht erforderlich. Beim Film besteht ihr Sinn darin, eine anderweitige Verwertung vorbestehender Werke und dadurch entstehende wirtschaftliche Einbußen bei der Auswertung des ersten Filmes zu verhindern[115]. Die Gefahr, dass individuelle Nutzerbeiträge durch eine Verwendung in einem anderen Kontext den wirtschaftlichen Betrieb einer virtuellen Welt untergraben würden, ist jedoch gering. Ihre Attraktivität entsteht gerade aus den Netzwerkeffekten des Zusammenwirkens einer Vielzahl von Nutzern und kleinen Beiträgen, nicht aber – wie etwa beim Film – auf einzelnen tragenden vorbestehenden Werken wie dem Drehbuch oder der

---

[112] Ist ein fertiger Film vorhanden, liegt auch keine Verfilmung i.S.d. § 88 UrhG mehr vor, Fromm/Nordemann/*J. Nordemann*[10] § 88 Rn. 30.

[113] Vgl. zu diesem Erfordernis BGH GRUR 1962, 470, 472 – *AKI;* Dreier/Schulze/*Schulze*[3] § 2 Rn. 14; Fromm/Nordemann/*A. Nordemann*[10] § 2 Rn. 23; *Schack*[4] Rn. 159; Schricker/*Loewenheim*[3] § 2 Rn. 20; Wandtke/Bullinger/*Bullinger*[3] § 2 Rn. 19.

[114] Dreier/Schulze/*Schulze*[3] § 88 Rn. 28 f.; Fromm/Nordemann/*J. Nordemann*[10] § 88 Rn. 50.

[115] Vgl. zur differenzierenden Berücksichtigung der Gefahr einer Beeinträchtigung der vertragsgemäßen Filmauswertung für die Reichweite der Ausschließlichkeitsvermutung des § 88 UrhG Dreier/Schulze/*Schulze*[3] § 88 Rn. 29; Fromm/Nordemann/*J. Nordemann*[10] § 88 Rn. 47.

Filmmusik, welche dem Film seine Prägung und seinen Wert verleihen. Das Kriterium der Erforderlichkeit muss gerade deswegen zentrale Bedeutung erlangen, weil eine extensive Auslegung der Filmrechtsbestimmungen maßgeblich auf das Bedürfnis nach einer Bündelung der Rechte und die Beeinträchtigung der Verwertung ohne diese gestützt wird[116]. Konsequenterweise wird man danach differenzieren müssen, ob eine solche mit der Filmproduktion vergleichbare Interessenlage typischerweise überhaupt vorliegt. Denn allein das allgemeine – bei praktisch allen auszuwertenden Werken vorhandene – Bedürfnis des Verwerters nach einem unkomplizierten Rechteerwerb kann eine extensive Anwendung der Filmrechtsvorschriften kaum tragen. Sähe man das anders, so würde der Grundsatz, dass Urheberrechte tunlichst beim Urheber verbleiben sollen[117] und die §§ 88 ff. UrhG daher eng auszulegende Ausnahmevorschriften sind[118], ohne Anlass bei – schon begrifflich unscharfen – Multimediaprodukten weitreichend auf den Kopf gestellt[119].

Dem mag entgegenhalten werden, dass auch § 88 UrhG als bloße Auslegungsregel[120] für Korrekturen offen ist und u.U. durch den konkreten Vertragszweck selbst widerlegt werden kann[121]. Wenn das aber hier zu dem fast generellen Ergebnis führt, dass § 88 UrhG aus den genannten Gründen fast nie einschlägig sein wird, dann ist es – um zur Ausgangsfrage zurückzukehren – wenig überzeugend, eine weite Auslegung des Filmbegriffes gerade mit dem Bedürfnis nach seiner Anwendung zu begründen.

---

[116] Vgl. nur Fromm/Nordemann/*J. Nordemann*[10] vor §§ 88 ff. Rn. 7, 12.

[117] St. Rspr. BGH GRUR 2002, 248, 251 – *Spiegel-CD-ROM*; BGH GRUR 1979, 637, 638 – *White Christmas*; Dreier/Schulze/*Schulze*[3] § 31 Rn. 110; Schricker/*Schricker*[3] vor §§ 28 ff. Rn. 65.

[118] Dreier/Schulze/*Schulze*[3] vor §§ 88 ff. Rn. 4; Schricker/*Katzenberger*[3] vor §§ 88 ff. Rn. 41. Auch die Gegenansicht, die sich auf das besondere Bedürfnis nach Rechtekonzentration stützt (vgl. nur Fromm/Nordemann/*J. Nordemann*[10] vor §§ 88 ff. Rn. 7), kann hier zu einem anderen Ergebnis nur für solche Werke gelangen, deren Herstellung eben die besondere Interessenlage beim Film aufweist.

[119] Insbesondere ließe sich der Begriff des filmähnlichen Multimediawerkes im elektronischen Kontext auf eine Vielzahl nur irgendwie animierter Content-Plattformen, Collagen etc. anwenden und könnte sämtliche Nutzerbeiträge auch nach Fertigstellung der Plattform durch die §§ 88 oder 89 UrhG erfassen.

[120] Dreier/Schulze/*Schulze*[3] § 88 Rn. 1; Fromm/Nordemann/*J. Nordemann*[10] vor §§ 88 ff. Rn. 4; Schricker/*Katzenberger*[3] § 88 Rn. 2.

[121] So und für einen Vorrang des § 31 V UrhG etwa Dreier/Schulze/*Schulze*[3] § 88 Rn. 3; a.A. Fromm/Nordemann/*J. Nordemann*[10] § 88 Rn. 99; Wandtke/Bullinger/ *Manegold*[3] § 88 Rn. 5. Unstrittig ist diese Frage wohl jedenfalls für das *Vorliegen* einer Verfilmung, vgl. Dreier/Schulze/*Schulze*[3] § 88 Rn. 3; HK-UrhR/*Meckel* § 88 Rn. 2; Schricker/ *Katzenberger*[3] § 88 Rn. 5 f.; Fromm/Nordemann/*J. Nordemann*[10] § 88 Rn. 100; Wandtke/ Bullinger/*Manegold*[3] § 88 Rn. 15; insoweit gilt BGH GRUR 1985, 529, 530 – *Happening* zu § 88 UrhG a.F. noch.

Die für den technischen Betrieb erforderlichen Rechte werden ohnehin durch die Nutzungsverträge eingeräumt; und hier sorgt im Zweifel die Zweckübertragungslehre für das technisch und wirtschaftlich konkret notwendige Maß[122]. Bedenkt man, dass die §§ 88 f. UrhG nur deren spezielle Ausprägungen für dem Filmbereich sind[123] und im Filmvertragsrecht früher vor Inkrafttreten des UrhG ähnliche Ergebnisse direkt auf die allgemeine Zweckübertragungslehre gestützt wurden[124], so besteht keine Not, den Nutzungsverträgen virtueller Welten die zu speziell auf Filme zugeschnittenen §§ 88 f. UrhG überzuhelfen, anstatt mit § 31 V UrhG einen flexiblen und zugleich passgenaueren, interessengerechten Maßstab heranzuziehen.

Entsprechende Erwägungen gelten für § 89 UrhG, soweit man schöpferische Leistungen der Nutzer, die sich in virtuellen Welten niederschlagen, nicht als vorbestehende Werke ansehen wollte, weil sie nicht von einer virtuellen Welt getrennt verwertet werden können[125]. Auch dieser passt nicht recht, weil keine schöpferischen Beiträge zur Herstellung einer virtuellen Welt als filmähnliches Werk geleistet werden. Und selbst wenn der Werkbegriff alle Leistungen der Nutzer umfassen sollte, so „verpflichten" sich die Nutzer weder zur Mitwirkung bei der Herstellung, wie es § 89 UrhG voraussetzt[126], noch wäre eine solche Rechtsfolge wiederum angebracht. Auch hier zeigt sich, dass die Situation der Nutzer in virtuellen Welten mit der von Regisseuren, Kameramännern und Cuttern, wie sie dem Gesetzgeber beim Film vorschwebte[127], schlichtweg nicht vergleichbar ist. Vor dem Hintergrund des Gesagten erschließt sich der Sinn der

---

[122] Dazu unten Kap. 6 B.I.4. sowie Kap. 7 F.III.2.

[123] Vgl. Fromm/Nordemann/*J. Nordemann*[10] § 88 Rn. 3; Schricker/*Katzenberger*[3] § 88 Rn. 3; Wandtke/Bullinger/*Manegold*[2] vor §§ 88 ff. Rn. 14. Hieraus ergibt sich indes kein genereller Vorrang der §§ 88, 89 UrhG n.F. gegenüber § 31 V UrhG.

[124] BGHZ 5, 116, 121 – *Parkstraße* 13; BGHZ 9, 262, 265 – *Lied der Wildbahn I*; BGH GRUR 1957, 611, 612 – *Bel Ami*; OLG Hamburg GRUR-RR 2003, 33, 35 – *Maschinenmensch*.

[125] Vgl. zur Abgrenzung von §§ 88 und 89 danach, ob sich die schöpferischen Leistungen gedanklich vom filmähnlichen Werk trennen und theoretisch selbständig verwerten lassen oder untrennbar in ihm aufgehen Dreier/Schulze/*Schulze*[3] vor §§ 88 ff. Rn. 8; Fromm/Nordemann/*J. Nordemann*[10] vor §§ 88 ff. Rn. 16; Schricker/*Katzenberger*[3] vor §§ 88 ff. Rn. 60. Zur geringeren Bedeutung dieser Abgrenzung mit der inhaltlichen Angleichung der §§ 88 und 89 im Jahr 2002 Fromm/Nordemann/*J. Nordemann*[10] § 88 Rn. 31.

[126] Fromm/Nordemann/*J. Nordemann*[10] § 89 Rn. 11; Schricker/*Katzenberger*[3] § 88 Rn. 9.

[127] Vgl. für deren Einordnung als Filmurheber Dreier/Schulze/*Schulze*[3] § 89 Rn. 5; Fromm/Nordemann/*J. Nordemann*[10] § 89 Rn. 13, 20 ff.; Schricker/*Katzenberger*[3] vor §§ 88 ff. Rn. 61; Wandtke/Bullinger/*Manegold*[2] vor §§ 88 ff. Rn. 29.

§§ 88, 89 UrhG jedenfalls bei virtuellen Welten als Plattform für nutzererstellte virtuelle Gegenstände nur bedingt.

(b) Leistungsschutzrecht des § 94 UrhG

Neben den Auslegungsregeln für die Rechteeinräumung lässt sich auch das originäre Leistungsschutzrecht des Filmherstellers, welches dieser für seine wirtschaftlich–organisatorische Leistung an der Erstfixierung des Filmwerkes (§ 94 UrhG) bzw. Laufbildes (§§ 95, 94 UrhG) erhält, als Grund für eine extensive Anwendung des Filmbegriffes anführen. Dieses mag dem Hersteller von fertigen filmähnlichen Multimediawerken – wie Computerspielen und MMORPGs mit vorgefertigten Inhalten – eine Hilfe sein, wenn er etwa in einem Verletzungsprozess seine Aktivlegitimation direkt auf dieses Recht stützen kann und so davon entbunden ist, den derivativen Erwerb von Nutzungsrechten oder die Filmwerkseigenschaft zu beweisen[128].

Sobald jedoch eine virtuelle Welt eine Plattform für nutzergenerierte Inhalte bildet, ist wiederum zu differenzieren: Der § 94 UrhG als Gedanke zugrunde liegende Schutz der organisatorischen, technischen und wirtschaftlichen Leistung des Filmherstellers[129] kann ein originäres Leistungsschutzrecht an diesen nur insoweit tragen, als es auch um seine Leistung für die Anfertigung des konkreten Filmes bzw. Multimediaproduktes geht, nicht aber um schöpferische Leistungen Dritter, für welche die Leistung des Herstellers lediglich eine Plattform bildet[130]. Vor allem knüpft das Leistungsschutzrecht des Produzenten an die erstmalig in einem körperlichen Filmträger konkret in ihrer endgültigen Form fixierte Bildfolge an[131]. Von der Vielzahl unterschiedlicher Bildfolgen, welche sich konkret für jeden einzelnen der tausenden Nutzer je nach Standort und Bewegung durch die virtuelle Umgebung ergeben, wird jedoch – ähnlich einer Unzahl von Liveübertragungen – keine einzelne fixiert. Das gilt selbst unter der Prämisse einer Fixierung aller nur potentiellen Bildfolgen, wenn hier – wie oben bereits ausgeführt – hinzutretende nutzergenerierte Inhalte vorhanden sind, die den konkreten Inhalt potentieller Bildfolgen durch die sichtbaren

[128] Vgl. Fromm/Nordemann/*J. Nordemann*[10] § 95 Rn. 24; *Schack*[4] Rn. 637; Wandtke/Bullinger/*Manegold*[3] § 95 Rn. 2.

[129] Vgl. Dreier/Schulze/*Schulze*[3] § 94 Rn. 1; Fromm/Nordemann/*J. Nordemann*[10] § 94 Rn. 1; *Schack*[4] Rn. 637; Schricker/*Katzenberger*[3] vor §§ 88 ff. Rn 31; Wandtke/Bullinger/*Manegold*[3] § 94 Rn. 1.

[130] Ein Laufbildschutz gem. §§ 95, 94 UrhG beschränkt sich auf Bildfolgen, die der Hersteller produziert hat, vgl. Dreier/Schulze/*Schulze*[3] § 95 Rn. 9.

[131] Dreier/Schulze/*Schulze*[3] § 94 Rn. 21; Fromm/Nordemann/*J. Nordemann*[10] § 94 Rn. 34; *Schack*[4] Rn. 637; Schricker/*Katzenberger*[3] § 94 Rn. 7; Wandtke/Bullinger/ *Manegold*[3] § 94 Rn. 20 f.

Inhalte anderer Nutzer erheblich mitbestimmen. Insoweit geht dieser Fall wiederum über das bloße Problem der Interaktivität des Filmbegriffes hinaus[132]. Das Erfordernis der erstmaligen Fixierung passt nur auf ein konkretes fertiges Arbeitsergebnis, nicht aber auf ständige schöpferische Mitwirkungen Dritter.

(5) Zwischenergebnis

Aus den dargestellten Gründen bestehen schon erhebliche Zweifel an der sinnvollen Anwendbarkeit der §§ 88, 89, 94, 95 UrhG auf virtuelle Welten als solche. Auch das Rechtsfolgenbedürfnis kann hier somit keine extensive Auslegung des Filmbegriffes rechtfertigen.

bb. Virtuelle Gegenstände als filmähnliches Werk?

Noch weniger als die Qualifikation der elektronischen Umgebung vermag eine Einordnung darin befindlicher virtueller Gegenstände selbst als filmähnliches Werk zu überzeugen.

(1) Von statischer Eigenform zum bewegten Bild durch variable Blickwinkel?

Die obigen Erwägungen zum Verhältnis der interaktiven, rein blickwinkel- und positionsbestimmten Bildfolge im Hinblick auf das die Umgebung darstellende Programm gelten erst recht im Verhältnis der Bildfolge zu den einzelnen, darin enthaltenen, sichtbaren Objekten. Hier stünde nicht allein schon eine völlig freie Interaktion einer konkreten Werkfestlegung entgegen. Vor allem würde ein Ansatz, der ein statisches Werk allein vermittels einer perspektivisch-dynamischen Betrachtung über die dabei ggf. entstehende Bildfolge urheberrechtlich zu erfassen versucht, unzulässigerweise ein etwaig verfilmtes Werk mit dem etwaigen entstehenden Film selbst vermengen – und so geradezu über die Grenzen des Werkbegriffes mit seiner konkreten intrinsischen Formgebung hinausschießen. Eine Bildfolge als Filmwerk oder Laufbild kann genauso wenig mit den darin abgebildeten virtuellen Gegenständen und der virtuellen Umgebung deckungsgleich sein, wie allgemein die *in* einem Film vorkommenden vorbestehenden Werke (wie Bauten, Skulpturen, Filmkulissen[133], virtuelle

[132] Selbst wenn mit Fromm/Nordemann/*J. Nordemann*[10] § 95 Rn. 14 eine gewisse Interaktivität dort für unerheblich gehalten wird, wo der Nutzer gleichsam ein „Werkzeug des Filmherstellers" für die Erzeugung der Bildfolgen ist, kann davon keine Rede mehr sein, wenn der Nutzer Bildfolgen schaffen kann, die vom Hersteller insoweit nicht einmal mehr angelegt sind.

[133] Ob diese ein vorbestehendes Werk sind (so *Schack*[4] Rn. 212 Fn. 169) oder direkt Teil des Filmwerkes (so etwa bei BGH GRUR 2005, 937, 938 f. – *Der Zauberberg*)

Figuren[134] etc.) nur wegen der entstehenden Bildfolge *als* Film erfasst werden[135].

(2) Wiederum: Korrektur wegen Bedürfnis nach Rechtsfolgen der §§ 88 ff. UrhG?

Noch weniger als mit Blick auf die Plattform virtueller Welten als filmähnliches Werk kann ein Bedürfnis nach den Rechtsfolgen der §§ 88 ff. UrhG eine solche Qualifikation bei virtuellen Gegenständen vermittels der bei ihrer Betrachtung entstehenden Bildfolgen tragen.

Zunächst entstünde ein Leistungsschutz i.S.d. § 94 UrhG oder §§ 95, 94 UrhG in keinem Fall zugunsten der Schöpfer virtueller Gegenstände. Diese sind keine Hersteller mit technisch-organisatorischer Verantwortung für die Produktion einer konkreten Bildfolge, wenn sie nur dadurch entsteht, dass alle Nutzer die Gegenstände in frei gewählten Blickwinkeln, Perspektiven und Bewegungen überhaupt sehen können. Vielmehr dürfte das wiederum – ähnlich wie bei Amateurfilmen[136] – der diese betrachtende und so allein den Inhalt, die Perspektive und die Abfolge der Bilder bestimmende Nutzer sein[137]. Überdies wird die konkrete Folge der bei jedem der

hängt maßgeblich davon ab, inwiefern diese vom Film getrennt und wirtschaftlich selbständig verwertet werden können (Fromm/Nordemann/*J. Nordemann*[10] vor §§ 88 ff. Rn. 16), was eine Frage des Einzelfalles ist (*ders.* § 88 Rn. 38). Für virtuelle Welten, wollte man ihren Inhalt trotz der hier geäußerten Bedenken als „Kulisse" für die entstehenden bewegten Bilder verstehen, käme nur eine Einordnung als vorbestehendes Werk in Betracht, weil sie unabhängig von einer etwaigen Verwertung der Bilder aus den Bewegungsabläufen selbständiges Wirtschaftsgut sind.

[134] Dreier/Schulze/*Schulze*[3] § 88 Rn. 6; *Schulze* ZUM 1997, 77; Wandtke/Bullinger/*Manegold*[3] § 88 Rn. 25.

[135] Vorbestehende Werke und das von ihren Einflüssen durchsetzte filmähnliche Werk bestehen unabhängig voneinander, vgl. Dreier/Schule/*Schulze*[3] vor §§ 88 ff. Rn. 8; Fromm/Nordemann/*J. Nordemann*[10] vor §§ 88 ff. Rn. 17; Wandtke/Bullinger/*Manegold*[3] vor §§ 88 ff. Rn. 30.

[136] Vgl. zur Filmherstellereigenschaft des Amateurfilmers Schricker/*Katzenberger* § 94 Rn. 16; Wandtke/Bullinger/*Manegold*[3] § 94 Rn. 22; kritisch Fromm/Nordemann/*J. Nordemann*[10] § 94 Rn. 18.

[137] *Büchner* K&R 2008, 425, 427. Diese Kriterien zur Bestimmung der Herstellereigenschaft ähneln zwar mehr den schöpferischen Kriterien für das Vorliegen eines Filmwerkes als den wirtschaftlichen zur Bestimmung des Filmproduzenten nach dem unternehmerischen Risiko im arbeitsteiligen Zusammenwirken. Sofern aber – ähnlich wie bei Amateurfilmen, vgl. vorige Fn. – gar keine wirtschaftlichen Kriterien heranziehbar sind, weil die Festlegung nur durch eine Person erfolgt, verbleiben nur die genannten. Gegen eine Zuordnung zum Schöpfer des virtuellen Gegenstandes auch LG Köln K&R 2008, 477, 479 – *Virtueller Dom,* das aber zweifelhafterweise die geschaffenen perspektivischen Ansichtsmöglichkeiten dem die Umgebung schaffenden Computerprogramm zuschreibt.

unzähligen Nutzer ständig „aus seiner Sicht" entstehenden Bildfolgen nirgendwo festgehalten[138].

Auch passen unter der Prämisse, dass die Rechte letztlich beim Schöpfer der Gegenstände liegen sollen und nicht beim Betrachter als „Filmhersteller", die Rechtsfolgen der §§ 88, 89 UrhG bzw. §§ 95, 88 UrhG wiederum nicht. Hier ließen sich virtuelle Gegenstände eher selbst als vorbestehende Werke für eine sie abbildende Bildfolge verstehen – was freilich an einem Vertrag zur „Verfilmung" scheitern wird und zudem einer gerade zugunsten des Schöpfers der Gegenstände angestrebten Konzentrationsvermutung diametral entgegenliefe[139]. Selbst wenn trotz aller Einwände virtuelle Gegenstände gleichsam *durch* die Bildfolge zum Film *werden* sollten, ist die von §§ 88, 89 UrhG beabsichtigte ausschließliche Rechteeinräumung weder notwendig noch sinnvoll. Etwaige Filme würden im normalen Betrieb zwangsläufig bei jedem Nutzer entstehen, der virtuelle Gegenstände auch nur anschaut. Die Erwägung, deren Schöpfer hierauf ausschließliche Rechte gewähren zu müssen, erscheint höchst fragwürdig. Somit laufen auch im Fall virtueller Gegenstände die Gründe für eine etwaige extensive Auslegung der Filmrechtsvorschriften ins Leere.

cc. Anwendbarkeit auf bewegte Bilder im virtuellen Raum

Anders als die bewegte Ansicht statischer virtueller Gegenstände unterfallen in einer virtuellen Welt vorgeführte bewegte Bilder ohne weiteres dem Filmbegriff und damit einem Schutz als Filmwerk oder Laufbild. Ob es sich um Videostreams im zweidimensionalen Internet oder solche im virtuellen dreidimensionalen Kontext auf zweidimensionaler Leinwand handelt, kann keinen Unterschied machen. Gleiches gilt für dreidimensionale, in sich bewegte Gestaltungen, deren intrinsische Bewegungsabläufe – anders als bei der oben diskutierten extrinsischen Sicht auf ein Objekt – fest vorgegeben sind[140]. Das oben diskutierte Bedürfnis nach einer extensi-

---

[138] Selbst wenn man die Fixierung aller potentiellen Bildfolgen in dem die Umgebung darstellenden Computerprogramm sieht, käme die Wirkung wieder allenfalls dem Betreiber der virtuellen Welt, nicht aber den Schöpfern virtueller Gegenstände zugute.

[139] Freilich sind vorbestehende Werke an virtuellen Gegenständen zwar denkbar, wie etwa der virtuelle Nachbau eine Bauwerkes, vgl. LG Köln K&R 2008, 477 – *Virtueller Dom* zum Nachbau des (gemeinfreien) Kölner Doms. Diese jedoch als vorbestehende Werke im Sinne des Filmrechts zu verstehen, würde darauf hinauslaufen, im virtuellen Bereich § 88 UrhG auf faktisch alle Objekte (z.B. virtuelle Plastiken, virtuelle Gemälde, virtuelle Bauwerke) auszudehnen, solange sie nur aus unterschiedlichen Perspektiven betrachtet werden können und dadurch in einer bewegten Bildfolge auftauchen.

[140] Vgl. *Mendis* [2008] E.I.P.R. 1 mit dem Beispiel eines die Flugbahn eines Tennisballes in Wimbledon aufnehmenden Gerätes und die Wiedergabe dieses Ereignisses in einem virtuell-dreidimensionalen Sportstadion mit freier Platz- und Perspektivwahl. Für ein Filmwerk i.S.d. § 2 I Nr. 6 UrhG dürfte sich die Darstellung der Bewegungen freilich

ven Auslegung der Filmrechtsvorschriften ist in diesen Fällen unerheblich, weil schon die Subsumtion unter den Filmbegriff keine Probleme bereitet und damit auch die Notwendigkeit eines besonderen teleologischen Unterbaus entfällt.

g. Multimediawerke

Weiterhin ließen sich virtuelle Gegenstände auch als – im nicht abschließenden[141] Katalog des § 2 I UrhG nicht explizit angeführte – Multimediawerke einordnen. Diese werden teilweise als neue Werkart im Sinne eines Gesamtkunstwerkes aus Text, Ton, Bilder, Daten, Computerprogrammen, Filmen und Musik verstanden[142]; nach a.A. handelt es sich nicht um eine neue Werkart, sondern nur um neue Nutzungsformen von Werken, die im Hinblick auf ihre grafische Gestaltung und Ausgabe meist den filmähnlichen Werken zuzurechnen sind[143]. Die Rechtsprechung hat einen Schutz als Multimediawerk beispielsweise für interaktive kleine Filmsequenzen wie die animierte Menüführung in einem Computerprogramm bejaht[144]. Auch Computerspiele sollen – soweit nicht schon filmähnliche Werke – hier eingeordnet werden[145].

Unabhängig von der konkreten Einordnung gilt das für filmähnliche Werke Gesagte entsprechend, soweit hier für die Anwendung der §§ 88 ff. UrhG plädiert wird[146]. Auch wenn die Interaktivität bei Multimediawerken geradezu ein typisches Element ist[147], kann auch hier eine zu große

---

nicht in der bloßen Nachbildung realer Vorgänge erschöpfen. Für einen Schutz des Herstellers sportlicher Filmaufnahmen durch §§ 95, 94 UrhG, soweit Computeranimationen auf der Grundlage eines aufgenommenen Basissignals hergestellt werden, sprechen sich *Bullinger/Jani* ZUM 2008, 897, 899 f. aus.

[141] Fromm/Nordemann/*A. Nordemann*[10] § 2 Rn. 230; *Schack*[4] Rn. 152; Schricker/*Loewenheim*[3] § 2 Rn. 74.

[142] Vgl. Möhring/Nicolini/*Ahlberg*[2] § 2 Rn. 41; *Schack*[4] Rn. 217; *Schack* MMR 2001, 9, 12; Schricker/*Katzenberger*[3] vor §§ 88 ff. Rn. 46; Wandtke/Bullinger/*Bullinger*[3] § 2 Rn. 153 (anders speziell für Computerspiele a.a.O. Rn. 155).

[143] Dreier/Schulze/*Schulze*[3] § 2 Rn. 243; Schricker/*Loewenheim*[3] § 2 Rn. 184.

[144] LG München I MMR 2005, 267, 268 für eine optisch ansprechende Menüführung und kurzfilmartige Effekte.

[145] Fromm/Nordemann/*A. Nordemann*[10] § 2 Rn. 231 (aber wohl auch Filmwerke, a.a.O. Rn. 204); *Schack*[4] Rn. 217.

[146] So Fromm/Nordemann/*J. Nordemann*[10] vor §§ 88 ff. Rn. 12; Wandtke/Bullinger/*Manegold*[3] vor §§ 88 ff. Rn. 18; zurückhaltender und eine analoge Anwendung mancher Vorschriften der §§ 88 ff. UrhG nicht ausschließend *Schack*[4] Rn. 217; so für Multimediawerke allgemein auch Schricker/*Katzenberger*[3] vor §§ 88 ff. Rn. 46, anders jedoch speziell für Computerspiele.

[147] Möhring/Nicolini/*Ahlberg*[2] § 2 Rn. 41; *Schack*[4] Rn. 217; Wandtke/Bullinger/*Bullinger*[3] § 2 Rn. 153. Wie bei filmähnlichen Werken kann allerdings das nur insoweit

Interaktivität dem Erfordernis einer konkret festgelegten Form des Werkes Grenzen setzen. Das sich an dieser Stelle bietende Spektrum des Grades an Interaktivität kann jedenfalls kaum über generelle Klassifikationen als „Computerprogramm", „Bildschirmspiel" oder "Multimediaanwendung" adäquat erfasst werden. Es reicht im Einzelfall von interaktiven Filmsequenzen über Programme mit festgelegten Bildfolgen, solche mit schon erheblicher Nutzerinteraktion und kaum mehr angelegten Bildfolgen bis hin zu Programmen mit völlig nutzererstellten Inhalten oder den multimedialen nutzererstellten Inhalten selbst. In jedem Einzelfall kommt es darauf an zu schauen, ob das vorgegebene Maß an Interaktivität sich noch in den vorab festgelegten Inhalten niederschlägt. Das ist jedenfalls bei nutzererstellten Inhalten für das die bloße Plattform bildende Programm nicht mehr der Fall (s.o.).

Auch für virtuelle Gegenstände genügen allein die technischen Voraussetzungen einer bewegten perspektivischen Sicht auf diese nicht, um einen den bisher dargestellten Werkkategorien zuzuordnenden Gegenstand zum Multimediawerk zu machen. Ein virtuelles Abbild eines Gegenstandes im virtuell dreidimensionalen Raum ist ebenso wenig ein Multimediawerk, wie die Abbildung eines zweidimensionalen Bildes im Internet dieses allein wegen der elektronischen Vermittlung zu einem Multimediawerk macht. Die freie Wahl von Blickwinkel und Perspektive ändert im Hinblick auf den betrachteten Gegenstand daran ebenso wenig wie die Möglichkeit, im Internet durch Scrollen ein bewegtes Bild auf dem Bildschirm zu erzeugen. Dementsprechend zeigte sich die Rechtsprechung bei der Einordnung virtueller Gegenstände als Multimediawerke bislang zu Recht ablehnend, solange andere Werkkategorien ihre Erscheinungsform und schöpferische Leistung erfassen können[148].

2. Technische Ansätze

a. Computerprogramme (§§ 2 I Nr. 1, 69a ff. UrhG)

Ein weiterer Ansatz für die urheberrechtliche Erfassung virtueller Gegenstände besteht darin, neben ihrer wahrgenommenen Erscheinungsform an die elektronischen Steuerbefehle anzuknüpfen, welche als hinter den virtuellen Objekten stehende „Aufbauanleitung" aus geometrischen Grundfiguren, Texturen und deren ggf. auch bewegten Kombinationen ihr

---

gelten, als die allgemeinen Grenzen der konkreten Festlegung eines Werkes nicht überschritten wurden und also das grafische Ausgabeergebnis im Werk angelegt war.

[148] LG Köln K&R 2008, 477, 478 – *Virtueller Dom* mit Kritik an der Unbestimmtheit des Begriffes Multimedia; ähnlich *Büchner* K&R 2008, 425.

Abbild erzeugen[149]. Wie oben bereits dargestellt, sind virtuelle Gegenstände als abgrenzbare Objekte, handelbare Wirtschaftsgüter und eigenständige Werke abzugrenzen von den die virtuelle Umgebung erzeugenden Computerprogrammen. Damit verengt sich ihre urheberrechtliche Qualifikation auf die Frage, ob der den virtuellen Gegenständen selbst zugrunde liegende Programmcode sich als Computerprogramm i.S.d. §§ 2 I Nr. 1, 69a ff. UrhG einordnen lässt.

Kennzeichnendes Merkmal von Computerprogrammen ist eine Folge von Befehlen, die einen Computer zur Ausführung einer bestimmten Funktion veranlassen[150]. Ein weites Verständnis dieses Funktionsbegriffes kann grundsätzlich auch die bloße Anzeige von Ergebnissen beinhalten[151], womit sich theoretisch jede elektronische Verkörperung eines Werkes als Computerprogramm verstehen ließe, weil sie stets Informationen und Anweisungen enthält, digitalisierte Informationen wieder optisch (als Anweisungen zur Anordnung von Bildpunkten) oder akustisch (als Anweisungen zur Ansteuerung der Klangausgabe) in ein wahrnehmbares Werk umzuwandeln. Allein die Digitalisierung kann jedoch keine generelle Umqualifikation jeglicher Werkarten in ein Computerprogramm begründen, weil sonst die besonderen Vorschriften der §§ 69a ff. UrhG faktisch auf alle digitalisierten Werkarten Anwendung finden würden[152]. Die Abgrenzung ist vielmehr danach zu ziehen, wie sich der individuell-

---

[149] Für eine generelle Qualifikation als Computerprogramme bzw. Werkteile *Lober/Weber* MMR 2005, 653, 658; aus US-amerikanischer Perspektive auf den allen Objekten zugrunde liegenden Programmcode hinweisend auch *Miller* 22 Rev. Litig. 435, 447 (2003); ähnlich auch *Slavitt* 80 J. Pat. & Trademark Off. Soc'y 611, 618 (1998), die für das Copyright am Avatar an dem ihm zugrunde liegenden Computerprogramm ansetzt. Zumindest hinsichtlich des Gesamtprogramms halten das bei entsprechendem wirtschaftlichen Schwerpunkt *Rippert/Weimer* ZUM 2007, 272, 274 für möglich. Die Kritik von *Trump/Wedemeyer* K&R 2006, 397, 400 hieran, dass „Spielabläufe" keine Computerprogramme seien, geht insoweit fehl, als sich die Vertreter des Computerprogrammansatzes gar nicht explizit auf „Spielabläufe" beziehen, sondern auf technischer Ebene an dem hinter virtuellen Gegenständen liegendem Quellcode ansetzen.

[150] Vgl. – mit unterschiedlichen Formulierungen – die Steuerungsfunktion betonend BGH GRUR 1985, 1041, 1047 – *Inkasso-Programm*; Fromm/Nordemann/*Czychowski*[10] § 69a Rn. 5; Wandtke/Bullinger/*Grützmacher*[3] § 69a Rn. 3.

[151] Vgl. BGH GRUR 1985, 1041, 1047 – *Inkasso-Programm*: Die Befehle müssen „...bewirken, daß eine Maschine mit informationsverarbeitenden Fähigkeiten eine bestimmte Funktion oder Aufgabe oder ein bestimmtes Ergebnis anzeigt, ausführt oder erzielt."

[152] Vgl. *Loewenheim* GRUR 1996, 830, 832 (gegen eine Einordnung von Multimediaprodukten per se als Computerprogramme); Schricker/*Loewenheim*[3] § 2 Rn. 74 (Digitalisierung berührt lediglich Verkörperung des Werkes ohne Veränderung seiner geistigen Wesenseinheit); Fromm/Nordemann/*Czychowski*[10] § 69a Rn. 12 sowie Wandtke/Bullinger/*Grützmacher*[3] § 69a Rn. 17 (gegen Einordnung bloßer Daten als Computerprogramm); speziell für virtuelle Gegenstände *Burger* in: *Taeger/Wiebe* S. 65, 71.

schöpferische Gehalt konkret niederschlägt, ob er sich beispielsweise bei einem dargestellten Multimediaerzeugnis in der durch Sprache, Bild und ggf. Ton vermittelten gedanklichen Aussage verkörpert, oder in dem für den Ablauf und die Wiedergabe erforderlichen Computerprogramm[153]. Die Grenze zwischen elektronisch dargestellten Werken und einem Computerprogramm *als* Werk lässt sich mit anderen Worten daran festmachen, inwiefern die elektronischen Anweisungen über nötige Wahrnehmbarmachung eines Werkes hinausgehen[154] und erforderlich sind, um einen schöpferischen Gehalt multimedialer Werke zu vermitteln, der ohne diese spezifischen Anweisungen nicht bestehen würde. Sofern sich die persönlich geistige Schöpfung nicht in der Formgebung eines Werkes als dargestelltes Anzeigeergebnis erschöpft, sondern sich auch in den dazu erforderlichen elektronischen Anweisungen niederschlägt (etwa bei komplexen interaktiven Animationen), kann auch bei diesen von Computerprogrammen gesprochen werden.

Mit dieser Maßgabe ist zu differenzieren: Sofern ein Werk lediglich digitalisiert wurde, scheidet ein Computerprogramm schon deswegen aus, weil die digitalen Informationen maschinell erstellt wurden und es insoweit schon an einer persönlichen Schöpfung fehlt[155]. Wurde ein Werk am Computer mit Hilfe von Computerprogrammen als Werkzeug entworfen, gezeichnet oder konstruiert (z.B. mit CAD-Anwendungen), so schlägt sich die Schöpfung auch dann in der Formgestaltung nieder, wenn die entstehenden Daten zur Darstellung des Gegenstandes durch das Konstruktions-

---

[153] Für ersteres OLG Düsseldorf MMR 1999, 729, 730 – *Frames*; eine ähnliche Differenzierung liegt der Unterscheidung von Computerprogrammen und den sichtbaren Arbeitsergebnissen zugrunde, vgl. dazu Dreier/Schulze/*Schulze*[3] § 2 Rn. 14; Dreier/Schulze/*Dreier*[3] § 69a Rn. 16; *Schack*[4] Rn. 179; Schricker/*Loewenheim*[3] § 69a Rn. 25 f.; Wandtke/Bullinger/*Grützmacher*[3] § 69a Rn. 14; *Wieduwilt* MMR 2008, 715. Parallelen zu dieser Betrachtung des schöpferischen Gehaltes anstelle des formgebenden Mediums finden sich auch jenseits der Digitalisierung: So sind Musiknoten als das Musikwerk geschützt, dessen Wiedergabe sie ermöglichen, nicht als literarisches Werk oder künstlerisches Werk, wie sie ihre Verkörperung auf dem Papier gefunden haben (Dreier/Schulze/*Schulze*[3] § 2 Rn. 135; anders jedoch, wenn der schöpferische Gehalt gerade in der graphischen Gestaltung des Notenbildes liegt (Fromm/Nordemann/*A. Nordemann*[10] § 2 Rn. 179).

[154] Vgl. Fromm/Nordemann/*Czychowski*[10] § 69a Rn. 8, der für HMTL-Dateien darauf abstellt, dass sie den Inhalt einer Website nur sichtbar machen, darüber hinaus aber keine *eigenständigen* (Herv. d. Verf.) Funktionen ausführen. Gegen die Einordnung digitalisierter Werke über bloße Daten hinaus als Computerprogramm auch Schricker/*Loewenheim*[3] § 2 Rn. 74; Wandtke/Bullinger/*Grützmacher*[3] § 69a Rn. 17.

[155] Vgl. LG Düsseldorf ZUM 2007, 559, 562, 563 – *Transportsimulation* für die Computergrafiken zugrunde liegenden Dateien; *Schulze* ZUM 1997, 77, 81.

programm erzeugt wurden[156]. Erst wenn spezifische Anweisungen zur Darstellung überwiegend mit Skripten o.ä. programmiert wurden, erlangt der schöpferische Aspekt im Hinblick auf die elektronischen Darstellungsanweisungen als Sprachwerk Bedeutung. Vor diesem Hintergrund ist auch die Diskussion um die Einordnung einer HTML-Website als Computerprogramm zu verstehen. Während nach überwiegender Ansicht einfache HTML-Dateien, welche nur Informationen zum Aufbau einer wahrgenommenen Website enthalten, keine Computerprogramme sind[157], werden wegen der steigenden Komplexität programmierter Abläufe komplexe Multimedia-Anwendungen[158] oder komplexe Websites mit Skripten und Java-Applets als Computerprogramme gesehen[159]. Diese Wertungen sind aus dem Internet als zweidimensionalem Darstellungsmedium ohne weiteres auf virtuelle Gegenstände in einer simuliert-dreidimensionalen Umgebung übertragbar. Auch hier schlägt sich die persönlich geistige Schöpfung bei virtuellen Gegenständen als solchen eher in ihrer Erscheinungsform nieder, solange keine spezifischen Anweisungen – wie etwa Bewegungsabläufe steuernde Skripten – erforderlich sind[160].

b. Datenbankschutz (§ 4 II UrhG; § 87a I UrhG)

Einem Schutz als Datenbankwerk (§ 4 II UrhG) oder als einfache Datenbank (§ 87a I UrhG) unterfallen virtuelle Güter als solche nicht, weil diese auf einem die virtuelle Welt betreibenden Server lediglich einzelne Ein-

---

[156] *Koch* GRUR 1995, 459, 466; vgl. allgemein zum Kriterium des verbleibenden schöpferischen Spielraums GRUR 2005, 854, 855 – *Karten-Grundsubstanz*; BGH GRUR 2002, 959 – *Technische Lieferbedingungen*; Dreier/Schulze/*Schulze*[3] § 2 Rn. 14; Fromm/Nordemann/*A. Nordemann*[10] § 2 Rn. 40; *Rehbinder*[15] Rn. 170; *Schack*[4] Rn. 164; Schricker/*Loewenheim*[3] § 2 Rn. 28.

[157] OLG Frankfurt a.M. GRUR-RR 2005, 299, 300; OLG Düsseldorf MMR 1999, 729, 730 – *Frames* (für eine ganze Website); Fromm/Nordemann/*Czychowski*[10] § 69a Rn. 8; HK-UrhG/*Meckel* § 69a Rn. 13; *Maume* MMR 2007, 620, 623; Wandtke/Bullinger/*Grützmacher*[3] § 69a Rn. 18. Die Gegenansicht, die eine HTML-Datei für ein einfaches Computerprogramm hält (so noch Fromm/Nordemann/*Vinck*[9] § 69a Rn. 2), müsste gleiches konsequenterweise auch für Textdateien mit Formatierungsbefehlen annehmen, was den Anwendungsbereich der §§ 69a ff. potentiell auf elektronisch verkörperte und zur Ansicht formatierte Sprachwerke ausweiten könnte.

[158] Fromm/Nordemann/*Czychowski*[10] § 69a Rn. 7; zurückhaltend Schricker/*Loewenheim*[3] § 69a Rn. 27, wonach sich der schöpferische Gehalt von Multimediawerken in der durch Sprache, Bild und ggf. Ton vermittelten gedanklichen Aussage äußere, aber nicht in dem für ihre Wiedergabe erforderlichen Computerprogramm. Diese tatsächliche Einzelfallfrage hängt allerdings von der Komplexität des Steuerprogramms ab, so dass bei Multimediawerken ein Schutz einzelner Bestandteile als Computerprogramm nicht a priori ausscheiden kann.

[159] Dreier/Schulze/*Dreier*[3] § 69a Rn. 12; Fromm/Nordemann/*Czychowski*[10] § 69a Rn. 8.

[160] So auch *Burger* in: *Taeger/Wiebe* S. 65, 71; *Wieduwilt* MMR 2008, 715.

träge darstellen[161], nicht aber deren schutzfähige Zusammenstellung durch schöpferische – bzw. bei § 87a I UrhG mit erheblichen Investitionen getätigte[162] – Auswahl und Anordnung dieser Einzelelemente[163]. Die Rechte an virtuellen Gegenständen als Inhalte einer Datenbank sind vielmehr von etwaigen Rechten an einer in o.g. Weise zusammengestellten Datenbank streng zu trennen[164]. Auch die Zusammenstellung der einzelnen elektronischen Aufbaubefehle und Darstellungselemente macht aus einem virtuellen Gegenstand als solchem ebenso wenig eine Datenbank, wie es aus diesem Grund eine HTML-Datei oder eine Website wäre[165]. Auch hier dienen diese nicht der geordneten Zusammenstellung einzelner unabhängiger Informationen, an deren Struktur und Auffinden der Nutzer interessiert wäre, sondern sind zum Zwecke des Aufbaus und der Darstellung eines virtuellen Gegenstandes in einer konkreten Form aufeinander bezogen[166].

III. Persönlich geistige Schöpfung als Schutzvoraussetzungen

Für die Schutzfähigkeit als urheberrechtliche Werke müssen virtuelle Gegenstände persönlich-geistige Schöpfungen i.S.d. § 2 II UrhG darstellen. Die generellen Kriterien für die Bestimmung dieser Anforderung (1.) werfen im Hinblick auf virtuelle Gegenstände (2.) keine Besonderheiten auf und können daher in gebotener Kürze dargestellt werden.

1. Generelle Schutzvoraussetzungen

Als urheberrechtliches Werk schutzfähig ist gem. § 2 II UrhG jede persönlich geistige Schöpfung. Diese erfordert eine persönliche Schöpfung, in welcher sich die vom Schöpfer mitgegebene Individualität bzw. schöpferische Eigentümlichkeit[167] als geistiger Gehalt in einer konkreten, wahrnehmbaren Form niedergeschlagen und dabei – nicht unumstritten –

---

[161] *Bartle* Pitfalls of Virtual Property S. 22.

[162] Vgl. EuGH GRUR 2005, 244, 247 – *British Horseracing Board.*

[163] Zu diesem Erfordernis Dreier/Schulze/*Dreier*[3] § 4 Rn. 17; Schricker/*Loewenheim*[3] § 4 Rn. 33 f.; Wandtke/Bullinger/*Marquardt*[3] § 4 Rn. 8.

[164] Zur Trennung von Datenbankrecht und Inhalt vgl. Dreier/Schulze/*Dreier*[3] § 4 Rn. 4; Schricker/*Loewenheim*[3] § 4 Rn. 51.

[165] Vgl. OLG Frankfurt a.M. GRUR-RR 2005, 299, 300; OLG Düsseldorf MMR 1999, 729, 730 – *Frames* (für eine ganze Website); *Maume* MMR 2007, 620, 623; *Schack* MMR 2001, 9, 11.

[166] Sähe man das anders, müssten sämtliche elektronisch verkörperten Werke zugleich Datenbanken sein, weil sie alle Steuerungsbefehle zur grafischen oder akustischen Anzeige bzw. Ausgabe enthalten.

[167] Zu dieser Terminologie in der Rspr. vgl. BGH GRUR 2005, 854, 856 – *Karten-Grundsubstanz*; BGH GRUR 1998, 916, 917 – *Stadtplanwerk*; BGH GRUR 1991, 449, 451 – *Betriebssystem.*

eine hinreichende Gestaltungshöhe erreicht hat[168]. Keine Rolle kommt bei der Bestimmung der Voraussetzungen dem vom Schöpfer verfolgten Zweck[169] sowie seinem subjektiven Verständnis vom Charakter seines Werkes[170] zu.

Die persönliche Schöpfung setzt voraus, dass ein Werk von Menschenhand geschaffen worden ist. Die Verwendung technischer Hilfsmittel – wie etwa Computerprogramme –, steht dem nicht entgegen[171], solange diese als bloßes Werkzeug für die Erstellung eines Werkes benutzt werden und das dargestellte Werk nicht bereits derart in jenem angelegt ist, dass es durch vorgegebene Abläufe erzeugt und nur geringfügig beeinflusst werden kann[172]. Für seine Form muss das Werk irgendeine außenweltlich konkret wahrnehmbare Ausdrucksform angenommen haben, ohne dass damit notwendigerweise eine körperliche Festlegung verbunden ist[173]. Das Erfordernis der Individualität zielt darauf, dass sich der individuelle Geist des Urhebers im Werk niederschlägt[174] und es so von alltäglichen, routinemäßig produzierten Leistungen unterscheidet. Sie fehlt so nicht nur bei rein handwerklichen Leistungen, die nur durchschnittliche Fähigkeiten erfordern und Allerweltsprodukte hervorbringen[175], sondern auch, wenn wegen inhaltlicher Vorgaben für eine individuelle Gestaltung schon gar kein Raum vorhanden ist[176]. Ebenso scheidet der Urheberrechtsschutz von

---

[168] Vgl. zu diesen vier Voraussetzungen der Schutzfähigkeit mit teils unterschiedlicher tatbestandlicher Nuancierung aber gleichem Ergebnis Dreier/Schulze/*Schulze*[3] § 2 Rn. 8 ff. (persönlich Geschaffenes, geistig Geschaffenes, Schöpfung mit Individualität); Fromm/Nordemann/*A. Nordemann*[10] § 2 Rn. 20 ff. (persönliche Schöpfung, wahrnehmbare Form, Individualität, Gestaltungshöhe); *Schack*[4] Rn. 153 f.; Schricker/*Loewenheim*[3] § 2 Rn. 9 (persönliche Schöpfung, geistiger Gehalt, wahrnehmbare Form, Individualität).

[169] Fromm/Nordemann/*A. Nordemann*[10] § 2 Rn. 14; Schricker/*Loewenheim*[3] § 2 Rn. 43; Wandtke/Bullinger/*Bullinger*[3] § 2 Rn. 29.

[170] Fromm/Nordemann/*A. Nordemann*[10] § 2 Rn. 16; Dreier/Schulze/*Schulze*[3] § 2 Rn. 58.

[171] Dreier/Schulze/*Schulze*[3] § 2 Rn. 8; Fromm/Nordemann/*A. Nordemann*[10] § 2 Rn. 21; *Koch* GRUR 1995, 459, 466; *Rehbinder*[15] Rn. 170; *Schack*[4] Rn. 156; Schricker/*Loewenheim*[3] § 2 Rn. 13.

[172] Ähnlich Dreier/Schulze/*Schulze*[3] § 2 Rn. 14; für die Erstellung virtueller Figuren *Schulze* ZUM 1997, 77, 80.

[173] BGHZ 37, 1, 7 – *AKI;* Fromm/Nordemann/*A. Nordemann*[10] § 2 Rn. 23; *Schack*[4] Rn. 159; Schricker/*Loewenheim*[3] § 2 Rn. 20.

[174] Vgl. Dreier/Schulze/*Schulze*[3] § 2 Rn. 20 ff.; Fromm/Nordemann/*A. Nordemann*[10] § 2 Rn. 24; Schricker/*Loewenheim*[3] § 2 Rn. 23.

[175] Vgl. BGH GRUR 1993, 34, 36 – *Bedienungsanweisung*; BGH GRUR 1986, 739, 741 – *Anwaltsschriftsatz*; BGH GRUR 1985, 1041, 1047 – *Inkassoprogramm*; Fromm/Nordemann/*A. Nordemann*[10] § 2 Rn. 39; *Schack*[4] Rn. 165; Schricker/*Loewenheim*[3] § 2 Rn. 26.

[176] BGH GRUR 2002, 959 – *Technische Lieferbedingungen*; BGH GRUR 1999, 923, 924 – *Tele-Info-CD*; Fromm/Nordemann/*A. Nordemann*[10] § 2 Rn. 40; *Schack*[4] Rn. 164; Schricker/*Loewenheim*[3] § 2 Rn. 28.

bloßen Ideen[177] und Stilmitteln[178] aus. Ob über diese Anforderungen hinaus noch ein Mindestmaß an Gestaltungshöhe erforderlich ist, welche als quantitativer Maßstab der Individualität[179] über diese hinaus bei einigen Werkarten zur Bestimmung der Schutzuntergrenze herangezogen wird, ist zwischen Rechtsprechung und Schrifttum umstritten. Während die Rechtsprechung über die Gestaltungshöhe die Schutzuntergrenze steuert und je nach Werkart die Anforderungen mit der Lehre von der „kleinen Münze" absenkt[180] oder anzieht[181], äußert das Schrifttum fast einhellig Kritik an dem Erfordernis einer besonderen Gestaltungshöhe und plädiert für einheitliche Kriterien zur Bestimmung der Schutzuntergrenze.

Die Kritik an der Gestaltungshöhe ist mehrschichtig und setzt an verschiedenen Punkten an. Teilweise wird schon das begriffliche Erfordernis der Gestaltungshöhe angegriffen, weil diese in der Individualität aufgehe[182]. Weiterhin richtet sich die Kritik gegen die je nach Werkart unterschiedlichen Anforderungen an die Schutzfähigkeit[183], wobei teilweise für die generelle Anerkennung der kleinen Münze bei allen Werkarten und damit die

---

[177] BGH GRUR 2003, 876, 878 – *Sendeformat*; Dreier/Schulze/*Schulze*[3] § 2 Rn. 37; Fromm/Nordemann/*A. Nordemann*[10] § 2 Rn. 44; *Schack*[4] Rn. 166; Schricker/*Loewenheim*[3] § 2 Rn. 50.

[178] BGHZ 5, 1, 4 – *Hummelfiguren I*; Dreier/Schulze/*Schulze*[3] § 2 Rn. 45; Fromm/Nordemann/*A. Nordemann*[10] § 2 Rn. 45; *Schack*[4] Rn. 166; Schricker/*Loewenheim*[3] § 2 Rn. 48.

[179] Vgl. zu dieser Bezeichnung Fromm/Nordemann/*A. Nordemann*[10] § 2 Rn. 30; Schricker/*Loewenheim*[3] § 2 Rn. 24.

[180] So etwa für Sprachwerke (vgl. nur BGH GRUR 2000, 144, 145 – *Comic-Übersetzungen II*; OLG Nürnberg GRUR-RR 2001, 225, 226 – *Dienstanweisung*), für Werke der Musik (BGH GRUR 1988, 812, 814 – *Ein bisschen Frieden*; BGH GRUR 1981, 267, 268 – *Dirlada*; OLG Hamburg GRUR 2002, 249, 250 – *Handy-Klingeltöne*), und Werke der bildender Kunst (BGH GRUR 1995, 581, 582 – *Silberdistel*).

[181] So für angewandte Kunst (BGH GRUR 1995, 581, 582 – *Silberdistel*); Zurückhaltung teilweise auch bei Werken aus dem Bereich von urheberrechtlichen Monopolen freizuhaltender fachlich-technischer Gebrauchszwecke (vgl. BGH GRUR 1993, 34, 36 – *Bedienungsanleitung*; BGH GRUR 1986, 739, 740 f. – *Anwaltsschriftsatz*; OLG Düsseldorf ZUM 2003, 496, 498 – *Gebrauchstexte* für kurze Beiträge in einer Computerzeitschrift), oder des Alltäglichem (vgl. BGH GRUR 1960, 449, 452 – *Alte Herren* für gewöhnliche Briefe).

[182] Schricker/*Loewenheim*[3] § 2 Rn. 25; *Schack*[4] Rn. 154; dagegen für ein Festhalten an diesem Kriterium *Rehbinder*[15] Rn. 153; offen Fromm/Nordemann/*A. Nordemann*[10] § 2 Rn. 38, solange sich Individualität und Gestaltungshöhe inhaltlich decken und letztere einheitlich auf alle Werkarten angewandt wird.

[183] Für eine einheitliche Schutzuntergrenze Dreier/Schulze/*Schulze*[3] § 2 Rn. 32; Fromm/Nordemann/*A. Nordemann*[10] § 2 Rn. 38; Schricker/*Loewenheim*[3] § 2 Rn. 32.

Absenkung der Schutzanforderungen plädiert wird[184], teilweise aber auch für höhere Schutzschwellen[185].

2. *Anwendung auf virtuelle Gegenstände*

Diese Maßstäbe gelten für Werke, die in virtuellen Gegenständen verkörpert sind, in keiner anderen Weise als für Werke, die in Sachen verkörpert sind[186]. Virtuelle Gegenstände werden meist erstellt durch die Auswahl, Kombination und Manipulation einfacher geometrischer Formen, welche mit Texturen, Farben und Schattierungen überzogen werden und so den Eindruck eines dreidimensionalen Objektes vermitteln. Die hier genutzten Computerprogramme ähneln den CAD-Programmen, mit welchen heutzutage im Entwurfsstadium Computermodelle späterer Maschinen, Bauwerke, Plastiken und dgl. hergestellt werden. Hierbei steht die Nutzung vorgefertigter Software als Werkzeug einer eigenschöpferischen Gestaltung – wie allgemein bei der Nutzung technischer Hilfsmittel[187] – nicht entgegen[188]. Auch die Verwendung vorgegebener einfacher geometrischer Grundstrukturen verhindert einen Urheberrechtsschutz der aus ihrer Zusammenstellung geschaffenen Objekte nicht. Sie sind vielmehr der allgemeine Formenschatz und das Gemeingut, aus dem ein Urheber schöpfen darf[189] und in dessen konkreter Verwendung erst die individuelle Prägung durch den Schöpfer zum Ausdruck kommt. Die Ergebnisse künstlerischen Schaffens können hierbei freilich variieren, so dass die Frage der Werkqualität auch bei virtuellen Gegenständen letztlich eine tatrichterlich zu klärende[190] Frage des Einzelfalles ist. Vor diesem Hinter-

---

[184] Dreier/Schulze/*Schulze*[3] § 2 Rn. 32; Fromm/Nordemann/*A. Nordemann*[10] § 2 Rn. 38; Schricker/*Loewenheim*[3] § 2 Rn. 33 ff.

[185] *Rehbinder*[13] Rn. 153; *Schack*[4] Rn. 265 ein ergänzendes Leistungsschutzrecht de lege ferenda oder einen wettbewerbsrechtlichen Schutz erwägend.

[186] Vgl. LG Köln K&R 2008, 477, 478 f. – *Virtueller Dom*; *Büchner* K&R 2008, 425.

[187] Vgl. Dreier/Schulze/*Schulze*[3] § 2 Rn. 8; Fromm/Nordemann/*A. Nordemann*[10] § 2 Rn. 21; *Koch* GRUR 1995, 459, 466; *Rehbinder*[15] Rn. 170; *Schack*[4] Rn. 156; Schricker/*Loewenheim*[3] § 2 Rn. 13, 135.

[188] *Rippert/Weimer* ZUM 2007, 272, 277; ebenso für virtuelle Figuren *Schulze* ZUM 1997, 77, 80. Nicht in diesen Zusammenhang gehören die Teile des Betriebsprogramms einer virtuellen Welt, welche das aus Blickwinkel und Perspektiven auf vorhandene virtuelle Gegenstände gebildete Bild ausrechnen und anzeigen. Diese sind, anders als speziell mitgelieferte Editoren zur Herstellung von virtuellen Gegenständen, kein Werkzeug zur ihrer Herstellung als Werk, weil die im Betrieb erzeugten Blickwinkel und Perspektiven bei der Ansicht eines Werk kein Ausdruck der eigenschöpferischen Gestaltung des schon bestehenden Werkes sind, a.A. *Büchner* K&R 2008, 425, 426.

[189] Vgl. dazu Fromm/Nordemann/*A. Nordemann*[10] § 2 Rn. 27; Schricker/*Loewenheim*[3] § 2 Rn. 42.

[190] Vgl. BGH GRUR 1995, 581, 582 – *Silberdistel*; Fromm/Nordemann/*A. Nordemann*[10] § 2 Rn. 235; Schricker/*Loewenheim*[3] § 2 Rn. 143.

grund können an dieser Stelle nur einige Kriterien zur heuristischen Bestimmung der Werkeigenschaft dargeboten werden.

Während die urheberrechtliche Schutzfähigkeit vor allem bei einfachen geometrischen Objekten meist fehlen wird[191], sprechen tendenziell für einen Werkcharakter schöpferische Leistungen durch komplexe Objektgeometrie, die über simple geometrische Formen hinausgehen und etwa durch deren Auswahl, Zuschnitt, Verformung, Anordnung, Schaffung spezieller Proportionen im Gesamtobjekt und dergleichen Gestaltungsformen mehr im Ergebnis eine Formgebung mit eigenschöpferischem Eindruck erreichen. Gleiches gilt für das Erstellen und die Verwendung von Texturen mit nicht rein handwerklichen Licht-, Farb- und Kontrasteffekten, Mustern, Schattierungen, etc.

Generell besteht bei virtuellen Fantasiegebilden ein erheblicher Spielraum für kreatives Schaffen[192]. An seine Grenzen kann dieser indes beim Nachbau real existierender Objekte stoßen, wenn deren Form bereits das Aussehen ihres virtuellen Gegenstückes vorgibt und somit für eine individuell-schöpferische Gestaltung kaum Raum lässt. Werden beispielsweise fotorealistische Texturen nach Bildern der Oberfläche eines realen Bauwerkes erstellt, mit denen die geometrisch „nackte" Oberfläche eines virtuellen Bauwerkes versehen werden soll, so ist diese Tätigkeit meist keine eigenpersönliche Schöpfung, weil ihr Aussehen bereits vorgegeben ist[193]. Das gilt selbst, wenn die Texturen dabei mit einem Bildbearbeitungsprogramm in rein handwerklich-technischer Weise perspektivisch korrigiert und in der Helligkeit angepasst werden müssen, um ein ästhetisch-einheitliches Äußeres zu schaffen[194]. Auch das Zuschneiden und Zusammenfügen einzelner Texturen zu einer Einheit begründet als solches keine eigenschöpferische Leistung, wenn es nur dazu geschieht, vorbestehende Gestaltungen nachzubilden[195].

Keinen Urheberrechtsschutz begründet ferner die bloße Auswahl eines Nutzers zwischen vorgefertigten Gegenständen ohne eigene Gestaltungsmöglichkeiten. Hieran kann insbesondere der Urheberrechtsschutz für Avatare scheitern, wenn sie nur in begrenztem Maße selbst gestaltbar sind. Die bloße Auswahl aus einer Palette vorgefertigter Figuren reicht hierfür nicht[196]. Maßgeblich ist der Spielraum vorgegebener Gestaltungsmöglichkeiten etwa im Hinblick auf Körperbau, Gesichtsausdruck, individuelle

---

[191] Vgl. aus US-amerikanischer Perspektive *Miller* 22 Rev. Litig. 435, 448 (2003).

[192] *Büchner* K&R 2008, 425, 426.

[193] LG Köln K&R 2008, 477, 479 – *Virtueller Dom.*

[194] LG Köln K&R 2008, 477, 479 – *Virtueller Dom.*

[195] LG Köln K&R 2008, 477, 479 – *Virtueller Dom.*

[196] *Geis/Geis* CR 2007, 721, 724; *Klickermann* MMR 2007, 766, 768; *Rippert/Weimer* ZUM 2007, 272, 276.

Bewegungsmuster[197], Schnitt und farbliche Gestaltung der Kleidung[198], Accessoires und eine Vielzahl weiterer denkbarer Gestaltungsmerkmale[199]. Auch bei einer engen Anlehnung an reale Personen wird der Spielraum individuell-schöpferischer Gestaltung eher gering sein[200]. Entscheidend ist hier letztlich der verbleibende und im Einzelfall genutzte eigenschöpferische Freiraum.

Die in der virtuellen Welt über die Realität hinausgehenden Möglichkeiten, verschiedene neuartige Blickwinkel, Ansichten und Perspektiven auf virtuelle Gegenstände einzunehmen, müssen jedoch als Individualität begründendes Element außer Acht bleiben, solange eine besondere perspektivische Wirkung nicht schon als schöpferisches Gestaltungselement im Gegenstand selbst angelegt ist[201]. Sonst ist sie ebenso wenig Teil des Werkes, wie die Werkeigenschaft beispielsweise einer Skulptur dadurch mitbestimmt werden kann, von welchen zugänglichen Punkten etwa eines Museums sie betrachtet werden kann oder nicht, wenn dies nicht als Teil eines gesamtschöpferischen Raumkunstkonzeptes vom Bildhauer festgelegt wurde, sondern schlicht und zufällig vom Standort der Besucher

---

[197] So für virtuelle Figuren allgemein *Schulze* ZUM 1997, 77, 81.

[198] Ob man auf virtuelle Kleidung die höheren Schutzvoraussetzungen realer Modeerzeugnisse anwendet, hängt von der oben aufgeworfenen Frage ab, ob man diesen einen Gebrauchscharakter zuspricht und sie so als angewandte Kunst auffasst, oder nicht. Ob ersterenfalls ein Bedürfnis besteht, den von der Rechtsprechung geschaffenen Saisonschutz kurzlebiger Modeerzeugnisse über den ergänzenden wettbewerbsrechtlichen Leistungsschutz der §§ 3, 4 Nr. 9 UWG (vgl. zu § 1 UWG a.F. BGH GRUR 1962, 144 – *Bunstreifensatin I*; BGH GRUR 1973, 478, 480 – *Modeneuheit*; BGH GRUR 1984, 453, 454 – *Hemdblusenkleid*; BGH GRUR 1983, 377 – *Brombeermuster*; BGH GRUR 1998, 477 – *Trachtenjanker*) auf virtuelle Kleidung zu übertragen, muss auch hier vom Bedürfnis abhängen, innerhalb kürzester Zeit die Designkosten zu amortisieren. Dieser zuvorderst empirisch-ökonomischen Frage kann hier nicht weiter nachgegangen werden.

[199] Vgl. *Rippert/Weimer* ZUM 2007, 272, 277; für das Schweizer Recht *Bürge* sic! 2006, 802, 804; aus englischer Sicht *Mendis* [2008] E.I.P.R. 1, 2; aus US-Perspektive *Slavitt* 80 J. Pat. & Trademark Off. Soc'y 611, 618 (1998).

[200] *Burger* in: *Taeger/Wiebe* S. 65, 70; für virtuelle Figuren allgemein *Schulze* ZUM 1997, 77, 82. Die erforderliche eigenschöpferische Leistung ist durch die bloße Nachbildung einer realen Person indes nicht generell ausgeschlossen (in diese Richtung aber *Burger* a.a.O.), sofern deren Umsetzung noch hinreichend schöpferischen Freiraum erfordert und lässt. Vgl. zum Copyright-Schutz des Avatars *Mendis* [2008] E.I.P.R. 1, 2; sowie *Slavitt* 80 J. Pat. & Trademark Off. Soc'y 611, 618 (1998).

[201] Vgl. *Mendis* [2008] E.I.P.R. 1 mit dem Beispiel eines die Flugbahn eines Tennisballes in Wimbledon aufnehmenden Gerätes und die Wiedergabe dieses Ereignisses in einem virtuell-dreidimensionalen Sportstadion mit freier Platz- und Perspektivwahl. Für die Annahme eines Werkes dürfte sich die Darstellung der Bewegungen freilich nicht in der Abbildung realer Vorgänge erschöpfen.

abhängt[202]. Ebenso wenig wie eine dreidimensionale Raumdarstellung für das die Umgebung generierende Programm die Schutzfähigkeit begründen kann[203], tut sie das für die darin enthaltenen Objekte.

IV. Zwischenergebnis zur Werkeigenschaft

Virtuelle Gegenstände können je nach ihrer konkreten Erscheinung und ihrem schöpferischen Gehalt als urheberrechtliche Werke in mehrere der in § 2 I UrhG genannten Kategorien fallen. Bei statischen Werken wird es sich zumeist um Werke der bildenden Kunst handeln (§ 2 I Nr. 4 UrhG); in sich bewegte Gegenstände können filmähnliche Werke (§ 2 I Nr. 6 UrhG), Laufbilder (§§ 95, 94 UrhG) oder Multimediawerke sein. Soweit spezielle Bewegungsabläufe und Interaktionsmöglichkeiten unter Verwendung von beispielsweise Skripten oder einer speziellen Programmiersprache geschaffen wurden, kommt daneben insoweit auch ein Schutz als Computerprogramm (§§ 2 I Nr. 1, 69a ff. UrhG) in Betracht. Für die Anforderungen an eine persönlich-geistige Schöpfung gelten die allgemeinen Maßstäbe.

B. Nutzungshandlungen

Der Kreis urheberrechtlich relevanter Nutzungshandlungen ist für virtuelle Gegenstände denkbar weit zu ziehen, weil jede elektronische Speicherung, Übertragung, Darstellung und Interaktion potentiell die Verwertungsrechte der §§ 15 ff. UrhG tangieren kann. Insbesondere kommen hierbei das Vervielfältigungs- (§ 16 UrhG) und Verbreitungsrecht (§ 17 UrhG), das Recht zur öffentlichen Zugänglichmachung (§ 19a UrhG) und das Senderecht (§ 20 UrhG) in Betracht. Die Bedeutung urheberrechtlicher Nutzungshandlungen soll hier zunächst für den Fall des normalen Betriebs einer virtuellen Welt gezeigt werden (I.). Sodann wird der Blick auf solche

---

[202] A.A. *Büchner* K&R 2008, 425, 426. Auch wenn man – wie er – das die Blickwinkel technisch ermöglichende (nicht erzeugende!) Computerprogramm als Werkzeug des Werkschaffenden ansieht, so hilft das nicht darüber hinweg, dass diese verschiedenen perspektivisch-räumlichen Ansichten in einer virtuellen Welt generell möglich sind und so kein Spezifikum eines darin enthaltenen virtuellen Gegenstandes bilden. Sie können ihm daher auch keinen zusätzlichen schöpferischen Gehalt über den sich in seiner Erscheinungsform ohnehin niederschlagenden hinaus verleihen. I.E. wie hier LG Köln K&R 2008, 477, 479 – *Virtueller Dom*, das aber die geschaffenen perspektivischen Ansichtsmöglichkeiten zu Unrecht dem die Umgebung schaffenden Computerprogramm zuschreibt. Diese Ansichten sind aber – wie dargelegt – nicht im Programm vorgegeben, sondern werden vielmehr durch die Nutzer erzeugt, welche eine bestimmte Perspektive einnehmen, vgl. Kap. 6 A.II.1.f.aa.(2) zur vergleichbaren Problematik bei Laufbildern.

[203] Vgl. LG Düsseldorf ZUM 2007, 559, 562, 563 – *Transportsimulation*, i.E. aber offen gelassen.

Arten inhaltlicher Interaktionen geworfen, welche die tatsächliche Benutzung eines virtuellen Gegenstandes beeinträchtigen und Störungen des virtuellen Eigentums darstellen (II.), sowie auf den Entzug virtueller Gegenstände (III.). Das Problem der Übertragung virtueller Gegenstände aus urheberrechtlicher Sicht wird im Zusammenhang mit Übertragungsverboten als vertragsrechtliche Frage behandelt (Kap. 7 D.III.4.). Die Nutzungshandlungen werden in solchen Fällen meist von einer Rechteeinräumung im Nutzungsvertrag gedeckt sein (I.4.). Überdies kann § 44a UrhG bei vorübergehenden Vervielfältigungen greifen (IV.).

I. Nutzungshandlungen im normalen Betrieb

Im normalen Betrieb virtueller Welten sind virtuelle Gegenstände zumeist auf einem Server gespeichert, sind von den Computern aller Nutzer abrufbar und werden bei Bedarf an diese übertragen und dort angezeigt[204]. Dies gilt unabhängig davon, ob ein Nutzer die faktische technische Kontrolle über bzw. das rechtliche virtuelle Eigentum an einem Gegenstand hat und dieser ihm also „gehört" oder nicht. Zum besseren Verständnis mag hier ein gedanklicher Vergleich mit einem dreidimensionalen Browsen im Internet dienen. Dort werden Objekte auf einer Website an alle Nutzer gesendet, welche diese aufrufen, ohne dass diese aber als Administratoren technischen Zugriff und die Befugnis zu Veränderungen oder Übertragungen hätten. Der Wechsel zwischen „Orten" im Internet[205] und damit der Abruf der zu einer Website gehörenden Daten erfolgt durch das Aufrufen einer bestimmten URL. Bei virtuellen Welten geschieht Ähnliches für alle Objekte, die sich im virtuell-räumlichen Umkreis eines Nutzers befinden und dadurch sichtbar sind. Anders als im Internet aber, wo Nutzer durch die Eingabe einer URL gleichsam von einem Ort zum anderen „springen" und dabei die jeweiligen neuen Objekte herunterladen, erfolgen hier der Wechsel zu einem anderen Ort und der Abruf der dortigen neuen Objekte überwiegend[206] durch eine sich allmählich annähernde Bewegung im virtuellen Raum.

Dieser Fall beschreibt die Situation bei nutzererstellten Inhalten. Bei betreibererstellten Inhalten und insbesondere bei MMORPGs können die Daten mit dem Erscheinungsbild oft benutzter, vorgefertigter virtueller Gegenstände schon in der Zugangssoftware enthalten sein, um Übertragungskapazität zu sparen. In solchen Fällen werden die Gegenstände nicht vom Server, sondern von der lokalen Client-Software geladen. Auf dem

---

[204] Vgl. Kap. 1 B. II.

[205] Vgl. zu dem Bild virtueller Nachbarschaft, die es im Internet als solchem freilich nicht gibt, *Lemley* 91 Cal. L. Rev. 521, 526 (2003).

[206] Das „Springen" zu einem Ort durch Eingabe einer elektronischen Adresse ist regelmäßig auch möglich.

Server werden im Betrieb lediglich Daten über die elektronische Zuweisung zu einem Nutzer oder spezielle Objekteigenschaften gespeichert und abgerufen.

In beiden Fällen kommt es bei jeder Anzeige eines virtuellen Gegenstandes zu Vervielfältigungen i.S.d. § 16 UrhG (1.). Zudem stellt jede abrufbare Speicherung eines Gegenstandes auf dem Server eine öffentliche Zugänglichmachung i.S.d. § 19a UrhG (2.), aber keine Sendung i.S.d. § 20 UrhG (3.) dar. All diese im ordnungsgemäßen Betrieb erfolgenden Nutzungshandlungen sind jedoch bei vorgefertigten virtuellen Gegenständen als Teil des ordnungsgemäßen Betriebes von einer Rechteeinräumung im Nutzungsvertrag umfasst (4.). Zudem kann hier noch § 44a UrhG als Korrektiv für vorübergehende, rein technisch bedingte, wirtschaftlich unbedeutende Vervielfältigungen greifen (IV.).

1. Vervielfältigung (§ 16 UrhG)

Der Begriff der Vervielfältigung i.S.d. § 16 UrhG ist denkbar weit und erfasst jede Vervielfältigung im Arbeitsspeicher eines Computers[207] und damit regelmäßig schon die bloße Anzeige eines Werkes[208]. Gleiches gilt für Vervielfältigungen i.S.d. dem § 16 UrhG inhaltlich entsprechenden § 69c I Nr. 1 UrhG beim Laden eines Computerprogramms[209]. Somit geht

---

[207] OLG Hamburg GRUR 2001, 831 – *Roche Medizin Lexikon*; Dreier/Schulze/*Schulze*[3] § 16 Rn. 7, 13; Fromm/Nordemann/*Dustmann*[10] § 16 Rn. 13; *Schack*[4] Rn. 378 f.; *Schack* MMR 2001, 9, 13; Schricker/*v. Ungern-Sternberg*[3] § 16 Rn. 20; Wandtke/Bullinger/*Heerma*[3] § 16 Rn. 16; Wandtke/Bullinger/*v. Welser*[3] § 44a Rn. 3. Das lässt sich auch aus Erw.Grd. 33 InfoGesRL 2001/29/EG herleiten, wonach als Ausgleich für einen weiten Vervielfältigungsbegriff bestimmte vorübergehende Vervielfältigungshandlungen durch Art. 5 I InfoGesRL 2001/29/EG (umgesetzt in § 44a UrhG) ausgenommen werden sollen. Für Computerprogramme gilt im Rahmen des § 69c UrhG das gleiche, vgl. Schricker/*Loewenheim*[3] § 69c Rn. 8; Wandtke/Bullinger/ *Grützmacher*[3] § 69c Rn. 5. A.A. KG ZUM 2002, 828, 830 – *Elektronischer Pressespiegel*; LG Mannheim ZUM-RD 1999, 210, 211; *Spindler* ZUM 1996, 533, 543.

[208] Die bloße Wiedergabe auf einem Bildschirm nicht als Vervielfältigung zu sehen (vgl. BGH GRUR 1991, 449, 453 – *Betriebssystem*; Dreier/Schulze/*Schulze*[3] § 16 Rn. 13; Fromm/Nordemann/*Dustmann*[10] § 16 Rn. 14; Schricker/*Loewenheim*[3] § 16 Rn. 19) und sie von der im Bereich von Computern stets technisch notwendigen Speicherung aller Anzeigedaten im Arbeitsspeicher oder im Grafikspeicher einer Grafikkarte zu trennen, ist von allein gedankentheoretischem Erkenntniswert. Eine Anzeige geht *stets* mit vorübergehenden Vervielfältigungen einher, technisch zutreffend insoweit Wandtke/Bullinger/*Heerma*[3] § 16 Rn. 13.

[209] Dreier/Schulze/*Schulze*[3] § 16 Rn. 3; Schricker/*v. Ungern-Sternberg*[3] § 16 Rn. 3; Schricker/*Loewenheim*[3] § 69c Rn. 6. Soweit der BGH früher die reine Benutzung eines Computerprogramms noch mit dem Lesen eines Buches vergleicht und in Ablauf und Anzeige als solchen keine relevante Nutzungshandlung i.S.d. § 16 UrhG sieht (BGH GRUR 1991, 449, 453 – *Betriebssystem*), so hängt dieses Ergebnis von der rein tatsächlichen Frage ab, ob technische Vervielfältigungen erfolgen (offengelassen in BGH GRUR

jegliche Anzeige und Nutzung virtueller Gegenstände unabhängig von ihrer Werkeinordnung mit technischen Vervielfältigungshandlungen einher – nicht anders als das Browsen im Internet[210] und allgemein eine Werknutzung im elektronischen Kontext. Das gilt für auf einem Server gespeicherte Gegenstände nicht anders als für vorgefertigte virtuelle Gegenstände, die in einem beim Nutzer installierten Programm enthalten sind und dann von dort in seinen Arbeitsspeicher geladen werden. Weitere „inworld"-Vervielfältigungen sind denkbar beim – soweit technisch möglich – Erstellen von Kopien und dem bloßen Nachbau von Gegenständen, wodurch neue Gegenstände geschaffen werden, die wiederum auf dem Server gespeichert werden[211]. Überdies kommen als „off-world"-Vervielfältigungen Screenshots[212] in Betracht oder – als Gegenstück zu den häufigen virtuellen Kopien realer Werke[213] – etwaige reale Nachbauten virtueller Gegenstände.

2. *Öffentliche Zugänglichmachung (§ 19a UrhG)*

Ähnlich weitreichende Bedeutung hat im Kontext virtueller Welten das Recht auf öffentliche Zugänglichmachung gem. § 19a UrhG. Dieses umfasst das Bereithalten eines Werkes zum individuellen Abruf durch Mitglieder der Öffentlichkeit von Orten und zu Zeiten ihrer Wahl[214]. Da so

---

1994, 363, 365 – *Holzhandelsprogramm*). Das ist unter der Prämisse des heutigen weiten und für Computerprogramme durch die Art. 4 lit. a) ComputerprogrammRL 91/250/EWG vorgegebenen Vervielfältigungsbegriffes aber der Fall, jedenfalls beim Laden des Programms, das dem Ablauf zwingend vorhergeht. Selbst wenn eine Vervielfältigung bei besonderen technischen Ausgestaltungen fehlt, weil etwa die Software allein auf einem Server laufe und daher keine Vervielfältigungen beim Nutzer auslöse wie bei einigen Arten von ASP-Anwendungen (*Czychowski/Bröcker* MMR 2002, 81, 83; *v. Westerholt/Berger* CR 2002, 81, 82) oder der Betriebssoftware für Chatforen (*Kunz* S. 123), so gilt das jedenfalls nicht für das Anzeigeergebnis als Anknüpfungspunkt für die schöpferische Leistung bei virtuellen Gegenständen. Deren Darstellung erfordert zumindest (aber auch stets) die Vervielfältigung im Arbeitsspeicher der die grafische Ausgabe steuernden Grafikkarte.

[210] Vgl. für eine Vervielfältigung der betrachteten Inhalte wie etwa Websites Dreier/Schulze/*Schulze*[3] § 16 Rn. 12; Fromm/Nordemann/*Dustmann*[10] § 16 Rn. 13; *Hoeren* MMR 2000, 515, 516; *Schack*[4] Rn. 380; Schricker/*Loewenheim*[3] § 16 Rn. 21; *Spindler* GRUR 2002, 105, 107; Wandtke/Bullinger/*Heerma*[3] § 16 Rn. 17. Meist werden virtuelle Gegenstände auf den Rechnern der Nutzer auch in einem Cache zwischengespeichert, um Geschwindigkeitsgewinne zu erzielen. Hier gelten die zum Browser Caching entwickelten Grundsätze entsprechend.

[211] Vgl. *Marcus* 52 N.Y. L. Sch. L. Rev. 67, 82 (2007); *Chheda* 4 J. Marshall Rev. Intell. Prop. L. 483, 493 ff. (2005).

[212] Vgl. *Marcus* 52 N.Y. L. Sch. L. Rev. 67, 83 (2007); *Mendis* [2008] E.I.P.R. 1.

[213] Vgl. *Balkin* 90 Va. L. Rev. 2043, 2064 (2004).

[214] Fromm/Nordemann/*Dustmann*[10] § 19a Rn. 11; *Schack*[4] Rn. 414; Schricker/*v. Ungern-Sternberg*[3] § 19a Rn. 51.

die abstrakte Möglichkeit des Abrufes ausreicht[215], liegt eine relevante Nutzungshandlung bereits im Bereitstellen[216]. Hierbei ist zu differenzieren, ob virtuelle Gegenstände auf einem Server gespeichert sind (so stets bei nutzergenerierten Gegenständen), oder die Daten zu ihrer Darstellung bereits vorgefertigt in der Zugangssoftware enthalten sind (so bisweilen bei betreibergenerierten Gegenständen).

Im ersten Fall liegt eine Nutzungshandlung i.S.d. § 19a UrhG schon dann vor, wenn virtuelle Gegenstände auf dem Server gespeichert und in einer Weise freigegeben sind, die sie bei virtuell-räumlicher Annäherung anderer Nutzer potentiell abrufbar und so für diese wahrnehmbar macht, ohne dass diese bereits wahrgenommen und die dazu erforderlichen Daten übertragen werden müssen. Ähnlich wie eine Website bereits mit dem Hochladen in das Internet öffentlich zugänglich gemacht wurde und ein konkreter Abruf nicht erforderlich ist[217], kann es auch hier nicht darauf ankommen, dass ein spezieller Gegenstand erst aus einem Inventar geholt wird oder dass ein anderer Nutzer sich diesem räumlich so weit annähert, dass er ihn auch konkret wahrnehmen kann und die dazu erforderlichen Daten übermittelt werden. Ein individueller Abruf erfolgt dann schlicht dadurch, dass sich ein anderer Nutzer in die Nähe eines virtuellen Gegenstandes begibt und ihn wahrnehmen kann, wobei dieser zur Anzeige auf seinen Rechner geladen wird[218].

Auch das Öffentlichkeitsmoment ist im Hinblick auf die Nutzer als potentiellem Adressatenkreis gegeben, da diese jedenfalls nicht in ihrer Gesamtheit durch persönliche Beziehungen verbunden sind, welche die Öffentlichkeit entfallen lassen könnten und über eine bloße technische Verbundenheit zur Werknutzung hinausgehen[219]. Anders kann die Lage in Teilräumen (z.B. virtuelle Grundstücke, Häuser, Clubs) zu beurteilen sein, die von vornherein so gestaltet sind, dass sie nur einem kleinen und persönlich eng verbundenen Kreis von Nutzern offen stehen. Eine solche Beschränkung ist vergleichbar mit einer beispielsweise durch Passwörter bewerkstelligten Zugangsbeschränkung im Internet auf Teilnetze, die –

---

[215] Fromm/Nordemann/*Dustmann*[10] § 19a Rn. 7.

[216] *Bullinger/Jani* ZUM 2008, 897, 903; Dreier/Schulze/*Dreier*[3] § 19a Rn. 6; Fromm/Nordemann/*Dustmann*[10] § 19a Rn. 7; *Schack*[4] Rn. 416; Schricker/*v. Ungern-Sternberg*[3] § 19a Rn. 42.

[217] Fromm/Nordemann/*Dustmann*[10] § 19a Rn. 15; Schricker/*v. Ungern-Sternberg*[3] § 19a Rn. 1.

[218] Eine analoge Anwendung des § 19a UrhG, wie sie *Trump/Wedemeyer* K&R 2006, 397, 401 befürworten, nach denen diese Norm keinen permanenten Datenaustausch erfasse, ist nicht erforderlich.

[219] Vgl. zur denkbar weiten Auslegung des Begriffes der Öffentlichkeit Dreier/Schulze/*Dreier*[3] § 19a Rn. 7; Fromm/Nordemann/*Dustmann*[10] § 19a Rn. 12 f.; Wandtke/Bullinger/*Bullinger*[3] § 19a Rn. 6.

unter der Prämisse eines solcherart eng begrenzten und persönlich verbundenen Personenkreises – die Öffentlichkeit entfallen lassen kann[220]. Die vorstehenden Ausführungen gelten entsprechend für solche Gegenstände, die nicht zentral auf einem Server gespeichert sind, sondern über ein peer-to-peer-Netzwerk direkt von Nutzer zu Nutzer übertragen werden.

Anders ist die Lage für vorgefertigte, lokal auf den Rechnern aller Nutzer gespeicherte virtuelle Gegenstände. Im Gegensatz zur Vervielfältigung, die in jedem Fall bei allen Nutzern im Arbeitsspeicher eintritt, ist für die öffentliche Zugänglichmachung die technische Lokalisierung virtueller Gegenstände von entscheidender Bedeutung. Soweit nämlich vom Betreiber vorgefertigte virtuelle Gegenstände bereits in der Zugangssoftware enthalten sind, deren grafische Ausgabe im virtuellen Raum somit zwingend im Programm angelegt sind, rufen Nutzer diese Inhalte nirgends ab, sondern diese befinden sich bereits von vornherein bestimmungsgemäß auf allen ihren Rechnern. Insofern kann bei der Nutzung von einer öffentlichen Zugänglichmachung – vor allem durch die Nutzer selbst – keine Rede sein. Soweit hierbei Daten von den Nutzern an den Server und dann an andere Nutzer übertragen werden, handelt es sich – wie eingangs dargestellt[221] – nicht um die Daten, aus denen virtuelle Gegenstände gebildet werden, sondern lediglich um Informationen beispielsweise zur Lage im Raum oder zur technischen Gegenstandsherrschaft.

3. Sendung (§ 20 UrhG)

Senderechte werden in virtuellen Welten dann relevant, wenn etwa Filme, Videos, bewegte Bilder allgemein oder Musik in einem virtuellen Kino oder Konzert im Wege des Streaming abgespielt werden. Hier ist auf die zum Streaming im Internet entwickelten Grundsätze zurückzugreifen. Ob dies in einem genuin zweidimensionalen Medium oder in einem solchen mit dreidimensionalem Eindruck erfolgt, kann keinen erheblichen Unterschied machen. Umstritten ist hier vor allem, ob Streaming als Sendung i.S.d. § 20 UrhG oder als öffentliche Zugänglichmachung i.S.d. § 19a UrhG zu werten ist. Da der technische Begriff des Streaming nur einen an den Nutzer kontinuierlich übertragenen, laufende Bilder oder Musik erzeugenden Datenstrom beinhaltet, ist für diese Frage inhaltlich zu differenzieren: Entscheidend ist, ob der Nutzer Einfluss auf Zeit und den Inhalt der Übertragung hat, oder ob die Auswahl der Inhalte beim Anbieter liegt und dem Nutzer nur die Entscheidung über das *Ob* der Wahrnehmung verbleibt[222]. Um eine Sendung i.S.d. § 20 UrhG handelt es sich, wenn ein

---

[220] Wandtke/Bullinger/*Bullinger*[3] § 19a Rn. 6.
[221] Vgl. Kap. 1 B.II.
[222] Vgl. Schricker/*v. Ungern-Sternberg*[3] § 19a Rn. 58.

vorgefertigtes Programm mit festgelegt ablaufenden Inhalten (z.B. Internet-TV) durch Streaming übertragen wird[223]. Können hingegen einzelne Inhalte abgerufen und durch Streaming übertragen werden (z.B. einzeln abrufbare, dann durch Streaming übertragene Musik- oder Videoclips[224]), so liegt eine öffentliche Zugänglichmachung i.S.d. § 19a UrhG vor[225]. Aus diesem Grund unterfallen auch durch eine Annäherung des Nutzers bei der Bewegung im virtuellen Raum sichtbar gemachte virtuelle Gegenstände nicht dem § 20 UrhG.

4. Rechteeinräumung im Nutzungsvertrag

Vor dem Hintergrund des Vorgesagten ergibt sich für die erforderlichen Nutzungsrechte folgendes Bild: Bei vorgefertigten betreibergenerierten, lokal auf den Rechnern der Nutzer gespeicherten virtuellen Gegenständen benötigen die Nutzer lediglich Vervielfältigungsrechte i.S.d. § 16 UrhG. Eine öffentliche Zugänglichmachung i.S.d. § 19a UrhG durch die Nutzer scheidet aus. Für die Betreiber als Rechteinhaber kommt es auf eine Rechteeinräumung im Verhältnis zu den Nutzern nicht an. Das gleiche gilt bei vorgefertigten betreibergenerierten, auf einem Server gespeicherten virtuellen Gegenständen.

Bei nutzererstellten, auf einem Server gespeicherten Gegenständen benötigen die Betreiber für den technischen Betrieb die Rechte aus §§ 16, 19a UrhG, sämtliche anderen Nutzer die aus § 16 UrhG. Im Falle eines peer-to-peer-Netzwerks wird die technische Funktion der Betreiber von den Nutzern selbst übernommen, so dass sie die Rechte aus § 16 UrhG und zusätzlich aus § 19a UrhG brauchen.

All diese Rechteeinräumungen (von Betreibern an die Nutzer oder umgekehrt von Nutzern an die Betreiber und dann weiter an andere Nutzer, oder gleich direkt von Nutzer zu Nutzer) erfolgen üblicherweise im Nut-

---

[223] Wandtke/Bullinger/*Ehrhardt*[3] § 20 Rn. 14; Fromm/Nordemann/*Dustmann*[10] § 19a Rn. 25; Loewenheim/*Schwarz/Reber* § 21 Rn. 76; *Schack* GRUR 2007, 639, 641; Schricker/*v. Ungern-Sternberg*[3] § 20 Rn. 45; a.A. Dreier/Schulze/*Dreier*[3] § 19a Rn. 10 wegen der Schutzlücken für ausübende Künstler, denen nur das Recht der öffentlichen Zugänglichmachung zusteht; ebenso früher Wandtke/Bullinger/*Ehrhardt*[2] § 20 Rn. 14 wegen der technischen Beschränkungen der Zahl von Abrufenden im Gegensatz zur klassischen Rundfunksendung. Die vom Gesetzgeber vorgesehenen Beschränkungen des Leistungsschutzes auf § 19a UrhG können jedoch nicht dadurch geschlossen werden, dass die Grenzen der Verwertungsrechte *wegen* etwaiger Schutzlücken zuungunsten des § 20 UrhG neu gezogen werden. Auch steht zu erwarten, dass die derzeitigen technischen Beschränkungen des simultanen Abrufes mit zunehmender Bandbreite und Serverleistung bald Vergangenheit sind.

[224] Vgl. OLG Hamburg ZUM 2005, 749, 750.

[225] Fromm/Nordemann/*Dustmann*[10] § 19a Rn. 20; Schricker/*v. Ungern-Sternberg*[3] vor §§ 20 ff. Rn. 7.

zungsvertrag. Dort sind sie entweder ausdrücklich festgelegt[226] oder müssen das Ergebnis einer entsprechenden Vertragsauslegung sein, um das reibungslose Funktionieren virtueller Welten – insbesondere bei nutzergenerierten Inhalten – ohne eine Vielzahl von Rechtsverletzungen zu gewährleisten[227]. Bei Unklarheit der entsprechenden Vertragsklauseln kann sich eine für den ordnungsgemäßen technischen Betrieb erforderliche Rechteeinräumung im deutschem Urhebervertragsrecht insbesondere aus der Zweckübertragungslehre gem. § 31 V UrhG ergeben.

Diese wirkt als Auslegungsregel[228] zwar normalerweise vornehmlich *zugunsten* der Urheber bzw. rechtevergebenden Verwerter[229], wenn sie eine vertragliche Rechteeinräumung auf den Umfang beschränkt, den der mit dem Vertrag verfolgte Zweck unbedingt erfordert[230]. Insoweit ist sie Ausprägung des allgemeinen und nun in § 11 S. 2 UrhG niedergelegten Grundsatzes, dass der Urheber auf der Vergütungsseite möglichst weitgehend an den Erträgen der Verwertung beteiligt werden soll[231] und – spiegelbildlich auf der Rechteseite – dass das Urheberrecht die generelle Tendenz hat, in möglichst weitem Umfang beim Urheber zu verbleiben[232].

---

[226] Vgl. dazu Kap. 7 F.

[227] Vgl. aus Sicht des US-amerikanischen Urhebervertragsrechts *Marcus* 52 N.Y. L. Sch. L. Rev. 67, 91 (2007). Auf die Notwendigkeit dieses Ergebnisses verweist auch *Jankowich* 8 Tul. J. Tech. & Intell. Prop. 1, 38 (2006) aus US-amerikanischer Perspektive: „Clearly, some sort of license is required because the medium of virtual worlds would cause proprietors to repeatedly infringe numerous copyright protections." Ähnlich im Ergebnis auch für die Software zum Betrieb von Internetforen *Maume* MMR 2007, 620, 623 und *Kunz* S. 122 f., die sich u.a. auf eine konkludente Einwilligung stützen. Beim Vorliegen eines Vertrages ist dessen Auslegung jedoch vorrangig.

[228] BGH GRUR 1998, 680, 682 – *Comic-Übersetzungen;* LG Berlin K&R 2007, 588, 591 – *Honorarbedingungen Journalisten*; Dreier/*Schulze*[3] § 31 Rn. 114; Fromm/ Nordemann/*J. Nordemann*[10] § 31 Rn. 109; *Schack*[4] Rn. 547; *Schricker* VerlagsR[3] § 8 Rn. 5a; Wandtke/Bullinger/*Wandtke/Grunert*[3] § 31 Rn. 70. De lege ferenda einen zwingenden Charakter erwägend *Stickelbrock* GRUR 2001, 1087, 1094.

[229] Zur Anwendbarkeit auf Verwerter Fromm/Nordemann/*J. Nordemann*[10] § 31 Rn. 118 m.w.N.

[230] St. Rspr. vgl. nur BGH GRUR 2003, 234, 236 – *EROC III*; BGH GRUR 2002, 248, 251 – *Spiegel-CD-ROM*; BGH GRUR 1998, 680, 682 – *Comic-Übersetzungen*; KG GRUR 2002, 252, 255 – *Mantellieferung*; OLG Hamburg GRUR 2002, 536 – *Flachmembranlautsprecher*; Dreier/Schulze/*Schulze*[3] § 31 Rn. 110; Fromm/Nordemann/*J. Nordemann*[10] § 31 Rn. 109; *Schack*[4] Rn. 547; Schricker/*Schricker*[3] § 31 Rn. 31; zu historischen Aspekten vgl. *Haupt* ZUM 1999, 898, 899.

[231] Vgl. BGH GRUR 2005, 148 – *Oceano Mare*; BGH, GRUR 2000, 144, 145 – *Comic-Übersetzungen II*; BGH GRUR 1998, 680, 682 – *Comic-Übersetzungen I*; Schricker/*Schricker*[3] § 31 Rn. 32.

[232] BGH GRUR 2002, 248, 251 – *Spiegel-CD-ROM*; BGH GRUR 1979, 637, 638 – *White Christmas*; Dreier/Schulze/*Schulze*[3] § 31 Rn. 110; Schricker/*Schricker*[3] vor §§ 28 ff. Rn. 65. Dies vor dem Hintergrund der 2002 neugefassten §§ 32, 32a UrhG auf der Vergütungsseite relativierend *von Becker* ZUM 2005, 303, 307.

Wenn über § 31 V UrhG eine Rechteeinräumung vom Nutzungsvertrag in dem Maße gedeckt sein soll, welches die technische Funktionsfähigkeit einer virtuellen Welt zwingend erfordert, kann damit u.U. eine weitergehende Rechteeinräumung – zumindest prima facie – *zulasten* des Rechteinhabers verbunden sein. Das muss indes die Anwendbarkeit der Zweckübertragungslehre nicht zwingend ausschließen. Zunächst wird schon das Dogma, dass sie als Auslegungsregel im Zweifel stets zugunsten des Urhebers wirke[233], teilweise als zu schematisch bestritten[234] und schlägt sich so auch nicht stets in der Rechtsprechung nieder[235]. Darüber hinaus erscheint ein Blick allein auf den Umfang eingeräumter Nutzungsrechte auch zu eng, muss doch im Rahmen der gebotenen Gesamtbetrachtung aller Umstände[236] eine weitergehende Rechteeinräumung nicht stets nachteilig für den Rechteinhaber sein. Bei virtuellen Welten kann der Nutzen für den jeweiligen Rechteinhaber (d.h. bei nutzererstellten Inhalten für den Nutzer, sonst den Betreiber) nicht rein formal nach dem Maß der ihm noch zustehenden Rechte bestimmt werden, sondern muss auch die generelle Funktionsfähigkeit der virtuellen Welt als Medium kreativen Schaffens im Zusammenwirken aller Nutzungsverträge berücksichtigen. Insofern ist die Lage hier nicht anders als in anderen multipolaren Verwertungsverhältnissen, die notwendigerweise das Zusammenwirken vieler Urheber erfordern. Einige von ihnen mit Rechten zu versehen, die für sich nicht verwertet werden können, aber als hold up eine Blockadeposition

---

[233] Vgl. OLG Düsseldorf GRUR-RR 2002, 121, 123 – *Das weite Land*; Dreier/Schulze/*Schulze*[3] § 1 Rn. 2; Fromm/Nordemann/*W. Nordemann*[9] § 1 Rn. 1; Wandtke/Bullinger/*Wandtke/Grunert*[3] vor §§ 31 ff. Rn. 114.

[234] So zu Recht nach der jeweiligen Gesamtinteressenlage differenzierend Fromm/Nordemann/*J. Nordemann*[10] § 31 Rn. 110; *Schaefer* FS Nordemann S. 227, 230 mit der Kritik, die Zweckübertragungslehre sei zu eng auf Zweipersonenverhältnisse zugeschnitten und lasse die wirtschaftliche Realität bei der Schöpfung komplexer Werk- und Leistungsverbindungen unter Mitwirkung einer Vielzahl von Personen außer Acht; ferner *Haupt* ZUM 1999, 898, 899; Schricker/*Schricker*[3] vor §§ 28 ff. Rn. 65.

[235] Dass die Rechtsprechung eine Auslegung je nach Einzelfall und verfolgtem Vertragszweck auch zugunsten des einräumenden Rechteinhabers vornimmt, zeigt sich an BGH GRUR 2003, 234, 236 – *EROC III* (Zweckübertragungslehre kann das frühere und für ausübende Künstler nicht geltende Verbot der Einräumung unbekannter Nutzungsarten i.S.d. § 31 IV a.F. UrhG nicht ersetzen); BGH GRUR 1988, 300, 301 – *Fremdenverkehrsbroschüre* (Rechteeinräumung beinhaltet Vervielfältigungsrechte für den Nachdruck eines Faltprospektes, die nicht explizit vereinbart waren); OLG Düsseldorf NJW-RR 2002, 1049, 1050 – *Schulungslizenzen* (Erweiterung einer Softwarelizenz zugunsten des Lizenznehmers auf nicht explizit erwähnte, durch Dritte durchgeführte Schulungen seiner Angestellten); BGH GRUR 1977, 42, 44 ff. – *Schmalfilmrechte* (bei der Einräumung zugunsten einer Verwertungsgesellschaft zur kollektiven Rechtewahrnehmung auch nach dem Partizipationsinteresse an den Tantiemen differenzierend).

[236] Vgl. Fromm/Nordemann/*J. Nordemann*[10] § 31 Rn. 128; *Schack*[4] Rn. 548.

vermitteln, ist weder im Interesse der Urheber noch der Verwerter[237]. Löst man sich hier von einem auf eine Zweipersonenbeziehung reduzierten Betrachtungswinkel, besteht in solch multipolaren Verhältnissen nur scheinbar ein Widerstreit zwischen einem Verständnis der Zweckübertragungslehre als Instrument des allseitigen Interessenausgleichs und des Urheberschutzes.

Somit bemisst sich der Umfang einer – u.U. auch weitergehenden – Rechteeinräumung nach dem gesamten Vertragszweck. Da dieser hier jedenfalls auf die – allen Parteien dienende – technische Funktionsfähigkeit einer virtuellen Welt zielt, sind vom Nutzungsvertrag zumindest alle technischen Nutzungshandlungen gedeckt, die sich innerhalb der normalen, technisch erforderlichen Nutzung bewegen[238]. Zu weitergehenden Rechteeinräumungen an nutzergenerierten Inhalten und deren Kontrolle vgl. Kap. 7 F.

II. Insbesondere über das virtuelle Eigentum horizontal abwehrfähige „inhaltliche" Störungen

Wenn vor dem Hintergrund des Vorgesagten jede nur denkbare Nutzung virtueller Gegenstände urheberrechtlich relevante Vervielfältigungen auslöst, wäre es nicht unmöglich, dem Regime eines virtuellen Eigentums unterfallende, inhaltlich-kontextbezoge Störungen auch über das Urheberrecht erfassen zu wollen. Gedankentheoretisch erschiene es nicht ausgeschlossen, die Frage einer Verletzung virtuellen Eigentums (bzw. des diese Rechtsfigur überformenden Nutzungsvertrages mit seinen expliziten oder impliziten Verhaltensanforderungen) in eine urheberrechtliche Verletzungshandlung zu transzendieren[239]. Da die für den normalen Betrieb erforderlichen Vervielfältigungshandlungen durch urheberrechtliche Nutzungsrechte oder – wie sogleich gezeigt – durch die Schrankenbestimmung des § 44a UrhG gedeckt sein müssen, ließe sich hier ein Bereich virtueller Eigentumsstörungen ausklammern. Hierbei würde Nutzern das Recht zu im

---

[237] Vgl. *Schaefer* FS Nordemann S. 227, 231 ff., 235 für die Herstellung komplexer Werk- und Leistungsverbindungen bei einer Produktion; ebenso Fromm/Nordemann/*J. Nordemann*[10] § 31 Rn. 111.

[238] Auf den normalen Betrieb abstellend aus US-amerikanischer Perspektive auch *Lim* 1(7) J.I.P.L.P. 481, 484, 488 (2006).

[239] Dass dabei die oben (Kap. 4 B.II.2.) beschriebene zentrale Unterscheidung zwischen rivalisierenden und nicht rivalisierenden Nutzungen verschwimmt, liegt schlicht daran, dass im elektronischen Kontext jede Nutzung *auch* eine Vervielfältigung als nichtrivalisierende Nutzung mit sich bringt. Mit rechtspolitischer Kritik an einer übermäßigen Reichweite des Vervielfältigungsrechts *Dusollier* 2005 E.I.P.R. 201; IViR Studie S. 22 ff., 166; kritisch auch aus US-amerikanischer informationsökonomischer Perspektive *Long* 90 Va. L. Rev. 465, 535 (2004) mit Blick auf eine Aushöhlung des dortigen Fixierungserfordernisses; *Johnson/Post* 48 Stan. L. Rev. 1367, 1385 (1996).

normalen Betrieb anfallenden Vervielfältigungen gewährt, gerade aber das Recht für solche konkreten Handlungen *ausgenommen*, die *zugleich* Verletzungen des virtuellen Eigentums bzw. des Nutzungsvertrages wären. Die dabei – wie bei jeder anderen Nutzung – erfolgenden technischen Vervielfältigungen im Arbeitsspeicher würden auf diese Weise auch zu potentiellen Urheberrechtsverletzungen umgestaltet.

Ob die urheberrechtlich vermittelte Kontrolle über die Vervielfältigung die Art und Weise der *inhaltlichen* Werknutzung bestimmen und so gleichsam als Ersatz für das virtuelle Eigentum benutzt werden kann, erscheint zweifelhaft. Diese Idee wird zwar vereinzelt aufgegriffen[240], überwiegend aber mit Recht abgelehnt[241]. Dagegen spricht nicht nur, dass damit im elektronischen Kontext die gedankentheoretische Unterscheidung zwischen rivalisierenden und nichtrivalisierenden Nutzungen als Unterschied zwischen dem Regime des Sach- und virtuellen Eigentums einerseits und der Immaterialgüterrechte andererseits allein wegen (derzeitiger) technischer Erfordernisse aufgehoben wäre. Auch wird nur allzu offenbar, wie das Urheberrecht – ähnlich wie schon bei einer Konstruktion über das Sacheigentum – als bloßer dogmatischer Anker herhalten muss. Vor allem ließe sich so jegliche relative Vertragsverletzung bei der Nutzung elektronischer Ressourcen und jedes regelwidrige Verhalten in eine absolute (und strafbewehrte, § 106 I UrhG) Urheberrechtsverletzung umformen. Dass dies nicht sein kann und eine solche übermäßige Aufspaltung urheberrechtlicher Nutzungsarten mit absoluter Wirkung schon im Interesse der Rechtssicherheit verhindert werden muss, ist im Urhebervertragsrecht durchaus anerkannt und zeigt sich deutlich am Konzept der eigenständigen Nutzungsart. Für einen wirksamen absolut-gegenständlichen Zuschnitt erfordert diese eine nach der Verkehrsauffassung hinreichend klar abgrenzbare, wirtschaftlich und technisch einheitliche und selbständige Verwendungsform des Werkes[242]. Darüber hinausschießende Beschrän-

---

[240] Vgl. die (i.e. abl.) Erwägungen aus US-amerikanischer Perspektive bei *Fairfield* Anti-Social Contracts S. 19.

[241] Implizit gegen die urheberrechtliche Abwehrfähigkeit bestimmter „inhaltlicher" Nutzungsmodalitäten im Rahmen einer generellen Nutzungserlaubnis am Parallelfall von Internetdiskussionsforen *Kunz* S. 123; *Maume* MMR 2007, 620, 623. Beide sehen einen Ausschluss von Nutzern aus Chatforen wegen der Veröffentlichung inhaltlich unerwünschter Beiträge nicht von insoweit fehlenden Nutzungsrechten an der Forenbetriebssoftware getragen. Ebenso i.E. für Virtual Property auch *Fairfield* Anti-Social Contracts S. 19.

[242] St. Rspr. BGH GRUR 1997, 215, 217 – *Klimbim*; BGH GRUR 1995, 212, 213 – *Videozweitauswertung III*; BGH GRUR 1992, 310, 311 – *Taschenbuch-Lizenz;* BGH GRUR 1990, 669, 671 – *Bibelreproduktion*; BGH GRUR 1986, 62, 64 – *GEMA-Vermutung I*; KG GRUR 2002, 252, 254 – *Mantellieferung*; Dreier/Schulze/*Schulze*[3] § 31 Rn. 28 f.; Fromm/Nordemann/*J. Nordemann*[10] § 31 Rn. 10 f.; *Schack*[4] Rn. 545; Schricker/

kungen haben rein schuldrechtliche Wirkung[243]. So wie verschiedene Nutzungen im Internet als eigenständig anerkannt sind[244], liegt es nahe, auch die Nutzung virtueller Gegenstände in virtuellen Welten oder MMORPGs als eigenständige Nutzungsart zu begreifen, ohne dass die dazu gewährten Nutzungsrechte mit absoluter Wirkung auf weitere inhaltlich ausdifferenzierende Nutzungsmodalitäten (wie etwa die Befolgung von Verhaltenspflichten) zugeschnitten werden könnten. Diese sind im Vertikalverhältnis zum Betreiber allein eine Verletzung des Nutzungsvertrages und mögen zugleich im Horizontalverhältnis zu anderen Nutzern eine Verletzung deren – soweit konkret einschlägig – virtuellen Eigentums sein, aber keine Urheberrechtsverletzung.

III. Insbesondere Löschung von Gegenständen oder eines Accounts

Auch die Löschung von Gegenständen und Accounts durch den Betreiber kann über das Urheberrecht nicht verhindert werden. Bei vorgefertigten Gegenständen versteht sich das von selbst, weil die Urheberrechte den Nutzern insoweit schon nicht zustehen und die Befugnis zur Abwehr einer Vernichtung des Werkstückes keinesfalls auf bloße einfache Nutzungsrechte gestützt werden kann. Relevanter wird die Frage, inwieweit aus dem Urheberrecht ein solches Abwehrrecht folgen kann, jedoch bei nutzererstellten Inhalten. In Betracht hierfür kommen allein ein extensiv ausgelegtes Entstellungsverbot i.S.d. § 14 UrhG sowie das Zugangsrecht i.S.d. § 25 UrhG, welches die Herstellung von Vervielfältigungsstücken zur Nutzung außerhalb der virtuellen Welt ermöglichen könnte.

Die Vernichtung eines Werkstückes ist urheberrechtlich grundsätzlich nicht verboten[245]. Eine Ausnahme über das Entstellungsverbot i.S.d. § 14 UrhG, wonach der Urheber eine Beeinträchtigung seines Werkes verbieten kann, die geeignet ist, seine berechtigten geistigen oder persönlichen Interessen am Werk zu gefährden, wird allenfalls in solchen Fällen relevant, in denen nur ein Unikat des Werkes vorhanden ist und dessen Zerstörung damit zwingend auch das geistige Band zwischen Urheber und Werk

---

Schricker[3] vor §§ 28 ff. Rn. 52; *ders.* § 31 Rn. 7 ff.; Wandte/Bullinger/*Wandtke/Grunert*[3] § 31 Rn. 4 ff.

[243] BGH GRUR 2003, 416, 418 – *CPU Klausel*; Dreier/Schulze/*Schulze*[3] § 31 Rn. 48; Fromm/Nordemann/*J. Nordemann*[10] § 31 Rn. 12; Schricker/*Schricker*[3] vor §§ 28 ff. Rn. 57; Wandtke/Bullinger/*Wandtke/Grunert*[3] § 31 Rn. 7.

[244] Vgl. Dreier/*Schulze*[3] § 31 Rn. 46. Die Nutzung im Internet als solche ist heutzutage demgegenüber wohl zu weit gefasst, als dass sie eine eigenständige Nutzungsart sein könnte, Fromm/Nordemann/*J. Nordemann*[10] § 31 Rn. 85; Möhring/Nicolini/*Spautz*[2] § 31 Rn. 36.

[245] RGZ 79, 397, 401 – *Felseneiland mit Sirenen*; KG GRUR 1981, 742, 743 – *Totenmaske*; LG München FuR 1982, 513, 514 – *Hajek/ADAC I*; LG München I NJW 1983, 1205 – *Hajek/ADAC II*; *Rehbinder*[15] Rn. 410; Wandtke/Bullinger/*Bullinger*[3] § 14 Rn. 22.

berühren würde. In diesen Ausnahmefällen soll nach Teilen des Schrifttums unter Zuhilfenahme einer Interessenabwägung im Konflikt zwischen Urheberrecht und Sacheigentum die Befugnis des Eigentümers zur Einwirkung auf ein Werkstück und dessen Vernichtung beschränkt werden[246]. Sie geben dem Urheber jedoch kein generelles Abwehrrecht gegen eine Einwirkung auf das Werkstück selbst an die Hand. Selbst wenn man eine solche Befugnis im Einzelfall unter der erforderlichen Interessenabwägung bejahen wollte, so wird dieser Schutz nur hochwertigen Unikaten virtueller Kunstgegenstände und dann auch nur ihrem Schöpfer selbst zuteil; er entfällt sowohl bei vorhandenen Kopien oder zugunsten von Nutzern, welche diese Gegenstände erworben haben.

Ähnliches gilt für das Zugangsrecht i.S.d. § 25 I UrhG, das einem Urheber Zugang zu konkreten Werkstücken in den Händen Dritter gewähren kann, um ihm eine weitere Verwertung des Werkes – etwa durch die Herstellung weiterer Vervielfältigungsstücke – und die Fortsetzung seines Schaffens zu ermöglichen. Verpflichtet ist normalerweise der Besitzer eines Werkstückes i.S.d. § 854 I BGB[247]. Weitet man das Zugangsrecht auch auf digitale Verkörperungen aus[248], erscheint es mit Blick auf den Zweck des § 25 UrhG angezeigt, die tatsächliche Sachherrschaft des Anspruchsverpflichteten im elektronischen Kontext um eine virtuelle Gegenstandsherrschaft zu ergänzen. Die Ausübung des Zugangsrechtes erfordert die Unmöglichkeit oder Unzumutbarkeit eines anderweitigen Zuganges zu Werkstücken[249] sowie eine Einzelfallabwägung zwischen dem Zugangsinteresse des Urhebers und dem Integritätsinteresse des Besitzers, im Rahmen derer u.a. Faktoren wie die Unversehrtheit des Werkstückes, etwaige Geheimhaltungsinteressen oder Persönlichkeitsrechte eine Rolle

---

[246] Vgl. Dreier/Schulze/*Schulze*[3] § 14 Rn. 27 f.; *Schack*[4] Rn. 358; Schricker/*Dietz*[3] § 14 Rn. 37a ff., welche die Werkvernichtung als schärfste Form der Beeinträchtigung i.S.d. § 14 UrhG begreifen, im Rahmen einer erforderlichen Interessenabwägung die Vernichtung vor allem bei hochwertigen Originalen von Werken der bildenden Kunst ablehnen und zumindest eine Andienpflicht bei der Rückveräußerung annehmen. *Schmelz* GRUR 2007, 565 will eine solche Werkzerstörung unter das allgemeine Urheberpersönlichkeitsrecht i.w.S. gem. § 11 S. 1 UrhG subsumieren. Die Rechtsprechung zeigt sich hier jedoch sehr zurückhaltend, vgl. LG Hamburg GRUR 2005, 672, 674 – *Astra-Hochhaus* (keine Entstellung durch Abriss); LG München I FuR 1982, 510, 513 – *Hajek/ADAC I*; LG München I NJW 1983, 1205 – *Hajek/ADAC II*; restriktiv auch *Rehbinder*[15] Rn. 410; Wandtke/Bullinger/*Bullinger*[3] § 14 Rn. 22; großzügiger OLG Hamm ZUM-RD 2001, 443 – *Mindener Keilstück* (bejahend für Entfernung eine standortbezogene Plastik).

[247] Dreier/Schulze/*Schulze*[3] § 25 Rn. 6; Schricker/*Vogel*[3] § 25 Rn. 9.

[248] Für die Anwendung des Zugangsrechts auf digitale Aufzeichnungen Fromm/Nordemann/*A. Nordemann*[10] § 25 Rn. 2.

[249] Dreier/Schulze/*Schulze*[3] § 25 Rn. 19; Fromm/Nordemann/*A. Nordemann*[10] § 25 Rn. 16; Schricker/*Vogel*[3] § 25 Rn. 13.

spielen können[250]. Im elektronischen Kontext sind Daten normalerweise mehrfach vorhanden und ohne Probleme zu vervielfältigen, so dass der Zugang zu einem bestimmten Speicherort selten erforderlich sein wird. Sofern dies jedoch bei einer technisch geschlossenen virtuellen Welt ohne Exportfunktion anders ist, ließe sich im Einzelfall aus § 25 I UrhG eine Pflicht ableiten, dem Schöpfer virtueller Gegenstände im Fall eines Ausschlusses zumindest noch Zugang zu diesen zu gewähren, um ihm – sofern technisch überhaupt möglich – eine erforderliche Anfertigung weiterer Werkstücke zu ermöglichen. Praktisch ließe sich das z.B. durch eine Dateiexportfunktion bewerkstelligen. Das beinhaltet zwar auch eine aktive Komponente auf Seiten des Betreibers und geht über den normalerweise allein passiv geschuldeten Zugang zum Werkstück[251] hinaus. Wo jedoch der bloße Zugang nicht genügt, ist in Ausnahmefällen durchaus das Erfordernis einer aktiven Mithilfe des Werkbesitzers anerkannt[252] – und kann in virtuellen Welten die Anfertigung einer Kopie und ihre Herausgabe bedeuten, wenn dies praktisch nur in der Sphäre des Betreibers durch ihn selbst vorgenommen werden kann. Freilich steht das entsprechend der dabei stets erforderlichen Interessenabwägung[253] unter der Prämisse, dass eine solche technische Möglichkeit überhaupt besteht und keinen nennenswerten Aufwand verursacht. Zudem werden auf Urheberseite die Interessen an einem solchen Zugang meist nur bei seltenen künstlerischen Unikaten virtueller Gegenstände durchschlagen[254]. In personeller Hinsicht streitet das Zugangsrecht wiederum nur für den Schöpfer selbst[255] und damit nicht für einen Erwerber verkehrsfähiger Werkstücke als bloßem Nutzungsberechtigten.

IV. Schranke für ephemere Vervielfältigungshandlungen (§ 44a UrhG)

Soweit im Betrieb anfallende Vervielfältigungshandlungen nicht ohnehin schon über die Rechteeinräumung des Nutzungsvertrages gedeckt sind,

---

[250] Vgl. Dreier/Schulze/*Schulze*[3] § 25 Rn. 21; Fromm/Nordemann/*A. Nordemann*[10] § 25 Rn. 17; *Schack*[4] Rn. 368; Schricker/*Vogel*[3] § 25 Rn. 16.

[251] Vgl. Dreier/Schulze/*Schulze*[3] § 25 Rn. 23; Fromm/Nordemann/*A. Nordemann*[10] § 25 Rn. 11; Schricker/*Vogel*[3] § 25 Rn. 11.

[252] Auch dies ist Ausdruck der Interessenabwägung. Im Einzelfall ist etwa ein Transport des Werkstückes zu einem Dritten nicht ausgeschlossen, wenn den überwiegenden Interessen des Urhebers nicht auf anderer Weise entsprochen werden kann, vgl. KG GRUR 1983, 507 – *Totenmaske*; Dreier/Schulze/*Schulze*[3] § 25 Rn. 24; Fromm/Nordemann/*A. Nordemann*[10] § 25 Rn. 12.

[253] Dreier/Schulze/*Schulze*[3] § 25 Rn. 21; Fromm/Nordemann/*A. Nordemann*[10] § 25 Rn. 17; *Schack*[4] Rn. 368; Schricker/*Vogel*[3] § 25 Rn. 16.

[254] Vgl. zur allgemeinen Bedeutung von Unikaten beim Zugangsrecht Dreier/Schulze/*Schulze*[3] § 25 Rn. 7; Schricker/*Vogel*[3] § 25 Rn. 10.

[255] Fromm/Nordemann/*A. Nordemann*[10] § 25 Rn. 8; Schricker/*Vogel*[3] § 25 Rn. 8.

kommt zudem die Schrankenbestimmung des § 44a UrhG für vorübergehende technisch bedingte Vervielfältigungshandlungen in Betracht. Als Ausgleich zum weiten Vervielfältigungsbegriff[256] erlaubt § 44a UrhG vorübergehende, nur flüchtige oder begleitende Vervielfältigungen, die einen integralen, wesentlichen Teil eines technischen Verfahrens ohne eigenständige wirtschaftliche Bedeutung darstellen und dessen alleiniger Zweck es ist, die rechtmäßige Nutzung eines Werkes (Nr. 2) oder seine Übertragung in einem Netz zwischen Dritten und einem Vermittler (Nr. 1) zu ermöglichen[257]. Zweck dieser Vorschrift ist es, die eigenständige Verfügungsbefugnis über rein technisch bedingte Vervielfältigungshandlungen im Rahmen der erlaubten Nutzung zu verhindern[258] und so u.U. deren Missbrauch als Hold Up entgegenzuwirken. Im Zusammenhang mit virtuellen Welten und den bei Betreiber und Nutzer jeweils vorgenommenen Nutzungshandlungen kommt § 44a Nr. 2 UrhG dabei die größere Bedeutung. § 44a Nr. 1 UrhG privilegiert – nicht anders als bei jeder Datenübertragung über das Internet – vor allem die dabei technisch eingeschalteten Übermittler[259], wie z.B. die Betreiber von Proxyservern.

Für die Anwendbarkeit von § 44a UrhG kann es eine Rolle spielen, ob virtuelle Gegenstände über ihre Erscheinungsform hinaus auch als Computerprogramm i.S.d. §§ 2 I Nr. 1, 69a ff. UrhG angesehen werden. Überwiegend wird die Anwendbarkeit des § 44a UrhG auf Computerprogramme mit Blick auf die Spezialregelungen in den §§ 69a ff. UrhG abgelehnt[260]. Dieses Ergebnis sei im Gemeinschaftsrecht auch von den ihnen zugrunde liegenden Richtlinien vorgegeben, weil Art. 1 II InfoGesRL 2001/29/EG, auf der § 44a UrhG beruht, die Regelungen der ComputerprogrammRL 91/250/EWG unberührt lasse und somit auch den Vorrang der diese umsetzenden Spezialregelungen in §§ 69a ff. UrhG gegenüber § 44a UrhG statuiere[261]. Für eine Anwendung des § 44a UrhG spreche demgegenüber, dass die Interessenlage und das Bedürfnis nach einer Privilegierung

---

[256] Dreier/Schulze/*Dreier*[3] § 44a Rn. 1; Schricker/*Loewenheim*[3] § 44a Rn. 1.

[257] Kritisch zur Fassung der unscharfen sich überschneidenden Tatbestandsmerkmale durch fast wortwörtliche Umsetzung des Art. 5 I InfoGesRL 2001/29/EG *Spindler* GRUR 2002, 105, 111 sowie Schricker/*Loewenheim*[3] § 44a Rn. 2.

[258] Schricker/*Loewenheim*[3] § 44a Rn. 1.

[259] Schricker/*Loewenheim*[3] § 44a Rn. 8.

[260] Fromm/Nordemann/*Dustmann*[10] § 16 Rn. 25; Fromm/Nordemann/*W. Nordemann*[10] § 44a Rn. 1; Wandtke/Bullinger/*v. Welser*[3] § 44a Rn. 23; Wandtke/Bullinger/*Heerma*[3] § 16 Rn. 7; a.A. für eine Anwendung des § 44a UrhG Dreier/Schulze/*Dreier*[3] § 44a Rn. 2; *ders.* § 69c 9; Fromm/Nordemann/*Czychowski*[10] § 69c Rn. 9; *Maume* MMR 2007, 620, 623; Schricker/*Loewenheim*[3] § 44a Rn. 3.

[261] So Fromm/Nordemann/*W. Nordemann*[10] § 44a Rn. 1; Wandtke/Bullinger/*v. Welser*[3] § 44a Rn. 23. Kritisch gegenüber der dürftigen, vorbehaltlos in das deutsche Recht übernommenen Abstimmung von ComputerprogrammRL 91/250/EWG und InfoGesRL 2001/29/EG aber Schricker/*Loewenheim*[3] § 44a Rn. 3.

flüchtiger Speichervorgänge weitgehend die gleiche sei[262]. Vor allem würde § 44a UrhG gänzlich leer laufen, wenn die zunehmend in den Inhalt von Webseiten integrierten Skripte und Applets als Computerprogramme[263] seine Anwendung verhinderten[264]. Dieses Problem lässt sich jedoch schon dadurch vermeiden, dass auf die Schrankenbestimmung in § 69d I UrhG zurückgegriffen wird, nach der die bestimmungsgemäße Benutzung eines Programms in einer Website jedenfalls Nutzungshandlungen beim Browsen und Caching abdeckt, soweit diese nicht von § 44a UrhG abgedeckt sind[265]. Soweit das nicht möglich ist, ließe sich ferner die vor Inkrafttreten des § 44a UrhG verwendete Konstruktion einer konkludenten Einwilligung bemühen[266]. Jedenfalls für virtuelle Welten tut sich hier im Ergebnis kaum ein erhebliches Problem auf. Anders als allgemein im Internet, wo Nutzer selten mit dem Rechteinhaber einer Website vertraglich verbunden sind und § 44a UrhG so eine erhebliche Bedeutung erlangt, kann das Maß der Rechteeinräumung bei virtuellen Welten auch über die Auslegung des Nutzungsvertrages gesteuert werden.

Soweit § 44a UrhG darüber hinaus eine Rolle spielt, werden seine Voraussetzungen bei der Nutzung virtueller Welten ähnlich wie beim Browsen im Internet regelmäßig schon wegen der vergleichbaren technischen Gegebenheiten vorliegen. So sind Vervielfältigungen bei der Anzeige und Benutzung virtueller Gegenstände im Arbeitsspeicher genauso vorübergehend und flüchtig wie bei der § 44a UrhG unterfallenden Anzeige von Websites[267]. In beiden Fällen werden die Daten mit dem Abschalten eines Computers gelöscht[268]. Soweit virtuelle Welten die Festplatte der Nutzer als Client-Cache-Speicher verwenden, handelt es sich – wie beim von § 44a Nr. 2 UrhG erfassten lokalen Browser-Cache[269] – zwar nicht um

---

[262] Dreier/Schulze/*Dreier*[3] § 44a Rn. 2; ähnlich Fromm/Nordemann/*Czychowski*[10] § 69c Rn. 9.

[263] Vgl. zur Abgrenzung von Computerprogrammen zu anderen Werkarten etwa bei Websites mit Skripten und Applets Kap. 5 A.II.2.d.

[264] Dieses Problem räumt auch Wandtke/Bullinger/*v. Welser*[3] § 44a Rn. 24 ein.

[265] Für eine Zulässigkeit von Browsing und Caching als bestimmungsgemäße Nutzung der in Websites integrierten Programme i.S.d. § 69d I UrhG etwa Wandtke/Bullinger/*v. Welser*[3] § 44a Rn. 25.

[266] Vgl. für die Behandlung von Altfällen vor Inkrafttreten des § 44a UrhG auf diese Weise HK-UrhR/*Dreyer* § 44a Rn. 16; Wandtke/Bullinger/*v. Welser*[3] § 44a Rn. 29 (dort tatbestandsausschließendes Einverständnis). Eine Einwilligung für die Nutzung von Chatroom-Software nehmen *Kunz* S. 122 und *Maume* MMR 2007, 620, 623 an.

[267] Vgl. für die Rechtmäßigkeit des Browsing nach § 44a UrhG Wandtke/Bullinger/*v. Welser*[3] § 44a Rn. 1, 3; Schricker/*Loewenheim*[3] § 44a Rn. 12.

[268] Zu diesem Kriterium für die Flüchtigkeit Dreier/Schulze/*Dreier*[3] § 44a Rn. 4 f.; *Spindler* GRUR 2002, 105, 111; Schricker/*Loewenheim*[3] § 44a Rn. 5.

[269] Vgl. Wandtke/Bullinger/*v. Welser*[3] § 44a Rn. 8, 21; Schricker/*Loewenheim*[3] § 44a Rn. 5.

vorübergehende flüchtige, aber um ebenso erlaubte vorübergehende begleitende Vervielfältigungen.

Bei der Frage jedoch, ob sie als wesentlicher und integraler Teil eines technischen Verfahrens einer rechtmäßigen Nutzung des Werkes dienen, stellen sich ähnliche Probleme wie bereits oben bei der Frage, inwieweit vertragliche Verhaltenspflichten dazu führen können, dass bloße Vertragsverstöße gleichzeitig zu Nutzungshandlungen werden, die nicht mehr von der Rechteeinräumung gedeckt sind. Eine rechtmäßige Nutzung i.S.d. § 44a Nr. 2 UrhG liegt dann vor, soweit sie vom Rechteinhaber zugelassen, nicht durch Gesetze beschränkt oder durch Schranken erlaubt ist[270]. Somit können sich auch hier die Grenzen des § 44a UrhG aus vertraglichen Vereinbarungen ergeben[271]. Freilich liegt es auch hier fern, bloße Vertragsverstöße – wie etwa ein Verbot bestimmter Äußerungen oder ein Verbot der Benutzung virtueller Gegenstände in einer bestimmten Art und Weise – dadurch zu einer Urheberrechtsverletzung zu machen, dass das Privileg des § 44a UrhG wegen eines bloßen Vertragsverstoßes und einer etwaigen insoweit unrechtmäßigen Nutzung entfiele. Sofern die Anwendbarkeit des § 44a UrhG ausscheiden soll, wenn der Nutzer die „vom Anbieter gestellten Bedingungen [...] missachtet“[272], kann damit nicht jede schuldvertragliche Beschränkung gemeint sein. Ebenso wenig wie bei § 69d I UrhG für Computerprogramme kann die Ausrichtung des § 44a UrhG an Art und Maß der vertraglich gestatteten Nutzung nicht dazu führen, dass die Grenzen der Aufspaltbarkeit von Nutzungsrechten unterlaufen werden. § 69d I UrhG erlaubt als Schrankenbestimmung (u.a.) alle Vervielfältigungshandlungen, die für die bestimmungsgemäße Nutzung eines Computerprogrammes erforderlich sind, sofern keine besonderen vertraglichen Beschränkungen vorliegen. Diese zielen regelmäßig auf bestimmte erlaubte oder vorbehaltene Nutzungsarten, wie z.B. Beschränkungen der Verwendung nur auf bestimmte Computer (CPU-Klauseln) oder bezüglich der Nutzung im Netzwerk nur auf eine bestimmte Zahl oder Art von Rechnern. Auch bei § 69d I UrhG sind relevante vertragliche Einschränkunen wiederum nur in den Grenzen aufspaltbarer, technisch und wirtschaftlich eigenständiger Nutzungsrechte möglich[273]. So kann lediglich relativ wirkenden schuldvertraglichen Abreden nicht über den Umweg des § 69d I UrhG dadurch eine absolute Wirkung zukommen, dass diese

[270] Dreier/Schulze/*Dreier*[3] § 44a Rn. 8; Schricker/*Loewenheim*[3] § 44a Rn. 9.

[271] Dreier/Schulze/*Dreier*[3] § 44a Rn. 8.

[272] So Wandtke/Bullinger/*v. Welser*[3] § 44a Rn. 19, welcher zwar das Umgehen von Schutzmechanismen als Beispiel anführt, in der Formulierung letztlich aber allgemeiner und weiter auf die generelle Missachtung von Nutzungsbedingungen abstellt. Gegen die Anwendbarkeit des § 44a UrhG bei bloßer Vertragsverletzung im Falle des Einsatzes von Cheatbots auch *Wieduwilt* MMR 2008, 715, 717.

[273] Schricker/*Loewenheim*[3] § 69d Rn. 14.

Schrankenbestimmung gerade dann nicht greifen soll, wenn ein bloßer Vertragsverstoß vorliegt. Dies muss wegen des gleichlaufenden Zweckes beider Normen auch für § 44a UrhG im Rahmen der dort gebotenen teleologischen Auslegung[274] gelten. Soweit man für Computerprogramme statt § 44a UrhG schon gleich § 69d I UrhG für einschlägig hält, gelten diese Ausführungen für die dortige Frage der bestimmungsgemäßen Nutzung und die Möglichkeit vertraglicher Beschränkungen unmittelbar.

Dieser Maßstab muss auch für das letzte Tatbestandsmerkmal gelten, dass die Nutzung keine eigenständige wirtschaftliche Bedeutung hat und somit keine neue, eigenständige Nutzungsmöglichkeit außerhalb der gestatteten Nutzung eröffnet[275]. Um die obigen Erwägungen nicht leer laufen zu lassen, muss die gestattete Nutzung auch hier im Sinne einer wirtschaftlich-selbständigen Nutzungsart ausgelegt werden.

Im Ergebnis sind von § 44a alle flüchtigen Vervielfältigungen auf den Client-Rechnern der Nutzer gedeckt. Dies gilt unabhängig davon, ob diese sich dabei an bestimmte *inhaltliche* Verhaltenspflichten aus den Nutzungsverträgen oder aus dem virtuellen Eigentum halten müssen, die insofern bloße Modalitäten der technisch bedingt stets erfolgenden *urheberrechtlichen* Nutzungshandlungen darstellen.

[274] Schricker/*Loewenheim*[3] § 44a Rn. 2.

[275] Dreier/Schulze/*Dreier*[3] § 44a Rn. 9; Schricker/*Loewenheim*[3] § 44a Rn. 10.

Kapitel 7

Vertragsrechtliche Fragestellungen

In ihrem letzten Teil wird diese Arbeit auf einige Aspekte im Zusammenhang mit den Nutzungsverträgen virtueller Welten eingehen, die regelmäßig als End User Licence Agreement (EULA) oder Terms of Service (TOS) abgeschlossen werden. Im EULA finden sich meist Regelungen zur Nutzung einer etwaigen Zugangssoftware. Die TOS regeln die Rechteverteilung im Vertikalverhältnis zwischen Betreiber und Nutzer sowie zwischen Nutzern untereinander, weisen im Innenverhältnis zwischen Betreiber und Nutzern virtuelles Eigentum zu, regeln die Verteilung etwaiger bestehender oder entstehender Immaterialgüterrechte, die Übertragbarkeit virtueller Güter und enthalten eine Vielzahl grundlegender Verhaltensregeln. Insbesondere letztere sind für die Nutzung der virtuellen Welt auch oftmals in den detaillierteren, durch Verweis in EULA oder TOS einbezogen Rules of Conduct enthalten. Die genaue Terminologie ist hier uneinheitlich, so dass im folgenden allgemein von einem Nutzungsvertrag die Rede sein wird.

Da dessen Inhalte denkbar unterschiedlich und stets auf die Bedürfnisse der jeweiligen virtuellen Welt zugeschnitten sind, gelten die folgenden Ausführungen unter dem Vorbehalt, dass die einzelnen vertraglichen Regelungen von Fall zu Fall erheblich differieren. Anstatt hier die Wirksamkeit einer Vielzahl einzelner Klauseln zu analysieren, soll im Folgenden vielmehr für einige wenige typische vertragsrechtliche Problemstellungen ein rechtlicher Rahmen zur Würdigung solcher Klauseln im Einzelfall aufgespannt werden, ohne damit für jeden denkbaren Einzelfall ein Ergebnis vorzugeben. Dieses Vorgehen erscheint nicht nur deswegen geboten, weil die vorliegende Arbeit ihren Schwerpunkt auf die *Rechtsnatur* virtueller Güter und die aus ihnen fließenden Rechte legt, nicht aber auf die Vertragsgestaltung im Einzelfall. Es wäre wegen der Vielgestalt vertraglicher Gestaltungsmöglichkeiten und der stets auch zu berücksichtigenden Art der jeweiligen virtuellen Welt auch kaum möglich.

Zunächst werden die folgenden Ausführungen Fragen der Vertragstypologie beim Zugangsvertrag (A.), bei der Übertragung virtueller Gegenstände (B.) sowie des Accounts (C.) umfassen. Sodann wird auf Probleme von Veräußerungsvertragungsverboten (D.) sowie typischen betreiberbegünstigenden Klauseln wie voraussetzungslosen Enteignungen, Kündigungen und Eingriffen in das virtuelle Wirtschaftssystem eingegangen (E.). Abschließend ist der zulässige Umfang einer urheberrechtlichen Rechteeinräumung an nutzererstellten virtuellen Gegenständen an die Betreiber zu würdigen (F.). All diese Fragen werden – unbeschadet der oben dargestellten kollisionsrechtlichen Aspekte – für Nutzungsverträge am Beispiel des deutschen Rechts dargestellt.

A. Zugangsvertrag

Im Vertragsrecht virtueller Welten gilt es zunächst, mehrere Vertragsverhältnisse zu unterscheiden. Dies ist zuvorderst der eigentliche Zugang zu einer virtuellen Welt (II.). Er setzt regelmäßig die Nutzung einer zu diesem Zweck zur Verfügung gestellten Zugangssoftware auf dem Clientrechner voraus (I.).

I. Nutzung der Zugangssoftware

Die Nutzung der Zugangssoftware und die Nutzung des Servers als Zugang zur virtuellen Welt sind in zwei getrennten Verträge geregelt, sofern die Software auch ohne den Zugang nutzbar ist, wie es insbesondere bei Computerspielen der Fall sein kann, die auch ohne Internetzugang ablaufen. Ist demgegenüber die Benutzung der Zugangssoftware untrennbar mit dem Zugang zur Plattform verbunden und lässt sich die vertraglich zu erbringende Leistung des Betreibers nicht sinnvoll in die Nutzung der Zugangsoftware und den Zugang selbst aufspalten, ist beides Gegenstand nur eines Vertrages[1].

Für die Nutzung der Zugangssoftware bestehen keine Besonderheiten gegenüber einem Softwareüberlassungsvertrag über Standardsoftware, der kaufrechtliche Elemente enthält und bei dauerhafter Überlassung nach überwiegender Ansicht auch vertragstypologisch als Kaufvertrag angesehen wird[2], wohingegen bei nicht dauerhafter Überlassung ein mietähnli-

---

[1] *Krasemann* MMR 2006, 351, 352; *Lober/Weber* MMR 2005, 654, 656. A.A. *Völzmann-Stickelbrock* FS Eisenhardt S. 327, 331 mit dem – bislang bei keiner virtuellen Welt zutreffenden – Argument unterschiedlicher Vertragspartner auf der Betreiberseite hinsichtlich der Lizenz zur Nutzung der Software und dem Zugang zur virtuellen Welt: Mit Erwerb der Software werde zugleich ein Angebot zum Abschluss eines gesonderten Nutzungsvertrages über den Serverzugang und die Nutzung der Plattform abgegeben.

[2] Vgl. BGH NJW 1988, 406, 408; BGH NJW 1993, 2436, 2347 f.; BGH NJW 2000, 1415; OLG Brandenburg NJW-RR 1999, 850; Erman/*Grunewald*[12] § 433 Rn. 12; *Klimek/Sieber* ZUM 1998, 902, 904; *Marly Rn.* 193, *Mankowski* RabelsZ 63 (1999), 203, 233. Speziell für die Nutzung der Zugangssoftware virtueller Welten *Krasemann* MMR 2006, 351, 352. Auch wenn die Nutzungsverträge regelmäßig als Lizenzverträge bezeichnet sind, so bedarf es dennoch bei Regelungslücken eines Rückgriffes auf gesetzliche

cher Lizenzvertrag angenommen wird[3]. Ob die Software dabei auf einem Datenträger erworben oder heruntergeladen wird, spielt wegen des weiten Sachbegriffes des Kaufrechts[4] für diese typologische Einordnung eine nur geringe Rolle[5]. Anderenfalls würden auch erhebliche Anreize gesetzt werden, die Vertriebskanäle von Software unkörperlich zu gestalten, um die zwingenden und verbraucherschützenden Regelungen des Kaufrechts wie etwa §§ 474 ff. BGB zu umgehen[6].

Regelungen, die je nach typologischem Vertragsschwerpunkt im Kauf-, Werkvertrags- oder Mietrecht liegen können. Dass der BGH unlängst einen ASP-Servicevertrag als mietähnliches Dauerschuldverhältnis anerkannt hat (BGH NJW 2007, 2394 – *ASP Vertrag*), dürfte an dem kaufvertraglichen Charakter des Erwerbs von Standardsoftware zur dauerhaften Überlassung nichts ändern.

[3] BGH NJW 2003, 2014, 2016; *Marly* Rn. 210. Vgl. in diesem Zusammenhang für das Abgrenzungskriterium der Dauerhaftigkeit BGH NJW 2000, 1415; *König* NJW 1993, 3121, 3124; MüKo BGB/*H.P. Westermann*[5] § 433 Rn. 12; Palandt/*Putzo*[68] § 433 Rn. 9; *Trump/Wedemeyer* K&R 2006, 397, 399. Auch aus urheberrechtlicher Sicht für eine typologische Einordnung von Nutzungsrechtseinräumungen als Kaufvertrag, wenn sie faktisch einer Zuordnungsänderung gleichkommen, Fromm/Nordemann/*J. Nordemann*[10] vor § 31 Rn. 165; hier auf die Gegenleistung und insbesondere Festpreisvereinbarungen abstellend *Castendyk* ZUM 2007, 169, 175.

[4] Dieser geht über § 90 BGB hinaus, vgl. *Klimek/Sieber* ZUM 1998, 902, 906; Erman/*Grunewald*[12] § 433 Rn. 11; MüKo BGB/*H.P. Westermann*[5] § 433 Rn. 10.

[5] Der vertragstypologische Charakter des Kaufvertrages wird auch nicht allein dadurch bestimmt, ob das Programm auf einem Datenträger übergeben wurde oder nicht, vgl. BGH NJW 1990, 320, 321; MüKo BGB/*H.P. Westermann*[5] § 433 Rn. 12; Erman/*Grunewald*[12] § 433 Rn. 12. Kritisch zur Anwendbarkeit des Kaufrechts insbesondere beim Download von Software *Müller-Hengstenberg* NJW 1994, 3128, 3131 ff.; *Müller-Hengstenberg* CR 2004, 161, 164; *Heussen* CR 2004, 1, 7; *Hilty* MMR 2003, 3, 7; *Koch* JurPC Web-Dok. 57/2006 Rn. 13; *Rippert/Weimer* ZUM 2007, 272, 273; *Völzmann-Stickelbrock* FS Eisenhardt S. 327, 330 mit dem Argument, es stehe wirtschaftlich der geistige, immaterialgüterrechtliche Inhalt des Programms im Vordergrund und die Modalitäten der Verkörperung seien für den Verkehr zweitrangig. Dieser Betonung des immaterialgüterrechtlichen Lizenzcharakters ist entgegenzuhalten, dass er bei der Frage nicht hilft, wie die Pflicht zur Erfüllung durch Übertragung von Daten zum Zwecke dauerhafter Speicherung vertragstypologisch in einen reinen Lizenzvertrag eingepasst wird. Insbesondere im Fall der Schlechterfüllung, wenn die Daten fehlerhaft übertragen wurden, zeigt sich, dass dieser kaum allein durch die Einräumung von urheberrechtlichen Nutzungsrechten erfüllt ist. Spätestens aber, wenn die Fragen der Körperlichkeit für die urheberrechtliche Erschöpfung und etwaige Weiterveräußerungsmöglichkeiten eine entscheidende Rolle spielen (vgl. zur „Online"-Erschöpfung bei unkörperlichem Werkvertrieb LG Hamburg MMR 2006, 827; LG München MMR 2006, 175; OLG München MMR 2006, 748), wird die Frage der physisch verkörperten Daten nicht einfach als nebensächlich ausgeblendet werden können.

[6] Dieses Ergebnis vermeiden diejenigen, die auch herunter geladene Standardsoftware unter den Begriff der beweglichen Sache beim Verbrauchsgüterkauf i.S.d. § 474 I 1 BGB subsumieren, vgl. *Marly Rn.* 193; MüKO BGB/*Lorenz*[5] § 474 Rn. 10; Bamberger/Roth/*Faust*[2] § 474 Rn. 9. Gleiches muss für andere zur dauerhaften Speicherung vorgesehene

II. Nutzung des Servers und Zugang zur Plattform

Für die Nutzung des Servers einer virtuellen Welt wird ein weites Spektrum von Ansätzen typengemischter Verträge vertreten, das von einem Gebrauchsüberlassungsvertrag über den Zugang als schwerpunktmäßig mietähnliches Dauerschuldverhältnis[7], als werkvertragsähnliches Dauerschuldverhältnis[8], als Dienstvertrag[9], oder – allgemeiner formuliert – als Lizenzvertrag über die dauerhafte Nutzungs- und Zugangsmöglichkeit reicht, wobei die vertragstypologischen Elemente in verschiedenen Kombinationen zusammengeführt werden und von einem Typenkombinationsvertrag sui generis mit dienst-, miet- und werkvertragsrechtlichen Komponenten ausgegangen wird[10]. Für weitere spezielle gesondert in Anspruch nehmbare Dienstleistungen (Features) kann dem Nutzungsvertrag insofern der Charakter eines Rahmenvertrages für diese zukommen[11].

In Anlehnung an eine jüngere Entscheidung des BGH zur Typologisierung eines auf Verfügbarkeit technischer Einrichtungen gerichteten Vertrages – konkret die Verfügbarkeit auf dem Server laufender unkörperlicher Programme im Wege des Application Service Providing (ASP) betreffend[12] – liegt es nahe, den Zugang als solchen am ehesten dem Mietrecht zu unterstellen. Ein reiner Dienstvertrag scheidet aus, weil sich die Leistung nicht im reinen Bemühen um die Gewährung des Zuganges erschöpft[13]. Einer Einordnung des Zugangselementes als Werkvertrag steht sein Dauerschuldcharakter

---

Daten wie beispielsweise Musikdateien gelten, auch wenn diese keine Software i.e.S. sind.

[7] Vgl. *Lober/Weber* MMR 2005, 653, 656, die aber Erwerb und Nutzung der Software als einen Vertrag begreifen und so von einem gemischten Vertrag eigener Art mit kauf- und mietrechtlichen Elementen für den Erwerb der Zugangssoftware bzw. für die dauerhafte Nutzungsmöglichkeit des virtuellen Raumes ausgehen. Ähnlich *Trump/Wedemeyer* K&R 2006, 397, 399 für einen gemischten Lizenzvertrag aus kaufrechtlichen und schwerpunktmäßig mietrechtlichen Elementen.

[8] *Völzmann-Stickelbrock* FS Eisenhardt S. 327, 332.

[9] Für einen Dienstvertrag *Wemmer/Bodensieck* K&R 2004, 432, 434 mit Verweis auf vergleichbare Verträge über den Zugang zu Datenbanken und Servern und die typischen Fehlerquellen, welche dem Verständnis als Erfolg eines ständig zu gewährenden Zuganges entgegenstünden.

[10] Vgl. mit unterschiedlicher Nuancierung *Koch* JurPC Web-Dok. 57/2006 Rn. 16 (miet- und werkvertragliche Elemente); *Habel* MMR 2008, 71, 74 (Dienstvertrag bzgl. Nutzungsmöglichkeit; Werkvertrag bzgl. konkreten Nutzungsrechten an virtuellem Land; Mietvertrag bzgl. Aufrechterhaltung des ordnungsgemäßen Betriebs); *Geis/Geis* CR 2007, 721; *Klickermann* MMR 2007, 766, 768 sowie *Krasemann* MMR 2006, 351, 352 (werk-, dienst- und mietvertragliche Elemente).

[11] *Geis/Geis* CR 2007, 721; *Lober/Weber* CR 2006, 837, 839.

[12] Vgl. BGH NJW 2007, 2394 – *ASP Vertrag* zur mietrechtlichen Qualifikation eines ASP-Vertrages über die Nutzung von Software und Serverkapazität. Diese Ausführungen sind technisch auf den Fall des zu gewährenden Zuganges zu einer virtuellen Welt, übertragbar, da dieser ebenso die Nutzung der Software auf dem Server voraussetzt.

[13] So auch *Völzmann-Stickelbrock* FS Eisenhardt S. 327, 332.

entgegen. Zwar ist es denklogisch nicht ausgeschlossen, den Zugang gleichsam als ständig zu gewährenden Erfolg zu begreifen. Genau diesen Fall erfassen vertragstypologisch aber gerade die Vorschriften des Mietrechts.

Der Vertragsschluss zwischen Nutzer und Betreiber erfolgt mit der erstmaligen Anmeldung und der Einwilligung in die Geltung der dargebotenen Vertragsbedingungen. Sofern die Leistung unentgeltlich erfolgt, spricht das nicht zwingend gegen einen Vertragsschluss. Ein erkennbarer Rechtsbindungswille der Parteien lässt sich insbesondere dann annehmen, wenn die Nutzung längerfristig angelegt ist, eine virtuelle Identitätsbildung im Zusammenwirken der Nutzer verfolgt und damit auf ihren Seiten ein Interesse gegen einen willkürlichen Ausschluss ohne Angabe von Gründen sowie auf der Seite des Betreibers ein Interesse an der Einhaltung der Verhaltensregeln besteht[14].

B. Die Übertragung einzelner virtueller Gegenstände

Die Übertragung virtueller Gegenstände innerhalb eines virtuellen Raumes von einem Nutzer an einen anderen ist zu unterscheiden von der Übertragung des gesamten Nutzungsaccounts mitsamt allen an diesen gebundenen Gegenständen[15]. Der erste Fall betrifft typischerweise den Handel mit virtuellen Gütern, der letzte den mit Charakteren (dazu C.). Ein Handel mit virtuellen Gütern ist nicht nur zwischen Nutzern denkbar, die in einer virtuellen Welt Handel treiben, sondern auch zwischen ihnen und dem Betreiber, der beispielsweise unbebaute virtuelle Grundstücke zur „Erschließung“ verkauft, so dass eine vormals leere virtuelle Welt mit nutzererstellten Inhalten gefüllt werden kann. In technischer Hinsicht erfolgt der Übertragungsvorgang normalerweise durch eine Änderung eines Datenbankeintrages, welcher ein Objekt einem Nutzer zuweist und technisch unter seine Herrschaft stellt[16].

---

[14] Vgl. LG München CR 2007, 264, 265 für ein Internetforum; *Feldmann/Heidrich* CR 2006, 406, 409. Dies mag dann bezweifelt werden, wenn keine Registrierung unter richtigem Namen erforderlich ist, vgl. *Kunz* S. 161 f.; *Ladeur* MMR 2001, 787, 788 (nur wenn Anbieter zugleich Service Provider für den Zugang zum Internet sei); *Maume* MMR 2007, 620, 621; LG Bonn MMR 2000, 109, 110; auch auf die Angabe des Namens abstellend LG München CR 2007, 264, 265.

[15] *Lober/Weber* MMR 2005, 653, 654; *Völzmann-Stickelbrock* FS Eisenhardt S. 327, 334; *Wemmer/Bodensieck* K&R 2004, 432, 435.

[16] *Habel* MMR 2008, 71, 76 (Wechsel der Adressierung des virtuellen Gegenstandes in einer Datenbank); *Westbrook* [2006] Mich. St. L. Rev. 779, 786 (Änderung der elektronischen Zuweisung eines Objekts zu seinem Inhaber in einem Datenbankeintrag); ähnlich *Dibbell* Owned: „[T]o transfer a virtual sword or gold piece from one player to another is not to duplicate the item but to move it, as it were, from one file folder to

I. Schuldrechtliche Ebene

1. Vertragsschluss

Dass einer virtuellen Transaktion ein Vertragsschluss zugrunde liegt, wird durch deren virtuellen Charakter nicht in Frage gestellt[17]. Vielmehr bemisst sich ein Vertragsschluss auch im virtuellen Raum ohne weiteres nach den allgemeinen Vorschriften der §§ 145 ff. BGB[18]. Der dafür erforderliche Rechtsbindungswille ist jedenfalls bei entgeltlichen Transaktionen von virtuellen Gegenständen mit wirtschaftlichem Wert zu bejahen. Eine etwaige Anonymität der Nutzer mag hier zu Beweisproblemen führen, steht der Annahme eines Vertragsschlusses jedoch nicht entgegen[19].

2. Typologisierung des Übertragungsgeschäftes

Ein Vertrag über den Transfer virtueller Gegenstände wird weitgehend – und unabhängig von der Auseinandersetzung um deren Rechtsnatur – als Kaufvertrag qualifiziert, wobei überwiegend von einem Rechtskauf ausgegangen wird[20]. Zwar würde der weite Sachbegriff des Kaufrechts[21] auch die Annahme eines Sachkaufes[22] tragen. Da § 453 I BGB nun neben den Rechten auch die sonstigen Gegenstände erwähnt, besteht hierfür aller-

---

another." Auch wenn das der Regelfall ist, kann die Übertragung freilich auch auf anderem technischen Wege realisiert werden, vgl. *Stephens* 80 Tex. L. Rev. 1513, 1522 f. (2002). Zu den urheberrechtlichen Folgen vgl. unten Kap. 7 D.4.

[17] *Habel* MMR 2008, 71, 76; *Krasemann* MMR 2006, 351, 352 f.; *Lober/Weber* MMR 2005, 653, 656; *Rippert/Weimer* ZUM 2007, 272, 278. Eher offen gelassen bei *Grimmelmann* 47 N.Y. L. Sch. L. Rev. 147, 166 (2004), der aus seiner Sicht der Analyse allein des Innenrechts das Vorliegen von Verträgen aufgrund technischer Transaktionsmechanismen verneint, sich jedoch nicht explizit dazu äußert, inwiefern die Rechtsbeziehungen zwischen Avataren im virtuellen Raum von den Rechtsbeziehungen zwischen den Nutzern im Außenrecht überlagert werden.

[18] Der Vertragsschluss in der virtuellen Welt vollzieht sich nicht anders als der Vertragsschluss im Internet allgemein, auf den hier nicht näher eingegangen zu werden braucht, vgl. zu diesem Thema *Ernst* S. 49 ff.; *Härting* S. 35 ff.; *Hoffmann* passim; *Koch* S. 128 ff.; *Rudolph* S. 63 ff.; *Wildemann* S. 8 ff.

[19] *Habel* MMR 2008, 71, 76.

[20] *Burger* in: *Taeger/Wiebe* S. 65, 72; *Geis/Geis* CR 2007, 721; *Klickermann* MMR 2007, 766, 767; *Lober/Weber* MMR 2005, 653, 656 (anders a.a.O. 660: Sachkauf); *Rippert/Weimer* ZUM 2007, 272, 278; *Wemmer/Bodensieck* K&R 2004, 432, 436. Für einen Tausch *Habel* MMR 2008, 71, 73, sofern die Gegenleistung kein gesetzlich anerkanntes Zahlungsmittel ist. An den Folgen ändert sich wegen des Verweises in § 480 BGB auf das Kaufrecht nichts.

[21] Vgl. *Klimek/Sieber* ZUM 1998, 902, 906; Erman/*Grunewald*[12] § 433 Rn. 11; MüKo BGB/*H.P. Westermann*[5] § 433 Rn. 10.

[22] Ebenso *Beurskens* in: *Domej/Dörr/Hoffmann-Nowotny/Vasella/Zelger* S. 443, 466; *Bydlinski* AcP 198 (1998), 287, 313.

dings kein Bedürfnis[23]. Die praktische Bedeutung dieser Frage ist wegen der Parallelisierung von Sach- und Rechtskauf durch die Schuldrechtsmodernisierung im Jahre 2002 ohnehin gering.

Wie ein solcher Kaufvertrag erfüllt wird, richtet sich nach der Rechtsnatur virtueller Güter: Entweder erfolgt die Erfüllung durch Übergabe und „Übereignung" gem. § 929 S. 1 BGB analog[24] oder durch Abtretung bzw. Einräumung der entsprechenden Rechte gem. §§ 398, 413 BGB[25]. Zusätzlich zu diesem rechtlichen Übertragungsakt ist noch erforderlich, dass der Erwerber die faktische, technisch vermittelte Kontrolle über den Gegenstand – gleichsam den virtuellen „Besitz"[26] – erlangt, indem er entweder notwendige Zugangsdaten erhält oder der Gegenstand von einem elektronischen Inventar in ein anderes verschoben wird[27].

Vereinzelt wird für die Übertragung virtueller Güter auch von einem Werkvertrag ausgegangen[28]. Dieser wird wegen seines über die Transaktion hinaus erfolgsbezogenen Elementes jedoch erst dann vorliegen, wenn

---

[23] *Völzmann-Stickelbrock* FS Eisenhardt S. 327, 343; ebenso auf die geringe praktische Bedeutung dieser Frage jedenfalls für das Kaufrecht hinweisend *Marly Rn.* 116.

[24] So *Lober/Weber* MMR 2005, 653, 656; *Lober/Weber* CR 2006, 837, 842; folgend *Geis/Geis* CR 2007, 721.

[25] So *Rippert/Weimer* ZUM 2007, 272, 277 (wenngleich etwas unklar a.a.O. 278 f.: Einräumung des Nutzungsrechtes durch Übergabe oder Besitzeinräumung); *Trump/ Wedemeyer* K&R 2006, 397, 404; *Wemmer/Bodensieck* K&R 2004, 432, 436.

[26] So terminologisch *Lober/Weber* MMR 2005, 653, 656.

[27] Bei einer Konstruktion über § 929 S. 1 BGB analog kommt einer virtuellen Übergabe wie der Übergabe einer Sache eine doppelte Bedeutung zu, zum einen als Tatbestandsvoraussetzung der virtuellen „Übereignung", zum anderen für die Erfüllung des zugrunde liegenden Kaufvertrages. Das entspricht den Anforderungen von § 433 I BGB für den Verkauf und von § 929 S. 1 BGB für die Übereignung von Sachen.

[28] Für eine Einordnung einer Transaktion als Werkvertrag *Krasemann* MMR 2006, 351, 353 sowie *Völzmann-Stickelbrock* FS Eisenhardt S. 327, 343 f. mit Blick auf den Erfolg, eine ganz bestimmte Datenmenge übermittelt zu bekommen, wodurch eine schon vorhandene Datenmenge modifiziert werde. Dies ist aus drei Gründen zweifelhaft: Zum einen trifft diese Sicht technisch nicht ganz zu, wenn schlicht die Zuweisung der technischen Herrschaftsmacht über eine auf einem Server bereits vorhandene (und ggf. vorher erstellte) Datenmenge verändert wird. Weiterhin muss im konkreten Einzelfall darauf geschaut werden, ob wirklich eine schon vorhandene „Datenmenge" modifiziert wird, weil das von der jeweiligen Abgrenzung der Datenmengen – sprich: der wahrnehmbaren Abgrenzung virtueller Gegenstände – abhängt. Schließlich würde so auch der bezweckte Erfolg im vertragstypologischen Zusammenhang des BGB sehr weit in einer Weise verstanden, auf die sogar das Pflichtenprogramm eines Kaufvertrages in einen Werkvertrag umdefiniert werden könnte, indem Übergabe und Übereignung einer Sache als vertraglich geschuldeter Erfolg begriffen werden. Freilich mag ein solcher schuldvertraglicher Ansatz im Werkvertragsrecht von der im Kaufrecht viel drängenderen Frage entheben, welche Rechtsnatur dem Kaufgegenstand eigentlich zukommt. Mit ähnlicher Argumentation dagegen auch *Beurskens* in: *Domej/Dörr/Hoffmann-Nowotny/Vasella/ Zelger* S. 443, 465.

er die Anfertigung virtueller Güter oder den Aufbau eines Avatars zum Gegenstand hat[29]. Der Verweis auf das Kaufrecht im Falle eines Werklieferungsvertrages i.S.d. § 651 BGB ist hier meist nicht einschlägig. Der Grund hierfür ist jedoch nicht, dass das Werkvertragsrecht gerade mangels Sacheigenschaft der herzustellenden virtuellen Gegenstände nicht anzuwenden wäre[30]. Nach dem Zweck des § 651 BGB sollen nämlich herzustellende neue Sachen im Anwendungsbereich der Verbrauchsgüterkaufrichtlinie dem Kaufrecht – und damit insbesondere den §§ 474 ff. BGB – unterstellt werden[31]. Soweit man hierunter bei den §§ 474 ff. BGB auch Software fasst[32], spricht einiges dafür, diese auch i.R.d. § 651 S. 1 BGB als Sache im schuldvertragstypologischen Sinne anzusehen. Entscheidend für die Abgrenzung ist vielmehr, ob der Schwerpunkt des Vertrages in der Herstellung virtueller Gegenstände zur Übertragung der Gegenstandsherrschaft liegt, oder ob dieser auf einen darüber hinausgehenden Erfolg zielt, der dem Vertrag sein Gepräge gibt, wie etwa umfangreiche geistige Planungsarbeiten für komplexe Produkte, ihre aufwändige Einpassung in ein Gesamtwerk oder dergleichen mehr[33]. Ein solcher Ansatz befindet sich im Gleichlauf mit der Abgrenzung von Kauf- zu Werkvertrag bei der Herstellung beweglicher Sachen i.S.d. § 90 BGB über das konkrete vertragliche Pflichtenprogramm, ohne dass er die Anwendung des Verbrauchsgüterkaufes von der problematischen Frage der Sacheigenschaft abhängig machen müsste. Vor diesem Hintergrund wird die individuelle Herstellung virtueller Gegenstände – genauso wie die Entwicklung einer Individualsoftware[34] – regelmäßig dem Werkvertragsrecht i.S.d. §§ 631 ff. BGB unterfallen. Die Grenze zur Anwendung des Kaufrechts gem. §§ 651 S. 1, 433 ff. BGB ist dort erreicht, wo die elektronische Verkörperung virtueller Gegenstände als geistige Leistung nicht mehr bloß dem Zweck dient, sie singulär festzuhalten und erfahrbar zu machen, sondern insbesondere dem Zweck, sie zum Gegenstand massenhafter

---

[29] Für einen Werkvertrag bei der Herstellung virtueller Gegenstände *Burger* in: *Taeger/Wiebe* S. 65, 72; *Rippert/Weimer* ZUM 2007, 272, 278; A.A. wohl *Krasemann* MMR 2006, 351, 353, der fbei Herstellung einen Dienstvertrag und einen Werkvertrag nur bzgl. des Übertragungsaktes annimmt.

[30] So MüKo BGB/*Busche*[5] § 631 Rn. 254.

[31] MüKo BGB/*Busche*[5] § 651 Rn. 2; Palandt/*Sprau*[68] § 651 Rn. 1.

[32] *Marly Rn.* 193; MüKO BGB/*Lorenz*[5] § 474 Rn. 10; Bamberger/Roth/*Faust*[2] § 474 Rn. 9.

[33] Vgl. für diese Abgrenzungskriterien bei Sachen i.S.d. § 90 BGB MüKo BGB/*Busche*[5] § 651 Rn. 12; Palandt/*Sprau*[68] § 651 Rn. 4.

[34] So i.E. MüKo BGB/*Busche*[5] § 631 Rn. 254; *Schmidl* MMR 2004, 590.

Umsatzgeschäfte zu machen[35]. Die entgeltliche vorübergehende Benutzung virtueller Güter ist als Mietvertrag einzuordnen[36].

3. Gewährleistung und Nebenpflichten

a. Mängelgewährleistung für virtuelle Güter

Wie auch körperliche Sachen i.S.d. § 90 BGB können virtuelle Güter mit Sachmängeln oder Rechtsmängeln behaftet sein, welche die kaufrechtlichen Gewährleistungsfolgen auslösen und zur Nacherfüllung verpflichten (§§ 437 Nr. 1, 439 BGB) oder im Falle ihres Fehlschlages einen Rücktritt (§ 437 Nr. 2, 440, 323 BGB) oder eine Minderung (§ 437 Nr. 2, 441 BGB) ermöglichen und einen Anspruch auf Schadenersatz statt der Leistung (§§ 437 Nr. 3, 440, 280 I, III, 281 bzw. 283 BGB) oder neben der Leistung (§§ 437 Nr. 3, 440, 280 I BGB) oder den Ersatz vergeblicher Aufwendungen (§§ 437 Nr. 3, 440, 284 BGB) geben. Anstatt an dieser Stelle das allgemeine Leistungsstörungsrecht des BGB zu vertiefen, soll das Augenmerk vielmehr auf den Mangelbegriff des § 434 BGB bei virtuellen Gütern gelenkt werden. Auch hier gilt es, Sachmangel und Rechtsmangel zu trennen. Ersterer betrifft die unmittelbaren Eigenschaften virtueller Güter und besteht gem. § 434 I BGB in der negativen Abweichung der Ist-Beschaffenheit von der vertraglich vereinbarten (S. 1) bzw. sich aus der vertraglichen (S. 2 Nr. 1) oder gewöhnlichen (S. 2 Nr. 2) Verwendung ergebenden Soll-Beschaffenheit. Sachmängel gem. §§ 453, 434 BGB sind bei virtuellen Gegenständen genauso denkbar wie bei körperlichen Gegenständen, soweit es um ihre tatsächlich-gegenständliche Beschaffenheit geht[37]. Diese kann insbesondere betroffen sein, je komplexer ein virtueller Gegenstand konstruiert ist und je mehr Eigenschaften und Interaktionsmöglichkeiten ihm z.B. über Skripten beigegeben werden, welche seine Benutzung und Interaktionsmöglichkeiten nicht wie vereinbart oder erwartet steuern. Allerdings muss bei der Bestimmung der Sollbeschaffenheit berücksichtigt werden, dass diese bei virtuellen Gütern zwangsläufig kontextgebunden ist[38]. Ob diese besondere Eigenschaften aufweisen, die

---

[35] So für verkörperte geistige Leistungen MüKo BGB/*Busche*[5] § 651 Rn. 12.

[36] Der Einordnung als Mietsache steht weder die fehlende Körperlichkeit entgegen, sofern virtuelle Güter – ähnlich wie Standardsoftware – auf irgendeinem Datenträger verkörpert sind, noch die fehlende körperliche Besitzverschaffung, solange nur eine Gebrauchsüberlassung vorliegt, vgl. BGH CR 2007, 75, 76 – *ASP-Vertrag*. A.A. *Burger* in: *Taeger/Wiebe* S. 65, 73; *Habel* MMR 2008, 71, 76, die mangels Sachqualität des Mietgegenstandes von einer Rechtspacht ausgehen.

[37] *Klickermann* MMR 2007, 766, 768; vgl. allgemein für die denkbare Anwendung der Sachmängelvorschriften auch auf die sonstigen Gegenstände i.S.d. § 453 MüKo BGB/*H. P. Westermann*[5] § 453 Rn. 14; Palandt/*Weidenkaff*[68] § 543 Rn. 21b.

[38] *Lober/Weber* MMR 2005, 653, 657; *Rippert/Weimer* ZUM 2007, 272, 279.

später wieder aufgehoben werden können, ob diese weiter übertragen werden können, oder ob sie überhaupt dauerhafter Natur sein sollen, sind allesamt Merkmale, die ihnen technisch beigegeben und aus dem Kontext der virtuellen Umgebung heraus zu bestimmen sind. Ein Rechtsmangel i.S.d. § 435 BGB kommt demgegenüber bei dem Gegenstand anhaftenden Rechten Dritter in Betracht – wie etwa beim Kauf eines virtuellen Gegenstandes, an welchem fremde Urheberrechte (z.B. beim unerlaubten Nachbau) oder Kennzeichenrechte (etwa bei virtueller Markenkleidung) bestehen[39].

b. Nebenpflichten

Im Rahmen vertraglicher Nebenpflichten wird für Transaktionen virtueller Güter der Fall diskutiert, dass in spielerisch-kriegerischen MMORPGs verkaufte Gegenstände dem Käufer nach Vertragsschluss wieder abgenommen werden. Ob dies als culpa post contractum finitum eine Verletzung der nachwirkenden vertraglichen Nebenpflicht darstellt, keine den Vertragserfolg vereitelnden Maßnahmen zu treffen[40], ist differenziert zu beurteilen[41]. Hier äußert sich wiederum der oben bereits dargestellte, die Rechtsbeziehungen zwischen den Nutzern überformende Charakter des Innenrechts als technisch, rechtlich und verkehrsgewohnheitlich ausgestalteter virtueller Sozialvertrag. Dass das Entwenden eines Gegenstandes überhaupt technisch möglich und dies auch offensichtlich ist, erscheint als starkes Indiz für die Annahme, dass jeder Nutzer in einer eher spielerischen Umgebung im Zweifel gerade mit der Unsicherheit seines Erwerbs rechnen muss.

II. Dingliche Ebene und dogmatische Konstruktion

Bei der Erfüllung des Kaufvertrages wurde bereits angedeutet, dass für die dingliche Konstruktion einer Übertragung virtueller Gegenstände verschiedene Ansätze in Betracht kommen, die mit der Frage korrespondieren, welche Rechtsnatur ihnen zukommt. Überwiegend wird hier von einem

[39] *Beurskens* in: *Domej/Dörr/Hoffmann-Nowotny/Vasella/Zelger* S. 443, 466. Zur Benutzung von Marken an virtuellen Gegenständen *Kotelnikov* [2008] I.P.Q. 110, 117 ff.; *Körber/Lee* WRP 2007, 609, 612; *Naylor/Jaworski* 198 T.W. 30 (2007); *Sharma/Birdsey* 180 T.W. 36 (2005); *Zagouras/Körber* WRP 2006, 680, 688 f.

[40] Zu den nachwirkenden Abwicklungspflichten, den mit der Hauptleistung eines Vertrages bezweckten und erreichten Erfolg nicht nachträglich zu unterlaufen, vgl. BGH NJW 1973, 1923, 1924; BGH NJW 1984, 431 f.; OLG Zweibrücken NJW-RR 2003, 1600; MüKo BGB/*Kramer*[5] Einl. §§ 241 ff. Rn. 13.

[41] Hierzu auf die Verkehrssitte abstellend *Lober/Weber* MMR 2005, 653, 657.

Verfügungsgeschäft ausgegangen[42]. Nur wo vereinzelt die Sonderrechtsfähigkeit einzelner Gegenstände gänzlich verneint wird, soll schon gar kein Verfügungsgeschäft vorliegen, da gar keine Rechte übertragen werden können[43].

Sofern virtuelle Gegenstände schuldrechtlich als Forderungen qualifiziert werden, wird zumeist von einer einfachen Abtretung gem. § 398 BGB ausgegangen, welche lediglich Einigung und Rechteinhaberschaft erfordert[44]. Ähnliches soll bei einem urheberrechtlichen Ansatz über §§ 413, 398 BGB für Nutzungsrechte gelten[45]. Ein Ansatz auf persönlichkeitsrechtlicher Grundlage müsste konsequenterweise zum Ergebnis der Unübertragbarkeit kommen. Vertreter originären virtuellen Eigentums als absolutes Recht befürworten demgegenüber eine Übereignung in analoger Anwendung des § 929 S. 1 BGB durch Einigung, Verschaffung der technischen Gegenstandsherrschaft als virtuelles Übergabesurrogat sowie die erforderliche Berechtigung kraft Rechtsinhaberschaft[46].

In all diesen Fällen ist der gemeinsame Ausgangspunkt die rechtsgeschäftliche Einigung für die Übertragung der Rechtspositionen an virtuellen Gütern[47]. Die darüber hinaus teilweise geforderte virtuelle Übergabe durch Verschaffung der technischen Gegenstandsherrschaft ist kein Spezifikum virtueller Welten, sondern wird allgemein für die datenträgerlose Online-Übertragung eines genau bestimmten und abgrenzbaren Computerprogramms oder von Daten als zeitgemäße „Übergabeform“

---

[42] Vgl. nur *Burger* in: *Taeger/Wiebe* S. 65, 73; *Habel* MMR 2008, 71, 76; *Lober/Weber* MMR 2005, 653, 655, jedenfalls implizit wegen Annahme einer Geltung des Abstraktionsprinzips.

[43] So wohl *Koch* JurPC Web-Dok. 57/2006 Rn. 36, 49, welche auf Grundlage ihrer persönlichkeitsrechtlichen Konstruktion nur dem Avatar und einigen virtuellen Gegenständen Rechtsobjektsqualität zuspricht. Ebenso eine Verfügung ablehnend *Völzmann-Stickelbrock* FS Eisenhardt S. 327, 344, die alle Rechtsgeschäfte unter Nutzern schuldrechtlich als Werkverträge klassifiziert, um so anscheinend von einer Erfüllung durch Realakt auszugehen.

[44] *Burger* in: *Taeger/Wiebe* S. 65, 72.

[45] Für eine Abtretung der Nutzungsrechte an der Software bei vorgefertigten virtuellen Gegenständen *Rippert/Weimer* ZUM 2007, 272, 277; *Trump/Wedemeyer* K&R 2006, 397, 404; *Wemmer/Bodensieck* K&R 2004, 432, 436. Soweit *Lober/Weber* MMR 2005, 653, 656 terminologisch ebenso von einer „Abtretung von Nutzungsrechten“ sprechen, so meinen sie damit anscheinend die Einigung über den Rechtsübergang, weil sie für das komplette Verfügungsgeschäft zudem eine Übergabe gem. § 929 S. 1 analog für erforderlich halten.

[46] *Lober/Weber* MMR 2005, 653, 656; *Lober/Weber* CR 2006, 837, 842; folgend *Geis/Geis* CR 2007, 721.

[47] *Burger* in: *Taeger/Wiebe* S. 65, 72; *Lober/Weber* MMR 2005, 653, 656; *Lober/Weber* CR 2006, 837, 842; *Geis/Geis* CR 2007, 721; *Krasemann* MMR 2006, 351, 352 f.; *Rippert/Weimer* ZUM 2007, 272, 277; *Trump/Wedemeyer* K&R 2006, 397, 404; *Wemmer/Bodensieck* K&R 2004, 432, 436.

immer wieder diskutiert[48]. Die Idee einer virtuellen Übergabe als die Aufgabe der faktischen Zugriffsmöglichkeit vermittels technischer Gegenstandsherrschaft beim Veräußerer und ihre Verschaffung beim Erwerber erscheint hier deswegen so eingängig, weil nicht nur ein technischer Wechsel der elektronischen Zuweisung eines virtuellen Gegenstandes in einer Datenbank an einen anderen Benutzer erfolgt, sondern – der realen Welt nachgebildet – eine publizitätswahrende Übergabe im virtuellen Raum auch sinnlich unmittelbar *erfahrbar* ist. Gerade das Vorhandensein dieses tatsächlichen Übergabeelementes spricht für eine analoge Anwendung der Übereignungsvorschriften. Eine für die Analogie zu § 929 S. 1 BGB erforderliche Regelungslücke mögen diejenigen bezweifeln, die davon ausgehen, dass sich die Rechtsnatur virtueller Gegenstände in einer Forderung erschöpft[49]. Unter der Prämisse eines realen Herrschaftsgegenstandes und eines originär daran anknüpfenden Rechtes besteht bei den Übertragungsvorschriften indes eine Lücke, in die sich das Eigentumsregime mit seinem Übergabeerfordernis weitaus besser als das Forderungsregime einfügt[50]. Beim Erfordernis der Berechtigung wird ein gutgläubiger Erwerb einhellig abgelehnt[51].

Ein Bedürfnis hiernach wird kaum in Betracht kommen, weil die Übertragung rein technisch bewerkstelligt und die technische Kontrolle selten mit der Inhaberschaft auseinanderfallen wird. Zwar ließe sich gerade deswegen argumentieren, dass die technische Kontrolle als gleichsam virtueller Besitz ein starker Rechtsscheinträger ist. Zu bedenken ist indes, dass Maßgabe des gutgläubigen Erwerbs auch die zumutbare Verteilung des Risikos zwischen Inhaber und Erwerber im Hinblick auf Rechtserhaltungskosten und Nachforschungskosten beim Rechtserwerb ist[52]. Technische Fehlfunktionen kommen hier aber nicht aus der mit vernünftigem Aufwand kontrollierbaren Sphäre des Inhabers, sondern sind äußere, ohne seinen Willen eintretende, von ihm kaum

---

[48] Vgl. schon *Bydlinski* AcP 198 (1998), 287, 319 für eine Anwendung des § 929 BGB im Hinblick auf die Daten beim Erwerb von Software durch Download, weil die Software wie eine Sache zu behandeln sei und der Vorgang einer Übermittlung der Kopie der fehlenden Besitz- und Eigentumsaufgabe des Veräußerers einer Sache gleichwertig sei. Auch *Taeger* S. 163 f. plädiert dafür, die Übergabe i.S.d. § 929 BGB an die fortschreitende Digitalisierung von Wirtschaftsgütern anzupassen und eine Übergabe in elektronischer Form zu ermöglichen; ebenso *Beurskens* in: *Domej/Dörr/Hoffmann-Nowotny/Vasella/Zelger* S. 443, 468 für die Übertragung der Gegenstandsherrschaft an Daten durch virtuelle Übergabe, die zur Einwirkungsmöglichkeit des Erwerbers führt.

[49] So *Burger* in: *Taeger/Wiebe* S. 65, 72.

[50] So i.E. auch *Lober/Weber* MMR 2005, 653, 656; *Lober/Weber* CR 2006, 837, 842; *Geis/Geis* CR 2007, 721.

[51] *Lober/Weber* MMR 2005, 653, 656. So auch *Beurskens* in: *Domej/Dörr/Hoffmann-Nowotny/Vasella/Zelger* S. 443, 469 für Daten allgemein mit Hinweis auf das fehlende Bedürfnis wegen der ohnehin leichten Übertragbarkeit und Flüchtigkeit von Daten. Ebenso i.E. all diejenigen, die eine Übertragung nach § 398 BGB oder §§ 413, 398 BGB vertreten.

[52] *Schäfer/Ott*[4] S. 572 f.

kontrollierbare Umstände. Aus der gesetzgeberischen Wertung des § 935 I BGB soll er diese Gefahr aber gerade nicht tragen. Dieser macht einen gutgläubigen Erwerb beweglicher Sachen nämlich davon abhängig, dass diese mit Willen des Eigentümers aus der von ihm kontrollierten Sphäre hinaus gelangt und nicht abhanden gekommen sind. Daher ist auch für virtuelles Eigentum kein Grund ersichtlich, vom Grundsatz nemo dat quod non habet abzuweichen.

C. Übertragung des Accounts

Sollen nicht nur einzelne Gegenstände, sondern ein ganzer Account veräußert werden, handelt es sich bei dem schuldrechtlichen Kausalgeschäft auch hier regelmäßig um einen Kaufvertrag[53], der auf eine Übertragung der Summe aller Rechtspositionen zwischen dem veräußernden Nutzer und dem Betreiber auf den neuen Nutzer sowie die Überlassung etwaiger Zugangspasswörter gerichtet ist, die für die tatsächliche Ausübung des Zugangs zur virtuellen Welt und der Kontrollmöglichkeiten über die zum Account gehörigen virtuellen Güter benötigt werden[54]. Hier tritt der Charakter als Rechtskauf deutlicher zutage.

Bei der Veräußerung eines Nutzeraccounts tritt der Erwerber in die Stellung des Veräußerers und damit in alle sich aus dem Nutzungsvertrag mit dem Betreiber ergebenden Rechte und Pflichten ein. Dies erfolgt durch eine zustimmungspflichtige Vertragsübernahme entsprechend §§ 398 ff., 414 ff. BGB[55]. Die Zustimmung hierzu kann schon vorab erklärt werden, etwa in den Nutzungsbedingungen, soweit diese eine solche Veräußerung erlauben.

---

[53] *Rippert/Weimer* ZUM 2007, 272, 278 f.

[54] Etwas anders aus US-amerikanischer Sicht *Meehan* 13 Rich. J. L. & Tech. 7 Tz. 3 (2006), der als Kaufgegenstand vornehmlich das Passwort selbst in den Blick nimmt, was sodann den rein faktischen Zugriff auf die Gegenstände im Account erlaubt. Gegen eine solche Annahme spricht der Auseinanderfall zwischen rechtlicher und faktischer Stellung des Nutzers. Würde sich die Erfüllung des Kaufvertrages in der Verschaffung des Passwortes erschöpfen, so bestünde keine Pflicht, den neuen Nutzer zur Vertragspartei des Nutzungsvertrages werden zu lassen. Vertragliche Rechte und Pflichten verblieben bei dem alten Nutzer, während der neue Nutzer allein den faktischen Zugriff auf das virtuelle Vermögen hätte.

[55] *Krasemann* MMR 2006, 351, 353; *Völzmann-Stickelbrock* FS Eisenhardt S. 327, 334; *Wemmer/Bodensieck* K&R 2004, 432, 434. Teilweise wird auch die Übertragung des Accounts wie die Übertragung virtueller Gegenstände gem. § 929 S. 1 BGB analog behandelt und die Aushändigung der Zugangsdaten als Übergabe gesehen, so anscheinend *Lober/Weber* MMR 2005, 653, 656; mit diesem Verständnis auch *Klickermann* MMR 2007, 766, 767. Hiergegen spricht jedoch die Rechtsnatur des Accounts als Vertragsverhältnis. Die in dieser Arbeit angeführten Erwägungen für virtuelles Eigentum an virtuellen Gegenständen sind auf den gesamten Account nicht übertragbar.

D. Veräußerungsverbote

I. Tatsächlicher Hintergrund

Der Handel mit virtuellen Gegenständen ist rechtlich höchst unterschiedlich ausgestaltet. Während dieser in virtuellen Welten mit nutzergenerierten Inhalten wegen seiner kreativitäts- und investitionsfördernden Wirkung überwiegend erlaubt ist[56], sind es zumeist spielerische MMORPGs, die in ihren Nutzungsbedingungen den Handel mit vorgefertigten virtuellen Gegenständen gegen reales Geld verbieten[57]. In rechtlicher Hinsicht ist hier wiederum zwischen einem Handel mit virtuellen Gegenständen und einem Handel mit ganzen Accounts zu unterscheiden.

Während 56% der Nutzungsbedingungen einen realen Handel mit virtuellen Gegenständen – oft sanktionsbewehrt mit der Kündigung des Accounts[58] – verbieten[59], liegt diese Zahl mit 67% bei einem Handel mit Accounts sogar noch höher[60].

Rein faktisch lässt sich ein Handel mit virtuellen Gegenständen und Accounts nur schwer verhindern. Da sich die *technischen* Kontrollmöglichkeiten des Betreibers auf die Gegebenheiten *innerhalb* einer virtuellen Welt beschränken, kann die Übertragung der Gegenstände dort entweder durch virtuelle Übergabe generell möglich oder gänzlich ausgeschlossen sein. Die Gegenleistung fließt jedoch außerhalb des virtuellen Raumes[61] und entzieht sich somit einer technischen Kontrolle. Zumindest in rechtlicher Hinsicht kann die Übertragung von Gegenständen und Accounts jedoch eine sanktionierte Vertragsverletzung darstellen oder gar unwirksam sein. Weil jedoch weder die Übergabe von Gegenständen im Hinblick auf eine etwaige Gegenleistung, noch die Benutzung des Accounts durch

---

[56] So *Jankowich* 8 Tul. J. Tech. & Intell. Prop. 1, 26 (2006), der dabei auf das massive Wachstum der virtuellen Wirtschaft bei There und Second Life hinweist; vgl. auch *Ondrejka* 49 N.Y. L. Sch. L. Rev. 81, 98 (2004). Dementsprechend die Äußerungen von *Philip Rosedale*, CEO von Linden Labs, dem Betreiber von Second Life: „A virtual world with property rights and real income opportunities stimulates sophisticated online communities." (zit. nach *Kolz,* Virtual IP Rights Rock Online Gaming World, http://www.law.com/jsp/article.jsp?id=1101738506769, Abruf am 1.9.2009). Erlaubt ist der Handel beispielsweise bei Second Life, EVE-Online und EverQuest II (*Grimmelmann* Virtual Borders S. 6).

[57] Zur differenzierenden Handhabung *Dougherty/Lastowka* 9(5) E.C.L. & P. 3 (2007); *Grimmelmann* Virtual Borders S. 6; *Lastowka/Hunter* 92 Cal. L. Rev. 1, 50 (2004). Deren Betreiber betrachten den Handel mit ihrem geistigen Eigentum in der realen Welt gar als eine Art wirtschaftlichen Diebstahl, vgl. *Castranova* Virtual Worlds S. 30.

[58] *Schwarz/Bullis* 10 Intell. Prop. L. Bull. 13, 18 (2005).

[59] *Jankowich* 8 Tul. J. Tech. & Intell. Prop. 1, 37 (2006).

[60] *Jankowich* 8 Tul. J. Tech. & Intell. Prop. 1, 37 (2006).

[61] Vgl. *Lastowka/Hunter* 92 Cal. L. Rev. 1, 38 (2004); *Lim* 1(7) J.I.P.L.P. 481, 483 (2006); *Westbrook* [2006] Mich. St. L. Rev. 779.

eine bestimmte Person oder die Überlassung der Zugangsdaten an Dritte effektiv überprüft werden kann, hat sich hier ein erheblicher Graumarkt gebildet[62], den die Betreiber weniger durch ein Vorgehen gegen einzelne Nutzer, als gegen Handelsplattformen zu verhindern suchen[63]. Bloße Vertragsverletzungen der Nutzer bieten dafür jedoch keine Grundlage (D.III.1.); die Inanspruchnahme Dritter setzt vielmehr die Verletzung eines absoluten Rechts der Betreiber voraus, wie denkbarerweise etwaige Urheberrechte an den gehandelten Inhalten (D.III.4.).

II. Wirtschaftlicher Hintergrund

Ein Handel mit virtuellen Gegenständen gegen reales Entgelt hat deren Kommodifizierung als reale Wirtschaftsgüter und damit die Kommerzialisierung virtueller Welten zur Folge. Gegen diese Entwicklung wenden sich vor allem die Betreiber von MMOPRGs, welche das Spielgeschehen nicht der realen Wirtschaft geöffnet haben, weil eine solche Kommerzialisierung Profiteure anlocke und damit den Geist des Spieles sowie die Spielbalance unterminiere, welche meist auf dem kontinuierlichen Aufbau eines Charakters und einem sorgfältig ausbalancierten virtuellen Wirtschaftssystem beruhe[64], und damit letztlich auch die Attraktivität der virtuellen Welt als solcher beeinträchtigen könne[65]. So werde nicht nur die Dauer der spielerischen Tätigkeit – und damit auch die Höhe des Entgeltes bei periodischer Zahlung[66] – verkürzt, sondern der Handel setze überdies erhebliche Anreize zur kommerziellen Erwirtschaftung von Gegenständen (sog. Goldmining), welche das wirtschaftliche Gleichgewicht durch ein Überangebot

---

[62] *Sharma/Birdsey* 180 T.W. 36, 37 (2005).

[63] Vgl. *Miller* 22 Rev. Litig. 435, 465 (2003) m.w.N. für die Versuche von Betreibern, den Handel virtueller Gegenstände auf Ebay zu verhindern.

[64] *Bürge* sic! 2006, 802, 809; eingehend zu den Herausforderungen des Designs einer virtuellen Wirtschaft und dem Erfordernis balancierender Eingriffe aus Betreibersicht *Bartle* 49 N.Y. L. Sch. L. Rev. 19, 27 ff. (2004).

[65] *Bartle* Pitfalls of Virtual Property S. 9; *Bartle* 49 N.Y. L. Sch. L. Rev. 19, 35 (2004) mit Verweis auf die Rolle des erarbeiteten Charakters als Symbol für Status und soziale Ordnung (a.a.O. 31); *Belcher* 7(1) E.C. L. & P. 7, 9 (2005); *Castronova* On Virtual Economies S. 34; *Grimmelmann* Virtual Borders S. 8; *Stephens* 80 Tex. L. Rev. 1513, 1519 (2002); *Wemmer/Bodensieck* K&R 2004, 432, 433, 437. Auf die Bedeutung gleicher Startchancen bei Computerspielen mit kompetitivem Charakter verweist auch *Castranova* Virtual Worlds S. 15. Dass das Wirtschaftssystem virtueller Natur ist, kann entgegen *Trump/Wedemeyer* K&R 2006, 397, 403 wegen der realen ökonomischen Auswirkungen für Betreiber und Nutzer keine Rolle spielen. Inwiefern ein Handel auch die Gefahr einer Haftung des Betreibers für Mängel der gehandelten Gegenstände nach sich ziehen soll (mit diesem Argument *Stephens* 80 Tex. L. Rev. 1513, 1520 (2002)), ist nicht ganz nachvollziehbar.

[66] *Stephens* 80 Tex. L. Rev. 1513, 1519 (2002); *Westbrook* [2006] Mich. St. L. Rev. 779, 788.

stören könne[67]. Beim Handel mit ganzen Accounts wird zudem auf ein Reputationsproblem hingewiesen. Wegen der Anonymität von Transaktionen im virtuellen Raum sei der Verkehr hier auf ausgebildete soziale Beziehungen oder zumindest auf Reputationsmanagementsysteme angewiesen, die an die konstante Identität eines Nutzers hinter einem – dem Verkehr meist nur als solchem bekannten – Avatar anknüpfen und im Falle seines Wechsel untergraben werden[68].

Mag vor diesem Hintergrund ein Handel mit Accounts die unmittelbaren, kurzfristigen Entgeltinteressen des Betreibers zwar nicht beeinträchtigen, weil dieser seine Einnahmen meist im Voraus erzielt und insoweit an der konkreten Identität eines Nutzers wenig Interesse hat[69], so wandelt sich das Bild doch bei einer Betrachtung der Langzeitfolgen. Hier kann ein Verbot des Handels von virtuellen Gegenständen und Accounts auf nachgelagerten Handelsmärkten dazu dienen, letztlich die Qualität eines MMORPG als Produkt auf dem Primärmarkt zu bewahren[70].

Diesen Nachteilen lässt sich freilich entgegensetzen, dass ein Handel aus Nutzersicht einen Ausstieg ermöglicht, ohne alle – u.U. erheblichen[71] – zeitlichen und finanziellen Investitionen als versenkte Kosten verbuchen zu müssen, und so einen Wettbewerbsdruck zwischen virtuellen Welten erzeugt, der die Betreiber den Verhaltensrestriktionen des Marktes unterwirft und sie an einer unkontrollierten Machtausübung hindert[72]. Dies als Vorteil oder Nachteil zu sehen, hängt freilich vom jeweiligen Blickpunkt aus Nutzer- oder Betreibersicht ab[73]. Betrachtet man allein die allokative Effizienz der Ressourcenverteilung, überwiegt die Position der Nutzer und ihr Interesse an freiem Handel und Arbitragegeschäften. Ausgeblendet ist dabei jedoch noch der zeitliche Faktor dynamischer Effizienz, welche hinreichende Anreize zum weiteren Betrieb einer virtuellen Welt als solcher voraussetzt. Das sich hier auftuende Spannungsverhältnis ist dasselbe wie bei den Immaterialgüterrechten, die stets darauf angelegt sind, die allokativ ineffizienten Wirkungen eines Monopols gegen die

---

[67] *Bartle* 49 N.Y. L. Sch. L. Rev. 19, 30 ff. (2004); *Wemmer/Bodensieck* K&R 2004, 432, 433.

[68] *Deenihan* S. 26.

[69] So *Lober/Weber* MMR 2005, 653, 656; ähnlich und gegen das Argument unmittelbarer Vergütungsinteressen *Trump/Wedemeyer* K&R 2006, 397, 402 für die Veräußerung von Gegenständen.

[70] Vgl. *Schwarz/Bullis* 10 Intell. Prop. L. Bull. 13, 19 (2005).

[71] Dazu einleitend Kap. 1 B.I., III.

[72] Vgl. oben Kap. 4 F.II.2.d.dd. sowie *Grimmelmann* 47 N.Y. L. Sch. L. Rev. 147, 180 (2004). Freilich stößt auch ein solcher Wettbewerbsdruck an seine Grenzen bei den anerkannten Fällen des Marktversagens und kann insbesondere nicht als Argument gegen jegliche Regulierung ins Feld geführt werden, vgl. Kap. 4 F.II.2.d.dd.(2).

[73] *Westbrook* [2006] Mich. St. L. Rev. 779, 787 f.

dynamisch effizienten Wirkungen der Innovationsförderung zum Ausgleich zu bringen. Während in diesem Ausgleich das Interesse der Betreiber bei vorgefertigten Inhalten und einer sorgfältig zu haltenden Spielbalance überwiegt, wandelt sich das Bild, sobald Inhalte durch die Nutzer geschaffen werden. Dementsprechend ist der Handel bei kommerziell ausgerichteten virtuellen Welten meist ausdrücklich gestattet, um Anreize zu Investition und zum Schaffen von Inhalten zu setzen[74].

III. Veräußerungsverbote bei virtuellen Gegenständen

1. Schuldrechtliche Ebene

Soweit Nutzungsbedingungen den Handel gegen reales Entgelt beschränken, richten sie sich nicht gegen den Übertragungsvorgang als solchen, der schon rein technisch verhindert werden könnte, sondern gegen das Gesamtgeschäft und die Modalitäten seiner Gegenleistung.
Ein derartiges Verbot der Übertragung virtueller Gegenstände gegen reales Entgelt hat – seine Wirksamkeit unterstellt – zunächst nur schuldrechtliche Wirkung zwischen Nutzer und Betreiber. Unterlassungsansprüche gegen Dritte, wie Betreiber von Internetauktionshäusern, ergeben sich unterhalb der hohen Schwelle einer Verleitung zum Vertragsbruch gem. § 826 BGB[75] nicht. Und von einer aktiven Verleitung zur Verletzung der Nutzungsverträge mit doppeltem Schädigungsvorsatz kann allein durch das Bereitstellen einer Handelsplattform kaum die Rede sein.

Dass eine vertragswidrige Veräußerung virtueller, vom Betreiber hergestellter Güter eine Eingriffskondiktion gem. § 812 I 1 2. Alt. BGB gegen den Erwerber auslösen könne[76], erscheint zweifelhaft. Dazu bedürfte es zunächst der Analyse des eigentlichen Erwerbsgegenstandes. Sieht man diesen in der Kontrolle über einen (bzw. dem virtuellen Eigentum an einem) virtuellen Gegenstand, geht dieser als Leistung eines Nutzers auf

---

[74] So *Jankowich* 8 Tul. J. Tech. & Intell. Prop. 1, 26 (2006), der dabei auf das massive Wachstum der virtuellen Wirtschaft bei There und Second Life hinweist; ebenso *Ondrejka* 49 N.Y. L. Sch. L. Rev. 81, 98 (2004).

[75] Vgl. zur Anwendung des § 826 BGB als Mittel, die Relativität von Forderungen zu überwinden und eine deliktische Haftung Dritter für beeinträchtigende Eingriffe in den Bestand oder die Durchsetzbarkeit einer Forderung zu begründen, BGH NJW 1994, 128; BGH NJW 1981, 2184, 2185; BGH NJW-RR 1989, 1255; *Fabricius* AcP 160 (1961), 273, 284; *Koziol* S. 34 ff.; *Medicus* FS Steffen S. 333, 336. Eine solche sittenwidrige Mitwirkung des Dritten am Vertragsbruch liegt nur dann vor, wenn es sich um schwerwiegende Verstöße des Dritten gegen das Anstandsgefühl handelt, die mit den Grundbedürfnissen loyaler Rechtsgesinnung unvereinbar sind. Dies ist der Fall, wenn in seinem Eindringen in die Vertragsbeziehungen ein besonderes Maß an Rücksichtslosigkeit gegenüber dem Betroffenen hervortritt, etwa im kollusiven Zusammenwirken mit dem Vertragsschuldner gerade zur Vereitelung der Ansprüche des betroffenen Vertragsgläubigers (BGH a.a.O.).

[76] So *Klickermann* MMR 2007, 766, 769.

einen anderen über, was im Lichte des herrschenden Subsidiaritätsdogmas[77] schon an einer Eingriffskondiktion des Betreibers zweifeln lässt. Auch ist nicht ganz klar, worin der Eingriff genau liegt, denn die Position des Betreibers ändert sich dadurch nicht, dass die Herrschaft von einem Nutzer auf einen anderen übergeht. Zudem bestehen Zweifel, inwiefern die Übertragungsbefugnis dem Betreiber überhaupt zugewiesen ist, denn er könnte einen virtuellen Gegenstand nicht einfach an einen anderen Nutzer übertragen[78].

Teilweise wird die Übertragung eines virtuellen Gegenstandes als Veränderung der Software eines anderen Nutzers angesehen und demgemäß ein Veräußerungsverbot als Verbot verstanden, solche Veränderungen an der Software vorzunehmen[79]. Dem ist zunächst entgegenzuhalten, dass virtuelle Gegenstände und die Umgebung bildende Software als Wirtschaftsgüter und damit sinnvollerweise auch als sonderrechtsfähige Gegenstände zu trennen sind. Überdies wird auch die bei einem Nutzer installierte Steuerungssoftware nicht verändert, weil die Übertragung virtueller Gegenstände i.d.R. technisch nur die Neuzuweisung ihres Inhabers in einer zentralen Datenbank zur Folge hat[80]. Sofern eine solche Übertragung technisch möglich ist, sieht sie der Betreiber gerade vor. Nutzungsvertragliche Veräußerungsverbote zielen damit zuvorderst auf die außerhalb der virtuellen Wirtschaft real fließende Gegenleistung. Deren Natur hat aber mit der Frage einer Veränderung der Software nichts mehr zu tun.

2. *Insbesondere AGB-Kontrolle*

Alle Nutzungsbedingungen des Betreibers für die Ausgestaltung der Rechtsbeziehungen zwischen ihm und den Nutzern stellen – unabhängig von ihrer Bezeichnung als EULA, TOS oder Rules of Conduct – für eine Vielzahl von Nutzungsverträgen vorformulierte Vertragsbedingungen dar und sind damit allgemeine Geschäftsbedingungen, welche der AGB-Kontrolle i.S.d. §§ 305 ff. BGB unterfallen[81]. Wie dargestellt, setzt sich diese bei Verbraucherverträgen auch gegenüber der parteiautonomen Wahl einer ausländischen Rechtsordnung durch, die einen solchen Schutz des Vertragspartners nicht kennt[82].

---

[77] Zum Vorrang der Leistungskondiktion statt vieler Palandt/*Sprau*[68] § 812 Rn. 43 m.w.N.

[78] So auch *Koch* JurPC Web-Dok. 57/2006 Rn. 47 f. für ihren persönlichkeitsrechtlichen Ansatz. Hier bestehen wertungsmäßige Parallelen zur unberechtigten Untervermietung, deren Erlöse auch nicht im Wege einer Eingriffskondiktion abgeschöpft werden können, weil dem Vermieter diese Möglichkeit nicht wirtschaftlich zugewiesen ist (BGH NJW 1996, 838, 840).

[79] *Völzmann-Stickelbrock* FS Eisenhardt S. 327, 344.

[80] *Habel* MMR 2008, 71, 76; *Westbrook* [2006] Mich. St. L. Rev. 779, 786.

[81] *Habel* MMR 2008, 71, 75; *Lober/Weber* MMR 2005, 653, 659; *Lober/Weber* CR 2006, 837, 843; *Rippert/Weimer* ZUM 2007, 272, 275; *Trump/Wedemeyer* K&R 2006, 397, 402; *Völzmann-Stickelbrock* FS Eisenhardt S. 327, 344; *Wemmer/Bodensieck* K&R 2004, 432, 436; LG Regensburg v. 26.9.2006, Az.: 2 S 153/06; a.A. noch AG Regensburg v. 27.4.2006 Az. 9 C 3693/05, das AGB mit dem Argument ablehnt, es handele sich nur um „Spielregeln".

[82] Vgl. Kap. 5 C.III.3.

Die allgemeinen, für das hier betrachtete Thema nicht spezifischen Probleme der Einbeziehung von AGB in den Vertrag, wenn diese als Clickwrap-Agreement angezeigt werden, sollen an dieser Stelle nicht vertieft werden. Sofern die Nutzungsbedingungen beim Vertragsschluss durch Download der Zugangssoftware oder durch erstmaligen Zugang angezeigt werden, erfolgt eine Einbeziehung gegenüber Verbrauchern durch Hinweis auf sie[83] sowie die Möglichkeit zumutbarer Kenntnisnahme (§ 305 II BGB)[84]; bei Unternehmen als Vertragspartner sind diese Erfordernisse abgeschwächt (§ 310 S. 1 BGB).

Aus deutscher Perspektive wird mit Blick auf die obigen wirtschaftlichen Erwägungen überwiegend angenommen, dass ein Übertragungsverbot der Inhaltskontrolle des § 307 I BGB standhält[85]. Als Faktoren in der Würdigung einer etwaigen unangemessenen Benachteiligung der Nutzer können auch hier die obigen, für die Zuweisung virtuellen Eigentums aufgezeigten Maßstäbe[86] herangezogen werden[87], welche im Spannungsfeld der Rechte zwischen Nutzer und Betreiber nach der konkreten Art virtueller Welten

[83] Erforderlich ist ein sichtbarer, verständlicher Hinweis auf ihre Geltung, vgl. BGH NJW 2006, 2976, 2977; OLG Hamm NJW 2001, 1142; Fromm/Nordemann/*J. Nordemann*[10] vor § 31 Rn. 196; Palandt/*Heinrichs*[68] § 305 Rn. 38. Zur Einbeziehung von Clickwrap Agreements in einen Vertrag aus US-amerikanischer Perspektive *Davis* 22 Berk. Tech. L. J. 577, 589 ff. (2007).

[84] *Krasemann* MMR 2006, 351, 352; *Trump/Wedemeyer* K&R 2006, 397, 402. Ein Problem kann hier auftreten, wenn eine eigenständige (meist Spiele-)Software auf einem Datenträger erworben wird, diese aber ohne einen Onlinezugang gar nicht nutzbar ist. Sofern hier nur ein Nutzungsvertrag vorliegt, wird vertreten, den Zeitpunkt der zumutbaren Kenntnisnahme bereits auf den Erwerb der Software und nicht erst den ersten Zugang zu beziehen (*Krasemann* MMR 2006, 351, 352), so dass die erst bei der erstmaligen Nutzung der Onlineverbindung angezeigten AGB nicht mehr ursprünglicher Vertragsbestandteil werden. Vgl. mit demselben Ergebnis für das australische Recht *Lim* 1(7) J.I.P.L.P. 481, 485 (2006).

[85] *Koch* JurPC Web-Dok. 57/2006 Rn. 50; *Völzmann-Stickelbrock* FS Eisenhardt S. 327, 344 (wenngleich das dort angeführte Beispiel von Second Life, a.a.O. 345, als auf Handel gerade angelegter, offener virtueller Volkswirtschaft gerade nicht zutreffen dürfte); *Wemmer/Bodensieck* K&R 2004, 432, 436; zurückhaltend *Lober/Weber* MMR 2005, 653, 659, die einerseits eine Übertragung zu den typischen Interaktionen der Teilnehmer zählen und die unmittelbaren Entgeltinteressen des Betreibers nicht berührt sehen, ein anderes Ergebnis aber bei einer konkreten Beeinträchtigung für möglich halten; LG Regensburg v. 26.9.2006, Az.: 2 S 153/06 mit Verweis auf Aspekte der Betriebssicherheit und der Fairness. A.A. und für die Unwirksamkeit *Trump/Wedemeyer* K&R 2006, 397, 403 (im Rahmen einer Betrachtung der urheberrechtlichen Folgen), sobald ein Handel überhaupt erlaubt ist, sei es gegen virtuelles Entgelt innerhalb der virtuellen Umgebung oder gegen reales Entgelt. Hiergegen sprechen indes die o.g. wirtschaftlichen Folgeerwägungen, welche eine Differenzierung gebieten.

[86] Vgl. Kap. 4 F.II.3.c.

[87] Ähnlich *Koch* JurPC Web-Dok. 57/2006 Rn. 51 ff., welche die Zulässigkeit von Übertragungsverboten auch zunächst an der (bei ihr persönlichkeitsrechtsbasierten) Zuweisung virtueller Gegenstände zum Nutzer ausrichtet und dann einer Interessenabwägung unterzieht.

und der jeweils unterschiedlichen Interessenlage differenzieren. Je eher virtuelle Gegenstände gewollt kommodifiziert sind oder es sich um nutzergenerierte Inhalte handelt und damit berechtigte Erwartungen in ihre Herrschaft geweckt wurden, desto mehr spricht für die Unwirksamkeit eines etwaigen Handelsverbots. Umgekehrt verdienen Handelsverbote umso eher rechtliche Anerkennung, je mehr das virtuelle Wirtschaftssystem in sich abgeschlossen und ausbalanciert ist. Ein schutzwürdiges Interesse am Erhalt dieser Balance einer virtuellen Wirtschaft ist jedoch dann zweifelhaft, wenn der Betreiber den Handel gegen reales Entgelt auf einer eigenen Handelsplattform selbst durchführt oder fördert, weil er damit selbst zum Ausdruck bringt, die Kommodifizierung nicht als Beeinträchtigung zu begreifen. Gleichwohl ausgesprochene Verbote eines Handels auf den Plattformen von Drittanbietern verfolgen lediglich das Ziel einer Monopolisierung nachgelagerter Handelsmärkte[88] und lassen die eigentlichen anerkennenswerten Gründe für ein Übertragungsverbot ins Leere laufen[89].

3. Dingliche Ebene virtuellen Eigentums

Inwiefern Übertragungsverbote auf dinglicher Ebene wirksam sind, hängt wiederum von der für virtuelles Eigentum und seine Übertragung gewählten Konstruktion ab: Die Abtretung einer Forderung kann gem. § 399 2. Var. BGB unwirksam sein, wenn dem bloßen – unterstellt wirksamen – Verbot einer Übertragung gegen reale Gegenleistung zugleich auch die Wirkung eines Abtretungsverbotes für diesen Fall beigemessen wird[90]. Bei einer Übereignung über § 929 S. 1 BGB analog sind dinglich wirkende Verfügungsbeschränkungen indes nicht vorgesehen; der Betreiber kann Übertragungen virtueller Gegenstände dann lediglich technisch verhindern oder vertragliche – und damit nur relativ wirkende – Veräußerungsverbote in den Nutzungsbedingungen aussprechen[91]. Die Folgen eines urheberrechtlichen Ansatzes werden sogleich unter 4. dargestellt, da die urheber-

---

[88] *Schwarz/Bullis* 10 Intell. Prop. L. Bull. 13, 25 f. (2005); vgl. auch *Dooley/Karaoulou* 16(6) Comps. & Law 20, 23 (2006): „Most developers actively acquiesce in this market, whose right of transfer they deny, but the existence of which they cannot prevent."

[89] Diesen Faktor (u.a.) als Anhaltspunkt für die Unwirksamkeit sehend und insoweit wie hier *Trump/Wedemeyer* K&R 2006, 397, 403.

[90] So *Krasemann* MMR 2006, 351, 353; *Klickermann* MMR 2007, 766, 768; *Wemmer/Bodensieck* K&R 2004, 432, 436. Dass die Wirkung eines Abtretungsverbotes von weiteren Erfordernissen abhängig gemacht werden kann, ist bei § 399 BGB allgemein anerkannt, vgl. Palandt/*Grüneberg*[68] § 399 Rn. 8.

[91] Vgl. *Lober/Weber* MMR 2005, 653, 656: Soweit etwaige Verbote speziell nur auf einen entgeltlichen Handel außerhalb der virtuellen Umgebung zielen, berühren sie zuvorderst die Frage der Entgeltlichkeit, nicht aber die Verfügung als solche.

rechtliche Betrachtung auch losgelöst von der Rechtsfigur virtuellen Eigentums relevant wird.

4. *Urheberrechtliche Ebene*

Die Frage der Rechtmäßigkeit einer vertraglich verbotenen Übertragung vorgefertigter Gegenstände des Betreibers zwischen Nutzern stellt sich auch im Lichte des Urheberrechts.

a. Bedeutung der Urheberrechtsverletzung für eine Störerhaftung Dritter

Die eigentliche Bedeutung dieser Frage liegt darin, dass etwaige, bei der Übertragung virtueller Gegenstände begangene Urheberrechtsverletzungen i.S.d. § 97 I UrhG die Möglichkeit bieten, über die Grundsätze der Störerhaftung Dritte (z.B. Internetauktionshäuser) auf Unterlassung in Anspruch zu nehmen. Insofern tut sich auch an dieser Stelle die vieldiskutierte Problematik der Haftung von Diensteanbietern im Internet auf, welche teilweise von §§ 7-10 TMG, teilweise durch die Grundsätze der Störerhaftung geprägt wird. Nach § 7 Abs. 1 TMG haften die Anbieter eigener Inhalte (Content Provider) ohne eine Privilegierung nach allgemeinen Vorschriften. Anbieter, die lediglich fremde Inhalte zur Verfügung stellen (Host Provider i.S.d. § 10 TMG) oder den Zugang zu solchen anbieten (Access Provider i.S.d. § 8 TMG) bzw. beschleunigen (Caching i.S.d. § 9 TMG), können sich unter den dort normierten Voraussetzungen auf die entsprechenden Haftungsprivilegierungen berufen. Dem liegt der Gedanke zugrunde, dass solche Angebote regelmäßig durch automatisierte Vorgänge geprägt sind, bei denen der Betreiber keine Kontrolle der Inhalte vornimmt und unter normalen Umständen auch gar nicht vornehmen kann. Unter die Host Provider fällt auch der Betreiber eines Internetauktionshauses. Allerdings erfassen die Haftungsprivilegierungen des TMG nur die strafrechtliche Verantwortlichkeit sowie Schadenersatzansprüche, nach herrschender Auffassung aber keine Unterlassungsansprüche. Bei diesen greifen die allgemeinen Grundsätze der Störerhaftung[92]. Als Störer haftet, wer in irgendeiner Weise willentlich und adäquat kausal zu einer Rechts-

---

[92] BGH GRUR 2007, 724, 725 – *Meinungsforum*; BGH GRUR 2007, 708, 711 – *Internet-Versteigerung II*; BGH GRUR 2004, 860, 862 f. – *Internet-Versteigerung I*; BGH GRUR 2004, 693, 695 – *Schöner Wetten*; OLG Köln MMR 2007, 786, 787 – *Rapidshare*; OLG Brandenburg NJ 2007, 465 m. Anm. *Berberich*; OLG Düsseldorf MMR 2006, 618, 619; OLG Hamburg MMR 2006, 744, 745 – *heise.de*. Speziell zur Störerhaftung der Betreiber virtueller Welten vgl. *Lober/Karg* CR 2007, 647 ff. mit dem Hinweis, dass der Einsatz von Filtersoftware kaum machbar sei und eine Störerhaftung damit kaum zumutbar.

verletzung beiträgt und dabei ihm zumutbare Prüfungspflichten verletzt[93]. Gerade die Zumutbarkeit einer Pflicht, fremde Inhalte generell auf Rechtsverletzungen hin zu prüfen, wirft hier im Einzelfall Probleme auf, zumal die allgemeine Wertung des Art. 15 Abs. 1 E-Commerce-RL (umgesetzt in § 7 Abs. 2 TMG) vorherige Prüfungs- und Kontrollpflichten ausschließt, um technische, für den Netzbetrieb notwendige Dienste nicht durch eine ausufernde Haftung zu behindern. Das genau wäre jedoch eine Folge der extensiven Anwendung der Störerhaftung, selbst wenn es „nur" um Unterlassungsansprüche geht. Zumutbar ist in diesem Zusammenhang jedenfalls eine Löschung einzelner rechtsverletzender Inhalte auf einen konkreten Hinweis hin[94]. Die eigentlich problembehaftete Frage ist, wie weit darüber hinaus Prüfungspflichten für andere, thematisch ähnliche, künftige Inhalte erwachsen. Unabhängig von der – an dieser Stelle nicht zu vertiefenden[95] – Reichweite der Störerhaftung erfordert der Handel zunächst jedenfalls eine durch die Nutzer begangene Urheberrechtsverletzung, an deren Vorliegen aber schon Zweifel bestehen.

b. Vervielfältigungsvorgänge i.S.d. § 16 UrhG

Für die Frage einer Urheberrechtsverletzung kommt es darauf an, ob der konkrete technische Übertragungsvorgang urheberrechtliche Verwertungsrechte und dabei hier zunächst das Vervielfältigungsrecht des § 16 UrhG berührt und, wenn ja, ob dies gleichwohl noch durch die Rechteeinräumung im Nutzungsvertrag gedeckt ist.

Die erste Frage hängt zuvorderst von der konkreten technischen Ausgestaltung des Übertragungsvorganges ab[96]. Entscheidend ist, ob dieser nur eine Änderung des Datenbankeintrags erfordert, welcher ein Objekt einem Nutzer technisch zuweist[97], oder ob das Objekt zunächst kopiert, dem

---

[93] BGH GRUR 2007, 708, 711 – *Internet-Versteigerung II*; BGH GRUR 2004, 860, 864 – *Internet-Versteigerung I*; BGH GRUR 2004, 693, 695 – *Schöner Wetten*; OLG Düsseldorf MMR 2006, 618, 619; OLG Hamburg MMR 2006, 744, 745 – *heise.de*.

[94] BGH GRUR 2007, 724, 725 – *Meinungsforum*.

[95] Vgl. dazu *Haedicke* GRUR 1999, 397; *Lehment* WRP 2003, 1058; *Spieker* MMR 2005, 727; *Spindler/Volkmann* WRP 2003, 1; *Spindler* NJW 1997, 3193.

[96] Auch hier sind die oben schon geäußerten Bedenken zu wiederholen, dass eine zu technikorientierte rechtliche Betrachtung dafür anfällig sein kann, mit nur wenigen Änderungen der technischen Ausgestaltung zu anderen Rechtsfolgen zu gelangen, ohne dass das aus der funktionalen Sicht des Nutzers überhaupt bemerkbar wäre. Genau das schlägt aber *Stephens* 80 Tex. L. Rev. 1513, 1523 (2002) vor: „Game developers can change the method of conveyance, however, to ensure that asset transfers infringe on the reproduction right."

[97] So die technische Analyse von *Dibbell* Owned („[T]o transfer a virtual sword or gold piece from one player to another is not to duplicate the item but to move it, as it were, from one file folder to another."); *Habel* MMR 2008, 71, 76 (Wechsel der Adres-

Erwerber übertragen und dann beim Veräußerer gelöscht wird[98]. Letzteres mag oft bei einer Datenübertragung von einem Speichermedium auf ein anderes der Fall sein, etwa beim Download oder dem Verschieben von einem Datenträger auf einen Computer und umgekehrt[99]. Bei der Übertragung virtueller Gegenstände von einem Nutzer an einen anderen, wo schlicht deren technische Zuweisung zu einem Nutzer in einer Datenbank geändert werden kann und auch wird, ist das meist nicht der Fall, nicht zuletzt um die technische Belastung der Server nicht unnötig zu erhöhen. Hier gilt nichts anderes als beim „Verschieben" von Dateien innerhalb ein und desselben Speichermediums, wo die gespeicherten Daten unverändert gelassen und nur die technischen Verweise auf deren Speicherbereiche z.B. in einer Dateizuordnungstabelle[100] geändert werden. Hierbei erwächst für die Betreiber als Rechteinhaber gegen den eigentlichen technischen Übertragungsakt aus einem urheberrechtlichen Vervielfältigungsrecht jedenfalls kein Schutz[101].

Gedanklich davon zu trennen ist allerdings die darauf folgende Nutzung des Gegenstandes im Wege ständiger betriebsbedingter Vervielfältigungshandlungen[102], welche ihrerseits nicht mehr von der Rechteeinräumung im Nutzungsvertrag bzw. von § 44a UrhG[103] gedeckt sein könnte, wenn sich diese nur auf *konkrete* Gegenstände unter der Herrschaft konkreter Nutzer bezieht und bei zwischen diesen übertragenen Gegenständen *insoweit* nicht mehr greift. Ob dem so ist, hängt zuvorderst von der Frage ab, ob eine Übertragung virtueller Gegenstände *überhaupt* vorgesehen ist[104]. Ist dem

sierung des virtuellen Gegenstandes in einer Datenbank); *Stephens* 80 Tex. L. Rev. 1513, 1522 f.; *Westbrook* [2006] Mich. St. L. Rev. 779, 786 (Änderung der elektronischen Zuweisung eines Objektes auf einen Inhaber in einem Datenbankeintrag); vgl. auch *Grimmelmann* Virtual Borders S. 10 Fn. 36, der die technische Ausgestaltung als schwierige Frage bezeichnet und eine Antwort schuldig bleiben muss.

98 Auf die Möglichkeit dieser technischen Ausgestaltung weist *Stephens* 80 Tex. L. Rev. 1513, 1523 hin (2002).

99 Vgl. für Daten allgemein *Beurskens* in: *Domej/Dörr/Hoffmann-Nowotny/Vasella/Zelger* S. 443, 467.

100 File Allocation Table (FAT). Die genauen technischen Modalitäten hängen von der Art des jeweiligen Dateisystems ab, derer es eine Vielzahl gibt, wie etwa FAT, vFAT, FAT32, NTFS für MS Windows; HFS für MacOS; Ext2, Ext3, RaiserFS für Linux.

101 So auch *Stephens* 80 Tex. L. Rev. 1513, 1523, 1534 (2002) für das US-amerikanische Recht, die unter Kritik feststellt, dass das US-amerikanische Copyright keinen Ansatz bietet, um eine Übertragung zu verhindern.

102 Vgl. Kap. 6 B.I.

103 Vgl. Kap. 6 B.IV.

104 So auch *Lober/Weber* MMR 2005, 653, 656 zum virtuellen Eigentum: Soweit etwaige Verbote speziell nur auf einen entgeltlichen Handel außerhalb der virtuellen Umgebung zielen, berühren sie zuvorderst die Frage der Entgeltlichkeit, nicht aber die Verfügung als solche. Ähnlich für das US-amerikanische Recht auch *Lim* 1(7) J.I.P.L.P.

nicht so, geht eine der Übertragung nachfolgende Nutzung mit einer Urheberrechtsverletzung einher. Ist jedoch eine Übertragung ausdrücklich oder stillschweigend dadurch gestattet, dass sie technisch durch eine bewusste Systemarchitekturentscheidung vorgesehen ist[105], so müssen die folgenden Nutzungshandlungen auch von der dazu erfolgten generellen Rechteeinräumung gedeckt sein[106]. Insoweit stellt sich die Frage einer zustimmungsbedürftigen Abtretung etwaiger Nutzungsrechte gar nicht erst.

Dieses Ergebnis einer isolierten Berücksichtigung der Erlaubnis zur Übertragung ohne Berücksichtigung des Schicksals der Gegenleistung folgt wiederum aus dem Konzept der eigenständigen Nutzungsart[107], der aus Verkehrsschutzgründen nur bei einem typisierten Zuschnitt als eigenständige wirtschaftliche Verwertungsformen eine absolute Wirkung zukommen kann. Die entscheidende Frage lautet hier demnach, ob ein schuldrechtliches Übertragungsverbot die eingeräumten und technisch erforderlichen Nutzungsrechte zur *generellen bestimmungsgemäßen* Nutzung virtueller Gegenstände in ihrer Umgebung um genau die Rechte *reduzieren* kann, die allein solche Objekte betreffen, welche für eine reale Gegenleistung übertragen wurden. Selbst wenn man hierbei ein – wohl als eigenständig anzuerkennendes – urheberrechtliches Nutzungsrecht im Rahmen einer virtuellen Umgebung noch weiter ausdifferenzieren wollte in ein – zweifelhaftes – Recht zur *übertragbaren* Nutzung[108], so ist die Grenze zum übermäßigen individualvertraglichen Zuschnitt und damit zum rein schuldrechtlich wirkenden Verbot jedenfalls dort erreicht, wo es nur allein die Frage des entgeltlichen Handels geht. Wenn Übertragbarkeit und Handel der Gegenstände ohne reales Entgelt technisch vorgesehen und damit erlaubt sind, kann allein der Unterschied des realen Entgelts keine Urheberrechtsverletzung mit absoluter Wirkung gegen Dritte auslösen, weil einziger Unterschied die *Modalitäten der Gegenleistung* sind. Würde

---

481, 488 (2006), der für MMORPGs darauf abstellt, ob solche Übertragungen zum „ordinary course of play" gehören.

[105] Soweit eine Übertragung der Gegenstände technisch möglich ist und zum normalen Betrieb einer virtuellen Welt gehört, kann im Gegenteil insoweit gerade von einer durch technische Systemarchitekturentscheidung zum Ausdruck kommenden Erlaubnis ausgegangen werden, vgl. Kap. 4 F.II.4.d.cc.

[106] A.A. implizit *Klickermann* MMR 2007, 766, 768, der von einer „Unterlizenzierung" durch den Betreiber bei der Veräußerung von vorgefertigten Gütern und einer Abtretung dieser Rechte bei einer Veräußerung zwischen Nutzern ausgeht. Eine Abtretung von Nutzungsrechten bei der Veräußerung nehmen *Trump/Wedemeyer* K&R 2006, 397, 403 f. an, wobei die gem. § 34 UrhG erforderliche Zustimmung aber aus ähnlichen Gründen wie hier i.E. wegen § 242 BGB nicht erforderlich sein soll.

[107] Dazu bereits oben Kap. 6 B.II.

[108] Hierbei geht es nicht um die Frage der Übertragbarkeit von Nutzungsrechten, sondern um die wirtschaftliche Eigenständigkeit eines Nutzungsrechts zur technisch unübertragbaren Nutzung. Die generellen Nutzungsrechte haben sämtliche Nutzer ja schon.

man diese in den Zuschnitt urheberrechtlicher Nutzungsrechte einfließen lassen wollen, ließe sich in anderem Zusammenhang – und vorbehaltlich wettbewerbsrechtlicher Folgeprobleme – gar eine absolute immaterialgüterrechtliche Absicherung eines vertikalen Preis- oder Konditionenbindungssystems schaffen[109]. Dies hat aber mit dem eigentlichen Rechtezuschnitt nichts mehr zu tun.

Auch wenn man vorgefertigte virtuelle Gegenstände als Werkteile einer virtuellen Welt[110] begriffe, bewegte sich eine Übertragung noch im Rahmen eingeräumter Nutzungsrechte; ebenso wenig wäre im unveränderten funktionellen Kontext der virtuellen Umgebung damit eine Bearbeitung i.S.d. § 23 UrhG verbunden[111].

c. Verbreitung i.S.d. § 17 UrhG

Funktional am nahesten kommt einer Übertragung der technisch vermittelten Gegenstandsherrschaft – und soweit vorhanden auch des virtuellen Eigentums – an einen anderen Nutzer das Verbreitungsrecht des § 17 UrhG. Da es nach fast einhelliger Auffassung jedoch das Inverkehrbringen körperlicher Werkstücke[112] und – nach neuerer Rechtsprechung des EuGH wohl – eine Übertragung des „Eigentums" an den körperlichen Werkstücken voraussetzt[113], ist es auf die Übertragung rein elektronisch verkör-

[109] Ersteres ist wettbewerbsrechtlich durch Art. 81 I EG grundsätzlich verboten und als Kernbeschränkung auch nicht durch Art. 81 III EG i.V.m. einer Gruppenfreistellungsverordnung freigestellt, vgl. Art. 4 lit. a VertikalGVO. Letzteres ist wettbewerbsrechtlich jedenfalls potentiell bedenklich, von den Marktverhältnissen im Einzelfall abhängig und normalerweise bis zu einem Marktanteil des Bindenden von 30% freigestellt, vgl. Art. 81 III EG i.V.m. Artt. 2, 3 VertikalGVO.

[110] Vgl. für die Rechtsnatur der virtuellen Umgebung als Gesamtwerk die obige Diskussion um Computerspiele, Kap. 6 A.I.2.

[111] *Lober/Weber* MMR 2005, 653, 658. A.A. in vertragsrechtlichem Zusammenhang wohl *Völzmann-Stickelbrock* FS Eisenhardt S. 327, 344, welche die Übertragung eines virtuellen Gegenstandes als Veränderung der Software eines anderen Nutzers versteht. Dazu schon oben Kap. 7 D.III.1.

[112] Dreier/Schulze/*Schulze*[3] § 17 Rn. 5; Fromm/Nordemann/*Dustmann*[10] § 17 Rn. 18; *Schack*[4] Rn. 386; *Spindler* ZUM 1996, 533, 543; Schricker/*Loewenheim*[3] § 17 Rn. 4; *Trump/Wedemeyer* K&R 2006, 397, 402.

[113] EuGH GRUR 2008, 604 – *Le-Corbusier-Möbel*. Vor diesem Urteil reichte nach allgemeiner Ansicht eine Besitzüberlassung, so noch BGH GRUR 1991, 316, 317 – *Einzelangebot*; BGH GRUR 1986, 736 – *Schallplattenvermietung*; Dreier/Schulze/*Schulze*[3] § 17 Rn. 15; *Schack*[4] Rn. 386; Schricker/*Loewenheim*[3] § 17 Rn. 12; Wandtke/Bullinger/*Heerma*[3] § 17 Rn. 11. Angemerkt sei jedoch, dass der vom EuGH für die Auslegung der InfoGesRL 2001/29/EG verwendete Begriff des „Eigentums" eine autonome gemeinschaftsrechtliche Bedeutung haben muss, da keinesfalls beabsichtigt sein kann, alle Mitgliedsstaaten der Gemeinschaft am engen deutschen Eigentumsbegriff des § 903 BGB auszurichten. Wenn der EuGH maßgeblich auf das Inverkehrbringen „durch Verkauf oder auf sonstige Weise" i.S.d. Art. 4 I InfoGesRL 2001/29/EG abstellt, scheint

perter virtueller Gegenstände nicht anwendbar. Hier – wie bei Daten allgemein – ist § 17 UrhG nur einschlägig, wenn sie auf einem Datenträger verkörpert und zusammen mit diesem veräußert werden[114], nicht jedoch bei einer rein elektronischen Online-Übertragung, welche § 19a UrhG unterfällt.

Wollte man dies für virtuelle Welten anders sehen und gegen den Gesetzeswortlaut und die ganz h.M. unter Verweis auf die elektronische Verkörperung auf einem Server eine Werkverbreitung annehmen, so wäre zumindest die Anwendung des Erschöpfungsgrundsatzes des § 17 II UrhG (bzw. bei Software § 69c Nr. 3 S. 2 UrhG) zu erwägen[115]. Dieser führt im Falle einer rechtmäßigen Erstveräußerung eines Werkstückes mit Zustimmung des Rechteinhabers zum Erlöschen der Verbreitungsrechte an diesem Werkstück und verhindert so, dass der Rechteinhaber nach dem erstmaligen Inverkehrbringen eines Werkstückes den weiteren Vertrieb kontrollieren und verhindern kann. Bei elektronisch verkörperten Werkstücken und einer unkörperlichen Werkverbreitung wird seine Anwendung überwiegend abgelehnt, auch wenn der elektronisch verkörperte Vertrieb funktional dem Vertrieb körperlicher Werkstücke gleicht[116].

---

der Schwerpunkt eher im Übergang der tatsächlichen Verfügungsmacht zu liegen, als in der konkreten Sachnatur des Herrschaftsgegenstandes und dem juristischen Volleigentum i.S.d. § 903 BGB. Dementsprechend bezeichnet Fromm/Nordemann/*Dustmann*[10] § 17 Rn. 19 das Urteil als „irreführend".

[114] Dreier/Schulze/*Schulze*[3] § 17 Rn. 6; Schricker/*Loewenheim*[3] § 17 Rn. 5.

[115] So unter zweifelhafter Annahme einer Verbreitung, i.E. dann aber konsequent *Lober/Weber* MMR 2005, 653, 658. Ebenso aus US-amerikanischer Perspektive für die Anwendung der First Sales Doctrine in diesem Fall *Schwarz/Bullis* 10 Intell. Prop. L. Bull. 13, 19 ff. (2005).

[116] Vgl. nur OLG München MMR 2006, 748; Dreier/Schulze/*Schulze*[3] § 17 Rn. 30; *Ganea* GRUR Int. 2005, 102, 107; HK-UrhR/*Dreyer* § 17 Rn. 27; *Schack* GRUR 2007, 639, 644; Schricker/*Loewenheim*[3] § 17 Rn. 37; zu Recht demgegenüber a.A. für die Anwendung des Erschöpfungsgrundsatzes LG Hamburg MMR 2006, 827, 829 (für § 69c Nr. 2 S. 2 UrhG); *Berger* GRUR 2002, 198, 200 f.; Dreier/Schulze/*Dreier*[3] § 19a Rn. 11; Fromm/Nordemann/*Dustmann*[10] § 17 Rn. 26; Möhring/Nicolini/*Hoeren*[2] § 69c Rn. 16; *Hoeren* CR 2006, 573; *Reinbothe* GRUR Int. 2001, 733, 737; *Schrader/Rautenstrauch* K&R 2007, 251; *Spindler* GRUR 2002, 105, 110. Da hier eine Übertragung innerhalb der virtuellen Welt – anders als etwa eine Veräußerung mittels Download – schon gar keine weiteren Vervielfältigungen auslöst, kommt es hier auf die Frage nicht an, inwiefern sich dann die eigentlich nur auf § 17 UrhG anzuwendende Erschöpfung im Verhältnis zu dabei zwingend anfallenden Vervielfältigungen i.S.d. § 16 UrhG verhält. Die Ausdehnung des Erschöpfungsgrundsatzes auf bei einer Online-Übertragung technisch zwingend anfallende und dabei mit Zustimmung erstellte konkrete Vervielfältigungsstücke, welche funktional einen körperlichen Vertrieb ersetzen, befürworten etwa LG Hamburg MMR 2006, 827, 829 (für § 69c Nr. 2 S. 2 UrhG); Dreier/Schulze/*Dreier*[3] § 19a Rn. 11; Fromm/Nordemann/*Dustmann*[10] § 19a Rn. 29; *Schrader/Rautenstrauch* K&R 2007, 251, 254; offen bei Schricker/*v. Ungern-Sternberg*[3] § 19a Rn. 6; dagegen, weil der Erschöpfungsgrundsatz auf § 16 UrhG keine Anwendung finde, Dreier/Schulze/*Schulze*[3] § 17 Rn. 30.

d. Öffentliche Zugänglichmachung i.S.d. § 19a UrhG

Auch die öffentliche Zugänglichmachung i.S.d. § 19a UrhG kann hiergegen nicht ins Feld geführt werden. Entweder ist dieses Verwertungsrecht schon tatbestandsmäßig nicht einschlägig, weil Nutzer vorgefertigte virtuelle Güter nicht selbst öffentlich zugänglich machen[117]; oder sie ist aus den gleichen Gründen wie die anfallenden technischen Vervielfältigungshandlungen im Verhältnis zu Dritten von den eingeräumten Nutzungsrechten gedeckt. Dies gilt unbeschadet einer etwaigen Vertragsverletzung im Innenverhältnis zwischen Nutzer und Betreiber.

e. Zwischenergebnis

Vor dem Hintergrund des Ausgeführten lassen sich Urheberrechte gegen die Übertragung virtueller Gegenstände auf andere Nutzer nicht ins Feld führen[118] und bieten daher auch keine Grundlage für eine Störerhaftung Dritter. Hierbei geht es allein um inter partes wirkende Pflichtverletzungen des Nutzungsvertrages, die allein nicht stets zu Urheberrechtsverletzungen führen und so einer Kriminalisierung (§ 106 I UrhG) von Vertragsbrüchen[119] Vorschub leisten könnten.

IV. Zustimmung zur Vertragsübernahme bei Übertragung des Accounts

Für die Veräußerung des Accounts bedeutet ein Verbot in den Nutzungsbedingungen die Verweigerung der Zustimmung zur Vertragsübernahme[120]. Da es sich hier bei genauem Blick nicht um ein Veräußerungsverbot handelt, das durch AGB die Rechteverteilung der Parteien ändert, sondern eine (vorweggenommene) Verweigerung der erforderlichen Zustimmung, kommt hier nicht die Inhaltskontrolle der §§ 305 ff. BGB zum Tragen, sondern der für die Zustimmung zur Vertragsübernahme allgemein geltende Vorbehalt von Treu und Glauben gem. § 242 BGB[121]. Beurteilungsmaßstab dabei ist auch die drohende Interessenbeeinträchtigung des Betreibers.

---

[117] Vgl. Kap. 6 B.I.2.

[118] So auch *Lober/Weber* MMR 2005, 653, 658; Vgl. für das US-amerikanische Recht *Lim* 1(7) J.I.P.L.P. 481, 488 (2006); *Meehan* 13 Rich. J. L. & Tech. 7, 35 (2006); wenngleich kritisch so doch i.E. auch *Stephens* 80 Tex. L. Rev. 1513 (2002).

[119] Auf eine etwaige Strafbarkeit des Handels wegen Copyright-Verletzungen weist aus US-amerikanischer Perspektive *Fairfield* Anti-Social Contracts S. 19 hin.

[120] *Völzmann-Stickelbrock* FS Eisenhardt S. 327, 335.

[121] Mit diesem Maßstab *Völzmann-Stickelbrock* FS Eisenhardt S. 327, 335.

Diese kann gegeben sein, wenn die Nutzung entweder entgeltlich ist[122] oder die Nutzer sich dazu unter ihrem realen Namen registrieren müssen[123] und sie eine Pflicht zur Geheimhaltung der Passwörter trifft. In beiden Fällen bringt der Betreiber ein Interesse an einem konkreten Vertragspartner zum Ausdruck, beispielsweise um eine ordnungsgemäße Accountverwaltung vorzunehmen[124] oder frühere Vertragsverstöße sanktionieren zu können[125]. Im Fall einer unentgeltlichen und anonymen Nutzung ist ein solches Interesse demgegenüber – soweit überhaupt ein Nutzungsvertrag abgeschlossen wird – nicht ersichtlich. Über diese kurzfristigen, entgeltbezogenen Erwägungen zu Identität und Bonität hinaus sind auch hier die längerfristigen, konkreten Wirkungen des Handels auf MMORPG bzw. die virtuelle Welt in ihrer jeweiligen wirtschaftlichen Ausprägung zu beachten.

Wenn der Betreiber eine Übertragung nicht in den Nutzungsbedingungen ausgeschlossen hat und auch keine der dargestellten schützenswerten Eigeninteressen bestehen – etwa in einer kommerzialisierten virtuellen Welt, deren Nutzungsbedingungen hierzu schlicht keine Angabe enthalten –, erscheint es im Zweifelsfall nicht undenkbar, auch eine konkludente Zustimmung zur Übertragung des Accounts anzunehmen, sofern diese üblicherweise von den Nutzern praktiziert wird.

E. Enteignungs- und Ausschlussklauseln

In dem Bestreben, den Betreibern die Kontrolle über den virtuellen Raum zu erhalten, findet sich in den Nutzungsbedingungen regelmäßig eine Vielzahl von Klauseln, welche die vertragliche Rechteverteilung zugunsten des Betreibers ausgestalten[126], wie etwa unklare, weit gefasste Sanktions-

---

[122] Hier können die Interessen des Betreibers zurückstehen, wenn das Entgelt bereits entrichtet wurde, wie beim Kauf einer Zugangssoftware mit anschließend unentgeltlichem Zugang (*Lober/Weber* MMR 2005, 653, 656), oder wenn das Entgelt für eine dauerhafte Nutzung für den jeweils nächsten Nutzungszeitraum entrichtet werden muss (*Völzmann-Stickelbrock* FS Eisenhardt S. 327, 335 Fn. 47).

[123] Da es im Internet wegen der wachsenden Besorgnis der Nutzer um ihre persönlichen Daten mittlerweile geradezu üblich ist, Phantasienamen zu verwenden, reicht allein die Aufforderung zur Eingabe eines Namens nicht aus. Vielmehr wird man eine konkrete Identitätsprüfung für erforderlich halten müssen, um ein wirkliches Interesse des Betreibers an der konkreten Identität seiner Nutzer zu bejahen.

[124] *Lober/Weber* MMR 2005, 653, 659.

[125] *Völzmann-Stickelbrock* FS Eisenhardt S. 327, 335; *Wemmer/Bodensiek* K&R 2004, 432, 435.

[126] So die Wahrnehmung etwa bei *Glushko* 22 Berkeley Tech. L. J. 507, 515 (2007); *Jankowich* 8 Tul. J. Tech. & Intell. Prop. 1, 7 (2006); *Hunt* 9 Tex. Rev. Ent. & Sports L.

klauseln[127], deren Ausübung meist keinem vorgesehenen Verfahren folgt[128], und deren schärfste Form, der entschädigungslose[129] Ausschluss, meist in das freie Ermessen des Betreibers gestellt[130] oder sogar ohne jeglichen Grund möglich ist[131]. Daneben – gleichsam als zweite Verteidigungslinie – findet sich oft ein gegen die Nutzer gerichtetes pactum de non petendo, keine Rechte geltend zu machen[132]. Zudem behalten sich die

---

141, 150 (2007); *Kayser* 27 Loy. L.A. Ent. L. Rev. 59, 63 (2007); *Sheldon* 54 UCLA L. Rev. 751, 763 ff. (2007).

[127] Nach *Jankowich* 8 Tul. J. Tech. & Intell. Prop. 1, 43 ff. (2006) enthalten 67% der von ihm untersuchten EULAs sehr weit gefasste Klauseln für verbotene Inhalte. So etwa „[Your] content shall not [...] restrict or inhibit any other user from using and enjoying [...] [the game]." oder ein Ausschluss bei „...behavior that is contrary to the ‚spirit of the game' as defined by [...] the proprietor [...] in its sole discretion..." oder bei „...[a]nything that Blizzard Entertainment considers contrary to the ‚essence' of [...][the game]."

[128] *Jankowich* 8 Tul. J. Tech. & Intell. Prop. 1, 34, 45 (2006).

[129] Siehe nur Entropia Universe EULA § 6: „In the event that your Account is locked or terminated, no refund will be granted." (http://www.entropiauniverse.com/pe/en/rich/107004.html, Abruf am 1.9.2009). Second Life TOS § 2.6: „In the event that Linden Lab suspends or terminates your Account or this Agreement, you understand and agree that you shall receive no refund or exchange for [...]any content or data associated with your Account, or for anything else." (http://secondlife.com/corporate/tos.php, Abruf am 1.9.2009).

[130] Nach *Jankowich* 8 Tul. J. Tech. & Intell. Prop. 1, 45 (2006) räumen 75% der untersuchten Klauseln dem Betreiber das Recht ein, nach seinem freien Ermessen einen Account zu kündigen, wie die oft gewählte Formulierung „[W]e reserve the right to terminate your license to the Software and your access [...] at any time, without notice, for any reason whatsoever." So z.B. Everquest II EULA § 6: „We may terminate this Agreement [...] immediately and without notice: (i) if you violate any provision of this Agreement; [...] (iv) upon game play, chat or any player activity whatsoever which we, in our sole discretion, determine is inappropriate and/or in violation of the spirit of the Game..." (http://help.station.sony.com/cgi-bin/soe.cfg/php/enduser/std_adp.php?p_faqid=12248, Abruf am 1.9.2009).

[131] Vgl. World of Warcraft TOS § 8: „Blizzard may suspend, terminate, modify, or delete accounts at any time for any reason or for no reason, with or without notice to you. For purposes of explanation and not limitation, most account suspensions, terminations and/or deletions are the result of violations of this Terms of Use or the EULA." (http://www.worldofwarcraft.com/legal/termsofuse.shtml, Abruf am 1.9.2009)". Entropia Universe EULA § 6: "MindArk may terminate this Agreement upon notice to the Participant. Such termination may be made without reason, and may be for one or more Participants." (http://www.entropiauniverse.com/pe/en/rich/107004.html, Abruf am 1.9.2009); Second Life TOS § 7.1: „Linden has the right at any time for any reason or for no reason to suspend or terminate your Account." (http://secondlife.com/app/help/rules/tos.php, Abruf am 1.9.2009).

[132] Vgl. die Everquest II EULA Präambel: „You promise that you will never assert or bring any claim or suit against SOE based on a claim that you ‚own' any virtual goods." (http://help.station.sony.com/cgi-bin/soe.cfg/php/enduser/std_adp.php?p_faqid=12248, Abruf am 1.9.2009).

Betreiber meist einseitige Änderungen des Nutzungsvertrages ohne weitere Information[133], entschädigungslose Unterbrechungen des Betriebes[134] und seine gänzliche Einstellung[135] vor. Hinzu kommen regelmäßig den Betreiber begünstigende Schiedsgerichts- und Gerichtsstandsklauseln[136]. Bei diesen allen stellt sich – wie bereits bei den Übertragungsverboten[137] – die Frage ihrer Wirksamkeit im Lichte der AGB-Kontrolle gem. §§ 305 ff. BGB (II.). Zuvor soll als Exkurs die Sicht des US-amerikanischen Rechts dargestellt werden (I.).

I. Exkurs: Unconscionability von Clickwrap Agreements im US-amerikanischen Recht

Um im US-amerikanischen Recht die Durchsetzung unangemessen benachteiligender Vertragsbestimmungen in den Nutzungsbedingungen zu verhindern, kann – freilich mit gröberem Raster als unter der deutschen und europäischen AGB-Kontrolle – auf die im Common Law der US-Bundesstaaten geltende Unconscionability Doctrine zurückgegriffen werden. Wegen der im US-amerikanischen Recht traditionell herrschenden Zurückhaltung gegenüber einer Überprüfung des Inhaltes geschlossener Verträge, hat diese ihren Ansatzpunkt weniger bei der Frage des Inhaltes, sondern schon bei der Frage des Vertragsschlusses. Ihre Anwendung erfordert zweierlei[138]: Zum einen muss der Vertrag in einer Situation geschlossen

---

[133] Vgl. Everquest II EULA § 3: „We may amend this agreement at any time in our sole discretion." (http://help.station.sony.com/cgi-bin/soe.cfg/php/enduser/std_adp.php?p_faqid=12248, Abruf am 1.9.2009). Lineage EULA § 1 (b): „NC Interactive may amend this Agreement or modify the Rules of Conduct at any time in its sole discretion by posting on our web site. [...] Amendments to the Agreement will be effective seven (7) days after the amended Agreement is posted. [...] Your use of Lineage after the effective date of any amendments to this Agreement constitutes your agreement to the amendments. You agree to check this Agreement and the Rules of Content periodically so you will be familiar with their content as amended or modified from time to time." (http://www.plaync.com/us/help/eula_lineage.html, Abruf am 1.9.2009).

[134] Second Life EULA § 7.2: „Linden reserves the right to interrupt the Service with or without prior notice for any reason or no reason. You agree that Linden will not be liable for any interruption of the Service, delay or failure to perform..." (http://secondlife.com/app/help/rules/tos.php, Abruf 1.9.2009).

[135] EverQuest II EULA § 6: „We may also terminate this Agreement if we decide, in our sole discretion, to discontinue offering the Game..." (http://help.station.sony.com/cgi-bin/soe.cfg/php/enduser/std_adp.php?p_faqid=12248, Abruf 1.9.2009).

[136] Vgl. etwa in den Second Life TOS § 13: San Francisco für alle Rechtsstreitigkeiten (http://secondlife.com/app/help/rules/tos.php, Abruf am 1.9.2009).

[137] Oben Kap. 7 D. III.

[138] Zu diesen Voraussetzungen *Hunt* 9 Tex. Rev. Ent. & Sports L. 141, 153 (2007); *Madison* 44 B.C. L. Rev. 433, 451 (2003); *Meehan* 13 Rich. J. L. & Tech. 7, 21 (2006); *Sheldon* 54 UCLA L. Rev. 751, 777 (2007).

worden sein, die von erheblicher Verhandlungsmacht einer Partei und fehlenden Auswahlmöglichkeiten ihrer Vertragspartner gekennzeichnet ist (Procedural Unconscionability)[139]; die dabei abgeschlossenen Verträge werden als Contract of Adhesion bezeichnet. Über dieses Umstandsmoment hinaus ist in inhaltlicher Hinsicht eine unangemessene Übervorteilung einer Partei erforderlich, deren nötiges Ausmaß recht unterschiedlich zwischen bloßer Unfairness[140] und außerhalb jeglicher vernünftiger Erwartungen liegend[141] beurteilt wird. Bei der Anwendung dieser Rechtsfigur ist die US-amerikanische Rechtsprechung – jedenfalls für bloße Softwarenutzungsverträge – zwar zurückhaltend[142]. Im Bereich von Virtual Property werden jedoch aus Sicht des US-amerikanischen Schrifttums die Nutzungsbedingungen virtueller Welten als Contracts of Adhesion gewertet[143] und die Wirksamkeit sehr einseitiger, gar willkürlicher Klauseln überwiegend in Frage gestellt[144]. Eine gerichtliche Entschei-

---

[139] *Dougherty* 9(7) E.C.L. & P. 6, 8 (2007); *Meehan* 13 Rich. J. L. & Tech. 7, 21 (2006).

[140] *Dougherty* 9(7) E.C.L. & P. 6, 8 (2007).

[141] *Gutierrez v. Autowest, Inc.* 7 Cal. Rptr.3d 267, 275 (Court of Appeal of California, 2003); *Meehan* 13 Rich. J. L. & Tech. 7, 23 (2006).

[142] Von erheblichem Einfluss war hier *ProCD, Inc., v. Zeidenberg* 86 F.3d 1447 (U.S. Court of Appeals for the Seventh Circuit, 1996), wo nicht urheberrechtlich geschützte Daten in einer Datenbank durch ein Clickwrap Agreement wirksam einem Nutzungsverbot außerhalb des geschlossenen Vertrages und damit einem immaterialgüterrechtsähnlichen Schutz unterstellt wurden. Ebenso wurden in jüngerer Zeit in *Novak v. Overture Servs., Inc.* 309 F. Supp. 2d 446, 451 f. (U.S. District Court, Eastern District of New York, 2004); *DeJohn v. TV Corp. Int'l* 245 F. Supp. 2d 913, 921 (U.S. District Court, Central District of Illinois, 2003) sowie *Hughes v. McMenamon* 204 F. Supp. 2d 178, 181 (U.S. District Court, District of Massachusetts, 2002) Gerichtsstandvereinbarungen aufrechterhalten sowie in *Davidson & Assocs., Inc. v. Internet Gateway* 334 F. Supp. 2d 1164 (U.S. District Court, Eeastern District of Missouri, 2004) ebenso ein Verbot von Reverse Engineering, bestätigt in *Davidson & Assocs. v. Jung* 422 F.3d 630 (U.S. Court of Appeals for the Eighth Circuit, 2005). Bejaht wurde die Unconscionability Doctrine für einige Paypal Nutzungsbedingungen in *Comb v. Paypal, Inc.* 218 F. Supp. 2d 1165, 1172 (U.S. District Court, Northern District of California, 2002). Kritisch gegenüber dieser Zurückhaltung und insbesondere der Gefahr, über vertragliche Konstruktionen die Reichweite des Immaterialgüterschutzes auszudehnen *Benkler* 74 N.Y.U. L. Rev. 354, 431 (1999) m.w.N.

[143] *Horowitz* 34 Ohio N.U. L. Rev. 223, 236 (2008); *Hunt* 9 Tex. Rev. Ent. & Sports L. 141, 153 (2007); *Meehan* 13 Rich. J. L. & Tech. 7, 21 (2006).

[144] Für eine Unwirksamkeit nach Maßgabe der nachfolgend unter II.1. dargestellten Faktoren *Glushko* 22 Berkeley Tech. L. J. 507, 528 ff. (2007), der die bisherige großzügige Rechtsprechung zu Softwarelizenzverträgen auf virtuelle Welten für nicht übertragbar hält, weil hier die Beziehung von Betreiber und Nutzer – anders als bei Programmierer und Softwarenutzer – auf Dauerhaftigkeit, Investitionen und beiderseitigen Vorteilen für das Produkt angelegt sei (a.a.O. 519); ähnlich *Meehan* 13 Rich. J. L. & Tech. 7 Tz. 21 ff. (2006); *Sheldon* 54 UCLA L. Rev. 751, 778 (2007); insbesondere mit Bezug auf

dung gibt es dazu bislang nicht; lediglich eine Schiedsgerichtsvereinbarung wurde für unwirksam befunden[145].

II. Wirksamkeit in der AGB-Kontrolle

Die im US-amerikanischen Schrifttum vorgebrachten Gründe sind – abermals – Ausfluss einer wirtschaftlichen Interessenabwägung zwischen Betreiber und Nutzer, wie sie bereits bei der Reichweite virtuellen Eigentums und der Frage von Veräußerungsverboten diskutiert wurden[146]. Da diese Erwägungen weder strikt dogmatischer Natur sind, noch sich die betrachtete tatsächlich-wirtschaftliche Interessenlage hierzulande davon unterscheidet, sind wiederum keine zwingenden Gründe ersichtlich, diese nicht auch im deutschen Recht und insbesondere bei der Frage der unangemessenen Benachteiligung der Nutzer entgegen der Grundsätze von Treu und Glauben in der Klauselkontrolle des § 307 I 1 BGB fruchtbar zu machen.

1. Allgemeine Wertungsfaktoren in der Klauselkontrolle

Ausgangspunkt der Beurteilung ist die Tatsache, dass sich die Nutzungsbedingungen virtueller Welten grundlegend von herkömmlichen Softwarelizenzverträgen unterscheiden. Über die isolierte Nutzung der Zugangssoftware hinaus ist die wirtschaftliche Beziehung von Betreiber und Nutzer grundlegend anders als die von Programmierer und Benutzer einer fertigen Software. In virtuellen Welten finden sich Nutzer in einer auf Dauer angelegten wirtschaftlichen Beziehung zum Betreiber und zu anderen Nutzern wieder[147], wo sie durch ihre Investitionen, welche sich u.U. auch in der bloßen Nutzungshandlung und dem wertvollen Faktor Zeit erschöp-

---

Virtual Property der Nutzer *Balkin* 90 Va. L. Rev. 2043, 2070 (2004); *Belcher* 7(1) E.C. L. & P. 7, 8 (2005); *Blazer* 5 Pierce L. Rev. 137, 150 (2006); *Dougherty* 9(7) E.C.L. & P. 6, 8 (2007); *Fairfield* 85 B.U. L. Rev. 1047, 1051 f. (2005); *Fairfield* Anti-Social Contracts S. 5; *Jankowich* 8 Tul. J. Tech. & Intell. Prop. 1, 51 (2006); *Lastowka/Hunter* 92 Cal. L. Rev. 1, 50 (2004); *Westbrook* [2006] Mich. St. L. Rev. 779, 804, der virtuelles Eigentum beschränkende Vertragsbedingungen zumindest in einer absehbaren Zukunft für bedenklich hält, in der die Zahl der Nutzer und deren Investitionen steigen. *Lederman* 82 N.Y.U. L. Rev. 1620, 1639 (2007) und *Horowitz* 20 Harv. J. L. & Tech. 443, 444 (2007) bemerken, dass die Gerichte zur Annahme der Unwirksamkeit tendieren könnten. Dagegen *Deenihan* S. 9 ff.

[145] *Bragg v. Linden Research* 487 F. Supp. 2d 593 (U.S. District Court for the Eastern District of Pennsylvania, 2007).

[146] Vgl. dazu Kap. 4 F.II.3c. sowie Kap. 7 D.II.,III.

[147] Auch wenn man einen Softwarenutzungsvertrag als Lizenzvertrag begreift, geht die Nutzung virtueller Welten in tatsächlicher Hinsicht über die Dauerhaftigkeit hinaus, die jedes Dauerschuldverhältnis mit sich bringt, ohne dabei zwangsläufig die wirtschaftlichen Beziehungen der Parteien ständig zu aktualisieren.

fen können, Vorteile für die virtuelle Umgebung, andere Nutzer und letztlich auch für die Betreiber erzeugen[148]. Vor diesem Hintergrund erscheint es nicht gänzlich fernliegend, diese Vorteile in Fällen erheblich einseitiger Belastungen der Nutzer mit einer angemessenen Beschränkung der vertraglichen Rechte des Betreibers korrespondieren zu lassen[149]. Freilich gilt es auch hier wieder, eine angemessene Balance zwischen Nutzerrechten und Betreiberpflichten bzw. – anders ausgedrückt – zwischen den Kurzzeitinteressen der Nutzer an der Abwehr übermäßiger Beeinträchtigungen und ihren eigenen Langzeitinteressen am Bestehen und Fortschritt virtueller Welten zu wahren.

Die denkbaren Vertragsklauseln und Konfliktfälle sind zu vielgestaltig, als dass eine induktive Diskussion verschiedener Fallkonstellationen dem Erkenntnisinteresse dieser Arbeit förderlich sein könnte. Daher empfiehlt sich für das weitere Vorgehen, die Beurteilung der Unangemessenheit an einer Reihe allgemeiner Wirkungsfaktoren auszurichten[150], die typisierte Konfliktkreise erfassen, zugleich aber auch Raum für eine zwingend gebotene Einzelfallbetrachtung je nach Art der virtuellen Welt lassen. Für die Bestimmung der Unangemessenheit von Klauseln kann auf Faktoren zurückgegriffen werden wie das im relevanten Einzelfall zu erwartende Ausmaß des Schadens für den Nutzer[151], das Ausmaß der Beeinträchtigung für den Betreiber[152], den vorher schon betriebenen Aufwand zur internen Konfliktlösung[153], die Erforderlichkeit einer Klausel für das Funktionieren der virtuellen Welt[154] sowie berechtigte Erwartungen der Nutzer[155]. Diese Faktoren skizzieren zumindest die beiden Extrempunkte denkbarer Betreibermaßnahmen: Sie ermöglichen behutsam-korrigierende Eingriffe in das virtuelle Wirtschaftssystem, verhindern aber rein willkürliche Enteignungen der Nutzer. Diese Grenzziehung sei im Folgenden an einigen Beispielen verdeutlicht.

---

[148] *Glushko* 22 Berkeley Tech. L. J. 507, 519 (2007). Vgl. zur Bedeutung dieser Erwägungen auch für die Legitimation virtuellen Eigentums ausführlicher Kap. 4 F.I.5.c.bb.

[149] So auch *Glushko* 22 Berkeley Tech. L. J. 507, 519 (2007).

[150] Insoweit unter Anlehnung an *Westbrook* [2006] Mich. St. L. Rev. 779, 807.

[151] *Westbrook* [2006] Mich. St. L. Rev. 779, 807.

[152] *Westbrook* [2006] Mich. St. L. Rev. 779, 807.

[153] *Westbrook* [2006] Mich. St. L. Rev. 779, 807.

[154] *Westbrook* [2006] Mich. St. L. Rev. 779, 807; *Meehan* 13 Rich. J. L. & Tech. 7, 24 (2006).

[155] *Glushko* 22 Berkeley Tech. L. J. 507, 530 f. (2007); *Meehan* 13 Rich. J. L. & Tech. 7, 23 (2006).

2. Würdigung einiger konkreter Beispiele

a. Der Ausschluss virtuellen Eigentums

Soweit schon die Entstehung eines – wegen der notwendigen Drittwirkung neben dem Nutzungsvertrag bestehenden – virtuellen Eigentums durch Vertrag ausgeschlossen oder diese Position an den Betreiber übertragen werden soll[156], bemisst sich die Wirksamkeit einer solchen Klausel wegen der wechselseitigen Überformung beider Rechtspositionen wiederum nach den Kriterien, wie sie für die Entstehung virtuellen Eigentums eine Rolle spielen[157]. Ein solcher Gleichlauf macht diese Rechtsfigur nicht etwa überflüssig; ihre Bedeutung zeigt sich – sofern Forderungen nicht schon Drittwirkung beigemessen wird[158] – im Horizontalverhältnis sowie im Vertikalverhältnis als Leitbild für eine Inhaltskontrolle der Vertragsklauseln gem. §§ 307 II Nr. 1 BGB[159], soweit vertragliche Beschränkungen unangemessen über die (originären) Rechte der Nutzer an virtuellen Gegenständen hinausgehen, welche kommodifiziert, nutzergeneriert oder in der berechtigten Erwartung einer umfassenden Zuweisung der Herrschaft im Kontext des virtuellen Raumes erworben wurden.

b. Enteignungen und Ausschluss

Auf eine Möglichkeit zum Ausschluss von Nutzern können Betreiber nicht gänzlich verzichten, ermöglicht doch ihre drohende Sanktionswirkung die Einhaltung aufgestellter Regeln und damit auch die des virtuellen Sozialvertrages[160]. Ein Ausschluss ist hier – im Gegensatz zu Chatforen[161] – auch effektiv durchsetzbar, da die virtuelle Identität und sämtliche virtuelle

---

[156] Vgl. Entropia Universe EULA Ziff. 7 Abs. 4: „As part of your interactions with the System, you may acquire, create, design, or modify Virtual Items, but you agree that you will not gain any ownership interest whatsoever in any Virtual Item, and you hereby assign to MindArk all of your rights, title and interest in any such Virtual Item.“ (http://www.entropiauniverse.com/pe/en/rich/107004.html, Abruf am 15.12.1008).

[157] Oben Kap. 4 F.II.3.c.

[158] Oben Kap. 4 D.II.

[159] Ein Leitbildcharakter kommt nicht nur Gesetzen im formellen Sinne zu, sondern allen durch Auslegung, Analogie und Rechtsfortbildung hergeleiteten Rechtsfiguren, vgl. BGH NJW 1993, 721, 722; NJW 1987, 1931, 1932 f.; BGH NJW 1983, 1671, 1762; Palandt/*Heinrichs*[68] § 307 Rn. 26; Wolf/Horn/Lindacher/*Wolf*[5] § 307 Rn. 108.

[160] Zu dieser Sichtweise oben Kap. 4 II.2.d.bb.(2).

[161] Dort stößt der Ausschluss einzelner Nutzer an die Grenzen technischer Machbarkeit. Eine Sperrung über die verwendete IP-Adresse läuft meist leer, da diese i.d.R. providerseitig dynamisch vergeben wird. Etwas wirksamer ist die Sperrung eines frei gewählten Benutzernamens, die ihn zwar nicht an der Teilnahme unter einem anderen Namen hindert, jedoch zumindest bei Stammbenutzern einen Verlust der virtuellen Identität und der sozialen Integration zur Folge hat und damit einen gewissen Disziplinierungseffekt auslösen könnte, vgl. *Feldmann/Heidrich* CR 2006, 406, 407; *Kunz* S. 38 ff.

Gegenstände und Besitztümer wie wechselkursgebundenes Geld an einen konkreten Account gebunden und ohne einen Zugang faktisch verloren sind.

Auch aus Sicht einer solchen Steuerungswirkung besteht das Problem des Ausschlusses darin, ex ante zu bestimmen, wann überhaupt eine zum Ausschluss berechtigende Verletzung des Nutzungsvertrages und all seiner Verhaltenspflichten vorliegt. Insbesondere in MMORPGS, wo die Betreiber eine möglichst umfassende Kontrolle des virtuellen Raumes anstreben, finden sich sehr weitreichende und vage Ausschlussgründe, deren Vorliegen allein in das Ermessen der Betreiber gestellt und schwer vorhersehbar ist. Eindeutige Fälle mögen hier noch die Verletzung von Immaterialgüterrechten Dritter und die Nutzung von Programmen zur Umgehung des technisch implementierten Innenrechts, etwa eines technischen Kopierschutzes, sein[162]. Aber schon die Bewertung von verbotenen Handlungen wie bestimmten Äußerungen[163] kann sich schwierig gestalten.

Vor diesem Hintergrund wird zunächst dem Aspekt der Transparenz eine große Bedeutung beigemessen[164]. Probleme bereiten hier vor allem unverständliche, in kleinen Textboxen kaum lesbare, komplizierte oder durch Querverweise auf verschiedene Dokumente verstreute Vertragsklauseln[165]. In solchen Fällen kann eine Unwirksamkeit schon aus einem

---

[162] So geschah es im „Copybot-Zwischenfall" in Second Life, wo ein modifiziertes Backup-Programm massenhafte Vervielfältigungen virtueller Gegenstände ermöglichte und seine Verwendung sanktionsbewehrt verboten wurde, vgl. *Chin* 72 Brook. L. Rev. 1303, 1318 (2007); *Cordall* 18(2) Comps. & Law 25, 26 f. (2007); *Naylor/Jaworski* 18(8) Ent.L.R. 262 (2007).

[163] Vgl. *Jankowich* 8 Tul. J. Tech. & Intell. Prop. 1, 20, 28 ff. (2006), zu Nutzungsbedingungen, die eine öffentliche Diskussion über Entscheidungen und Sanktionen der Betreiber schlichtweg verbieten. Ein weiteres Beispiel für „virtuelle Äußerungsdelikte" zeigt die im Juli 2007 wegen angeblicher rassistischer Äußerungen und vermeintlichen Verstößen gegen die TOS von Second Life komplett gelöschte virtuelle Repräsentanz der Woodbury University (http://foo.secondlifeherald.com/slh/2007/07/woodbury-univer.html, Abruf am 1.9.2009).

[164] *Ladeur* MMR 2001, 787, 792.

[165] Vgl. die Beispiele bei *Jankowich* 8 Tul. J. Tech. & Intell. Prop. 1, 16 ff. (2006) mit einer vergleichenden Analyse einer Vielzahl von EULAs aus US-amerikanischer Sicht. Dass übermäßige Komplexität, schlechte Zugänglichkeit und unüberschaubare Änderungen in der heutigen Zeit bei Rechtsnormen generell zu finden seien, lässt diese Probleme entgegen *Rogers* 76 Geo. Wash. L. Rev. 405, 419 (2008) bei vertraglichen Nutzungsbedingungen kaum weniger bedenklich erscheinen. Auch die häufige Praxis, eine Pflicht zur regelmäßigen Überprüfung der Nutzungsbedingungen auf einseitige Änderungen durch die Nutzer selbst zu statuieren, kann nur dann angemessen sein, wenn Nutzer sich nicht ständig über Änderungen vergewissern und dabei ggf. auch Textversionen vergleichen müssen. Der Aufwand für den Betreiber, geänderte Bedingungen per Mail an jeden Nutzer mitzuteilen und die Änderungen dabei herauszustellen, ist bei weitem geringer als der Aufwand für jeden einzelnen Nutzer, sich einzelne Änderungen regelmäßig und ohne

Verstoß gegen das Transparenzgebot des § 307 I 2 BGB folgen. Im Hinblick auf ein Mindestmaß an prozeduralem Interessenausgleich zwischen Betreibern und Nutzern erscheint zudem eine angemessene Kündigungsfrist angezeigt[166]. Darüber hinaus kann sich beim materiellen Interessenausgleich je nach der von den obigen Faktoren geprägten „Stärke" der Rechtsposition der Nutzer auch das Erfordernis eines sachlichen Kündigungsgrundes ergeben[167]. Sofern hierbei eine etwaige Unentgeltlichkeit der Nutzung den Ausschlag zugunsten des Betreibers geben soll[168], ist dem entgegenzuhalten, dass sich auch die Nutzung selbst durch Wertschöpfung und Netzwerkeffekte als eine dem Betreiber selbst zugute kommende Investition sehen lässt, so dass von einer einseitigen Leistung an die Nutzer nicht die Rede sein kann. Überdies wird der Höhe des Entgelts für die Frage der Angemessenheit in der AGB-Kontrolle allgemein ein eher geringer Stellenwert beigemessen[169]. Soweit Ausschlüsse wegen kritischen Meinungsäußerungen erfolgen, ist für deren Wirksamkeit und die Auslegung zugrunde liegender Kündigungsklauseln zudem zu beachten, dass diese der mittelbaren Drittwirkung der Grundrechte und dabei insbesondere der Kommunikationsfreiheiten des Art. 5 GG unterliegen[170].

Anlass zu suchen. Nach *Jankowich* 8 Tul. J. Tech. & Intell. Prop. 1, 18, 56 (2006) sahen 40% der dort analysierten EULAs solche einseitige Änderungen ohne Information der Nutzer vor.

[166] *Beurskens* in: *Domej/Dörr/Hoffmann-Nowotny/Vasella/Zelger* S. 443, 467.

[167] *Beurskens* in: *Domej/Dörr/Hoffmann-Nowotny/Vasella/Zelger* S. 443, 467 (aber einschränkend bei unentgeltlicher Nutzung); Bedenken gegenüber voraussetzungslosen Kündigungen auch bei *Völzmann-Stickelbrock* FS Eisenhardt S. 327, 340 sowie aus Schweizer Perspektive bei *Bürge* sic! 2006, 802, 809. Ähnlich für das US-amerikanische Recht unter der sonst eher zurückhaltend angewandten „Doctrine of Unconscionability" auch *Balkin* 90 Va. L. Rev. 2043, 2071 f. (2004) bei wirtschaftlichen Interessen der Nutzer; *Meehan* 13 Rich. J. L. & Tech. 7 Tz. 34 (2006). Für weitgehende Enteignungs- und Kündigungsrechte demgegenüber *Geis/Geis* CR 2007, 721, 722 f. mit dem Argument, dass die investierenden Nutzer sich der Schwäche ihrer Rechtsposition bewusst sein müssten.

[168] In diese Richtung etwa *Beurskens* in: *Domej/Dörr/Hoffmann-Nowotny/Vasella/Zelger* S. 443, 467 sowie *Habel* MMR 2008, 71, 74, der den Betreibern bei Unentgeltlichkeit eine weitergehende Freiheit der Gestaltung der Nutzungsbedingungen zugesteht.

[169] Vgl. BGHZ 22, 90, 98; BGHZ 77, 126, 131; BGHZ 120, 216, 226; OLG München NJW-RR 1993, 736, 737. Dass eine unangemessene Klausel nicht durch einen Preisvorteil gerechtfertigt werden kann, wird u.a. damit begründet, dass ein angemessener Preis kaum quantifizierbar sei und die dem konkreten Kunden im Einzelfall drohenden Nachteile außer Verhältnis zu etwaigen Preisvorteilen stehen, MüKo BGB/*Kieninger*[5] § 307 Rn. 42; Palandt/*Heinrichs*[68] § 307 Rn. 14.

[170] *Ladeur* MMR 2001, 787, 791 f.; *Mayer* NJW 1996, 1782, 1788; für die Beachtung der Drittwirkung der Grundrechte bei der AGB-Kontrolle Wolf/Horn/Lindacher/*Wolf*[5] § 307 Rn. 176. Allgemein zur Einstrahlungswirkung der Grundrechte in die Generalklauseln des Privatrechts BGH NJW 2008, 2110, 2111 – *Gen-Milch* zur Berück-

Konkrete Einschränkungen des Rechtes zum Ausschluss der Nutzer sind wegen der zu wahrenden Interessenbalance nur dann hinnehmbar, wenn auf Seiten der Nutzer ein erhöhtes, schützenswertes Vertrauen in den Bestand ihrer virtuellen Besitztümer geweckt wurde. Hier kann sich eine öffentliche Bewerbung einer vermeintlich „starken" Rechtsposition wie „ownership in virtual land" oder dergleichen als Beurteilungsfaktor zulasten der Betreiber auswirken[171], vor allem bei darauf folgenden erheblichen Investitionen der Nutzer[172]. Noch weitergehende Einschränkungen werden im Falle eines entgeltlichen Erwerbs direkt vom Betreiber angenommen. Die konkrete wirtschaftliche Verwendungsmöglichkeit des Gegenstandes kann dabei zum Bestandteil des Vertrages werden und so in diesem konkreten Nutzer-Betreiber-Verhältnis, die allgemeinen Nutzungsbedingungen gleichsam überlagernd, die Anforderungen an eine wirksame Kündigung erhöhen[173].

c. Betreiberseitige Eingriffe in das virtuelle Wirtschaftssystem

Neben der Beeinträchtigung virtueller Gegenstände durch Löschung oder Wegfall des Zuganges wird auch ihre bloße Entwertung durch Eingriffe des Betreibers in das virtuelle Wirtschaftssystem diskutiert. Während aus Betreiberperspektive jegliche Einschränkung der technischen Gestaltungs-

---

sichtigung der Meinungsfreiheit des Art. 5 I 1 GG bei einem Eingriff in das Recht am eingerichteten und ausgeübten Gewerbebetrieb gem. § 823 I BGB; BGH GRUR 2005, 583, 584 f. – *Lila Postkarte* zur Abwägung zwischen Kunstfreiheit i.S.d. Art. 5 III 1 GG und Eigentum i.S.d. Art. 14 I GG im Wege praktischer Konkordanz bei einer Markenrechtsverletzung; BVerfG GRUR 2001, 149, 151 f. – *Germania 3* für eine eben solche Abwägung im Urheberrecht bei der Reichweite des § 51 Nr. 2 UrhG als Schrankenbestimmung für Zitate.

[171] Auf den Widerspruch zwischen solchen geweckten Erwartungen und Nutzungsbedingungen, die sich dennoch die „Inhaberschaft am Account" sowie weitreichende Rechte zu Ausschluss und Löschung vorbehalten, verweisen aus US-amerikanischer Sicht auch *Blazer* 5 Pierce L. Rev. 137, 150 (2006); *Deenihan* S. 19; *Dougherty* 9(7) E.C.L. & P. 6 (2007); *Horowitz* 20 Harv. J. L. & Tech. 443, 449 (2007); *Hunt* 9 Tex. Rev. Ent. & Sports L. 141, 151, 153 f. (2007); *Meehan* 13 Rich. J. L. & Tech. 7 Tz. 26, 31 f. (2006); *Naylor/Jaworski* 18(8) Ent. L.R. 262 (2007). Eklatantes Beispiel hierfür ist Second Life, wo die Gewährung von Eigentum sich auf geistiges Eigentum beschränkt, was nach allen dem Droit d'Auteur-Prinzip folgenden Urheberrechtsordnungen ohnehin zwingend der Fall ist.

[172] So aus US-amerikanischer Sicht *Glushko* 22 Berkeley Tech. L. J. 507, 528, 530 f. (2007); in diese Richtung auch *Belcher* 7(1) E.C. L. & P. 7, 8 (2005); *Westbrook* [2006] Mich. St. L. Rev. 779, 804.

[173] Vgl. aus US-amerikanischer Sicht *Meehan* 13 Rich. J. L. & Tech. 7 Tz. 28, 31 (2006), die davon ausgehen, dass ein individueller Kaufvertrag zwischen Nutzer und Betreiber über die Nutzung eines virtuellen Gegenstandes auch das Recht zu dessen Nutzung im Rahmen der virtuellen Umgebung beinhaltet und dabei EULA-Klauseln außer Kraft setzen kann, welche die unbeschränkte Kündigung des Accounts vorsehen.

freiheit vehement mit dem Verweis auf die Erforderlichkeit technischer Anpassungen abgelehnt wird[174], wollen andere gerade die Erforderlichkeit solcher entwertender Eingriffe als Kriterium heranziehen, für das den Betreibern allerdings ein weites Ermessen gewährt wird[175]. Auch ist eine qualitative Abgrenzung zwischen einer bloß systembedingten Wertminderung bei steuernden Eingriffen in das virtuelle Wirtschaftssystem und solchen Eingriffen denkbar, die virtuelle Gegenstände gezielt in einer Weise entwerten, die einer Zerstörung oder Löschung nahekommt[176].

Entsprechend der oben dargestellten Unterscheidung zwischen dem die Substanz (gegen Einwirkungen und Entzug) schützenden virtuellen Eigentum und den bloßen Marktwert (gegen Kopien) schützenden Immaterialgüterrechten, muss auch im Bereich des mit der vertikalen Reichweite virtuellen Eigentums korrespondierenden Vertragsrechts der Grundsatz gelten, dass eine rein wirtschaftliche Entwertung – nicht anders als in der realen Wirtschaftswelt – das Risiko der Nutzer ist[177]. Weder das virtuelle Eigentum[178] noch der Nutzungsvertrag bieten hiergegen eine Handhabe. Gezielte Eingriffe erfolgen ohnehin meist nur dort, wo es ein bestimmtes wirtschaftliches Gleichgewicht zwischen der Produktion und dem Verbrauch virtueller Gegenstände zu bewahren gilt – wie zuvorderst im Rahmen eines bestimmten Spielgeschehens bei MMORPGs. Denn nur bei betreibererstellten virtuellen Gegenständen hat er es selbst in der Hand, durch Angebotssteigerungen oder Substitute eine Wertminderung herbeizuführen[179]. Dort sind diese Eingriffe aber meist auch notwendig, um die wirtschaftliche Spielbalance zu steuern[180]. Bei virtuellen Welten als Plattform für nutzergenerierte Inhalte und Handel besteht für solche Eingriffe hingegen kaum Anlass. Eine Ausnahme – als Parallele zum o.g. Fall der Enteignung – kann jedoch wiederum dann greifen, wenn Nutzer hochpreisige virtuelle Güter direkt vom Betreiber erwerben, z.B. ein Stück (freilich bewusst verknapptes) virtuelles Land in attraktiver Lage, und dieser danach unmittelbar konkurrierende Substitute an Dritte veräußert.

---

[174] So insbesondere *Bartle* 49 N.Y. L. Sch. L. Rev. 19, 37 (2004).

[175] Vgl. *Lober/Weber* CR 2006, 837, 840; aus US-amerikanischer Sicht *Hunt* 9 Tex. Rev. Ent. & Sports L. 141, 161 (2007) mit Verweis auf die Notwendigkeit eines „legitimate design goal"; *Meehan* 13 Rich. J. L. & Tech. 7 Tz. 24, 34, 53, 57 ff.

[176] Vgl. *Meehan* 13 Rich. J. L. & Tech. 7 Tz. 65-68 (2006).

[177] Auf den spekulativen Charakter hinweisend *Fairfield* 85 B.U. L. Rev. 1047, 1098 (2005).

[178] Dazu oben Kap. 4 F.II.3.c.bb.

[179] Bei nutzererstellten Gegenständen ist das zwar technisch auch möglich, scheitert jedoch an den Urheberrechten der Nutzer, die insoweit dem Betreiber das Recht zur massenhaften Vervielfältigung nicht eingeräumt haben werden, vgl. sogleich Kap. 7 F.

[180] Vgl. *Meehan* 13 Rich. J. L. & Tech. 7 Tz. 58 (2006).

d. Einstellen des Betriebes

Dass eine virtuelle Welt irgendwann den Betrieb einstellen kann und die in ihrer Existenz kontextabhängigen virtuellen Gegenstände unbenutzbar werden können, ist ein von den Nutzern eingegangenes Risiko. So ist regelmäßig in den Nutzungsveträgen festgelegt[181] und wird fast einhellig angenommen, dass die Einstellung des Betriebes eine originäre wirtschaftliche Entscheidung des Betreibers ist und ihn keine Pflicht trifft, das virtuelle Eigentum der Nutzer darüber hinaus verfügbar zu halten[182]. Wie oben bereits dargestellt, fällt dies schon nicht einmal mehr in den Schutzbereich virtuellen Eigentums[183].

Der Grund für die Zuweisung dieser Entscheidungsbefugnis an den Betreiber liegt nicht nur darin, dass die Fortführung der Tätigkeit zu seinen ureigensten wirtschaftlichen Grundentscheidungen zählt. Auch kann nur er selbst die wirtschaftlichen Aussichten einer Fortführung am ehesten beurteilen; sind diese erfolgversprechend, wird er den Betrieb von sich aus kaum einstellen[184]. Soweit die Kosten der Fortführung die Einnahmen übersteigen, käme auf die Nutzer dafür ohnehin ein höheres Entgelt zu, wozu sie jedenfalls theoretisch bis zu dem Maße zahlungsbereit sein müssten, wie sie aus dem sonst vernichteten virtuellen Eigentum Nutzen ziehen. Demgegenüber eine generelle Fortführungspflicht anzunehmen, würde die Betriebskosten schon vorab erheblich erhöhen, weil der Betreiber das Risiko auf die Nutzer abwälzen wird, die so gleichsam eine „Versicherung“ gegen das Abschalten mit tragen müssten[185]. Dieses Problem würde sich freilich entschärfen, sobald kompatible Systemarchitekturen einen Export virtueller Gegenstände in andere virtuelle Welten ermöglichen[186].

---

[181] Nach *Jankowich* 8 Tul. J. Tech. & Intell. Prop. 1, 48 (2006) sehen 42% der EULAs ausdrücklich das Recht vor, den Betrieb einzustellen. Für die restlichen 58% geht *Jankowich* davon aus, dass die Betreiber selbstverständlich davon ausgehen, dies auch ohne ausdrückliche vertragliche Vereinbarung zu dürfen.

[182] So aus deutscher Sicht *Koch* JurPC Web-Dok. 57/2006 Rn. 47. ebenso im US-amerikanisches Schrifttum *Bartle* Pitfalls of Virtual Property S. 13; *Meehan* 13 Rich. J. L. & Tech. 7, Tz. 70 ff. (2006); zurückhaltender *Balkin* 90 Va. L. Rev. 2043, 2071 (2004): „[T]he more value is destroyed, the less likely the law will stand for it.“

[183] Kap. 4 F.II.3.c.bb.

[184] Hierauf verweist auch *Meehan* 13 Rich. J. L. & Tech. 7 Tz. 71 (2006).

[185] *Meehan* 13 Rich. J. L. & Tech. 7 Tz. 72 f. (2006).

[186] *Balkin* 90 Va. L. Rev. 2043, 2071 (2004).

F. Die Einräumung urheberrechtlicher Nutzungsrechte an die Betreiber bei nutzererstellten Gegenständen

Wenn die Nutzer virtueller Welten in den Nutzungsverträgen weitgehende Rechte an selbst geschaffenen urheberrechtlich schutzfähigen Inhalten an die Betreiber übertragen müssen (I.), tut sich – auch über den Kontext virtueller Welten hinaus – die Frage nach der Wirksamkeit solch umfassender Rechteeinräumungen auf, die das Maß des für den normalen Betrieb Erforderlichen weit überschreiten (II., III.). Auch hierbei wird zunächst die Anwendbarkeit deutschen Rechtes unterstellt, bevor erneut Aspekte des Kollisionsrechts aufgeworfen werden (IV.).

I. Problemstellung: Reichweite der Rechteeinräumung

Die Nutzungsbedingungen virtueller Welten sehen regelmäßig vor, dass der Betreiber die Rechte an etwaigen nutzergenerierten Inhalten erhält[187]. Dass diese Rechte bei den Nutzern verbleiben, ist demgegenüber noch relativ selten[188]. Nach einer empirischen Untersuchung der Nutzungsbedingung einer Vielzahl von MMORPGs und virtuellen Welten aus dem Jahre 2006 „erklärten“ 33% sämtliche Inhalte zu denen der Betreiber[189]; 56% sahen entweder eine Abtretung vor oder, wo diese wegen des urheberrechtlichen Schöpferprinzips monistischer Prägung nicht möglich ist, eine umfassende, d.h. regelmäßig weltweite, unentgeltliche, unwiderrufliche, inhaltlich und zeitlich unbeschränkte Einräumung aller Rechte an nutzererstellten Inhalten an die Betreiber[190]. Je nach Vertragsgestaltung können

---

[187] *Dougherty/Lastowka* 9(5) E.C.L. & P. 3, 4 (2007); *Fairfield* 85 B.U. L. Rev. 1047, 1082 ff. (2005).

[188] So etwa bei Second Life die TOS Ziff. 3.2, die den Nutzern die Rechte an den von ihnen erstellten Inhalten lassen, zugleich aber eine für das Maß des technischen Betriebes erforderliche Einräumung insbesondere von Rechten zur Vervielfältigung und öffentlichen Zugänglichmachung zugunsten des Betreibers und anderer Nutzer vorsehen; vgl. dazu auch *Balkin* 90 Va. L. Rev. 2043, 2064 f. (2004).

[189] *Jankowich* 8 Tul. J. Tech. & Intell. Prop. 1, 37 (2006). Hierbei wurde nicht nach solchen virtuellen Welten differenziert, in denen nutzergenerierte Inhalte gerade beabsichtigt sind, oder – wie bei MMORPGs – eher nebenbei anfallen können.

[190] Vgl. *Jankowich* 8 Tul. J. Tech. & Intell. Prop. 1, 38 (2006); *Lim* 1(7) J.I.P.L.P. 481, 484 f. (2006). Angesichts der Vielfalt vertraglicher Gestaltungsmöglichkeiten seien hier nur einige repräsentative Einzelfälle angeführt: Entropia Universe EULA Ziff. 7 Abs. 5: „You hereby grant MindArk the worldwide, perpetual, irrevocable, royalty-free, right to exercise all intellectual property rights for any content you may upload to the Entropia universe, including, but not limited to, user-to-user communications.“ (http://www.entropiauniverse.com/pe/en/rich/107004.html, Abruf 1.9.2009). Electronic Arts TOS Ziff. 6: „[W]hen you contribute Content to an EA Service, you expressly grant to EA a non-exclusive, perpetual, worldwide, complete and irrevocable right to quote, repost, use, reproduce, modify, create derivative works from, syndicate, license, print,

solche Rechte im Einzelfall als unentgeltliche, den Nutzungsvertrag überdauernde Bearbeitungs-, Übersetzungs-, Vorführungs-, Aufführungs- oder Senderechte in allen zukünftigen Nutzungsarten über das für den technischen Betrieb notwendige Maß[191] erheblich hinausgehen.

Dass sich Plattformbetreiber weitreichende Rechte an nutzererstellten Inhalten einräumen lassen, lässt sich nicht nur in virtuellen Welten beobachten, sondern bei einer Vielzahl von Plattformen, die ihr Geschäftsmodell unter dem Schlagwort „Web 2.0“ auf solchen Inhalten aufbauen. So finden sich umfangreiche Rechteeinräumungen auch bei Fotoplattformen[192], Videoplattformen[193] oder sozialen Netzwerken[194]. Bei manchen

---

sublicense, distribute, transmit, broadcast, and otherwise communicate, and publicly display and perform the Content, or any portion thereof, in any manner or form and in any medium or forum, whether now known or hereafter devised, without notice, payment or attribution of any kind to you or any third party. You grant EA all licenses, consents and clearances to enable EA to use such Content for such purposes. You waive, and agree not to assert any moral or similar rights you may have in such Content.“ (http://www.ea.com/global/legal/tos.jsp, Abruf am 1.9.2009). Lineage EULA § 6 (c): „[B]y submitting your Content to any area on the Service, you automatically grant (or you warrant that the owner of such Content has expressly granted) to NC Interactive the royalty-free, perpetual, irrevocable, non-exclusive right and license to use, reproduce, modify, adapt, publish, translate, create derivative works from, distribute, perform and display such Content worldwide and/or to incorporate it in other works in any form, media, or technology now known or later developed.“ (http://www.plaync.com/us/help/eula_lineage.html, Abruf am 1.9.2009). Ausdifferenzierter ist die Rechteeinräumung bei Second Life, das den Nutzern (für Copyright-Rechtsordnungen) ihre Urheberrechte belässt, und einfache Nutzungsrechte nur in dem Umfang an den Betreiber und andere Nutzer einräumt, wie sie für normalen Betrieb, Marketing und technische Wartungszwecke nötig sind (vgl. Second Life TOS 3.2; http://secondlife.com/corporate/tos.php, Abruf am 15.12.08).

[191] Insoweit muss eine Rechteeinräumung in jedem Fall erfolgen, vgl. Kap. 6 B. I. 4. Wegen der technischen Notwendigkeit ist die generelle Wertung, die Urheberrechte der Nutzer seien „ausgehöhlt“ (so *Geis/Geis* CR 2007, 721, 723), so allgemein nicht gerechtfertigt.

[192] So die Yahoo FlickR AGB Ziff. 9 c: „In Bezug auf alle anderen Inhalte, die Sie zur Veröffentlichung in einem öffentlich zugänglichen Bereich des Dienstes übergeben, gewähren Sie Yahoo! damit das gebührenfreie, unbefristete, unwiderrufliche und nicht ausschließliche Recht, einschließlich des Rechts zur Gewährung von Unterlizenzen, diese Inhalte (ganz oder teilweise) weltweit zu nutzen, zu vervielfältigen, zu modifizieren, *anzupassen, zu veröffentlichen, zu übersetzen, zu bearbeiten, zu verbreiten, aufzuführen*, darzustellen und/oder den betreffenden Inhalt während der gesamten Dauer der Rechte, die an dem Inhalt bestehen, in andere Werke, Medien oder Technologien, gleichgültig ob sie gegenwärtig bekannt sind oder erst noch entwickelt werden, in welcher Form auch immer, zu übernehmen.“ (http://www.flickr.com/terms.gne, Abruf am 1.9.2009; Herv. d. Verf.). Für Grafiken erlischt dieses Recht immerhin, sobald diese durch Nutzer wieder entfernt werden, Ziff. 9 b.

[193] Vgl. YouTube AGB Ziff. 10.1: „Indem Sie Nutzerübermittlungen bei YouTube hochladen oder posten, räumen Sie (1.) YouTube eine weltweite, nicht-exklusive und

bekannten Online-Büroanwendungsprogrammen[195] oder Bildbearbeitungen[196] waren – je nach Vertragsauslegung – gar Nutzungsrechte am Inhalt

---

gebührenfreie Lizenz ein (mit dem Recht der Unterlizenzierung) bezüglich der Nutzung, der Reproduktion, dem Vertrieb, der Herstellung derivativer Werke, der Ausstellung und der Aufführung der Nutzerübermittlung im Zusammenhang mit dem Zur-Verfügung-Stellen der Dienste und *anderweitig im Zusammenhang mit* dem Zur-Verfügung-Stellen der Webseite und *YouTubes Geschäften*, einschließlich, aber ohne Beschränkung auf Werbung für und den Weitervertrieb der ganzen oder von Teilen der Webseite (und auf ihr basierender derivativer Werke) in gleich welchem Medienformat und gleich über welche Verbreitungswege." (http://de.youtube.com/t/terms, Abruf am 1.9.2009; Herv. d. Verf.) Allerdings sind die Rechte auch hier neuerdings zeitlich begrenzt.

[194] Vgl. die Facebook TOS aus dem Jahr 2008: „When you post User Content to the Site, you authorize and direct us to make such copies thereof as we deem necessary in order to facilitate the posting and storage of the User Content on the Site. By posting User Content to any part of the Site, you automatically grant, and you represent and warrant that you have the right to grant, to the Company an irrevocable, perpetual, non-exclusive, transferable, fully paid, worldwide license (with the right to sublicense) to use, copy, *publicly perform,* publicly display, reformat, *translate, excerpt (in whole or in part)* and distribute such User Content *for any purpose*, commercial, advertising, or otherwise, on or in connection with the Site or the promotion thereof, to prepare derivative works of, or incorporate into other works, such User Content, and to grant and authorize sublicenses of the foregoing. [...] If you choose to remove your User Content, the license granted above will automatically expire, however you acknowledge that the Company may *retain archived copies* of your User Content." (http://www.facebook.com/home.php#/terms.php?ref=pf, Abruf am 15.12.2008; Herv. d. Verf.).

[195] Vgl. die alten Google Apps TOS aus dem Jahr 2006: „Durch Übermittlung, Einstellung oder Darstellung der Inhalte gewähren Sie Google eine dauerhafte, unwiderrufliche, weltweite, kostenlose und nicht exklusive Lizenz zur Reproduktion, Anpassung, Modifikation, *Übersetzung, Veröffentlichung, öffentlichen Wiedergabe* oder öffentlichen Zugänglichmachung und Verbreitung der von Ihnen in oder durch die Services übermittelten, eingestellten oder dargestellten Inhalte." (Ziff. 11.1., Herv. d. Verf.) Ferner wurde zugestimmt, „...entsprechende Inhalte *anderen Gesellschaften*, Organisationen oder Personen, mit denen Google vertragliche Beziehungen über die gemeinsame Erbringung von Diensten unterhält, zugänglich zu machen und die Inhalte im Zusammenhang mit der Erbringung entsprechender Dienste zu nutzen." (Ziff. 11.2.) „Im Falle eine Beendigung dieser Vertragsbedingungen, überdauern sämtliche Rechte, Pflichten und Verpflichtungen" (Ziff. 13.5). Selbst die Einschränkung, „...diese Lizenz dien[e] ausschließlich dem Zweck, Google in die Lage zu versetzen, die Services darzustellen, zu verbreiten und zu bewerben..." relativiert die Rechte jedenfalls nicht ohne Rückgriff auf urheberrechtliche Auslegungsregeln wie § 31 V UrhG, dazu sogleich.

[196] So die alten Adobe Photoshop AGB Ziff. 8.1.: „[W]ith respect to Your Content that you submit or make available for inclusion on publicly accessible areas of the Services, you grant Adobe a worldwide, royalty-free, nonexclusive, *perpetual, irrevocable*, and fully sublicensable license to use, distribute, *derive revenue* or other remuneration from, reproduce, modify, adapt, *publish, translate, publicly perform* and publicly display such Content (in whole or in part) and to incorporate such Content into other Materials or works in any format or medium now known or later developed." Mittlerweile sieht die neue Fassung der eingeschränkteren Adobe Photoshop.com Additional Terms of Use,

der erstellten Dokumente betroffen, was teilweise nach massiven Protesten der Nutzer mittlerweile geändert wurde.

II. Rechtliche Würdigung

Sofern Nutzungsbedingungen bestimmen, dass der Betreiber als Urheber der Inhalte anzusehen ist, und die Entstehung von Urheberrechten in der Person eines Nutzers ausschließen oder ihre gänzliche Übertragung anordnen, sind diese nach deutschem Recht wegen eines Verstoßes gegen das Schöpferprinzip (§ 7 UrhG) bzw. gegen die aus der monistischen Einheit von Persönlichkeits- und Verwertungsrechten[197] folgende Unübertragbarkeit i.S.d. § 29 UrhG unwirksam[198]. Sofern sich solche Klauseln noch gem. §§ 133, 157 BGB als Einräumung von Nutzungsrechten auslegen lassen, gem. § 140 BGB in eine solche umdeutbar sind[199] oder für den Fall der Unübertragbarkeit selbst schon vorsehen, dass dem Betreiber lediglich sämtliche Nutzungsrechte eingeräumt werden[200], stellt sich in allen drei Fällen die Frage nach dem zulässigen Umfang einer weitgehenden Rechteeinräumung.

Wie oben bereits gezeigt[201], ist ein Großteil der vertraglich eingeräumten Rechte schon für den Betrieb von Internetplattformen mit nutzergenerierten Inhalten erforderlich, wenn dabei Verwertungshandlungen wie Vervielfältigungen (§ 16 UrhG) und eine öffentliche Zugänglichmachung der Inhalte bei der Übermittlung an eine Vielzahl von Nutzern (§ 19a

---

insb. Ziff. 9a, vor: [Y]ou grant Adobe a worldwide [...], royalty-free [...], nonexclusive [...] fully sublicensable (so that we can permit our affiliates, subcontractors and agents to deliver the Service on our behalf) license to use, reproduce and modify Your Content solely for the purposes of operating the Service and enabling your use of the Service. With respect to Your Shared Content, you additionally grant Adobe the rights to distribute, publicly perform and publicly display Your Shared Content (in whole or in part) for the sole purposes of operating the Service and enabling your use of the Service and to sublicense Your Shared Content to Other Users subject to the limitations of Section 10 below. Operating the Service includes featuring and promoting those portions of Your Shared Content that you make publicly available solely within the Service. [...] Further, you may terminate Adobe's right to distribute, publicly perform and publicly display Your Shared Content by making it no longer shared. You may terminate the remainder of Adobe's rights by removing Your Content from the Service. [...] However, you acknowledge and agree that Adobe shall have the right to keep archived copies of Your Content." (https://www.photoshop.com/misc/terms.html, Abruf am 1.9.2009)

[197] Dreier/Schulze/*Schulze*³ § 11 Rn. 2; Schricker/*Schricker*³ § 11 Rn. 2; Wandtke/Bullinger/*Bullinger*³ § 11 Rn. 1.

[198] *Klickermann* MMR 2007, 766, 767; *Rippert/Weimer* ZUM 2007, 272, 277.

[199] Dafür *Rippert/Weimer* ZUM 2007, 272, 277.

[200] Vgl. hierzu wiederum die Darstellung bei *Jankowich* 8 Tul. J. Tech. & Intell. Prop. 1, 38 (2006) sowie *Lim* 1(7) J.I.P.L.P. 481, 484 f. (2006).

[201] Dazu Kap. 6 B.I.4.

UrhG) erfolgen, da anderenfalls Nutzer mit ihrer Rechtspositionen leicht den ordnungsgemäßen Betrieb behindern könnten[202]. Soweit diese Rechteeinräumungen jedoch über das Maß hinausgehen, welches für den ordnungsgemäßen und normalen Betrieb der virtuellen Welt erforderlich ist, bestehen diese Gefahren nicht. Die Frage, *welche* Rechte für den normalen technischen und wirtschaftlichen Betrieb konkret nötig sind, wurde oben bereits allgemein dargestellt[203] und ist in erheblichem Maße durch die jeweilige Ausgestaltung einzelfallgeprägt. Die in diesem Abschnitt zentrale Fragestellung zielt statt auf eine Einzelfallanalyse vielmehr darauf, *wie* die Balance zwischen einer notwendigen, dem Vertragszweck entsprechenden Rechteeinräumung und einem unentgeltlichen „Ausverkauf" der Nutzungsrechte vertragsrechtlich erzielt werden kann, wenn eine Korrektur erforderlich wird.

III. Ansätze zur Korrektur

Wenn das Recht in die geschlossenen Nutzungsverträge korrigierend eingreifen muss, kommen als dogmatisches Mittel hier zuvorderst die in § 31 V UrhG niedergelegte Zweckübertragungslehre (2.) sowie wiederum eine AGB-Kontrolle der Nutzungsbedingungen i.S.d. §§ 307 ff. BGB in Betracht (3.). Extremere Korrekturen wie über eine Annahme der Sittenwidrigkeit i.S.d. § 138 BGB werden demgegenüber eine seltene Ausnahme sein (1.). Freilich ließe sich argumentieren, dass informierte Nutzer kaum eine virtuelle Welt erschließen werden, die ihnen von vornherein die Rechte an ihren geschaffenen Inhalten entzieht[204]. Wie oben bereits ausführlicher gezeigt, sind es jedoch gerade die unterschätzten Faktoren des Marktversagens, welche einer solchen Lösung über den Systemwettbewerb entgegenstehen[205].

1. § 138 BGB

Der Vorwurf der Sittenwidrigkeit i.S.d. § 138 BGB mit der Folge der Nichtigkeit ist einem Geschäft zu machen, das unter Gesamtwürdigung aller objektiven und subjektiven Umstände nach Inhalt, Beweggrund und Zweck in seinem Gesamtcharakter mit den guten Sitten nicht mehr zu

---

[202] *Balkin* 90 Va. L. Rev. 2043, 2065 (2004).

[203] Kap. 6 B.I.4.

[204] *Dooley/Karaoulou* 16(6) Comps. & Law 20, 22 (2006) weisen in diesem Zusammenhang auf die Markttransparenz durch Vernetzung und Kommunikation hin, die diesen Regulierungswettbewerb verstärke.

[205] Vgl. Kap. 4 F.II.2.d.dd. Dass sich – wie bei den oben beschriebenen Adobe Photoshop AGB – ein massiver Nutzerprotest formt, dürfte eher die Ausnahme bei bekannten Anbietern und einer klar als benachteiligend erkennbaren Regelung sein.

vereinbaren ist[206]. Allerdings werden diese sehr hohe Hürde meist nur wucherähnliche Geschäfte mit einem auffälligen Missverhältnis von Leistung und Gegenleistung[207] oder solche mit Knebelungscharakter nehmen, welche die wirtschaftliche Selbstbestimmung einer Vertragspartei unzumutbar einschränken[208]. Die Rechtsprechung ist mit der Annahme der Sittenwidrigkeit hier sehr zurückhaltend.

2. *Zweckübertragungslehre*

Eine erheblich bedeutendere Kontrolle urheberrechtlicher Rechteeinräumungen bildet die in § 31 V UrhG kodifizierte – oben bereits angesprochene – Zweckübertragungslehre. Als Ausprägung des allgemeinen und nun in § 11 S. 2 UrhG niedergelegten Grundsatzes, dass der Urheber auf der Vergütungsseite möglichst weitgehend an den Erträgen der Verwertung beteiligt werden soll[209] und – spiegelbildlich auf der Rechteseite – dass das Urheberrecht die generelle Tendenz hat, in möglichst weitem Umfang

---

[206] Vgl. speziell für das Urhebervertragsrecht Dreier/Schulze/*Schulze*[3] vor § 31 Rn. 9; Fromm/Nordemann/*J. Nordemann*[10] vor § 31 Rn. 51; Wandtke/Bullinger/*Wandtke/Grunert*[3] vor §§ 31 ff. Rn. 120.

[207] Vgl. BGH GRUR 1962, 256, 257 – *Im weißen Rößl*, BGH GRUR 1989, 198, 201 – *Künstlerverträge*; beide i.E. verneint. Wegen der Korrekturmöglichkeiten auf der Vergütungsseite durch § 32 UrhG wird diese Fallgruppe für praktisch kaum noch einschlägig gehalten, vgl. Fromm/Nordemann/*J. Nordemann*[10] vor § 31 Rn. 54.

[208] Sittenwidrigkeit ist meist auf Extremfälle beschränkt, so etwa OLG Karlsruhe ZUM 2003, 785 – *Xavier Naidoo* für erhebliche Beschränkung in der wirtschaftlichen und künstlerischen Schaffensfreiheit durch enge inhaltliche Vorgaben, eine geringe Vergütung und die Möglichkeit zur beliebigen einseitigen Vertragsverlängerung; bestätigt durch BVerfG GRUR 2005, 880; vgl. in diesem Fall sodann OLG Karlsruhe ZUM-RD 2007, 76 zu den Folgen für die nicht erfolgte Einräumung der Nutzungsrechte; ferner LG Berlin GRUR 1983, 438, 439 – *Joseph Roth* für einen Vertrag aus dem Jahr 1939 über die uneingeschränkte „Übertragung" des Urheberrechts unter Einschluss aller Nutzungsrechte, etwaiger Vergütungsansprüche, urheberpersönlichkeitsrechtlicher Befugnisse und unter Ausschluss des Urhebers und seiner Erben, der den Autor „urheberrechtlich für immer entmündigt"; wohl geringere Anforderungen in der älteren Entscheidung BGH GRUR 1957, 387, 389 – *Clemens Laar* für eine Optionsklausel mit umfassender Andienpflicht ohne angemessene Gegenleistung. Abseits solcher Extremfälle wurde die Sittenwidrigkeit meist verneint, so z.B. BGH GRUR 1962, 256, 257 – *Im weißen Rößl* für eine uneingeschränkte Übertragung von Bühnenaufführungsrechten gegen ein geringes Pauschalentgelt; OLG Celle NJW 1987, 1423, 1424 – *Arno Schmidt* für eine Übertragung sämtlicher Verlagsrechte an Werken eines damals noch wenig bekannten Autors für die Dauer des gesetzlichen Urheberrechts unter Vorauszahlungen und auflagengebundener Vergütung.

[209] Vgl. BGH GRUR 2005, 148 – *Oceano Mare*; BGH GRUR 2000, 144, 145 – *Comic-Übersetzungen II*; BGH GRUR 1998, 680, 682 – *Comic-Übersetzungen I*; Schricker/*Schricker*[3] § 31 Rn. 32.

beim Urheber zu verbleiben[210], beschränkt sie eine vertragliche Rechteeinräumung auf den Umfang, den der mit dem Vertrag verfolgte Zweck unbedingt erfordert[211]. Wegen ihrer Rechtsnatur als teleologischer Auslegungsregel[212] greift sie zuvorderst in den Fällen, in denen überhaupt Raum für eine Auslegung bleibt. Das sind Verträge, in denen über die Einräumung von Nutzungsrechten keine ausdrückliche Vereinbarung getroffen wurde oder die Rechte nicht klar, sondern durch pauschale, seien es auch umfassende Formulierungen bezeichnet wurden[213]. Sofern sich demnach die Betreiber virtueller Welten umfassende Nutzungsrechte durch pauschale Formulierungen wie etwa „Einräumung aller Rechte des geistigem Eigentums an allen Inhalten" einräumen lassen, unterliegen diese unmittelbar einer Kontrolle nach § 31 V UrhG.

Der von beiden Parteien des Nutzungsvertrages verfolgte Vertragszweck ist dabei zuvorderst die technische und wirtschaftliche Funktionsfähigkeit einer virtuellen Welt und die Einräumung der dafür erforderlichen Nutzungsrechte. Dass die Zweckübertragungslehre hier auch zugunsten der Betreiber wirken kann, sofern auslegungsfähige oder pauschale Rechteeinräumungen hinter den technisch nötigen Rechten zurückbleiben sollten, wurde oben bereits dargestellt[214]. Dies erfordern schon das allseitige wirtschaftliche Interesse an einem ordnungsgemäßen Betrieb und der insoweit fehlende Interessengegensatz zwischen den Parteien des Nutzungsvertrages. Welche Rechte darüber hinaus der Funktionsfähigkeit einer virtuellen Welt dienen, ist von den jeweiligen Inhalten abhängig und kann hier nur umrissen werden. In technischer Hinsicht können Sicherheitskopien bei Dritten eine Untereinräumung des Vervielfältigungsrechts erfordern; in wirtschaftlicher Hinsicht mag die Bewerbung der virtuellen Welt auch durch Bilder ihrer Inhalte erforderlich sein, um die Zahl der

---

[210] BGH GRUR 2002, 248, 251 – *Spiegel-CD-ROM*; BGH GRUR 1979, 637, 638 – *White Christmas*; Dreier/Schulze/*Schulze*[3] § 31 Rn. 110; Schricker/*Schricker*[3] vor §§ 28 ff. Rn. 65. Dies vor dem Hintergrund der 2002 neugefassten §§ 32, 32a UrhG auf der Vergütungsseite relativierend *von Becker* ZUM 2005, 303, 307.

[211] St. Rspr., vgl. nur BGH GRUR 2003, 234, 236 – *EROC III*; BGH GRUR 2002, 248, 251 – *Spiegel-CD-ROM*; BGH GRUR 1998, 680, 682 – *Comic-Übersetzungen*; KG GRUR 2002, 252, 255 – *Mantellieferung*; OLG Hamburg GRUR 2002, 536 – *Flachmembranlautsprecher*; Dreier/Schulze/*Schulze*[3] § 31 Rn. 110; Fromm/Nordemann/*J. Nordemann*[10] § 31 Rn. 109; *Schack*[4] Rn. 547; Schricker/*Schricker*[3] § 31 Rn. 31; zu historischen Aspekten vgl. *Haupt* ZUM 1999, 898, 899.

[212] BGH GRUR 1998, 680, 682 – *Comic-Übersetzungen;* LG Berlin K&R 2007, 588, 591 – *Honorarbedingungen Journalisten*; Dreier/*Schulze*[3] § 31 Rn. 114; Fromm/ Nordemann/*J. Nordemann*[10] § 31 Rn. 109; *Schack*[4] Rn. 547; *Schricker* VerlagsR[3] § 8 Rn. 5a; Wandtke/Bullinger/*Wandtke/Grunert*[3] § 31 Rn. 39. De lege ferenda einen zwingenden Charakter erwägend *Stickelbrock* GRUR 2001, 1087, 1094.

[213] BGH GRUR 1996, 121, 122 – *Pauschale Rechteeinräumung.*

[214] Vgl. Kap. 6 B.I.4.

Nutzer, der Inhalte und die Attraktivität zu erhöhen[215]. Auch Screenshots können daher nicht generell ausgenommen sein[216].

Eine weitergehende Verwendung nutzererstellter Inhalte ohne direkten Bezug zum Betrieb einer virtuellen Welt (z.B. Vorführungs- oder Aufführungsrechte oder Rechte über eine Kündigung oder das Ende des Betriebs einer virtuellen Welt hinaus) kann normalerweise kaum notwendig und beabsichtigter Vertragszweck sein[217]. Auch die Herstellung von Kopien nutzererstellter Inhalte und deren Vertrieb durch die Betreiber sind vom Vertragszweck nicht gedeckt. Könnte sich der Betreiber die nutzergenerierten Inhalte schlicht aneignen, wäre das gesamte Konzept eines auf individueller Schaffenskraft beruhenden virtuellen Wirtschaftssystems untergraben und die Attraktivität und Funktionsfähigkeit einer virtuellen Welt für alle Nutzer in Frage gestellt.

Selbst wenn man virtuelle Welten – entgegen den Ausführungen unter Kap. 6 A.II.1.f.aa – in ihrer Gesamtheit als Multimediawerke begreifen und für die Rechteeinräumung die dem § 31 V UrhG als leges speciales in ihrem Anwendungsbereich vorrangigen[218] §§ 88, 89 UrhG analog anwenden wollte, ergäbe sich hier kein anderes Ergebnis. Die von §§ 88, 89 UrhG beabsichtigte Rechtekonzentration reicht bei einem Film nur so weit, wie es seine Primärverwertung erfordert[219]. Im Wege der Analogie auf virtuelle Welten übertragen, besteht eine vergleichbare Interessenlage damit durchaus im Hinblick auf die nötige Rechtekonzentration der schöpferischen Mitwirkungsleistungen der Programmierer (§ 89 UrhG analog) sowie – nochmals: entgegen der obigen erheblichen Bedenken – allenfalls die Einräumung der Nutzungsrechte an nutzererstellten Inhalten (§ 88 UrhG analog) für den primären Verwertungszweck einer virtuellen Welt. Das ist aber gerade nur der technisch mögliche und wirtschaftlich tragfähige Betrieb. Darüber hinausgehende Verwertungsrechte sind ebenso wenig von einer analogen Anwendung gedeckt, wie es bei einer direkten Anwendung der §§ 88, 89 UrhG eine nichtfilmische Auswertung des

[215] Vgl. KG GRUR 2003, 1038 – *Klaus Kinski Rezitationen*, das Hörproben von CDs im Internet allein zu Werbezwecken für deren Verkauf als vom Vertragszweck gedeckt und für zulässig erklärte.

[216] A.A. aus US-amerikanischer Sicht *Lim* 1(7) J.I.P.L.P. 481, 488 (2006).

[217] Was aus der Perspektive von *Jankowich* 8 Tul. J. Tech. & Intell. Prop. 1, 38 (2006) eine bloße rechtspolitische Forderung an die Betreiber zur Mäßigung bei der Rechteeinräumung ist, lässt sich im deutschen Recht über die Zweckübertragungslehre tatsächlich verwirklichen.

[218] Str., für den Vorrang des § 88 UrhG vor § 31 V UrhG Fromm/Nordemann/*J. Nordemann*[10] § 88 Rn. 99; Wandtke/Bullinger/*Manegold*[3] § 88 Rn. 5; gegen einen generellen Vorrang Dreier/Schulze/*Schulze*[3] § 88 Rn. 3; HK-UrhR/*Meckel* § 88 Rn. 2; Schricker/*Katzenberger*[3] § 88 Rn. 5. Für den Vorrang des § 89 UrhG vor § 31 V UrhG BGH GRUR 2005, 937, 939 – *Der Zauberberg*; Fromm/Nordemann/*J. Nordemann*[10] § 89 Rn. 67; Möhring/Nicolini/*Lütje*[2] § 89 Rn. 15; *Schack*[4] Rn. 549; Wandtke/Bullinger/*Manegold*[3] § 89 Rn. 19.

[219] So sind beispielsweise nichtfilmische Nutzungen vorbestehender Werke nicht erfasst, vgl. Dreier/Schulze/*Schulze*[3] § 88 Rn. 54; Fromm/Nordemann/*J. Nordemann*[10] § 88 Rn. 50, 68 f.; a.A. für § 88 UrhG n.F. seit 2008 Wandtke/Bullinger/*Manegold*[3] § 88 Rn. 55; das kommt im Wortlaut der Norm aber nicht zum Ausdruck.

Filmwerkes wäre. Überdies ist auch eine im Zweifel ausschließliche Rechteeinräumung mit dem Charakter virtueller Welten kaum vereinbar, die im ständig neuen kollaborativen Schaffen aller Nutzer gerade nicht auf die Exklusivität einzelner nutzergenerierter Inhalte angewiesen sind.

3. AGB-Kontrolle

Die Zweckübertragungslehre stößt als bloße Auslegungsregel indes an ihre Grenzen, wenn die Nutzungsarten im einzelnen genau bezeichnet sind und daher wenig Raum für eine Auslegung verbleibt[220]. Das schafft freilich auf Verwerterseite erhebliche Anreize zur Verwendung detaillierter Klauselkataloge, um alle nur denkbaren Nutzungsrechte explizit aufzuführen[221]. In einem solchen Fall verlagert sich der Betrachtungsschwerpunkt von der Zweckübertragungslehre als Auslegungsregel auf die Angemessenheitskontrolle solcher Klauseln als allgemeine Geschäftsbedingungen i.S.d. §§ 305 ff. BGB – nicht zuletzt deshalb, weil sich der verfolgte Zweck des Urheberschutzes ansonsten durch lange Umgehungskataloge schlichtweg unterlaufen ließe[222]. Daneben erhält ein solcher Ausverkauf der Rechte bei (privat) nutzergenerierten Inhalten im Internet[223] durch den mit der AGB-Kontrolle vor allem bezweckten Verbraucherschutz[224] eine zusätzliche Dimension.

a. Anwendbarkeit, Einbeziehung, überraschende Klauseln

Die AGB-Kontrolle der §§ 305 ff. BGB ist auf urheberrechtliche Nutzungsrechtseinräumungen allgemein[225] und damit auch auf urheberrechtli-

[220] BGH GRUR 1996, 121, 122 – *Pauschale Rechtseinräumung*; BGH GRUR 1984, 45, 49 – *Honorarbedingungen Sendeverträge*; BGH GRUR 1990, 669, 671 – *Bibelreproduktion;* BGH GRUR 1974, 786, 787 – *Kassettenfilm;* LG Berlin K&R 2007, 588, 591 – *Honorarbedingungen Journalisten*; Fromm/Nordemann/*J. Nordemann*[10] § 31 Rn. 124; Loewenheim/*J. Nordemann* § 60 Rn. 7; *Schack*[4] Rn. 547; *Schack* GRUR 2002, 853, 854.

[221] *Kuck* GRUR 2000, 285; Schricker/*Schricker*[3] § 31 Rn. 35.

[222] *Berberich* ZUM 2006, 205, 206. Auf die funktionale Substitution der Zweckübertragungslehre durch die AGB-Kontrolle in diesem Fall weist Schricker/*Schricker*[3] § 31 Rn. 35 hin.

[223] Normalerweise wird der gewerblich oder beruflich selbständig handelnde Urheber Unternehmer i.S.d. § 14 BGB und kein Verbraucher i.S.d. § 13 BGB sein, vgl. *Acker/Thum* GRUR 2008, 671, 672.

[224] Die §§ 305 ff. BGB sind zuvorderst Umsetzung der RL 93/13/EWG über missbräuchliche Klauseln in Verbraucherverträgen, auch wenn ihr persönlicher Anwendungsbereich darüber hinausgeht und mit einigen Einschränkungen (§ 310 I BGB) AGB zwischen Unternehmern erfasst.

[225] Vgl. BGH GRUR 2005, 148, 151 – *Oceano Mare*; BGH GRUR 2003, 416, 418 – *CPU-Klausel*; LG Berlin K&R 2007, 588 – *Honorarbedingungen Journalisten*; *Castendyk* ZUM 2007, 169, 170; Dreier/Schulze/*Schulze*[3] vor § 31 Rn. 14; Fromm/Nordemann/*J. Nordemann*[10] vor §§ 31 ff. Rn. 192 ff.; Loewenheim/*J. Nordemann* § 60

che Klauseln in EULA und TOS anwendbar. Einbezogen und Bestandteil des Nutzungsvertrages werden diese Bestimmungen gem. § 305 II BGB durch einen Hinweis auf ihre Geltung sowie die Möglichkeit zumutbarer Kenntnisnahme[226], wie etwa durch einen gut sichtbaren Link nebst Möglichkeit zum Ausdruck. Davon ausgenommen sind gem. § 305 c Abs. 1 BGB überraschende Klauseln, die einen solchen Überrumpelungseffekt haben, dass der Durchschnittsurheber nicht mit ihnen zu rechnen braucht[227]. Da eine Branchenübung das Überraschungsmoment ausschließen kann[228], spricht die recht weite Verbreitung weitreichender Rechteeinräumungen an nutzergenerierten Inhalten in EULA und TOS eher gegen ein Überraschungsmoment.

b. Inhaltskontrolle

Zentrale Bedeutung für die Frage der Wirksamkeit solcher Klauseln kommt – wie bei den oben diskutierten Verhaltenspflichten und Kündigungsklauseln – wiederum der Inhaltskontrolle i.S.d. §§ 307 ff. BGB zu, und zwar insbesondere der Generalklausel des § 307 I 1 BGB, die solche Bestimmungen für unwirksam erklärt, welche den Vertragspartner des Verwenders entgegen den Geboten von Treu und Glauben unangemessen benachteiligen. Das kann insbesondere der Fall sein, wenn die vertragliche Gestaltung von einem wesentlichen Grundgedanken einer gesetzlichen

---

Rn. 3; Schricker/*Schricker*[3] vor §§ 28 ff. Rn. 10; Wandtke/Bullinger/*Wandtke/Grunert*[3] vor §§ 31 ff. Rn. 97 ff. Die AGB-Kontrolle gilt nicht nur für Verbraucher, sondern auch für Unternehmer i.S.d. § 14 BGB. Zwar sieht § 310 I 1 BGB hier eine nur eingeschränkte Kontrolle vor und schließt die Anwendung der §§ 305 II, III, 308, 309 BGB aus. Da jedoch die Generalklausel des § 307 I, II BGB anwendbar bleibt (§ 310 I 2 BGB), kann der generelle Grundgedanke der Schutzbedürftigkeit des Urhebers hier durchaus zu einer genaueren Anwendung der allgemeinen Inhaltskontrolle führen, vgl. Dreier/Schulze/*Schulze*[3] vor § 31 Rn. 14; Fromm/Nordemann/*J. Nordemann*[10] vor § 31 Rn. 195; *Schack*[4] Rn. 960.

[226] BGH NJW 2006, 2976, 2977; OLG Hamm NJW 2001, 1142; Fromm/Nordemann/*J. Nordemann*[10] vor § 31 Rn. 196; Palandt/*Heinrichs*[68] § 305 Rn. 38.

[227] *Castendyk* ZUM 2007, 169, 171; Fromm/Nordemann/*J. Nordemann*[10] vor § 31 Rn. 199; Wandtke/Bullinger/*Wandtke/Grunert*[3] vor §§ 31 ff. Rn. 102. Angenommen etwa bei OLG Frankfurt GRUR 1984, 515, 516 – *AGBG Übertragung von Nutzungsrechten* für die Abtretung sämtlicher Rechte „z.B. aus UrhG usw." an einen Auftragnehmer bei Zahlungsverzug des Auftraggebers zum Zwecke des eigenen Werkvertriebs und Befriedigung aus dem Erlös; ferner als obiter dictum bei OLG Düsseldorf GRUR-RR 2002, 121 124 – *Das weite Land*, wonach der Erwerb sämtlicher Auswertungsrechte bei Auftragsproduktionen von Fernsehsendeanstalten auch zur außerfernsehmäßigen Verwertung eine überraschende Klausel wäre.

[228] Vgl. *Castendyk* ZUM 2007, 169, 171 für gängige buy-out-Klauseln, der den Schwerpunkt ebenso auf eine – von ihm aber restriktiv gehandhabte – Inhaltskontrolle legt.

Regelung abweicht (§ 307 II Nr. 1 BGB). Als solches Leitbild kommt im Urhebervertragsrecht insbesondere die Zweckübertragungslehre in Betracht, die so auch bei detaillierten Klauselkatalogen nicht gänzlich leer laufen würde (aa). Umstritten ist hierbei allerdings, in welchem Maße solche Rechteeinräumungen überhaupt kontrollfähig sind (bb.).

aa. Leitbildfunktion der Zweckübertragungslehre

Inwiefern die Zweckübertragungslehre hier über ihren Charakter als Auslegungsregel hinaus in der AGB-Kontrolle Anwendung als gesetzliches Leitbild i.S.d. § 307 II Nr. 1 BGB findet und so mittelbar zu einer Kontrolle unangemessen weitreichender Rechteeinräumungen führen kann, ist derzeit nicht geklärt. Die frühere Rechtsprechung des BGH lehnte das lange Zeit mit dem Argument ab, dass die Zweckübertragungslehre lediglich eine Auslegungsregel darstelle[229], was im Schrifttum auf erhebliche Kritik stößt[230]. Das Leitbild werde nicht durch die Auslegungsregel als *Mittel* bestimmt, sondern durch den damit verfolgten *Zweck*, dem Urheber (auch) durch einen weitgehenden Verbleib der Rechte eine angemessene Beteiligung an der weiteren Verwertung seiner Werke zu sichern. Dass dieser Grundsatz seit 2002 nun ausdrücklich in § 11 S. 2 UrhG niedergelegt ist, wird seither überwiegend als Argument dafür gesehen, der Zweckübertragungslehre ihren Leitbildcharakter bei der Inhaltskontrolle von Rechteeinräumungen nicht mehr zu versagen[231].

bb. Kontrollausschluss von Leistungsbeschreibungen?

Ein Hindernis für eine Angemessenheitskontrolle bildet jedoch die Tatsache, dass die eingeräumten Nutzungsrechte als bloße Leistungsbeschreibungen i.S.d. § 307 III 1 BGB nur in begrenztem Maße kontrollfähig

---

[229] Vgl. nur BGH GRUR 1984, 45, 49 – *Honorarbedingungen: Sendeverträge*; BGH GRUR 1984, 119, 121 – *Synchronisationssprecher*. Einige Instanzgerichte waren hier durchaus großzügiger, so etwa OLG Zweibrücken ZUM 2001, 346, 347 – *ZDF-Komponistenvertrag*. Vgl. zu der damaligen Diskussion um den Leitbildcharakter der Zweckübertragungslehre auch *Hoeren* MMR 2000, 1, 6; *Kuck* GRUR 2000, 285, 288.

[230] Vgl. *Donle* S. 278; Loewenheim/*J. Nordemann* § 60 Rn. 11; Schricker/*Schricker*[3] vor §§ 28 ff. Rn. 14; Dreier/Schulze/*Schulze*[3] vor § 31 Rn. 16; *Schack*[4] *Rn.* 958.

[231] Dreier/Schulze/*Schulze*[3] vor § 31 Rn. 16; *ders.* § 31 Rn. 116; Loewenheim/*J. Nordemann* § 60 Rn. 11; *Schack*[4] Rdnr. 958; *Schack* GRUR 2002, 853, 854; Schricker/*Schricker*[3] vor §§ 28 ff. Rn. 14; Wandtke/Bullinger/*Grunert*[3] vor §§ 31 ff. Rn. 108; *Berberich* ZUM 2006, 205, 207; ohne explizite Stellungnahme zum Leitbildcharakter *Kuck* GRUR 2000, 285, 288; generell dagegen wegen eines zu einzelfallbezogenen Maßstabes *Castendyk* ZUM 2007, 169, 173 f. Das LG Berlin K&R 2007, 588, 589, 592 – *Honorarbedingungen Journalisten* lässt es für die Rechteeinräumung im einstweiligen Rechtsschutz zweifelnd offen, erkennt aber umgekehrt für die Vergütung die Kontrollfähigkeit an.

sein sollen[232]. Was das BGB ausdrückt, wenn es nur „von Rechtsvorschriften abweichende oder diese ergänzende Regelungen" für kontrollfähig hält, wird mit Blick auf den in § 307 III BGB umgesetzten Art. 4 II KlauselRL 93/13/EWG deutlicher: Von einer Angemessenheitskontrolle ausgeschlossen sind grundsätzlich die individualvertraglich vereinbarten Hauptleistungspflichten[233]. Damit wären sowohl die Einräumung von Nutzungsrechten[234] wie auch eine (etwaige) Vergütung[235] als Hauptleistungspflichten eines Nutzungsvertrages der AGB-Kontrolle normalerweise entzogen.

Sofern es sich nicht um Hauptleistungen handelt[236], oder einzelne für sich schon pauschal formulierte AGB direkt nach der Zweckübertragungslehre ausgelegt werden[237] oder gar so unüblich sind, dass ihr Überraschungsmoment gem. § 305c Abs. 1 BGB schon eine Einbeziehung in den Vertrag verhindert[238], stellt sich das Problem gar nicht erst. Sonst scheint es in der Rechtsprechung bisweilen geflissentlich übergangen zu werden, wenn einige Entscheidungen die Angemessenheit einer Rechteein-

---

[232] Vgl. zu dieser Frage BGH GRUR 2003, 416, 418 – *CPU Klausel*; LG Berlin K&R 2007, 588, 591 – *Honorarbedingungen Journalisten*; *Berberich* ZUM 2006, 205, 207; *Castendyk* ZUM 2007, 169, 173; *Kuck* GRUR 2000, 285, 288; Fromm/Nordemann/*J. Nordemann*[10] § 31 Rn. 181 ff.; *Schack*[4] Rn. 959; *Stickelbrock* GRUR 2001, 1087, 1095. Außerhalb des Urhebervertragsrechts eingehend *Billing* passim.

[233] Im genauen Wortlaut: „Die Beurteilung der Mißbräuchlichkeit der Klauseln betrifft weder den Hauptgegenstand des Vertrages noch die Angemessenheit zwischen dem Preis bzw. dem Entgelt und den Dienstleistungen bzw. den Gütern, die die Gegenleistung darstellen...".

[234] Gegen deren Kontrollfähigkeit *Kuck* GRUR 2000, 285, 288; *Schack*[4] *Rn.* 959.

[235] Gegen deren Kontrollfähigkeit BGH GRUR 2003, 416, 418 – *CPU-Klausel*; *Castendyk* ZUM 2007, 169, 174; *Erdmann* GRUR 2002, 923, 924; Fromm/Nordemann/*J. Nordemann*[10] vor §§ 31 ff. Rn. 160, 204; *Schack*[4] Rn. 959; Schricker/*Schricker*[3] vor §§ 28 ff. Rn. 11; *Stickelbrock* GRUR 2001, 1087, 1095. Anders LG Berlin K&R 2007, 588, 589 – *Honorarbedingungen Journalisten*, das gerade die Vergütung einer Inhaltskontrolle unterzieht, weil nur ihre Höhe kontrollfrei sei, nicht aber das Bestehen eines solchen Anspruches überhaupt. Zust. *Seiler* K&R 2008, 561, 563; Dreier/Schulze/*Schulze*[3] vor § 31 Rn. 14. Dass das LG Berlin dann aber die eingeräumten Rechte kontrollfrei stellen will (a.a.O. 591 f.), lässt sich mit den für beide Seiten des Leistungsaustausches unterschiedlichen Gründen für eine Kontrollunfähigkeit (dazu sogleich) gerade nicht vereinbaren.

[236] So etwa beim Verbot der Weitergabe von Marktdaten (OLG München GRUR-RR 2003, 89, 91 – *Gfk-Daten*), beim Umfang von Enthaltungspflichten (OLG Düsseldorf GRUR-RR 2002, 121, 122 – *Das weite Land*) oder der Verpflichtung zur Teilnahme an einer GEMA-Klausur (BGH GRUR 2002, 332, 333 – *GEMA-Klausurerfordernis*).

[237] Vgl. für eine „fernsehmäßige Verwertung" OLG Düsseldorf GRUR-RR 2002, 121, 123 – *Das weite Land.*

[238] OLG Frankfurt a.M. GRUR 1984, 515, 516 – *Übertragung von Nutzungsrechten;* OLG Düsseldorf GRUR-RR 2002, 121, 123 – *Das weite Land.*

räumung prüfen[239] und andere auf die fehlende Kontrollfähigkeit verweisen[240].

Im Schrifttum gehen die Ansätze auseinander: Während teilweise eine Rechteeinräumung generell als Hauptleistung begriffen und deren Inhaltskontrolle abgelehnt wird[241], stehen andere Autoren dieser Möglichkeit grundsätzlich aufgeschlossener gegenüber, wenn sie diese vorsichtig bejahen[242]. Noch nicht geklärt ist dabei, *wie* genau die Grenze von kontrollfähigen zu kontrollunfähigen Leistungsbeschreibungen gezogen werden soll. Teilweise wird – eher verwerterfreundlich – für eine Trennung in Haupt- und Nebenleistung plädiert[243], teilweise – eher im Sinne der Urheber – die Zweckübertragungslehre selbst zum Mittel erklärt, die in § 307 III 1 BGB erforderliche Differenzierung vorzunehmen[244].

Zur Klärung der Frage der Kontrollfähigkeit ist zunächst ein differenzierender Blick auf den Umfang von Leistungsbeschreibungen nötig, der jedenfalls nicht pauschal die Summe der eingeräumten Rechte als Hauptleistungen ausschließen kann (1). Die Reichweite dessen, was als Inhalts-

---

[239] BGH GRUR 2003, 416, 418 – *CPU-Klausel* (Erfordernis einer zusätzlichen Vergütung bei Einsatz auf weiteren Computern kontrollfähig); BGH GRUR 1984, 119, 121 – *Synchronisationssprecher* (i.E. Unangemessenheit der Einräumung des Rechts zur Schallplattenvervielfältigung eines Fernsehsynchronisationssprechers verneint, aber nach Inhaltskontrolle); OLG Köln ZUM 1998, 505, 507 (i.E. Unangemessenheit der Rechteeinräumung in einem Wahrnehmungsvertrag verneint); OLG Zweibrücken ZUM 2001, 346, 347 – *ZDF-Komponistenvertrag* (Verpflichtung zur Einräumung der Verlagsrechte an einem Musikwerk zugunsten eines bestimmten Musikverlags im Rahmen eines Fernsehproduktionsvertrages unangemessen); OLG Frankfurt a.M. GRUR 1984, 515, 516 – *Übertragung von Nutzungsrechten* (Klausel unangemessen und überdies überraschend).

[240] BGH GRUR 1984, 45, 48 – *Honorarbedingungen: Sendeverträge* (lässt es dahinstehen und lehnt überdies den Leitbildcharakter ab; zu Recht kritisch *Donle* S. 245); KG GRUR 1984, 509, 513 – *Honorarbedingungen Urheber/Fernsehen*; neuerdings LG Berlin K&R 2007, 588, 591 – *Honorarbedingungen Journalisten*. Die Korrektur gerade auf der Vergütungsseite anzusetzen, wie es das LG Berlin (a.a.O. 589) tut, ist indes bedenklich, weil die sogleich dargestellten Gründe für einen Ausschluss der Kontrolle dort voll durchgreifen.

[241] *Kuck* GRUR 2000, 285, 288; *Schack*[4] Rn. 959 mit Verweis auf §§ 138, 242 BGB im Extremfall.

[242] In diese Richtung *Stickelbrock* GRUR 2001, 1087, 1095, die für eine Anwendung der AGB-Kontrolle in Bezug auf mit dem Preis „zumindest [...] eng zusammenhängenden [...]Vertragsbedingungen" plädiert und vorzugswürdigerweise die zwingende Geltung der Zweckübertragungslehre de lege ferenda erwägt, a.a.O. 1094. Im Ausnahmefall eines Gestaltungsmissbrauches so auch Fromm/Nordemann/*J. Nordemann*[10] § 31 Rn. 183; eher restriktiv auch *Castendyk* ZUM 2007, 169, 173; weitergehend *Berberich* ZUM 2006, 205, 207 ff.; Wolf/Horn/Lindacher/*Stoffels*[5] Klauseln Rn. U 25; Dreier/Schulze/*Schulze*[3] § 31 Rn. 116; hier insbesondere für die Kontrollfähigkeit der Rechte zur Weiterübertragung *Acker/Thum* GRUR 2008, 671, 672 f.

[243] *Castendyk* ZUM 2007, 169, 173.

[244] *Berberich* ZUM 2006, 205, 207 ff.; Dreier/Schulze/*Schulze*[3] § 31 Rn. 116.

beschreibung genau der Kontrolle entzogen ist, muss vielmehr mit Blick auf den Sinn und Zweck des § 307 III 1 BGB bestimmt werden (2). Als sich daraus ergebender, vorzugswürdiger Maßstab für die Kontrollfähigkeit liegt es nahe, nur die Rechte auszuschließen, die der Vertragszweck nach den beiderseitigen Parteivorstellungen erfordert (3).

(1) Reichweite der Leistungsbeschreibungen i.S.d. § 307 III 1 BGB

Was unter den Begriff der Leistungsbeschreibungen fällt und wie die Abgrenzung zwischen nicht kontrollfähigen und kontrollfähigen Leistungen gezogen werden muss, ist – auch außerhalb des Urheberrechts – denkbar unscharf und bedarf einer Konkretisierung. Leistungsbeschreibungen sind von der Inhaltskontrolle ausgenommen, soweit sie Gegenstand, Art, Umfang und Güte der geschuldeten Leistung unmittelbar festlegen[245]. Demgegenüber unterfallen all solche Klauseln dem § 307 I 1 BGB, die das Hauptleistungsversprechen einschränken oder verändern, ausgestalten oder modifizieren[246]. Für die der Überprüfung entzogenen Leistungsbeschreibungen bleibt damit nur der enge Bereich all jener Leistungsbezeichnungen, ohne deren Vorliegen mangels Bestimmtheit oder Bestimmbarkeit des wesentlichen Vertragsinhalts ein wirksamer Vertrag nicht mehr angenommen werden kann[247]. Diese auf die essentialia negotii zielende Formulierung ist indes dann wenig hilfreich, wenn die Hauptleistung – etwa bei Lizenzverträgen – auf physisch nicht greifbare Leistungen gerichtet ist, die zwingend einer umfassenden Konkretisierung bedürfen. Hier stößt die Abgrenzung zwischen Festlegung und Ausgestaltung auf kaum überwindbare Schwierigkeiten. Dass allein deswegen das Klauselwerk keinesfalls gänzlich einer Kontrolle entzogen sein kann, ist allgemein anerkannt[248], auch für die Auslegung des in § 307 III 1 umgesetzten Art. 4 II KlauselRL 93/13/EWG[249]. Und insbesondere für urheber-

[245] Wolf/Horn/Lindacher/*Wolf*[5] § 307 Rn. 292.

[246] BGH GRUR 2003, 416, 418 – *CPU Klausel*; MüKo BGB/*Kieninger*[5] § 307 Rn. 12; Wolf/Horn/Lindacher/*Wolf*[5] § 307 Rn. 292.

[247] St.Rspr.: BGH NJW 1994, 2693; BGH NJW 1999, 2440; BGH NJW 2001, 2635, 2636; MüKo BGB/*Kieninger*[5] § 307 Rn. 12; Wolf/Horn/Lindacher/*Wolf*[5] § 307 Rn. 292.

[248] MüKo BGB/*Kieninger*[5] § 307 Rn. 13, 17; Wolf/Horn/Lindacher/*Wolf*[5] § 307 Rn. 298–302 jeweils m.w.N. Ein typischer Anwendungsfall sind beispielsweise Versicherungsverträge bzgl. des durch AVB-Klauseln geregelten Umfanges der Gefahrtragung des Versicherers, bei denen eine Inhaltskontrolle nicht schlichtweg ausscheiden kann.

[249] Dort erstreckt sich der kontrollfreie Raum auf den Hauptgegenstand des Vertrages sowie die Angemessenheit von Preis und Gegenleistung, vgl. Wolf/Horn/Lindacher/*Wolf*[5] § 307 Rn. 277. Wie weit diese Formulierungen genau reichen, ist auch dort im Einzelfall zu bestimmen. Ansätze sind etwa, auf die beiderseitigen Hauptleistungspflichten oder aber den hauptsächlichen Gegenstand des Vertrages abzustellen, vgl. MüKo BGB/*Kieninger*[5] § 307 Rn. 5 m.w.N. Allerdings beschränkt sich der Anwendungsbereich

rechtliche Nutzungsrechte lässt das auch der BGH anklingen, wenn er offen lässt, ob der Kontrollausschluss auch *für den gesamten Umfang* der Leistungsfestlegung[250] gelte. Wie sich konkret diese Grenze bestimmt und ob für Nutzungsrechte auf inhaltliche, zeitliche[251], räumliche oder quantitative[252] Kriterien oder gar auf einen dem vorgelagerten Maßstab zurückgegriffen werden muss, kann nur mit Blick auf den Zweck des § 307 III BGB bestimmt werden[253].

(2) Teleologische Bestimmung kontrollfähiger Leistungsbestandteile

Die Gründe, auf welche eine Einschränkung der Inhaltskontrolle gestützt wird, sind drei an der Zahl: Das Fehlen eines gesetzlichen Kontrollmaßstabes[254], die geringere Schutzbedürftigkeit des bei der Hauptleistung naturgemäß hinreichend aufmerksamen Vertragspartners[255], sowie das freie Spiel von Angebot und Nachfrage in der Marktwirtschaft, in das nicht über eine Inhaltskontrolle eingegriffen werden darf[256]. Sie alle verfangen im Urhebervertragsrecht nur bedingt.

Für die Inhaltskontrolle eines privatautonom vereinbarten Leistungsaustausches besteht zwar normalerweise kein anwendbarer gesetzlicher Maßstab. Im Urheberrecht kann hierfür aber auf die Zweckübertragungslehre selbst zurückgegriffen werden[257]. Wenn sie schon bei pauschalen, umfassenden Individualvereinbarungen den Umfang der Hauptleistung auf ein zweckgebundenes und vernünftiges Maß bringt, kann sie ebenso als

---

der Richtlinie auf Verbraucherverträge. Außerhalb dessen lässt sich aus dem Gemeinschaftsrecht kein zwingendes Auslegungsergebnis ableiten. Da die Richtlinie in ihrem Anwendungsbereich auch nur eine Mindestharmonisierung vorsieht (Art. 8 KlauselRL 93/13/EWG), die strengere nationale Verbraucherschutzvorschriften zulässt, kann letztlich ein Hinweis auf die gebotene gemeinschaftsrechtskonforme Auslegung kein Ergebnis vorzeichnen (so aber *Castendyk* ZUM 2007, 169, 173). So sind etwa in den nordischen Ländern und Griechenland auch der Hauptgegenstand des Vertrages kontrollfähig (MüKo BGB/*Kieninger*[5] § 307 Rn. 5).

[250] BGH GRUR 1984, 45, 48 – *Honorarbedingungen: Sendeverträge* (Herv. d.Verf.).

[251] Vgl. zur Befristung BGH NJW 2001, 2635, 2636 (bejahend).

[252] Vgl. zur Auflagenzahl *Schricker* Verlagsrecht[3] § 5 Rn. 8 (bejahend).

[253] BGH NJW 1987, 1931, 1935; *Intveen* ITRB 2005, 117, 118; MüKo BGB/*Kieninger*[5] § 307 Rn. 12.

[254] *Dylla-Krebs* S. 120 ff.; MüKo BGB/*Kieninger*[5] § 307 Rn. 1; Wolf/Horn/Lindacher/*Wolf*[5] § 307 Rn. 276.

[255] *Dylla-Krebs* S. 131 ff.; MüKo BGB/*Kieninger*[5] § 307 Rn. 12.

[256] *Dylla-Krebs* S. 152 ff.; MüKo BGB/*Kieninger*[5] § 307 Rn. 1; Wolf/Horn/Lindacher/*Wolf*[5] § 307 Rn. 276.

[257] *Berberich* ZUM 2006, 205, 209; *Donle* S. 248 ff.; Wolf/Horn/Lindacher/*Stoffels*[5] Klauseln Rn. U 25.

Kontrollmaßstab für entsprechende Vereinbarungen durch AGB herhalten[258].

Sofern der Inhaltskontrolle solche Pflichten nicht unterworfen werden sollen, die schon aufgrund ihrer besonderen Bedeutung naturgemäß Gegenstand der Aufmerksamkeit beider Vertragsparteien sind, trägt dieser Gedanke im Urhebervertragsrecht auch nicht. Während z.B. beim Sachkauf die Gegenstände essentieller Vertragspflichten – Sachen gegen Entgelt – problemlos erkennbar sind, tun sich Probleme bei all jenen Verträgen auf, deren Hauptleistungen physisch nicht greifbar sind und daher zwingend einer umfassenden Konkretisierung bedürfen[259]. Sofern urheberrechtliche Nutzungsrechte – ähnlich wie Versicherungsbedingungen – durch umfangreiche Klauselkataloge definiert und eingeräumt werden, kann der Vertragspartner des Verwenders seine Aufmerksamkeit gar nicht im besonderen Maße auf eine Hauptleistung richten, da diese durch eine Vielzahl von Klauseln gerade ausdefiniert wird. Der Gedanke aus sich heraus klar bestimmbarer essentialia negotii kann daher einen Kontrollausschluss nicht tragen.

Auch der dritte Grund, die Angst vor einem Eingriff der Gerichte in das marktwirtschaftlich-privatautonome Aushandeln von Leistung und Gegenleistung, vermag nicht gänzlich zu überzeugen. Schon wenn man bedenkt, dass natürlich auch die Kosten von – einhellig für kontrollfähig gehaltenen – Nebenleistungen vom Verwender eingepreist werden, zeigt sich, dass das geltende Recht dem Markt nicht weichen muss. Aus einer einseitig libertären Sicht mag sich die gemeinschaftsrechtlich vorgegebene AGB-Kontrolle freilich als schwer zu rechtfertigender Eingriff in die Vertragsfreiheit darstellen, die dem Individuum die freie Gestaltung seiner Rechtsbeziehungen in eigener Verantwortung und damit auch die Verwirklichung seines selbstbestimmten Willens nehme[260]. Ob ein solch idealisiertes Verständnis und das zugrunde liegende Bild zweier auf Augenhöhe verhandelnder, keinen wirtschaftlichen Zwängen unterliegen-

---

[258] Nach Dreier/Schulze/*Schulze*[3] § 31 Rn. 116 kommt die Korrektur pauschaler Rechteeinräumungen über die Zweckübertragungslehre der Inhaltskontrolle von AGB zumindest sehr nahe.

[259] MüKo BGB/*Kieninger*[5] § 307 Rn. 15.

[260] So unlängst *Bruns* JZ 2007, 385, der die Inhaltskontrolle der §§ 305 ff. BGB (bzw. die ihr zugrunde liegende Klauselrichtlinie 93/13/EWG) als Eingriff in die gestalterische Freiheit der Parteien wahrnimmt, welche sich vom liberalen Grundmodell der Vertragsfreiheit entferne und einen weiteren Mosaikstein in einem zusehends paternalistisch geprägten Verständnis von Privatautonomie in Europa bilde. Diese Kritik muss jedoch wegen der anerkannten informationsökonomischen Notwendigkeit der Klauselkontrolle fehlgehen, vgl. *Eidenmüller* JZ 2005, 216, 222 f.; MüKo BGB/*Basedow*[5] vor § 305 Rn. 5; *Schäfer/Ott*[4] S. 513 f. Zweifel an der Überbetonung der Privatautonomie speziell im Urhebervertragsrecht auch bei *Hoeren* MMR 2000, 1, 6.

der, ihrem freien Willen folgender Individuen in der heutigen Zeit hochstandardisierter Massenverträge zwischen Verbrauchern und wirtschaftlich mächtigen Unternehmen überhaupt ein realistischer Ausgangspunkt sein kann, soll hier als zuvorderst rechtspolitische Frage dahinstehen. Jedenfalls aber läuft der – bisweilen dem Zeitgeist angetragene – Hinweis auf die Effizienz des Marktes in den Fällen des oben schon beschriebenen Marktversagens ins Leere[261] – wie etwa bei beschränkter Rationalität der Akteure[262], fehlenden Ausweichmöglichkeiten[263], wirtschaftlicher Übermacht[264].

Auch der Hinweis auf eine Korrektur auf der Seite der Gegenleistung durch die §§ 32 ff. UrhG[265] spricht nicht zwingend gegen die Kontrolle der Rechteeinräumung[266]. Obwohl es das Synallagma von Leistung und Gegenleistung nahe legen mag, dass bei ihrer Kontrollfähigkeit beide dasselbe Schicksal teilen, so ist es hier gerade (und nur) die Natur der Rechteeinräumung, welche ausnahmsweise eine Kontrollfähigkeit rechtfertigt. Zudem können nicht alle Probleme einer asymmetrischen Rechteeinräumung allein auf der Vergütungsseite korrigiert werden. Ganz abgesehen von einem dem Urheber aufgebürdeten Prozessrisiko könnte mit einer solchen Argumentation leicht auch die Zwecküber-

---

[261] Dazu Kap. 4 F.II.2.d.dd.

[262] Oft wird der wahre Wert einer Schöpfung verkannt, weil er sich erst viel später zeigt. Ließe man bei einem solchen zeitlichen Auseinanderfallen von Angebot und Nachfrage (*Schack*[4] Rn. 10) dem Markt freies Spiel, schmälerten Informationsdefizite über den Wert der Leistung schon vorab die Anreize, überhaupt schöpferisch tätig zu werden. Zudem lässt sich bei Vertragsabschlüssen bis zu einem gewissen Grad auch ein durchaus rationales Unwissen beobachten (dazu *Kirchgässner* in: *Herder-Dorneich/Schenk/Schmidtchen* S. 181, 188 ff.; *Tietzel* in: *Herder-Dorneich/Schenk/Schmidtchen* S. 38, 50; *Zintl* in: *Boettcher/Herder-Dorneich/Schenk* S. 227, 231). Dabei wird der ohne juristischen Sachverstand aufwendige Versuch selten unternommen, das Klauselwerk bis ins letzte zu durchdringen. Zu dieser informationsökonomischen Fundierung der AGB-Kontrolle allgemein *Eidenmüller* JZ 2005, 216, 220; MüKo BGB/*Basedow*[5] vor § 305 Rn. 5; *Schäfer/Ott*[4] S. 513 f. Die allokationsineffizienten Folgen solcher informationsökonomischen Probleme zeigen sich naturgemäß ex post.

[263] Das gilt jedenfalls dort, wo sich Urheber einer geringen Zahl wirtschaftlich mächtiger Verwerter in Form wahrer Urheberindustrien gegenüber sehen (*Götting* FS Schricker S. 53, 58 ff.) und so nicht die Gestaltungsfreiheit haben, einen angemessenen Umfang der zu vergebenden Rechte auszuhandeln. Vgl. zu EULAs aus US-amerikanischer Sicht auch *Radin* 1 U. Ott. L. & Tech. J. 173 (2003/2004).

[264] Dass der Grundsatz „stat pro ratione voluntas" (*Flume* BGB AT[4] Bd. II § 1/5) seine Grenzen dort findet, wo der Schutz des Schwächeren gegen strukturelle Ausbeutung im Raum steht und von Selbstbestimmung keine Rede mehr sein kann (vgl. nur BVerfG NJW 1990, 1469, 1470), gilt auch für das besondere Schutzbedürfnis des Urhebers wegen seiner strukturellen Unterlegenheit gegenüber marktmächtigen Verwertern.

[265] Vgl. *Kuck* GRUR 2000, 285, 289; *Schack*[4] Rn. 959; Wandtke/Bullinger/*Wandtke/Grunert*[3] vor §§ 31 ff. Rn. 109.

[266] Ähnlich wohl auch *Stickelbrock* GRUR 2001, 1087, 1095: Keine Kontrolle des Preises durch AGB, aber Kontrolle von „damit eng zusammenhängenden [...] Vertragsbedingungen".

tragungslehre selbst in ihrem normalen und anerkannten Anwendungsbereich leer laufen[267]. Ob eine solche Verlagerung der Betrachtung allein auf die Vergütungsebene für Urheber hilfreich ist, erscheint zweifelhaft auch angesichts der Tendenz, dass ein Verwerter auf ihre Rechte pochende Urheber eher von einer weiteren Zusammenarbeit ausschließt[268]. Hier erscheint der Verbleib der nicht erforderlichen Rechte beim Urheber vorzugswürdig.

(3) Kontrollmaßstab: Hauptpflichten, Zweckübertragungslehre oder Gestaltungsmissbrauch?

Vor diesem Hintergrund wird bisweilen eine grundsätzliche Kontrollfähigkeit der Rechteeinräumung zugestanden. Unterschiedlich sind jedoch wiederum die Maßstäbe, auf welche für die Grenzziehung zu kontrollunfähigen Leistungsbeschreibungen zurückgegriffen wird.

Teilweise wird als Abgrenzung eine Unterscheidung in Hauptleistungen und Nebenrechte ohne besondere wirtschaftliche Bedeutung vorgeschlagen[269]. Für die Abgrenzung beider soll als gedanklicher Test in Anlehnung an die Rücktrittsvorschriften des BGB erwogen werden, ob der Verwerter bei einer Nichteinräumung dieser Pflicht vom ganzen Vertrag zurücktreten könnte oder nicht. Einem solchen Abgleich mit § 323 V 1 BGB stehen jedoch drei Erwägungen entgegen. Zunächst geht es bei der Frage der Reichweite von Leistungsbestimmungen weniger um eine schematische Abgrenzung von Haupt- zu Nebenpflichten, sondern um einen Schutz gegen eine inhaltlich unangemessene Verkürzung einer Leistungspflicht des Verwenders, wie sie nach Gegenstand und Zweck des Vertrages erwartet werden darf[270]. Im Blickpunkt steht also die Auswirkung *auf eine* Leistungspflicht, nicht vorrangig ihre Einordnung im Verhältnis zu einer anderen. Weiterhin ist fraglich, inwiefern dieser Ansatz sich überhaupt handhaben lässt, ohne bei der Bestimmung des Kriteriums der Erheblichkeit i.S.d. § 323 V 1 BGB danach zu fragen, was von den Parteien nach dem Vertragszweck für so gewichtig befunden wurde, dass es einen Rücktritt vom gesamten Vertrag rechtfertigen kann. Insoweit lässt sich auch hier letztlich eine Würdigung des Vertragszweckes nicht vermeiden[271]. Schließlich ist bedenklich, dass der Abgleich an § 323 V 1 BGB

---

[267] Gerade in diese Richtung aber tendenziell Fromm/Nordemann/*J. Nordemann*[10] § 31 Rn. 133; *von Becker* ZUM 2005, 303, 307: §§ 32, 32a, 32c UrhG sollen u.U. eine großzügigere Rechteeinräumung ermöglichen.

[268] Vgl. *Schricker* IIC 2004, 850, 856 f.; *Schulze* GRUR 2005, 828, 830.

[269] *Castendyk* ZUM 2007, 169, 173.

[270] BGH NJW 1987, 1931, 1935; *Intveen* ITRB 2005, 117, 118; Wolf/Horn/Lindacher/*Wolf*[5] § 307 Rn. 298.

[271] Vgl. MüKo/*Ernst*[5] § 323 Rn. 203: „Zu fragen ist [...] danach also, ob dieser Teilaustausch dem Gläubiger noch eine – wenn auch teilweise – Verwirklichung des mit dem

einseitig das Verwerterinteresse in den Mittelpunkt rückt[272], anstatt wie bei der Zweckübertragungslehre den von beiden Parteien zugrunde gelegten Vertragszweck oder bei der AGB-Kontrolle gar eher noch die Interessen des Vertragspartners des Verwenders in den Blick zu nehmen. Dass die Verwerterinteressen so schon über die Frage der Anwendbarkeit der bei der Interessenabwägung genau gegenläufigen AGB-Kontrolle bestimmen sollen, erscheint eher systemwidrig.

Die Suche nach einem Maßstab sollte sich vielmehr daran orientieren, dass der Zweck der diffizilen Unterscheidung in kontrollfähige und nicht kontrollfähige Abreden innerhalb der Hauptleistung darin besteht, Schutz gegen eine einseitig ausbedungene, inhaltlich unangemessene *Verkürzung* der vollwertigen Leistung des Verwenders zu bieten, wie sie nach Gegenstand und *Zweck des Vertrages* erwartet werden darf[273]. Eine durch AGB bewirkte *Erweiterung* der Leistung des Vertragspartners über den zu erwartenden Vertragszweck hinaus ist dessen genaues Spiegelbild. Ist hiernach für beide Fälle ein Abweichen vom – als solchen freilich nicht kontrollfähigen[274] – Zweck des Vertrages maßgeblich, so bietet es sich geradezu an, auf den beiderseitig zugrunde gelegten Vertragszweck zurückzugreifen und so auf die Zweckübertragungslehre nicht nur als Leitbild für die AGB-Kontrolle, sondern auch als Maßstab der Grenzen der Kontrollfähigkeit zurückzugreifen: Der Inhaltskontrolle i.S.d. § 307 III 1 BGB zugänglich sind solche Nutzungsrechte, die aus dem Rahmen des Vertragszweckes fallen; kontrollunfähiger *Hauptgegenstand* sind gerade die Rechte, um deretwillen der Vertrag abgeschlossen wurde und die für seine Erfüllung nach den übereinstimmenden Vorstellungen beider Parteien objektiv erforderlich sind[275].

Die Inhaltskontrolle am Vertragszweck auszurichten und sie dabei auf Ausnahmefälle des Gestaltungsmissbrauchs zu beschränken[276], schließt sich keineswegs aus[277]. Der Gestaltungsmissbrauch ist die *Schwelle* des Eingriffes; ersteres ist das – für eine Korrektur überhaupt dogmatisch

---

Vertrag *verfolgten Interesses* bringt." Entscheidend sei, ob „seine konkreten *Zwecke* mit der Teilleistung auch nicht partiell verwirklicht werden können." (Herv. d. Verf.)

[272] Für § 323 V 1 BGB ist allein das Gläubigerinteresse an der Teilleistung maßgeblich, vgl. MüKo/*Ernst*[5] § 323 Rn. 203.

[273] BGH NJW 1987, 1931, 1935; *Intveen* ITRB 2005, 117, 118; Wolf/Horn/Lindacher/*Wolf*[5] § 307 Rn. 298.

[274] Wolf/Horn/Lindacher/ *Wolf*[5] § 307 Rn. 290.

[275] *Berberich* ZUM 2006, 205, 210.

[276] So die Einschränkung bei Fromm/Nordemann/*J. Nordemann*[10] § 31 Rn. 183.

[277] Weniger vereinbar sind demgegenüber das Konzept des Gestaltungsmissbrauches und die Unterscheidung nach Haupt- und wirtschaftlich unbedeutenden Nebenrechten (so *Castendyk* ZUM 2007, 169, 173), denn bei letzteren wird sich kaum jemals der Vorwurf eines Missbrauches stellen.

erforderliche – *Mittel*. Allein die eröffnete Kontroll*fähigkeit* i.S.d. § 307 III 1 BGB zeichnet noch lange nicht das Ergebnis der Unangemessenheit i.S.d. § 307 I BGB vor. Vielmehr soll in solchen Ausnahmefällen, in denen sich Gerichte auch unter Würdigung der Verwerterinteressen und des Grundsatzes der Vertragsfreiheit geneigt sehen mögen, in vertragliche Dispositionen eingreifen zu müssen, die Kontrollfähigkeit i.S.d. § 307 II 1 BGB lediglich den Weg zur eigentlichen Inhaltskontrolle auf Unangemessenheit i.S.d. § 307 I BGB eröffnen. Dort liegt der Schwerpunkt richterlicher Würdigung im Einzelfall; und deren Ergebnis ist durch die Kontrollfähigkeit noch in keiner Weise vorherbestimmt. Insofern sollte den Gerichten die Würdigung der Unangemessenheit unter Berücksichtigung der informationsökonomischen Funktionen der AGB und der Verhandlungsparität der Vertragsparteien[278] nicht allein mit einem formalen Hinweis auf das vermeintliche Vorliegen von Leistungsbeschreibungen dort abgeschnitten werden, wo die Gründe für deren Kontrollausschluss nicht greifen. Dass damit die Vertragsfreiheit im Urheberrecht beerdigt wird, ist ebenso wenig zu befürchten wie im Versicherungsvertragsrecht.

IV. Anwendung auf nutzergenerierte Inhalte in virtuellen Welten

Vor dem Hintergrund der vorstehenden Ausführungen spricht einiges dafür, umfassende Rechteeinräumungen nicht allein dadurch der Zweckübertragungslehre entziehen zu können, dass sie statt in weiten Generalklauseln als umfassende Klauselkataloge formuliert sind. Für virtuelle Welten ergibt sich damit folgendes Bild: Sofern die Betreiber im EULA mit weiten Generalklauseln arbeiten und sich die Rechte an nutzergenerierten Inhalten einräumen lassen, sind diese unmittelbar an § 31 V UrhG zu messen. Das gilt auch für umfassende Klauselkataloge mit der Maßgabe, dass die Zweckübertragungslehre hier als gesetzliches Leitbild der Maßstab für eine AGB-Kontrolle i.S.d. §§ 305 ff. BGB ist. Und selbst wenn – entgegen der hier vertretenen Ansicht – Rechteeinräumungen als Leistungsbeschreibungen i.S.d. § 307 III 1 BGB von der Kontrolle ausgenommen werden, so ist es sehr zweifelhaft, ob die Einräumung urheberrechtlicher Nutzungsrechte an nutzergenerierten Inhalten in virtuellen Welten überhaupt als Hauptleistung eines mietvertragsähnlichen[279] Schuldverhältnisses über den Zugang zur virtuellen Welt und die Nutzung der

---

[278] Vgl. Erw. Grd. 16 S. 3 KlauselRL 93/13/EWG, wonach ein berücksichtigungsfähiger Begleitumstand für die Beurteilung der Angemessenheit auch das wirtschaftliche Kräfteverhältnis zwischen den Verhandlungspositionen der Parteien ist.

[279] Vgl. Kap. 7 A.II.

dazu erforderlichen Software gegen unmittelbares oder mittelbares[280] Entgelt gesehen werden kann, welche in den engen Bereich der Leistungsbezeichnungen fällt, ohne deren Vorliegen mangels Bestimmtheit oder Bestimmbarkeit des wesentlichen Vertragsinhalts ein wirksamer Vertrag nicht mehr angenommen werden kann. In jedem Fall kann der allgemeine urhebervertragsrechtliche Schutz gegen einen – oft kostenlosen – Ausverkauf der Nutzungsrechte durch Zweckübertragungslehre und AGB-Kontrolle im Internet und beim „Web 2.0"-Geschäftsmodell mit nutzergenerierten Inhalten nicht dergestalt unterlaufen werden, dass die Rechteeinräumung zu den Hauptleistungen gezählt wird und damit der Angemessenheitskontrolle entzogen ist.

V. Urheberkollisionsrechtliche Aspekte

Wie unter Kap. 5 C.I. bereits dargestellt, richtet sich die kollisionsrechtliche Beurteilung urheberrechtlich geschützter Werke nach dem Schutzlandprinzip, welches regelmäßig zur Anwendung des Urheberrechtsregimes eines jeden Landes führt, für das Schutz begehrt wird, und damit bei grenzüberschreitenden Verletzungshandlungen u.U. zu einem Bündel nationaler Rechte. Demgegenüber bemisst sich das auf den Nutzungsvertrag anwendbare Recht gem. Artt. 27 ff. EGBGB nach dem berufenen Vertragstatut. Ob die Zweckübertragungslehre als Auslegungsregel nur für dem deutschen Recht unterfallende Verträge gilt, oder ob sie sich als kollisionsrechtliche Eingriffsnorm i.S.d. 34 EGBGB gegen eine ausländische Rechtswahl durchsetzt und so auch der parteiautonomen Rechtswahl zum Schutz des Urhebers Schranken zieht, ist nicht eindeutig geklärt[281].

Dabei streiten vornehmlich kollisionsrechtlich-dogmatische Erwägungen gegen das praktische Schutzbedürfnis der Werkschaffenden. Die dogmatisch besseren Gründe sprechen in der Tat gegen die Einordnung des § 31 V UrhG als Eingriffsnorm i.S.d. Art. 34 EGBGB, weil als solche lediglich Normen angesehen werden, die nicht nur innerstaatlich zwingend sind, sondern sich darüber hinaus als auch international zwingende Bestimmungen ohne Rücksicht auf das für den Vertrag maßgebliche Recht

---

[280] Neben monatlichen Zahlungen der Nutzer oder entgeltlichem Erwerb der Zugangssoftware entsteht ein Zahlungsfluss an die Betreiber auch durch den Tausch realen Geldes in virtuelle Währungen.

[281] Für die Geltung Zweckübertragungslehre LG München I ZUM-RD 2002, 21, 25 f. – *Aguilera*; Schricker/*Katzenberger*[3] vor §§ 120 ff. Rn. 166; Dreier/Schulze/*Dreier*[3] vor §§ 120 ff. Rn. 55; Möhring/Nicolini/*Hartmann*[2] vor §§ 120 ff. Rn. 45. Offengelassen in OLG Frankfurt a.M. GRUR-RR 2004, 99, 101 – *Anonyme Alkoholiker*. Dagegen Fromm/Nordemann/*Nordemann-Schiffel*[10] vor §§ 120 ff. Rn. 88; *Schack*[4] Rn. 1148; Wandtke/Bullinger/*v. Welser*[3] § 32 b Rn. 2.

durchsetzen sollen[282]. Im Kern geht es hierbei um Normen, die im öffentlichen, staats- oder wirtschaftspolitischen Interesse gezielt regulierende Eingriffe in Privatrechtsverhältnisse vornehmen und über den Ausgleich widerstreitender Interessen der Vertragsparteien hinausgehen[283]. Freilich kann diese Abgrenzung keine völlige Klärung bringen, denn auch dem Interessenausgleich im Privatrecht kann – wie etwa der Arbeitnehmerschutz und der mit ihm verbundene Aspekt sozialen Friedens zeigt – seine langfristige wirtschaftspolitische Lenkungswirkung nicht gänzlich abgesprochen werden. Auch dass diese inhaltlich-materiellen Wertungen auf der Ebene des Kollisionsrechts unangebracht seien[284], kann nicht generell zutreffen, wie schon die bloße Existenz von Verbraucherschutzvorschriften im Kollisionsrecht zeigt, die den gebotenen Schutz der schwächeren Partei[285] gegen eine Umgehung durch parteiautonome Rechtswahl gewährleisten. Letztliche Zweifel am Charakter des § 31 V UrhG als Eingriffsnorm wirft jedoch sein Charakter als bloße Auslegungsregel auf[286]. Ein solches Ergebnis ist weniger aus kollisionsrechtlicher als aus urheberrechtlicher Perspektive bedenklich, ließe es doch durch eine schlichte Rechtswahl den Schutz weitgehend leerlaufen[287].
Jedenfalls für den hier interessierenden Fall nutzergenerierter Inhalte ist dieses Ergebnis dann abgemildert, wenn Nutzer in ihrer Eigenschaft als Verbraucher i.S.d. 13 BGB handeln. Dann gewinnen auch urheberrechtliche Lizenzvereinbarungen in den Nutzungsverträgen eine zusätzliche verbrauchervertragsrechtliche Dimension, welche über Artt. 29, 29a EGBGB insbesondere die Klauselkontrolle der §§ 305 ff. BGB zur Anwendung bringt und damit auch die Zweckübertragungslehre des § 31 V UrhG. Selbst wenn diese kollisionsrechtlich nicht unmittelbar anwendbar ist, erfüllt sie ihre Funktion dennoch bei der Auslegung unklarer Klauseln im Rahmen der Unklarheitenregelung des § 305c II BGB[288] sowie als

[282] *Kropholler*[6] § 3 II 1. S. 19.

[283] Fromm/Nordemann/*Nordemann-Schiffel*[10] vor § 120 Rn. 86; *Kropholler*[6] § 3 II 3. S. 22 f.

[284] So Fromm/Nordemann/*Nordemann-Schiffel*[10] vor § 120 Rn. 86.

[285] *Kropholler*[6] § 40 IV 1, S. 297; MüKo BGB/*Martiny*[4] Art. 29 EGBGB Rn. 2; Staudinger/*Sturm/Sturm*[2003] Einl. IPR Rn. 121 ff.; Staudinger/*Magnus*[2002] Art. 29 EGBGB Rn. 1 mit Hinweis auf das strukturelle Informations- und Erfahrungsdefizit.

[286] Wandtke/Bullinger/*v. Welser*[3] § 32 b Rn. 2.

[287] Freilich ist eine solche Rechtswahl zur Umgehung bei reinen Inlandssachverhalten schwer denkbar, weil Art. 27 III EGBGB (und demnächst Art. 3 III ROM-I VO) für die Wahl ausländischen Rechts bei reinen Inlandssachverhalten immerhin die Geltung (einfach) zwingender Normen anordnet, zu denen auch § 31 V UrhG gehört. Dessen *Wirkung* als Auslegungsregel kann zwar faktisch umgangen werden, seine *Anwendung* als solche aber nicht abbedungen werden.

[288] Der normalerweise bestehende faktische Vorrang der Zweckübertragungslehre, weil das Vorliegen von Unklarheiten sich am Vertragszweck messen lassen muss (vgl.

Leitbild und Kontrollmaßstab im Rahmen der Inhaltskontrolle des § 307 I 1 BGB. Insoweit gelten die obigen Ausführungen auch bei der Wahl ausländischen Rechts für Verbaucherverträge.

Fromm/Nordemann/*J. Nordemann*[10] vor §§ 31 ff. Rn. 198; *Kuck* GRUR 2000, 285, 287; weiter Schricker/*Schricker*[3] vor §§ 28 ff. Rn. 11 für eine parallele Anwendung von § 305c II BGB neben § 31 V UrhG), greift nämlich hier gerade nicht.

Kapitel 8

Zusammenfassung

Thesenartige Zusammenfassung wesentlicher Ergebnisse der vorliegenden Arbeit:

A. Zur Diskussion im US-amerikanischen Common Law

I. Im US-amerikanischen Common Law zeichnet sich derzeit eine Entwicklung hin zu einer Rechtsfigur des Virtual Property als Verfügungsrecht über elektronische Ressourcen ab. Im Schrifttum überwiegen ihre Befürworter; Gerichte hatten indes noch keine Gelegenheit zu einer klaren Stellungnahme, da erste Prozesse bislang stets durch außergerichtliche Vergleiche beendet wurden.

II. Entwickelt wurde Virtual Property aus den Defiziten einer anderen Rechtsfigur heraus, und zwar der in einer Reihe von Urteilen aus dem Tort Trespass to Chattle hergeleiteten Cyberproperty-Doctrine, welche im Kern auf einem Besitzschutz gegen elektronische Einwirkung basiert und unerwünschte elektronische Interaktionen mit Computersystemen als potentielle Beeinträchtigung der jeweils zugrunde liegenden körperlichen Systemhardware erfasst. Demgegenüber knüpft Virtual Property nicht mehr an die einer elektronischen Ressource zugrunde liegende Hardware an, sondern an eine abgrenzbare elektronische Ressource als solche. Dies ermöglicht im US-amerikanischen Common Law der weite, anders als das Sacheigentum i.S.d. § 903 BGB von einem körperlichen Bezugsobjekt losgelöste Rechtsbegriff Property.

III. Zentrale Voraussetzung einer solchen mit Verfügungsrechten versehenen Ressource ist ihre sachähnliche Nutzungsmöglichkeit, die sich in den Merkmalen von Rivalität, Persistenz und Interkonnektivität ausdrückt. Zugleich ist sie strikt von etwaigen an ihr bestehenden Immaterialgüterrechten abzugrenzen. Die Reichweite dieser Rechtsfigur ist noch in der Diskussion.

B. Zur Diskussion in Deutschland

I. Der diskursive Rahmen für Virtuelles Eigentum im deutschen Recht ist anders abgesteckt als der des Virtual Property im US-amerikanischen Common Law. Wegen der Weite des Begriffes Property geht es dort weniger um das hierzulande bestehende Problem, Virtual Property in vorhandene Rechtsfiguren einordnen zu müssen, als seine Anerkennung als Property überhaupt normativ zu begründen.

II. Virtuelles Eigentum wird im deutschen Recht derzeit als Oberbegriff verwendet, für dessen genaue dogmatische Konstruktion fünf denkbare Ansätze zur Verfügung stehen:

1. Erstens ließe sich virtuelles Eigentum als Immaterialgüterrecht – zuvorderst in Form des Urheberrechts – verstehen, das virtuelle Gegenstände als Schutzgegenstand entweder als solche oder als Teil eines Computerprogramms erfasst. Hiernach würde sich ein – allein begrifflich so zu verstehendes – „virtuelles Eigentum" gleichsam in urheberrechtlichen Nutzungsrechten an virtuellen Gegenständen erschöpfen.

2. Zweitens ließe sich virtuelles Eigentum auf das Sacheigentum oder den Sachbesitz an der körperlichen Systemhardware zurückführen, so dass die Rechte an virtuellen Gegenständen – gleichsam als Substrat der Sachnutzung – auch aus dem Sachenrecht abgeleitet werden. Dies entspricht in der Sache der Cyperproperty-Doctrine und wird als Konstruktion bislang vor allem beim „virtuellen Hausrecht" vertreten.

3. Drittens lässt sich virtuelles Eigentum ähnlich wie die Internet-Domain als Summe der vertraglichen Beziehungen zwischen Nutzer und Betreiber begreifen, die auf Erhalt und fortdauernde Nutzung der jeweils zugewiesenen Ressourcen – hier zumeist virtuelle Gegenstände – gerichtet sind.

4. Ein vierter Ansatz versteht Rechte an virtuellen Gegenständen als direkten Ausfluss des allgemeinen Persönlichkeitsrechts ihres Schöpfers.

5. Letztlich kommt als fünfte – und hier zentrale – Möglichkeit die Annahme eines sonstigen Rechtes i.S.d. § 823 I BGB in Betracht. Auch diese Konstruktion lehnt sich an das „virtuelle Hausrecht" an, soweit es als originäres, vom Sacheigentum unabhängiges Recht gesehen wird.

C. Zur Herleitung originären virtuellen Eigentums

I. Virtuelles Eigentum ist gedanklich von den an einem virtuellen Gegenstand bestehenden Immaterialgüterrechten und insbesondere etwaigen urheberrechtlichen Nutzungsrechten zu unterscheiden. Die strikte Trennung zwischen urheberrechtlichem Werk und herkömmlicherweise körperlichem Werkstück ist nicht allein deswegen aufgehoben, weil das Werkstück nunmehr digital verkörpert ist. Dies geht mit den unterschiedlichen Schutzrichtungen beider Regime einher: Während Immaterialgüterrechte nichtrivalisierende Nutzungen (z.B. Kopien) zu verhindern suchen, richtet sich das daneben bestehende virtuelle Eigentum – parallel zum Sacheigentum – gegen rivalisierende Nutzungen (z.B. Substanz- und Nutzungsbeeinträchtigungen, Entzug).

II. Eine Konstruktion über das Sacheigentum ähnelt der US-amerikanischen Cybertrespass-Doctrine und setzt sich damit den gleichen Einwänden wie diese aus. Vor allem sorgt ein Auseinanderfall der jeweiligen Systemhardware als dogmatischem Anknüpfungsgegenstand und der virtuellen Gegenstände als eigentlichen Herrschaftsgegenständen für Verwerfungen. Wenn Fragen der Rechteinhaberschaft oder der Reichweite von Abwehrbefugnissen mit Blick auf oftmals nicht erkennbare technische Vorgänge beantwortet werden müssen, die der Existenz virtueller Gegenstände zugrunde liegen, fallen nicht nur der „technisch" Berechtigte und der „inhaltlich" Berechtigte oftmals auseinander. Auch die Frage der Abwehrfähigkeit störender Nutzungen im inhaltlichen Kontext einer virtuellen Welt lässt sich nicht mit Blick auf die rein technischen Vorgänge lösen. Das gilt für Sacheigentum und Sachbesitz gleichermaßen.

III. Virtuelles Eigentum ähnlich wie die Domain schuldrechtlich zu konstruieren, wirft das Problem der Drittwirkung von Forderungen gegenüber anderen Nutzern und Dritten außerhalb des Nutzerkreises auf. Dem müsste über Konstruktionen wie einem Vertrag mit Schutzwirkung für Dritte, einer Drittschadensliquidation, einem – hier ausnahmsweise den üblichen Einwänden standhaltenden – deliktischen Schutz von Forderungen selbst oder einer Rechtsfigur des Netzvertrages begegnet werden. Gegenüber anderen Nutzern erscheinen dabei am ehesten ein Vertrag mit Schutzwirkung sowie u.U. ein deliktischer Schutz der Forderung selbst gangbar. Gegenüber Dritten kommen allein § 826 BGB oder ein strafrechtlicher Schutz i.V.m. § 823 II BGB in Betracht.

IV. Ein persönlichkeitsrechtlicher Ansatz konzentriert sich – soweit er vertreten wird – zu sehr auf schöpferische und damit urheberrechtsähnliche Kriterien. Zudem sollen so zuvorderst Avatare erfasst werden und virtuelle Gegenstände allenfalls akzessorisch.

V. Die Defizite der vorgenannten Ansätze sprechen für eine originäre Erfassung virtueller Gegenstände über eine Rechtsfigur virtuellen Eigentums i.e.S. als sonstiges Recht i.S.d. § 823 I BGB. Ein Ansatz an virtuellen Gegenständen als solchen bietet nicht nur den Vorteil einer funktionalen, von erheblichen technischen Zufälligkeiten losgelösten Erfassung, sondern spiegelt auch die sinnlich-gegenständliche Erfahrbarkeit und Handelbarkeit der Herrschaftsobjekte aus der Sicht des Verkehrs wider.

VI. Einer solchen Rechtsfortbildung stehen weder der numerus clausus der Immaterialgüterrechte noch der Aspekt der Rechtssicherheit zwingend entgegen. Die faktisch-technische Ausschlussmöglichkeit seitens der Betreiber verhindert eine Anerkennung von Rechtspositionen der Nutzer ebenso wenig wie die Tatsache, dass virtuelles Eigentum ein kontextgeprägtes Recht ist, dessen Herrschaftsgegenstände faktisch vom Fortbestand ihrer Umgebung abhängig sind und das meist durch Vertragsrecht überformt wird.

VII. Für die Gründe einer Anerkennung dieser Rechtsfigur können die in der Diskussion um Virtual Property vorgebrachten normativen Erwägungen unmittelbar herangezogen werden, die es freilich in die deutsche Dogmatik des § 823 I BGB einzupassen gilt. Die Anerkennung als sonstiges Recht ist möglich, sofern die Herrschaftsgegenstände virtuellen Eigentums ähnlich wie Sachen sozialtypisch offenkundig und die daraus abzuleitenden Rechte ihrer Natur her eigentumsähnlich sind. Ersteres ist aufgrund der Wahrnehmbarkeit, Persistenz und rivalisierenden Nutzung virtueller Gegenstände der Fall. Die normative Legitimation letzterer kann auf die allgemeinen Eigentumstheorien nach *Locke*, *Hegel* und utilitaristische Ansätze im Sinne *Benthams* zurückgeführt werden. Hierbei muss allerdings je nach Art der virtuellen Gegenstände und der sie enthaltenden virtuellen Welten eine Abwägung der Betreiber- und Nutzerpositionen erfolgen, um die letztliche Reichweite virtuellen Eigentums zu bestimmen.

VIII. Bei der Reichweite virtuellen Eigentums ist zwischen dem Vertikalverhältnis zum Systembetreiber und dem Horizontalverhältnis zwischen anderen Nutzern und zu Dritten zu unterscheiden. Am konkreten Beispiel virtueller Welten ist seine Reichweite im Vertikalverhältnis am größten, wenn virtuelle Gegenstände kommodifiziert sind oder es sich um nutzergenerierte Inhalte handelt und damit berechtigte Erwartungen in eine exklusive Zuweisung und Herrschaft über virtueller Güter geweckt wurden. Im Horizontalverhältnis hängt die Reichweite vor allem von den jeweiligen inhaltlichen Gegebenheiten virtueller Welten ab, wie sie sich im Innenrecht als virtuellem Sozialvertrag niederschlagen. Als dessen Quellen kommen nicht nur die ausdrücklich niedergelegten Nutzungsbedingungen in Betracht, sondern auch informale Verhaltensnormen wie erkennbare Verkehrsgewohnheiten und insbesondere die technische Ausgestaltung einer virtuellen Welt.

IX. Die hierbei entstehenden Rechtspositionen werden regelmäßig durch die Vertragsbedingungen des Nutzungsvertrages überformt. Dabei kommt es zu einer wechselseitigen rechtlichen Beeinflussung derart, dass einerseits vertragliche Beschränkungen die aus dem virtuellen Eigentum fließenden Rechten einschränken können, gerade diese aber andererseits auch zum Maßstab einer Inhaltskontrolle des Nutzungsvertrages am Leitbild virtuellen Eigentums werden.

D. Zur kollisionsrechtlichen Anknüpfung

I. Je nach Ansatz für die Rechtsnatur virtuellen Eigentums kommen verschiedene kollisionsrechtliche Anknüpfungen in Betracht: Das Urheberrecht führt über das Schutzlandprinzip zu einem Bündel einzelner nationaler Rechte; das Persönlichkeitsrecht über das Deliktsstatut u.U. ebenso, wobei die genaue Bestimmung und Eingrenzung des Erfolgsortes als „Belegenheitsort" eines entstehenden Rechtes unklar bleibt. Sofern sich virtuelle Gegenstände in einer Forderung aus dem Nutzungsvertrag auf Gewährung und Erhalt der virtuellen Sache in ihrer Umgebung erschöpfen, gilt das gewählte oder durch engste Verbindung, meist den Sitz des Betreibers, bestimmte Vertragsstatut. Oft greifen dabei jedoch zwingende Verbraucherschutzvorschriften der lex fori, wie hierzulande insbesondere die AGB-Kontrolle i.S.d. §§ 305 ff. BGB. Auf Eigentum oder Besitz am Server abzustellen, führt eigentlich zur Anwendung der lex rei sitae, wobei jedoch viel für eine Korrektur und eine – soweit möglich – vertragsakzessorische Anknüpfung gem. Art. 46 EGBGB spricht.

II. Letztere erscheint – in Ermangelung von Alternativen – als für alle Beteiligten erkennbares Anknüpfungselement im ubiquitären virtuellen Raum auch für das originäre virtuelle Eigentum angezeigt.

E. Zu Urheberrechten an virtuellen Gegenständen

I. Neben das virtuelle Eigentum treten Immaterialgüterrechte, dabei insbesondere das hier betrachtete Urheberrecht. Während dem virtuellen Eigentum rivalisierende Nutzungen – wie Nutzungsbeeinträchtigungen und Substanzbeeinträchtigungen – unterfallen, richtet sich das Urheberrecht grundsätzlich nur gegen nichtrivalisierende, allein wirtschaftlich wertmindernde Nutzungen wie Kopien. Insbesondere erfasst das Urheberrecht nicht die Modalitäten inhaltlicher Interaktion oder die Löschung virtueller Gegenstände und eines ganzen Accounts.

II. Es gelten auch für virtuelle Gegenstände die allgemeinen urheberrechtlichen Schutzvoraussetzungen. Virtuelle Gegenstände sind zu unterscheiden von der Betriebssoftware der sie enthaltenden virtuellen Welt. Für ihren Schutz kommen sowohl ihre wahrgenommene Form als auch der ihnen zugrunde liegende Programmcode in Betracht, soweit die jeweiligen Schutzvoraussetzungen des § 2 II UrhG erfüllt sind. Hierbei werden virtuelle Güter zumeist als Werke der bildenden Kunst, u.U. je nach Gebrauchszweck auch als Werke der angewandten Kunst oder Darstellungen wissenschaftlicher oder technischer Art schutzfähig sein. Ein Schutz als Filmwerke, Laufbilder oder Multimediawerke kommt allenfalls dann in Betracht, wenn virtuelle Gegenstände als solche schon animiert sind. Er folgt dagegen nicht aus den unterschiedlichen, sich bei der Nutzung ergebenden Blickwinkeln. Dies gilt losgelöst von der Frage der Werkeigenschaft einer virtuellen Welt als Ganzes, die wegen ihres nichthierarchisch-kollaborativen Schöpfungscharakters auch nicht ohne weiteres in die Diskussion um die Werkeigenschaft von Computerspielen einbezogen werden kann. Eine Einordnung als Werke der Baukunst scheidet regelmäßig ebenso aus wie als Lichtbildwerke oder Lichtbilder. Das zugrunde liegende Computerprogramm als Sprachwerk ist nur dann Anknüpfungsgegenstand der Schöpfung, soweit sich in ihm eine spezifische, über die Formdarstellung hinausgehende Schöpfungsleistung – wie bei komplexen Skripten oder Applets – niederschlägt.

III. Die anfallenden Nutzungshandlungen lassen sich technisch mit einem dreidimensionalen Browsen im Internet vergleichen. Betroffen sind vor allem das Vervielfältigungsrecht (§ 16 UrhG), das Recht zur öffentlichen Zugänglichmachung (§ 19a UrhG) und u.U. auch das Senderecht (§ 20 UrhG). Die dafür nötigen Rechte werden dem Betreiber und anderen Nutzern regelmäßig im Nutzungsvertrag eingeräumt. Sofern das nicht ausdrücklich vorgesehen ist, verhindert unter deutschem Urhebervertragsrecht notfalls die – bei kollaborativer Werkverwertung nicht zwingend zugunsten der Urheber wirkende – Zweckübertragungslehre des § 31 V UrhG die Entstehung von Hold Ups, mit denen einzelne Nutzer bei selbst erstellten Inhalten den ordnungsgemäßen Betrieb blockieren könnten. Überdies kann § 44a UrhG bei vorübergehenden Vervielfältigungen greifen. Störungen des virtuellen Eigentums auf kontextbezogen-inhaltlicher Ebene sind demgegenüber nicht als Urheberrechtsverletzung erfassbar, weil sie von den Rechten zum technisch normalen Betrieb gedeckt sind.

F. Zum Vertragsrecht

I. Die dingliche Übertragung virtueller Gegenstände vollzieht sich gem. § 929 S. 1 BGB analog.

II. Schuldrechtliche Veräußerungsverbote unterliegen – bei der Wahl ausländischen Rechts zumindest zwingend gegenüber Verbrauchern – der AGB-Kontrolle i.S.d. §§ 305 ff. BGB. Ihre Wirksamkeit hängt von der Art der virtuellen Welt und von ihrer Bedeutung zur Wahrung der Balance eines virtuellen Wirtschaftssystems ab. Auf Grundlage des Urheberrechts kann ein Handel mit virtuellen Gegenständen nicht unterbunden werden, da die Nutzer – losgelöst von schuldrechtlichen Unterlassungspflichten – bei einer Übertragung regelmäßig nicht den Rahmen der ihnen eingeräumten Nutzungsrechte verlassen. Daher können auch Dritte nicht über die Grundsätze der Störerhaftung in Anspruch genommen werden.

III. Da sich virtuelles Eigentum und der Nutzungsvertrag gegenseitig überformen, bemisst sich die Wirksamkeit von Enteignungs- und Ausschlussklauseln nach ähnlichen Kriterien wie die Anerkennung virtuellen Eigentums. Für Eingriffe in das virtuelle Wirtschaftssystem und ausgelöste Wertminderungen (die auch nicht über das virtuelle Eigentum abwehrfähig sind), ist den Betreibern ein weites Ermessen zuzugestehen. Auch die Einstellung des Betriebs überhaupt steht ihnen offen.

IV. Bei nutzererstellten Inhalten richtet sich die Einräumung urheberrechtlicher Nutzungsrechte nach der Zweckübertragungslehre und nimmt vor allem auch bei detaillierten Klauselkatalogen mit der Zweckübertragungslehre als gesetzlichem Leitbild i.S.d. § 307 II Nr. 1 BGB an der AGB-Kontrolle der §§ 305 ff. BGB teil, ohne dass die Rechteeinräumung als Hauptleistung i.S.d. § 307 III 1 BGB der Kontrollfähigkeit entzogen wäre. Daher kann die Einräumung von für den technischen und wirtschaftlichen Betrieb nicht notwendigen Rechten unwirksam sein – wie insbesondere detailliert aufgeführten, allumfassenden Nutzungsrechten in jeder nur denkbaren Nutzungsart.

Literaturverzeichnis

Acker, Ludwig / Thum, Kai: Zulässigkeit der Vereinbarung der freien Weiterübertragbarkeit von urheberrechtlichen Nutzungsrechten durch AGB; in: GRUR 2008, 671.

Adams, John N.: Trespass in a digital environment; in: [2002] I.P.Q. 1.

Balañá, Sergio: Urheberrechtsschutz für Parfüms; in: GRUR Int. 2005, 979.

Balganesh, Shyamkrishna: Common Law Property Metaphors in the Internet: The real Problem with the Doctrine of Cybertrespass; in: 12 Mich. Telecomm. & Tech. L. Rev. 265 (2006).

Balkin, Jack M.: Law and Liberty in Virtual Worlds, 49 N.Y.L. Sch. L. Rev. 63 (2004).

–: Virtual Liberty: Freedom to Design and Freedom to Play in Virtual Worlds; in: 90 Va. L. Rev. 2043 (2004).

Bamberger, Heinz Georg / Roth, Herbert (Hg.): Kommentar zum Bürgerlichen Gesetzbuch; Bd. 1: §§ 1 – 610 (2. Aufl., München, 2007); Bd. 2: §§ 611 – 1296 (2. Aufl., München, 2008); zit.: Bamberger/Roth/*Bearb.*[2].

Barfield, Woodrow: Intellectual Property Rights in Virtual Environments: Considering the Right of Owners, Programmers and Virtual Avatars; in: 39 Akron L. Rev. 649 (2006).

Barnett, Randy E.: The Sound of Silence: Default Rules and Contractual Consent; in: 78 Va. L. Rev. 821 (1992).

Bartle, Richard A.: Pitfalls of Virtual Property; White Paper der Themis Group (2004); abrufbar unter www.themis-group.com/uploads/Pitfalls%20of%20Virtual%20Property.pdf, Abruf am 1.9.2009.

–: Virtual Worldliness: What the Imaginary Asks of the Real; in: 49 N.Y.L. Sch. L. Rev. 19 (2004).

Bartsch, Michael: Die „Vertraulichkeit und Integrität informationstechnischer Systeme“ als sonstiges Recht nach § 823 Abs. 1 BGB; in: CR 2008, 613.

Baur, Fritz / Stürner, Rolf: Sachenrecht (17. Aufl., München, 1999); zit.: *Baur/Stürner*[17].

Bechtold, Stefan: Zur rechtsökonomischen Analyse im Immaterialgüterrecht; in: GRUR Int. 2008, 484.

Becker, Christoph: Schutz von Forderungen durch das Deliktsrecht?; in: AcP 196 (1996), 439.

Belcher, Sebastian: Real law for a virtual world; in: 7 (1) E.C.L. & P. 7 (2005).

Bellia, Patricia L.: Defending Cyberproperty; in: 79 N.Y.U. L. Rev. 2164 (2004).

Benkler, Yochai: Free as the Air to Common Use: First Amendment Constraints on Enclosure of the Public Domain; in: 74 N.Y.U. L. Rev. 354 (1999).

–: Coase's Penguin, Linux, or, Linux and the Nature of the Firm; in: 112 Yale L.J. 369 (2002).

Bentham, Jeremy: An Introduction to the Principles of Morals and Legislation (1780); in: *Burns, J. H. / Hart, H.L.A.* (Hg.): The Collected Works of Jeremy Bentham (2. Aufl., Oxford, 1996).

Bently, Lionel / Sherman, Brad: Intellectual Property Law (2. Aufl., Oxford, 2004); zit.: *Bently/Sherman*².
Berberich, Matthias: Die urheberrechtliche Zulässigkeit von Thumbnails bei der Suche nach Bildern im Internet; in: MMR 2005, 145.
–: Die Doppelfunktion der Zweckübertragungslehre bei der AGB-Kontrolle; in: ZUM 2006, 205.
Berger, Christian: Urheberrechtliche Erschöpfungslehre und digitale Informationstechnologie; in: GRUR 2002, 198.
–: Zwangsvollstreckung in „Internet-Domains"; in: RPfleger 2002, 181.
Beurskens, Michael: Vom Sacheigentum zum „virtuellen Eigentum"? – Absolute Rechte an „Daten"; in: *Domej, Tanja / Dörr, Bianka S. / Hoffmann-Nowotny, Urs H. / Vasella, David / Zelger, Ulrich* (Hg.): Einheit des Privatrechts, komplexe Welt: Herausforderungen durch fortschreitende Spezialisierung und Interdisziplinarität. Jahrbuch Junger Zivilrechtswissenschaftler 2008, 443 (Stuttgart, 2009).
Billing, Tom: Die Bedeutung von § 307 III 1 BGB im System der AGB-rechtlichen Inhaltskontrolle (München, 2006); zit.: *Billing*.
Birch, David: Money Laundering in Virtual Worlds: Risks and Reality; in: 9 (5) E.C.L. & P. 12 (2007).
–: Regulating Virtual Worlds: Current and future Issues; in: 9 (1) E.C.L. & P. 12 (2007)
Blazer, Charles: The Five Indicia of Virtual Property; in: 5 Pierce L. Rev. 137 (2006).
Borges, Georg: Weltweite Geschäfte per Internet und deutscher Verbraucherschutz; in: ZIP 1999, 565.
Bösert, Bernd: Nießbrauch an Computerprogrammen (Köln, 1992); zit.: *Bösert*.
Boyle, James: The Second Enclosure Movement and the Construction of the Public Domain; in: 66 Law & Contemp. Probs. 33 (2003).
Bracha, Oren: Standing Copyright Law on its Head? The Googlization of Everything and the many Faces of Property; in: 85 Tex. L. Rev. 1799 (2007).
Bradley, Caroline / Froomkin, A. Michael: Virtual Worlds, Real Rules; in: 49 N.Y.L.Sch. L. Rev. 103 (2004).
Braun, Nora: The interface between the protection of technological measures and the exercise of exceptions to copyright and related rights: Comparing the situation in the United States and the European Community; in: [2003] E.I.P.R. 496.
Bruns, Alexander: Die Vertragsfreiheit und ihre Grenzen in Europa und den USA – Movement from Contract to Status?; in: JZ 2007, 385.
Buchanan, James M.: Die Grenzen der Freiheit: Zwischen Anarchie und Leviathan (Tübingen, 1984); zit.: *Buchanan*.
Büchner, Thomas: Die urheberrechtliche Schutzfähigkeit virtueller Güter; in: K&R 2008, 425.
Bullinger, Martin: Private Rundfunkfreiheit auf dem Weg zur Pressefreiheit; in: ZUM 2007, 337.
Bullinger, Winfried / Jani, Ole: Fußballübertragung in der virtuellen Welt; in: ZUM 2008, 897.
Burg, Michael / Müller-Seils, Carsten: Neue dogmatische Verankerung des existenzvernichtenden Eingriffs; in: ZInsO 2007, 929.
Bürge, Stefan: Online Gaming – Reale rechtliche Stolpersteine in virtuellen Welten; in: sic! 2006, 802.
Burger, Benedikt: Rechtliche Aspekte virtueller Welten – „Second Life – Same Law"?; in: *Taeger, Jürgen / Wiebe, Andreas* (Hg.): Aktuelle Entwicklungen im Informationstechnologierecht (Edewecht, 2007), 65.
Burk, Dan L. : The Trouble with Trespass; in: 4 J. Small & Emerging Bus. L. 27 (2000).

Burnstein, Matthew R.: Conflicts on the Net: Choice of Law in Transnational Cyberspace; in: 29 Vand. J. Transnat. L. 75 (1996).

Burshtein, Sheldon: Is a domain name property?; in: 1(1) J.I.P.L.P. 59 (2005).

Bydlinski, Peter: Der Sachbegriff im elektronischen Zeitalter: zeitlos oder anpassungsbedürftig?; in: AcP 198 (1998), 287.

Calabresi, Guido / Melamed, A. Douglas: Property Rules, Liability Rules, and Inalienability: One View of the Cathedral; in: 85 Harv. L. Rev. 1089 (1972).

Camp, Bryan: The Play's the Thing: A Theory of Taxing Virtual Worlds; in: 59 Hastings L. J. 1 (2007).

Canaris, Claus-Wilhelm: Die Verdinglichung obligatorischer Rechte; in: *Jakobs, Horst Heinrich / Knobbe-Keuk, Brigitte / Picker, Eduard / Wilhelm, Jan* (Hg.): Festschrift für Werner Flume zum 70. Geburtstag, (Köln, 1978), 371; zit.: *Canaris* FS Flume.

–: Der Schutz obligatorischer Forderungsrechte nach § 823 I BGB; in: *Deutsch, Erwin / Klingmüller, Ernst / Kullmann, Hans Josef* (Hg.): Der Schadenersatz und seine Deckung. Festschrift für Erich Steffen zum 65. Geburtstag (Berlin, 1995), 85; zit.: *Canaris* FS Steffen.

Carrier, Michael A. / Lastowka, Greg: Against Cyberproperty; in: 22 Berkeley Tech. L. J. 1485 (2007).

Carrier, Michael A.: Cabining Intellectual Property through a Property Paradigm; in: 54 Duke L.J. 1 (2004).

Castendyk, Oliver: Lizenzverträge und AGB-Recht; in: ZUM 2007, 169.

Castronova, Edward: Virtual Worlds: A first-hand account of the market and society on the cyberian frontier; CES Ifo Working Paper No. 618 (2001); abrufbar unter http://ssrn.com/abstract=294828, Abruf am 1.9.2009.

–: On Virtual Economies; CES Ifo Working Paper Nr. 752 (2002); abrufbar unter http://ssrn.com/abstract_id=338500, Abruf am 1.9.2009.

–: Theory of the Avatar; CES Ifo Working Paper Nr. 863 (2003); abrufbar unter http://ssrn.com/abstract=385103, Abruf am 1.9.2009.

–: The Right To Play; in: 49 N.Y.L. Sch. L. Rev. 185 (2004).

Chein, Allen: A Practical Look At Virtual Property; in: 80 St. John's L. Rev. 1059 (2006).

Chheda, Timir: Intellectual Property Implications in a Virtual Environment; in: 4 J. Marshall Rev. Intell. Prop. L. 483 (2005).

Chin, Bettina M.: Regulating your Second Life - Defamation in Virtual Worlds; in: 72 Brook. L. Rev. 1303 (2007).

Christiansen, Per: Selbstregulierung, regulatorischer Wettbewerb und staatliche Eingriffe im Internet; in: MMR 1999, 123.

Clarke, Alison / Kohler, Paul: Property Law (Cambridge, 2005); zit.: *Clarke/Kohler*.

Clerk & Lindsell on Torts (hrsg. v. *Dias, Reginald W.M.*; 19. Aufl., London, 2005, 1st supplement 2006); zit. *Clerk & Lindsell*$^{19-1}$.

Coase, Ronald: The Nature of the Firm; in: 4 Econometrica 390 (1937); ebenso in: *Katz, Avery Wiener* (Hg.): Foundations of the Economic Approach to Law (New York, 1998), 65.

–: The Problem of Social Cost; in: 3 Journal of Law and Economics 1 (1960); ebenso in: *Katz, Avery Wiener* (Hg.): Foundations of the Economic Approach to Law (New York, 1998), 69.

Cohen, Felix S.: Transcendental Nonsense and the Functional Approach; in: 35 Colum. L. Rev. 809 (1935).

Cohen, Julie E.: Lochner in Cyberspace: The New Economic Orthodoxy of „Rights Management"; in: 97 Mich. L. Rev. 462 (1998).

–: Overcoming Property: Does Copyright Trump Privacy?; in: [2002] U. Ill. J. L. Tech. & Pol'y 375.

–: Cyberspace as / and Space; in: 107 Col. L. Rev. 210 (2007).

Coleman, Jules L. / Kraus, Jody: Rethinking the Theory of Legal Rights; in: 95 Yale L.J. 1335 (1986).

Cordall, Gillian: The good life?; in: 18 (2) Comps. & Law 25 (2007).

Crawford, Susan P.: Who's in Charge of Who I Am?: Identity and Law Online; in: 49 N.Y.L. Sch. L. Rev. 211 (2005).

Davis, Jennifer: European trade mark law and the enclosure of the commons; in: [2002] I.P.Q. 342.

Davis, Nathan: Presumed Assent: The Judicial Acceptance of Clickwrap; in: 22 Berk. Tech. L.J. 577 (2007).

Deenihan, Kevin E.: Leave Those Orcs Alone: Property Rights in Virtual Worlds; SSRN Working Paper Series; abrufbar unter http://ssrn.com/abstract=1113402, Abruf am 1.9.2009.

Delfs, Sören: Innovation – Standardisierung – Recht; in: *Eifert, Martin / Hoffmann-Riem, Wolfgang* (Hg.): Innovation und rechtliche Regulierung (Baden-Baden, 2002), 171.

DeLong, James V.: Property Matters (Washington, 1997); zit.: *DeLong*.

Demsetz, Harold: Toward a Theory of Property Rights; in: 57 American Economic Review 347 (1963); ebenso in: *Katz, Avery Wiener* (Hg.): Foundations of the Economic Approach to Law (New York, 1998), 93.

Dibbell, Jullian: Owned. Intellectual Property in the Age of eBayers, Gold Farmers, and Other Enemies of the Virtual State; Beitrag auf der State of Play III Conference, New York Law School, 2003; abrufbar unter http://www.juliandibbell.com/texts/owned.html, Abruf am 1.9.2009.

Dierck, Ralf: Anm. zu BGH v. 19.9.2003 – V ZR 319/01 – *Fremdeinspeisung*; in: MMR 2004, 31.

Donle, Christian: Die Bedeutung des § 31 Abs. 5 UrhG für das Urhebervertragsrecht (München, 1993); zit.: *Donle*.

Dooley, Stephen / Karaoulou, Harry: Unreal property - owning binary goods; in: 16 (6) Comps. & Law 20 (2006).

Dougherty, Candidus / Lastowka, Greg: Copyright Issues in Virtual Economies; in: 9 (5) E.C.L. & P. 3 (2007).

Dougherty, Candidus: Bragg v Linden: Virtual Property Rights Litigation; in: 9 (7) E.C.L. & P. 6 (2007).

Dreier, Thomas / Schulze, Gernot: Urheberrechtsgesetz. Kommentar (3. Aufl., München, 2008); zit: Dreier/Schulze/*Bearb.*^{3}.

Dreier, Thomas: Contracting out of Copyright in the Information Society: The Impact on Freedom of Expression; in: *Griffiths, Jonathan / Suthersanen, Uma* (Hg.): Copyright and Free Speech (Oxford, 2005), 385.

–: The Role of the ECJ for the Development of Copyright in the European Communities; in: 54 J. Copyright Soc'y U.S.A. 183 (2007).

Duffy, John F.: Intellectual Property Isolationism and the Average Cost Thesis; in: 83 Tex. L. Rev. 1077 (2005).

Dulckeit, Gerhard: Die Verdinglichung obligatorischer Rechte (Tübingen, 1951).

Dusollier, Severine: Technology as an imperative for regulating copyright: from the public exploitation to the private use of the work; in: [2005] E.I.P.R. 201.

Dwyer, John P. / Menell, Peter S.: Property Law and Policy: A Comparative Institutional Perspective (Westbury, N.Y., 1998).

Dylla-Krebs, Corinna: Schranken der Inhaltskontrolle bei Allgemeinen Geschäftsbedingungen (Baden-Baden, 1990); zit.: *Dylla-Krebs*.

Easterbrook, Frank H.: Cyberspace and the Law of the Horse; in: [1996] U. Chi. Legal F. 207.

Edwards, Gregory W. / Barfield, Woodrow / Nussbaum, Maury A.: The use of force feedback and auditory cues for performance of an assembly task in an immersive virtual environment; in: 7 (2) Virtual Reality 112 (2004).

Eidenmüller, Horst: Effizienz als Rechtsprinzip (Tübingen, 2. Aufl., 1998); zit.: *Eidenmüller*².

–: Der homo oeconomicus und das Schuldrecht: Herausforderungen durch Behavioral Law and Economics; in: JZ 2005, 216.

Emmerich, Volker: Unlauterer Wettbewerb (7. Aufl., München, 2004); zit.: *Emmerich*⁷.

Engel, Christoph: Die soziale Funktion des Eigentums; in: *von Danwitz, Thomas / Depenheuer, Otto / Engel, Christoph* (Hg.): Bericht zur Lage des Eigentums (Berlin, 2002), 9.

Epstein, Richard A.: Intellectual Property: Old Boundaries and New Frontiers; in: 76 Ind. L.J. 803 (2001).

–: Cybertrespass; in: 70 U. Chi. L. Rev. 73 (2003).

–: The Roman Law of Cyberconversion; in: [2005] Mich. St. L. Rev. 103.

Erdmann, Willi: Urhebervertragsrecht im Meinungsstreit; in: GRUR 2002, 923.

Erman. Bürgerliches Gesetzbuch; hrsg. v. *Westermann, Harm Peter* (12. Aufl., Köln, 2008); zit.: Erman/*Bearb*¹².

Ernst, Gundula: Vertragsschluss im Internet unter besonderer Berücksichtigung der E-Commerce-Richtlinie (Hamburg, 2007); zit.: *Ernst*.

Ernst, Stefan: Wirtschaftsrecht im Internet; in: BB 1997, 1057.

–: Das neue Computerstrafrecht; in: NJW 2007, 2661.

Fabricius, Fritz: Zur Dogmatik des „sonstigen Rechts" gemäß § 823 Abs. 1 BGB; in: AcP 160 (1961), 273.

Fairfield, Joshua: Virtual Property; in: 85 B.U.L.Rev. 1047 (2005).

–: Anti-Social Contracts: The contractual governance of Online Communities; Washington & Lee Legal Studies Paper Nr. 2007-20; abrufbar unter http://ssrn.com/abstract=1002997, Abruf am 1.9.2009.

Faustmann, Jörg: Der deliktische Datenschutz; in: VuR 2006, 260.

Feldmann, Thorsten / Heidrich, Joerg: Rechtsfragen des Ausschlusses von Usern aus Internetforen; in: CR 2006, 406.

Fezer, Karl-Heinz: Markenrecht (4. Aufl., München, 2009); zit.: *Fezer* MarkenR⁴.

Fischer, Thomas: Strafgesetzbuch, Kommentar (56. Aufl., München, 2008); zit.: *Fischer*⁵⁶.

Flume, Werner: Allgemeiner Teil des BGB (4. Aufl., Berlin, 1992); zit.: *Flume* BGB AT⁴.

Forkel, Hans: Lizenzen an Persönlichkeitsrechten durch gebundene Rechtsübertragung; in: GRUR 1988, 491.

–: Zur Zulässigkeit beschränkter Übertragungen des Namensrechts; in: NJW 1993, 3181.

Franks, Courtney W.: Analyzing the Urge to Merge: Conversion of Intangible Property and the Merger Doctrine in the Wake of Kremen v. Cohen; in: 42 Hous. L. Rev. 489 (2005).

Fritsch, Michael: Die Legitimation kollektiven Handelns in der neueren Vertragstheorie – Nozick, Buchanan und Rawls im Vergleich; in: *Boettcher, Erik / Herder-Dorneich, Philipp / Schenk, Karl-Ernst* (Hg.); Jahrbuch für neue politische Ökonomie, Bd. 3 (Tübingen, 1984), 31.

Fromm, Friedrich K. / Nordemann, Wilhelm: Urheberrecht; hrsg. v. *Nordemann, Wilhelm / Nordemann, Axel / Nordemann, Jan Bernd* (10. Aufl., Stuttgart, 2008); zit.: Fromm/Nordemann/*Bearb.*[10].

Froomkin, A. Michael: Habermaas@discourse.net: Toward a Critical Theory of Cyberspace; in: 116 Harv. L. Rev. 749 (2003).

Gaius: Institutionen; in: *Huchthausen, Liselot* (Hg.): Römisches Recht (2. Aufl., Berlin, 1983); zit.: *Gaius* Institutionen.

Ganea, Peter: Der Stellenwert des Urheberrechts in den Wirtschaftswissenschaften; in: *Ganea, Peter / Heath, Christopher / Schricker, Gerhard* (Hg.): Urheberrecht Gestern – Heute – Morgen. Festschrift für Adolf Dietz zum 65. Geburtstag (München, 2001), 43; zit.: *Ganea* FS Dietz.

–: Ökonomische Aspekte der urheberrechtlichen Erschöpfung; in: GRUR Int. 2005, 102.

Garlick, Mia: Player, Pirate or Conducer? A Consideration of the Rights of Online Gamers; in: 7 Yale J. L. & Tech. 422 (2004-2005).

Gehrlein, Markus: Die Existenzvernichtungshaftung im Wandel der Rechtsprechung; in: WM 2008, 761.

Geiger, Christophe: Die Schranken des Urheberrechts als Instrumente der Innovationsförderung – Freie Gedanken zur Ausschließlichkeit im Urheberrecht; in: GRUR Int. 2008, 459.

Geis, Ivo / Geis, Esther: Rechtsaspekte des virtuellen Lebens; in: CR 2007, 722.

Geiser, Gordon: Gesellschaftsorganisation und Gesellschaftsinnenrecht virtueller Unternehmen (Bern, 2004); zit.: *Geiser*.

Gervassis, Nicholas J.: In Search of the Value of Online Electronic Personae: Commercial MMORPGs and the Terms of Participation in Virtual Communities; in: [2004] J.I.L.T. 3; abrufbar unter http://www2.warwick.ac.uk/fac/soc/law/elj/jilt/2004_3/gervassis, Abruf am 1.9.2009.

Gibson, James: Re-Reifying Data; in: 80 Notre Dame L. Rev. 163 (2004).

Gloger, Christian / Goette, Constantin / van Huet, Fabienne: Die neue Rechtsprechung zur Existenzvernichtungshaftung mit Ausblick in das englische Recht; in: DStR 2008, 1141, 1194.

Glushko, Bobby: Tales of the (Virtual) City: Governing Property Disputes in Virtual Worlds; in: 22 Berkeley Tech. L.J. 507 (2007).

Goldsmith, Jack L.: Against Cyberanarchy; in: 65 U. Chi. L. Rev. 1199 (1998).

–: The Internet and the Abiding Significance of Territorial Sovereignty; in: 5 Ind. J. Gl. Leg. Stud. 475 (1998).

Götting, Horst-Peter: Urheberrechtliche und vertragsrechtliche Grundlagen; in: *Beier, Friedrich-Karl / Götting, Horst-Peter / Lehmann, Michael / Moufang, Rainer* (Hg.): Urhebervertragsrecht. Festgabe für Gerhard Schricker zum 60. Geburtstag (München, 1995), 53; zit.: *Götting* FS Schricker.

–: Der Begriff des Geistigen Eigentums; in: GRUR 2006, 353.

Götzenbrucker, Gerit: Soziale Netzwerke und Internet-Spielwelten (Wiesbaden, 2001); zit.: *Götzenbrucker*.

Grimmelmann, James T. L.: Virtual Worlds as Comparative Law; in: 47 N.Y. L. Sch. L. Rev. 147 (2004).

–: Virtual Borders: The Interdependence of Real and Virtual Worlds (2005); NYLS Legal Studies Research Paper No. 08/09-9; abrufbar unter http://ssrn.com/abstract=868824, Abruf am 1.9.2009; zit: *Grimmelmann* Virtual Borders.

–: Regulation by Software; in: 114 Yale L.J. 1719 (2005).

Gröseling, Nadine / Höfinger, Frank Michael: Hacking und Computerspionage – Auswirkungen des 41. StrÄndG zur Bekämpfung der Computerkriminalität; in: MMR 2007, 549.
Grzeszick, Bernd: Geistiges Eigentum und Art. 14 GG; in: ZUM 2007, 344.
Guibault, Lucie / Westkamp, Guido / Rieber-Mohn, Thomas / Hugenholtz, Bernt / Eechoud, Mireille van / Helberger, Natali / Steijger, Lennert / Rossini, Mara / Dufft, Nicole / Bohn, Philipp: Study on the Implementation and Effect in Member States' Laws of Directive 2001/29/EC on the Harmonisation of Certain Aspects of Copyright and Related Rights in the Information Society (2007); abrufbar unter http://www.ivir.nl/publications/guibault/Infosoc_report_2007.pdf, Abruf am 15.11. 2008; zit.: IViR Studie.
Habel, Oliver M.: Eine Welt ist nicht genug – Virtuelle Welten im Rechtsleben; in: MMR 2008, 71.
Habersack, Mathias / Mayer, Christian: Globalverbriefte Aktien als Gegenstand sachenrechtlicher Verfügungen? – Ein (weiteres) Plädoyer für die Ablösung der Globalurkunde durch Wertrechte; in: WM 2000, 1678.
Haedicke, Maximilian: Die Haftung für mittelbare Urheber- und Wettbewerbsrechtsverletzungen; in: GRUR 1999, 397.
–: Lex informatica oder allgemeines Deliktsrecht?; in: CR 1999, 309.
Hanloser, Stefan: Die Domain-Pfändung in der aktuellen Diskussion; in: CR 2001, 456.
Hansmann, Henry / Kraakman, Reinier: Property, Contract, and Verification: The Numerus Clausus Problem and the Divisibility of Rights; in: 31 J. Legal Stud. 373 (2002).
Hardin, Garrett: The Tragedy of the Commons; in: 162 Science 1243 (1968).
Hardy, Trotter: Property (and Copyright) in Cyberspace; in: [1996] U. Chi. Legal F. 217.
–: The Ancient Doctrine of Trespass to Web Sites; in: 1996 J. Online L. Art. 7; abrufbar unter http://www.wm.edu/law/publications/jol/95_96/ hardy.html, Abruf am 1.9.2009.
–: The Proper Legal Regime for Cyberspace; in: 55 U. Pittsb. L. Rev. 993 (1994).
Harte-Bavendamm, Henning / Henning-Bodewig, Frauke: Gesetz gegen den unlauteren Wettbewerb (München, 2004); zit.: Harte-Bavendamm/Henning-Bodewig/*Bearb.*
Hartig, Helge: Die Rechtsnatur der Domain; in: GRUR 2006, 299.
Härting, Niko: Internetrecht (3. Aufl., 2008); zit.: *Härting*.
–: Die Gewährleistungspflichten von Internet-Dienstleistern; in: CR 2001, 37.
Haupt, Stefan: Die Übertragung des Urheberrechts; in: ZUM 1999, 898.
Hedemann, Justus Wilhelm: Sachenrecht des Bürgerlichen Gesetzbuches (3. Aufl., Berlin, 1960); zit. *Hedemann*^{3}.
Hegel, Georg Wilhelm Friedrich: Die Philosophie des Rechts. Vorlesung von 1821 / 22; hrsg. v. *Hoppe, Hansgeorg* (Frankfurt a.M., 2005); zit.: *Hegel* PhilR 1821/22.
–: Philosophie des Rechts. Vorlesung 1819/1820 in einer Nachschrift; hrsg. v. *Henrich, Dieter* (Frankfurt a.M., 1983); zit.: *Hegel* PhilR 1819/20.
Heidelberger Kommentar zum Urheberrecht; hrsg. v. *Dreyer, Gunda / Kotthof , Jost / Meckel, Astrid* (Heidelberg, 2004); zit: HK-UrhR/*Bearb.*
Heller, Michael A.: The Tragedy of the Anticommons: Property in Transition From Marx to Markets; in: 111 Harv. L. Rev. 621 (1998).
–: The Boundaries of Private Property; in: 108 Yale L.J. 1163 (1999).
Heussen, Benno: Unvermeidbare Softwarefehler; in: CR 2004, 1.
Hilty, Reto M. / Kur, Annette / Klass, Nadine / Geiger, Christophe / Peukert, Alexander / Drexl, Josef / Katzenberger, Paul: Stellungnahme des Max-Planck-Instituts für Geistiges Eigentum, Wettbewerbs- und Steuerrecht zum Vorschlag der Kommission für eine Richtlinie zur Änderung der Richtlinie 2006/116 EG des Europäischen Parlaments und

des Rates über die Schutzdauer des Urheberrechts und bestimmter verwandter Schutzrechte; in: GRUR Int. 2008, 907.

Hilty, Reto M.: Der Softwarevertrag – ein Blick in die Zukunft – Konsequenzen der trägerlosen Nutzung und des patentrechtlichen Schutzes von Software; in: MMR 2003, 3.

Hirte, Heribert / Knof, Béla: Das Pfandrecht an globalverbrieften Aktien in der Insolvenz (Teil II); in: WM 2008, 49.

Historisch-kritischer Kommentar zum BGB; hrsg. v. *Schmoeckel, Mathias / Rückert, Joachim / Zimmermann, Reinhard* (Tübingen, 2003); zit.: HKK/*Bearb.*

Hoeren, Thomas: Urheberrecht 2000 - Thesen für eine Reform des Urheberrechts; in: MMR 2000, 3.

–: Entwurf einer EU-Richtlinie zum Urheberrecht in der Informationsgesellschaft – Überlegungen zum Zwischenstand der Diskussion; in: MMR 2000, 515

–: Virenscanning und Spamfilter - Rechtliche Möglichkeiten im Kampf gegen Viren, Spams & Co.; in: NJW 2004, 3513.

–: Der urheberrechtliche Erschöpfungsgrundsatz bei der Online-Übertragung von Computerprogrammen; in: CR 2006, 573.

–: Das Pferd frisst keinen Gurkensalat - Überlegungen zur Internet Governance; in: NJW 2008, 2615.

Hoffmann, Guido: Die Verpfändung von Aktien in der Konsortialkreditpraxis; in: WM 2007, 1547.

Hoffmann, Helmut: Anmerkung zu BGH v. 5.7.2005 – VII ZB 5/05; in: MMR 2005, 687.

Hoffmann, Mario: Willenserklärungen im Internet (Hamburg, 2003); zit.: *Hoffmann.*

Hoffman-Riem, Wolfgang: Rechtswissenschaftliche Innovationsforschung als Reaktion auf gesellschaftlichen Innovationsbedarf; in: *Eifert, Martin / Hoffmann-Riem, Wolfgang* (Hg.): Innovation und rechtliche Regulierung (Baden-Baden, 2002), 26.

Homann, Karl: Markt, Staat und Freiheit im Liberalismus; in: *Boettcher, Erik / Herder-Dorneich, Philipp / Schenk, Karl-Ernst* (Hg.); Jahrbuch für neue politische Ökonomie, Bd. 2 (Tübingen, 1984), 325.

–: Ethik und Ökonomik; in: *Lütge, Christoph* (Hg.): Vorteile und Anreize (Tübingen, 2002), 45.

–: Wettbewerb und Moral; in: *Lütge, Christoph* (Hg.): Vorteile und Anreize (Tübingen, 2002), 23.

Hombrecher, Lars: Domains als Vermögenswerte – Rechtliche Aspekte des Kaufs, der Lizenzierung, der Beleihung und der Zwangsvollstreckung; in: MMR 2005, 647.

Hopf, Kristina / Braml, Birgit: Virtuelle Kinderpornographie vor dem Hintergrund des Online-Spiels Second Life; in: ZUM 2007, 354.

Horowitz, Steven J.: Competing Lockean Claims to Virtual Property; in: 20 Harv. J. L. & Tech. 443 (2007).

–: Bragg v. Linden's Second Life: A Primer in Virtual World Justice; in: 34 Ohio N.U. L. Rev. 223 (2008).

Hunt, Kurt: This Land Is Not Your Land: Second Life, CopyBot, and the Looming Question of Virtual Property Rights, 9 Tex. Rev. Ent. & Sports L. 141 (2007).

Hunter, Dan: Cyberspace as Place and The Tragedy of the Digital Anticommons; in: 91 Cal. L. Rev. 439 (2003).

Husserl, Gerhart: Der Rechtsgegenstand. Rechtslogische Studie zu einer Theorie des Eigentums (Berlin, 1933); zit.: *Husserl.*

Ingerl, Reinhard / Rohnke, Christian: Markengesetz (2. Aufl., München, 2003); zit: *Ingerl/Rohnke*².

Intveen, Michael: Gerichtliche Überprüfung von Preis- und Leistungsbestimmungen bei formularmäßigen Software-Pflegeverträgen; in: ITRB 2005, 117.
Jankowich, Andrew E.: Property and Democracy in Virtual Worlds; in: 11 B.U. J. Sc. and Tech. L. 173 (2005).
–: EULAw: The Complex Web of Corporate Rule-Making in Virtual Worlds; in: 8 Tul. J. Tech. & Intell. Prop. 1 (2006).
Jellinek, Georg: Allgemeine Staatslehre (3. Aufl., Kronberg, 1913 / Nachdr. 1976); zit.: *Jellinek*.
Jenkins, Peter S.: The Virtual World as a Company Town – Freedom of Speech in Massively Multiple Online Role Playing Games; 8 (1) J. Internet L. (2004).
Johnson, David R. / Post, David: Law and Borders: The Rise of Law in Cyberspace; in: 48 Stan. L. Rev. 1367 (1996).
Jones, Alison / Suffrin, Brenda: EC Competition Law (3. Aufl., Oxford, 2007).
Joost, Detlev: Eine vergangene Zukunft der Rechtswissenschaft; in: JZ 1995, 11
Julius von Staudingers Kommentar zum Bürgerlichen Gesetzbuch mit Einführungsgesetzen und Nebengesetzen; §§ 90 – 133 (Berlin, 2005); §§ 823 – 825 (Berlin, 1999); Einl. Sachenrecht, §§ 854 – 882 (Berlin, 2007); §§ 903 – 924 (Berlin, 2002); Einl. IPR, Art.3-6 EGBGB (Berlin, 2003); Art. 27 – 37 EGBGB (Berlin, 2002); Internationales Wirtschaftsrecht (Berlin, 2006); Internationales Sachenrecht (Berlin, 1996); zit.: Staudinger/*Bearb.*^{Jahr}.
Junker, Abbo: Die Rom II-Verordnung: Neues Internationales Deliktsrecht auf europäischer Grundlage; in: NJW 2007, 3675.
Junker, Markus: Anwendbares Recht und internationale Zuständigkeit bei Urheberrechtsverletzungen im Internet (Kassel, 2001); zit.: *Junker*.
Kam, Steven: Intel Corp. v. Hamidi: Trespass to Chattels and a Doctrine of Cyber-Nuisance; in: 19 Berkeley Tech. L.J. 427 (2004).
Kaser, Max / Knütel, Rolf: Römisches Privatrecht (18. Aufl., München, 2005); zit.: *Kaser/Knütel*^{18}.
Kaser, Max: Der römische Anteil am deutschen bürgerlichen Recht; in: JuS 1967, 337.
Kayser, Jamie J.: The New New-World: Virtual Property and the End User License Agreement; in: 27 Loy. L.A. Ent. L. Rev. 59 (2007).
Kelley, Bennet: Federal Legislative Update: 110th Congress; in: 10 (9) J. Internet L. 3 (2007).
Kerr, Orin S.: The Problem of Perspective in Internet Law; in: 91 Geo. L.J. 357 (2003).
Kilian, Wolfgang: Aufwirkungen der Informationstechnologie auf rechtliche Prinzipien; in: *Krawietz, Werner / Martino, Antonio A. / Winston, Kenneth I.* (Hg.): Technischer Imperativ und Legitimationskrise des Rechts (Berlin, 1991), 353.
Kirchgässner, Gebhard: Hält sich der Homo oeconomicus an Regeln?; in: *Herder-Dorneich, Philipp / Schenk, Karl-Ernst / Schmidtchen, Dieter* (Hg.); Jahrbuch für neue politische Ökonomie, Bd. 12 (Tübingen, 1993), 181.
Kleespies, Mathias: Die Domain als selbstständiger Vermögensgegenstand in der Einzelzwangsvollstreckung; in: GRUR 2002, 764.
Klickermann, Paul H.: Virtuelle Welten ohne Rechtsansprüche?; in: MMR 2007, 766.
Kliemt, Hartmut: Constitutional Commitments; in: *Herder-Dorneich, Philipp / Schenk, Karl-Ernst / Schmidtchen, Dieter* (Hg.); Jahrbuch für neue politische Ökonomie, Bd. 12 (Tübingen, 1993), 145.
Klimek, Oliver / Sieber, Stefanie: Anwendbares Recht beim Vertrieb digitalisierbarer Waren über das Internet am Beispiel der Softwareüberlassung; in: ZUM 1998, 902.

Kloos, Bernhard / Wagner, Axel-Michael: Vom Eigentum zur Verfügbarkeit – Nutzungsorientierte Geschäftskonzepte im IT-Sektor aus vertragsrechtlicher Sicht; in: CR 2002, 865.
Koch, Frank A.: Software-Urheberrechtsschutz für Multimedia-Anwendungen; in: GRUR 1995, 459.
–: Internet-Recht (München, 1998); zit.: *Koch*.
–: Weltweit verteiltes Rechnen im Grid Computing; in: CR 2006, 42.
Koch, Pamela: Die rechtliche Bewertung virtueller Gegenstände auf Online-Plattformen; in: JurPC Web-Dok. 57/2006; abrufbar unter http://www.jurpc.de/aufsatz/20060057.htm, Abruf am 1.9.2009.
Koch, Robert: Haftung für die Weiterverbreitung von Viren durch E-Mails; in: NJW 2004, 801.
Köhler, Helmut / Bornkamm, Joachim: Gesetz gegen den unlauteren Wettbewerb (26. Aufl., München, 2008); zit.: Köhler/Bornkamm/*Bearb.*[26].
Kohler, Josef: Die Idee des geistigen Eigentums; in: AcP 82 (1894), 141.
Koos, Stefan: Die Domain als Vermögensgegenstand zwischen Sache und Immaterialgut – Begründung und Konsequenzen einer Absolutheit des Rechts an der Domain; in: MMR 2004, 359.
Körber, Thomas C. / Lee, U-Ju Tomy: Rechtliche Bewertung der Markenbenutzung in Computerspielen nach dem Opel-Blitz-Urteil des EuGH; in: WRP 2007, 609.
Kotelnikov, Andrey: Trade Marks and Visual Replicas of Branded Merchandise in Virtual Worlds; in: [2008] I.P.Q. 110.
Koziol, Helmut: Die Beeinträchtigung fremder Forderungsrechte (Wien, 1967); zit.: *Koziol*.
Kraft, Dennis / Meister, Johannes: Rechtsprobleme virtueller Sit-ins; in: MMR 2003, 366.
Krasemann, Henry: Onlinespielrecht – Spielwiese für Juristen; in: MMR 2006, 351.
Kreutzer, Till: Computerspiele im System des deutschen Urheberrechts; in: CR 2007, 1.
Krieg, Henning: Second Life, Mataversen und das Web in 3D; in: *Taeger, Jürgen / Wiebe, Andreas* (Hg.): Aktuelle Entwicklungen im Informationstechnologierecht (Edewecht, 2007), 79.
Kropholler, Jan: Internationales Privatrecht (Tübingen, 6. Aufl. 2006); zit.: *Kropholler*[6].
Krümpel, Siegfried: Der Bestimmtheitsgrundsatz bei Verfügungen über Sammeldepotguthaben; in: WM 1980, 422.
Kruse, Vinding: Das Eigentumsrecht (Berlin, 1931); zit.: *Kruse*.
Kuck, Katja: Kontrolle von Musterverträgen im Urheberrecht; in: GRUR 2000, 285.
Kunz, Sylvia: Rechtsfragen des Ausschlusses aus Internetforen (Hamburg, 2005); zit.: *Kunz*.
Lackner, Karl / Kühl, Kristian: Strafgesetzbuch (26. Aufl., München, 2007); zit.: *Lackner/Kühl*[26].
Ladeur, Karl-Heinz: Ausschluss von Teilnehmern an Diskussionsforen im Internet – Absicherung von Kommunikationsfreiheit durch „netzwerkgerechtes" Privatrecht; in: MMR 2001, 787.
–: Die Dynamik des Internet als Herausforderung der Stabilität des Rechts – „virtuelles Eigentum", Copyright, Lauterkeitsrecht und Grundrechtsbindung im Internet als Exempel; in: *Eifert, Martin / Hoffmann-Riem, Wolfgang* (Hg.): Innovation und rechtliche Regulierung (Baden-Baden, 2002), 339.
–: „Offenheitspflege" im Internet – eine neue Funktion für objektivrechtliche Dimension der „Medienfreiheit"?; in: *Ladeur, Karl-Heinz* (Hg.): Innovationsoffene Regulierung des Internet (Baden-Baden, 2003), 101.

Larenz, Karl / Canaris, Claus-Wilhelm: Lehrbuch des Schuldrechts, Band 2, 2. Teilband (13. Aufl., München, 1994); zit.: *Larenz/Canaris* Schuldrecht II/2[13].

Larenz, Karl / Wolf, Manfred: Allgemeiner Teil des deutschen Bürgerlichen Rechts (9. Aufl., München, 2004); zit.: *Larenz/Wolf* BGB AT[9].

Larenz, Karl: Allgemeiner Teil des deutschen Bürgerlichen Rechts (7. Aufl., München, 1989); zit.: *Larenz* BGB AT[7].

Larenz, Karl: Lehrbuch des Schuldrechts, Band 1, Allgemeiner Teil (14. Aufl., München, 1987); zit.: *Larenz* Schuldrecht I[14].

–: Lehrbuch des Schuldrechts, Band 2, Besonderer Teil, 2. Teilband (12. Aufl., München, 1981); zit.: *Larenz* Schuldrecht II/2[12].

–: Methodenlehre der Rechtswissenschaft (2. Aufl., 1995); zit.: *Larenz* Methodenlehre[2].

Lastowka, F. Gregory: Decoding Cyberproperty; in: 40 Ind. L. Rev. 23 (2007).

–: User-Generated Content & Virtual Worlds; in: 10 Vand. J. Ent. & Tech. L. 893 (2008).

Lastowka, F. Gregory / Hunter, Dan: The Laws of Virtual Worlds; in: 92 Cal. L. Rev. 1 (2004).

–: Virtual Crimes; in: 49 N.Y.L. Sch. L. Rev. 293 (2005).

Lederman, Leandra: Stranger Than Fiction: Taxing Virtual Worlds, 82 N.Y.U. L. Rev. 1620 (2007).

Lehmann, Heinrich: Allgemeiner Teil des Bürgerlichen Gesetzbuches (7. Aufl., Berlin, 1952); zit. *Lehmann*[7].

Lehmann, Michael: Eigentum, geistiges Eigentum, gewerbliche Schutzrechte – Property Rights als Wettbewerbsbeschränkung zur Förderung des Wettbewerbs; in: GRUR Int. 1983, 356.

Lehment, Cornelis: Zur Störerhaftung von Online-Auktionshäusern; in: WRP 2003, 1058.

–: Anmerkung zu BGH v. 19. 4. 2007 - I ZR 35/04 - Internet-Versteigerung II; in: GRUR 2007, 713.

Leible, Stefan / Lehmann, Matthias: Die Verordnung über das auf vertragliche Schuldverhältnisse anzuwendende Recht („Rom I"); in: RIW 2008, 528.

Leipziger Kommentar zum Strafgesetzbuch; hrsg. v. *Jähnke, Burkhard / Laufhütte, Heinrich-Wilhelm / Odersky, Walter* (11. Aufl., Berlin, 2003); zit.: LK StGB/*Bearb*[11].

Leistner, Matthias / Hansen, Gerd: Die Begründung des Urheberrechts im digitalen Zeitalter - Versuch einer Zusammenführung von individualistischen und utilitaristischen Rechtfertigungsbemühungen; in: GRUR 2008, 479.

Lejeune, Mathias: Anwendbares Recht, Rechtswahl- und Schiedsgerichtsklauseln in internationalen Software-Lizenzverträgen; in: ITRB 2003, 247.

Lemley, Mark A.: Intellectual Property and Shrinkwrap Licenses; in: 68 S. Cal. L. Rev. 1239 (1995).

–: Place and Cyberspace; in: 91 Cal. L. Rev. 521 (2003).

–: Property, Intellectual Property, and Free Riding; in: 83 Tex. L. Rev. 1031 (2005).

–: Terms of Use; in: 91 Minn. L. Rev. 459 (2006).

Lessig, Lawrence: The Path of Cyberlaw; in: 104 Yale L.J. 1743 (1995).

–: The Zones of Cyberspace; in: 48 Stan. L. Rev. 1403 (1996).

–: The Law and the Horse; What Cyberlaw might teach; in: 113 Harv. L. Rev. 501 (1999).

–: Code version 2.0 (2. Aufl., New York, 2006).

Leupold, Andreas / Bräutigam, Peter / Pfeiffer, Marcus: Von der Werbung zur kommerziellen Kommunikation: Die Vermarktung von Waren und Dienstleistungen im Internet; in: WRP 2000, 575.

Libertus, Michael: Zivilrechtliche Haftung und strafrechtliche Verantwortlichkeit bei unbeabsichtigter Verbreitung von Computerviren; in: MMR 2005, 507.

Lim, Yee Fen: Is it really just a game? Copyright and online role-playing games; in: 1 (7) J.I.P.L.P. 481 (2006).

–: Patently designed and trade marked: MMORPGs; in: 2 (4) J.I.P.L.P. 258 (2007).

Lin, Albert C.: Virtual Consumption: A Second Life for Earth?; in: [2008] B.Y.U. L. Rev. 47.

Lipton, Jacqueline: Mixed Metaphors in Cyberspace: Property in Information and Information Systems; in: 35 Loy. U. Chi. L.J. 235 (2003).

Litman, Jessica: Breakfast with Batman: The Public Interest in the Advertising Age; in: 108 Yale L.J. 1717 (1999).

Lober, Andreas / Karg, Tanja: Unterlassungsansprüche wegen User Generated Content gegen Betreiber virtueller Welten und Online Spiele; in: CR 2007 , 647.

Lober, Andreas / Weber, Olaf: Money for Nothing? Der Handel mit virtuellen Gegenständen und Charakteren; in: MMR 2005, 653.

–: Den Schöpfer verklagen – Haften Betreiber virtueller Welten ihren Nutzern für virtuelle Güter?; in: CR 2006, 837.

Locke, John: The Second Treatise of Civil Government (1690); in: *ders.*: Two Treatises of Government; hrsg. v. *Laslett, Peter* (Cambridge, 1988); zit.: *Locke.*

Loewenheim, Ulrich: Urheberrechtliche Probleme bei Multimediaanwendungen; in: GRUR 1996, 830.

Loewenheim, Ulrich (Hg.): Handbuch des Urheberrechts (2003); zit.: Loewenheim/ *Bearb.*

Long, Clarisa: Information Costs in Patent and Copyright; in: 90 Va. L. Rev. 465 (2004).

Luhmann, Niklas: Der Ursprung des Eigentums und seine Legitimation; in: *Krawietz, Werner / Martino, Antonio A. / Winston, Kenneth I.* (Hg.): Technischer Imperativ und Legitimationskrise des Rechts (1991), 43.

Madison, Michael J.: Rights of Access and the Shape of the Internet; in: 44 B.C. L. Rev. 433 (2003).

–: Law as Design: Objects, Concepts and Digital Things; in: 56 Case Western Res. L. Rev. 381 (2005).

Mankowski, Peter: Das Internet im Internationalen Vertrags- und Deliktsrecht; in: RabelsZ 63 (1999), 203.

Mann, Steve / Barfield, Woodrow: Introduction to Mediated Reality; in: 15 (2) International Journal of Human Computer Interaction 205 (2003).

Mantz, Reto: Haftung für kompromittierte Computersysteme – § 823 Abs. 1 BGB und Gefahren aus dem Internet; in: K&R 2007, 566.

Marcus, Todd David: Fostering Creativity in Virtual Worlds: Easing the Restrictiveness of Copyright for User-Created Content; in: 52 N.Y.L. Sch. L. Rev. 67 (2007).

Markesinis, Basil / Deakin, Simon / Johnston, Angus: Markesinis and Deakin's Tort Law (6. Aufl., Oxford, 2008); zit.: *Markesinis & Deakin*[6].

Marly, Jochen: Softwareüberlassungsverträge (4. Aufl., München, 2004); zit.: *Marly.*

Maume, Philip: Bestehen und Grenzen des virtuellen Hausrechts; in: MMR 2007, 620.

Mayer, Frank C.: Recht und Cyberspace; in: NJW 1996, 1782.

Mayer-Maly, Theo: Die Wiederkehr von Rechtsfiguren; in: JZ 1971, 1.

Mayer-Schönberger, Viktor / Crowley, John: Napster's Second Life?: The Regulatory Challenges of Virtual Worlds, 100 NW. U. L. Rev. 1775 (2006).

McGowan, David: The Trespass Trouble and the Metaphor Muddle; in: 1 J.L. Econ. & Pol'y 109 (2005).

Medicus, Dieter: Bürgerliches Recht (21. Aufl., 2007); zit.: *Medicus* BR[21].

Medicus, Dieter: Die Forderung als „sonstiges Recht" nach § 823 I BGB?; in: *Deutsch, Erwin / Klingmüller, Ernst / Kullmann, Hans Josef* (Hg.): Der Schadenersatz und seine

Deckung. Festschrift für Erich Steffen zum 65. Geburtstag (1995), 333; zit.: *Medicus* FS Steffen.

Meehan, Michael: Virtual Property: Protecting Bits in Context; in: 13 Rich. J.L. & Tech. 7 (2006).

Meier, Klaus / Wehlau, Andreas: Die zivilrechtliche Haftung für Datenlöschung, Datenverlust und Datenzerstörung; in: NJW 1998, 1585.

Mendelson, Danuta: The New Law of Torts (South Melbourne, 2007); zit: *Mendelson*.

Mendis, Dinusha: Streaming, Second Life, „Summer" and Tennis from SW19: A Legal Perspective on Streaming and Second Life on Sporting Events; in: [2008] E.I.P.R. 1.

Mentz, Alexander / Fröhling, Viviane: Die Formen der rechtsgeschäftlichen Übertragung von Aktien; in: NZG 2002, 201.

Merges, Robert P.: Of Property Rules, Coase, and Intellectual Property; in: 94 Colum. L. Rev. 2655 (1994).

Merrill, Thomas W. / Smith, Henry E.: Optimal Standardization in the Law of Property: The Numerus Clausus Principle; in: 110 Yale L.J. 1 (2000).

–: What Happened to Property in Law and Economics?; in: 111 Yale L.J. 357 (2001).

Merrill, Thomas W.: Introduction: The Demsetz Thesis and the Evolution of Property Rights; in: 31 J. Legal Stud. 331 (2002).

Miller, Daniel C.: Determining Ownership in Virtual Worlds: Copyright and Licence Agreements; in: 22 Rev. Litig. 435 (2003).

Mincke, Wolfgang: Forderungsrechte als „sonstige Rechte" i.S. des § 823 Abs. 1 BGB; in: JZ 1984, 862.

Mnookin, Jennifer L.: Virtual(ly) Law: The Emergence of Law in LambdaMOO; in: 2 J. Computer-Mediated Comm. (1996); abrufbar unter http://jcmc.indiana.edu/vol2/issue1/lambda.html, Abruf am 1.9.2009.

Möhring/Nicolini, Urheberrechtsgesetz, hrsg. v. *Nicolini, Käte / Ahlberg, Hartwig* (2. Aufl. 2000); zit.: Möhring/Nicolini/*Bearb*^{2}.

Moringiello, Juliet M.: False Categories in Commercial Law: The (Ir)relevance of (In)tangibility; in: 35 Fla. St. U.L. Rev. 119 (2007).

Mossoff, Adam: What is Property? Putting the Pieces Back Together; in: 45 Ariz. L. Rev. 371 (2003).

Müller-Hengstenberg, Claus D. / Kirn, Stefan: Vertragscharakter des Application Service Providing-Vertrags; in: NJW 2007, 2370.

Müller-Hengstenberg, Claus D.: Computersoftware ist keine Sache; in: NJW 1994, 3128.

Münchener Kommentar zum Bürgerlichen Gesetzbuch; hrsg. v. *Rebmann, Kurt / Rixecker, Roland / Säcker, Franz Jürgen*; Bd. 1 Allgemeiner Teil: §§ 1 – 240 BGB (5. Aufl., München, 2006); Bd. 2 Schuldrecht Allgemeiner Teil: §§ 241 – 432 BGB (5. Aufl., München, 2007); Bd. 3 Schuldrecht Besonderer Teil: §§ 433 – 610 BGB (5. Aufl., München, 2008), Bd. 4 Schuldrecht Besonderer Teil II: §§ 611 – 704 BGB (5. Aufl., München, 2009); Bd. 5 Schuldrecht Besonderer Teil III: §§ 705 – 853 BGB (4. Aufl., München, 2004);Bd. 6 Sachenrecht: §§ 854-1296 (4. Aufl., München, 2004); Bd. 10: Einführungsgesetz zum Bürgerlichen Gesetzbuch, Art. 1 – 46 Internationales Privatrecht (4. Aufl., München, 2006); zit.: MüKo BGB/*Bearb.*$^{\text{Aufl.}}$.

Münchener Kommentar zum Handelsgesetzbuch; hrsg. v. *Schmidt, Karsten* (München, 2001); zit.: MüKO HGB/*Bearb.*

Musielak, Hans-Joachim (Hg.): Zivilprozessordnung (6. Aufl., München, 2008); zit.: Musielak/*Bearb.*^{6}.

Nash, Eric B. / Edwards, Gregory W. / Thompson, Jennifer A. / Barfield, Woodrow: A Review of Presence and Performance in Virtual Environments; in: 12 (1) International Journal of Human Computer Interaction 1 (2000).

Naylor, David / Jaworski, Andrew: The tangled web of virtual marks in an increasingly popular virtual world; in: 198 T.W. 30 (2007).

–: Virtual Worlds, Real Challenges; in: 18(8) Ent. L.R. 262 (2007).

Nguyen, Xuan-Thao N.: Commercial Law Collides With Cyberspace: The Trouble With Perfection – Insecurity Interests in the New Corporate Asset; in: 59 Wash. & Lee L. Rev. 37 (2002).

Nimmer, Raymond T.: Licensing in the Contemporary Information Economy; in: 8 Wash. U. J.L. & Pol'y 99 (2002).

Nomos Kommentar zum Strafgesetzbuch; hrsg. v. *Kindhäuser, Urs / Neumann, Ulfrid / Paefgen, Hanns-Ullrich* (2. Aufl., Baden-Baden, 2005); zit.: NK StGB/*Bearb*[2].

Nordemann, Axel / Nordemann, Jan Bernd / Nordemann, Wilhelm: Wettbewerbs- und Markenrecht (10. Aufl., Baden-Baden, 2004); zit.: *Nordemann*[10].

Nordemann, Wilhelm: Bildschirmspiele – eine neue Werkart im Urheberrecht; in: GRUR 1981, 891.

Ohly, Ansgar: Geistiges Eigentum?; in: JZ 2003, 545.

–: Gibt es einen Numerus Clausus der Immaterialgüterrechte?; in: *Ohly, Ansgar / Bodewig, Theo / Dreier, Thomas* (Hg.): Perspektiven des geistigen Eigentums und Wettbewerbsrecht. Festschrift für Gerhard Schricker zum 70. Geburtstag (München, 2005), 105; zit.: *Ohly* FS Schricker.

Olzen, Dirk: Die geschichtliche Entwicklung des zivilrechtlichen Eigentumsbegriffes; in: JuS 1984, 328.

Ondrejka, Cory R.: Collapsing Geography Second Life, Innovation, and the Future of National Power; in: 2 (3) Innovations: Technology, Governance, Globalisation 27 (2007).

–: Escaping the Gilded Cage: User Created Content and Building the Metaverse; in: 49 N.Y.L. Sch. L. Rev. 81 (2004).

O'Rourke, Maureen A.: Property Rights and Competition on the Internet: In Search of an appropriate Analogy; in: 16 Berkeley Tech. L.J. 561 (2001).

Palandt. Bürgerliches Gesetzbuch; bearb. v. *Bassenge, Peter* u.a. (68. Aufl., München, 2009); zit.: Palandt/*Bearb.*[68].

Paulus, Christoph G.: Multimedia: Herausforderung an das Wirtschaftsrecht; in: MMR 1999, 443.

–: Verbindungslinien des modernen Insolvenzrechts; in: ZIP 2000, 2189.

–: Herausforderungen für das Wirtschaftsrecht durch Neue Medien; in: *Noack, Ulrich / Spindler, Gerald* (Hg.): Unternehmensrecht und Internet (München, 2001), 1.

–: Verbindungslinien zwischen altem und neuem Recht; in: *Schermaier, Martin J. / Rainer, J. Michael / Winkel, Laurens C.* (Hg.): Iurisprudentia universalis. Festschrift für Theo Mayer-Maly zum 70. Geburtstag (Köln, 2002), 563; zit.: *Paulus* FS Mayer-Maly.

–: Zivilprozessrecht (3. Aufl., Berlin, 2004); zit.: *Paulus*[3].

Paulus, Christoph G. / Zenker, Wolfgang: Grenzen der Privatautonomie; in: JuS 2001, 1.

Peifer, Karl-Nikolaus: Das Territorialitätsprinzip im Europäischen Gemeinschaftsrecht vor dem Hintergrund technischer Entwicklungen; in: ZUM 2006, 1.

Peukert, Alexander: Das Sacheigentum in der Informationsgesellschaft; in: *Ohly, Ansgar / Bodewig, Theo / Dreier, Thomas / Götting, Horst-Peter / Haedicke, Maximilian / Lehmann, Michael* (Hg.): Perspektiven des Geistigen Eigentums und Wettbewerbsrechts. Festschrift für Gerhard Schricker zum 70. Geburtstag (München, 2005), 149; zit.: *Peukert* FS Schricker.

Pfeiffer, Thomas: Die Entwicklung des Internationalen Vertrags-, Schuld- und Sachenrechts in den Jahren 1995/96; in: NJW 1997, 1207.

Plaß, Gunda: Die Zwangsvollstreckung in die Domain; in: WRP 2000, 1077.
Posner, Richard A.: Economic Analysis of Law (4. Aufl., 1992); zit.: *Posner*[4].
Post, David G.: Anarchy, State, and the Internet; in: [1995] J. Online L. 3; abrufbar unter www.wm.edu/law/publications/jol/articles/post.shtml, Abruf am 1.9.2009.
–: What Larry doesn't get: Code, Law, and Liberty in Cyberspace; in: 52 Stan. L. Rev. 1439 (2000).
Prosser and Keeton on the Law of Torts; hrsg. v. *Keeton, W. Page* (5. Aufl., 1984); zit.: *Prosser & Keeton*[5].
Pscolla, Jan: Virtuelle Gegenstände als Objekte der Rechtsordnung; in: JurPC Web-Dok. 17/2009; abrufbar unter http://www.jurpc.de/aufsatz/20090017.htm, Abruf am 1.9. 2009.
Radin, Margaret Jane: Property and Personhood; in: 34 Stan. L. Rev. 957 (1982).
–: Regime Change in Intellectual Property: Superseding the Law of the State with the „Law" of the Firm; in: 1 U. Ott. L. & Tech. J. 173 (2003-2004); Stanford Law School Research Paper No. 91 (04/2004); abrufbar unter http://ssrn.com/abstract=534024, Abruf am 1.9.2009.
Raiser, Ludwig: Die Zukunft des Privatrechts (1971); in: *Raiser, Ludwig* (Hg.): Die Aufgabe des Privatrechts (Kronberg, 1977), 208.
Redeker, Helmut: Anmerkung zu LG München v. 25.10.2006 - 30 O 11973/05; in: CR 2007, 265.
Redeker, Helmut: Rechtsverkehr im Internet: Anwendbares Recht; in: ITRB 2001, 293.
–: Wer ist Eigentümer von Goethes Werther?; in: NJW 1992, 1739.
Reeves, Harold Smith: Property in Cyberspace; in: 63 U. Chi. L. Rev. 761 (1996).
Rehbinder, Manfred: Urheberrecht (15. Aufl., München, 2008); zit. *Rehbinder*[15].
Reidenberg, Joel R.: Lex Informatica: The Formulation of Information Policy Rules Through Technology; in: 76 Tex. L. Rev. 553 (1998)
Reinbothe, Jörg: Die EG-Richtlinie zum Urheberrecht in der Informationsgesellschaft; in: GRUR Int. 2001, 733.
Reuveni, Erez: Authorship in the Age of the Conducer; in: 54 J. Copyright Soc'y U.S.A. 285 (2007).
–: On Virtual Worlds: Copyright and Contract Law at the Dawn of the Virtual Age; in: 82 Ind. L.J. 261 (2007).
Rheingold, Howard: The Virtual Community (Reading, Mass., 1993); zit.: *Rheingold.*
Richter, Rudolf / Furubotn, Eirik G.: Neue Institutionenökonomik (3. Aufl., Tübingen, 2003); zit.: *Richter/Furubotn*[3].
Rifkin, Jeremy: The Age of Access (New York, 2000); zit.: *Rifkin.*
Rippert, Stephan / Weimer, Katharina: Rechtsbeziehungen in der virtuellen Welt; in: ZUM 2007, 272.
Ritlewski, Kristoff M.: Virtuelle Kinderpornographie in Second Life; in: K&R 2008, 94.
Rogers, Jacob: A passive Approach to Regulation of Virtual Worlds; in: 76 Geo. Wash. L. Rev. 405 (2008).
Rohe, Matthias: Netzverträge. Rechtsprobleme komplexer Vertragsverbindungen (Tübingen, 1998); zit.: *Rohe.*
Röpke, Katarina: Gläubigerschutzregime im europäischen Wettbewerb der Gesellschaftsrechte (Berlin, 2007); zit.: *Röpke.*
Roßnagel, Alexander: Weltweites Internet – globale Rechtsordnung?; in: MMR 2002, 67.
Röthel, Anne: Lex mercatoria, lex sportiva, lex technica – Private Rechtsetzung jenseits des Nationalstaates?; in: JZ 2007, 755.
Rudolph, Arne G.: Vertragsschluss im elektronischen Geschäftsverkehr (Hamburg, 2005); zit.: *Rudolph.*

Sack, Rolf: Das internationale Wettbewerbs- und Immaterialgüterrecht nach der EGBGB-Novelle; in: WRP 2000, 269.

–: Das IPR des geistigen Eigentums nach der Rom II-VO; in: WRP 2008, 1405.

Savigny, Friedrich Carl v.: System des heutigen römischen Rechts, Bd. 1 (Berlin, 1840); zit.: *Savigny* Bd. I.

Schack, Haimo: Die grenzüberschreitende Verletzung allgemeiner und Urheberpersönlichkeitsrechte; in: UFITA 108 (1988), 51.

–: Internationale Urheber-, Marken- und Wettbewerbsrechtsverletzungen im Internet – Internationales Privatrecht; in: MMR 2000, 59.

–: Urheberrechtliche Gestaltung von Webseiten unter Einsatz von Links und Frames; in: MMR 2001, 9.

–: Rechtsprobleme der Online-Übermittlung; in: GRUR 2007, 639.

–: Urheber- und Urhebervertragsrecht (4. Aufl., Tübingen, 2007)

Schaefer, Martin: Vom Nutzen neuer Nutzungsarten; in: *Loewenheim, Ulrich* (Hg.): Urheberrecht im Informationszeitalter. Festschrift für Wilhelm Nordemann zum 70. Geburtstag (München, 2004), 227; zit.: *Schaefer* FS Nordemann.

Schäfer, Hans-Bernd / Ott, Claus: Lehrbuch der ökonomischen Analyse des Zivilrechts (4. Aufl., Berlin, 2005); zit.: *Schäfer/Ott*[4].

Schilling, Michael: Existenzvernichtungshaftung und englische Limited – das BGH-Urteil vom 16.7.2008; in: ZVglRWiss 106 (2007), 484.

Schippan, Martin: Die Harmonisierung des Urheberrechts in Europa im Zeitalter von Internet und digitaler Technologie (Baden-Baden, 1999); zit.: *Schippan.*

Schmelz, Christoph: Die Werkzerstörung als ein Fall des § 11 UrhG; in: GRUR 2007, 565.

Schmidl, Michael: Softwareerstellung und § 651 BGB – ein Versöhnungsversuch; in: MMR 2004, 590.

–: Zum virtuellen Hausrecht als Abwehrrecht; in: K&R 2006, 563.

Schmidt, Jan / Dreyer, Stephan / Lampert, Claudia: Spielen im Netz. Zur Systematisierung des Phänomens „Online-Games"; Arbeitspapier des Hans-Bredow-Instituts Nr. 19; abrufbar unter http://www.hans-bredow-institut.de/webfm_send/42, Abruf am 1.9. 2009.

Schmittmann, Jens M.: Anmerkung zu LG Traunstein v. 14.10.1997 - 2 HK O 3755/97; in: MMR 1998, 53.

–: Rechtsfragen bei der Pfändung einer Domain und Aufnahme der Domain in das Vermögensverzeichnis; in: DGVZ 2001, 177.

Schönke/Schröder. Strafgesetzbuch, Kommentar; bearb. v. *Lenckner, Theodor / Eser, Albin / Stree, Walter / Eisele, Jörg / Heine, Günter / Perron, Walter / Sternberg-Lieben, Detlev* (27. Aufl., München, 2006); zit.: Schönke/Schröder/*Bearb*[27].

Schrader, Paul T. / Rautenstrauch, Birte: Geltung des Erschöpfungsgrundsatzes beim Online-Erwerb durch unkörperliche Übertragung urheberrechtlich geschützter Werke; in: K&R 2007, 251.

Schrader, Paul T.: Begrenzung des ergänzenden wettbewerbsrechtlichen Leistungsschutzes; in: WRP 2005, 562.

Schricker, Gerhardt: Verlagsrecht (3. Aufl., München, 2001); zit.: *Schricker* VerlagsR[3].

–: Anm. zu BGH v. 2.10.1997 – I ZR 88/95; in: MMR 1998, 39.

–: German and Comparative Intellectual Property Law - Efforts for a Better Law on Copyright Contracts in Germany - A Never-Ending Story?; in: IIC 2004, 850.

–: (Hg.): Urheberrecht (3. Aufl., München, 2006); zit: Schricker/ *Bearb.*[3].

Schulze, Gernot: Urheber- und leistungsschutzrechtliche Fragen virtueller Figuren; in: ZUM 1997, 77.

–: Vergütungssystem und Schrankenregelungen – neue Herausforderungen an den Gesetzgeber; in: GRUR 2005, 828.
Schumann, Kay H.: Das 41. StrÄndG zur Bekämpfung der Computerkriminalität; in: NStZ 2007, 675.
Schwartz, Alan / Wilde, Louis: Imperfect Information in Markets for Contract Terms; in: 69 Va. L. Rev. 1387 (1983).
Schwarz, Andrew D. / Bullis, Robert: Rivalrous Consumption and the Boundaries of Copyright Law: Intellectual Property Lessons from Online Games; in: 10 Intell. Prop. L. Bull. 13 (2005).
Seifert, Fedor: Geistiges Eigentum – ein unverzichtbarer Begriff; in: *Erdmann, Willi / Gloy, Wolfgang / Herber, Rolf* (Hg.): Festschrift für Henning Piper (München, 1996), 769; zit.: *Seifert* FS Piper.
Seiler, David: Rechtsprobleme vertraglicher Vereinbarungen zwischen Verlag und Journalist; in: K&R 2008, 561.
Sharma, Rajita / Birdsey, Ian: Virtual reality!; in: 180 T.W. 36 (2005).
Sheldon, David P.: Claiming Ownership, but Getting Owned: Contractual Limitations on Asserting Property Interests in Virtual Goods; in: 54 UCLA L. Rev. 751 (2007).
Sherwin, Emily: Two-and-Three-Dimensional Property Rights; in: 29 Ariz. St. L.J. 1075 (1997).
Singer, Joseph William: Entitlement: The Paradoxes of Property (2000); zit.: *Singer*.
Slavitt, Kelly M.: Gabby in Wonderland – Through the Internet Looking Glass; in: 80 J. Pat. & Trademark Off. Soc'y 611 (1998).
Smith, Adam: An Inquiry into the Nature and Causes of the Wealth of Nations (1776 / Oxford, 1993); zit.: *A. Smith*.
Soergel. Kommentar zum Bürgerlichen Gesetzbuch; hrsg. v. *Siebert, W.*; Bd. 1: §§ 1 – 103 (13. Aufl., Stuttgart, 2000); Bd. 10: §§ 823 – 853 (13. Aufl., Stuttgart, 2005); Bd. 14: §§ 854 – 984 (13. Aufl., Stuttgart, 2002).
Sohm, Rudolph: Der Gegenstand. Ein Grundbegriff des Bürgerlichen Gesetzbuches; in: *Sohm, Rudolph/ Hölder, Eduard / Strohal, Emil* (Hg.): Drei Beiträge zum Bürgerlichen Recht (Leipzig, 1905), 1; zit.: *Sohm*.
Sommer, Joseph H.: Against Cyberlaw; in: 15 Berkeley Tech. L.J. 1145 (2000).
Spengler, Oswald: Der Untergang des Abendlandes (1918-1922 / München, 1973).
Spieker, Oliver: Verantwortlichkeit von Internetsuchdiensten für Persönlichkeitsrechtsverletzungen in ihren Suchergebnislisten; in: MMR 2005, 727.
Spindler, Gerald / Volkmann, Christian: Die zivilrechtliche Störerhaftung der Internet-Provider; in: WRP 2003, 1.
Spindler, Gerald: Deliktsrechtliche Haftung im Internet – nationale und internationale Rechtsprobleme; in: ZUM 1996, 533.
–: Haftungsrechtliche Grundprobleme der neuen Medien; in: NJW 1997, 3193.
–: Das Jahr 2000-Problem in der Produkthaftung: Pflichten der Hersteller und der Softwarenutzer; in: NJW 1999, 3737.
–: Europäisches Urheberrecht in der Informationsgesellschaft; in: GRUR 2002, 105.
–: Herkunftslandprinzip und „Race to the bottom"; in: *Ladeur, Karl-Heinz* (Hg.): Innovationsoffene Regulierung des Internet (Baden-Baden, 2003), 227.
–: IT-Sicherheit und Produkthaftung - Sicherheitslücken, Pflichten der Hersteller und der Softwarenutzer; in: NJW 2004, 3145.
Stein, Allan R.: The Unexceptional Problem of Jurisdiction in Cyberspace; in: 32 Int'l Lawyer 1167 (1998).
Stein/Jonas. Kommentar zur Zivilprozessordnung; bearb. v. *Berger, Christian* u.a. (22. Aufl., Tübingen, 2004); zit.: Stein/Jonas/*Bearb.*[22].

Stephens, Molly: Sales of In-Game Assets: An Illustration of the Continuing Failure of Intellectual Property Law to Protect Digital-Content Creators; in: 80 Tex. L. Rev. 1513 (2002).

Stickelbrock, Barbara: Ausgleich gestörter Vertragsparität durch das neue Urhebervertragsrecht?; in: GRUR 2001, 1087.

Street on Torts; hrsg. v. *Murphy, John* (12. Aufl., Oxford, 2007); zit.: *Street*[12].

Sutin, Alan N.: Issues and Challenges presented by Virtual Worlds; in: 9(3) E.C.L. & P. 6 (2007).

Taeger, Jürgen: Außervertragliche Haftung für Computerprogramme (Tübingen, 1995); zit.: *Taeger*.

Teubner, Gunter: Globale Zivilverfassungen: Alternativen zur staatszentrierten Verfassungstheorie; in: ZaöRV 2003, 1.

Teubner, Gunther / Karavas, Vaios: http://www.CompanyNameSucks.com: Drittwirkung der Grundrechte gegenüber „Privaten" im autonomen Recht des Internet?; in: *Ladeur, Karl-Heinz* (Hg.): Innovationsoffene Regulierung des Internet (Baden-Baden, 2003), 249.

Thum, Dorothee: Internationalprivatrechtliche Aspekte der Verwertung urheberrechtlich geschützter Werke im Internet; in: GRUR Int. 2001, 9.

Tietzel, Manfred: Zur Theorie der Präferenzen; in: *Herder-Dorneich, Philipp / Schenk, Karl-Ernst / Schmidtchen, Dieter* (Hg.), Jahrbuch für neue politische Ökonomie, Bd. 7 (Tübingen, 1988), 38.

Tietzel, Manfred: Wirtschaftstheorie und Unwissen (Tübingen, 1985).

Todt, Horst: Freiheit und Utilitarismus, in: *Ott, Claus / Schäfer, Hans-Bernd* (Hg.): Ökonomische Probleme des Zivilrechts (Berlin, 1991), 1.

Troller, Alois: Immaterialgüterrecht (3. Aufl., Basel, 1983); zit.: *Troller*[3].

Tromans, Richard: The World is not enough: Law for a Virtual Universe; in: 70 Euro. Law. 21 (2007).

Trump, Steffen S. / Wedemeyer, Henning: Zur rechtlichen Problematik des Handels mit Gegenständen aus Onlinecomputerspielen; in: K&R 2006, 397.

Uhlenbruck, Wilhelm: „Virtueller wirtschaftlicher Besitz" und Verwertungsrechte des Insolvenzverwalters nach § 166 Abs. 1 InsO; in: ZinsO 2008, 114.

Ulmer, Detlef / Hoppen, Peter: Was ist das Werkstück des Software-Objektcodes?; in: CR 2008, 681.

Ulmer, Detlef: Werkgebrauch und Urheberrecht; in: ITRB 2001, 214.

Utzig, Siegfried: Die Rolle des Rechts in der modernen ökonomischen Theorie; in: AcP 189 (1989), 158.

Vacca, Ryan: Viewing Virtual Property Ownership through the Lens of Innovation; in: 76 Tenn. L. Rev. 33 (2008).

Veblen, Thorstein: The Theory Of The Leisure Class (1899 / Ausg. Oxford, 2009); zit.: *Veblen*.

Vehslage, Thorsten: Anm. zu AG Kiel v. 30.09.1999, 110 C 243/99; in: K&R 2000, 203.

Völzmann-Stickelbrock, Barbara: Schöne neue (zweite) Welt? Zum Handel mit virtuellen Gegenständen im Cyberspace, in: *Wackenbarth, Ulrich / Vormbau, Thomas / Marutschek, Hans-Peter* (Hg.): Festschrift für Ulrich Eisenhardt zum 70. Geburtstag (München, 2007), 327; zit.: *Völzmann-Stickelbrok* FS Eisenhardt.

von Arnauld, Andreas: Vom Spielvertrag; in: *von Arnauld, Andreas* (Hg.): Recht und Spielregeln (Tübingen, 2003), 51.

von Becker, Bernhard: „Juristisches Neuland". Angemessene Vergütung, Vergütungsregeln, Zweckübertragungsregel; in: ZUM 2005, 303.

von der Osten, Christian: Anmerkung zu OLG München v. 19.6.2001 – 5 U 4543/00; in: MMR 2002, 50.

von Gierke, Otto: Der Entwurf eines bürgerlichen Gesetzbuchs und das deutsche Recht (Leipzig, 1889); zit.: *v. Gierke*.

von Hinden, Michael: Persönlichkeitsverletzungen im Internet (Tübingen, 1999); zit.: *v. Hinden*.

von Reinersdorff, Wolfgang: Anmerkung zu OLG Hamburg v. 26.4.2001 – 3 U 268/00; in: MMR 2001, 528.

von Schultz, Detlef: Kommentar zum Markenrecht (2. Aufl., Frankfurt a.M., 2007); zit.: v. Schultz/*Bearb*[2].

von Westerholt, Margot / Berger, Konrad: Der Application Service Provider und das neue Schuldrecht; in: CR 2002, 81.

Wagner, R. Polk: On Software Regulation; in: 78 S. Cal. L. Rev. 457 (2005).

Wagner, Rolf: Zur Anknüpfung der Frage nach dem Bestehen von Persönlichkeitsrechten im außervertraglichen Schuldrecht; in: JZ 1993, 1034.

–: Änderungsbedarf im autonomen deutschen internationalen Privatrecht aufgrund der ROM II-Verordnung?; in: IPRax 2008, 314.

–: Der Grundsatz der Rechtswahl und das mangels Rechtswahl anwendbare Recht (Rom I-Verordnung); in: IPRax 2008, 377.

–: Vereinheitlichung des Internationalen Privat- und Zivilverfahrensrechts neun Jahre nach Inkrafttreten des Amsterdamer Vertrags; in: NJW 2008, 2225.

Waldenberger, Arthur: Grenzen des Verbraucherschutzes beim Abschluß von Verträgen im Internet; in: BB 1996, 2365.

Wall, David S. / Williams, Matthew L.: Policing Diversity in the Digital Age: Maintaining Order in Virtual Communities; in: 7 Criminology & Crim. Justice 391 (2007).

Wandtke, Artur-Axel / Bullinger, Winfried (Hg.): Praxiskommentar zum Urheberrecht (3. Aufl., München, 2009); zit: Wandtke/Bullinger/*Bearb.*[3].

Weir, Tony: An Introduction to Tort Law (2. Aufl., Oxford, 2006); zit.: *Weir*[2].

Welzel, Stephan: Zwangsvollstreckung in Internet-Domains; in: MMR 2001, 131.

Wemmer, Benedikt / Bodensiek, Kai: Virtueller Handel – Geld und Spiele; in: K&R 2004, 432.

Westbrook, Theodore J.: Owned: Finding a Place for Virtual Worlds Property Rights; in: [2006] Mich. St. L. Rev. 779.

Westermann, Harm Peter: Der Fortschrittsgedanke im Privatrecht; in: NJW 1997, 1.

Wieacker, Franz: Sachbegriff, Sacheinheit und Sachzuordnung; in: AcP 148 (1943), 57.

–: Recht und Automation; in: *Bettermann, Karl August / Zeuner, Albrecht* (Hg.): Festschrift für Eduard Bötticher zum 70. Geburtstag (Berlin, 1969), 383; zit. *Wieacker* FS Bötticher.

Wieduwilt, Hendrik: Cheatbots in Onlinespielen – eine Urheberrechtsverletzung?; in: MMR 2008, 715.

Wildemann, Daniela: Vertragsschluß im Netz (München, 2000); zit.: *Wildemann*.

Williams, Dmitri / Yee, Nick / Caplan, Scott E.: Who plays, how much, and why? Debunking the stereotypical gamer profile; in: 13 (4) Journal of Computer-Mediated Communication 993 (2008).

Winfield and Jolowicz on Tort (17. Aufl., London, 2006, hrsg v. *Rogers, W.V. Horton*).

Wolf, Manfred / Lindacher, Walter F. / Pfeiffer, Thomas (Hg.): AGB-Recht (5. Aufl., München, 2009); zit.: Wolf/Lindacher/Pfeiffer/*Bearb.*[5]

Wong, Mary W. S.: Cyber-trespass and „unauthorized access" as legal mechanisms of access control: Lessons from the US experience; in: 15 Int'l J.L. & Info. Tech. 90 (2007).

Wu, Tim: When Code Isn't Law; in: 89 Va. L. Rev. 679 (2003).

Zack, Jason S.: The Ultimate Company Town: Wading in the Digital Marsh of Second Life; in: 10 U. Pa. J. Const. L. 225 (2007).

Zagouras, Georgios / Körber, Thomas C.: Rechtsfragen des Game-Designs - Die Gestaltung von Computerspielen und -animationen aus medien- und markenrechtlicher Sicht; in: WRP 2006, 680.

Zintl, Reinhard: Ökonomisches Rationalitätskonzept und normorientiertes Verhalten; in: *Boettcher, Erik / Herder-Dorneich, Philipp / Schenk, Karl-Ernst* (Hg.); Jahrbuch für neue politische Ökonomie, Bd. 5 (Tübingen, 1986), 227.

Zöllner, Wolfgang: Die Zurückdrängung des Verkörperungselements bei den Wertpapieren; in: *Baur, Fritz / Esser, Josef / Kübler, Friedrich / Steindorff / Ernst* (Hg.): Funktionswandel der Privatrechtsinstitutionen. Festschrift für Ludwig Raiser zum 70. Geburtstag (1974), 249; zit.: *Zöllner* FS Raiser.

Zumbansen, Peer: Die engen Wände der Internetwelt – Autonomie und Kontrolle jenseits staatlicher Steuerung und gesellschaftlicher Eigenorganisation; in: *Ladeur, Karl-Heinz* (Hg.): Innovationsoffene Regulierung des Internet (Baden-Baden, 2003), 273.

Register

Geistiges Eigentum und Wettbewerbsrecht

Herausgegeben von

Peter Heermann, Diethelm Klippel, Ansgar Ohly und Olaf Sosnitza

Die Rechte des Geistigen Eigentums, insbesondere das Patentrecht, das Urheberrecht und die Kennzeichenrechte, haben im Informationszeitalter erheblich an Bedeutung gewonnen. Zugleich wird die Rechtspraxis mit zahlreichen neuen Fragen konfrontiert. Die Rechtswissenschaft konnte mit dieser stürmischen Entwicklung kaum Schritt halten. Nach wie vor wird die Literatur von vorwiegend praxisorientierten Darstellungen dominiert, in denen wissenschaftliche Grundfragen häufig zu kurz kommen. Während die allgemeine Zivilrechtswissenschaft das Sachenrecht als natürliches Betätigungsfeld ansieht, hat sie das Immaterialgüterrecht weitgehend aus den Augen verloren.

Die neue Reihe *Geistiges Eigentum und Wettbewerbsrecht* verfolgt das Ziel, zur dogmatischen Analyse des Rechts des Geistigen Eigentums und des Wettbewerbsrechts beizutragen, ohne dabei den Praxisbezug dieser Rechtsgebiete aus den Augen zu verlieren. Die Reihe steht offen für Habilitationsschriften, herausragende Dissertationen und vergleichbare Monographien, die sich mit dem Patentrecht, dem Urheberrecht, dem Kennzeichenrecht und angrenzenden Rechtsgebieten, insbesondere dem Lauterkeits- und Kartellrecht und den Persönlichkeitsrechten, befassen. Besonderes Augenmerk gilt dabei Schriften, die sich Grundlagenfragen des Rechts des Geistigen Eigentums einschließlich der historischen, philosophischen und ökonomischen Bezüge widmen und so zur Entwicklung eines „allgemeinen Teils des Geistigen Eigentums" beitragen, den es bisher nicht gibt. Da die europäische Rechtsangleichung im Immaterialgüter- und Wettbewerbsrecht besonders weit fortgeschritten ist und zudem zahlreiche internationale Übereinkommen diese Rechtsgebiete prägen, werden auch die internationalen Bezüge in der Reihe berücksichtigt.

Die lieferbaren Bände:

1 *Brämer, Antje:* Die Sicherungsabtretung von Markenrechten. 2005. XXIII, 579 Seiten. Fadengeheftete Broschur.

2 *Lochmann, René:* Die Einräumung von Fernsehübertragungsrechten an Sportveranstaltungen. Zugleich ein Beitrag zur Einräumung von Nutzungs- und Verwertungsrechten im System des Privatrechts. 2005. XVII, 342 Seiten. Fadengeheftete Broschur.

3 *Birner, Cornelia:* Die Internet-Domain als Vermögensrecht. Zur Haftung der Internet-Domain in Zwangsvollstreckung und Insolvenz. 2005. XXII, 237 Seiten. Fadengeheftete Broschur.

4 *Brinkel, Guido:* Filesharing. Verantwortlichkeit in Peer-to-Peer-Tauschplattformen. 2006. XVII, 418 Seiten. Fadengeheftete Broschur.

5 *Pahlow, Louis:* Lizenz und Lizenzvertrag im Recht des Geistigen Eigentums. 2006. XX, 562 Seiten. Leinen.

6 *Lux, Jochen:* Der Tatbestand der allgemeinen Marktbehinderung. Ein Beitrag zu den Grenzen des Lauterkeitsrechts. 2006. XVIII, 473 Seiten. Fadengeheftete Broschur.

7 *Neuberger, Julius:* Der wettbewerbsrechtliche Gewinnabschöpfungsanspruch im europäischen Rechtsvergleich. 2006. XVII, 227 Seiten. Fadengeheftete Broschur.

8 *Brömmelmeyer, Christoph:* Internetwettbewerbsrecht. Das Recht der Ubiquität – Das Recht der Domain Names – Das Recht der kommerziellen Kommunikation. 2007. XVII, 450 Seiten. Leinen.

9 *Godt, Christine:* Eigentum an Information. 2007. XXXIX, 719 Seiten. Leinen.

10 *Laier, Matthias:* Die Berichterstattung über Sportereignisse. Eine rechtsvergleichende Untersuchung zur Existenz und Vermarktung von medialen Verwertungsrechten für den Hörfunk und die Neuen Medien. 2007. XXVIII, 585 Seiten. Fadengeheftete Broschur.

11 Geistiges Eigentum und Gemeinfreiheit. Herausgegeben von *Ansgar Ohly* und *Diethelm Klippel.* 2007. X, 219 Seiten. Fadengeheftete Broschur.

12 *Melwitz, Nikolaus:* Der Schutz von Sportgroßveranstaltungen gegen Ambush Marketing. Gewerblicher Rechtsschutz nach deutschem Recht. 2008. XV, 247 Seiten. Fadengeheftete Broschur.

13 Grundlagen und Grundfragen des Geistigen Eigentums. Herausgegeben von *Jens Eisfeld* und *Louis Pahlow.* 2008. X, 292 Seiten. Fadengeheftete Broschur.

14 *Walter, Axel von:* Rechtsbruch als unlauteres Marktverhalten. Tatbestand und Anwendungsbereich des § 4 Nr. 11 UWG in Abgrenzung zur Fallgruppe „Vorsprung durch Rechtsbruch". 2008. XII, 253 Seiten. Fadengeheftete Broschur.

15 *Rieken, Christoph:* Der Schutz olympischer Symbole. Schutzrechte an den Olympischen Ringen und den olympischen Bezeichnungen in Deutschland. 2008. XVI, 215 Seiten. Fadengeheftete Broschur.

16 *Glas, Vera:* Die urheberrechtliche Zulässigkeit elektronischer Pressespiegel. Zugleich ein Beitrag zur Harmonisierung der Schranken des Urheberrechts in den Mitgliedstaaten der EU. 2008. XXII, 248 Seiten. Fadengeheftete Broschur.

17 *Eichhammer, Stefan:* Die markenmäßige Benutzung. 2008. XII, 252 Seiten. Fadengeheftete Broschur.

18 *Förster, Achim:* Fair Use. Ein Systemvergleich der Schrankengeneralklausel des US-amerikanischen Copyright Act mit dem Schrankenkatalog des deutschen Urheberrechtsgesetzes. 2008. XXI, 263 Seiten. Fadengeheftete Broschur.

19 *Werner, Georg:* Entnahme und Patentierung menschlicher Körpersubstanzen. Eine zivil- und patentrechtliche Beurteilung am Beispiel von menschlichen Antikörpern und Genen. 2008. XVIII, 254 Seiten. Fadengeheftete Broschur.

20 *Ulrici, Bernhard:* Vermögensrechtliche Grundfragen des Arbeitnehmerurheberrechts. 2008. XIX, 450 Seiten. Fadengeheftete Broschur.

21 *Amschewitz, Dennis:* Die Durchsetzungsrichtlinie und ihre Umsetzung im deutschen Recht. 2008. XXX, 427 Seiten. Fadengeheftete Broschur.

22 *Timmann, Tobias:* Das Patentrecht im Lichte von Art. 14 GG. 2008. XVI, 385 Seiten. Fadengeheftete Broschur.

23 *Wolfrum, Anne Sophie:* Patentschutz für medizinische Verfahrenserfindungen im Europäischen Patentsystem und im US-Recht. Eine patentrechtliche und ordnungspolitische Analyse. 2009. XVIII, 311 Seiten. Fadengeheftete Broschur.

24 *Fröhlich, Stefan:* Düfte als geistiges Eigentum. 2009. XIII, 244 Seiten. Fadengeheftete Broschur.

25 *Mächtel, Florian:* Das Patentrecht im Krieg. 2009. XV, 413 Seiten. Fadengeheftete Broschur.

26 Geistiges Eigentum und Wettbewerb. Herausgegeben von *Knut Werner Lange, Diethelm Klippel* und *Ansgar Ohly.* 2009. X, 195 Seiten. Fadengeheftete Broschur.

27 *Görden, Jan:* Vorgezogener Werktitelschutz. 2009. XXI, 424 Seiten. Fadengeheftete Broschur.

28 Intellectual Property and Private International Law. Herausgegeben von *Stefan Leible* und *Ansgar Ohly*. 2009. VIII, 270 Seiten. Fadengeheftete Broschur.

29 *Grätz, Daniel:* Missbrauch der marktbeherrschenden Stellung durch Sportverbände. 2009. XX, 420 Seiten. Fadengeheftete Broschur.

30 *Pries, Thorsten Wilhelm:* Kampfpreismissbrauch im ökonomisierten EG-Kartellrecht. 2009. XIX, 219 Seiten. Fadengeheftete Broschur.

31 *Schmidt, Alexander K.:* Erfinderprinzip und Erfinderpersönlichkeitsrecht im deutschen Patentrecht von 1877 bis 1936. 2009. XIV, 300 Seiten. Fadengeheftete Broschur.

32 *Hofmann, Franz:* Immaterialgüterrechtliche Anwartschaftsrechte. 2009. XXIII, 313 Seiten. Fadengeheftete Broschur.

33 *Beckstein, Frank:* Einschränkungen des Schutzlandprinzips. Die kollisionsrechtliche Behandlung von Immaterialgüterrechtsversetzungen im Internet. 2010. XV, 380 Seiten. Fadengeheftete Broschur.

34 *Zwanzger, Sibylle:* Das Gemeinschaftsgeschmacksmuster zwischen Gemeinschaftsrecht und nationalem Recht. Zugleich ein Beitrag zur europäischen Zivilrechtsdogmatik. 2010. XXI, 327 Seiten. Fadengeheftete Broschur.

35 *Pfuhl, Fabian:* Von erlaubter Verkaufsförderung und strafbarer Korruption. 2010. XIX, 193 Seiten. Fadengeheftete Broschur.

36 *Berberich, Matthias:* Virtuelles Eigentum. 2010. XXVII, 495 Seiten. Fadengeheftete Broschur.